미래를 위한 과거로의 산책

세상을
움직이는 책

에게 드립니다
..............................................................

Oriental classics–Shiji Liezhuan

一峰 박일봉 역저

# 사기 열전 1

개정판

육문사
Yukmoonsa

Oriental classics–Shiji Liezhuan

세상을 움직이는 책

# 일봉 사기 열전 1 (개정판)

초판 1쇄 | 2011년 10월 5일 발행

역저자 | 박일봉
편집교정 | 이정민
디자인 | 인지숙
펴낸이 | 이경자
펴낸곳 | 육문사

주소 | 서울 마포구 월드컵로 11길 35, 101동 502호
전화 | 02-336-9948
팩시밀리 | 02-337-4315
출판등록 | 제313-2011-2호 (1974. 5. 29)

ISBN 978-89-8203-114-4 (04150)

# 史記 列傳 1

# 서문(序文)

## ≪사기(史記)≫에 대하여

≪사기(史記)≫는 사마천(司馬遷)의 찬저(撰著)로서, 청(淸)의 건륭(乾隆) 연간(年間)에 중국의 정사(正史)로 정해진 '이십사사(二十四史)'의 머리에 위치하는 역사서(歷史書)다.

처음에는 사마천(司馬遷)이 '태사공서(太史公書)'라고 이름 지었지만 삼국시대(三國時代) 이후 ≪사기(史記)≫라 일컬었다.

그 구성은 '본기(本紀)' 십이 권(卷), '표(表)' 십 권, '서(書)' 8권, '세가(世家)' 삼십 권, '열전(列傳)' 칠십 권으로 도합(都合) 일백삼십 권이다.

'본기(本紀)'는 황제(黃帝)로부터 한(漢) 무제(武帝)까지 역대 왕조의 제왕(帝王), 즉 고대 중국 통솔자들의 편년사(編年史)이고 '세가(世家)'는 제왕을 떠받드는 제후국(諸侯國)의 열국사(列國史)이며, '열전(列傳)'이란 '본기(本紀)'에 이어지기도 하고 혹은 '세가(世家)'에 이어져 역사를 채색하는 개인(個人)의 기록(記錄)으로서 전기집(傳記集)인 동시에 각양각색의 인간상(人間像)을 상징한 것이기도 하다.

'표(表)'는 연표(年表)고 '서(書)'는 제도사(制度史)다.

'본기(本紀)'에서 '열전(列傳)'까지는 모두 다른 성격으로 기술되어 있으나 전체를 하나로 정리하면 종합사(綜合史)가 된다. 이와 같은 역사서(歷史書)의 기록 형식을 '기전체(紀傳體)'라 하는데 그 형식은 반고(班固)에게 이어져 ≪한서(漢書)≫가 작성되고 다시 그 뒤의 모든 정사(正史)로 이어지게 되었다.

중국 역사서 기록 형식에는 '편년체(編年體)'라 하는 또 하나의 형식이 있다. 그것은 송(宋)의 사마광(司馬光)이 《자치통감(資治通鑑)》에서 완성한 형식으로 기전체(紀傳體)는 편년체(編年體)와 함께 역사서 기록의 기본 형식이 되어 왔다.

　《사기》는 사마천 원저(原著) 그대로의 형식과 내용으로 현재까지 전해지는 것은 물론 아니다. 사마천이 기록한 것은 말할 것도 없이 죽간(竹簡)이며 그것을 가죽끈으로 철(綴)한 것이다. 열전 맨 마지막 부분인 〈태사공자서(太史公自序)〉에 의하면 그것은 정(正)·부(副) 두 본(本)으로 되어 있는데 정본(正本)은 명산(名山)에 보관하여 망실(亡失)에 대비하였고 부본(副本)은 경사(京師)에 보관하여 후세(後世)의 군자(君子)를 기다렸다고 한다.

　그러나 굳이 후세를 초들 것까지도 없이 한대(漢代)에도 《사기》를 면학(勉學)하고 초사(抄寫)하는 사람도 있었고 누차 이동함에 따라 가죽끈이 끊어지기도 하고 혹은 죽간 자체가 더럽혀지기도 하고 분실되기도 해서 차츰 탈간(脫簡)이나 착간(錯簡)이 있었을 것이다.

　전(全) 일백삼십 권 가운데 일찍이 한대(漢代)에는 〈효경본기(孝景本紀)〉 제11, 〈효무본기(孝武本紀)〉 제12, 〈예서(禮書)〉 제1, 〈악서(樂書)〉 제2, 〈병서(兵書, 지금의 律書)〉 제3, 〈한흥이래장상명신연표(漢興以來將相名臣年表)〉 제10, 〈삼왕세가(三王世家)〉 제30, 〈부근괴성열전(傅靳蒯成列傳)〉 제38, 〈일자열전(日者列傳)〉 제67, 〈귀책열전(龜策列傳)〉 제68 등 열 권은 그 전권(全卷) 또는 일부분이 빠져서 저소손(褚少孫)이 그것을 보충했다고 전한다.

　현존하는 최고(最古)의 사기 주석서(註釋書)는 남조(南朝) 송(宋) 때 사람인 배인(裵駰)의 찬저(撰著)인 ≪사기집해(史記集解)≫ 일백삼십 권이다. 사마천(司馬遷)의 시대부터 약 육백 년이 경과한 이 시대에는 ≪사기≫가 상당히 읽혔던 것 같은데 탈간(脫簡)·착간(錯簡) 또는 서사(書寫) 때의 오기(誤記) 등으로 초본(抄本)이 각기 달라서 그것을 통일하는 주석서(註釋書)가 필요했을 것이다.

수(隋)·당(唐) 시대가 되니 종이에 서사(書寫)된 ≪사기≫가 몇 가지 나타나 당대(唐代)에는 사마정(司馬貞)이 ≪사기집해(史記集解)≫를 근거로 ≪사기색은(史記索隱)≫ 삼십 권을 짓고 또 〈삼황본기(三皇本紀)〉를 보충하여 이에 주석을 붙였다. 그 후 장수절(張守節)이 다시 ≪사기정의(史記正義)≫ 일백삼십 권을 지었다. 이것은 고실(故實)을 널리 인용하여 음의(音義)도 타당하다고 알려졌다.

이 ≪색은(索隱)≫과 ≪정의(正義)≫의 출현이 대체적으로 지금의 ≪사기≫를 결정했다고 볼 수 있다.

# 사마천(司馬遷)에 대하여

≪사기≫의 찬저자(撰著者)인 사마천은 자(字)를 자장(子長) 또는 태사공(太史公)이라고 하였다. 사마씨(司馬氏)는 원래 기록관(記錄官)의 가문이었으며 천(遷)은 한(漢)의 태사령(太史令)이었던 사마담(司馬談)의 아들로 태어났다. 그의 생년(生年)은 일설에 의하면 경제(景帝) 중원(中元) 5년(기원전 145년)이고 다른 일설에 의하면 무제(武帝) 건원(建元) 6년(기원전 135년)인데 여기서는 전자(前者)를 따르기로 한다.

천(遷)은 천부적인 자질을 타고났다. 그는 어릴 적부터 전적(典籍)을 가까이했으며, 이십 세가 되던 무제(武帝) 원삭(元朔) 3년(기원전 126년)에는 남방(南方)의 강회(江淮) 땅에서 시작하여 한(漢)나라의 거의 전역을 주유(周遊)하면서 민정(民情)을 자세히 살피고 사적(史蹟)을 견학했다. 사마천은 자라면서 이렇듯 역사가로서 소양을 쌓아갔다. 그런데 무제(武帝) 원봉(元封) 원년(元年, 기원전 110년)에 아버지 담(談)이 죽었다. 그해에 무제(武帝)는 한실(漢室) 최초의 봉선(封禪)의 예(禮)를 태산(泰山)에서 행했는데, 기록을 맡은 태사령(太史令)인 담(談)에게 봉선(封禪) 행사에 참여하는 것을 허락하지 않자 스스로 분사(憤死)한 것이다.

담(談)은 죽기 직전, 태사령으로서 당연히 해야 할 기록을 행하지 못하고 죽는 원통함을 아들 천(遷)에게 호소하며 상고(上古) 이래의 역사를 쓰라고 유언했다. 그때 천(遷)의 나이 삼십육 세였는데 그는 아버지에게,

"소자(小子) 불민(不敏)하오나 아버님께서 하시던 일의 경위와 구문(舊聞)을 남김없이 논술(論述)하여 조금도 결여된 부분이 없도록 하겠습니다.〈태사공자서(太史公自序)〉"

라고 맹세했다.

그 후 3년 뒤인 원봉(元封) 3년, 천(遷)은 아버지의 뒤를 이어 태사령에 임명되어 그 직무인 역(曆)의 개정에 종사하게 되었는데 상대부(上大夫) 호수(壺遂) 등과 함께 태초(太初) 원년(元年, 기원전 104년)에 태초력(太初曆)을 정하고 드디어 ≪사기≫ 저술에 착수했다.

그런데 천한(天漢) 2년(기원전 99년)에 이사장군(貳師將軍) 이광리(李廣利)를 따라 흉노 정벌에 나섰던 이릉(李陵)이 흉노의 포로가 되어 한(漢)의 위광(威光)을 손상시키는 사건이 일어났다.

이릉은 뛰어난 장군이었지만 불과 오천의 보병부대(步兵部隊)로 흉노 토벌에 나섰다가 기마부대(騎馬部隊)를 주력으로 하는 팔만의 흉노에게 포위되어 어쩔 수가 없었다. 고립무원(孤立無援)의 상태에 빠진 이릉은 부하들을 독려하여 용전분투(勇戰奮鬪)해서 적병 만여 명을 살상하였지만 칼은 부러지고 화살은 바닥나 결국 부하들은 전멸하고 자신은 화살에 맞아 실신 중 흉노에게 붙잡혔던 것이다.

한나라 조정에서는 이릉을 처벌하기 위한 회의가 열렸을 때 천(遷)은 무제(武帝)의 뜻을 살피지 않고 이릉을 변호했다. 그 때문에 무제(武帝)의 격노를 사서 이듬해인 천한(天漢) 3년에 하옥되고 궁형(宮形)에 처해졌다. 천(遷)의 억울함은 헤아리고도 남음이 있다.

천(遷)은 그 억울함을 가슴 깊이 간직한 채 ≪사기≫의 저술에 더욱 몰두하여 8년 뒤, 무제(武帝) 정화(征和) 2년(기원전 91년)에 드디어 완성했다. 그때 천(遷)의 나이 오십오 세였다. 천(遷)은 그 후 수년이 지나 육십 세를 전후해 죽은 것으로 추측되는데 그 연도가 언제인지는 정확히 알 수 없다.

이상과 같은 사마천의 약전(略傳)으로 알 수 있는 것처럼 먼저 아버지의 죽음이 ≪사기≫의 저작(著作) 동기가 되고 이릉 때문에 빚어진 화(禍)로 인하여 천(遷) 자신의 내심(內心)에서 넘쳐나는 열정이 더해져 완성된 역사서이기는 하지만 탁월한 소양과 극한의 시련으로 단련(鍛練)된 한 인간의 삶 자체가 녹아 있는 저작임은 말할 것도 없으리라. 그리고 그것은 무시무시한 결의를 가지고 쓰인 것이리라.

〈임소경(任少卿)에게 보고하는 글〉이 그러한 사실을 웅변으로 말해 주고 있다. 〈임소경에게 보고하는 글〉은 사마천이 태시(太始) 4년(기원전 93년)에 친구인 익주자사(益州刺史) 임안(任安, 字는 少卿)에게서 받은 편지에 대해 정화(征和) 2년에 보낸 답서(答書)다.

이보다 먼저, 천한(天漢) 3년에 궁형(宮刑)에 처해진 사마천은 무제(武帝)에게 그 재능을 인정받아 태시(太始) 원년(元年)에 출옥한 후 중서알자령(中書謁者令)에 임명되었지만 여전히 사그라지지 않는 통분을 곰곰이 되새기면서 ≪사기≫를 만드는 일에 전념했다. 임안(任安)에게서 온 편지는 묵살되었다.

그런데 정화(征和) 2년, 여태자(戾太子)의 반란 ― 이른바 무고(巫蠱)의 난 ― 이 일어나 익주자사(益州刺史)에서 요직인 호북군사자(護北軍使者)로 전임된 임안(任安)이 자신의 직무와는 관계없는 이 사건에 말려들어 하옥되고 사형에 처해지게 되었다.

〈임소경에게 보고하는 글〉은 임안(任安)이 처형되기 직전에 그에게 받은 편지에 대한 답서(答書)로 사마천이 쓴 것이다. 그 내용을 요약하면 다음과 같다.

"……나는 겁이 많고 마음이 약해서 조금이라도 더 목숨을 연장했으면

하는 마음을 가지고 있지만 그래도 출처진퇴(出處進退)의 분수(分數)는 알고 있습니다. 어찌 뇌옥(牢獄)에 갇히는 치욕에 빠져있을 수만 있겠습니까? 미천한 노복(奴僕)이라도 자결(自決)하고자 할 것입니다. 더구나 궁지에 몰린 내가 자결하지 못할 이유가 어디에 있겠습니까? 그런데도 은인(隱忍)하며 살아남아 분토(糞土) 속에 갇힌 것 같은 지금의 처지를 참고 있는 것은 마음속에 맹세한 일을 완성하지 못한 것이 유감스럽고 이대로 죽어서는 내 문장(文章)이 후세에 전해지지 않을까 애석(哀惜)하게 여기기 때문입니다."

　이 글에 나타난 사마천의 심경은 부끄러움을 생각한다면 자살함이 마땅하겠으나 궁형이라는 큰 치욕을 당하면서도 그 욕됨을 참고 살아남아 있는 것은 《사기》를 후세에 남겨야 한다는 자신의 결의를 임소경에게 하소연하는 것이기도 하다.

　죽음에 못지않은 치욕을 자나 깨나 되씹으며 참고 살아남아 어떻게 해서라도 《사기》를 완성하고 싶은 심정을 사마천은 임안(任安)에게 알렸던 것이다.

　사마천에게 임안은 벗이라고는 하지만 그리 대단한 친구 사이는 아니고 말하자면 서로 얼굴을 아는 정도의 우인(友人)인 듯하다. 사마천은 평상시에 그러한 문안 등에 신경을 쓰지 않았던 듯하다. 그래서 편지를 받고도 답장을 하지 않았을 것이다.

　그런데 2년 남짓 세월이 지난 어느 날 갑자기 답장을 썼다. 그 답장 속에서 누구에게도 보이지 않았던 자신의 마음속 깊은 곳을 열어 보인 것이다. 무슨 까닭이었을까? 그 이유는 자신의 답장을 받을 자격이 임안에게 갖추어졌다고 판단했기 때문일 것이다.

사마천에게 편지를 보낸 태시(太始) 4년, 임안은 ≪사기≫를 쓰기 위해 치욕을 참고 살아가는 사마천을 이해하지 못하는 평범한 사람이었다. 그러나 정화(征和) 2년의 임안은 이미 평범한 사람이 아니었다.

그는 더없이 정당하게 이릉(李陵)을 변호하다가 생각지도 못한 궁형에 처해졌던 사마천처럼, 아무런 과실이 없는데도 사형에 직면하지 않으면 안 될 인간의 비애를 심각하게 되새겨 볼 처지에 놓였던 것이다. 요컨대 사마천에게 편지를 받을 자격을 갖춘 유일한 사람이었다. 그런 까닭에 〈임소경에게 보고하는 글〉이 쓰였을 것이다.

즉 ≪사기≫는 역사서이기는 하지만 역사적 사실만을 기록한 것이 아니라 역사의 주인공인 인간 그 자체를 맹렬히 추적한 책이라 할 수 있다. 그것은 〈본기(本紀)〉에서도 〈세가(世家)〉에서도 〈열전(列傳)〉에서도 명백하게 일치되며, 읽고 또 깨달아야 할 점이다.

# 차 례 / 사기 열전(史記 列傳) 1

# 제1  백이열전(伯夷列傳)

학문을 하는 데에는 참고할 서적이 매우 많지만 육예(六藝)<sup>1)</sup>를 중심으로 하는 것이 옳을 것이다. 그중에서도 ≪시경(詩經)≫·≪서경(書經)≫에는 빠진 부분이 있기는 하나 그래도 우순(虞舜)·하우(夏禹) 시대의 일은 이 책들로 알 수 있다.

요(堯)는 천자(天子)의 자리를 순(舜)에게 물려주었다. 순이 우(禹)에게 양위(讓位)할 때에도 사악(四岳)과 십이목(十二牧)<sup>2)</sup>들이 모두 그를 추천했기 때문에 시험 삼아 우(禹)에게 관직을 맡겼던 것이다. 우(禹)가 관직을 맡아 수십 년 동안 훌륭한 공적을 이룬 까닭에 마침내 순(舜)은 우(禹)에게 정사(政事)를 맡겼다.

이것은 천하(天下)는 중기(重器)이고 왕자(王者)는 대통(大統)이니 천하를 물려준다는 것이 얼마나 어려운 일인가를 보여 준 것이다. 그런데 일설(一說)에 의하면 '요(堯)는 천하를 허유(許由)에게 물려주려 하였으나 허유는 받지 않았을 뿐 아니라 속된 일에 말려드는 것을 부끄럽게 여기고 도망쳐 숨어버렸다. 또 하대(夏代)에는 변수(卞隨)·무광(務光)<sup>3)</sup>과 같은 인물이 있었다.'고 하는데 대체 무엇을 근거로 이와 같이 말하는 것일까?

태사공(太史公)<sup>4)</sup>은 말한다.

---

1) 유가(儒家)의 경서(經書)를 말하는 것으로 ≪역(易)≫·≪서(書)≫·≪시(詩)≫·≪예(禮)≫·≪춘추(春秋)≫·≪악(樂)≫을 가리킨다. ≪악(樂)≫은 일찍이 없어졌다.
2) 四岳은 사방 제후의 우두머리. 十二牧은 십이 州의 장관.
3) 殷의 湯王이 夏의 桀王을 멸망시킨 후, 천하를 卞隨와 務光에게 맡기려 했으나 그들은 이를 사양하고 도망쳐 강물에 투신자살했다고 한다.
4) 太史는 관직 이름으로 본래의 직무는 天文에 관한 일을 담당하는 것이었다. 그런데 예로부터 太史는 역사 기록을 보관하기도 했다. 公은 존칭. 여기서 太史公은 司馬遷의 自稱이다.

"나는 기산(箕山)에 오른 일이 있는데 그 정상에는 허유(許由)의 묘(墓)가 있다는 말을 들었다. 공자는 옛날의 인자(仁者)·성인(聖人)·현인(賢人)들에 대해 차례로 말했으며, 오(吳)의 태백(太伯)이나 백이(伯夷)와 같은 사람에 대해서도 상세히 기술했다. 그런데 내가 들은 바로는 허유·무광의 절의(節義)가 지극히 고결했음에도 불구하고 ≪시경≫·≪서경≫의 문사(文辭)나 공자의 말에는 그들에 대한 개략(槪略)조차 없으니 무슨 까닭일까?"

공자는

"백이(伯夷)·숙제(叔齊)는 부정과 불의를 혐오했지만 일을 미워했지 사람을 미워하지는 않았으며, 남의 구악(舊惡)을 오래 두고 고깝게 생각할 인물이 아니었다. 그래서 남을 원망하거나 원망을 받는 일이 드물었다. 또한 인덕(人德)을 구하여 인덕을 얻는 인물이었으니 어찌 누구를 원망하겠는가?"

그러나 나는 백이(伯夷)의 심경에 슬픔을 느끼며 동정을 금치 못한다. 그것은 일시(逸詩)[5]를 읽어 보면 공자의 논설(論說)에 결코 찬동할 수 없는 점이 있기 때문이다.

전(傳)[6]에 의하면 백이·숙제는 고죽국(孤竹國, 나라 이름) 군주의 두 아들이었다. 아버지는 아우인 숙제에게 뒤를 잇게 할 생각이었는데 아버지가 돌아가신 후 숙제는 형인 백이에게 국군(國君)의 자리를 양위하려 했다.

그러자 백이는 '네가 국왕의 자리에 오르는 것은 부군(父君)의 명령이다.' 하고 끝내 나라 밖으로 도망해 버렸다. 숙제 또한 국왕의 자리에 오

---

5) ≪詩經≫에 실려 있지 않은 詩. 여기서는 뒤에 나오는 采薇歌를 가리킨다.
6) 어떤 책을 말하는지 분명하지 않다.

르기를 승낙하지 않고 마침내 도망해 버렸다. 그래서 고죽국 사람들은 그들의 자식을 군주로 세웠다.

　그 후 백이와 숙제는 서백창(西伯昌, 周의 文王)이 노인을 잘 대우한다는 말을 듣고 그곳으로 가려 했다. 그런데 주(周)나라에 가서 보니 서백(西伯)은 이미 죽고 그의 아들 무왕(武王)이 부왕(父王)의 목주(木主, 위패(位牌))를 받들어 문왕(文王)이라 칭하고 동진(東進)하여 은(殷)의 주왕(紂王)을 치려 하고 있었다. 이에 백이·숙제는 무왕의 말고삐를 붙들고 간(諫)했다.

　"부왕이 돌아가시어 아직 장례도 다 치르기 전에 전쟁을 하려 하니 이어찌 효(孝)라 할 수 있겠습니까? 또 신하의 몸으로 군주를 죽이려 하니 이어찌 인(仁)이라 할 수 있겠습니까?"

　무왕의 좌우 신하들이 이 두 사람을 죽이려 하자 무왕의 군사(軍師)인 태공망(太公望) 여상(呂尙)[7]이 '이들은 의(義)로운 사람들이다.' 하고는 부축하여 데려가게 했다.

　그 후 무왕이 은나라를 평정하니 천하는 주나라를 종국(宗國)으로 받들게 되었다. 그런데 백이·숙제만은 이를 부끄러운 일이라 하여 주(周)의 녹봉(祿俸)을 받지 않고 수양산(首陽山)에 숨어 고사리를 캐 먹으며 연명(延命)하다 굶어 죽게 되었을 때 다음과 같은 노래 채미가(采薇歌)를 지었다.


　저 서산(西山, 首陽山)에 올라
　고사리를 캤노라.

---

7) 주나라 초기의 賢臣 呂尙을 말한다. 성은 姜, 이름은 尙. 그가 소위 姜太公이다. 그는 周의 文王의 스승이 되어 文王을 도와 殷의 紂王을 멸망시키고 천하를 평정하여 周를 세웠다. 그리하여 그 공으로 齊나라에 봉해져 그 시조가 되었다.

폭력을 폭력으로 바꾸면서도

그 그릇됨을 모르는 무왕.

신농(神農)·우순(虞舜)·하우(夏禹)의 태평성대(太平盛代)는

홀연히 사라졌구나.

이제 우리는 돌아가리.

아, 가리라! 쇠잔한 나의 운명이여.


이렇게 백이·숙제는 끝내 수양산에서 굶어 죽었다.

이 시를 음미해 보라. 과연 백이·숙제에게 사람을 원망하는 뜻이 전혀 없었다고 하겠는가?

어떤 이는 이렇게도 말한다.

"천도(天道)는 사사로움이 없으며 언제나 착한 사람의 편을 든다.(≪노자≫ 79장)"

과연 그럴까? 그렇다면 백이·숙제와 같은 사람들은 과연 착한 사람들이라고 할 수 있겠는가? 어진 덕을 쌓고 품행이 고결하면서도 끝내 굶어 죽었으니 말이다.

또 공자는 자신의 문하에 있던 고제(高弟) 칠십 명 중에서 오직 안연(顔淵)[8]만을 학문을 좋아하는 사람이라고 칭찬하였다. 그런데 그 안연은 자주 쌀뒤주가 비어 술지게미와 쌀겨조차 배불리 먹지 못하다가 마침내 일찍 세상을 떠났다.

하늘이 착한 사람들 편을 들어 주는 것이라면 이런 일들은 도대체 어찌된 셈일까? 반면 도척(盜跖)[9]은 날마다 죄 없는 사람을 죽이고 사람의 간

---

8) 이름은 回. 공자의 제자들 중 학문이 뛰어난 공문십철(孔門十哲)의 한 사람.
9) 중국 고대의 흉포한 도적. 졸개 수천 명을 이끌고 천하를 돌아다니며 포악무도한 짓을 했다고 한다.

을 회쳐 먹고 포악무도(暴惡無道)한 짓을 하며 수천 명의 도당을 모아 천하를 횡행하였지만 천수(天壽)를 다하고 죽었다. 그가 대체 무슨 덕(德)을 쌓았기에 그런 복을 누렸는가?

이제까지 든 예는 가장 두드러지지만 근세(近世)에 이르러서도 소행이 방종하여 도(道)를 벗어나 오로지 악행만을 저지르고서도 종신토록 호강하며 부귀가 자손에까지 이어지는 예도 적지 않다.

이와는 달리 한 발짝을 내딛는 데에도 땅을 가려서 밟고 발언해야 할 때에만 정당한 말을 하며, 항상 대로(大路)를 걸으며 공정(公正)한 일이 아니면 분발하지 않는 등 시종 근직(謹直)하게 행동하면서도 오히려 재앙을 당하는 일이 이루 헤아릴 수 없이 많다.

그래서 나는 매우 당혹하지 않을 수 없다. 이른바 천도(天道)라는 것이 과연 있는 것인지, 그리고 있다면 과연 옳은 것인지 그른 것인지…….

공자는 이렇게 말했다.

"도(道)를 같이하지 않는 사람끼리는 함께 일을 도모하지 않는다."

이것은 뜻이 다른 사람끼리는 함께 행동할 수 없다는 말이다. 그리고 공자는 이런 말도 했다.

"부귀가 뜻대로 얻을 수 있는 것이라면 나는 천한 마부의 일이라도 사양하지 않겠다. 부귀가 천명(天命)이어서 나의 뜻과는 상관없는 것이라면 나는 내가 좋아하는 성현(聖賢)의 도(道)를 좇겠다."

그는 다시 이렇게 말했다.

"추운 겨울이 되어야만 다른 초목이 조락(凋落)한 후에도 송백(松栢)이 푸르름을 잃지 않는다는 것을 알 수 있다."

견주어 말하면 세상이 혼탁해야만 청렴한 선비가 더욱 돋보이는 것이다. 그것은 속인들은 부귀를 중하게 여기지만 청렴한 선비는 부귀를 가볍게 여기기 때문이 아닐까?

공자의 말대로 군자는 세상을 마친 후에 이름이 칭송되지 못함을 부끄럽게 여긴다.

한(漢)의 가의(賈誼)[10]는

"탐욕스러운 사람은 재물에 목숨을 걸고 의열(義烈)이 강한 사람은 명예에 목숨을 걸고 권세욕이 강한 사람은 권세 때문에 목숨을 잃고 일반 백성은 오로지 생명을 탐하고 그것에 매달린다."

라고 했다. 같은 빛은 서로 비춰 주고 같은 무리끼리 서로 찾는다. 구름은 용(龍)을 따라 치솟고 바람은 호랑이를 따라 일어나듯(≪주역≫ 文言傳에서 인용), 성인(聖人)이 나타나야 비로소 만물도 그 본연의 빛을 얻을 수 있는 것이다.

백이·숙제가 현인이기는 했지만 공자의 칭송을 얻음으로써 그 이름이 더욱 드러났고 안연(顔淵)은 독실한 선비였지만 공자의 기미(驥尾)에 붙음으로써 그 덕행이 더욱 드러났던 것이다.

이와 같이 암혈(巖穴)에 숨어 사는 고상한 선비라도 나가고 들어감에 때의 운(運)·불운(不運)이 얽혀 있어, 불운한 사람은 허유(許由)나 무광(務光)처럼 그 이름이 묻혀버린다는 것은 실로 슬픈 일이라 아니할 수 없다. 두메에 살면서 품행을 닦고 이름을 남기려 하는 사람이 학덕(學德) 높은 성현(聖賢, 성인 즉 공자)을 만나지 못한다면 어떻게 후세에 이름을 남길 수 있겠는가.

---

10) 前漢의 學者. 漢의 文帝에게 上奏하여, 曆을 고치고 服色을 바꾸고 제도를 고쳤다. 또 官名을 제정하고 禮樂을 일으키는 등 儒學과 五行에 기초를 두고 옛 秦나라의 법을 모두 고쳤다. 賈生이라고도 한다. 屈原賈生列傳 참조.

## 제2 관안열전(管晏列傳)

관중(管仲) 이오(夷吾)[11]는 영수(潁水, 河南省에 있는 강) 근방 사람이다. 관중은 젊은 시절 늘 포숙아(鮑叔牙, 牙는 이름, 叔은 字. 春秋時代 齊나라의 어진 신하)와 사귀었는데 포숙은 관중이 현재(賢才)임을 알고 있었다.

관중은 가난하고 어려운 생활을 숨기며 포숙을 속였으나 포숙은 늘 호의로 대하며 속은 것에 대해 이러니저러니 말하지 않았다.

그 후 포숙은 제(齊)의 공자(公子) 소백(小白)을 섬기고 관중은 공자 규(糾)를 섬기게 되었다.[12]

소백이 왕위에 올라 환공(桓公)이 되자 소백과 다투던 공자 규(糾)는 싸움에 패해 죽고 관중은 잡히어 갇힌 몸이 되었다. 그때 포숙이 환공에게 관중을 천거했다.

이리하여 관중은 등용되어 제(齊)의 정치를 맡게 되었고 환공은 패자(霸者)가 되었다. 제(齊)가 제후를 규합하여 천하의 정치를 바로잡은 것은 관중의 지혜 덕분이었다.

관중은 말했다.

"일찍이 내가 가난했을 때에 포숙과 함께 장사를 한 일이 있다. 이익을 나눌 때면 늘 내가 많이 차지하였으나 포숙은 나를 욕심 많다고 생각하지 않았다. 내가 가난하다는 것을 이해해 주었기 때문이다. 예전에 나는 포숙

---

11) 夷吾는 이름. 仲은 字. 보통 '管仲'이라고 한다. 春秋時代 齊나라의 정치가.
12) 小白과 糾는 齊나라 襄公의 아들로, 糾가 형, 小白이 동생이다. 그들은 襄公이 죽은 후 서로 왕위에 오르려고 싸웠다. 결국 小白이 왕위에 올랐는데 그가 곧 齊桓公이다. 糾는 小白에게 죽임을 당했다.

을 위해 어떤 일을 도모하다 실패하여 그를 더욱 난처하게 만든 적이 있었는데 그때도 포숙은 나를 어리석다고 하지 않았다. 세상일이란 시운(時運)에 따라 잘 풀릴 수도 있고 그렇지 못할 수도 있다는 것을 포숙은 잘 이해했기 때문이다.

예전에 나는 세 번 벼슬길에 나아갔다가 세 번 모두 쫓겨났는데 포숙은 나를 무능하다고 하지 않았다. 나의 불운을 잘 이해했기 때문이다. 또 나는 세 번 싸움터에 나갔다가 세 번 다 패해서 달아나고 말았는데 포숙은 나를 비겁하다고 생각하지 않았다. 나에게 늙으신 어머니가 있다는 것을 잘 알고 있었기 때문이다.

공자 규(糾)가 패했을 때 나와 같이 대부(大夫)로 있던 소홀(召忽)[13]은 자살하고 나는 사로잡혀 투옥되는 치욕을 당했지만 포숙은 나를 수치를 모르는 자라고 생각하지 않았다. 그것은 내가 작은 의리를 지키지 못하는 것을 부끄러이 여기지 않고 공명(功名)을 천하에 떨치지 못함을 부끄럽게 여긴다는 것을 그가 이해했기 때문이다.

진실로 나를 낳은 이는 부모지만 나를 알아 준 이는 포숙이다."

포숙이 관중을 천거한 후에 그 자신은 관중의 아랫자리에 들어가 일했다. 포숙의 자손은 대대로 제(齊)나라의 녹(祿)을 받고 십여 대에 걸쳐 봉읍(封邑)을 가졌는데 모두가 명망 있는 대부(大夫)로 알려졌다. 세상 사람들은 관중의 현재(賢才)를 칭송하기보다 오히려 친구를 잘 이해해 준 포숙을 더 높이 평가했다.

관중은 정사를 맡아 제(齊)의 재상(宰相)이 되었다. 제(齊)는 작은 나라로 바닷가의 변비(邊鄙)한 곳에 위치했다. 관중은 무역을 하여 국고(國庫)를 쌓아 나라를 부강하게 하고 군비를 튼튼히 했으며 백성들이 원하는 대

---

13) 관중과 함께 公子 糾를 도와 왕위에 앉히려 했다. 小白이 왕위에 오르자 召忽은 자살했다.

로 나라를 이끌어 나갔다.

관중은 자신의 저서 《관자(管子)》 〈목민편(牧民篇)〉에서 다음과 같이 말했다.

"사람은 곡식 창고가 가득 차야 비로소 예절을 알며 의식(衣食)이 풍족해야만 영욕(榮辱)을 안다. 위에 있는 자가 법도를 지키면 육친(六親, 父母兄弟와 妻子)이 서로 화목하여 굳게 뭉치고 사유(四維)[14]가 행해지지 못하면 나라가 망한다."

관중이 정령(政令)을 내리면 물이 수원(水源)에서 흘러 차차 낮은 곳으로 흐르듯이 민심이 그에 순응하였다. 나라에서 결정한 정책은 알기 쉬워 실행하기에 어려움이 없었고 백성이 바라는 것은 소망대로 들어 주었으며 싫어하는 것은 제거해 주었다. 그리고 정치의 실제면에서 화(禍)를 복(福)으로 전환시켰으며 실패를 성공으로 이끌었다. 또 어떠한 일이라도 그 경중을 잘 파악하여 균형을 잡아 신중하게 처리했다.

예를 들면 환공이 소희(少姬)[15]씨의 일로 노하여 채(蔡)나라를 공격하자 관중은 그것을 기회 삼아 초(楚)를 쳐, 초(楚)가 주실(周室)에 바치는 공물(貢物)인 포모(包茅, 제사에 사용하는 靑茅 꾸러미)를 바치지 않는 것을 꾸짖었다. 또 환공이 북(北)으로 산융(山戎)을 치자 관중은 그것을 기회로 연(燕)을 쳐 조종(祖宗)인 소공(召公)[16]의 선정(善政)을 부활시켰다.

또 가(柯)의 회맹(會盟, 齊桓公과 魯莊公의 회맹)[17]에서 환공이 노(魯)의

---

14) 나라를 다스리는 네 가지 대강(大網)으로, 禮·義·廉·恥를 말한다.

15) 小姬는 환공이 蔡나라에서 취한 부인인데 뱃놀이를 하던 중 배를 흔들어 환공을 놀라게 한 죄로 본국으로 쫓겨났다. 蔡나라에서는 小姬를 다른 곳으로 시집보냈다. 환공은 자기의 허락도 없이 小姬를 다른 곳에 시집보냈다 하여 화가 나서 蔡나라를 공격했다.

16) 召公은 燕의 始祖로 周와는 同姓의 나라이다. 환공이 覇者가 되었을 때 燕의 군주는 莊公. 환공은 燕이 山戎賊의 침입으로 괴로움을 당하는 것을 구해 주려고 北征했는데 그 이후, 燕은 周 王室에 대한 태도를 고쳐 충실히 섬겨 옛날 召公의 善政을 베풀었다.

장수 조말(曹沫)과의 약속을 어기려 하였으나 관중은 환공에게 그 약속을 지켜 신의를 굳게 했다. 그런 까닭에 제후들은 제(齊)에 귀속했다. 관중은 이렇게 말했다.

"주는 것이 얻는 수단이 된다는 사실을 아는 것이 정치의 요체다."

관중의 부(富)는 제(齊)의 공실(公室)에 비견할 만하여 삼귀(三歸)·반점(反坫)[18]을 가질 정도였으나 제나라 사람들은 관중의 공로가 많으므로 이것을 분에 넘치는 사치라고 생각하지 않았다. 관중이 죽은 후에도 제나라는 그의 정책을 받들어 항상 제후들 속에서 군건한 세력을 보전하였다.

관중이 죽은 후 백여 년이 지나서 제나라에 안자(晏子, 晏平仲嬰)가 나타났다.


안평중영(晏平仲嬰, 平은 시호, 仲은 字, 嬰은 이름)은 내(萊) 땅의 사람이다. 제(齊)의 영공(靈公), 장공(莊公), 경공(景公)을 섬겨 절약, 검소, 역행(力行)을 실천한 선비로 제나라에서 중용되었다.

제나라 재상이 된 뒤에도 밥상에는 육류라고는 한 가지뿐이었고 아내에게는 비단 옷을 입히지 않았다.

조정에 나아가 있을 때 군왕의 하문(下問)이 있으면 성의를 다하여 답변하고 하문이 없을 때에는 바르게 행동하고자 조신했다. 국정(國政)이 정당할 때에는 임금의 명령에 순종하고 그렇지 않을 때에는 명령의 옳고 그름을 가려 옳다고 생각되는 바를 실행했다. 그래서 영공·장공·경공 3대

---

17) 齊나라 桓公과 魯나라 莊公의 會盟을 가리킨다. 柯는 山東省의 지명. 柯의 會盟에서 魯나라 장수 曹沫은 桓公을 위협하여 전에 빼앗은 노나라 땅을 돌려주겠다는 약속을 桓公한테서 받아 냈다. 桓公은 그 후 그 약속을 지키지 않으려 했으나 管仲은 桓公에게 諫하여 약속을 지키게 했다.
18) 三歸는 저택이 세 개 있는 것. 따라서 아내도 셋이다. 坫은 헌수(獻酬)한 술잔을 엎어 놓는 대(臺). 모두 제후에게만 허락된 일이다.

에 걸쳐 안영의 이름은 제후들 사이에 유명했다.

월석보(月石父)는 현인이었으나 어쩌다 죄를 지어 갇히는 몸이 되었다. 안자가 외출하다 길에서 그를 만나자 자기가 타고 있던 삼두마차의 왼쪽 말을 풀어 월석보의 몸값으로 바치고 석보를 수레에 태워 함께 집으로 돌아왔다.

그런데 안자는 월석보에게 아무런 말도 없이 안방으로 들어가 버렸다. 잠시 후 월석보가 절교하기를 청했다. 안자는 깜짝 놀라 의관을 갖추고 월석보에게 사과했다.

"제가 비록 인덕(仁德)이 부족하나 그래도 선생을 구해드렸습니다. 어찌 이렇게도 성급하게 절교를 하려 하십니까?"

월석보가 말했다.

"그런 것이 아닙니다. 군자(君子)는 자기를 이해해 주지 못하는 사람에게는 재능을 나타내려고 하지 않지만 자기를 알아주는 사람한테는 자신의 뜻을 밝혀 능력을 크게 편다고 했습니다. 제가 죄수로 있는 동안 주위 사람들 누구도 저를 이해하지 못했습니다. 그런데 공께서는 느끼시는 바가 있어 저를 구해 주셨으니 저를 이해해 주신 것입니다. 그렇게 저를 알아주시면서 예의를 무시한다면 차라리 죄수들 사이에 있는 편이 낫습니다."

그리하여 안자는 월석보를 맞아들여 상객(上客)으로 모셨다.

안자가 제나라 재상으로 있던 어느 날 외출하려 하는데 마부(馬夫)의 처가 문틈으로 자기 남편의 거동을 엿보았다. 재상의 마부인 남편은 수레 위에 큰 차양을 씌우더니 마차의 앞자리에 앉아 사두마(四頭馬)에 채찍질하는 흉내를 내며 의기양양한 듯 자못 만족스러운 표정을 짓고 있었다.

나중에 남편이 돌아오자 그의 아내는 이혼하겠다고 말했다. 남편이 그 까닭을 물으니 아내는 이렇게 대답했다.

"안자(晏子) 대감은 키가 6척(六尺)[19]도 못 되지만 일국의 재상으로 이름을 날리고 있습니다. 아까 소첩이 그분이 외출하는 모습을 살펴보니 깊은 생각에 잠긴 듯 겸허한 모습이셨습니다. 그런데 당신은 키가 8척(八尺)이 넘으면서도 남의 마부가 된 것이 만족스러운 듯 뻐기시니 소첩은 그런 남자의 곁을 떠나고자 하는 것입니다."

그 뒤로 마부는 늘 겸허한 태도를 지니게 되었다. 안자가 이상하게 여겨 그 까닭을 묻자 마부는 숨김없이 사실대로 말했다. 안자는 느낀 바 있어 그를 천거하여 대부(大夫)로 올려 주었다.

태사공은 말한다.

"나는 관중(管仲)의 저술인 ≪관자(管子)≫의 목민(牧民)·산고(山高)·승마(乘馬)·경중(輕重)·구부(九府) 등 여러 편과 안자가 저술한 ≪안자춘추(晏子春秋)≫를 읽었는데 논한 바가 실로 상세했다. 그들의 저서를 읽고 나니 그들의 행적을 알아보고 싶어 그 전(傳)을 적기로 했다. 이 두 사람의 저서는 세상에 많이 나와 있으므로 여기서는 논하지 않기로 하고 다만 세상에 알려지지 않은 일만을 기록했다.

세상은 관중(管仲)을 현신(賢臣)이라 하지만 공자는 그를 소인(小人)이라고 했다. 그것은 주(周)의 정치의 도(道)가 쇠퇴하고 있던 상황에서 환공(桓公)이 뛰어난 현인인데도 힘써 왕(王)이 되도록 하지 못하고 고작 패자(覇者)에 머물게 했기 때문이라고 생각한 것이다.

고어(古語) ≪효경(孝經)≫에,

'군주(君主)의 좋은 점은 고무하고 결점은 교정하는 신하여야만 군신(君臣) 사이가 친숙해진다.(≪효경≫ 사군장(事君章))'고 했는데 이는 관

---

19) 漢代의 1尺은 약 23센티미터. 周代에도 별 차이가 없었다고 본다면 6尺은 140센티미터밖에 안 된다.

중을 두고 한 말인지도 모른다.

최저(崔杼)에게 시살(弑殺) 당한 장공(莊公)의 시체에 엎드려 큰소리로 곡례(哭禮)를 하고 가버린 안자(晏子)는 이른바 '의(義)를 보고 행하지 않는 사람은 용기가 없는 사람(≪논어≫ 爲政篇)' 이라는 말에 해당하는 것일까?

군주의 면전에서 군주의 안색을 살피지 않고 강간(强諫)하는 경우의 안자는 이른바 '나아가서는 충성을 다하려 하고 물러나서는 잘못을 보충할 것을 생각하는 사람(≪효경≫ 事君章)' 으로 알아야 하지 않을까?

나는 참으로 안자를 흠모한다. 안자가 지금 생존해 있다면 나는 안자를 위해 그의 마부가 되어 채찍을 드는 일이라 할지라도 사양하지 않으련다."

# 제3  노자 · 한비열전(老子 · 韓非列傳)[20]

노자(老子)는 초(楚)나라 고현(苦縣)의 여향(厲鄕) 곡인리(曲仁里) 사람이다. 성은 이(李), 이름은 이(耳), 자(字)는 담(耼)이라 하며 주 왕실(周王室)의 서고(書庫)를 관리한 사관(史官)이었다.

공자가 주나라에 갔을 때 예(禮)에 관해 노자에게 가르침을 받으려 하자 노자는 이렇게 말했다.

"그대가 말하는 옛날의 성현이란 그 육신과 뼈다귀가 이미 썩어 버리고 남은 것이라고는 오직 공언(空言)뿐이오. 게다가 군자라는 사람도 때를 얻으면 마차를 타고 건들거리는 신분이 되지만 때를 만나지 못하면 쑥대 씨앗이 바람에 날려 이곳저곳 흩날리듯 떠돌아다니는 신세가 될 뿐이오.

'훌륭한 장사꾼이 물건을 깊숙이 감춰 언뜻 보면 가게가 텅 빈 듯하나 속이 실하고 진실로 훌륭한 사람은 많은 덕을 몸에 갖추고 있으나 겉으로 보기에는 어리석은 것같이 보인다.' 고 나는 들었소. 그대는 몸에 지니고 있는 교만과 탐욕, 그리고 잘난 체하려는 것과 편견을 모두 버려야 할 것이오. 그런 것들은 그대에게 아무런 이로움도 주지 못하오. 내가 그대에게 말하고자 하는 것은 오직 이것뿐이오."

공자는 노자와 헤어져 돌아가서 제자들에게 말했다.

"새가 잘 날고 물고기가 헤엄을 잘 치며 짐승이 잘 달린다는 것은 나도 잘 알고 있다. 달리는 놈은 그물을 쳐서 잡고 헤엄치는 놈은 낚시로 잡을 수 있고 나는 놈은 활을 쏘아 잡을 수 있다. 그렇지만 용(龍)은 바람과 구

---

20) 통행본(通行本)에는 老莊申韓列傳으로 되어 있는 것이 많지만 ≪史記≫〈太史公自序〉에 따라 여기서는 老子 · 韓非列傳이라 했다.

름을 타고 하늘을 오르는 놈이니 잡는 방법을 알 수가 없다. 나는 오늘 노자를 만났는데 그가 바로 용과 같은 사람이라고나 할까……."

노자는 도(道)와 덕(德)을 귀중하게 여겼다. 그의 학설은 '모든 것을 숨기고 드러내지 않는 것(無名)'을 요체로 삼는다.

노자는 오랫동안 주나라에 있었으나 주나라가 쇠해지는 것을 보고 마침내 그곳을 떠나 관(關)[21]에 이르렀다. 관지기인 윤희(尹喜)가 말했다.

"선생께서는 이제 은둔하려 하시니 어려우시겠지만 저를 위해 저서(著書)를 남겨 주십시오."

그래서 노자는 상·하 두 편의 책을 저술하여 도와 덕의 깊은 뜻에 대해 설명한 오천여 글자의 문장을 남기고 관(關)을 떠났다. 그 후 노자가 어디서 어떻게 지내다가 세상을 떠났는지 아는 사람이 없다.

어떤 사람은 '노래자(老萊子)도 초(楚)나라 사람으로서 저서가 십오 편 있는데 도가(道家)의 깊은 뜻을 논하고 있으며 공자와 같은 시대 사람이다.'라고 한다.

노자는 백육십여 세까지 살았다 하고 혹은 이백여 세까지 살았다고도 한다. 도를 닦아 수양한 덕분에 장수했을 것이다.

공자가 죽은 후 일백이십구 년 만에 쓴 사관(史官)의 기록에는 "주나라 태사(太史, 史官) 담(儋)이 진(秦)의 헌공(獻公)을 뵙고 '진(秦)나라는 처음에 주(周)나라와 합쳐져 하나였는데 합쳐진 지 오백 년 만에 갈라지고 갈라진 지 칠십 년 만에 패왕(霸王)이 될 인물이 나타날 것입니다.'고 하였다."고 씌어 있다.

어떤 사람은 '이 담이라는 사람이 곧 노자다.'라 하고 또 어떤 사람은

---

21) 지금의 섬서성에 있는 관(關)으로 산관(散關)이라고도 하고 함곡관(函谷關)이라고도 한다. 그 바깥쪽은 이민족이 사는 지역이었다.

'그렇지 않다.'고 말하는데 어느 쪽이 옳은지 알지 못한다.

노자는 숨은 군자다. 노자의 아들은 이름을 종(宗)이라 하며 위(魏)나라 장군이 되어 단간(段干, 魏나라의 고을)에 봉(封)해졌다. 종(宗)의 아들은 주(注), 주의 아들은 궁(宮), 궁의 현손(玄孫)은 가(假)인데 그는 한(漢)나라 효문제(孝文帝)를 섬겼다. 그리고 가(假)의 아들 해(解)는 교서왕(膠西王) 앙(昻)의 태부(太傅, 輔佐官)가 되어 그때부터 제(齊)에서 살게 되었다.

세상에서는 노자의 학문을 배우는 자는 유학(儒學)을 배척하고, 유학도(儒學徒)는 반대로 노자의 가르침을 배척한다. '도(道)가 같지 않으면 함께 일을 계획할 수가 없다.(≪논어≫ 衛靈公篇)는 것은 아마도 이런 일을 두고 하는 말일 것이다.

노자는 인위적(人爲的)으로 교육하지 않으면서도 사람들을 교화(敎化)하여 깨끗하고 고요하고 평온한 가운데 사람들이 저절로 올바르게 되도록 하였다.


장자(莊子)는 하남성(河南省)의 몽현(蒙縣) 사람으로 이름은 주(周)이다. 장주(莊周)는 일찍이 몽현(蒙縣) 칠원(漆園)의 관리가 되었다. 그는 양(梁)나라 혜왕(惠王), 제(齊)나라 선왕(宣王)과 동시대의 인물이다.

그는 박학(博學)하여 사고(思考)가 미치지 못한 곳이 없는데 그 요점은 노자의 학설로 귀착된다. 또한 그의 저서 십만여 자는 거의 대부분 우화(寓話)로 되어 있다. 〈어부(漁父)〉·〈도척(盜跖)〉·〈거협(胠篋)〉 등 여러 편을 저작한 것은 공자의 학파를 비방하고 노자의 학설을 밝히려고 한 것이며 외루허(畏累虛)·항상자(亢桑子) 등에 관한 이야기는 모두 가공의 이야기로서 사실이 아닌 것들이다.

그렇지만 문장이 매우 훌륭하며 세상사와 인정의 기미(機微)를 교묘히 이용하여 유가(儒家)와 묵가(墨家, 墨子의 학파)의 학문을 비난하고 공격했다. 당시의 석학들도 그의 날카로운 비판을 면할 길이 없었다.

장주(莊周)의 언사(言辭)는 너무 광대하고 자유분방하며 자기중심적(自己中心的)이었다. 그래서 왕공(王公)·대인(大人)들은 그를 훌륭한 인물로 평가하려 하지 않았다. 오직 초(楚)나라 위왕(威王)만이 장주가 현인이라는 말을 듣고 사자(使者)를 보내어 예물을 후히 주면서 재상으로 삼으려 했다. 장주는 웃으면서 초나라 사자에게 이렇게 말했다.

"천금이라면 큰돈이며 재상이란 참으로 높은 벼슬이다. 그런데 그대는 교제(郊祭, 郊外에서 올리는 天祭)에서 제물로 바쳐지는 소를 본 적이 있는가? 그 소는 수년간 소중히 사육되다가 무늬를 넣은 깨끗한 천에 덮여 태묘(太廟)로 끌려 들어간다. 그때를 당하여 희생당하기 싫다며 차라리 새끼돼지가 되겠다고 발버둥을 친들 무슨 소용이 있겠는가. 어서 돌아가게, 나를 욕되게 하지 말고. 차라리 더러운 시궁창에서 유유히 사는 쪽을 택하겠네. 국가를 보유한 자나 제후들에게 구속되고 싶지 않네. 한평생 벼슬 같은 것은 하지 않고 내 마음대로 지내고 싶을 뿐이네."

신불해(申不害)는 경현(京縣) 사람이다. 본래 정(鄭)나라의 미천한 신하였으나 형명(刑名)[22]과 법술(法術)을 배워 한(韓)나라 소후(昭侯)에게 등용되기를 바랐다. 소후(昭侯)는 그를 재상으로 삼았다. 신불해는 안으로는 정치·교육을 정비하고 밖으로는 제후들과 접촉하기를 십오 년, 그가 죽을 때까지 나라는 잘 다스려지고 병력은 강하여 한(韓)을 침략하는 나라가 없었다.

신자(申子)는 학문을 황제(黃帝)·노자(老子)에 근본을 두고 형명(刑名)

---

22) 形名과 같음. 법가(法家)의 학문으로, 관리를 임용할 때 그 形과 名이 일치하는지 어떤지를 판단하는 군주를 위한 정치학.

을 주로 하였다. 책 두 편을 저술하여 ≪신자(申子)≫라 했다.


한비(韓非)는 한(韓)나라 공자(公子)의 말류(末流)이다. 형명(刑名)·법술(法術)의 학문을 좋아하여 황제(黃帝)·노자(老子)의 도(道)를 근본으로 삼았다. 비(非)는 날 때부터 어눌하여 변론에는 서툴렀으나 저술(著述)에는 능했다.

이사(李斯, 李斯列傳 참조)와 함께 순경(荀卿, 순자(荀子))에게서 사사(師事)했는데, 이사는 자신의 재주가 한비에게 미치지 못한다고 스스로 생각하고 있었다.

한비는 한나라가 타국의 침략으로 영토가 깎이고 국력이 쇠약해지는 것을 보고 자주 글을 올려 한왕(韓王)에게 간했으나 한왕은 그의 의견을 받아들이지 않았다.

한비는 위정자가 나라를 다스리는 데에 법을 밝히고 권력을 장악하여 신하를 부리면서 나라를 부강하게 하고 병력을 튼튼하게 하며 널리 인재를 구하고 어진 사람을 중용하려 하지 않고, 도리어 경박하고 건실치 못한 벌레 같은 소인을 뽑아 공로와 실적이 있는 사람의 윗자리에 앉히는 것을 옳지 못한 일로 보았다.

그와 더불어 '유자(儒者)는 문학으로 국법을 어지럽히고 유협(遊俠)의 무리는 무력으로 나라의 금령(禁令)을 범한다. 그런데 군주는 평상시에는 명예 있는 자(儒者)를 총애하고 비상시에는 갑옷 입은 무인(武人)을 중히 쓴다. 이래서는 평상시에 군주가 후대하여 양성한 사람은 비상시에 쓸모가 없고 비상시에 쓸모 있는 자는 평상시에 후록(厚祿)을 받은 자가 아니다.' 라고 생각하게 되었다.

그리하여 한비는 염직(廉直)한 사람들이 사악한 신하들 때문에 군주와의 사이가 가로막히는 것을 슬퍼하여 과거 정치의 성패와 변천을 관찰한

〈고분(孤憤)〉, 〈오두(五蠹)〉, 〈내외저(內外儲)〉, 〈세림(說林)〉, 〈세난(說難)〉 등 십만여 자의 문장을 엮어 냈다.

한비는 군주에 대한 유세(遊說)의 어려움을 잘 알아 그것을 〈세난(說難)〉에서 세밀히 논하였으나 정작 그 자신은 진(秦)나라에서 비명(非命)으로 죽어, 세난(說難)의 어려움에서 벗어나지 못하고 말았던 것이다.

그는 세난편(說難篇)에서 이렇게 말했다.

"무릇 유세의 어려움이란 나의 지식이 부족하여 상대를 설득하기 어려운 것을 가리키는 게 아니다. 또 변설(辯舌)이 서툴러 나의 뜻을 충분히 밝히지 못하기 때문도 아니다. 그렇다고 용기가 부족하여 나의 의견을 자유자재로 충분히 말하지 못하는 그런 어려움도 아니다. 유세의 어려움이란 상대방의 마음속을 잘 살펴서 그 심의(心意)가 어디에 있는지 알아내어 나의 주장을 거기에 적중시켜야 하는 데 있다.

설득해야 할 상대는 명성을 얻고자 하는데 그에게 큰 이익을 얻게 되는 것을 말한다면 식견이 낮은 비천한 사람으로 취급되어 틀림없이 버림받게 될 것이다. 또 상대방은 큰 이익을 얻고자 하는데 그런 사람에게 명성을 높이는 방법을 이야기한다면 세상 물정에 어두운 사람으로 낙인 찍히고 결국 받아들여지지 않을 것이다.

또 상대방이 속으로는 큰 이익을 얻고자 하면서도 겉으로는 명성을 얻고자 하는 체할 때 그에게 명성을 높일 것을 설득한다면 겉으로는 받아들이는 척하면서 속마음으로는 소원히 할 것이다. 그렇다고 그런 자에게 큰 이익을 얻도록 설득한다면 속으로는 그 언설(言說)을 채용하면서도 겉으로는 그 사람을 버릴 것이다. 유세하는 사람은 이러한 사정을 잘 파악하지 않으면 안 되는 것이다.

일은 은밀히 진행함으로써 성취되고 말은 새어나감으로써 실패한다. 유세자(遊說者) 자신은 결코 상대방의 비밀을 들출 생각이 없었는데 어쩌다 상대가 숨기고 있는 일을 밝히게 되는 경우가 있다. 이런 경우 유세자는 신상이 위태롭다.

귀인(貴人)인 그에게 과실의 단서(端緒)가 있을 경우 유세자가 조심하지 않고 정당한 의논을 전개하여 상대방의 나쁜 점을 들추어내면 결국 신상이 위태롭게 된다. 또 상대방한테 아직 충분히 신임받지 못하고 따라서 은혜를 입을 처지도 아닌데 모든 슬기를 기울여 설득하거나 하면 그 설이 실행에 옮겨져 설득에 성공했다 하더라도 그 사람은 공을 인정받지 못하고 잊혀버릴 것이며, 그 설이 실행되지 않아 설득에 실패한 경우에는 엉뚱한 일까지 의심받게 되어 자칫하면 신상까지 위태롭게 된다.

또 귀인이 어떤 계획을 생각하여 그 공을 독점하려고 하는데 유세자가 귀인의 그러한 의도를 알게 되면 역시 신상이 위태롭다. 귀인이 겉으로 어떤 일을 하고 있는 것처럼 보이면서 실은 다른 일을 계획하고 있을 때 유세자가 그러한 사실을 알게 되면 역시 신상이 위태롭다. 상대방인 귀인이 하고 싶지 않은 일을 억지로 실행하게 하거나 무슨 일이 있어도 그만둘 수 없는 것을 억지로 그만두게 하거나 해도 유세자의 신상이 위태롭다.

군주를 상대로 명군 현주(明君賢主)에 관하여 논하면 군주는 명군 현주의 좋은 점을 칭송하면서 실은 자신을 헐뜯는 것이나 아닌지 의심하게 되며, 우자(愚者)에 대하여 논하면 군주는 남을 나쁘게 말함으로써 특별히 자기의 장점을 부각시키려는 수작이 아닌지 의심한다.

군주가 총애하는 사람에 관해 논하면 그 사람을 이용하여 아첨하려는 것이나 아닌지 의심하며, 군주가 미워하는 사람에 관해 말하면 군주가 그 사람을 어느 정도 미워하고 있는지 탐색하려는 것으로 의심한다.

말을 줄여 간결하게 이야기하면 무식하다고 업신여기고, 화제를 넓혀서 예증을 많이 들면 말이 많다고 싫어한다. 일에 순응하여 조심스럽게 의견을 말하면 소심해서 겁을 내어 자신의 뜻을 충분히 펴지 못한다고 하고,

또 넓은 시야로 의견을 충분히 진술하면 예의를 모르고 제 자랑만 늘어놓는 거만한 놈이라고 한다.

이상이 유세하기 어려운 점들이니 유세자는 이런 점을 잘 알아 두지 않으면 안 된다.

유세의 요령이라면 상대 군주가 자랑스럽게 여기는 것을 칭송해 주고 수치스럽게 여기는 점은 건드리지 말아야 하는 것으로 유세자는 이 점을 명심해야 한다.

군주가 자기의 계획을 지혜로운 것으로 여기고 있을 때에는 그 결점을 지적하여 군주를 궁지로 몰아넣어서는 안 된다.

군주가 자신의 결단을 용기 있는 것으로 생각할 때에는 굳이 반대 의견을 진술하여 군주를 노하게 해서는 안 된다.

군주가 자기의 실력을 위대하다고 생각하고 있을 때에는 그 힘이 미치지 못하는 점을 들어 군주의 마음을 꺾어서는 안 된다.

군주가 어떤 계획을 갖고 있는 경우에는 다른 일로 같은 계획을 갖고 있는 사람을 칭찬하고 군주와 같은 일을 한 사람을 칭찬하며, 또 군주와 같은 잘못된 일을 한 사람이 있으면 그것이 별로 해로운 일이 아니라고 변명해 주고, 군주와 같은 실패를 한 사람이 있으면 그것은 실패도 아니고 아무것도 아니라고 두둔해 주어야 한다.

군주의 뜻을 거역하지 말 것이며 군주의 말이 잘못되었다고 공격하거나 배척하지 않는 범위에서 자신의 지력(知力)을 발휘해야 한다.

이것이 군주와 친근하게 되어 의심받지 않고 자신의 주장을 충분히 말할 수 있는 길이다.

이렇게 해서 오랜 시일이 지나 군주의 신용(信用)과 은택(恩澤)이 두터워지면 깊고 큰 계획을 말해도 의심받지 않으며 군주와 서로 마주하여 간하고 논쟁해도 죄를 받지 않는다. 그때에는 국가의 이해(利害)를 분명하게 따지더라도 공적을 자기 것으로 할 수 있으며, 일의 시비(是非)를 사실대로 지적해도 작록을 받고 몸에 비단옷을 걸칠 수 있다.

이와 같이 군주로부터 의심받지 않고 벌 받지 않으며 유세자가 공적을 자기 것으로 하여 작록을 받는 데까지 이르면 이것이 유세의 완성인 것이다.

이윤(伊尹, 殷나라 湯王의 宰相)이 일찍이 요리사가 되고 백리해(百里奚, 秦나라 穆公의 宰相)가 노예가 된 것도 그렇게 함으로써 임금의 신임을 얻어 임용되기 위해서였다.

이 두 사람은 성인(聖人)이다. 그럼에도 불구하고 그들은 남의 부림을 받으며 오욕된 생활을 했던 것이다. 그러하니 재능 있는 선비라 할지라도 그러한 일은 결코 부끄러워할 만한 일이 못 된다.

송(宋)나라에 한 부자가 있었다. 어느 날 큰비가 와서 저택의 담장이 무너졌다. 그의 아들이,

"담장을 고치지 않으면 도적이 들어올까 걱정입니다."

하고 말했다. 그 이웃집 주인도 같은 말을 했다. 해가 저물고 나서 낮에 걱정했던 대로 도적이 들어와 많은 재물을 훔쳐갔다.

그 부자는 아들에게 선견지명(先見之明)이 있다고 칭찬하고 이웃집 주인한테는 '혹시 저 놈이 훔친 것이 아닐까?' 하고 의심했다.

옛날 정(鄭)나라의 무공(武公)이 호(胡, 북방의 이민족으로 후세의 흉노)를 치려고 생각했다. 그래서 우선 자기 딸을 호(胡)의 군주에게 시집보내고 나서 여러 신하에게 물었다.

"출병하려 하는데 어느 나라를 치면 좋겠소?"

대부(大夫)인 관기사(關其思)가 말했다.

"호를 치셔야 합니다."

그러자 무공(武公)은 호통을 쳤다.

"호(胡)나라는 형제국인데 어찌하여 호(胡)를 치라고 하는가?"

무공(武公)은 관기사를 사형에 처했다. 그 일을 전해들은 호(胡)의 군주는 자국(自國)과 친근하다고 믿고 정나라에 대한 방비를 하지 않았다. 그러자 정나라는 호(胡)를 쳐 나라를 빼앗았다.

이웃집 주인의 견해와 관기사의 견해는 모두 정당했지만 한 사람은 의심을 받고 한 사람은 처형을 당했다. 따라서 슬기로써 일의 진상을 아는 것은 그리 어려운 일이 아니나 알고 있는 것을 어떻게 처리하느냐는 대단히 어려운 것이다.

옛날 미자하(彌子瑕)[23]는 위(衛)나라 영공(靈公)의 총애를 받았다. 위나라에는 허가 없이 군주의 수레를 탄 사람은 월형(刖刑, 다리를 자르는 형벌)에 처하는 법률이 있었다.

어느 날 미자하의 어머니가 병에 걸렸다. 누군가 한밤중에 미자하에게 달려가 그 사실을 알렸다. 미자하는 임금의 명령이라 속이고 임금의 수레를 몰래 타고서 궁중을 빠져나가 어머니를 문병했다. 임금은 이 사실을 전해 듣고 미자하를 현명한 사람이라고 칭찬하면서,

"이 얼마나 효성이 지극한가, 어머니를 생각하는 지극한 마음에서 월형의 죄까지 범했으니."

하고 말했다. 또 언젠가 미자하는 임금을 수행하여 과수원에 놀러갔다. 미자하가 복숭아를 한 입 베어 먹어 보니 맛이 너무 좋았다. 그래서 먹던 복숭아를 임금에게 올렸다. 위나라 임금은,

"이 얼마나 나를 생각하는 정이 깊은가, 자기 입은 생각지도 않고 내게 주다니."

---

23) 남자 이름. 뛰어난 용모로 인해 임금의 총애를 받았다. 戰國時代에는 이런 일이 가끔 있었다.

하고 말했다. 그 후 미지하의 용모와 안색이 변하고 임금의 총애도 전만 못하게 되자 미자하는 이따금 꾸지람을 듣게 되었다. 나중에 임금은 이렇게 말했다.

'이놈은 일찍이 나를 속이고 내 수레를 몰래 탔고 심지어 제가 먹던 복숭아를 내게 먹인 놈이다.'

미자하의 행동은 한가지였다. 그런데 전에는 현명하다며 칭찬을 받고 나중에는 죄를 범한 것이라며 욕을 먹은 것은 미자하에 대한 임금의 애증(愛憎)이 격심하게 변했기 때문이다.

임금에게 총애를 받으면 모든 행동이 임금의 마음에 들어 더욱 친밀하게 되고, 반대로 임금한테 미움을 받게 되면 죄를 얻어 더욱 멀어지게 된다. 그런 까닭에 임금에게 간하고 유세하려는 자는 상대인 임금의 애증을 잘 살펴 자신의 주장을 펴지 않으면 안 된다.

아무리 무서운 용(龍)이라 할지라도 잘 길들이기만 하면 그 등에 탈 수 있다. 그렇지만 용의 목덜미에 있는 지름 한 자 정도의 역린(逆鱗)을 건드리면 반드시 그 사람을 죽인다고 한다. 임금에게도 이러한 역린이 있다. 유세하는 자가 임금의 역린을 건드리지만 않으면 일단 유세는 성공한 것이라고 할 수 있다.(≪한비자≫ 說難篇)

어떤 사람이 한비(韓非)의 저서를 진(秦)나라에 전했다. 진왕(秦王 : 政. 뒷날의 始皇帝)이 〈고분(孤憤)〉·〈오두(五蠹)〉 등 몇 편을 보고는,

"아, 이 책을 쓴 사람과 만나 사귈 수만 있다면 죽어도 한이 없겠다."

하고 말했다. 그러자 이사(李斯)가 대답했다.

"이 책은 한비라는 사람이 저술한 것입니다."

그래서 진나라는 서둘러 한(韓)나라를 공격했다. 한왕(韓王) 안(安)은 그때까지 한비를 등용하지 않았으나 위급한 사태에 이르니 한비를 진나

라에 사신으로 보냈다.

진왕은 한비가 온 것을 기뻐했으나 아직 신임하거나 등용하지는 않았다. 이사(李斯)와 요가(姚賈)는 한비의 재능이 자신들보다 뛰어났기 때문에 자리를 빼앗기지나 않을까 두려워했다. 그들은 한비를 비방하여 이렇게 말했다.

"한비는 한나라 공자(公子)의 말류(末流)입니다. 지금 임금께서는 제후를 치고 병합하여 천하를 통일하려고 하시는데 한비는 원래 한나라 인물이니 한을 위해 일할 뿐 진나라에는 도움을 주지 않으려 할 것입니다. 그것은 어쩔 수 없는 인정입니다. 그런데 이제 왕께서 한비를 등용하지 않고 오래도록 진나라에 잡아 두셨다가 다시 한나라로 돌려보내시면 결국 우리 진나라의 후환을 기르는 것밖에 되지 않습니다. 차라리 한비에게 가혹한 법을 적용하여 주살(誅殺)하는 것이 좋을 듯합니다."

진왕은 이사의 의견이 그럴듯하다고 생각하여 한비를 관리의 손에 넘겨 죄를 규탄(糾彈)하게 하였다. 이사는 남몰래 사람을 시켜 한비에게 독약을 보내 자살하도록 했다. 한비는 직접 임금을 알현(謁見)하여 자신의 죄가 사실 무근임을 밝히려 했으나 알현할 수가 없었다. 진왕은 나중에 한비에 대한 조치를 후회하고 사자를 보내 사면하려고 했으나 이미 한비는 죽고 없었다.

신불해(申不害)와 한비(韓非)는 저서를 남겨 후세에 이를 배우려는 사람들이 많다. 나는 한비가 〈세난(說難)〉 같은 명편(名篇)을 지어 내고도 자기 자신은 화를 벗어나지 못했음을 못내 슬퍼한다.

태사공은 말한다.

"노자가 귀하게 여긴 도(道)는 허무하여 실체가 없고 자연에 순응하여 아무런 작위(作爲)가 없으며 천변만화(千變萬化)함을 중심 사상으로 한다. 그래서 그의 저서(著書)와 언사(言辭)는 미묘하여 이해하기 어렵다.

장자(莊子)는 노자의 이른바 도덕을 부연하여 분방(奔放)한 의논을 전개했는데 이 또한 모두 자연으로 귀착되고 있다.

신자(申子)는 손쉽게 도덕을 명(名)과 실(實)에 적용하여 형명(刑名)의 학문을 주장했다.

한비자는 먹줄을 친 것처럼 깔끔하게 법규를 제정하여 모든 세상 인정(世上人情)에 절실하고 시비(是非)의 구분을 분명하게 해 놓았지만 그 결과는 너무나도 참담하고 각박하여 인간미가 결여되어 있다.

위에 말한 것은 도덕의 뜻을 근본으로 하고 있지만 그중에서도 심원한 것은 노자라 하겠다."

# 제4 사마양저열전(司馬穰苴列傳)

사마양저(司馬穰苴)[24]는 전완(田完)[25]의 먼 후세손이다.

제(齊)나라 경공(景公) 때 진(晋)나라가 제(齊)의 아(阿)와 견(甄) 두 읍을 치고 연(燕)이 하상(河上, 黃河 南岸의 齊나라 땅)을 침략하여 제나라 군사가 크게 패한 일이 있었다. 경공은 이것을 근심하였다. 이때 안영(晏嬰)이 전양저를 경공에게 추천하면서 다음과 같이 말했다.

"양저는 전(田)씨의 첩 혈통이지만 문장으로 뭇사람의 마음을 충분히 감동시키고 심복케 하며 무술로 능히 적을 위압할 만한 인물입니다. 바라옵건대 대왕께서는 양저를 기용하시어 시험해 보시기 바랍니다."

경공은 양저를 불러 군사(軍事)에 관한 것을 의논해 보더니 크게 기뻐하여 그를 장군으로 발탁했다. 그리고 병사를 이끌고 연(燕)·진(晋)의 군사를 막게 하였다. 그때 양저가 말했다.

"신(臣)은 근본이 비천한 몸입니다. 그런데도 전하께서는 병졸들 중에서 신을 발탁하여 대부(大夫)의 자리에 올려 주셨습니다. 그렇지만 사졸(士卒)들은 아직도 심복하지 않고 백관(百官)들도 신을 신임하지 않습니다. 사람이 미천하므로 권위도 빈약하다고 여쭙지 않을 수 없습니다. 바라옵건대 총애하시는 신하 중에 백성들의 존경을 받는 인물을 골라 군사를 감독하게 해 주시면 다행이겠습니다."

경공은 양저의 청을 허락하고 장가(莊賈)를 파견하기로 하였다. 양저는 경공에게 인사를 드리고 물러난 뒤, 장가와는 '내일 정오에 군문(軍門)에

---

24) 司馬는 姓이 아니라 官名. 다음에 나오는 전양저의 이름 앞에 官名을 붙인 것이다.
25) 田完은 본디 陳의 公子로, 망명하여 齊의 桓公 때 齊나라에서 살았다.

서 만납시다.' 하고 약속했다.

이튿날 양저는 먼저 말을 달려 군영에 이르자 해시계, 물시계를 준비해 놓은 다음 장가를 기다렸다. 장가는 평소에도 교만한 성격이라 이때에도 장군이 이미 군영에 가 있는 이상 감찰격인 자신은 그리 급하게 서두를 것이 없다고 생각했다. 그래서 친척과 측근들이 송별해 주는 대로 주연(酒宴)을 열어 술을 마시고 있었다.

정오가 되어도 장가는 오지 않았다. 양저는 해시계, 물시계를 치워버리고 군문 안에 들어가 군대를 돌아본 다음 군령을 정해 시달하였다. 군령이 이미 확정되어 전달된 후 저녁때가 되어서야 겨우 장가가 도착했다. 이에 양저가,

"어째서 약속한 시각에 늦었는가?"

하고 묻자 장가는,

"늦어서 미안합니다. 대부(大夫)와 친척들이 송별해 주어서 이렇게 늦어졌습니다."

하고 사과하여 말했다. 그러자 양저는,

"장수란 출정 명령을 받으면 그날부터 집을 잊고 군무에 종사해야 하며, 군령을 내리면 육친(六親)을 잊어야 하며, 북채를 들고 군고(軍鼓)를 울려 공격 명령을 내리면 자신의 몸을 잊어야 한다. 지금 적이 깊이 침입하여 국내가 소란하고 사병들은 국경 지대에서 야영하고 있다. 우리 임금께서는 잠자리에 드셔도 편히 주무시지 못하고 음식을 드셔도 맛을 모르시며 백성의 목숨은 모두 귀관(貴官)에게 달려 있다. 이러한 판국에 송별 때문에 늦었다니 말이 되는가!"

라고 하면서 곧 군정(軍正, 법무관)을 불러 물었다.

"약속을 어기고 늦게 온 자는 군법에서 어떤 죄에 해당하는가?"

"참죄(斬罪, 목을 베는 형, 즉 참형(斬刑))에 해당합니다."

장가는 겁이 나서 급히 경공에게 사람을 보내 구원을 요청했다. 그러나 사자가 돌아오기도 전에 양저는 이미 장가의 목을 베어 이 사실을 널리 삼군(三軍)에게 알렸다. 삼군의 사졸들은 모두 떨며 두려워했다.

얼마 뒤에 경공이 보낸 사자가 장가를 사면시키라는 부절(符節, 임금의 사자임을 증명하는 증명서)을 가지고 말을 달려 군영 안으로 들어왔다. 그러자 양저는 사자에게,

"장수 된 자는 진중에 있는 한 군명(君命)이라 할지라도 듣지 않을 수 있다."

라고 말한 다음 다시 군정(軍正)에게 물었다.

"군영 안에서는 말을 달릴 수 없는 것이 규정이다. 그런데 지금 사자가 말을 달려 뛰어들었으니 군법에서 어떤 죄에 해당하는가?"

"참죄에 해당합니다."

군정의 대답을 듣자 사자는 크게 두려워했다. 그러자 양저는,

"임금의 사자는 죽일 수 없다."

하고는 그 마부와 수레 왼쪽 곁의 부(軵, 마부가 의지하는 나무)와 왼쪽의 부마(副馬)를 베어 삼군에게 보였다. 그런 뒤 양저는 사자를 돌려보내 경공에게 이 사실을 보고하게 하고 비로소 출전했다.

양저는 사졸의 숙사나 우물, 아궁이, 음식 만드는 일에서 질병을 조사하여 투약하는 일에 이르기까지 몸소 돌보았으며 장군에게 주어지는 급여를 사졸들에게 모두 나누어 주었다. 양저는 자신의 식량과 사졸의 식량을 같게 했으며, 사졸 중에서도 가장 허약한 자의 분량과 똑같게 했다. 이렇게 사흘이 지난 후 병사들을 점검하니 병자들까지 출전을 희망하고 앞을 다투어 용약(勇躍)하여 싸움터로 나아가 양저를 위해 싸웠다.

이 말을 듣자 진군(晉軍)은 싸움을 포기하고 퇴각했으며, 연(燕)의 군사도 황하를 건너 북쪽으로 퇴각하여 군대를 해산했다. 양저는 이들을 추격

하여 침략을 당해 잃었던 제나라의 땅을 되찾은 후 군사를 이끌고 돌아왔다. 양저는 도읍인 임치(臨淄)에 들어가기에 앞서 군대의 편성을 푸는 한편 군령을 거두고 군주에 대한 충성을 맹세한 후 도읍으로 들어갔다.[26]

경공은 여러 대부들과 함께 교외로 나아가 양저를 맞이하고 군사를 위로하여 개선(凱旋)의 예식을 행했다. 그런 다음 정침(正寢, 정전(正殿))으로 돌아와 양저를 인견하고 그의 벼슬을 높여 대사마(大司馬, 오늘날 국방장관)로 임명했다.

그 후부터 전씨(田氏)는 제나라에서 날로 존경을 받는 사람이 되었는데 그러던 중에 대부인 포씨(鮑氏), 고씨(高氏), 국씨(國氏) 등의 무리가 양저를 미워하여 경공에게 참언했다. 이 때문에 경공은 양저를 멀리하고 면직시켰으며 이로 인해 양저는 병이 나서 죽었다.

양저의 친족인 전걸(田乞), 전표(田豹)의 무리는 고씨, 국씨에게 원한을 품게 되었으며, 그 후 전상(田常)이 간공(簡公)을 시살(弑殺)함에 이르러 고씨, 국씨의 일족을 모조리 멸족시켰다. 그리고 전상(田常)의 증손인 전화(田和)에 이르자 자립의 토대가 굳어졌으며 그 손자 전인(田因)은 즉위하여 제나라의 위왕(威王)이 되었다.

위왕은 군대를 출동시켜 위력을 보이는 일에는 주로 양저의 병법을 따랐다. 그리하여 제후들은 모두 복종하게 되었다. 제나라의 위왕은 대부들에게 명하여 옛날 사마(司馬, 군무를 맡은 관)의 병법을 연구하여 책으로 편찬하게 하였으며 양저의 병법을 포함시켜 ≪사마양저병법≫[27]이라고 이름 붙이게 했다.

---

26) 도읍을 방위하는 군사가 아니면 도읍에 들어갈 수 없었다.
27) 〈軍禮司馬法〉 또는 줄여 〈司馬法〉이라고 하며, 漢代에는 155편이었지만 현재 전해지는 것은 겨우 5편에 지나지 않는다.

태사공은 말한다.

"나는 ≪사마병법≫을 읽었는데 규모가 광대하고 사상이 심원했다. 하(夏)·은(殷)·주(周) 3대의 왕자들도 전쟁에서 이토록 심원한 의의를 선양했다고는 말할 수 없다. 문장에 약간 과장된 부분이 있는 듯하지만 양저가 소국(小國)인 제나라를 위해 군사를 움직이는 데 어찌 사마의 병법에 있는 손양(遜讓)의 예를 적용할 수 있었겠는가. 세상에 이미 사마의 병법이 많이 알려져 있으므로 새삼스럽게 이것을 논하지 않기로 하고 양저의 열전만을 기록할 따름이다."

# 제5 손자 · 오기열전(孫子 · 吳起列傳)

손자(孫子)는 이름을 무(武)라 하며 제(齊)나라 사람이다. 병법에 뛰어났기 때문에 오왕(吳王) 합려(闔廬)의 초빙을 받았다. 그때 합려가 손무에게 말했다.

"그대가 지은 십삼 편[28]의 병서는 다 읽어 보았소. 어디 한번 실제로 군대를 훈련시키는 것을 보여 줄 수 있겠소?"

"좋습니다."

"군사가 부녀자들이어도 상관이 없을지?"

"예, 괜찮습니다."

그래서 합려는 군대를 조련하기로 하고 궁중의 미녀 일백팔십 명을 불러냈다. 손자는 그들을 두 부대로 나누어 편성한 다음 왕이 총애하는 두 궁녀를 각각 대장으로 삼았다. 그리고 모두에게 창을 들게 하고 명령을 하달했다.

" '앞으로!' 라고 명령을 하면 앞쪽을, '좌로!' 라고 명령을 하면 왼쪽을, '우로!' 라고 명령하면 오른쪽을, '뒤로!' 라고 명령하면 뒤를 보아야 한다."

"예, 알겠습니다."

이렇게 군령을 결정한 후 손자는 이를 위반하는 자를 처벌하는 부월(斧鉞 : 主將이 가지는 무기로 전군의 生殺 권한을 상징하며 군령에 복종하

---

28) 漢代 궁중의 도서목록에 의하면 손자병법서는 팔십이 편이라고 한다.(≪漢書≫ 藝文志). 지금 전해져 내려오는 ≪孫子≫는 십삼 편으로 되어 있다. 그것이 널리 읽혀졌다는 것은 이 문장에서도 알 수 있다.

지 않는 자는 이것으로 처형한다.)을 갖추고 여러 차례 되풀이하여 군령을 설명하였다.

그리고 나서 군고(軍鼓)를 쳐 '우로!' 라고 구령하자, 궁녀들은 크게 웃기만 할 뿐 움직이지 않았다. 손자는,

"군령이 분명하지 못하고 명령 전달이 철저하지 못한 것은 장수된 사람의 책임이다."

하고 다시 세 번 군령을 들려주고 다섯 번 설명한 다음,[29] 큰 군고를 힘차게 치고 '좌로!' 라고 구령을 내렸다. 그런데 궁녀들은 이번에도 여전히 웃기만 할 뿐 움직이려고 하지 않았다. 그러자 손자는 이렇게 말했다.

"군령이 분명하지 못하고 명령 전달이 제대로 되지 못하는 것은 장수의 죄이나 군령이 이미 분명히 전달되었는데도 병졸들이 규정대로 움직이지 않는 것은 대장된 자의 책임이다."

손자는 군령대로 좌우 두 부대의 대장을 참수하려 했다. 오왕은 대 위에서 보다가 자신이 총애하는 궁녀를 손자가 참하려는 것을 알고 크게 놀란 나머지 황급히 전령을 보내 제지하였다.

"나는 이미 장군이 용병(用兵)에 뛰어나다는 것을 알았소. 나는 이 두 궁녀가 없으면 밥을 먹어도 맛을 알 수 없을 정도이니 두 사람을 용서하기 바라오."

그러나 손자는,

"신은 이미 군명(君命)을 받아 장군이 되었습니다. 장수된 자가 진중(陣中)에 있을 때에는 임금의 명령이라 할지라도 받들지 않을 수 있습니다."

하고는 두 대장 궁녀의 목을 베어 본을 보이고 오왕이 그 다음으로 총애

---

29) 원문은 '三令五申'. 申은 되풀이해서 부연하는 것. 三과 五는 단지 횟수의 많음을 뜻할 뿐, 실제 숫자는 아니다.

하는 두 궁녀를 대장으로 삼았다.

손자는 다시 북을 울리고 명령을 내렸다. 궁녀들은 손자의 지시대로 '우로!' 하면 오른쪽을, '좌로!' 하면 왼쪽을, '앞으로!' 하면 앞쪽을, '뒤로!' 하면 뒤쪽을 보았고 꿇어앉는 것도 일어서는 것도 모두 일사불란했다. 궁녀들은 웃기는커녕 숨소리마저 내지 않았다. 손자는 그제야 오왕에게 전령을 보내어 보고했다.

"부대는 이미 갖추었습니다. 왕께서 몸소 시험해 보십시오. 명령만 떨어지면 이들은 물불을 가리지 않고 어디든지 뛰어들 것입니다."

오왕은 이렇게 말했다.

"장군은 훈련을 끝내고 숙소에 가서 쉬도록 하오. 나는 내려가 시험해 보고 싶지 않소."

그러자 손자는 이렇게 말했다.

"왕께서는 다만 병법의 이론을 좋아하실 뿐, 병법을 실제로 응용하지는 못하시는 것 같습니다."

그리하여 합려는 손자가 용병에 뛰어나다는 것을 인정했고 마침내 그를 장군으로 등용했다. 그 후 오(吳)나라가 서쪽으로는 막강한 초(楚)나라를 무찔러 도읍인 영(郢)을 점령하고 북쪽으로는 제(齊)나라와 진(晋)나라를 위협하여 그 용명(勇名)을 천하에 떨치는 데는 손자의 힘이 컸다.

손무가 죽은 지 백여 년 후에 손빈(孫臏)이라는 사람이 나타났다. 손빈은 아(阿)와 견(鄄)[30] 사이의 땅에서 태어났으며 손무(孫武)의 후세손이다.

손빈은 일찍이 방연(龐涓)과 함께 병법을 배웠다. 방연은 학문을 이룬 후에 위(魏)나라를 섬겨 혜왕(惠王)의 장군이 되었는데 자신의 재능이 손

---

30) 두 곳 모두 제나라의 봉토 안에 있었다.

빈에 미치지 못하는 것을 두렵게 생각하여 몰래 사람을 보내 손빈을 불러들였다. 나쁜 계책을 써서 손빈을 없애려 한 것이다.

방연은 자기보다 손빈이 훨씬 현명하다는 것을 알고 더욱 두려워하며 질투한 나머지, 찾아온 손빈에게 죄를 뒤집어씌워 손빈의 두 다리를 자르고 이마에 묵(墨, 刺字)을 넣었다. 그렇게 하면 손빈이 남 앞에 나서기를 부끄러워하여 세상에 얼굴을 내놓지 못할 것이라고 생각했던 것이다.

어느 날 제나라 사신이 위나라의 도읍인 대량(大梁)에 갔다. 그때 손빈은 수형자(受刑者)라 표면에 나서서 면회할 수가 없었다. 그래서 제나라 사신을 비밀리에 만나 자신의 뜻을 전했다. 제나라 사신은 손빈을 기인(奇人)이라 생각하고 자기의 수레에 숨겨 몰래 제나라로 데려왔다. 제나라 장군 전기(田忌)는 손빈의 능력을 알아보고 그를 빈객(賓客)으로 대우하였다. 그 무렵 전기는 제나라의 여러 왕자와 도박에 빠져 마차 경기를 즐기고 있었다.[31]

어느 날 손빈은 그들의 내기를 구경하다 말의 주력(走力)에는 별 차이가 없지만 말을 모는 사람에 따라 마차의 능력이 달라진다는 것을 간파하고 전기에게 말했다.

"큰돈을 걸고 다시 내기를 하십시오. 제가 장군을 이기게 해 드릴 수 있습니다."

전기는 손빈의 말을 믿고 왕자와 공자들에게 다시 천 금을 걸고 내기를 하자고 제안하였다. 그리하여 경기가 시작되자 손빈이 전기에게 말했다.

"자, 지금 장군의 마차 중에서 가장 느린 마차를 상대방의 가장 **빠른** 마차와 겨루게 하고, 장군의 가장 **빠른** 마차를 상대방의 중간 마차와, 그리고 장군의 중간 마차를 상대방의 가장 느린 마차와 겨루게 하십시오."

---

31) 원문은 '馳逐重射'. 말을 타고 토끼 따위를 쫓으면서 활을 쏘아 맞추는 놀이.

세 번의 경기가 끝나고 보니 전기는 한 번 지고 두 번 이기게 되었으며, 결국 내기에 이겨 천 금을 얻었다. 새삼 손빈의 능력을 알게 된 전기는 손자[32]를 위왕(威王)에게 추천했다. 위왕은 손자에게 병법에 관한 것을 묻더니 마침내 그를 군사(軍師)로 받들었다.

그 뒤 위(魏)나라가 조(趙)나라를 치니 형세가 위급해진 조나라는 제나라에 구원을 청했다. 제나라의 위왕은 손빈을 장군으로 삼아 조나라를 구원하려 했지만 손빈은 자신이 형벌 중임을 이유로 사양했다.

"저는 형여(刑餘, 형이 끝나지 않음)의 몸입니다. 이런 사람이 대장이 된다는 것은 옳지 못합니다."

손빈이 사양하니 위왕은 전기를 장군으로 삼고 손빈을 군사로 삼았다. 그리고 손빈을 치차(輜車, 전투에 직접 참여하지 않는 자가 타는 수레)에 태워 그 안에서 계략을 세우고 전기를 돕게 했다. 전기가 군대를 이끌고 조나라로 가려 할 때 손빈이 말했다.

"대저 실이 엉킨 것을 풀려고 마구 잡아당겨서는 안 됩니다. 마찬가지로 싸움에서 이기려고 무조건 주먹만 휘두른다고 되는 것이 아닙니다. 상대방이 노리고 있는 곳을 지키기보다는 무방비 상태에 있는 상대방의 허점을 찌르는 것이 좋습니다. 그러면 싸움은 저절로 풀리게 됩니다.

지금 위나라와 조나라가 맞붙어 싸우고 있는데 위나라의 경민(輕敏)하고 민활한 정예병은 모두 국외의 전투에 투입되고 국내에는 노약자밖에 없을 것입니다. 장군께서는 군사를 이끌고 대량(大梁, 魏나라의 도읍)으로 달려가 위나라의 심장부를 점거하여 적의 허를 찌르는 것이 상책입니다.

그렇게 하면 위나라 군대는 반드시 조나라 공격을 멈추고 자국을 구출

---

32) 以下의 손자는 모두 손빈을 가리킨다. 실제 손무와 손빈 두 사람은 혼동되어 왔다. 지금의 ≪孫子≫는 손빈이나 혹은 그 유파(流派)의 저술이라고 한다.

하기 위해 대량(大梁)으로 돌아오려고 할 것입니다. 이것이야말로 단번에 조나라에 대한 위나라의 포위를 풀고 동시에 위나라를 피폐케 하는 일입니다."

전기는 이 계책에 따랐다. 손빈이 예상했던 대로 위나라 군대는 조나라의 도읍 한단(邯鄲)에서 철수하고 제나라 군과 계릉(桂陵, 山東省)에서 맞붙었는데 제나라 군대에 크게 패했다.

그 후 십삼 년[33]이 지난 후에 위나라와 조나라가 합세하여 한(韓)나라를 공격했다. 한나라는 제나라에 위급한 사정을 호소했다. 제나라는 전기를 장군으로 삼아 출격하여 한나라를 구원하게 했다. 전기는 곧바로 위나라의 도읍 대량(大梁)으로 직행하려 했다. 위나라 장군 방연이 이 소식을 듣고 한나라에서 철수하여 귀국길에 올랐다. 그런데 제나라의 군사는 이미 국경을 넘어 서진(西進)하여 위나라 국내로 침입하는 중이었다. 이때 손빈은 전기에게 이렇게 말했다.

"저 삼진(三晋)[34]의 군사는 원래 사납고 용맹스러울 뿐 아니라 제나라 군사를 겁쟁이라며 경멸하고 있습니다. 무릇 전쟁을 잘하는 자는 주어진 형세를 잘 이용하여 자기편에 유리하도록 판을 짜게 됩니다. 병법에 '백 리 밖 먼 곳에서 승리하고자 급히 진격하면 상장군(上將軍)을 잃게 되고 오십 리 떨어진 곳에서 승리하고자 급히 진격하면 부대를 제대로 정비할 수 없어 목적지에 전군의 반밖에 도착하지 못한다.'[35]고 했습니다.

적은 우리 제나라 군대를 겁쟁이라고 생각하기 때문에 그들에게 약한

---

33) 십오 년이라고 하는 텍스트가 많지만 索隱本에 의해 십삼 년으로 고쳤다.
34) 三晋은 韓 · 魏 · 趙 삼국을 가리킨다. 春秋時代까지 이들의 領主는 晋나라의 大夫였으나 기원전 40년에 진나라를 분할하여 독립국이 되었다. 그 해를 기준으로 戰國時代가 시작되었다는 說이 있고 宋나라 司馬光의 자치통감(資治通鑑)은 이 해부터 기록하고 있다.
35) 〈孫子〉 軍爭篇에 나오는 말. 그런데 司馬遷은 손무의 말로 생각했을 것이다.

것처럼 보일수록 적은 우리의 함정에 빠져 급히 추격하게 될 것입니다. 우리 군대가 위나라 땅을 넘어선 오늘부터 첫날은 십만 개의 아궁이를 만들고 다음날은 오만 개, 그리고 그 다음날은 삼만 개의 아궁이를 만듭니다. 이렇게 아궁이 수를 줄여 나가는 것입니다."

전기는 그대로 실행했다.

한나라에서 되돌아온 방연은 제나라 군대를 추격하기 사흘째에 이르러 크게 기뻐하며 말했다.

"나는 처음부터 제나라 놈들이 겁쟁이라는 것을 잘 알고 있었는데 아니나 다를까 역시 그렇구나. 우리 땅에 들어온 지 불과 사흘 만에 도망간 사졸이 반을 훨씬 넘다니."

방연은 보병 부대를 따로 떼어 놓고 날래고 기동력 있는 정예 기병만을 이끌고 이틀 걸릴 길을 하루로 단축시켜 급히 제나라 군대를 추격했다.

손자가 위나라 군대의 전진 속도를 계산해 보니 해질 무렵이면 마릉(馬陸)에 도착할 수 있을 것 같았다. 마릉은 길이 좁고 길 양쪽에 험한 산이 있어 복병을 두기에 알맞은 곳이었다. 손자는 길가 큰 나무의 껍질을 벗긴 다음 '방연은 이 나무 밑에서 죽으리라.'고 써 두었다. 그리고 활을 잘 쏘는 군사를 뽑아 쇠뇌로 무장시켜 길 양옆에 매복케 한 후,

"날이 저물고 이곳에서 불빛이 오르거든 일제히 활을 쏘라."

하고 지시했다.

손자가 예상했던 대로 밤이 되자 방연이 그곳에 이르러 나무에 씌어 있는 글씨를 보기 위해 불을 켰다. 그러자 방연이 그 글씨를 다 읽기도 전에 길 양쪽에서 쇠뇌가 빗발처럼 쏟아졌다. 위나라 군사들은 우왕좌왕 갈피를 못 잡고 사방으로 흩어졌다. 방연은 더 이상 지혜를 짤 수 없음을 깨닫고 패전을 자인했다. 방연은 이렇게 한탄했다.

"결국 그 애송이(손빈)의 이름을 역사에 새겨 주고 말았구나."

방연은 자신의 칼로 목을 쳐서 죽었다.

제나라 군대는 승세를 몰아 위나라 군대를 모조리 무찌르고 위(魏)의 태자 신(申)을 사로잡아 돌아갔다.

이 승리로 손빈은 이름이 천하에 알려지게 되었고 그의 병법은 세상에 대대로 전해지게 되었다.[36]

오기(吳起)는 위(衛)나라 사람으로 용병술을 좋아했다. 일찍이 증자(曾子)[37]에게 배우고 노(魯)나라 군주를 섬긴 일이 있다.

제나라가 노나라를 공격했을 때였다. 노나라에서는 오기를 장군으로 기용하려 했으나 오기의 처가 제나라 여자라는 이유로 장군 임명을 주저했다. 공명심이 유달리 강한 오기는 아내를 죽여 자신에게 딴 마음이 없음을 분명히 밝혔다.

노나라는 오기를 장군으로 임명했다. 오기는 장군이 되어 제나라를 쳐서 크게 승리를 거두었다. 그런데 노나라 사람 중에는 오기에 대해,

"오기는 시기심이 강하고 잔인하다. 젊었을 때는 집안에 천금의 재산이 있었는데 이곳저곳 돌아다니며 벼슬살이를 구하려다 얻지 못하여 끝내 가산을 탕진하고 말았다. 고향 사람들이 이 일을 비웃자 오기는 자기를 조롱한 사람들 삼십여 명을 죽이고 동쪽으로 도망하려고 위(衛)의 도성 문을 빠져나와 모친과 이별하면서 '기(起)는 대신이나 재상이 되기 전에는 절대로 위나라에 돌아오지 않겠습니다.' 하고 맹세를 했는데 그때 다짐을

---

36) 〈漢書〉 藝文志에는 앞의 《吳의 孫子》 팔십이 편과는 별도로 〈齊의 孫子〉 팔십구 편이 기록되어 있다. 司馬遷은 당연히 이 두 책을 구별하여 생각했다. 따라서 지금의 〈孫子〉 십삼 편이 과연 손빈의 유파가 남긴 것인지 아닌지에 대한 의문은 여전하다.

37) 曾子는 공자의 문인(門人)이지만 효행(孝行)으로 유명한 증삼(曾參)이 아니라 증신(曾申)이라는 黃式三의 說이 있다. 최근에는 〈春秋左氏傳〉이 曾申과 吳起의 저술에서 나왔다는 설이 있다.

굳게 하기 위해 자신의 팔뚝을 물어뜯었다는 것이다.

그리고는 증자(曾子)를 스승으로 섬겼는데 얼마 후 자기 어머니가 돌아가셨다. 그래도 오기는 어머니께 한 맹세를 지키기 위해 귀국하지 않았다. 그 때문에 증자는 오기를 박정한 놈이라며 파문했다.

오기는 노나라로 가서 병법을 배워 노나라 임금을 섬겼다. 그러다 임금이 자신을 의심하자 아내를 죽이면서까지 장군이 되려고 했다.

노나라는 작은 나라로서 제와 같은 큰 나라를 이겼다는 명성을 얻게 되면 제후들은 노나라를 시기하여 치려고 할 것이다. 더욱이 노나라와 위나라는 형제국인데(魯나라의 始祖인 周公旦은 衛나라의 시조인 康叔의 형이다.) 임금이 위나라 사람인 오기를 임용하면 이것은 곧 위나라와의 교의(交誼)를 끊는 것이 된다."

라고 비난하는 자들도 있었다.[38] 노나라 임금은 오기에 대한 이러한 평을 전해 듣고 그의 인물됨을 의심하여 해임하고 말았다.

그때 오기는 위(魏)나라의 문후(文侯)가 현명하다는 소문을 듣고 문후를 섬기려 했다. 문후는 중신(重臣)인 이극(李克)에게 물었다.

"오기라는 사람은 어떤 인물이오?"

"오기는 탐욕스럽고 호색가입니다만 용병술만큼은 사마양저도 그를 못당할 것입니다."

위나라의 문후는 오기를 장군으로 기용했다. 오기는 진(秦)을 쳐서 진의 다섯 성을 빼앗았다.

오기가 장군으로서 부대를 통솔할 때에는 사졸 가운데서도 최하급자와 의식(衣食)을 같이하고 잘 때에도 자리를 깔지 않았으며, 외출할 때 말이나 수레를 타지 않고 자기 양식은 자기가 꾸려서 가지고 다니는 등 사졸들

---

38) 원문은 '謝吳起'. '謝'는 거절한다는 사절(謝絶)의 의미.

과 고락을 함께 했다.

언젠가 병졸들 가운데 종기로 고통 받는 자가 있었는데 오기는 병졸의 상처에 입을 대고 고름을 빨아내었다. 그런데 병졸의 어머니가 그 소식을 듣더니 소리 내어 울었다. 한 사람이 이를 이상하게 여겨 물었다.

"당신 아들은 졸병에 지나지 않소. 그럼에도 불구하고 장군께서는 아들의 종기를 빨아 주었다 하오. 그런데 왜 그리 슬피 우는 것이오?"

병졸의 어머니는 이렇게 말했다.

"그런 게 아닙니다. 전에 오공(吳公)께서는 저 애 아버지의 종기를 빨아 주셨습니다. 애 아버지는 감격한 나머지 전쟁터에 나아가 한 발짝도 물러서지 않고 싸우다 마침내 적의 손에 죽고 말았습니다. 오공께서는 지금 또 저 애의 종기를 빨아 주셨다고 합니다. 저 애의 앞날이 불을 보듯 뻔합니다. 그래서 우는 것입니다."

문후는 오기가 용병술이 능하고 청렴 공평하며 유능한 자를 잘 기용하여 사병들의 인망을 얻고 있다는 것을 알고는 오기를 서하(西河)의 태수로 임명하여 진(秦)과 한(韓)의 군사를 막게 했다.


문후가 죽은 뒤 오기는 그의 아들 무후(武侯)를 섬겼다. 무후가 어느 날 서하에 배를 띄우고 물을 따라 내려가다가 중류에 이르렀을 때 뒤를 돌아다보며 오기에게 말했다.

"참으로 아름답지 않은가? 이 산과 강의 험난한 조망(眺望)이. 이것이야말로 우리 위나라의 보배로다."

그러자 오기가 공손히 대답했다.

"국가의 보배가 되는 것은 임금의 덕일 뿐, 지형의 험난함과는 상관이 없습니다. 옛날 삼묘씨(三苗氏)의 나라는 동정호(洞庭湖)를 왼쪽에, 팽려호(彭蠡湖)를 오른쪽에 끼고 있었으나 임금이 덕의(德義)를 닦지 않았기 때문에 우왕(禹王)에게 멸망당하고 말았습니다.

하(夏)나라의 걸왕(桀王)이 도읍한 곳은 황하(黃河)·제수(濟水)를 왼쪽에 끼고 태산(泰山)·화산(華山)을 오른쪽에 두었으며 이궐(伊闕)이 그 남쪽에 있고 양장(羊腸)이 그 북쪽에 있었으나 걸왕이 어진 정치를 펴지 못한 탓으로 은(殷)나라의 탕왕(湯王)에게 쫓겨나고 말았습니다.

은나라의 주왕(紂王)은 맹문산(孟門山)을 왼쪽으로, 태행산(太行山)을 오른쪽으로 하며 상산(常山)이 그 북쪽에 있고 황하가 남쪽을 둘러싸고 있었지만 덕으로써 정치를 하지 않았기 때문에 주(周)나라 무왕(武王)한테 죽임을 당했습니다.

이상의 예로써도 알 수 있듯이 문제는 임금의 덕에 있지 지형의 험난함에 있는 것이 아닙니다. 우리 임금께서도 덕을 닦지 않으시면 이 배 안의 사람들도 모두 적으로 변하게 될 것입니다."

그러자 무후는 '옳은 말이다.' 하고는 오기를 서하의 태수로 봉했다.[39] 이로부터 오기의 명성은 매우 높아졌다.

위나라에서는 새로 재상의 자리를 만들어 전문(田文)을 그 자리에 임명했다. 오기는 자신이 되리라고 기대했으므로 마음속으로 못마땅히 여기다 못해 전문에게 말했다.

"당신과 나의 공로를 비교해 보고 싶은데 어떻소?"

"좋소."

"삼군의 장군이 되어 사졸들을 장악한 후 사졸들한테 나라를 위해 즐거이 목숨을 바치게 하며, 또 적국이 감히 우리 위나라를 넘볼 수 없게 하는데 당신과 나 가운데 누가 더 위라고 생각하십니까?"

---

39) 吳起는 文侯 때 西河의 太守였다. 여기에 '오기를 서하의 태수로 봉했다.' 고 했는데 오기가 일단 해임되었다가 재임된 것인지 아니면 처음에는 관직만 주었다가 이때에 비로소 정식으로 봉한 것인지는 확실치 않다.

"내가 당신만 못합니다."

"백관을 다스리고 만백성을 친근하게 하며 국고를 충실하게 하는 데서 당신과 나 둘 중에 누가 더 나을까요?"

"내가 당신만 못합니다."

"서하 땅을 지켜 진나라 군사가 감히 동쪽으로 향한 우리 위나라를 칠 생각을 못하게 하고 한(韓)·조(趙) 두 나라를 모두 복종하게 한 점에서 당신과 나 두 사람 중 누가 더 낫습니까?"

"내가 당신만 못합니다."

"이 세 가지 점에서 당신은 모두 나만 못한데 지위는 나보다 윗자리라는 점을 어떻게 생각하십니까?"

"임금께서 아직 나이가 어려 나라 안이 불안하고 대신들은 아직 어린 왕에게 심복하지 않고 있으며 백성도 왕을 신뢰하지 못하고 있습니다. 이러한 때에 임금께서 재상의 자리를 당신에게 맡겨야 하겠습니까, 아니면 나에게 맡겨야 하겠습니까?"

오기는 잠자코 말이 없다가 이윽고 대답했다.

"역시 당신한테 맡겨야 하겠지요."

전문이 말했다.

"이것이 곧 내가 당신보다 윗자리에 앉게 된 까닭이오."

오기는 그 일로 자신이 전문보다 한 수 아래라는 것을 자인했다.

전문이 죽자 공숙(公叔)이 재상이 되었다. 공숙은 위나라 공주(公主)를 아내로 삼아 위나라의 부마(駙馬)가 되어 위세를 떨쳤다. 그런데 그는 오기를 싫어했다. 공숙의 부하가 공숙에게 이렇게 말했다.

"오기를 내쫓기는 아주 쉽습니다."

"어떻게 말이냐?"

"오기는 사람됨이 절조가 굳고 청렴하며 명예를 중히 여깁니다. 그러니 군공(君公)께서 먼저 무후(武侯)와 말씀하실 기회를 만들어 '오기는 현인입니다. 우리 나라는 작고 강대한 진(秦)나라와 국경을 접하고 있습니다. 신은 오기가 우리 나라에 머물러 있을 생각이 없지나 않을까 걱정하고 있습니다.' 하고 말씀드리십시오.

그러면 무후께서 '어떻게 하면 머무르게 할 수 있겠는가?' 하고 물으실 겁니다. 그러면 군공께서는 무후께 '시험 삼아 공주를 내리시겠다고 말씀해 보십시오. 오기가 머무를 생각이 있으면 틀림없이 이를 승낙할 것이고 그렇지 않으면 사양할 것입니다. 이것으로 시험해 보십시오.' 라고 대답하십시오.

그런 다음 오기를 군공의 댁으로 초대하여, 공주(公叔의 妻)와 짜고 공주한테서 푸대접을 받는 군공의 모습을 오기에게 보여 주십시오. 오기는 공주가 군공을 경멸하고 천대하는 것을 보면 실망하여 공주에게 장가들 생각이 없어질 것이고 나중에는 틀림없이 무후의 청을 거절할 것입니다."

이 계책이 각본대로 행해져, 공주가 남편인 위나라 재상을 천대하는 것을 본 오기는 위나라 무후가 내린 공주를 처로 맞는 것에 대해 사양하고 말았다.

이후로 무후는 오기를 의심하여 신용하지 않게 되었다. 오기는 죄를 입게 될까 두려워한 나머지 마침내 위(魏)나라를 탈출하여 초(楚)나라로 갔다.


초나라의 도왕(悼王)은 일찍부터 오기가 현명한 사람이라는 것을 들어서 알고 있었다. 도왕은 오기가 도착하자 초나라 재상에 임명했다. 오기는 법령을 정비하여 자세히 밝히고 불필요한 관직을 없애며 또 왕족들 중에서도 소원(疏遠)한 왕족으로서 관직에 머물러 있는 자를 폐위시켜 그들에게 소비되던 비용으로 전투에 종사하는 병사를 기르는 데 썼다.

그의 시정(施政)의 요령은 강병책을 써서 유세하는 선비들의 합종연횡설(合從連衡說)을 배격하는 데 있었다. 이리하여 오기는 남으로는 백월(百越)을 평정하고 북으로는 진(陳)·채(蔡)를 병합하여 삼진(三晉)을 격퇴하고 서로는 진(秦)을 쳤다. 그 때문에 제후들은 초나라가 강성해지는 것을 겁내게 되었다.

　그런데 오기 때문에 벼슬자리에서 쫓겨난 초나라 왕족들은 오기를 미워하여 그를 죽일 기회만을 엿보고 있었다. 그러다가 도왕이 세상을 떠나자 왕족들과 대신들이 반란을 일으켜 오기를 치려고 했다.

　오기는 도왕의 영구(靈柩)를 둔 방으로 도망쳐 그 시신 위에 엎드렸다. 아무리 폭도라 할지라도 군왕의 시신에 손을 댈 수는 없을 것이라고 생각했기 때문이었다. 그러나 오기를 쫓던 무리들은 그런 것에 개의치 않고 오기에게 화살을 퍼부었다. 그들은 오기를 죽일 수 있었지만 그들이 쏜 화살은 도왕의 시신까지 꿰뚫고 말았다.

　도왕의 장례식이 끝나고 태자 숙왕위(肅王威)가 임금의 자리에 오르자 그는 영윤(令尹 : 宰相)에게 명하여 오기를 사살하기 위해 부왕의 시신에 활을 겨눈 자들을 모두 주살(誅殺)하도록 했다. 이로 인해 오기를 죽이려다 도왕의 시신을 욕되게 한 죄에 걸려 멸가(滅家)된 집안이 칠십여 가구나 되었다.

　태사공은 말한다.

　"세상에서 군사(軍事)를 논하는 자는 누구나 다 ≪손자병법≫ 십삼 편을 말하고 오기(吳起)의 병법도 세상에 많이 유포되어 있으므로 여기서는 그것을 논하지 않고 다만 그들의 사적(事跡)과 시책에 대해서만 논했다.

　옛말에 '어떤 일을 잘 행하는 자가 반드시 그 일에 대해 잘 말할 수 있는 것은 아니며, 또 그 일에 대해 설명을 잘 하는 자가 반드시 실행도 잘 하는 것은 아니다.' 라고 했다.

   손자가 방연을 해치운 계략은 실로 밝은 지혜였지만 그토록 지략이 뛰어난 손자도 다리가 잘리는 형벌을 미리 막지는 못했던 것이다.

   오기 역시 무후에게는 지형이 험난한 것이 덕을 닦는 것보다 못하다는 것을 설명했으면서도 초나라에서 그가 실행한 정치를 보면 각박하고 온정이 없었으며 그런 탓으로 목숨을 잃었던 것이다. 이 얼마나 슬픈 일인가."

# 제6 오자서열전(伍子胥列傳)

　오자서(伍子胥)는 초(楚)나라 사람이다. 이름은 운(員)이며 그의 아버지는 오사(伍奢)요, 그의 형은 오상(伍尙)이다. 그의 선조 가운데 오거(伍擧)라는 사람이 있었다. 오거는 초나라의 장왕(莊王)을 섬겨 직간(直諫)을 잘한 인물로 세상에 알려졌다. 그런 까닭에 그의 후손들까지도 초나라에서 유명해졌다.

　초나라 평왕(平王)에게는 건(建)이라는 태자가 있었다. 평왕은 오사(伍奢)를 건(建)의 태부(太傅, 太子의 보육관)로 삼고 비무기(費無忌)를 소부(少傅, 太傅의 보좌관)로 임명했다. 그런데 비무기는 태자 건에게 충성스럽지 못했다.

　평왕이 비무기에게 명하여 태자비를 진(秦)나라에서 맞이하게 하였다. 진나라의 공주가 뛰어난 미인인 것을 보자 비무기는 말을 달려 돌아와 평왕에게 보고했다.

　"진나라 공주는 절세미인입니다. 그러니 그 공주는 왕께서 맞이하시고 태자를 위해서는 따로 비(妃)를 구하심이 좋을까 합니다."

　평왕은 진나라 공주를 자신이 맞이하고 그녀를 매우 총애하여 아들 진(軫)을 낳았다. 그리고 태자에게는 따로 비를 맞게 했다.

　비무기는 진나라 공주의 일로 해서 태자의 곁을 떠나 평왕을 섬기게 되었다. 그렇지만 마음이 편치가 않았다. 평왕이 세상을 떠나고 태자가 즉위하면 자기를 죽이지나 않을까 두려웠던 것이다. 그래서 태자 건을 중상했다.

　건의 어머니는 채(蔡)나라 공주였는데 평왕의 총애를 받지 못했다. 평왕은 점차 건을 멀리하게 되었으며 건을 도성에서 멀리 떨어진 성보(城父)

의 태수로 임명하여 변경을 수비하게 했다. 이런 일이 있은 지 얼마 안 되어 비무기는 또다시 밤낮으로 태자의 결점을 왕에게 참소하기 시작했다.

"태자는 진나라 공주의 일로 왕께 원한을 품고 있습니다. 왕께서는 태자를 더 경계하셔야 할 것입니다. 태자가 성보(城父)에 있으면서 군대를 거느리게 되었으니 밖으로는 제후들과 교제를 하고 장차 도성으로 침입하여 반란을 일으키려고 할 것입니다."

평왕은 태자의 태부인 오사를 불러들여 그 사실 여부를 따져 물었다. 오사는 비무기가 평왕에게 태자를 참소한 일을 잘 알고 있었다. 그래서 오사는,

"왕께서는 어찌하여 중상 모략하여 사람을 해치려는 소인배의 말만 믿으시고 골육인 친자식을 멀리하려고 하십니까?"

하고 간했다. 그러자 비무기가 말했다.

"왕께서 지금 당장 태자를 제압하지 않으시면 태자의 음모가 성취되어 왕께서는 결국 포로가 될 것입니다."

이 말에 평왕은 노하여 오사를 잡아 가두고 성보의 사마(司馬)[40]인 분양(奮揚)에게 태자를 잡아 죽이라고 명했다. 분양은 왕의 명령을 받고 떠나기는 했으나 성보에 닿기 전에 미리 사람을 보내어 태자에게 이렇게 알렸다.

"태자께서는 급히 피하시기 바랍니다. 그렇지 않으면 큰 화가 미칠까 두렵습니다."

태자 건은 도망하여 송나라로 갔다. 그러자 비무기는 평왕에게 이렇게 말했다.

"오사에게는 두 아들이 있는데 둘 다 현명합니다. 지금 죽이지 않으면

---

40) 司馬는 수비대장직을 맡는 관명(官名)이다.

장차 초나라의 근심이 될 것입니다. 아비인 오사를 볼모로 잡아 그들을 불러들이십시오. 꼭 그렇게 하셔야만 합니다."

왕은 오사에게 사람을 보내 이렇게 말했다.

"너의 두 아들을 불러들이면 너를 살려 주겠다. 그렇게 하지 않으면 죽게 될 것이다."

그러자 오사는 이렇게 말했다.

"상(尙)은 사람됨이 인자하여 부르면 반드시 올 것입니다. 그렇지만 운(員)은 마음이 굳세어 남의 말에 귀를 기울이지 않고 치욕을 참고 견디는 성격이라 필경 큰일을 이룰 것입니다. 이곳에 오면 아비와 함께 잡혀 죽는다는 것을 훤히 내다보고 있을 터인즉 아무리 불러도 오지 않을 것입니다."

그렇지만 평왕은 오사의 말을 듣지 않고 사람을 보내어 두 아들을 불러들이게 했다.

"너희들이 오면 네 아비를 살릴 수 있지만 오지 않으면 당장 네 아비를 죽일 것이다."

오상은 가려고 했으나 오운은 이렇게 말했다.

"초나라에서 우리를 부르는 것은 아버지를 살려 주기 위해서가 아닙니다. 우리 형제가 탈출하여 후환이 될까 두려워 아버지를 인질로 잡고 거짓으로 우리들을 불러들이려는 것입니다. 우리가 가면 부자가 다 함께 죽을 뿐, 아버님을 죽음에서 구하는 데에는 조금도 도움이 되지 않습니다. 우리가 간다면 아버님의 원수마저 갚지 못하게 될 뿐입니다. 타국으로 망명하여 그 힘을 빌려 아버님의 치욕을 씻어 드림만 못합니다. 부자가 함께 죽는 것은 아무런 의미도 없습니다."

그러자 오상은,

"내가 간다 해도 아버님의 목숨을 건질 수 없다는 것은 나도 잘 알고 있다. 그런데 아버님께서 우리들을 불러들여 살고자 하시는데도 가지 않고 그렇다고 뒷날 아버님의 원수도 갚을 수 없다면 끝내 천하의 웃음거리가 되고 말 테니 그것이 걱정이다."

하고 다시 운에게 말했다.

"너는 달아나라. 그래서 아버님의 원수를 갚아 다오. 나는 가서 죽겠다."

오상이 자진하여 포박되자 평왕의 사자는 운마저 잡으려고 했다. 하지만 운이 사자에게 활을 겨누고 있어서 사자는 감히 달려들지 못했다. 이렇게 운은 도망쳐서 송나라에 태자 건이 있다는 말을 듣고 그곳으로 가 태자를 따랐다.

오사는 자기 아들 오운이 도망쳤다는 말을 듣고,

"머지않아 초나라의 군신(君臣)은 전쟁으로 고통을 겪게 될 것이다."

라고 말했다.

오상이 초나라 도읍으로 압송되자 평왕은 오사와 오상을 함께 죽였다.

오자서(伍子胥, 운)가 송나라에 도착한 뒤 송나라에서는 화씨의 난(華氏의 亂, 宋의 元公에 대해 반기를 들고 華氏·向氏가 일으킨 亂)이 일어났다. 오자서는 태자 건과 함께 정(鄭)나라로 달아났다. 정나라 사람들은 오자서 일행을 잘 대우해 주었으나 작은 정나라는 태자 건에게 별다른 힘이 되지 못한다고 생각하여 다시 진(晉)나라로 떠났다.

진나라의 경공(頃公)이 태자 건에게 말했다.

"태자는 정나라와 친한 사이이며 정나라에서는 태자를 신용하고 있소. 그러니 태자가 우리 진나라를 위해 정나라에 들어가 내응(內應)해 주고 우리가 밖에서 공격하면 틀림없이 정나라를 멸망시킬 수 있을 것이오. 정나라를 멸망시킨 후 태자를 그곳에 봉해 주면 어떻겠소?"

태자 건은 욕심을 품고 정나라로 되돌아왔다. 그런데 좋은 기회가 채 오기도 전에 마침 부하 하나를 몰래 죽여야 하는 일이 발생하였다. 그러자 태자와 진나라의 음모를 알고 있던 그 부하는 정나라에 사실을 알리고 말았다. 정나라의 정공(定公)은 재상인 자산(子産)과 함께 태자 건을 주살해 버렸다.

승(勝)이라고 하는 건의 아들이 있었는데 오자서는 겁이 나서 승과 함께 오(吳)나라로 달아났다. 오나라와 초나라 국경의 관문인 소관(昭關, 安徽省)에 이르니 관문을 지키는 관리가 그들을 잡으려 했다. 오자서는 하는 수 없이 승과 헤어져 혼자서 도망쳤다. 추격자에게 쫓기던 오자서는 거의 잡히기 직전에 양자강에 이르렀다.

그때 강에 있던 한 어부가 배를 타고 있다가 오자서의 위급함을 알고 즉시 강 건너로 실어다 주었다. 강을 건넌 오자서는 차고 있던 칼을 풀어 어부에게 사례로 주며 말했다.

"이 칼은 백 금의 값어치를 지니고 있소. 이것을 당신에게 사례로 드리겠소."

그러자 어부는,

"초나라에 붙어 있는 방(榜)을 보면 오자서를 잡는 사람한테는 오만 석의 쌀과 집규(執珪)[41]를 내린다고 했소. 내게 다른 뜻이 있었다면 그 따위 백 금의 검이 문제겠소?"

하고는 받지 않았다.

오자서는 오나라에 닿기 전에 병에 걸려 도중에 지체하면서 걸식으로 연명하는 등 심한 고초를 겪고 간신히 오나라에 도착했다. 오자서가 오나라에 와 보니 오왕(吳王) 요(僚)가 정권을 쥐고 있었고 공자(公子) 광(光)

---

41) 珪는 圭와 같다. 硬玉으로 만들어서 侯爵들이 손에 갖고 다니던 것이다. 그러므로 후작을 일컫는다.

은 장군의 자리에 있었다. 오자서는 공자 광을 통해 왕을 알현했다.

그 후 오나라와 초나라 사이에 분쟁이 일어났다. 분쟁의 발단은 초나라 변경의 종리(鍾離) 사람과 오나라 변경의 비량지(卑梁氏) 사람들이 함께 누에를 치고 있었는데 양쪽 부녀자들이 서로 많은 뽕을 따려고 한 것이었다. 부녀자들의 다툼이 고을과 고을의 싸움으로 커졌고 그로 인해 분노한 초나라 평왕이 군사를 일으키는 바람에 오·초 양국이 마침내 전쟁을 하게 되었던 것이다.

오나라는 공자 광을 시켜 초나라를 공격하게 했다. 공자 광은 초나라의 종리(鍾離)와 거소(居巢) 두 곳을 빼앗아 돌아왔다. 오자서가 오왕 요에게 권유했다.

"초나라를 격파할 수 있습니다. 한 번 더 공자 광을 파견하십시오."

그러자 공자 광이 오왕에게 말했다.

"저 오자서의 아비와 형은 초나라에서 죽임을 당했습니다. 오자서가 왕께 초나라를 치라고 권하는 것은 자기 원수를 갚으려는 것에 지나지 않습니다. 또 초나라를 치더라도 꼭 이긴다는 보장도 없습니다."

오자서는 그 말을 듣고 공자 광이 왕을 죽이고 자신이 왕이 되고 싶은 야망을 품고 있기 때문에 지금은 대외 문제를 논해 봤자 아무 소용이 없다는 것을 깨달았다. 그래서 전저(專諸)라는 인물을 공자 광에게 천거해 주고 자신은 물러나 태자 건의 아들인 승과 함께 초야에 묻혀 농사를 지으면서 때가 오기를 기다렸다.

그로부터 5년이 지나 초나라 평왕이 죽었다. 그리고 앞서 태자 건의 비(妃)가 되려다 평왕의 비(妃)가 된 진나라 공주는 아들 진(軫)을 낳았다. 평왕이 죽자 아들 진이 뒤를 이어 왕이 되었다. 그가 소왕(昭王)이다.

---

42) 〈春秋左氏傳〉에 따르면 두 사람의 이름은 掩餘와 燭庸이며 이들은 吳王 僚의 동생이었다.

오왕 요(僚)는 국상(國喪)을 틈타 두 사람의[42] 공자를 시켜서 병사를 이끌고 가 초나라를 덮치게 했다. 초나라는 즉각 응전할 뿐 아니라 오나라 군대의 퇴로를 차단해 버렸다. 오나라 군대는 귀국할 수가 없었다. 그리하여 오나라 국내에는 병력이 바닥난 상태였다. 이때 공자 광은 전저(專諸)를 시켜 오왕 요를 덮쳐서 찔러 죽이고 자신이 왕위에 올랐다. 이 사람이 바로 오왕 합려(闔廬)이다.

합려는 왕위에 오르자 오자서를 불러들여 행인(行人, 외교 담당 관직명)에 임명하고 함께 국사를 논했다. 초나라에서는 대신(大臣)인 극완(郤宛)과 백주리(伯州犁) 부자(父子)를 주살했다. 백주리의 손자 백비(伯嚭)가 초나라에서 도망쳐 오나라로 망명해 왔다. 합려는 그를 대부에 임명했다.

앞서 오왕 요의 명령에 따라 병사를 이끌고 초나라를 치러 갔던 두 공자는 퇴로가 끊기어 귀국하지 못하고 있다가, 합려가 오왕 요를 시살하고 왕위에 올랐다는 말을 듣고 군사를 이끌고 초나라에 항복했다. 초나라에서는 그들을 서(舒) 땅에 봉했다.

합려는 왕위에 오른 지 3년째 되는 해에 군사를 일으켜 오자서, 백비와 함께 초나라를 쳐 서(舒)를 함락하고 초나라에 투항했던 두 공자를 사로잡았다. 그리고 그 여세를 몰아 초나라의 도읍 영(郢)까지 쳐들어가려 했으나 장군 손무(孫武)가,

"백성의 노고가 너무 크고 군사가 지쳐 있으므로 아직 칠 시기가 아닙니다. 좀더 기다리셔야 합니다."

하고 만류하여 돌아오고 말았다.

4년째에 오나라는 초나라를 쳐서 육(六)과 첨(灊) 두 땅을 빼앗았다. 5년째엔 월(越)을 쳐서 승리했다.

합려가 왕위에 오른 지 6년이 되는 해에 초나라 소왕은 공자 낭와(囊瓦)

를 시켜 병사를 이끌고 오나라를 치게 했다. 오나라에서는 오자서를 시켜 초나라를 맞아 싸우게 했다. 오자서는 초나라 군사를 예장(豫章)에서 크게 깨뜨리고 초나라의 거소(居巢)를 점령했다.

합려는 자신이 왕위에 오른 지 9년이 되는 해에 오자서와 손무를 불러 말했다.

"예전에 그대들은 초나라 수도 영을 칠 시기가 아직 아니라고 했는데 지금은 어떤가?"

"초나라 장군 낭와는 탐욕스러워서 당(唐)·채(蔡, 둘 다 초나라의 屬國으로 작은 나라) 두 나라의 원한을 사고 있습니다. 왕께서 초나라를 대대적으로 공격할 생각이시면 먼저 당·채 두 나라를 우리 편으로 끌어들여야 합니다. 그렇게만 한다면 성공할 수 있습니다."

합려는 그 제의를 받아들였다. 합려는 국내의 모든 군사를 총동원한 다음 당·채와 협력하여 초나라를 쳐들어가, 한수(漢水)를 끼고 초나라 군사와 마주하여 진을 치게 되었다.

이때 오왕의 동생 부개(夫槪)가 병사를 이끌고 종군하고자 했으나 왕이 허락하지 않았다. 그런데도 부개는 자기가 거느린 군사 오천 명을 이끌고 초나라 장수 자상(子常)을 공격했다. 자상은 패하여 정나라로 달아났다.

오나라는 그 승세를 몰아 계속 진격하여 다섯 번 싸운 끝에 마침내 영(郢)을 공격했다. 기묘일(己卯日)에[43] 초나라 소왕이 도망을 치고, 그 다음 날인 경진일(庚辰日)에 오왕이 영에 입성했다.

소왕은 영을 탈출하여 운몽(雲夢)의 소택지(沼澤地)로 들어갔는데 밤에 도둑한테 습격을 받아 운(鄖)이라는 소국으로 달아났다. 이때 운공(鄖公)

---

43) 원문에는 다만 '己卯'라고만 되어 있다. 이때를 전후로 司馬遷은 ≪春秋左氏傳≫ 定公 四年의 기사를 가지고 문장을 만들었는데 〈春秋左氏傳〉에서는 월일을 명기하고 있다.

의 동생 회(懷)가 말했다.

"옛날 초나라 평왕이 우리 아버지를 죽였으니 우리가 평왕의 아들을 죽여도 괜찮지 않겠는가?"

운공은 아우가 소왕을 죽일까 두려워 소왕과 함께 수(隨, 湖北省에 있는 작은 나라)로 달아났다. 오나라 군대는 그곳까지 추격하여 수를 포위한 다음, 수나라 사람들에게 말했다.

"주(周)나라 자손으로 한천(漢川)에 있던 나라들은 초나라한테 모조리 멸망당했다."[44]

그 말을 듣고 수나라 사람들은 소왕을 죽이려 했다. 소왕의 왕자 기(綦)는 왕을 숨기고 자신이 죽으려고 했다. 수나라 사람들은 소왕을 오나라에 넘겨주기로 하고 점을 쳐 보니 불길하다는 점괘가 나왔다. 그래서 소왕을 넘겨주지 않았다.

오자서는 예전부터 초나라 대부 신포서(申包胥)와 사귀고 있었다. 오자서는 초나라에서 망명길에 오를 때 신포서에게 이렇게 말했다.

"나는 기어코 초나라를 뒤엎고 말 것이다."

그러자 신포서는 이렇게 말했다.

"나는 무슨 일이 있어도 초나라를 지킬 것이다."

그런데 오나라 군사가 영을 공격했을 때 오자서는 소왕을 잡으려고 했으나 뜻을 이루지 못했다. 그래서 대신 초나라 평왕의 무덤을 파헤쳐 평왕의 시체를 끌어내어 삼백 번이나 매질을 했다.

산속으로 피해 숨어 있던 신포서는 이 소식을 듣고 오자서에게 사람을 보내 말했다.

---

44) 吳王의 先祖는 太伯으로, 周나라 文王의 삼촌에 해당한다. 隨나라의 임금도 周나라와 同姓인 姬姓이므로 吳나라와 隨나라는 같은 민족이나 楚나라는 異姓이다. 오왕은 동족을 위해서 복수하겠다고 말한 것이다.(이 말도 ≪左傳≫에 나온다.)

"복수가 너무 가혹하지 않은가? 나는 '사람 수가 많고 세력이 왕성할 때에는 흉포하여 하늘을 이길 수 있지만 일단 천도(天道)가 정해지면 그 흉포한 사람을 주멸한다.'고 들었네. 오자서 자네는 원래 평왕의 신하로서 그를 섬긴 일이 있었는데 지금은 평왕의 시체를 욕보이니 이와 같은 비도(非道)를 행하고도 천도가 정해진 다음에 온전하길 바라는가?"

오자서는 사자에게 이렇게 말했다.

"신포서에게 잘 전해 주게, '해는 저물고 갈 길은 멀다.'고. 그래서 초조한 나머지 도리에 따를 수만도 없어 도리에 어긋나는 짓을 하고 말았다고."[45]

신포서는 진(秦)나라로 달려가 초나라의 위급함을 고하고 구원을 청했으나 진나라에서는 들어 주지 않았다. 신포서는 진나라 궁정 앞 광장에 선 채로 주야로 통곡했다. 7일 낮 7일 밤 동안 통곡 소리가 그치지 않았던 것이다. 진나라 애공(哀公)은 그를 딱하게 여겨 이렇게 말했다.

"초나라는 무도(無道)한 나라이나 이런 충신이 있는 한 존속하게 해 주지 않으면 안 될 것이다."

진나라는 초나라를 구원하기 위해 전차 오백 대를 보내어 오나라를 쳤다. 6월에 진나라 군대는 오나라 군대를 초나라 땅 직(稷)에서 격파했다.

한편 오나라 왕 합려는 오랫동안 초나라에 머물러 있으면서 소왕을 찾고 있었는데 그 사이 합려의 동생 부개(夫概)가 진중(陣中)에서 도망하여 오나라로 돌아가 왕이 되었다. 이 소식을 들은 합려는 초나라에서 돌아와 동생 부개를 쳤다. 부개는 초나라로 패주했다.

초나라 소왕은 오나라에 내란이 일어났다는 것을 알고 다시 도읍인 영

---

45) 여생이 얼마 남지 않았기 때문에 도리에 어긋나도 어쩔 수 없다는 뜻이다.

으로 돌아왔다. 그리고 부개를 초나라 땅 당계(堂谿)에 봉하고 당계씨(堂谿氏)라 했다. 초나라는 또 오나라와 싸워 오나라를 격파했다. 오나라 왕은 귀국했다.

이로부터 2년 후에 합려는 태자 부차(夫差)를 시켜 군대를 이끌고 초나라를 치게 하여 파(番) 땅을 얻었다. 초나라는 오나라가 다시 대대적으로 공격해 오는 것이 아닌지 두려워 도읍을 영(郢)에서 약(鄀)으로 옮겼다.

이 무렵 오나라는 오자서, 손무의 계략으로 서쪽으로는 강국 초나라를 격파하고 북쪽으로는 제(齊), 진(晉)을 위협하고 남쪽으로는 월(越)나라 사람을 복종케 했다.

그 4년 후에 공자(孔子)는 노(魯)나라의 재상이 되었다.[46]

다시 4년 후에 오나라는 월나라를 치러 갔으나 월왕 구천(句踐)은 오나라 군사를 맞아 고소(姑蘇)에서 격파하고 합려의 손가락에 부상을 입혔다. 오나라 군대는 퇴각했다. 합려는 결국 상처가 악화되어 죽게 되었는데 죽기 전에 태자인 부차에게 이렇게 말했다.

"너는 구천이 네 아비를 죽인 것을 잊을 수 있겠느냐?"

부차는 공손히 대답했다.

"어찌 잊을 수 있겠습니까?"

그날 저녁 합려는 죽었다. 부차가 뒤를 이어 왕위에 오르자 백비를 태재(太宰, 백관을 통솔하는 관리)로 임명하여 싸우고 활 쏘는 것을 연습시

---

46) 원문은 '孔子相魯'이다. ≪史記≫ 孔子世家에도 '孔子가 相의 일을 대신했다.'고 되어 있어 공자가 재상직을 대행했던 것처럼 들린다. 이것은 淸나라의 崔述이나 梁玉繩이 말했듯이 司馬遷의 실수일 것이다. 그는 ≪春秋左氏傳≫의 문장, 즉 '定公四年'을 오해했던 것 같다. 孔子는 그해에 오십 세로, 魯의 定公이 齊의 제후를 만날 때 보좌역을 수행한 것에 불과했다. 단, 이 일이 伍子胥와는 관계없는 일인데도 따로 기록해 놓은 의도는 司馬遷 자신의 孔子에 대한 존경의 마음을 나타내려는 것이다. ≪史記≫ 곳곳에 孔子가 당시 어떤 직책에 있었는지 잘 나타나 있는데 이것도 대체로 그러한 의도였을 것이다.

켰다. 그로부터 2년 후에 월나라를 쳐 부초산(夫湫山)에서 격파하여 승리했다.

월나라 왕 구천은 패잔병 오천 명을 이끌고 회계산(會稽山) 위에 머물러 있으면서, 대부인 종(種)을 시켜 오나라의 태재인 백비에게 후한 선물을 보내 강화를 요청했다. 이때 월나라는 나라를 바치는 동시에 구천은 오왕의 신하가 되고 구천의 비(妃)는 오왕의 비첩(婢妾)으로 바치겠다고 약속했다. 오나라 왕이 받아들이려고 하자 오자서가 나서서 말렸다.

"월왕은 어떠한 고초도 능히 견디는 인물입니다. 지금 월왕을 멸망시키지 않으면 후일 반드시 후회하시게 됩니다."

오나라 왕은 오자서의 말을 듣지 않고 태재인 백비의 제안대로 월나라와 강화를 맺었다.

그로부터 5년 후 오나라 왕은 제(齊)나라의 경공(景公)이 죽고 새 임금은 나이가 어려 대신들이 세력 다툼을 하고 있다는 말을 듣고 군사를 일으켜 제나라를 치려 했다. 이때 오자서가 다시 간하여 말했다.

"구천은 밥상에 한 가지 반찬밖에 올리지 않을 만큼 절약하며, 죽은 자를 조상(弔喪)하고 병든 자를 위문하는 등 장차 이들을 이용하여 거사하려고 합니다. 구천이 죽지 않는 한 반드시 오나라의 후환이 될 것입니다. 지금 오나라에 월나라가 있는 것은 마치 사람의 몸 속 가장 중요한 내장에 병이 있는 것과 같습니다. 그런데 왕께서는 월나라를 먼저 처리하지 않으시고 제나라를 치고자 하시니 이 어찌 잘못이 아니겠습니까?"

그러나 오왕은 오자서의 말을 듣지 않고 제나라 군대를 애릉(艾陵)에서 대파한 후 그 여세를 몰아 추(鄒), 노(魯) 두 나라의 군주를 위협하고 돌아왔다. 오나라 왕은 그 뒤로부터 점점 더 오자서를 멀리하여 그의 계략을 듣지 않으려고 했다.

그로부터 4년 뒤에 오나라는 또 북쪽으로 제나라를 치려 했다. 월나라 왕 구천은 공자(孔子)의 제자인 자공(子貢)의 계략대로 군사를 이끌고 가 오나라를 돕고 월나라의 귀중한 보물을 태재 백비에게 바쳤다. 백비는 이미 여러 차례 월나라의 뇌물을 받아 월나라에 대한 호의와 신뢰가 컸다. 그래서 밤낮으로 오왕에게 월나라를 두둔하는 진언을 했다. 오왕은 월나라에 대한 백비의 진언을 믿게 되었다.

오자서는 다시 한 번 간했다.

"우리 오나라한테 월나라는 마치 내장 속에 있는 질병과 같습니다. 지금 왕께서는 월나라의 아부에 찬 거짓말을 믿고 월나라에 대한 경계를 늦춘 채 제나라 땅을 탐내고 계십니다. 설혹 제나라를 격파하여 그 땅을 얻는다 하더라도 그것은 자갈밭 같아서 아무런 소용도 없습니다.

또 ≪서경(書經)≫ 〈반경(盤庚)의 고(誥)〉[47]에 보면 '옳고 그른 것을 거꾸로 하고 법도를 문란케 하는 자가 있으면 그 죄가 가벼운 자는 코를 베는 형에 처하고 무거운 자는 반드시 죽여 이 땅에 악의 뿌리가 뻗지 못하도록 하라.'고 했는데 은(殷)나라가 훌륭했던 까닭은 이것을 잘 지켰기 때문입니다.

바라옵건대 왕께서는 제나라를 버려두고 먼저 월나라를 처치하시기 바랍니다. 그렇게 하지 않으면 후일 후회하셔도 소용이 없을 것입니다."

오왕은 이번에도 오자서의 진언을 받아들이지 않고 도리어 오자서를 제나라에 사신으로 보내어 제를 살피게 했다. 오자서는 떠나기에 앞서 아들에게 이렇게 말했다.

"나는 여러 번 왕에게 간했지만 왕께서는 받아들이지 않으셨다. 머지않아 오나라가 망하는 것을 보게 되겠지만 너까지 오나라와 함께 망한다는

---

47) 盤庚은 본디 殷나라 왕의 이름이다. 〈盤庚〉 3편은 그가 도읍을 옮겼을 때 한 訓示를 기록한 것으로, ≪書經≫에 수록되어 있다. 이것은 그 중편의 문장이다.

것은 무익한 일이다."

오자서는 아들을 데리고 가서 제나라 포씨(鮑氏)에게 부탁해 두고 돌아와서는 제나라에 가서 살핀 정세를 오왕에게 보고했다.

오나라의 태재 백비는 전부터 오자서와 사이가 나빴기 때문에 이렇게 참언했다.

"오자서는 성격이 강포하고 온정이 적습니다. 그래서 남을 시기하고 의심하여 해치려는 마음을 가지고 있습니다. 그는 왕에 대해서도 원한을 품고 있어 장차 이 나라의 큰 화근이 될까 두렵습니다.

앞서 왕께서 제나라를 정벌하려 하셨을 때 오자서는 그 불가함을 말하고 반대했습니다. 그렇지만 결국 제나라를 쳐서 큰 성과를 거두셨습니다. 이때 오자서는 마땅히 기뻐했어야 하는데도 자기의 주장이 받아들여지지 않은 것을 부끄럽게 여겨 도리어 원한을 품었습니다.

지금 왕께서 다시 제나라를 치려 하시는데 오자서는 왕의 뜻에 반대하여 출병을 강력히 막고 있습니다. 그것은 오나라가 패하여 자신의 주장이 옳았다는 것이 증명되기를 바라는 마음에서 그러는 것입니다.

이제 왕께서 몸소 출정하시게 되고 국내의 모든 병력을 총동원하여 제나라를 치려고 하는 마당에, 오자서는 자기의 주장이 받아들여지지 않은데 불만을 품고 종군을 사퇴하거나 아니면 병을 핑계 삼아 가지 않으려 할 것입니다. 왕께서는 이에 대한 대책을 강구하지 않으시면 안 될 것입니다. 이런 상황에 뜻하지 않게 국가가 어지러워지는 일은 흔합니다.

또 소신이 몰래 사람을 시켜 알아본 바로는 오자서가 제나라에 사신으로 갔을 때 자신의 아들을 제나라의 포씨에게 맡기고 왔다고 합니다. 실로 오자서는 신하 된 몸으로 나라 안에서 뜻을 얻지 못하니 나라 밖의 제후들을 의지하려고 하며, 자신은 선왕의 모신(謀臣)이었는데 지금은 저버림을 당하고 있다 하여 늘 앙심을 품고 있는 형편입니다. 왕께서는 부디 이 점을 잊지 않으셔야 할 것입니다."

그러자 오왕은 이렇게 말했다.

"오늘 그대의 말이 있기 전부터 나도 오자서를 의심하고 있었소."

오왕은 오자서에게 사자를 보내 촉루(屬鏤)라는 검을 내리며 말했다.

"그대는 이 칼로 자결하라!"

오자서는 하늘을 우러러 탄식하며 말했다.

"아아, 슬프다. 참신(讒臣)인 백비가 나라를 어지럽히고 있는데 왕은 충신인 나를 죽이려 하다니! 내가 그대의 부친을 패자(覇者)로 만들었고 또 그대가 아직 태자가 되기 전 여러 왕자들이 태자가 되려고 경쟁할 때 나는 일신을 바쳐 그대를 선왕(先王)에게 천거했다. 내가 그렇게 하지 않았으면 그대는 태자가 될 수 없었을 것이다. 그대가 태자의 자리에 올라 오나라를 나누어 내게 주려고 했을 때 나는 그것을 원하지 않았다. 그런데 지금 그대는 아첨하는 신하의 말만 듣고 유덕(有德)한 나[48]를 죽이려는 것인가!"

이어 오자서는 가신(家臣)에게 말했다.

"내 무덤에는 꼭 가래나무(梓)를 심어라. 그것은 오왕의 관을 짤 때 쓸 나무이다. 그리고 내 눈알을 도려내어 오나라 도읍의 동쪽 성문 위에 걸어다오. 월나라 군대가 쳐들어와 오나라를 짓밟는 것을 보리라."

오자서는 스스로 목을 쳐서 죽었다. 오자서의 말을 전해 들은 오왕은 크게 노하여 오자서의 시체를 끌어내어 말가죽 자루에 넣어 양자강에 던져

---

48) 원문은 '長者'이며, 그 원뜻은 年長者로 경험이 풍부한 나이 든 成人이라는 의미이다. 따라서 점잖고 신중하며 독실하고 관대한 사람을 말하며 또 지능과 덕이 뛰어난 사람이기도 하다. 여기서는 세상 물정을 속속들이 잘 안다고 해석해야 하겠으나 오자서가 자신의 지혜만을 자랑하려는 것으로 들리므로 '신중'이나 '충실'이라는 의미를 첨가해 좋은 의미로 해석해 둔다.

버렸다. 오나라 사람들은 오자서를 불쌍히 여겨 양자강 기슭에 오자서를 위한 사당을 짓고 그 산 이름을 서산(胥山)이라고 했다.

오왕은 오자서를 죽이고 난 다음 드디어 제나라를 쳤다. 그때 제나라에서는 포씨(鮑氏)가 군주인 도공(悼公)을 죽이고 양생(陽生)을 임금으로 세우고 있었다. 오왕은 제나라의 역신(逆臣)을 무찌른다는 명분을 내세워 쳐들어갔으나 이기지 못하고 귀국했다.

그 후 2년 뒤 오왕은 노(魯)나라와 위(衛)나라 군주를 초청하여 탁고(橐皐)에서 회맹(會盟)했다. 그 이듬해 다시 북상하여 황지(黃池)에서 제후들과 회맹하고 주(周)나라 왕실에도 명령을 내렸다.[49]

월왕 구천은 그 기회를 틈타 오나라를 급습하여 오나라 태자를 죽이고 오나라 군사를 격파했다. 오왕은 그 소식을 듣고 급히 돌아와서는 월왕에게 사신을 보내어 후한 선물을 주고 화친했다.

그로부터 9년 뒤 월왕 구천은 마침내 오나라를 멸망시켜 오왕 부차를 죽이고 태재인 백비도 잡아 죽였다. 백비가 자신의 임금에게 충성하지 않고 다른 나라에서 많은 뇌물을 받으며 내통하고 있었기 때문이다.

한편 지난날 오자서와 함께 도망쳤던 초나라의 태자 건(建)의 아들 승(勝)은 오나라에 살고 있었다. 오왕 부차 때 초나라 혜왕(惠王)이 승을 초나라로 불러들이려 하자 섭공(葉公)이 혜왕에게 간하여 말했다.

"승은 용맹하여 남몰래 결사대를 모으고 있습니다. 무슨 음모를 꾸미고

---

49) 원문은 '以令周室'이다. 이것은 원래 천하의 임금이었던 '주나라 왕실에도 명령을 내렸다.'로 해석할 수 있다. ≪史記≫ 吳太伯世家에서는 '중국의 패자가 됨으로써 왕실을 보존하려고 한다.'고 하여 왕실을 보전하다, 부흥시킨다는 뜻으로 이 傳의 뜻과는 반대이다. 古寫本에도 마찬가지로 '令'으로 되어 있다. 〈春秋左氏傳〉 哀公 13년의 기록에 의하면 이 회의 때에 吳와 晉은 순위를 다투어 吳나라 측에서는 '주나라 왕실에서 보면 우리가 長이다.'라고 주장했다. 長은 연장자이며 따라서 上位가 된다. 여기서는 〈春秋左氏傳〉의 문장을 참고로 하여 '주나라 왕실보다 위이므로 지시를 내렸다.'는 뜻으로 해석한다.

있는 듯합니다."

혜왕은 이 말을 받아들이지 않고 승을 불러들여 초나라 변경인 언(鄢)에 머물러 살게 하고 '백공(白公)'이라는 호를 내렸다.

백공이 초나라에 돌아온 지 3년 뒤에 오나라에서 오자서가 자결했다. 백공은 초나라에 돌아온 뒤부터 정(鄭)나라가 아버지를 죽인 것에 대해 원한을 품고 몰래 결사대를 양성하여 정나라에 복수할 계획을 짜고 있었다. 그리고 초나라로 돌아온 5년 뒤에 정나라를 칠 것을 청해, 초나라 영윤(令尹) 자서(子西)의 허가를 받았다.

그런데 아직 출병도 하기 전에 진(晉)나라가 정나라를 쳤다. 정나라가 초나라에 구원을 청하자 초나라는 자서에게 명령하여 정나라를 구원하게 했다.

자서가 정나라를 도와 진과 화평을 맺고 돌아왔다. 백공 승은 노하여 이렇게 말했다.

"이제 원수는 정나라가 아니다. 자서야말로 원수다."

"어떻게 하실 작정입니까?"

하고 어떤 사람이 묻자 승은 잘라 말했다.

"자서를 죽이겠다."

이 말을 전해 들은 자서는 웃으며 말했다.

"승은 아직 알(卵)에 지나지 않는다. 뭘 어쩌겠다는 것인가?"

그로부터 4년 뒤 백공 승은 석걸(石乞)이라는 인물과 함께 초나라의 영윤 자서와 사마자기(司馬子綦)를 덮쳐 조정에서 죽였다. 그때 석걸이 말했다.

"왕도 죽여야 합니다."

그래서 승은 혜왕마저 죽이려 했으나 혜왕은 고부(高府)로 피신했다. 그리고 다시 종자 굴고(屈固)에게 업혀 소부인(昭夫人, 혜왕의 어머니)의 궁안으로 달아났다.

승을 반대했던 섭공은 백공이 반란을 일으켰다는 소식을 듣고 그곳 사람들을 이끌고 가서 백공을 공격했다. 백공의 무리들이 패하자 백공은 산속으로 달아나 자살하고 말았다.

섭공은 석걸을 사로잡아 백공의 시체가 있는 곳을 물었으나 대답하지 않자 가마솥에 넣어 삶아 죽이겠다고 위협했다. 석걸은,

"일이 성공하면 '경(卿)'이 되는 것이고 실패하면 삶기는 것이 떳떳한 길이다."

하며 끝끝내 백공의 시체가 있는 곳을 말하지 않았다. 섭공은 석걸을 삶아 죽이고는 혜왕을 찾아내어 다시 왕위에 올렸다.


태사공은 말한다.

"원한의 해독이 사람에게 주는 영향이 얼마나 처참한가. 왕이라 할지라도 신하에게 원한을 살 행동을 해서는 안 될 일이다. 하물며 동렬(同列)의 사람인 경우에야.

일찍이 오자서가 부친 오사(伍奢)와 함께 죽었더라면 보잘것없는 땅강아지나 개미와 다를 것이 무엇이겠는가? 그렇지만 볼모로 잡힌 아버지의 부름을 거절하여 작은 의(義)를 버리고 아버지와 형의 원수를 갚아 큰 치욕을 씻음으로써 이름을 후세에 남긴 것이다. 참으로 비장한 일이 아닌가.

오자서가 초나라의 추격자에게 쫓겨 양자강 기슭에서 진퇴양난이 되었을 때에는 길에서 걸식까지 했는데 그렇다고 잠시나마 초나라의 도읍을 잊을 수 있었겠는가. 그리하여 참고 견딘 끝에 공명을 이룰 수 있었던 것이다. 장렬한 대장부가 아니고서야 어느 누가 이런 일을 할 수 있겠는가.

백공(白公)도 혜왕을 위협하여 초나라 왕이 되려고만 하지 않았던들 공적이나 계략에 위대한 그 무엇이 있었을 터이다."

# 제7 중니제자열전(仲尼弟子列傳)[50]


공자(孔子)는 말했다.

"내 제자 중에 학업을 받고 육예(六藝)에 통달한 사람이[51] 칠십이 명으로 모두가 뛰어난 재능을 지녔다. 그중에서도 덕행(德行)으로는 안연(顔淵), 민자건(閔子騫), 염백우(冉伯牛), 중궁(仲弓)이, 정치에서는 염유(冉有), 계로(季路)가, 변론(辯論)에서는 재아(宰我), 자공(子貢)이, 문학에서는 자유(子游), 자하(子夏)가 특히 뛰어나다. 자장(子張)은 편벽됨이 있고, 증삼(曾參)은 둔하고, 자고(子羔)는 우직하고, 자로(子路)는 다듬어지지 않아 거칠다.

안연은 도(道)를 즐기지만 뒤주가 자주 빈다. 자공은 내 가르침을 따르지 않고 재산을 늘리는 데 힘을 기울이지만 세상 물정에 밝아 판단이 정확하다."[52]

공자가 존경하는 인물로는 주(周)나라의 노자(老子), 위(衛)나라의 거백옥(蘧伯玉), 제(齊)나라의 안평중(晏平仲), 초(楚)나라의 노래자(老萊子),

---

50) 仲尼는 孔子의 字.
51) 원문은 '孔子曰, 受業身通者'. ≪史記≫ 孔子世家에는 '공자는 ≪詩≫·≪書≫·≪禮≫·≪樂≫을 가르쳤고 제자가 대략 삼천 명이나 되었으며, 六禮에 통달한 자가 칠십이 명이었다.'고 씌어 있다. ≪史記≫ 孔子世家를 비롯하여 伯夷列傳과 儒林列傳에 나오는 六禮는 六經, 즉 여섯 가지 경서를 말하며 여기서도 그렇게 해석해야 할 것이다. 여섯 가지 經書 전부가 공자 시대에도 漢代와 같은 형태로 된 교과서인지는 확실하지 않지만 司馬遷은 공자 자신이 직접 정했다고 믿고 있었다.
52) 이 한 절은 顔淵은 학문이나 도덕에 뛰어나지만 생활이 궁핍한 데 반해 子貢은 선비의 본분에 만족하지 않고 투기로 이익을 보거나 시세를 예측해서 종종 재미를 본 것을 말한다.
53) 老子 이하 여섯 사람은 공자가 직접 스승으로 삼았던 인물들은 아니다. 단, 노자의 경우와 같이 공자에게 가르침을 주었다는 전설을 지닌 인물이 많다.

정(鄭)나라의 자산(子産), 노(魯)나라의 맹공작(孟公綽)[53]이 있다. 또 자주 장문중(臧文仲), 유하혜(柳下惠), 동제(銅鞮)의 백화(伯華), 개산(介山)의 자연(子然)을 칭송했는데 공자는 이들보다 후세에 태어났으며 같은 시대에 활동하지는 않았다.

안회(顔回)는 노(魯)나라 사람으로 자(字)는 자연(子淵), 공자보다 삼십칠 세(원문은 삼십 세) 연하다.

어느 때인가 안연이 인(仁)에 관해 질문했을 때 공자는 이렇게 대답했다.

"사욕(私欲)을 이겨내어 예의의 길로 돌아가면 천하의 사람들은 그 인덕(仁德)을 그리워하여 모여들 것이다."

또 공자는 이렇게 말했다.

"현자로다, 회(回)는! 한 소쿠리 밥과 한 표주박 물로 허기를 달래며 누추한 뒷골목에서 산다. 보통 사람이라면 도저히 편한 마음으로 살기 어려울 텐데 회는 오히려 가난을 즐거움인 양 고치려 하지 않는다.

나와 말할 때에는 그저 '예! 예!' 하며 듣고만 있어 바보처럼 보이지만 물러나 친구들과 주고받는 말을 들으면 도리를 깨닫고 있어 친구들을 계발(啓發)시킨다. 회는 결코 어리석지 않다. 등용되면 벼슬길에 나아가 당당하게 도를 실행하고 등용되지 않으면 숨어서 조용히 도를 지킨다. 이것을 행할 수 있는 사람은 회, 너와 나뿐일 것이다."

안회는 이십구 세 때 완전히 백발(白髮)이 되고 젊은 나이에 죽었다. 안회가 죽자 공자는 큰 소리로 울면서[54] 탄식했다.

---

54) 원문은 '孔子哭之慟'. '慟'은 얼굴이 일그러지는 것. 悲哀의 정도가 매우 심한 것을 가리킨다.

"안회가 제자로 들어온 후부터 다른 제자들도 나와 더욱 다정해질 수 있었는데……."

한 번은 노(魯)나라 애공(哀公)이 제자들 가운데 누가 학문을 좋아하느냐고 묻자 공자는 선뜻 이렇게 대답했다.

"안회라는 자가 있어 학문을 좋아하며 여러 사람에게 노여움을 옮기지 않고 같은 잘못을 되풀이하지 않았습니다. 그런데 불행하게도 단명(短命)하여 죽고 지금은 세상에 없습니다."

민손(閔損)은 자(字)를 자건(子騫)이라 했으며 공자보다 십오 세 연소(年少)하다. 공자는 말했다.

"효자로다, 민자건은! 사람들은 그가 진실로 효자라는 것을 알기 때문에 형제들이 그를 칭찬해도 아무도 그르다고 생각하지 않는다."

노(魯)나라 대부(大夫) 계씨(季氏)가 민자건을 불러 등용하려 했으나 계씨가 권세를 자랑하고 있었기에 자건은 그런 무도(無道)한 군주를 섬겨 봉록을 받는 것이 싫어서 이렇게 거절했다.

"또다시 나를 벼슬하라고 부르면 나는 노나라를 떠나 문수(汶水, 魯나라와 齊나라 사이를 흐르는 강)를 건너 저쪽 강가에 가서 살 것입니다."

염경(冉耕)은 자(字)를 백우(伯牛)라 했다. 공자에게 뛰어난 덕행을 인정받은 인물이다. 백우가 악성 질환[55]에 걸렸을 때 공자는 그 집에 문병을 가서 창 너머로 그의 손을 잡고 말했다.

"천명(天命)이로다. 이런 훌륭한 사람이 이런 병에 걸리다니……."

---

55) 원문은 '惡疾'이다. ≪淮南子≫ 精神篇에 의하면 염경은 문둥병에 걸렸다고 한다. ≪論語≫에서는 단순히 '病'이라고만 했다.

염옹(冉雍)은 자(字)를 중궁(仲弓)이라 했다. 어느 날 중궁이 정치에 관해 질문하자 공자는 이렇게 대답했다.

"내 집의 문을 나서서 다른 사람과 교제할 때에는 귀중한 손님을 접대하듯 해야 한다. 관직에 나아가 백성을 부릴 때에는 결코 가벼운 기분으로 대하지 말고 크고 중요한 제사를 드릴 때처럼 한다면 제후의 나라에서 벼슬을 살거나 경대부(卿大夫)의 나라를 섬겨도 남한테 원한을 사는 일은 없을 것이다."

공자는 중궁을 덕행이 뛰어난 인물로 인정했기 때문에,

"옹(雍)은 임금 자리에도 앉을 수 있다."

라고 했다. 또 중궁의 아버지는 지체가 천한 사람이었기에 공자는 이렇게 말했다.

"보잘것없는 얼룩소의 새끼라도 빛깔이 좋고 좋은 뿔을 가지고 있으면 사람들이 제사의 희생으로 쓰지 않으려 해도 산천의 신령들이 가만둘 리 없다."[56]

염구(冉求)는 자(字)를 자유(子有)라고 했다. 공자보다 이십구 세 연소하다. 염구가 노나라 대부(大夫)인 계씨(季氏)의 집사(執事)가 되자 계강자(季康子)가 공자에게 물었다.

"염구는 어진 사람입니까?"

그러자 공자는 이렇게 대답했다.

"천 호의 고을과 경대부(卿大夫)의 백 승(百乘, 집이 천 호 있으면 매우 큰 고을. 戰車 백 대를 낼 수 있는 領地를 가지고 있는 나라를 가리킨다.)

---

56) 山川의 神에게 바치는 산 제물에는 소가 쓰이는데 색깔이 붉고 뿔이 잘 생겨야 하는 게 첫 번째 조건이었다. 부모의 신분과 관계없이 자식의 재능이 출중하면 얼마든지 임용될 수 있다는 뜻.

영읍이라면 염구는 훌륭히 다스려 나갈 것입니다. 그런데 염구가 과연 어진 사람인지 아닌지는 나도 알 수 없습니다."[57]

계강자가 다시 물었다.

"자로(子路)는 어진 사람입니까?"

공자는 이렇게 대답했다.

"염구와 같습니다."

어느 날 염구가,

"올바른 일을 들었을 때에는 그대로 실행해도 좋습니까?"

하고 공자에게 물었다. 그러자 공자는,

"그대로 실행해야지."

하고 대답했다. 그런데 자로가 똑같은 질문을 하자 이번에는,

"아버님과 형님이 계시지 않은가? 어떻게 상의도 없이 들은 대로 실행할 수 있겠는가?"

하고 대답했다. 자화(子華)가 이상하게 여겨 물었다.

"감히 여쭙겠습니다. 똑같은 질문인데 대답이 다르니 무슨 이유입니까?"

그러자 공자는 이렇게 대답했다.

"염구는 소극적이기 때문에 그에게 용기를 불어넣어 준 것이다. 그런데 자로는 성급하기에 눌러놓은 것이다."


중유(仲由)는 자(字)를 자로(子路)라고 한다. 변(卞, 山東省에 있는 魯나라의 邑) 땅의 사람이다. 공자보다 9세 연소하다.

자로는 성질이 거칠고 무용(武勇)을 좋아했으며 고집이 셌다. 수탉의 깃

---

57) 지금의 ≪論語≫에는 季康子가 아닌 孟武伯이 질문한 것으로 되어 있다.

으로 만든 관(冠)을 쓰고 수퇘지 가죽으로 주머니를 만들어 허리에 찼으며 공자를 업신여기고 행패를 부리려 했다. 그런데도 공자가 예를 다하여 조금씩 그를 가르쳐 인도했기 때문에 자로는 감화되어 마음을 부드럽게 하게 되었다. 자로는 유자(儒者)의 복장을 하고 예물을 바치면서 문인(門人)들의 소개를 받아 공자의 제자로 들어오게 되었다.

자로가 정치의 요점에 관해 질문하자 공자는 이렇게 대답했다.

"먼저 몸소 행한 뒤에 백성들 앞에서 그들을 지도하고 그들을 위해 수고를 아끼지 말 일이다."

대답이 너무나 간단했기에 더 가르쳐 줄 것을 청했더니 공자는 이렇게 대답했다.

"지금 말한 것을 게을리 하지 말고 행하면 된다."

또 자로가 물었다.

"군자는 용기를 귀중하게 여깁니까?"

공자가 대답했다.

"의(義)를 가장 소중히 여긴다. 군자가 용기를 좋아해도 의리가 없으면 세상이 어지럽게 되고 소인이 용기만을 좋아하고 의리를 모르면 사욕에만 마음이 동하여 도둑질을 하게 될 것이다."

자로는 좋은 말을 들으면 그것을 곧 실천하려고 마음먹었다. 그래서 한 가지 좋은 말을 듣고 그것을 채 실행할 수 없을 때에는 다른 좋은 말을 듣는 것을 두려워했다.

공자가 또 이렇게 말했다.

"단 한마디 말로 송사(訟事)를 처리할 수 있는 사람은 자로뿐일 것이다. 자로는 용기를 좋아하는 점에서는 나보다 위지만 사물에 대한 판단력이 부족한 것이 흠이다. 자로와 같은 자는 천수(天壽)를 다하기 어려울 것이다.

다 떨어진 솜옷을 걸치고 여우나 담비 가죽옷을 입은 사람과 함께 있어도 조금도 부끄러워하지 않을 자는 자로뿐일 것이다. 자로는 학문의 단계가 당(堂)에는 올라와 있지만 아직 방 안에는 들어와 있지 않다.”

　계강자가,

　“자로는 어진 사람입니까?”

　하고 묻자 공자는 이렇게 대답했다.

　“자로는 천승국(千乘國, 諸侯國) 정도는 잘 다스릴 수 있겠지만 어진 사람인지 아닌지는 모르겠습니다.”

　자로는 공자가 여러 나라를 유력(遊歷)할 때에 기꺼이 수행하여 장저(張沮)·걸익(桀溺)·하조장인(荷篠丈人, 모두 俗世를 떠나 숨어 살며 天命에 안주한 隱者들)을 만났다.

　자로가 노(魯)나라 대부인 계(季)씨의 집사가 되었을 때 계손자(季孫子)가 물었다.

　“자로는 대신이 될 만한 인물입니까?”

　공자는 대답했다.

　“보통 신하라고 할 수 있겠지요.”

　자로가 포(浦, 河北省에 있던 衛나라의 고을)의 대부(大夫)가 되어 부임하러 떠나면서 공자에게 하직 인사를 하자 공자는 이렇게 말했다.

　“포(浦)는 장사가 번성한 곳이라 다스리기 힘든 곳이다. 그래서 너에게 몇 가지 일러 주겠다. 항상 몸을 공손하게 가지고 매사에 조심하면 그들을 네 뜻대로 할 수 있을 것이다. 너그럽고 올바르면 민중들이 너를 따를 것이다. 공손하고 올바르게 정치를 행한 결과 온 관내가 편안히 지내게 되면 그것이 곧 군은(君恩)에 보답하는 길이다.”[58]

　이보다 앞서 위(衛)나라 영공(靈公)에게는 총애하는 부인이 있었는데 이름을 남자(南子)라고 했다. 영공의 태자 괴외(蕢聵)는 남자에게 죄를 짓고 처벌이 두려워 다른 나라로 망명했다. 영공이 죽자 남자 부인은 공자 영(郢)을 세워 후계자로 삼으려 했는데 영이 듣지 않고 이렇게 말했다.

"망명하신 태자의 아들 첩(輒)이 있습니다."

그래서 위나라에서는 첩(輒)을 임금으로 세웠다. 이 사람이 곧 출공(出公)이다.

출공이 즉위한 후 십이 년, 그의 아버지인 괴외는 나라 밖에 있으면서 위나라로 돌아오지 못하고 있었다. 이 무렵 자로는 위나라 대부 공회(孔悝)의 영지인 채읍(采邑)의 집사로 있었다.

괴외는 공회를 자기편으로 끌어들여 반란을 일으킬 생각으로, 미리 짜고 공회의 집으로 몰래 들어가 도당들과 함께 출공을 습격했다. 출공은 노나라로 달아나고 괴외가 즉위하여 임금의 자리에 올랐다. 이 사람이 장공(莊公)이다.

공회가 난을 일으켰을 때 자로는 마침 외출 중이었는데 이 소식을 듣고 돌아오다가 위나라 도성의 성문을 빠져나오는 자고(子羔)[59]와 마주치게 되었다. 자고가 자로에게 말했다.

"출공은 이미 떠나버렸고 성문은 벌써 닫혔네. 자네도 그냥 돌아가는 것이 좋을 것이네. 공연히 화를 입을 필요가 없지 않은가."

그러자 자로가 말했다.

"녹을 먹고 있는 자로서 주군의 환난을 모르는 척할 수 없네."

자고는 그대로 떠났다. 때마침 성안으로 들어가는 사자가 있어 성문이 열리자 자로는 사자의 뒤를 따라 성안으로 들어가 괴외가 있는 곳으로 갔

---

58) 司馬遷이 토대로 한 자료가 무엇인지 확실하지 않다. 後代에 劉向이 편찬한 ≪說苑≫ 政理篇 에도 거의 같은 글이 보인다.

59) 子羔는 高柴의 字. 그는 孔子의 門人으로 이때는 衛나라의 大夫였다.

다. 괴외는 공회와 함께 대에 올라 있었다. 자로가 말했다.

"임금께서는 공회가 필요치 않으실 것입니다. 저에게 내려 주시면 죽여 버리겠습니다."[60]

괴외는 자로의 말을 듣지 않았다. 그러자 자로는 대(臺)를 불태우려 했다. 괴외는 겁이 나서 즉시 석걸(石乞)과 호염(壺黶)을 내려 보내 자로를 치게 하여 자로의 관끈을 끊었다. 그러자 자로가 말했다.

"군자는 죽어도 관을 벗지 않는 법이다."

자로는 관끈을 고쳐 매고 죽었다.

공자는 위나라에서 난이 일어났다는 소식을 듣고,

"아, 자로가 죽겠구나!"

하고 탄식했는데 그 후 공자의 예상대로 자로가 죽었다. 이처럼 자로는 죽음을 두려워하지 않는 인물이어서 공자는 일찍이 이렇게 말했다.

"내가 자로를 제자로 삼은 후부터 세상 사람들이 나를 비방하는 소리를 별로 듣지 못했다."


재여(宰予)는 자(字)를 자아(子我)라 했다. 그는 변설이 뛰어났다. 공자에게서 가르침을 받게 된 뒤 공자에게 질문했다.

"부모의 상(喪)을 당하여 3년이나 복(服)을 입는 것은 너무 긴 것 같습니다. 군자는 하루라도 예악(禮樂)을 떠나서는 살 수 없는 법인데 3년 동안이나 예를 닦지 않는다면 틀림없이 예가 무너지고 말 것입니다. 또 3년 동안이나 악(樂)을 멀리하게 되니 악은 반드시 무너지고 말 것입니다.

1년이 지나면 지난해에 수확한 곡식은 다 소비하고 햇곡식이 나오게 됩

---

60) 子路의 이 말은 사실 자로가 孔悝를 구출하기 위한 계책이 담긴 말이다.

니다. 나무를 마찰하여 불씨를 얻는 것에 비유하여 말씀드린다면 봄에는 느릅나무·버드나무, 여름에는 대추나무·살구나무, 늦여름에는 뽕나무·꾸지나무, 가을에는 갈참나무·가랑나무(떡갈나무), 겨울에는 괴화나무·향나무를 써서 불을 일으키지만 1년이 지나면 또 원목(元木)을 쓰게 됩니다.[61] 그러니 부모의 상(喪)도 만 1년으로 끝맺는 것이 좋을 것 같습니다."

공자는 반문했다.

"그리하면 네 마음이 편안하겠느냐?"

"편안하겠습니다."

"네 마음이 편하다면 그렇게 해라. 군자는 부모님의 상을 입는 동안에는 맛있는 음식을 먹어도 그 맛을 모르고 음악을 들어도 즐거움을 느낄 수 없다. 그래서 그와 같은 짓을 하지 않는 것이다."

재여가 물러가자 공자가 다른 제자들에게 말했다.

"재여는 마음이 어질지 못한 사람이다. 어린애는 태어나서 3년이 지나야 부모의 품을 벗어날 수 있다. 그러므로 부모에 대한 3년의 상은 귀천(貴賤)을 막론하고 올바른 도리인 것이다."

재여가 학문을 게을리 해 낮잠을 자고 있었다. 그 모습을 본 공자는 이렇게 말했다.

"썩은 나무로는 조각을 할 수 없다. 썩은 흙담장은 흙손으로 고쳐 바를 수 없다."

어느 날 재여가 오제(五帝)의 덕에 대해 질문했을 때 공자는 이렇게 말

---

61) 고대에는 집집마다 신성한 불이 있었고 거기에서 불을 붙이는 데 사용하는 나무는 계절마다 달랐으며(≪禮記≫ 月令篇), 그 나무는 1년을 주기로 바꿨다. 삼년상(喪)은 부모가 돌아가신 경우 자식이 상복을 입는 기간을 말하는데 실제 상복을 입는 기간은 25개월과 29개월 두 가지 설이 있다.

했다.

"너는 그런 것을 물을 자격이 없다."

그 후 재여는 임치(臨淄, 齊나라의 도읍. 山東省)의 대부(大夫)가 되었는데 전상(田常)과 함께 반란을 일으켰다가 일족이 전멸당했다. 공자는 이 것을 부끄럽게 여겼다.


단목사(端木賜)는 위(衛)나라 사람이다. 자(字)는 자공(子貢)이며 공자 보다 삼십일 세 연소하다.

자공은 변설이 훌륭했는데 공자는 항상 그의 변설을 억눌렀다. 언젠가 공자가 자공에게 물었다.

"너와 안회 가운데 누가 더 낫다고 생각하느냐?"

"제가 어찌 안회를 따를 수 있겠습니까? 안회는 하나를 들으면 열을 압니다. 저는 하나를 들으면 둘을 알 정도입니다."

자공이 공자의 가르침을 상당히 받은 후에 공자에게 물었다.

"저를 어떤 인간으로 보십니까?"

"한 개의 그릇이다."

"어떤 그릇입니까?"

"호연(瑚璉)[62]이지."


진자금(陳子禽)이 자공에게 물었다.[63]

"중니(仲尼 : 孔子)는 어떤 분한테서 배웠습니까?"

---

62) 宗廟의 제사 때 기장을 담아 신에게 바치는 그릇으로, 祭器 중에서도 대단히 중요하다. 그렇지만 이 비유는 '군자는 그 용도가 정해져 있는 그릇과 같아서는 안 된다.'는 儒家의 입장에서 보면 썩 바람직한 인물을 이야기한 것이라고 볼 수는 없다.

63) ≪論語≫에는 陳子禽이 아니라 衛나라의 大夫 公孫朝가 질문한 것으로 되어 있다.

"주나라 문왕·무왕의 도는 아직 땅에 떨어지지 않고 이 세상 사람들에게 전해 내려오고 있습니다. 현자는 그 도의 큰 바를 기억하고 현자가 아니더라도 그 도의 작은 바를 기억합니다. 요컨대 문왕·무왕의 도는 세상 어느 곳에도 있기 때문에 선생께서는 어디서나 배우지 않는 곳이 없습니다. 그래서 일정한 스승을 모신 일도 없습니다."

진자금이 또 물었다.

"공자는 어느 나라에 가든 반드시 그 나라의 정치에 관여하시는데 그것은 공자가 요구해서 그렇게 되는 것입니까, 아니면 그 나라의 군주가 상론(相論)을 요구해 오기 때문입니까?"[64]

"선생님께서는 온(溫)·양(良)·공(恭)·검(儉)·양(讓)[65]의 덕을 갖추고 계시기 때문에 자연히 그렇게 되는 것입니다. 더욱이 선생님께서는 정도(政道)를 바르게 하려고 각국을 돌고 계시므로 선생님께서 그것을 요구하신다고 말할 수도 있지만 그 요구하는 방법은 일반인이 관직을 구하는 것과는 다릅니다."

어느 때 자공이 공자에게 물었다.

"부유하더라도 오만하게 다른 사람에게 자랑하는 일이 없고 가난하더라도 비굴하게 다른 사람에게 아첨하는 일이 없다면 어떻습니까?"

"대단히 훌륭한 일이다. 그렇지만 그것은 아직 빈부(貧富)에 사로잡혀 있는 것이다. 빈부를 초월하여 가난해도 도를 즐기고 불우하더라도 예를 좋아하는 인물에는 미치지 못한다."

제나라 대부 전상(田常)이 난을 일으키려고 했으나 제나라의 경대부인

---

64) ≪論語≫에는 이것만이 陳子禽의 물음으로 되어 있다.
65) '溫'은 부드럽고 윤기 있는 모양, '良'은 타인에게 상처를 입히지 않는 것, '恭'은 순종하고 뜻을 거역하지 않는 것, '儉'은 사치스럽지 않고 얌전한 것, '讓'은 다른 사람보다 먼저 나아가려고 하지 않는 것.

고씨(高氏), 국씨(國氏), 포씨(鮑氏), 안씨(晏氏)의 세력이 마음에 걸려, 모아 놓은 병력을 옮겨서 노나라를 치려 했다.

공자가 이 소문을 듣고 제자들에게 말했다.

"노나라는 우리 조상의 분묘(墳墓)가 있는 땅이며 부모의 나라다. 그 나라가 이와 같이 위태로운 지경에 이르렀는데 너희들은 어찌하여 이 난국을 타개하려고 나서지 않느냐?"

그리하여 자로가 나서겠다고 자청했으나 공자는 그를 말렸다. 자장(子張), 자석(子石)이 나서겠다고 했으나 그것도 허락하지 않았다. 자공이 나가겠다고 하자 공자는 기꺼이 허락했다. 자공은 제나라에 가서 전상을 설득했다.

"상공께서 노나라를 치려고 하는 것은 잘못입니다. 노나라는 치기 힘든 나라입니다. 성벽은 얇고 낮으며 성 밖으로 둘러 판 호(濠)는 좁고 얕습니다. 군주는 어리석고 어질지 못하며 대신들은 위선자로서 쓸모없고 국민들은 전쟁을 싫어하기 때문입니다. 이러한 나라는 싸울 상대가 되지 못합니다.

상공께서는 노나라보다 오나라를 치는 게 좋습니다. 오나라로 말한다면 성벽이 높고 두꺼우며 호는 넓고 깊습니다. 무기는 강력하고 새것이며 병사들은 정예인 데다 군량미도 충분합니다. 중무기(重武器)로 무장한 군사들이 성안에 있을 뿐만 아니라 현명한 대부에게 명하여 그들을 잘 통솔하고 있습니다. 이러한 나라야말로 싸워 볼 만한 나라입니다."

전상은 자공의 말을 듣더니 버럭 성을 내며 낯빛이 달라져서 말했다.

"그대는 지금 세상 사람들이 피해야 한다고 말하는 상대와 싸우라고 권하고 있소. 그렇게 상식과 반대되는 일을 내게 시키려는 까닭이 무엇이오?"

"나는 '걱정이 나라 안에 있는 자는 강한 나라를 치고 걱정이 나라 밖에 있는 자는 약한 나라를 친다.'고 들었습니다. 듣건대 제나라 임금께서는 상공을 세 번이나 군(君)에 봉하려 했으나 세 번 다 실패했다고 합니다. 그 것은 제나라 대신 가운데 반대하는 사람이 있었기 때문입니다.

그런 상황에서는 상공께서 노나라를 이겨 제나라의 영토를 넓힌다 하더 라도 결국 임금을 더욱 교만하게 하고 대신들의 위세만 높여 줄 뿐이며, 상공 자신의 공적은 별로 인정받지 못하여 제나라 임금과의 사이만 날로 멀어지게 됩니다.

결국 상공께서는 위로는 임금의 마음을 교만하게 만들고 아래로는 군신 들의 세력을 크게 해 줌으로써 상공께서 바라는 큰일을 이룩하기가 더욱 어렵게 될 뿐입니다. 임금이 교만해지면 방자해지고 신하가 교만해지면 권력을 다투게 됩니다. 그렇게 되면 상공께서는 위로는 임금과 사이가 벌 어지고 아래로는 대신들과 다투게 되어 제나라에서 입신(立身)하기가 위 태롭게 됩니다.

그래서 오나라를 치는 게 옳다고 말씀드리는 것입니다. 오나라를 쳐서 이기지 못할 경우에 백성들은 국외에서 싸우다 죽게 되고 대신들은 국내 에서 발판을 잃게 됩니다. 그렇게 되면 상공께서는 위로는 강력한 대신 들을 적대하지 않아도 되고 아래로는 국민의 비난을 받지 않아도 되며 군주를 고립시켜서 제나라를 제어할 수 있는 사람은 오직 상공뿐일 것입 니다."

"그럴 듯한 말이오. 그런데 우리 군사는 이미 노나라를 향하고 있소. 이 제 다시 노나라에서 물러나 오나라로 향하라고 한다면 대신들이 나를 의 심할 것이오. 어떻게 하면 좋겠소?"

"군사를 눌러둔 채 노나라에 대한 공격을 보류하십시오. 그동안 제가 오나라 왕에게 사자로 가서, 오나라를 시켜 노(魯)나라를 구원하기 위해 제나라를 치도록 하겠습니다. 그러면 상공께서는 군대를 이끌고 오나라 군대를 맞이하여 치십시오."

전상은 이를 허락하고 자공을 남쪽으로 보내어 오왕을 알현하게 했다. 자공이 오왕에게 말했다.

"신은 '왕자(王者)는 다른 나라의 후사를 끊는 일이 없고 패자(覇者)는 적국을 강대하게 만들지 않는다.'고 들었습니다. 또 천 균(千鈞)이나 되는 중량도 일수일량(一銖一兩)⁶⁶⁾의 작은 분량을 더함으로써 저울눈이 움직이게 되는 것입니다. 지금 제나라는 만 승(萬乘)의 대국으로서 천 승(千乘)의 노나라를 자기 것으로 만들어 오나라와 세력의 강약을 다투려고 합니다. 신은 왕을 걱정하지 않을 수 없습니다.

또 오나라로서는 노나라를 구원하는 것이 천하에 명성을 날리는 것이 되며 제나라를 치는 것은 큰 이익이 됩니다. 사수(泗水, 山東省을 흐르는 강) 주변의 제후들을 내 편으로 끌어들여 포악한 제나라를 무찌르고 강대한 진(晉)나라를 굴복시킨다면 이보다 더 큰 이익은 없을 것입니다. 명분은 망해가려는 노나라를 보존시키는 데 있고 실제로는 강대한 제나라를 곤궁하게 할 수 있으니 지혜 있는 사람이라면 지체하지 않고 이를 실행할 것입니다."

"과연 그렇겠군. 그런데 나는 일찍이 월나라와 싸워 월왕을 회계(會稽, 折江省)에 몰아넣은 적이 있었소. 그런 뒤로 월왕은 고난을 참으며 군사를 길러 우리 오나라에게 원수를 갚으려 하고 있소. 내가 월나라를 칠 때까지 기다려 주오. 그런 다음 그대의 의견을 따르겠소."

"월나라의 힘은 약소국인 노나라보다 나을 것이 없습니다. 오나라의 힘은 제나라만 못합니다. 왕께서 제나라를 내버려둔 채 월나라를 치면 그 사

---

66) 鈞은 30근, 즉 7,680그램이고 兩은 근의 16분의 1인 16그램이며 銖는 兩의 24분의 1인 0.67 그램이다.

이에 제나라는 노나라를 평정하고 말 것입니다.

　또 왕께서는 천하의 패자로서 망하려는 나라를 보존해 주고 끊어지려는 나라를 존속시켜 주기 위해 제나라를 치는 것을 명분으로 삼고 계십니다. 그런데 약소국인 월나라를 치고 강대한 제나라를 두려워한다면 용기 있는 자라고 말할 수 없습니다. 대체로 용기 있는 사람은 어려운 것을 피하지 않고, 어진 사람은 괴로움을 당하는 사람을 궁지로 몰아넣지 않으며, 지혜 있는 사람은 때를 놓치지 않고, 왕자는 남의 나라의 후사를 끊지 않음으로써 그 의(義)를 온 천하에 세우는 것입니다.

　지금 월나라를 그대로 존속시켜 제후에게 인덕(仁德)을 보여 주고 노나라를 구원하기 위해 제나라를 치면서 나아가 진나라를 위협한다면 제후들은 반드시 손에 손을 잡고 오나라에 입조(入朝)하게 되어 패업(覇業)을 이룩하게 될 것입니다.

　또 왕께서 굳이 월나라를 걱정하고 계시다면 신이 동쪽으로 가서 월왕을 만나 월나라에서도 출병하여 오나라가 제나라를 치는 것을 돕게 하겠습니다. 그렇게 되면 월나라 안의 병력은 텅 비게 되며 명분상 제후를 거느리고 제나라를 치는 것이 됩니다."

　오왕은 크게 기뻐하여 자공을 사자로서 월나라에 가도록 하였다. 월나라 왕은 도로를 청소하고 교외까지 마중 나와 몸소 자공을 위해 수레를 몰아 숙사까지 인도한 다음에 자공에게 물었다.

　"이런 오랑캐 나라에 대부께서 무슨 일로 귀한 걸음을 하셨습니까?"

　자공이 대답했다.

　"이번에 제가 오왕에게 노나라를 구원하여 제나라를 칠 것을 권했습니다. 오왕께서는 그에 찬성하셨는데 이곳 월나라 일이 걱정이 되는지 '월나라를 쳐서 멸망시킨 다음 그렇게 하자.'고 하셨습니다. 이런 형편이니 오나라가 월나라를 칠 게 뻔합니다.

남에게 보복할 뜻도 없는데 상대방에게 의심을 받는 것은 현명하지 못합니다. 설사 보복할 마음을 가졌더라도 그것을 알아차리게 하는 것은 위태롭기 짝이 없는 일입니다. 또 일을 실천하기도 전에 그 계획이 새어 나가는 것은 위험한 일입니다. 이 세 가지는 일을 도모할 때 가장 신경 써야 할 일입니다."

월왕 구천(句踐)은 머리를 땅바닥에 조아리며 두 번 절하고 말했다.

"고(孤, 제후가 자신을 일컫는 말)는 일찍이 자신의 힘도 헤아리지 못하고 오나라와 싸워 패함으로써 회계(會稽)에 몰려 곤욕을 겪은 통분함이 골수에 사무쳐 있습니다. 그 후 밤낮 입술이 타고 혀가 마르는 듯하며 그때의 굴욕이 꼬리를 물고 생각나 괴롭기 짝이 없습니다. 그저 오왕을 죽이고 나도 죽었으면 하는 것이 유일한 소원입니다."

말을 마친 월왕은 자신이 취해야 할 방법을 물었다. 자공이 대답했다.

"오왕은 사람됨이 포악하고 용맹하여 뭇 신하들이 견디기 어려울 지경입니다. 나라는 거듭되는 전쟁 때문에 극도로 피폐해지고 병졸들은 더 이상 싸움을 바라지 않습니다. 백성들은 윗사람을 원망하고 대신들은 임금에게 충성하지 않고 있습니다. 오자서는 간하다 죽었고 태재 백비는 정치를 책임진 자인데도 임금의 잘못을 그대로 따르기만 하면서 자신은 사사로운 욕심만 채우려고 합니다. 참으로 나라를 망치는 정치가 아닐 수 없습니다.

왕께서 구원군을 보내 오왕의 뜻을 받들고 귀중한 보물을 바쳐 정중히 경의를 표하면 오왕은 안심하고 제나라를 칠 것입니다. 그리하여 만일 오왕이 제나라와 싸워서 이기지 못한다면 그것은 왕의 복이 될 것이며, 만일 이기게 되면 오왕은 틀림없이 군대를 이끌고 진나라로 향할 것입니다.

그렇게 되면 저는 북쪽으로 올라가 진나라 임금을 만나서 함께 오나라를 공격할 것을 설득하겠습니다. 그러면 반드시 오나라를 약하게 만들 수 있습니다. 오나라의 정예 부대는 제나라와의 싸움에서 다 없어지고 장비를 갖춘 군사는 진나라에서 고초를 겪게 될 것이니 이렇게 피폐해진 오나라를 왕께서 치면 틀림없이 멸망할 것입니다."

월왕은 크게 기뻐하여 이를 승낙하고 자공에게 황금 백 일(百鎰)[67]과 칼 한 자루, 훌륭한 창 두 자루를 선물로 주었다. 그러나 자공은 그것을 받지 않고 떠나와서 오왕에게 보고했다.

"신이 삼가 대왕의 말씀을 월왕에게 전했더니 월왕은 매우 송구스러워하며, '고(孤)는 불행하게도 어릴 때 아버지를 잃고 자신의 분수도 생각지 않고 오나라에 죄를 범했습니다. 그리하여 싸움에 패해 치욕을 당하고 회계에 숨어 살게 된 까닭으로 나라는 폐허가 되고 잡초만이 무성해졌습니다. 그런데 다행히도 대왕의 은혜를 입어 다시 제기(祭器)를 늘어놓고 조상의 제사를 받들 수 있게 되었습니다. 죽어도 이 은혜를 잊을 수 없습니다. 어찌 오나라에 대해 음모를 꾸밀 수 있겠습니까? 하고 말했습니다."

그로부터 닷새 뒤에 월나라는 사신으로 대부 종(種)을 오나라에 보내어 오왕에게 다음과 같이 전하게 했다.

"동해(東海)의 노복(奴僕), 구천의 사자인 불초 종(種)은 감히 대왕의 하급 관리에게 사신으로서 예를 올리고 좌우의 근신(近臣)을 통해 대왕께 문안드립니다.

삼가 듣자옵건대 대왕께서는 대의(大義)의 군사를 일으켜 강국을 누르고 약소국을 구원하며, 포악한 제나라를 곤궁하게 하여 주나라 왕실을 편안케 하시려 한다 하오니, 저희 월도자국 내의 사졸 삼천 명을 동원하여 싸움에 참가하여 구천 자신이 견고한 갑옷을 입고 예리한 무기를 들고 선두에 서서 적의 화살과 쏟아지는 돌을 받게 되기를 원하고 있습니다. 월

---

67) 鎰은 溢로도 쓴다. 황금 무게의 단위로 20兩을 말한다. 일설에는 24兩이라고도 한다.

의 천신(賤臣) 종(種)은 선대로부터 물려받은 무기와 갑옷 스무 벌, 창 '굴로(屈盧)'와 검 '보광(步光)'을 바쳐서 군리(軍吏)들의 출전을 축하드립니다."

이에 오왕은 크게 기뻐하여 자공에게 말했다.

"월왕은 나를 따라 제나라를 칠 것을 원하고 있소. 허락해도 좋겠소?"

"그것은 옳지 않습니다. 남의 나라를 비우게 하고 남의 나라 병사를 모두 동원하면서 게다가 그 군왕마저 종군케 한다는 것은 옳은 일이 아닙니다. 대왕께서는 월나라의 예물만 거두시고 군사의 출진은 허락하시되 월왕의 종군만은 사양하십시오."

이에 오왕은 월왕의 종군을 거절했다. 이리하여 오왕은 마침내 아홉 고을의 군대를 동원하여 제나라 정벌에 나섰다.

자공은 오나라를 떠나 진(晉)나라로 가서 진왕에게 말했다.

"신은 '생각이 미리 정해져 있지 않으면 급한 일에 대처할 수 없고 군대가 정비되어 있지 않으면 적과 싸워 이길 수 없다.'고 들었습니다. 지금 제나라와 오나라가 서로 싸우려고 합니다. 오나라가 싸움에 이기지 못할 경우에는 월나라가 오나라를 어지럽힐 것이 분명하나 오나라가 제나라한테 이기면 틀림없이 군사를 이끌고 진나라로 쳐들어올 것입니다."

진나라 왕은 크게 걱정하며 말했다.

"어떻게 하면 좋겠소?"

"군비를 갖추되 병졸들을 편히 쉬게 하고 때를 기다리십시오."

진왕은 그렇게 하겠다고 했다. 자공은 진나라를 떠나 노나라로 향했다.

오왕은 애릉(艾陵)에서 제나라 군사를 대파하여 장군 7명이 이끄는 군사를 포로로 잡았다. 그리고 자공의 예상대로 여세를 몰아 군대를 이끌고 진나라로 향했다. 그리하여 진나라 군사와 황지(黃池) 부근에서 마주치게 되었다. 그 싸움에서는 진나라 군사가 오나라 군사를 먼저 공격하여 크게 이겼다.

월왕이 이 소식을 듣자 양자강을 건너 오나라를 습격하여 오나라 도성에서 칠십 리 떨어진 곳에 진을 쳤다. 오왕은 급보를 접하자 진나라를 버리고 귀국하여 월나라와 오호(五湖)에서 싸웠으나 세 번 싸워 세 번 다 이기지 못하고 도성의 성문조차 지키지 못했다.

마침내 월나라 군대는 오나라 왕궁을 포위하여 오왕 부차를 죽이고 오나라의 재상 백비를 주살했다. 월왕은 오나라를 격파하고 3년 뒤에 동방 제후들 사이에서 패자(覇者)의 이름을 듣게 되었다.

이렇게 자공이 한 번 노나라를 떠나 다시 돌아오면서, 노나라를 보존하고 제나라를 어지럽혔으며 오나라를 격파하고 진나라를 강하게 하였으며 월나라를 패자로 만들었다. 즉 자공이 사신이 되어 여러 나라를 한 번 돌게 되니 각국의 형세가 뒤바뀌고 십 년 동안에 노(魯)·제(齊)·오(吳)·진(晉)·월(越) 5국이 대변혁을 일으키게 된 것이다.

자공은 또 매점매석(買占賣惜)을 일삼아 값이 쌀 때 물건을 사들였다가 값이 오르면 팔아 큰 부를 쌓았다. 또 남의 장점을 드러내어 칭찬하기를 좋아하면서 다른 사람의 과실을 감추어 주지는 못했다. 일찍이 노나라와 위(衛)나라의 재상이 되어 집에 천금을 쌓아두기도 했으며 마지막에는 제나라에서 세상을 마쳤다.


언언(言偃)은 오나라 사람으로 자(字)를 자유(子游)라고 했다. 공자보다 사십오 세 아래다.

자유는 공자의 가르침을 받게 된 후 무성(武城)의 읍장이 되었다. 공자가 이 고을을 지나다 현가(弦歌) 소리를 듣고 예악이 성함을 알고 웃으며 말했다.

"닭을 잡는 데 소 잡는 칼을 쓰지 않아도 될 텐데……."

그러자 자유는 이렇게 말했다.

"저는 전에 선생님께 '군자가 예악의 도를 배우면 사람을 사랑하게 되고 소인이 예악의 도를 배우면 온화해져 부리기가 쉽다.'고 배웠습니다."

공자는 자유가 너무나 진솔하여 공자의 말을 오해하고 있음을 따지지 않고 따라온 제자들에게 말했다.

"모두들 들어라! 언의 말이 옳다. 앞서 내가 한 말은 농담이었다."

라고 해명했다. 공자는 자유가 문학[68]에 능통하다는 것을 인정하고 있던 것이다.


복상(卜商)은 자(字)를 자하(子夏)라 했고 공자보다 사십사 세 아래다. 자하가 공자에게 물었다.

"≪시경(詩經)≫에 '웃음 짓는 입가의 아름다움이여, 아름다운 눈동자의 맑게 갠 움직임이여, 흰 것으로써 그 아름다움을 이루었음이여.(巧笑倩兮, 美目盼兮, 素以爲絢兮.)' 라고 한 시가 있는데 무슨 뜻입니까?"

"그림으로 친다면 먼저 색채를 입힌 다음 흰 분가루로 다듬는 것과 같은 것이다."

"충(忠)과 신(信)을 바탕으로 삼고 예로써 다듬어야 한다는 말씀입니까?"

"그렇다. 이제 상(商)과 더불어 시를 논할 만하구나."

언젠가 자공이 공자에게 물었다.

"사(師 : 子張)와 상(商) 중 누가 더 현명합니까?"

---

68) 여기서 말하는 '文學'은 博學의 뜻으로 孔門의 4과목 가운데 하나다. 광범위한 교양을 포괄했지만 글을 짓는 것이 반드시 중요한 것은 아니었다. 子夏가 子游와 함께 문학에 뛰어났음은 ≪論語≫에서도 볼 수 있다.

"사는 지나치고 상은 미치지 못한다."

"그렇다면 사가 낫다는 말씀입니까?"

"아니다. 지나친 것이나 미치지 못한 것이나 마찬가지다."

공자가 자공에게 말했다.

"너는 도를 밝히는 군자다운 선비가 되어라. 명성을 자랑하는 소인배 선비가 되지 말라."

공자가 죽은 뒤에 자하는 서하(西河)에 살면서 사람들에게 학문을 가르치고 위나라 문후의 스승이 되었다. 나중에 아들을 잃어 너무나 서럽게 울다가 눈이 멀게 되었다.

전손사(顓孫師)는 진(陳)나라 사람으로 자를 자장(子張)이라 하고 공자보다 사십팔 세 아래다.

어느 날 자장이 벼슬자리를 구하는 방법을 물으니 공자는 이렇게 대답했다.

"많이 듣고, 자신 없는 것은 말하지 말고 확실한 것만을 신중하게 말하면 실언(失言)이 적다. 또 널리 보고, 확실치 않은 것은 빼고 확실한 것만을 조심스럽게 행하면 후회가 적을 것이다. 말에 실수가 적고 행동에 후회함이 적으면 벼슬은 구하지 않아도 저절로 얻어지게 된다."

뒷날 공자를 수행하다 진(陳)·채(蔡) 사이에서 곤욕을 겪고 있을 때 자신이 믿고 있는 도가 세상에 널리 잘 행해질 수 있는 방법을 물으니 공자는 이렇게 대답했다.

"말에 진실과 신의가 있고 행동을 무겁게 하여 삼가면 어떠한 야만국에서라도 그것을 행할 수 있을 것이다. 말에 진실과 신의가 없고 행동이 도탑지 못하고 삼감이 없으면 비록 자기 고향에 있더라도 행할 수 없을 것이다. 서 있을 때에는 충신(忠信)과 독경(篤敬)이 눈앞에 어른거리고, 수레에 올라타 있을 때에는 그것이 수레의 멍에에 기대어 있는 것처럼 보일 정도로 항상 몸에 지니고 있어야만 비로소 자기가 믿는 도를 행할 수 있다."

자장은 이 말을 큰 띠의 앞자락에 써서 마음에 새겼다. 또 자장이 공자에게 물었다.

"선비란 어떻게 해야만 통달했다고 할 수 있습니까?"

"대체 네가 말하는 통달이란 어떤 것이냐?"

"공적인 생활에서도 명성이 높고 사적인 생활에서도 좋은 평판을 듣는 것입니다."

"그것은 평판일 뿐이지 통달은 아니다. 통달이란 진실하고 정직하여 의(義)를 좋아하고 남의 말을 알아듣고 얼굴빛을 알아보고 항상 조심하여 겸손하게 행동하는 것으로, 그와 같이 하면 공적인 생활에서나 사적인 생활에서나 덕에 통달하게 된다. 그런데 겉으로는 어진 것처럼 보이나 행동이 어진 도리를 벗어나 있는데 그것이 옳은 양 의심하지 않게 되면 세상 사람들도 속아 공사 간에 좋은 평판이 날 수 있다."

증삼(曾參)은 남무성(南武城) 사람으로 자(字)는 자여(子輿),[69] 공자보다 사십육 세 아래다.

공자는 증삼이 효도에 능통한 것을 알고 그에게 가르침을 주어 ≪효경(孝經)≫을 짓게 하였다. 나중에 노나라에서 죽었다.

담대멸명(澹臺滅明)은 무성(武城) 사람으로 자(字)를 자우(子羽)라 했다. 공자보다 이십구 세 아래다.

---

69) 字는 本名 代用이므로 字를 붙일 때는 반드시 유의어(類義語)를 썼다. 子輿의 輿는 마차와 관계가 있으므로 參은 驂과 같고 三頭馬車의 말이라는 뜻이다.

얼굴이 하도 못생겨서 공자에게 가르침을 받으러 왔을 때 공자는 자우의 재능이 모자라는 것이 아닌지 의심했다. 그런데 가르침을 받은 뒤로는 물러나와 행실을 닦고, 외출할 경우에는 지름길이 있어도 가지 않고 큰 길로만 가며, 공적인 일이 아니면 경대부를 만나는 일이 없었다.

남쪽으로 내려와 양자강에 간 적이 있었다. 그의 가르침을 받은 제자가 삼백 명에 이르렀는데 물건을 주고받는 것과 벼슬자리에 나아가고 물러나는 것을 의(義)에 따라 하라고 가르쳐 제후들 사이에 그 이름이 널리 알려졌다. 공자는 그와 같은 평판을 듣고 이렇게 말했다.

"나는 변론이 좋은 것만으로 사람을 판단했다가 재여(宰予)를 잘못 보았고 용모로 사람을 판단했다가 자우(子羽)를 잘못 봤다."


복부제(宓不齊)는 자(字)를 자천(子賤)이라 했다. 공자보다 삼십 세 아래다. 공자는 자천에 대해서 이렇게 말했다.

"자천은 군자로다. 그렇지만 만일 노나라에 군자가 없었다면 어떻게 그런 군자다운 점을 몸에 익힐 수 있었겠는가?"

자천이 선보(單父)의 장관이 되어 공자에게 보고하였다.

"이 나라에는 저보다 훌륭한 인물이 다섯 사람이나 있어서 저에게 정치의 요령을 가르쳐 주고 있습니다."

공자는 이렇게 말했다.

"아깝도다! 부제(不齊)가 다스리는 땅이 너무 좁구나. 그가 다스리는 곳이 넓은 땅이었다면 더 훌륭한 정치를 할 수 있을 텐데……."[70]


원헌(原憲)은 자(字)가 자사(子思)이며 공자의 손자였다. 자사가 부끄러

---

70) 이것은 ≪論語≫에는 없고 ≪韓詩外傳≫ 8권에서 볼 수 있다.

움에 대해 물으니 공자가 이렇게 대답했다.

"나라가 도로써 다스려지는데도 벼슬을 해서 녹을 먹고, 또 도로써 다스려지지 않는데도 물러나지 않고 그저 녹만 먹고 있는 것, 이것이 부끄러운 짓이다."

자사가 공자에게 물었다.

"남에게 이기기를 좋아하는 것, 자신의 공을 자랑하는 것, 남을 원망하는 것, 탐욕스러운 것, 이 네 가지를 행하지 않으면 어질다고 할 수 있겠습니까?"

"그렇게 하기도 어려운 일이겠지만 그것만 가지고 인(仁)이라고 할 수 있을지 모르겠다."

공자가 죽은 뒤 자사는 세상을 버리고 풀이 우거진 늪지대에 숨어 살고 있었다. 자공(子貢)이 위나라의 재상으로 있으면서 사두마차(四頭馬車)에 올라 타 기마 호위병을 거느리고 자사에게 인사차 들렀다.

자사는 낡아빠진 의관을 갖추고 그를 맞이하였다. 자공은 너무나 초라한 자사의 모습을 보고 창피하게 여겨 말했다.

"자네, 병에 걸린 게 아닌가?"

그러자 자사가 말했다.

"나는 '재산이 없는 사람을 가난하다 하고, 도를 배우고도 실행하지 못하는 사람을 병들었다 한다.' 고 들었습니다. 나는 가난하기는 하지만 병들지는 않았습니다."

자공은 몹시 불쾌한 모습으로 떠나갔으며 한평생 그 한마디 실언(失言)을 수치로 여기며 살았다.[71]


공야장(公冶長)은 제(齊)나라 사람으로 자(字)를 자장(子長)[72]이라고 했다. 공자는,

"장(長) 같은 사람이라면 딸을 맡겨도 좋다. 예전에 감옥에 갇힌 일이 있으나 그것은 그의 죄가 아니었다."

고 말하였으며 자기 딸을 주어 사위로 삼았다.


남궁괄(南宮括)은 자(字)를 자용(子容)이라 했다.

어느 날 자용이 공자에게 물었다.

"예(羿)는 활의 명수였고 오(奡)는 뭍에서도 배를 움직일 수 있을 만큼 힘이 세었지만 둘 다 죽임을 당하여 천수를 누리지 못했습니다. 그런데 하(夏)나라의 우왕(禹王)이나 주(周)나라의 후직(后稷)은 몸소 밭을 갈며 고생하면서도 끝내 천하를 보존할 수 있었습니다."

공자는 대답하지 않았다.[73] 그러다 자용이 물러간 뒤에 말했다.

"군자로다, 저 사람은! 덕을 소중히 아는구나. 저런 사람이라면 나라에 도가 행해질 때 크게 쓰일 것이고 나라에 도가 행해지지 않는다 하더라도 형륙(刑戮)을 면할 수 있을 것이다."

자용은 《시경(詩經)》을 읽다가 '흰 구슬의 흠은 얼마든지 갈아 없앨 수 있지만 한번 잘못한 말은 어찌할 도리가 없다.'는 구절에 이르자 되풀이해서 읽고 말을 조심하는 일에 마음을 썼다. 공자는 조카딸을 그에게 시집보냈다.


공석애(公皙哀)는 자(字)를 계차(季次)라 했다. 공자는 계차에게 이렇게 말했다.

---

71) 이것도 《論語》에는 없고 《莊子》 讓王篇과 《韓詩外傳》에 나온다.
72) 公冶長의 이름과 字가 같은 것은 좀 이상하며, 字는 子芝라는 설도 있다.
73) 《論語》의 古注에 따르면 南宮括이 孔子를 禹王이나 后稷과 비교하려 하므로 孔子는 송구스러워 대답하지 않았다고 한다.

"천하에는 도를 실행하는 사람이 적으며, 대부분의 사람들은 대부(大夫)의 가신(家臣)이 되어 도성에서 벼슬하며 지내지만 오직 계차만은 절개를 굽히지 않고 벼슬살이를 하지 않고 있다."

　증점(曾蒧 : 曾參의 아버지. ≪論語≫에서는 이름을 點으로 썼다.)은 자(字)를 석(晳)이라고 했다.
　어느 날 증점이 공자를 모시고 있는데 공자가 그에게,
　"너의 뜻을 말해 보아라."
　하니 증점은,
　"새로 지은 봄나들이 옷을 입고 젊은이 대여섯 명과 소년 예닐곱 명을 데리고 기수(沂水)가에서 목욕을 하고 무우(舞雩, 기우제를 지내는 곳)에서 봄바람이나 쐬다 시를 읊으면서 돌아온다면 좋겠습니다."
　하고 대답했다. 그러자 공자가 감탄하여 말했다.
　"나도 증점과 함께하고 싶구나!"

　안무요(顏無繇)는 자(字)를 노(路)라고 했다. 노(路)는 안회(顏回)의 아버지다. 이 부자(父子)는 각각 다른 시기에 공자에게서 가르침을 받았다.
　안회가 일찍 죽었는데 안로가 가난하니 공자의 수레를 팔아서 곽(槨, 관의 바깥 널)을 만들어 죽은 아들을 후하게 장사지내고 싶다고 했다. 그러자 공자는 이렇게 말했다.
　"재능이 있는 자식이건 그렇지 못한 자식이건 부모한테는 자식임에 틀림없다. 이(鯉, 공자의 아들 伯魚)가 죽었을 때에도 관은 있었으나 곽은 없었다. 나는 수레를 팔아서까지 곽을 만들 수는 없다. 내가 대부(大夫)의 말석(末席)을 맡고 있어 걸어다닐 수는 없기 때문이다."

상구(商瞿)는 노(魯)나라 사람으로 자(字)를 자목(子木)이라고 했다. 공자보다 이십구 세 아래다.

공자는 ≪주역(周易)≫을 상구에게 전해 주었다. 상구는 초나라 사람 한비(馯臂), 자홍(子弘)에게 전했다. 또 홍은 강동(江東) 사람 교자용자(矯子庸疵 : 子庸은 字, 疵는 이름)에게 전했다. 자는 연(燕)나라 사람 주자가수(周子家豎 : 子家는 字, 豎는 이름)에게 전했다. 수는 순우(淳于) 사람 광자승우(光子乘羽 : 子乘은 字, 羽는 이름)에게 전하고 우는 제나라 사람 전자장하(田子莊何 : 子莊은 字, 何는 이름)에게 전했다. 하는 동무(東武) 사람 왕자중동(王子中同 : 子中은 字, 이름은 同)에게 전했다. 동은 치천(菑川) 사람 양하(楊何)에게 전했다. 하는 원삭 연간(元朔年間 : 漢武帝 시대)에 주역에 능통하다는 이유로 한나라의 중대부(中大夫)가 되었다.[74]

고시(高柴)는 자(字)를 자고(子羔)라 했다. 공자보다 삼십 세 아래다.

자고는 키가 5척도 안 되었다. 공자에게 가르침을 받았을 때 공자는 그를 우직한 사람이라고 평했다. 자로가 자고를 후(郈)라는 고을의 장관으로 등용했을 때 공자는,

"아직 학문이 미숙한 사람인데 정치를 하게 하는 것은 자고(子羔)를 망치는 것이다."

하고 말했다. 그러자 자로는,

"다스려야 할 백성도 있고 제(祭)를 올려야 할 사직신(社稷神)도 있습니다. 제정(祭政)에 종사하는 것도 학문이며, 꼭 책을 읽는 것만이 학문은 아니지 않습니까?"

---

74) 太史公自序에 의하면 司馬遷의 아버지 談은 ≪易≫을 楊何한테서 받았다고 한다. 이 列傳에서 그 외의 經書에 대한 傳授系統은 서술하지 않고 유독 ≪易經≫만 상세하게 기록한 것은 자기 家門의 학문을 드러내고자 하는 의도 때문일 것이다.

하고 대답했다. 그러자 공자가 말했다.

"이래서 말만 잘하는 사람에게는 호감이 가지 않는다."

칠조개(漆彫開)는 자(字)를 자개(子開)[75]라고 했다. 공자는 자개의 재주와 학문을 인정하여 벼슬길에 나서기를 권했다. 그러자 자개는 사양하며,

"아직 공부가 부족하여 벼슬할 만한 자격이 있다고 생각하지 않습니다."

하고 대답했다. 그가 도에 뜻이 있다는 것을 알고 공자는 매우 기뻐했다.

공백료(公伯僚)는 자(字)를 자주(子周)라 했다.

자주가 자로를 계손(季孫)에게 참소했다. 자복경백(子服景伯：魯나라 大夫로 공자에게서 배움)이 분개하여 그 사실을 공자에게 고하며 말했다.

"계손은 공백료의 말에 미혹하여 자로를 노엽게 여기고 있습니다. 공백료 따위는 제 힘으로 주살하여 시체를 거리에 내걸 수도 있습니다. 당장 죽여 버리겠습니다."

그러자 공자는 이렇게 말했다.

"도가 행해지는 것도 피폐하게 되는 것도 다 천명이다. 공백료 따위가 천명을 어떻게 할 것인가? 내버려두어라."

사마경(司馬耕)은 자(字)를 자우(子牛)라 했다. 자우는 말이 많고 떠들썩한 인물이었다.

어느 날 인(仁)에 대해 공자에게 묻자 이렇게 대답했다.

---

75) 이름과 字에 동일 문자를 쓸 리가 없으므로 이것도 원문이 잘못된 듯하다. 아마 이름은 啓일 것이다. 漆彫 두 자가 姓이다.

"인자(仁者)는 말을 할 때 서투르고 말을 잘 못하는 것처럼 보이는 법이다."

"말을 할 때 서투르고 말을 잘 못하는 것처럼 보이면 그것만으로 인자라 할 수 있습니까?"

"인을 행한다는 것은 어렵다. 그러니 그것을 말로 하는 것은 당연히 어렵지 않겠느냐?"

또 군자(君子)에 대해서 묻자 공자는 이렇게 말했다.

"군자는 근심하지도 않고 두려워하지도 않는다."

"근심하지도 않고 두려워하지도 않는다면 그것만으로 군자라 할 수 있습니까?"

"마음을 돌이켜보아 잘못된 점이 없다면 무엇을 근심하고 무엇을 두려워하겠느냐?"

번수(樊須)는 자(字)를 자지(子遲)라 했다. 공자보다 삼십육 세 아래다.

어느 날 번수가 농사짓는 법을 배우고 싶다고 하자 공자는,

"나는 농사짓는 일은 노련한 농부에 미치지 못한다."

하고 말했다. 번수가 다시 채소를 가꾸는 법을 배우고 싶다고 말하자,

"나는 채소를 가꾸는 데는 채소 농사꾼만 못하다."

하고 말했다. 번수가 물러가자 공자는 이렇게 말했다.

"번수는 소인이로다. 위에 있는 사람이 예를 좋아하면 백성은 그를 존경하지 않을 수 없고, 위에 있는 사람이 의(義)를 좋아하면 백성은 복종하지 않을 수 없고, 위에 있는 사람이 신(信)을 좋아하면 백성은 정성을 다하지 않을 수 없고, 위에 있는 사람이 이같이 하면 사방의 백성들은 제 자식을 등에 업고 그리워 찾아오게 마련이다. 몸소 농사를 짓고 채소를 가꿀 필요가 어디 있겠느냐?"

또 번수가 인(仁)에 대해 묻자 공자는,

"사람을 사랑하는 것이 곧 인이다."

라고 대답하고 지(智)에 대해 묻자

"사람을 아는 것이 지(智)다."

라고 대답했다.


유약(有若)은 공자보다 사십삼 세 아래다. 유약은 이렇게 말했다.

"예를 운용하는 데에는 화(和)가 가장 중요하다. 옛날 성왕(聖王)들의 도도 화(和)의 조화를 얻었기 때문에 아름다운 것이다. 그러나 큰일이건 작은 일이건 화만 가지고 실천하려 한다면 잘 되지 않는 경우도 있다. 화가 소중하다는 것을 알고 예로써 절도 있게 화를 도모하지 않으면 일이 원만하게 되지 않는다."

또 이렇게 말했다.

"신(信)이란 입으로 말한 것을 반드시 실행하는 것을 이르는데 그 신도 말의 내용이 도리에 가까운 것이어야만 비로소 실행해서 좋은 것이다. 공손하게 하는 것은 좋은 일이지만 그것도 예절에 알맞게 해야만 치욕을 당하지 않는다. 사람과 사귀는 것도 중요한 일이지만 그것도 가까이할 만한 사람과 사귀어야만 가치가 있는 것이다."

공자가 세상을 떠나고 난 뒤에도 제자들은 공자를 사모했다. 그런데 우연히 유약의 용모가 공자와 비슷하였다. 제자들이 상의하여 유약을 새 스승으로 추대하고 마치 공자를 모시듯이 그를 대했다.

그런 뒤 어느 날 제자 한 사람이 나아가 유약에게 물었다.

"옛날 선생님께서 외출하실 때 저에게 우산을 준비시킨 일이 있었는데 조금 있으니 비가 내렸습니다. 제가 '선생님께서는 어떻게 비가 올 것을 아셨습니까?' 하고 물으니 선생님께서는 '≪시경(詩經)≫에 달이 필성

(畢星)에 걸리면 큰비가 내린다고 되어 있지 않느냐? 어제 저녁에 달이 필성에 걸려 있었다.' 라고 말씀하셨습니다. 그런데 후일 달이 필성에 걸렸어도 비가 오지 않은 경우가 있었습니다.

또 상구(商瞿)는 나이가 많도록 자식이 없었으므로 그의 어머니가 새로 장가를 보내려 했습니다. 때마침 선생님께서 상구를 제나라로 심부름 보내려고 하셨는데 상구의 어머니는 그런 사정을 말하고 그 일을 중지해 줄 것을 청했습니다. 그러자 선생님께서는 '걱정할 것 없소. 상구는 마흔 살이 넘어서야 다섯 아들을 두게 될 것이오.' 하고 말씀하셨습니다. 그 뒤 과연 선생님의 말씀대로였습니다. 감히 여쭙겠습니다만 돌아가신 선생님께서는 어떻게 그런 것들을 아실 수 있었을까요?"

유약은 묵묵히 있을 뿐, 대답을 하지 못했다. 그러자 제자들이 모두 일어나 그에게 말했다.

"유자여, 그곳에서 물러나시오. 당신은 그곳에 앉을 만한 인물이 못 됩니다."


공서적(公西赤)은 자(字)를 자화(子華)라고 했다. 공자보다 사십구 세 아래다.

자화가 제(齊)나라로 심부름을 가게 되어 염유(冉有)가 자화의 어머니를 위해 그가 없는 동안 먹을 양식을 주자고 하자 공자는 이렇게 말했다.

"한 부(釜)[76]를 주어라."

그런데 염유가 더 주었으면 좋겠다고 청했으므로,

---

76) 釜·庾·秉은 모두 용적 단위로서, 부는 6斗 4升(약 12리터). 庾는 14斗. 秉은 16斛(石과 같음)이므로 5秉은 80斛이 된다(1,552리터). 이 구절은 염유를 비난하는 내용이기는 하나 孔子의 門人들은 집단을 이루고 공동의 재산을 소유했으며, 그 회계 관리자가 염유였다는 것을 추측하게 하는 자료이다.

"한 유(庾)를 주어라."

하고 말했다. 그런데도 염유는 다섯 병(秉)을 자화의 어머니에게 주었다. 공자는 이렇게 말했다.

"적(赤)이 제나라로 떠날 때 살찐 말을 타고 가벼운 가죽옷을 입고 있었다. 그는 가난하지 않다. 나는 '군자는 다른 사람이 어려울 때 돕기는 해도 부자한테 더 보태 주지는 않는다.'고 들었다."

무마시(巫馬施)는 자(字)를 자기(子旗)라고 했다. 공자보다 삼십 세 아래다.

진(陳)나라 사패(司敗 : 司法官)가 공자에게,

"노나라 소공(昭公)께서는 예(禮)를 아십니까?"

하고 물으니 공자는,

"아십니다."

하고 대답했다. 그러자 사패는 물러나오면서 무마시를 눈짓으로 불러내어 물었다.

"군자는 편드는 일이 없다고 들었는데 공자와 같은 군자도 편을 드는가? 노나라 소공은 오왕(吳王)의 딸을 부인으로 맞은 후 부인의 이름을 맹자(孟子)로 고쳤소.[77] 맹자는 본디 성이 희(姬)였으므로 소공은 자신과 동성(同姓)인 것을 꺼려서 맹자라고 부른 것이오. 그런 노나라 임금이 예를 안다면 세상에 예를 모르는 사람이 어디 있겠소?"

무마시가 공자에게 그 사실을 고하자 공자는 이렇게 말했다.

---

77) 周代에는 여자는 시집을 간 후에도 生家의 姓을 불렀고 字 뒤에 성을 붙여서 불렀는데 '孟'은 장녀임을 나타낸다. 魯나라와 吳나라 임금의 姓은 姬로, 同姓이었다. 동성 간에는 결혼이 엄격히 금지되어 있었다.

"나는 행복하구나. 어쩌다 잘못을 저지르면 남이 반드시 그것을 알고 가르쳐 주니 말이다. 신하된 자는 임금의 나쁜 점을 말해서는 안 되기 때문에 나는 소공께서 예를 아신다고 말한 것이다. 그것을 숨기고 말하지 않는 것이 곧 예다."

양전(梁鱣)은 자(字)를 숙어(叔魚)라 했다. 공자보다 이십구 세 아래다.

안행(顔幸)은 자(字)를 자류(子柳)라 했다. 공자보다 사십육 세 아래다.

염유(冉孺)는 자(字)를 자로(子魯)라 했다. 공자보다 오십 세 아래다.

조휼(曹卹)은 자(字)를 자순(子循)이라 했다. 공자보다 오십 세 아래다.

백건(伯虔)은 자(字)를 자석(子析)이라 했다. 공자보다 오십 세 아래다.

공손룡(公孫龍)은 자(字)를 자석(子石)이라 했다. 공자보다 오십삼 세 아래다.

이상 자석(子石)까지 삼십오 명은 나이와 성명이 분명하고 공자에게 가르침을 받았으며 또 서로 문답한 것도 전해지고 있다. 기타 사십이 명은 나이도 분명하지 않고 글로 전해지는 것도 없다. 그 사람들의 이름을 아래에 기록해 둔다.

염계(冉季), 자(字)는 자산(子産).

공조구자(公祖句玆), 자(字)는 자지(子之).

진조(秦祖), 자(字)는 자남(子南).

칠조차(漆雕哆), 자(字)는 자렴(子斂).

안고(顔高), 자(字)는 자교(子驕).

칠조도보(漆雕徒父).

양사적(壤駟赤), 자(字)는 자도(子徒).

상택(商澤).

석작촉(石作蜀), 자(字)는 자명(子明).

임부제(任不齊), 자(字)는 선(選).

공양유(公良孺), 자(字)는 자정(子正).

후처(后處), 자(字)는 자리(子里).

진염(秦冉), 자(字)는 개(開).

공하수(公夏首), 자(字)는 승(乘).

해용점(奚容蒧), 자(字)는 자석(子皙).

공견정(公肩定), 자(字)는 자중(子中).

안조(顏祖), 자(字)는 양(襄).

교선(鄡單), 자(字)는 자가(子家).

구정강(句井疆).

한보흑(罕父黑), 자(字)는 자색(子索).

진상(陣商), 자(字)는 자비(子丕).

신당(申黨), 자(字)는 주(周).

안지복(顏之僕), 자(字)는 숙(叔).

영기(榮旂), 자(字)는 자기(子祈).

현성(縣成), 자(字)는 자기(子祺).

좌인영(左人郢), 자(字)는 행(行).

연급(燕伋), 자(字)는 사(思).

정국(鄭國), 자(字)는 자도(子徒).

진비(秦非), 자(字)는 자지(子之).

시지상(施之常), 자(字)는 자항(子恒).

안쾌(顏噲), 자(字)는 자성(子聲).

보숙승(步叔乘), 자(字)는 자거(子車).

원항적(原亢籍).

악해(樂欬), 자(字)는 자성(子聲).

염결(廉潔), 자(字)는 용(庸).

숙중회(叔仲會), 자(字)는 자기(子期).

안하(顏何), 자(字)는 염(冉).

적흑(狄黑), 자(字)는 석(皙).

방손(邦巽), 자(字)는 자렴(子斂).

공충(孔忠).

공서여여(公西輿如), 자(字)는 자상(子上).


태사공은 말한다.

"세상에는 공자의 제자 칠십여 명에 대해 말하는 사람이 많은데 칭찬하는 사람 가운데에는 사실 이상으로 지나치게 칭찬하기도 하고 비방하는 사람 가운데에는 사실 이하로 비방하기도 한다. 그 어느 쪽도 진상을 제대로 파악하지 못한 채 말하고 있는 것이다.

제자들의 명부(名簿)는 공씨(孔氏)의 벽 속에서 나온 고문서[78] 기록에 의한 것이므로 대체로 정확한 것이리라. 나는 제자들의 성명, 문언(文言)[79]을 모두 ≪논어≫에 있는 공자와 제자의 문답에서 취하여 이 한 편을 엮었으며 미심쩍은 것은 빼고 싣지 않았다."

---

78) 원문은 '孔氏古文'이다. '古文' 두 글자는 漢代의 經學에서는 특별한 의미를 갖는데 본래는 字體의 명칭으로 秦漢 시대에 쓰인 匠書를 今文이라고 하는 데 반해 戰國時代에 사용된 여러 서체를 말하는 것이다. 그런데 '고문'이란 말은 보통 오래된 책이나 고문서의 뜻으로 막연하게 쓰이기도 하는데 여기에서는 후자의 뜻으로 공자의 자손들에게 전해진 고문서를 가리킨다. 司馬遷은 한때 공자의 자손 중 한 사람인 孔安國에 대해서 배운 적이 있으므로 이러한 門人帳을 본 적이 있을 것이다.

79) 원문은 '弟子名姓文字'로 文字는 字를 가리키는 것인지도 모른다. 실제로 이 弟子列傳에 나와 있는 인물들의 이름과 字의 글자 중에는 지금의 ≪論語≫와 다른 것이 더러 있다. 그것이 공자 제자들의 名簿 탓인지 아니면 司馬遷이 보았던 ≪論語≫가 지금의 것과 달랐기 때문인지는 알 수 없다.

# 제8 상군열전(商君列傳)


상군(商君)은 위(衛)나라 왕의 소실(小室) 몸에서 태어난 여러 공자(公子)들 중 한 사람이다. 이름은 앙(鞅)이요, 성(姓)은 공손씨(公孫氏)이며 그 조상은 본디 희씨(姬氏)였다.

앙은 젊어서부터 형명학(刑名學)을 좋아하였으며 위(魏)나라의 재상 공숙좌(公淑座)를 섬겨 그의 중서자(中庶子)[80]가 되었다.

공숙좌는 앙의 현명함을 알았으나 아직 위왕(魏王)에게 추천하지는 않았다. 그런데 공숙좌가 중병에 걸렸을 때 위나라 혜왕(惠王)이 몸소 병문안을 왔다.

"그대가 병 때문에 무슨 일이라도 당한다면 이 위나라는 어떻게 하면 좋겠소?"

하고 혜왕이 묻자 공숙좌는 이렇게 대답했다.

"신의 중서자 공손앙(公孫鞅)은 비록 젊지만 기재(奇才)가 있습니다. 원컨대 전하께서는 국정 전반을 그에게 묻고 맡기시기 바랍니다."

왕이 잠자코 있다가 이윽고 떠나려 하니 공숙좌는 좌우의 사람을 물리고 나서 말했다.

"전하께서 앙을 등용하지 않으시려면 반드시 그를 죽이십시오. 그를 국경 밖으로 내보내서는 안 됩니다."

왕은 이를 승낙하고 그 자리를 떠났다. 공숙좌가 앙을 불러 사과하면서 말했다.

"지금 왕께서는 내가 죽은 뒤에 재상이 될 만한 사람을 물으셨네. 나는

---

80) 官名. 단, 여기에서는 魏王의 관리가 아니라 公叔座의 家臣을 다스리는 관리로 家令格이다.

자네를 추천했으나 왕의 안색을 살피니 내 말을 들어 주실 것 같지 않은 눈치였네. 나는 임금을 먼저 생각하고 신하를 다음으로 생각하지 않을 수 없어 왕에게 자네를 등용하지 않을 바엔 죽이지 않으면 안 된다고 했더니 내 말을 승낙했네. 그러니 자네는 급히 떠나게. 그렇지 않으면 사로잡힐 것일세."

그러자 공손앙은,

"임금께서는 상공의 말씀을 받아들이지 않아 신을 임용하지 않으셨습니다. 그렇다면 저를 죽이라는 상공의 말도 받아들이지 않을 테니 신이 죽는 일도 없을 것입니다."

하고 끝내 떠나지 않았다.

혜왕은 공숙좌의 집에서 나와 궁궐로 돌아와서는 좌우에 있는 신하들에게 말했다.

"공숙좌의 병이 매우 위중하오. 그런데 애석하게도 국정 전반의 일을 공손앙에게 의논하라고 나에게 권했소. 병으로 마음이 산란해져 성한 정신으로 한 말이 아닌 것 같소."

공숙좌가 죽은 후에 공손앙은 진나라 효공(孝公)이 나라 안에 포고령을 내려 현자를 구하고 목공(繆公)[81]의 위업을 이어받아 동쪽의 약탈당한 땅을 회복하려 한다는 말을 들었다. 그는 서쪽의 진(秦)나라로 들어가 효공이 총애하는 신하 경감(景監)의 주선으로 효공을 만나게 되었다.

효공은 공손앙을 만나 얼마 동안 이야기를 나누다 가끔 졸면서 공손앙의 말을 잘 듣지 않았다. 알현이 끝나 공손앙이 물러가자 효공은 경감에게 노하여 말했다.

"그대가 데려온 객은 망령된 사람인 것 같소. 그 따위를 어떻게 등용할

---

81) 穆公이라고도 쓰며, 春秋時代 五霸의 한 사람이다.

수 있단 말이오!"

경감이 그 일로 공손앙을 책망하자 공손앙은 이렇게 말했다.

"나는 효공께 제왕의 도를 설명했는데 잘 이해하지 못하시더군요."

그로부터 5일 후에 경감은 효공에게 다시 공손앙을 만나 주기를 청했다. 공손앙은 다시 효공을 알현하고 지난번보다 더욱 열심히 논했으나 효공의 공감을 얻지는 못했다.

공손앙이 물러간 뒤 효공은 또다시 경감을 불러 책망했다. 그래서 경감역시 또 공손앙을 책망하자 공손앙이 말했다.

"나는 효공께 왕도(王道)를 설명했는데 아직도 공이 충분히 이해하지못하신 것 같습니다. 한 번 더 공을 뵙게 해 주십시오."

공손앙이 또 다시 효공을 뵈었다. 그러자 이번에는 효공이 공손앙의 설명을 흡족하게 여겼으나 등용하지는 않았다. 공손앙이 효공에게서 물러나자 효공은 경감에게 말했다.

"그대의 손은 매우 좋은 사람이오. 함께 얘기할 만한 사람이더군."

공손앙은 경감에게 말했다.

"내가 공에게 패도(覇道)를 설했는데 공께서 뜻이 움직여 그것을 채택하실 의향이시더군요. 꼭 한 번 더 뵙도록 해 주십시오. 나는 공의 뜻을 파악했소."

공손앙은 다시 효공을 만났다. 함께 이야기를 나누는데 효공은 공손앙의 말에 너무 몰두하여 무릎이 의자 밖으로 나오는 것도 모르고 여러 날담론하여도 싫은 빛이 없었다.

경감이 공손앙에게 물었다.

"그대는 어떤 말씀을 드렸기에 임금의 마음을 그토록 사로잡았소? 우리임금께서 이만저만 기뻐하시는 것이 아닙니다."

"처음에는 공에게 오제 삼왕(五帝三王)의 도를 설하고 공께서 하(夏) ·

은(殷)·주(周) 3대에 비길 만한 치세(治世)를 초래하게 될 것이라고 말씀드렸소. 공은 '그렇게 긴 세월을 필요로 하는 것은 도저히 기다릴 수 없다. 현군(賢君)은 누구나 자기 당대에 이름을 천하에 날리기 원한다. 어찌하여 유유히 수십, 수백 년을 기다려 제왕의 도를 성취하게 하려 하는가?'라고 하였소. 그래서 나는 공에게 강국책(彊國策)을 설했더니 공께서는 크게 기뻐하였소. 그런데 이래 가지고는 도저히 은나라나 주나라의 성덕에는 미치지 못할 것이오."

효공이 공손앙을 등용하니 공손앙은 국법을 고치고자 하였다.[82] 그러나 효공은 천하 사람들이 자기를 비방할 것을 두려워했다. 그래서 공손앙은 이렇게 말했다.

"확신을 갖지 못하는 행위에는 공명이 따를 수 없고 확신을 가지지 못하는 사업에는 성공이 없습니다. 게다가 다른 사람보다 높은 수준으로 행동하는 사람은 세상 사람들에게 받아들여지지 않고 뛰어난 견식을 가지고 있는 자는 백성들에게 비방을 듣기 일쑤입니다. 어리석은 자는 이미 정해진 일도 분별하지 못하나 지혜로운 사람은 아직 싹도 보기 전에 간파합니다.

그래서 백성이란 일을 시작할 때 함께 의논할 대상이 못 되며, 일을 성취한 뒤에 그 결과를 백성과 함께 즐기는 것이 옳습니다. 지고한 덕을 논하는 자는 속설(俗說)과 화합하지 않으며, 큰 공을 세우는 자는 대중들과 상론하지 않습니다. 그러므로 성인(聖人)은 나라를 강하게 할 수 있는 방법이 있다면 구습(舊習)에 따르지 않고, 이익을 줄 수 있는 방법이 있다면 구태여 종래의 예제(禮制)를 좇지 않는 것입니다."

마침내 효공이 앙의 뜻을 받아들이려고 하는데 신하 중에 감용(甘龍)이

---

82) 원문은 '變法'으로 선조 이래의 제도를 근본적으로 바꾸는 것을 말한다.

라는 자가 반대했다.

"그렇지 않습니다. 성인은 백성의 풍속을 고치지 않고 교화하며, 지혜로운 사람은 법을 고치지 않고 다스립니다. 백성을 지금까지의 풍속 · 습관에 따라 교화한다면 큰 수고 없이도 성과를 거둘 것이며, 종래의 법에 따라 다스리면 관리는 그 법에 익숙하고 백성들도 편안하게 될 것입니다."

이에 공손앙이 반론을 제기했다.

"감용의 의견은 속된 견해입니다. 일반 사람은 종래의 습속을 좋아하고 학자는 자기가 배운 것에만 빠져 버립니다. 이 양자는 관리로서 법을 지키게 하기에는 알맞으나 법의 테두리를 벗어난 문제를 논하지는 못합니다. 하 · 은 · 주 3대는 각기 예제를 달리하면서도 모두 왕이 되었고 오패(五伯)[83]는 법제가 같지 않았으나 모두 패자가 되었습니다. 지혜로운 자는 법을 만들고 어리석은 자는 법에 제지당합니다. 현명한 자는 예를 고치고 불초한 자는 예에 구속되는 법입니다."

그러자 옆에 있던 두지(杜摯)가 말했다.

"이익이 백 배가 되지 않으면 법을 바꾸지 않는 법이며, 쓸모가 십 배가 되지 않으면 그릇을 바꾸지 않는 법입니다. 옛 법을 따르면 과실이 없으며, 종래의 예(禮)를 따르면 사(邪)가 없을 것입니다."

그러자 공손앙이 다시 반론을 폈다.

"세상을 다스리는 도란 하나로 국한된 것이 아닙니다. 그 나라에 편리하다면 굳이 옛 법을 본받을 필요가 없습니다. 그러므로 은나라 탕왕이나 주나라 무왕은 옛 법을 따르지 않고도 왕자가 되었고 하나라의 걸왕이나

---

83) 五霸와 같다. 春秋時代 제후들의 우두머리였던 다섯 사람을 말하는데 齊의 桓公 · 晉의 文公 · 宋의 襄公 · 秦의 穆公 · 楚의 莊王을 드는 게 보통이다.

은나라의 주왕은 예를 바꾸지 않고서도 멸망했습니다. 옛 법에 반대한다고 해서 그르다고 할 것이 아니며, 옛 예를 따르는 자를 반드시 칭찬할 바도 못 됩니다."

효공은 공손앙을 좌서장(左庶長)[84]에 임용하여 마침내 법을 바꾸는 법령을 정했다. 새로 제정된 법의 내용은 이러하다.

민가(民家) 열 호(戶)를 한 조(組), 혹은 다섯 호를 한 조로 편성해서 서로 감시하여 죄를 적발하게 하고 조에서 한 사람이라도 죄를 범할 때에는 조 전체가 벌을 받는다.

또 법을 어긴 자를 고발하지 않는 자는 허리를 베는 형벌에 처하고 부정을 고발한 자는 적의 머리를 벤 자와 같은 상을 주고 부정을 감춘 자는 적에게 항복한 것과 같은 벌을 준다.

남자가 둘 이상 있는 민가에서 분가(分家)하지 않은 경우에는 부역과 세금을 두 배로 하고, 군공(軍功)이 있는 자는 그 공의 대소에 따라 그에 합당한 상을 받는다.

사사로이 싸움을 일삼는 자는 그 경중에 따라 처벌을 받는다.

어른이나 아이나 힘을 합하여 농사짓고 베 짜는 일을 본업으로 해야 하며, 곡식과 베를 많이 바치는 자는 부역을 면제한다.

상공업에 종사하여 이익만을 추구하는 자나 게을러서 가난한 자는 조사하여 그 처자식을 본인과 함께 관의 노비로 삼는다.

공실(公室)의 일족이라도 군공이 없으면 심사를 거쳐 공족의 적(籍)에서 뺀다. 가격(家格)의 존비(尊卑)·작위·봉록의 등급을 분명히 하여 순

---

84) 爵位名. 秦의 작위는 20등급이고 최하위에서 세어 제10위가 左庶長이며 그 이상을 將軍이라고 했다.

서를 바로 한다.

개인 소유의 전택지 넓이와 신첩(臣妾)및 노비의 수와 의복의 종류는 그 집의 작위에 따라 등급을 정하여 분수를 넘지 않게 한다.

공로가 있는 자는 호화로운 생활이 가능하지만 공로가 없는 자는 부유하더라도 화려한 생활은 허락하지 않는다.

새 법은 이미 제정이 되었으나 아직 공포는 하지 않았다. 백성들이 공손앙 자신을 신임하지 않을까 걱정이 되었던 것이다. 그리하여 길이 세 발(三丈) 되는 나무를 도성의 저자 남문(南門)에 세우고는 '이 나무를 북문(北門)으로 옮겨 놓는 자에게는 십 금을 주겠다.' 고 포고하고 사람들을 모집했다. 그러나 백성들은 이것을 의심하여 감히 옮기려는 자가 없었다.

그래서 이번에는 상금으로 오십 금을 주겠다고 포고를 했다. 그러자 호기심을 가진 한 사람이 나타나 그 나무를 옮겼다. 공손앙은 그 자리에서 오십 금을 그 사람에게 주었다. 그리하여 포고에 거짓이 없다는 것을 밝혀 알렸다. 그렇게 한 후 법령을 공포했다.

신법이 백성에게 시행된 지 1년이 되었다. 진나라 백성들이 도성에 몰려와 새 법령의 불편한 점을 고하는 자가 일천 명을 헤아릴 정도로 많았다. 이러한 상황에서 태자(太子)가 법을 범했다. 공손앙은,

"법이 잘 시행되지 않는 이유는 상류 계급에 있는 자가 이것을 범하기 때문이다."

하고는 법에 따라 태자를 처벌하려 했다. 그렇지만 태자는 임금의 뒤를 이을 사람이므로 형벌을 줄 수 없었다. 그래서 태자의 부(傅, 태자의 보좌관)인 공자 건(虔)을 처벌하고 스승인 공손가(公孫賈)를 자자형(刺字刑 : 바늘에 먹물을 찍어 얼굴에 글자를 새겨 넣는 형벌)에 처했다. 그 다음날부터 진나라 백성들은 새 법령을 준수하게 되었다.

이렇게 하여 신법을 실행한 지 십 년이 되자 진나라 백성들은 크게 기뻐하며 길바닥에 떨어진 물건이 있어도 줍지 않고 산속에는 도적이 없고 각 가정의 생활은 순조롭고 풍족하며, 백성들은 나라를 위한 전쟁에는 용감하지만 개인의 싸움에는 겁쟁이가 되었으며 향읍은 잘 다스려졌다.

그런데 예전에는 신법의 불편을 호소했던 진나라 백성 가운데 이번에는 새 법령이 편리하다고 칭찬하는 자들이 있었다. 공손앙은,

"이런 자들은 모두 교화(教化)를 어지럽히는 백성이다."

하고는 모조리 변방의 읍으로 내쫓아 버렸다. 그 뒤로 백성들은 법령에 대해서 이러니저러니 감히 말하지 않았다.

효공은 공손앙을 대량조(大良造)[85]로 삼았다. 공손앙은 병사를 이끌고 위(魏)나라의 수도인 안읍(安邑)을 포위하여 이를 항복시켰다. 그 후 3년이 지나 토목 공사를 일으켜 누문(樓門)과 궁전·광장 등을 함양(咸陽)에 건설했다. 진나라는 옹(雍)에서 함양으로 도읍을 옮겼다.

부자와 형제가 같은 집안에 거주하는 것을 금지하고 조그만 향읍과 부락을 통합하여 현(縣)으로 삼고 각 현에는 영(令)과 승(丞)을 두었다. 모두 삼십일 현이었다. 종래의 농지 사이에 있던 길이나 둑을 없애 경작지를 넓히고 부역과 세금을 공평하게 하고 도량형을 통일했다.

이같이 실시하기를 4년이 지난 후 공자 건(虔)이 또 다시 법령을 범하자 이번에는 코를 베는 형벌에 처했다.

그 후 5년이 지나자 진나라는 더욱 부강해졌다. 주나라의 천자가 제사지낸 고기를 효공(孝公)에게 하사하니 제후들은 모두 그 영예를 축하했다.

그 다음해 제(齊)나라가 마릉(馬陵)에서 위(魏)나라 군대를 격파하여 위나라 태자 신(申)을 사로잡고 장군 방연을 죽였다.

---

85) 秦의 작위명으로 아래에서부터 세어 제16위로, 大上造라고도 했다.

다음해에 공손앙이 효공에게 말했다.

"진(秦)나라와 위(魏)나라의 관계는 마치 사람의 뱃속에 질병이 있는 것과 같습니다. 위나라가 진나라를 병합하지 않으면 진나라가 위나라를 병합하게 될 것입니다. 왜냐하면 위나라는 험준한 산등성이의 서쪽에 위치하여 안읍(安邑)에 도읍하고, 진나라와는 황하를 경계로 하여 함곡관(函谷關) 이동(以東)의 이로운 지점을 독점하고 있기 때문입니다. 그리고 형세가 유리할 때에는 서쪽으로 향해 진나라를 침략하고 불리할 때에는 동쪽으로 향해 영토를 확장할 수 있습니다.

지금 진나라는 우리 임금이 현명하셔서 국위가 융성한데 위나라는 지난해에 제나라에 크게 격파되어 위나라 왕은 제후들 사이에서도 고립되어 있습니다. 우리 진(秦)이 위나라를 칠 절호의 기회입니다.

위나라가 진나라 군대의 공격을 배겨내지 못하면 반드시 동쪽으로 도읍을 이동할 것입니다. 위나라가 도읍을 동쪽으로 옮기면 진나라는 옛날의 위나라의 땅을 지배하고 황하와 산등성의 견고한 지형을 업고 동쪽으로 제후를 제압할 수 있을 것입니다. 이것이야말로 제왕이 될 수 있는 위대한 사업입니다."

효공은 일리가 있는 말이라고 생각하여 공손앙을 장군으로 삼아 위나라를 치게 했다. 위나라에서는 공자 앙(卬)을 장군으로 삼아 이를 맞아 싸우게 했다. 양군이 서로 대치하게 되자 공손앙은 위나라 장군인 공자 앙에게 서한을 보냈다.

"나는 예전에 위나라에 있을 때 공자와 절친한 사이였습니다. 그런데 지금은 양국의 장군이 되었습니다. 나는 차마 공격할 수 없습니다. 공자와 직접 만나 전쟁을 그만두고 진나라와 위나라 양국이 편안할 수 있도록 화약(和約)을 맹세한 다음 즐겁게 주연을 베푸는 것이 좋으리라 생각합니다."

위나라 공자 앙은 그럴듯하다고 생각하여 공손앙을 만나 맹약을 하고 주연을 베풀었다. 그런데 공손앙은 미리 갑옷을 입은 무장병들을 매복시켰다가 덮치게 하여 위나라 공자 앙을 사로잡고 그 승세를 타 위나라의 군대를 쳐서 여지없이 격파하고 진나라로 돌아왔다.

위의 혜왕(惠王)은 위나라 군사가 자주 제(齊)·진(秦)에게 격파당하여 국내의 병력이 비고 날이 갈수록 영토가 줄어들므로 두려운 생각이 들었다. 그래서 사자를 파견하여 황하 서쪽 기슭의 위나라 영토인 하서(河西)를 진나라에 바치고 강화를 맺었다. 위나라는 결국 안읍(安邑)을 떠나 도읍을 하남성의 대량(大梁)으로 옮겼다.

양(梁)의 혜왕[86]이 한탄하며 말했다.

"과인이 공숙좌의 진언을 받아들이지 않은 것이 한이 된다."

공손앙은 위나라를 치고 돌아오자 진나라는 공손앙을 오(於)·상(商) 등 십오 읍에 봉하고 상군(商君)이라는 호(號)를 내렸다.

상군이 진나라 재상의 자리에 오른 지 십 년, 진실(秦室)의 일족이나 외척 중에는 상군을 원망하는 자가 많았다. 그 무렵 조량(趙良)이 상군을 만났는데 그때 상군이 말했다.

"내가 당신을 알게 된 것은 맹란고(孟蘭皐)의 소개가 있었기 때문이오. 이제부터 서로 교제하고 싶은데 승낙해 주시겠소?"

조량이 대답했다.

"굳이 원하지 않습니다. 공자(孔子)는 '현자를 믿어서 주군으로 받드는 자는 번영하고 불초한 자들을 모아 왕이 된 자는 몰락한다.(공자의 말, 출전 불분명)' 고 했습니다. 저는 불초합니다. 그래서 당신께 폐만 끼칠 것

---

86) 바꿔 말하면 魏의 惠王으로, 도읍을 梁으로 천도했으므로 梁의 惠王이라고도 한다. 맹자가 만나서 王道를 설명했던 바로 그 왕이다.

같아 감히 당신의 분부를 따를 수 없습니다. 게다가 '자격이 없는 자가 그 지위에 있는 것을 탐위(貪位)라 하며, 자격이 없는데 그 명예를 지니고 있는 것을 탐명(貪名)이라 한다.'고 들었습니다. 지금 당신의 분부를 받들어 교제하게 되면 저는 탐위, 탐명하는 사람이 될까 두렵습니다. 그러므로 당신의 분부를 따를 수 없는 것입니다."

"그대는 내가 진나라를 통치하는 것이 불만이오?"

"반성하고 남의 말을 받아들이는 것을 총(聰)이라 하고, 마음속으로 살펴 내 마음의 옳고 그름을 깨닫는 것을 명(明)이라 하고, 사심을 이기는 것을 강(强)이라 합니다. 우순(虞舜)의 말씀에도 '스스로 자신을 낮추면 더욱더 높아진다.(출처 불분명)'고 했습니다. 당신께서는 우순의 도를 당신의 도로 삼아 실행하시는 것이 제일입니다. 저의 의견을 물을 필요가 없습니다."

"원래 진나라에는 융적(戎翟 : 오랑캐)과 같은 풍습이 있어 부자간의 구별도 없이 한 계집을 공유하고 있었소. 지금 나는 그 습속을 고쳐 남녀의 구별을 분명하게 하고, 크고 훌륭한 궁문을 세워 문화가 진보한 노나라나 위(衛)나라와 같게 하였소. 내가 진을 다스리는 것을 볼 때 그대는 오고대부(五羖大夫)[87]와 나 가운데 어느 편이 현명하다고 생각하오?"

"'천 마리의 양가죽은 한 마리의 여우 겨드랑 가죽만 못하고, 천 사람의 맹종(盲從)은 뜻 있는 한 사람의 직언(直言)만 못하다.'[88]고 합니다. 주나라의 무왕은 신하의 직언을 받아들여서 번창했고 은나라의 주왕은 신하

---

87) 百里奚를 가리킴. 百里奚는 虞나라 사람으로 秦에 망명하려다 楚나라에서 체포됐다. 秦의 穆公은 그가 賢人이라는 사실을 알고 양 다섯 마리의 가죽으로 그를 사들여 그에게 정치를 맡겼다. 그래서 五羖大夫라고도 하는데 '羖'란 검은색 암컷 양을 말한다. 百里奚의 일은 ≪史記≫ 秦本紀에도 나온다.

88) 春秋時代 말기 晉의 大夫였던 趙簡子의 말인데, 簡子는 그의 신하였던 周舍가 죽은 뒤 조정에 나가도 모두들 그저 시키는 대로 할 뿐 周舍처럼 諫言하는 자가 없음을 한탄했다.

들의 발언을 봉쇄하여 멸망했습니다. 당신께서 무왕이 취한 방법을 그르다고 생각하지 않는다면 제가 하루 종일 정직하게 간언하겠으니 제게 죄를 내려 주살하는 일이 없기를 바랍니다. 어떻습니까?"

"옛말에 '겉치레 말은 화려하기가 초목의 꽃과 같고 지극한 말은 초목의 열매와 같으며, 듣기 괴로운 말은 약이요 달콤한 말은 독이다.' 라고 했소. 그대가 참으로 하루 종일 정직하게 비판해 준다면 그것은 내게 약이 될 것이오. 나는 그대의 지도에 따르려 하는데 그대는 어찌하여 사퇴를 하려는 것이오?"

"오고대부는 본디 초(楚)나라 땅의 미천한 사람이었습니다. 진(秦)나라 목공(穆公)이 현명하다는 소리를 전해 듣고 뵙기를 소원했지만 갈 여비가 없었습니다. 그래서 진나라에서 온 여행자에게 자기 몸을 팔아 그의 노예가 되어 남루한 옷을 입고 소를 치고 있었습니다. 1년이 지난 뒤 이 일을 알게 된 목공이 천한 소치기를 등용하여 백관(百官)의 상위(上位)인 재상의 자리에 올려놓았으나 진나라 백성들은 누구 한 사람 불평을 말하지 않았습니다.

오고대부는 6, 7년 동안 진나라 재상의 자리에 있으면서 동쪽으로 정(鄭)나라를 치고 진(晉)나라의 혜공(惠公), 회공(懷公), 문공(文公)을 군주의 자리에 세우고 초(楚)의 재난으로부터 구했습니다.

또 나라 안을 교화한 결과, 파(巴)나라 사람도 공물을 바치고 내조(來朝)했습니다. 제후에게 은덕을 베푸니 팔방의 오랑캐까지 귀순하여 복종했습니다. 서융(西戎)의 현인 유여(由餘)[89]가 이 소문을 듣고는 오고대부 집의 문을 두드려 면회를 청했습니다.

---

89) 由餘는 晉나라에서 戎으로 망명한 사람의 자손으로, 戎族 왕의 使者가 되어 秦나라에 간 적이 있었다. 나중에 戎의 왕이 諫言을 듣지 않자 秦나라 穆公의 휘하로 귀순하여 후대를 받았다.

오고대부가 진나라 재상으로 있을 때에는 피로해도 수레에 걸터앉지 않고[90] 선 채로 마차를 탔으며 더워도 수레에 포장을 덮지 않았고, 도성 안에서 행차할 때에는 수행하는 수레를 거느리지 않았으며 무기를 지닌 호위병도 없었습니다. 그의 공적과 명예는 기록되어 궁중의 부고(府庫)에 보존되고 그의 덕행은 후세까지 전해지고 있습니다.

그가 죽으니 진나라 백성들은 눈물을 흘리며 슬퍼하고 아이들은 동요를 부르지 않았으며, 절구질하는 자는 '방아찧기' 노래를 부르지 않았습니다. 이것은 오고대부의 덕이 진나라 백성들을 크게 감화시켰기 때문입니다.

그런데 귀하가 효공을 뵌 것은 효공의 총애하는 신하 경감(景監)의 주선에 힘입은 것이니 이것은 명예로운 일이라 할 수 없습니다.

진나라 재상이 되어서는 백관과 민중의 이익을 도모하지 않고 대대적으로 궁문(宮門)을 세웠는데 이것을 공적이라 말할 수는 없습니다.

태자의 스승이나 그 보좌관에게 형벌을 가하고 먹물 넣는 형에 처하는 등 가혹한 형벌로 백성을 살상했으니 이것은 사람들의 원한을 사며 자신에게 재앙을 불러들이는 것이라 할 수 있습니다.

윗사람이 솔선궁행(率先躬行)하여 백성을 교화한다면 그 힘은 명령으로 하는 것보다 깊으며 백성들이 윗사람의 행동을 본받는 속도도 명령에 의한 것보다 훨씬 빠릅니다. 지금 귀하가 실행한 일들은 도리에 벗어나고, 변경시킨 법은 도리에 어긋나서 도저히 백성을 교화할 수 없다고 봅니다.

또 귀하가 상(商)·오(於)에 봉해진 후로는 마치 나라의 임금이라도 된 듯이 남쪽을 향하여 '과인(寡人)'이라 칭하며 진나라 귀공자(貴公子)의

---

90) 고대의 마차는 坐乘이 아닌 立乘이어서 선 채로 마차에 탔다. 앉을 수 있도록 만든 마차를 安車라 했으며 주로 노인이 사용했다.

죄를 날마다 규탄하고 있습니다.

≪시경≫에 '쥐의 낯짝에도 체모가 있거니 사람으로 태어나 예를 모른 대서야. 사람으로 태어나 예의도 모르면서 어찌 질기게 살려 하는가.' 라는 구절이 있습니다. 이 시구(詩句)로 판단해 보면 귀하가 하고 있는 행위는 천수를 온전히 누릴 수 있는 길이라고는 말할 수 없습니다.

공자(公子) 건(虔)이 코를 벤 형벌을 당한 것을 부끄러이 여겨 문을 닫고 외출까지 끊은 지 8년이 됩니다. 귀하는 그 외에도 축환(祝懽)을 사형에 처하고 공손가(公孫賈)를 먹물 넣는 형에 처했습니다. 일시(逸詩)에 '인심을 얻는 자 흥하고 인심을 잃는 자 망하도다.'[91]라고 했습니다. 지금 말씀드린 몇 가지 일들은 인심을 얻는 행위라고 할 수 없습니다.

귀하께서 외출할 때에는 수행하는 후차(後車) 수십 량이 뒤따르고, 호위하는 수레에는 힘세고 가슴이 떡 벌어진 호위병이 갑옷을 입은 채 옆에 타며, 칼과 갈라진 창을 가진 호위병이 수레 옆에 붙어서 달립니다. 이런 것 가운데 단 하나만 빠져도 귀하는 절대로 외출하지 않습니다.

≪서경≫[92]에 '덕을 믿는 자는 번창하고 힘을 믿는 자는 망한다.' 라는 구절이 있습니다. 귀하의 목숨이 위태로운 상태는 마치 아침 이슬 같습니다. 그런데도 장수하시기를 원하십니까?

그렇다면 어째서 상ㆍ오의 십오 읍을 반환하고 시골로 은퇴하여 화원의 풀과 나무에 물을 주는 생활을 하지 않습니까? 또 숨어 지내는 현인들을 세상에 나오게 하여 진공(秦公)에게 추천을 하고, 노인을 부양하고 고아를 기르며 부형을 공경하는 공로 있는 자에게 그에 합당한 지위를 주고 덕

---

91) 이 句는 지금의 ≪詩經≫에는 없다. 이와 같이 ≪詩≫로 인용되나 지금의 ≪詩經≫에 없는 詩를 逸詩라고 한다.

92) 이 句는 ≪書經≫이 아니라 그 外篇이라 할 수 있는 ≪周書≫에서 인용한 것이다. 단 현존하는 ≪周書≫에는 나오지 않는데 빠진 부분일지도 모른다.

있는 사람을 존경하려 하지 않습니까? 그렇게 한다면 마음이 조금이라도 편안해질 텐데요.

그렇지만 귀하가 상·오의 부(富)를 탐내고 진나라의 정치를 전행(專行)하는 것을 자랑스럽게 생각하면서 백관과 백성들의 원망만 조장한다면, 진왕께서 돌아가시고 난 후 조정에 서지 못하게 된 귀하를 체포해 원한을 풀려는 자가 한둘이 아닐 것입니다. 귀하의 파멸은 한 발을 든 채 넘어지기를 기다리는 것처럼 순식간일 것입니다."

이렇게 간했지만 상군은 조량의 말을 따르지 않았다.

그로부터 5개월 후 진나라 효공(孝公)이 죽고 태자(후에 惠王)가 즉위했다. 공자 건의 무리가 상군이 모반하려 한다고 밀고하자 관리를 보내어 상군을 잡으려 했다.

상군이 도망하여 함곡관 부근의 한 여관에 숙박하려고 하니 여관 주인은 이 사람이 상군인 줄 모르고,

"상군의 법에 여행권이 없는 자를 숙박시키면 여관 주인도 함께 같은 죄로 처벌을 받게 됩니다."

하고 거절하였다. 상군이 길게 한숨을 쉬며 말했다.

"아아, 법을 만든 폐해가 이처럼 혹독할 줄이야!"

그 후 상군은 그곳을 떠나 위나라로 갔다. 위나라 사람들은 상군이 예전에 공자(公子) 앙(卬)을 속여 위(魏)나라 군대를 격파한 것을 원망하여 그를 받아주지 않았다. 할 수 없이 상군은 다른 나라로 가려고 생각했다. 그런데 위나라 사람들이,

"상군은 진나라의 국적(國賊)이다. 강국인 진 나라의 적이 위나라로 도망해 왔으니 돌려보내지 않는다면 큰 화가 미칠 것이다."

하며 마침내 상군을 진나라로 돌려보냈다. 상군은 다시 진나라로 들어가 상읍(商邑)으로 도망친 후 부하와 합세하여 북쪽의 정(鄭)을 쳤다.

진나라는 군사를 출동시켜 상군을 사로잡아 정나라 민지(澠池)에서 죽였다. 진나라 혜왕(惠王)은 상군의 시체를 거열형(車裂刑)에 처하여 백성들에게 돌려 보인 다음,

"상앙처럼 모반자가 되지 말라."

경고한 후 상군의 일족을 멸했다.


태사공은 말한다.

"상군은 천성이 잔혹하고 인정이 없는 사람이었다. 벼슬자리를 얻기 위해 효공(孝公)에게 제왕의 도를 설한 것은 마음에도 없는 허위의 설을 지껄였던 것이지 그의 본심이 아니었다.

또 효공에게 주선해 주기를 바란 상대는 효공의 총신이었고 등용이 되자 공자 건을 처벌하였으며, 위(魏)의 장군 앙(卬)을 속이고 조량의 충고를 받아들이지 않았다. 이러한 것은 상군이 은정(恩情)이 없다는 것을 증명하는 것이라 하겠다.

나는 일찍이 상군이 저술한 개색(開塞)·경전(耕戰) 등의 서(書)[93]를 읽었는데 그 기술한 내용은 상군의 행적과 비슷한 점이 있었다.

상군이 진(秦)나라에서 악명을 얻게 된 것은 진실로 까닭이 있는 일이라 하겠다."

---

93) ≪漢書≫ 藝文志에 의하면 漢代에는 ≪商君書≫ 이십구 편이 있었다. 현존하는 것은 ≪商子≫로 불리는 이십육 편으로 세 편이 빠져 있다.

# 제9 소진열전(蘇秦列傳)

소진(蘇秦)은 동주(東周) 낙양(雒陽 : 洛陽)[94] 사람이다. 동쪽으로 유학(遊學)하여 제(齊)나라에 가서 스승을 찾아 귀곡 선생(鬼谷先生)한테서 배웠다. 고향을 떠나 유학하는 동안 많은 어려움을 겪고 수년 만에 고향으로 돌아왔다. 형제, 형수, 누이, 처첩들이 모두 그를 비웃으며 말했다.

"주나라 사람들은 대부분 농업에 힘쓰고 2할 정도가 상공업으로 이익을 위해 힘쓰는 게 생활 습관인데 본업을 버리고 혀끝을 놀리는 변설(辯舌)에만 힘쓰고 있으니 당신이 곤궁하게 되는 것도 당연합니다."

소진은 이 말을 듣고 부끄럽고 한심스러운 생각이 들어서 방 안에 틀어박혀 외출도 하지 않고 소장한 서책을 끌어내어 모조리 읽어 버렸다. 그런 다음 이렇게 말했다.

"학문에 뜻을 둔 자가 스승을 찾아가 머리를 숙여 가며 서책을 배우고 익혀도 세상의 높은 벼슬자리나 영예를 얻을 수 없다면 아무리 많은 서책을 읽은들 무슨 소용이 있단 말인가."

그렇게 지내고 있던 중 ≪주서음부(周書陰符)≫[95]를 찾아내어 정신없이 탐독했다. 1년쯤 지나 상대방의 마음속을 살펴 알아내는 취마술(揣摩術)을 터득하고는,

"이것이야말로 당대의 군주를 설득할 수 있는 술법이다."

하고는 우선 주(周)나라 현왕(顯王)을 만나려고 했다.

---

94) 雒陽은 洛陽과 同字인데 漢代에는 삼수변(氵)이 붙어 있으면 불길하다고 해서 글자를 이렇게 고쳐 썼다. 東周는 여기서 시대를 말하는 것이 아니라 洛陽이 周의 동쪽 수도였으므로 지역을 나타낸다. 蘇秦의 字는 여기에는 나타나 있지 않지만 季子라는 설이 있다. 季는 伯仲叔季의 季이므로 蘇秦은 형제 중에서 막내였을 것이며 형제는 모두 5형제였다고 한다.
95) 太公望이 지은 책으로 필시 戰國時代 때 만들어졌을 것이다.

현왕의 측근자들은 본디 소진을 잘 알고 있었다. 그들은 모두 소진을 멸시하고 믿지 않았으므로 소진은 서쪽으로 나아가 진(秦)에 이르렀다. 진나라는 그때 효공(孝公)이 죽은 뒤여서 소진은 그 아들 혜왕(惠王)에게 말했다.

"진(秦)은 사방이 험준한 요해(要害)로 둘러싸인 나라로서 많은 산이 있고 위수(渭水)가 띠를 두른 듯이 흐르고 있습니다. 동쪽에는 함곡관과 황하가 있고[96] 서쪽에는 한중(漢中)이 있으며 남에는 파(巴)와 촉(蜀)이 있고 북에는 대(代)와 마읍(馬邑)이 있어 실로 천연적인 부고(府庫)라고 할 수 있습니다. 지세(地勢)의 이로움이 있는 외에도 많은 사민(士民)들이 병법에 따라 훈련을 받고 있으므로 천하를 병탄(併呑)하여 제왕이라 칭하면서 통치할 수 있습니다."

진의 혜왕이 말했다.

"새도 성장하여 깃털이 나기 전에는 하늘 높이 날 수 없소. 우리 진나라는 아직 정치와 교육이 나라 안에 충분하게 시행되지 않아 다른 나라를 병합하는 일은 도저히 생각할 수 없소."

진나라에서는 상앙을 주살한 직후라 변설을 잘하는 선비를 미워하며 쓰려 하지 않았던 것이다.

소진은 동쪽의 조(趙)나라로 갔다. 조나라의 숙후(肅侯)는 그 아우 성(成)을 재상으로 삼아 봉양군(奉陽君)이라 했는데, 봉양군은 소진의 언설을 좋아하지 않았기 때문에 소진은 다시 조나라를 떠나 연(燕)나라로 갔다.[97] 그 후 1년 남짓 있다가 연나라 문후(文侯)와의 알현이 허락되자 소잔

---

96) 先秦에서 漢代까지 關이라고 하면 潼關과 函谷關의 좁은 길을 가리킨다. 한 덩어리 진흙으로도 적의 침입을 막을 수 있다는 要塞다.

97) 원문은 '游燕', 游의 원뜻은 游泳, 즉 헤쳐 나간다는 뜻이다. 한 곳에 오래 머무르지 않고 여러 나라를 돌아다니면서 辯舌을 발휘하는 것을 游說라고 한다.

은 이렇게 말했다.

"연은 동쪽으로 조선(朝鮮)·요동(遼東)이 있고 북에는 임호(林胡)·누번(樓煩)[98] 두 나라, 서로는 운중(雲中)·구원(九原) 두 군(郡), 남으로는 호타(嘑沱)·역수(易水)가 있습니다. 땅은 사방 이천여 리, 무장 병력은 수십만, 전차는 육백 승(乘), 군마가 육천 필, 곡식은 수년을 지탱할 수 있습니다. 게다가 남쪽으로 갈석(碣石)·안문(雁門)의 풍부한 물자가 있고 북쪽으로는 대추와 밤이 풍부하게 생산되어 백성들은 밭을 갈지 않아도 대추와 밤만으로 넉넉히 살 수 있습니다.

이것이야말로 천혜의 부고(府庫)라 할 수 있습니다. 여러 나라를 비교해 보면 생활이 안락하고 무사하여 전화(戰禍)를 입지 않기로는 연나라 이상 좋은 나라가 없습니다.

대왕께서는 그 이유를 알고 계십니까? 연나라가 외적의 침공을 받지 않고 무장병에게 공격을 당하지 않는 이유를 말입니다. 바로 조나라가 연나라의 남쪽을 막아 주고 있기 때문입니다.

진(秦)나라와 조(趙)나라는 다섯 번 싸워 진이 두 번, 조가 세 번 이겼습니다. 지금 진나라와 조나라는 모두가 피폐해졌습니다. 왕께서는 아무 상처도 입지 않은 연나라를 보존하여 그 후방을 제압할 수 있는 형세입니다. 이것이 지금까지 연나라가 외적에게 침범당하지 않은 이유입니다.

또 진나라가 연나라를 공격하려면 운중·구원을 넘어 대(代)·상곡(上谷)을 통과하여 수천 리의 노정(路程)을 거치지 않으면 안 됩니다. 이래서는 진나라가 설령 연나라의 성시(城市)를 점령한다 하더라도 그 이후 어떠한 계책을 써도 도저히 지킬 수가 없습니다. 진나라가 연나라를 침범하

---

98) 이 둘은 오랑캐족이 세운 나라의 이름이다. 그 다음의 雲中과 九原은 아마 漢민족의 거주 지역이었을 것이다. 편의상 二郡이라고 해석했지만 燕의 행정구획에서 郡이라고 했는지는 확실치 않다.

지 못하는 까닭이 명백합니다.

　반대로 조나라가 연나라를 공격한다면 출전 명령을 내린 후 열흘이 못 되어 수십만의 군사가 조나라의 동원(東垣)에 진을 치고 호타하와 역수를 건너서 4, 5일이 못 되어 연나라의 도성에 도착하게 됩니다. 그러므로 진나라가 연나라를 공격한다면 진나라는 멀리 천 리 밖에서 싸워야 하는 반면 조나라가 연나라를 공격한다면 불과 백 리 안에서 싸우게 됩니다.

　이렇듯 백 리 안의 근심이 되는 조나라에 대해서는 배려하지 않고 천 리 밖의 진나라를 중요하게 생각한다는 것은 크게 그릇된 계책이 아닐 수 없습니다. 그러니 대왕께서는 조나라와 합종(合從)[99]으로써 친교를 맺으십시오. 천하가 종(從)으로 하나가 된다면 연나라는 근심이 없을 것입니다."

　문후가 말했다.

　"그대의 말이 이치에 합당하오. 그러나 우리 나라는 소국인 데다 서쪽으로는 강대한 조나라와 근접하고 남쪽으로는 제나라에 근접해 있소. 제 · 조 두 나라는 강국이므로 우리 나라를 상대해 줄지 어떨지 알 수 없으나 그대가 합종(合從)을 성립시켜 연나라를 안락하고 태평하게 해 준다면 과인은 온 나라를 동원하여 그대를 좇겠소."

　문후는 소진에게 거마(車馬)와 금백(金帛)을 주어 조나라로 가게 했다. 소진이 조나라에 이르러 보니 봉양군(奉陽君)이 이미 죽고 없었다. 소진은 조나라의 숙후(肅侯)에게 다음과 같이 말했다.

　"천하의 대신 · 관료에서 무위무관(無位無官)의 선비에 이르기까지 모든 사람들이 대왕께서 하시는 일을 고결하고 현명하다고 생각하니 대왕의 가르침을 받들고 어전에서 성심을 보여 드리기를 오래 전부터 원하고

---

99) 원문은 '從親'. 戰國時代의 7대 强國 중에서 秦을 제외한 6국의 관계를 從이라 하고 그 연합을 合從이라 했다.

있었습니다.

그런데 봉양군이 대왕을 시기하고 대왕께서도 몸소 정사를 맡지 않았으므로 빈객이나 유세하는 선비 가운데 감히 어전에 나아가 자기주장을 충분히 개진하는 자가 없었습니다. 그런데 지금은 봉양군이 죽고 대왕은 사민(士民)들과 친할 수 있게 되었으므로 신은 감히 우견(愚見)을 말씀드리고자 합니다.

가만히 대왕을 위한 계책을 생각해 보니 백성을 안정시켜 무사하게 하는 것보다 더 좋은 일은 없으며, 새로운 일을 만들어 백성을 괴롭혀서는 안 되겠습니다. 백성을 안정시키는 근본은 여러 나라와 국교를 강화하는 데 있습니다. 여러 나라와 국교가 올바르게 되면 백성이 안정되고 그렇지 못하면 백성은 일평생 안정될 수 없습니다.

외환(外患)에 대해 말씀드리자면 제(齊)·진(秦) 양국이 모두 조(趙)나라의 적이 된다면 백성들은 안정될 수 없습니다. 그렇다고 해서 진나라를 편들어 제나라를 쳐도, 또는 제나라를 편들어 진나라를 쳐도 백성들은 안정될 수 없습니다. 따라서 타국의 군주에 대한 계략을 쓰는 방법이나 타국을 정벌하려는 계책은 유세자로서 입 밖에 내기가 어렵습니다. 그것은 국교를 단절시키는 결과가 되기 때문입니다.

그러하오나 신이 감히 그것을 말씀드리겠사오니 이제부터 말씀드리는 것은 입에서 새어 나가지 않도록 특별히 삼가 주시기를 바랍니다. 그러면 신이 조나라와 이해가 엇갈리는 두 개의 정책을 밝히겠습니다. 그것은 음(陰)이냐 양(陽)이냐, 즉 합종(合從)하여 진나라를 적으로 삼느냐, 연횡(連衡)하여 진나라에 항복하느냐 하는 한 가지 일에 있습니다.

대왕께서 진심으로 신의 의견을 들어 주신다면 연나라에는 모직물, 가죽옷, 개, 말을 생산하는 땅을 조나라에 바치게 하고, 제(齊)나라에는 물고기와 소금을 생산하는 해변의 땅을 바치게 하며, 초(楚)나라에는 귤, 유자를 생산하는 원지(園地)를 바치게 하고, 한(韓), 위(魏), 중산(中山)에는 휴양에 필요한 물품이 나오는 땅을 바치게 할 수 있습니다. 그렇게 되면 대왕의 일족이나 부형들은 모두 봉읍을 받아 제후가 될 것입니다.

대개 남의 나라 토지를 갈라서 빼앗고 그 이익을 거두어들이는 것은 오패(五伯)가 적군을 깨뜨리고 적장을 포로로 잡으며 추구하던 목표입니다. 왕의 일가족을 제후로 봉하려는 것은 은나라의 탕왕, 주나라의 무왕이 전왕조의 임금을 추방하면서 추구하던 목표입니다. 그리하여 쉽사리 팔짱을 낀 채 이 두 가지를 모두 수중에 넣도록 해 드리려는 것이 지금 대왕을 위해 신이 원하는 바입니다.

만약 대왕께서 진(秦)의 편을 든다면 진나라는 반드시 한(韓)나라와 위(魏)나라를 약화시킬 것입니다. 제(齊)나라 편을 든다면 제는 틀림없이 초(楚)나라와 위(魏)나라를 약화시킬 것입니다. 위나라가 약화되면 위는 하외(河外)의 땅을 진에 바칠 것이며, 한나라가 약화되면 의양(宜陽)의 땅을 진에게 바칠 것입니다. 의양이 진나라에 귀속하면 상군(上郡, 趙나라 땅)에 이르는 길이 끊어지고 하외의 땅이 진나라에게 귀속해도 상군에 이르는 길이 끊어집니다. 그리고 초나라가 약화하면 조나라는 고립무원(孤立無援)의 상태에 놓이게 됩니다.

이 세 가지 계책을 깊이 생각하지 않으면 안 됩니다. 만약에 진나라 군대가 지도(軹道)에서 남하하면 남양(南陽, 韓나라 읍)이 위태롭게 됩니다. 이렇게 하여 진이 한을 위협하고 주(周)의 도읍을 포위하면 한단(邯鄲, 趙나라의 도읍)도 위험하게 되므로 조나라는 결국 무기를 들고 일어나지 않을 수 없을 것입니다.

또 진나라가 위(衛)나라를 근거지로 삼고 권(卷 : 河南省)을 점령하면 제나라는 반드시 진나라에 입조하게 될 것입니다. 그 외에 또 진나라가 산동의 땅을 얻으려면 반드시 군사를 일으켜 조나라로 향할 것입니다. 진나라의 무장병이 황하를 건너고 장수(漳水)를 넘어 파오(番吾, 趙나라의 고을)에 진을 치게 되면 한단 부근에서 전투가 벌어질 수밖에 없을 것입니다. 이것이야말로 대왕에 대해 신이 우려하는 점입니다.

현재로서는 산동 땅에 위치한 나라 가운데 조나라보다 강대한 나라가 없습니다. 조나라 땅은 사방 이천 리, 무장병 수십만, 전차가 일천 승, 군마가 일만 필, 식량은 수년을 지탱할 수 있습니다. 서쪽에 상산(常山), 남쪽에는 황하(黃河)·장수(漳水), 동쪽에는 청하(淸河), 북쪽에는 연나라가 있습니다. 연나라는 본디 약소국이므로 두려울 것이 없습니다.

이러한 상태이니 진나라가 천하의 적으로 적대시할 나라는 조나라밖에 없습니다. 그럼에도 불구하고 진이 감히 군사를 일으켜 조를 치지 않는 이유는 무엇이겠습니까? 그것은 한(韓)·위(魏)가 배후를 치지나 않을까 두려워하기 때문입니다. 그렇다면 한·위는 조나라 남쪽의 방벽이 되는 것입니다. 그래서 진이 한·위를 치는 데에는 높은 산이나 큰 강 같은 장애가 없으므로 점차로 이들을 잠식해 들어가면 나라의 도성에까지 도달할 수 있을 것입니다.

한·위가 진의 세력을 막지 못하면 틀림없이 진나라에게 머리 숙여 복종하게 될 것입니다. 진나라를 한나라와 위나라가 막아내지 못한다면 그 화가 반드시 조나라에 미칠 것입니다. 이것이야말로 대왕에 대해 신이 우려하는 점입니다.

신이 들은 바에 의하면 요(堯)는 농부 3인분의 전지(田地)인 삼백 묘(畝)도 없었고 순(舜)은 지척(咫尺)의 땅도 없었으나 둘 다 제왕으로서 천하를 보유할 수 있었고, 하(夏)의 우왕(禹王)에게는 백 사람이 모여 살 촌락조차 없었지만 제후의 왕으로 군림했으며, 또 은나라 탕왕이나 주의 무왕은 장사(將士)가 삼천 명에 지나지 않았으나 천자가 되었다고 합니다. 이것은 참으로 왕자로서의 도를 얻었기 때문에 가능했던 것입니다.

그러므로 명군(明君)은 밖으로는 적의 강약을 헤아리고 나라 안에서는 사졸들의 현명하고 불초함을 헤아리기 때문에 전쟁 상태에 들어가기 전에 이미 승패 존망의 기운이 가슴속에 자연히 떠오르는 것입니다. 그런데도 여러 사람의 말에 현혹되어 득실을 분명하게 가리지 못한 채 일을 결정해서야 되겠습니까?

신이 천하의 지도를 가만히 살펴보니 제후의 땅은 진나라의 5배나 되고 제후의 병졸들을 계산해 보니 진의 열 배나 됩니다. 6국이 하나가 되어 힘을 합하여 서쪽을 향해 진을 공격하면 진나라는 반드시 격파될 것입니다. 그런데 굴종한다면 진나라의 신하가 되는 것입니다.

대저 남을 깨뜨리는 것과 남에게 깨뜨림을 당하는 것을, 또 남을 신하로 삼는 것과 남의 신하가 되는 것을 어떻게 같이 이야기할 수 있겠습니까?

저 연횡론자(連衡論者)[100]들은 모두 제후의 땅을 쪼개어 진나라에 바치고자 하는 자들뿐입니다. 저들은 진나라의 목적이 성취되면 토산(土山)[101]을 쌓고 집을 아름답게 꾸민 후 큰 생황과 거문고 소리를 들으며, 앞에는 누문(樓門)과 헌원(軒輗, 大夫 이상이 타는 수레)이 있고 뒤에는 키가 늘씬한 미인이 있어 사치스러운 생활을 보내면서, 고국이 진(秦)으로부터 공격을 받아도 고국 사람들과 근심을 함께하지 않을 것입니다. 그러나 저 연횡론자들은 밤낮으로 진나라의 권세를 등지고 제후를 협박하여 국토를 분할하도록 꾀하고 있습니다.

그렇기 때문에 대왕께서는 이 점을 깊이 생각하셔야 합니다. 신이 듣기로 현명한 군주는 의혹을 끊고 남을 헐뜯는 말을 멀리하며, 유언비어(流言

---

100) 원문은 '衡人'. 衡은 橫과 같다. 東西를 뜻한다. 秦은 중국의 서쪽에 있었기에 동방의 6국 중 하나가 둘 이상이 진과 동맹을 맺은 것을 連衡이라고 한다.

101) 원문은 '臺榭'. 臺란 높이 쌓아 올린 土山. 이 대를 만드는 것은 전국시대 제후들 사이에 유행했다. 그 기원은 오래되었는데 이즈음에 특히 장대하게 만들기 시작했다. 榭는 이곳에다 수목을 심는 것.

蜚語)를 물리치고 파벌을 짓는 무리들을 배제하여 쓰지 않는다고 합니다. 이와 같은 현명한 군주 밑이라야 신하는 군주를 존중하고 충성심을 불태 워 영토를 넓히고 무력을 강하게 하는 계교를 어전에서 기탄없이 진술할 수 있습니다.

대왕을 위하여 가만히 생각해 보니 한(韓)·위(魏)·제(齊)·초(楚)·연 (燕)·조(趙)가 하나가 되어 합종(合從)의 맹약으로 친교하여 진(秦)나라 에 대항하는 이상의 방책은 없습니다.

천하의 장군과 재상들을 원수(洹水)가에 회합시켜 볼모를 교환하고 백 마(白馬)를 죽여 그 피를 입에 발라 서로 맹세한 후, 진(秦)이 초나라를 치 면 제(齊)·위(魏)는 즉시 정예 부대를 출동시켜 초나라를 돕고 한(韓)은 진의 군량 조달하는 길을 끊으며, 조(趙)는 황하·장수를 건너고 연(燕)은 상산(常山)의 북쪽을 지켜주기로 합니다.

만약 진이 한·위를 치면 초는 진나라 군대의 배후를 끊고 제는 정예 부 대를 출동시켜 한·위를 도우며, 조나라는 황하·장수를 건너고 연은 운 중(雲中)을 지키는 것입니다.

또 진이 제나라를 공격한다면 초는 진나라 군대의 배후를 끊고 한은 성 고(城皐)를 지키며, 위는 하내(河內)의 길을 막고 조는 황하를 건너 박관 (博關)으로 가고 연나라는 정예군을 출동시켜 제를 돕는 것입니다.

진이 연나라를 공격하면 조는 상산을 지키고 초는 무관(武關)에 출병하 여 진을 치며, 제는 발해(渤海)를 건너고 한·위는 정예 부대를 출동시켜 연을 돕습니다.

진이 조를 치면 한은 의양(宜陽)에 포진하고 초는 무관에 출병하여 진을 치며, 위는 하외(河外)의 땅에 출병하여 포진하고 제는 청하(淸河)를 건너 고 연은 정예 부대로 조를 돕는 것입니다.

만약 제후들 가운데 이 맹약을 어기는 자가 있으면 다른 5개국의 군대가 병력을 합쳐 공동으로 그 나라를 친다고 굳게 약속해야 합니다. 6개국이 합종(合從)하여 서로 친교를 맺고 진나라에 대항하면 진나라 군대도 더 이상 함곡관을 나와 산동을 침략하지는 못할 것입니다. 이와 같이 하면 패왕으로서 위업은 성취될 것입니다."

그러자 조왕(趙王)이 말했다.

"과인은 나이가 젊고 임금의 자리에 오른 지 얼마 안 되어 지금까지 국가 보존의 장기 계책을 들을 수 없었소. 지금 그대가 천하를 유지하고 제후를 안정시킬 뜻을 가지고 여러 가지 계책을 말해 주었으니 과인은 삼가 온 나라의 백성과 더불어 그대의 말을 따르리다."

그래서 조왕은 각국의 제후들에게 보내는 선물로 수레 일백 승(乘), 황금 일천 일(鎰), 백벽(白璧) 일백 쌍, 비단 일천 필을 소진에게 주어 합종의 맹약을 맺기 위해 떠나게 했다.

그때 마침 주나라의 천자는 선왕인 문왕(文王)·무왕(武王)의 제사에 올린 고기를 진(秦)에 하사하여 진나라를 후대하는 마음을 보였다.

진나라 혜왕(惠王)은 서수(犀首)[102]를 파견하여 위(魏)나라를 치게 하여 위나라 장군 용가(龍賈)를 사로잡아 위의 고을 조음(雕陰) 땅을 빼앗고 다시 동으로 진군하려 했다.

소진은 진군(秦軍)이 조나라까지 쳐들어올까 두려워하여[103] 장의(張儀)를 격분케 하여 진나라로 들어가게 했다.

소진은 한(韓)나라 혜선(惠宣)왕에게 다음과 같이 말했다.

"한나라는 북쪽에 공(鞏), 성고(成皐)의 견고한 성읍이 있고 서쪽에는 의양(宜陽), 상판(商版) 등 국방상 중요한 땅이 있고 동쪽에는 원(宛), 양

---

102) 犀首는 魏의 官名이며 虎牙將軍 같은 것이다. 姓은 公孫, 이름은 衍으로 魏에서 와서 秦을 섬겼다.

(穰)의 성읍과 유수(洧水)가 있고 남쪽에는 형산(陘山)이 있습니다.

그 땅은 사방 구백여 리, 무장병은 수십만, 천하의 강궁(强弓), 석궁(石弓)은 모두 한나라에서 만들어집니다. 또 계자(谿子)[104] 땅의 쇠뇌와 소부(少府)에서 만들어지는 시력(時力), 거래(距來)는 모두 육백 보 밖의 원거리를 쏠 수 있습니다.

한나라 병사가 발을 들어 쏘면 연속하여 백 발을 순식간에 발사합니다. 멀리 날아간 화살은 화살 끝이 보이지 않을 정도로 적의 살 속에 박히고 가까운 것은 화살 끝이 적의 심장을 꿰뚫습니다. 한나라 병사들의 칼과 창은 모두 명산(冥山)에서 만들어집니다.

당계(棠谿), 묵양(墨陽), 합부(合賻), 등사(鄧師), 원풍(宛馮), 용연(龍淵), 태아(太阿)는 모두 육지에서는 소나 말을 자르고 수중(水中)에서는 따오기나 기러기를 벱니다. 적병을 만나면 견고한 갑옷이나 쇠로 만든 방패까지 자릅니다.

또 한나라에는 가죽으로 만든 활걸이, 방패의 끈 등 구비하지 않은 것이 없습니다. 용감한 한나라 병사들이 견고한 갑옷을 입고 강한 쇠뇌를 메고 예리한 칼을 허리에 차고 있으면 한 사람이 백 사람의 적을 물리친다고 해도 결코 지나친 말이 아닙니다.

한나라의 이러한 강대함과 대왕의 현명하심을 가지고 부끄럽게도 서쪽의 진나라를 섬겨 두 손을 맞잡아 굽실거리며 복종한다는 것은 국가의 수치이며 천하의 웃음거리로 이보다 더한 것은 없습니다. 대왕께서는 이 점

---

103) 《史記》 원문만으로는 이 부분에 대한 이해가 어려워 《資治通鑑》과 다음에 나오는 張儀列傳을 참조했다. 蘇秦이 張儀를 마음대로 조종했던 것은 다음의 張儀列傳에 상세하게 나와 있다.

104) 谿子는 남방의 蠻族의 이름. 여기에서 少府는 韓나라 왕궁 직속의 製造所였을 것이다. 쇠뇌(弩)란 발로 힘껏 機(弩機)를 밟아 弦을 눌렀다가 機에서 발을 떼어 화살을 발사하는 장치.

을 숙고하시기 바랍니다.

만약 대왕께서 진나라를 섬기게 되면 진나라는 반드시 의양, 성고를 달라고 요구할 것입니다. 금년에 이것을 바치면 그 다음해는 또 다른 땅을 분할해 주기를 요구할 것입니다. 요구하는 대로 내주다 보면 마침내는 줄 땅이 없어질 것이고, 주지 못하면 지금까지 바친 공은 허사로 돌아가게 되어 이후로는 화를 입게 될 것입니다.

대왕이 가진 땅은 한계가 있으므로 점점 줄어들게 되는데 진나라의 요구는 끝이 없을 것입니다. 국한된 땅을 가지고 끝없는 요구에 응한다는 것은 원한을 사고 화를 초래하는 것으로, 이래 가지고는 싸움도 못해 보고 땅은 할애하여 남의 것이 되어 버립니다.

속담에 '닭의 부리가 될지언정 쇠꼬리가 되지 말라.'고 하였는데 지금 서쪽을 향해 두 손을 마주잡고 진(秦)을 섬기는 것은 쇠꼬리가 되는 것이 아니고 무엇이겠습니까? 대왕의 현명함과 군세고 용감한 군사를 가지고 있으면서 쇠꼬리라고 멸시당하게 된다면 신이 대왕을 위해 부끄럽게 여기는 바입니다."

이 말을 듣자 한왕(韓王)은 발끈 성을 내고 안색이 달라졌다. 한왕은 눈을 부라리며 팔을 뻗어 칼에 손을 대더니 하늘을 우러러 크게 숨을 토하며 말했다.

"과인이 아무리 불초하다 하더라도 결코 진나라를 섬길 수는 없소. 지금 그대는 조왕의 충고를 전해 주었소. 삼가 국가의 온 백성과 함께 그 의견에 따르리다."

소진은 또 위(魏)나라의 양왕(襄王)을 만나 다음과 같이 말했다.

"대왕의 국토는 남쪽으로 홍구(鴻溝), 진(陳), 여남(汝南), 허(許), 언(鄢), 곤양(昆陽), 소릉(召陵), 무양(舞陽), 신도(新都), 신처(新郪)가 있고 동으로는 회수(淮水), 영수(潁水), 자조(煮棗), 무서(無胥)가 있고 서로는 장성(長

城)의 경계, 북쪽에는 하외(河外), 권(卷), 연(衍), 산조(酸棗)가 있습니다.

그 땅은 사방이 천 리이고 넓이로 말하면 작은 나라이나 마을이 밀집해 있습니다. 비록 밭 사이에 집들이 많아 목축을 할 만한 땅은 없지만 백성이 많고 거마(車馬)도 많으니 밤낮으로 왕래가 끊일 사이 없이 수레 지나가는 요란한 소리가 마치 삼군(三軍)의 병사가 행진하는 것 같습니다.

신이 가만히 헤아려 보니 대왕의 나라는 초나라보다 못하지 않습니다. 그런데 연횡론자들은 대왕을 위협하면서 강포하기가 호랑이나 이리 같은 진나라와 교제하여 진의 천하 침략을 돕게 하려고 합니다만 만약 대왕이 진의 침략을 받게 되면 모르는 체할 것입니다. 대체로 강한 이웃 나라의 권세를 믿고 자기 나라의 군주를 위협하는 것보다 더한 죄는 없습니다.

위나라는 천하의 강국이고 대왕께서는 천하의 현명한 임금이십니다. 그럼에도 불구하고 서쪽을 향해 진을 섬기느라 그 진나라의 동쪽 울타리가 되어 진나라 왕의 순수(巡狩)에 대비해서 궁전을 짓고, 의관속대(衣冠束帶)의 제도도 진나라 법을 따르며 봄과 가을에 공물을 바쳐 진나라의 종묘 제사에 봉사하려 하는 것은 신이 생각하건대 대왕을 위해 심히 부끄럽게 여기는 바입니다.

들건대 월왕 구천은 싸움에 지친 병졸 삼천 명을 이끌고 오왕 부차를 간수(干遂)에서 사로잡고, 주의 무왕은 사졸 삼천 명, 전차 삼백 승을 이끌고 은나라 주왕을 목야(牧野)에서 정복했다고 합니다. 구천·무왕의 승리는 사졸 수가 많아서 얻은 것이 아닙니다. 진실로 그 위력을 잘 발휘했기 때문입니다.

지금 가만히 들건대 대왕의 군대는 무장병 이십만, 푸른 두건을 쓴 경보병 이십만, 정예 공격부대 이십만, 잡역부 일십만, 전차 육백 대, 군마 오천 필이 있다고 하니 이것은 저 월왕 구천이나 무왕의 군사보다 훨씬 많은 것입니다.

그런데도 지금 대왕께서는 뭇 신하들의 말만 듣고 진나라를 신하의 예로써 섬기려 하시니, 진나라를 섬기려면 반드시 땅을 쪼개 바침으로써 성의를 표해야 하기에 아직 싸움도 하기 전에 국토의 결손을 보게 됩니다. 그러니 뭇 신하들 중에서 진나라를 섬기고자 하는 자는 모두 간신이지 결코 충신이 아닙니다.

그들은 신하의 신분으로서 자기 주군의 땅을 쪼개 주면서 외국과 사사로운 관계를 맺어 일시적으로는 국내 안정을 이루는 것처럼 보이나 그 뒤에 닥쳐올 환난은 돌아보지 않으려 합니다. 즉 공가(公家)를 파괴시켜 사가(私家)의 이익만을 꾀하고 밖에 있는 강한 진의 권세를 믿고 자기 나라 군주를 위협하여 국토를 쪼개 바치려는 자들입니다. 원컨대 대왕께서는 이 점을 심사숙고하십시오.

≪주서(周書)≫에도 '조그마할 때 끊지 않으면 크게 자라 얽힐 때는 어찌할 것인가? 털끝만할 때 베지 않으면 장차 도끼를 쓰지 않으면 안 된다.'고 했습니다. 미리미리 생각이 정해져 있지 않으면 뒷날에 큰 우환이 있게 되니 그때 가서는 어찌할 수가 없습니다.

대왕께서는 진실로 저의 말을 받아들이시어 6국이 합종하여 친교를 맺어 힘을 합하고 뜻을 하나로 한다면 반드시 강포한 진나라의 우환을 면할 수 있을 것입니다. 그러므로 조왕(趙王)이 신을 시켜 신의 어리석은 계책을 대왕께 올리고 맹약을 받들도록 명령하신 것입니다. 대왕의 의사를 듣고자 합니다."

그러자 위왕(魏王)이 말했다.

"과인은 불초하여 지금까지 훌륭한 가르침을 들을 기회가 없었소. 그런데 지금 그대를 통해 조왕의 의향을 들었으니 온 나라 백성과 함께 그대의 말에 따르겠소."

소진이 이번에는 동쪽으로 가서 제나라 선왕(宣王)에게 다음과 같이 말했다.

"제나라는 남쪽으로 태산(泰山)이 있고 동쪽에는 낭야산(琅邪山)이 있고 서쪽에는 청하(淸河)가 있고 북쪽에는 발해가 있어 이른바 사방이 요새로 된 나라라고 할 수 있습니다. 제나라의 국토는 사방 이천 리, 무장병 수십만, 식량은 산더미같이 풍부하며, 삼군(三軍)의 정예 부대와 오가(五家)의 병(兵)이 전진하면 화살처럼 빠르고, 싸우면 우레와 같은 위력이 있고 흩어질 때에는 풍우처럼 신속합니다.

전쟁이 나서 징병하는 경우에도 태산의 남쪽을 넘거나 청하·발해를 건너 먼 지방에서 징병한 일은 한 번도 없습니다. 수도인 임치(臨淄)에는 칠만 호의 집이 있으니 신이 가만히 계산해 보면 한 집에 평균 세 사람의 남자가 있어 모두 이십일만 명이 되니 먼 고을에서 징발하지 않더라도 임치의 사졸들만으로 이미 충분합니다.

또 임치는 매우 부유하고 충실하여 모두 큰 생황을 불고 거문고를 타며 축(筑)을 칩니다. 닭싸움, 투견과 윷놀이, 공차기 등을 즐기지 않는 자가 없습니다. 임치의 도로는 매우 번잡하여 지나가는 수레들의 바퀴가 서로 부딪치고 사람들의 어깨와 어깨가 서로 부딪치며, 옷깃이 이어지면 마치 장막을 친 것 같고 옷소매를 들면 마치 천막처럼 되며 땀을 털면 비가 오는 것 같습니다. 집집마다 번창하고 사람마다 만족하고 사기가 올라 있습니다.

대왕의 현명하심과 제나라의 이러한 강대함은 천하에 대항할 자가 없습니다. 그런데 지금 서쪽을 향하여 진나라를 섬기려 하고 있습니다. 이것은 대왕을 위하여 부끄럽게 여기는 바입니다.

대체로 한·위가 진을 중시하고 두려워하는 까닭은 진나라와 국경을 접하고 있기 때문입니다. 만약 군대를 동원하여 접전을 하게 된다면 열흘이 채 못 가서 승패와 존망의 기운이 결정될 것입니다. 한·위가 싸워서 진나라를 이긴다 하더라도 병력의 절반은 손상을 입어 나라의 사면 경계는 지키기 어렵습니다. 이기지 못하면 나라는 위태롭게 되고 멸망이 곧 뒤따를 것입니다. 그렇기 때문에 한·위는 진나라와 싸우는 것을 꺼리고 진나라를 신하의 예로써 섬기려는 것입니다.

그런데 진나라가 이곳 제나라를 칠 경우에는 그렇지 않습니다. 진나라 군대가 한·위의 땅을 등지고 위(衛) 양진(陽晉)의 길을 지나서 항보(亢父)의 험난한 땅을 넘어야만 합니다. 그곳은 수레 두 채가 나란히 갈 수 없으며 두 필의 말도 나란히 갈 수 없으므로 백 사람이 이 험한 지점을 지키면 천 명의 군사로도 감히 돌파할 수 없습니다.

게다가 진이 제나라 땅에 깊이 침입하고 싶어도, 이리가 달리면서 힐끔힐끔 뒤를 돌아보는 것처럼 한·위가 뒤를 위협하지 않을까 두려워하지 않을 수 없습니다. 그 때문에 진은 스스로 두렵고 의심스러워한 나머지 공연히 허세를 부리고 제나라를 위협하여 오만한 태도를 취할 뿐, 감히 앞으로 나아가려고 하지 않습니다. 따라서 진나라가 제나라를 침략하지 못한다는 것은 명백한 사실입니다.

이렇게 진이 제나라를 어떻게 할 수 없다는 사정을 깊이 생각지도 않고 서쪽을 향해 진나라를 섬기려 하는 것은 뭇 신하들의 계략이 잘못된 것입니다. 이제 여기에 신하의 예로써 진을 섬긴다는 오명을 쓰지 않고 나라를 강하게 할 실리적인 방법이 있습니다. 그러니 신은 대왕께서 이 점을 조금이라도 고려해 주시기를 바랍니다.”

그러자 제왕(齊王)은 말했다.

“과인이 불민한 데다가 제나라는 외지고 먼 바다에 접한 땅으로 더 갈래야 갈 수 없는 동쪽 변경에 위치한 관계로 지금까지 높은 견식을 단 한마디도 듣지 못했소. 그런데 이제 그대로부터 조왕(趙王)의 충고를 전해 들었으니 삼가 이 나라의 온 백성들과 함께 그 의견을 따르리다.”

소진은 다시 서남쪽으로 가서 초(楚)나라의 위왕(威王)에게 다음과 같이 말했다.

"초나라는 천하의 강국이고 또 대왕께서는 천하의 어진 임금이십니다. 초나라는 서쪽으로 검중(黔中), 무군(巫郡)이 있고 동쪽으로는 하주(夏州), 해양(海陽)이 있으며 남쪽으로는 동정호(洞庭湖), 창오(蒼梧)가 있고 북쪽으로는 형새(陘塞), 순양(郇陽)이 있습니다. 그 땅은 사방이 오천여 리, 무장병 백만, 전차 일천 승, 군마 일만 필, 식량은 십 년을 지탱할 수 있습니다. 이것은 대왕께서 패왕이 될 자본입니다.

무릇 초나라의 강대함과 대왕의 현명함을 가지면 천하에 아무도 대항할 자가 없을 것입니다. 그럼에도 불구하고 서쪽을 향하여 진나라를 섬기려 하신다면 제후들 가운데 서쪽을 향하여 함양(咸陽)의 장대(章臺) 아래에서 절하지 않는 자가 없을 것입니다. 그런데 진나라가 방해물로 여기는 것은 첫째가 초나라입니다. 초나라가 강하면 진나라가 약해지고 진나라가 강하면 초나라는 약해지는 것이니 그 세력은 양립할 수가 없는 것입니다.

그러므로 대왕을 위해 생각해 보건대 여러 나라가 합종하여 친교를 맺고 진나라를 고립시키는 것보다 더 좋은 계책은 없습니다. 대왕께서 합종하지 않으시면 진나라는 반드시 두 곳으로 군사를 일으키게 될 것입니다. 그중 하나는 무관(武關)으로 나아가 출격하고 다른 하나는 검중(黔中)으로 내려올 것인데 그렇게 되면 언(鄢)과 초(楚)의 도읍인 영(郢)은 동요할 것입니다.

신은 '모든 일은 어지러워지기 전에 처리하고 해로운 일은 일어나기 전에 대처해야 한다.'고 들었습니다. 재앙이 일어난 후에는 그것을 근심해도 아무 소용이 없습니다. 그러니 대왕께서는 속히 숙고하셔서 계략을 세우십시오.

대왕께서 진실로 신의 말씀을 받아들여 주신다면 신은 산동(山東)의 여러 나라를 시켜 춘하추동의 곡물을 초(楚)에 바치게 하고 대왕의 명령에 복종하여 사직과 종묘를 초나라에 맡기고 병사들을 잘 훈련시켜서 이들을 대왕의 뜻대로 부릴 수 있도록 해 드리겠습니다.

대왕께서 진실로 신의 어리석은 계책을 채택해 주신다면 한(韓) · 위(魏) · 제(齊) · 연(燕) · 조(趙) · 위(衛) 등 여러 나라의 절묘한 음악과 미인은 반드시 대왕의 후궁에 가득 차고 연(燕) · 대(代)에서 생산되는 낙타와 좋은 말은 틀림없이 궁중의 마구간에 가득 차게 될 것입니다. 결국 합종의 계책이 성공하면 초나라가 천하의 왕이 되고, 연횡책이 이루어지면 진이 천하의 제왕이 될 것입니다.

그런데 지금 대왕께서는 패왕의 대업을 버리고 타국을 섬기는 오명을 뒤집어쓰려 하십니다. 이것은 신이 대왕을 위해 취할 수 없는 일입니다. 대저 진나라는 호랑이나 이리와 같은 사나운 나라로서 천하를 통일하려는 야심을 품고 있습니다. 그러므로 진나라는 모든 나라들의 원수입니다.

그런데 연횡론자는 제후의 땅을 쪼개어 바치고 진을 섬기려 합니다. 이것이야말로 이른바 '원수를 길러 보복을 당한다.' 는 것입니다. 연횡론자들은 신하된 자로서 주군의 땅을 쪼개어 주고 밖에 있는 강포한 호랑이나 이리 같은 진나라와 교제를 하고 나아가 천하를 침범하게 하여 마침내는 조국이 진나라의 전화(戰禍)를 입는 일이 있어도 그들은 나라를 돌보지 않습니다.

밖에 있는 강한 진의 위력을 믿고서 안으로 자기의 군왕을 위협하여 토지를 쪼개 주기를 원한다는 것은 대역불충(大逆不忠)도 이보다 더한 것은 없을 것입니다. 그러므로 연횡책이 성공하면 초나라는 국토를 쪼개어 바치고 진나라를 섬기게 될 것입니다. 그런데 합종책이 성공하면 제후들은 땅을 쪼개 바쳐 초나라를 섬기게 될 것입니다.

이 두 가지 정책은 실로 엄청난 차이가 있습니다. 대왕께서는 어느 쪽을 택하시겠습니까? 이런 까닭에 조왕께서는 이 계책을 대왕께 올려 명확한 약속을 받아 오도록 신에게 명하신 것입니다. 그러하오니 대왕의 의향을 말씀해 주시기 바랍니다."

그러자 초왕이 대답했다.

"과인의 나라 서쪽은 진(秦)과 경계를 접하고 있소. 그런데 진은 파(巴)와 촉(蜀)을 탈취하고 한중(漢中)을 병합하려는 야심을 가지고 있소. 이와 같이 진나라는 호랑이나 이리 같은 나라이므로 과인은 진과 친근할 수 없소. 그런데 한(韓)·위(魏)는 진나라의 화(禍)에 직면하고 있으므로 도저히 함께 심원한 계략을 의논할 수가 없소. 또한 함께 협동하여 심원한 계략을 의논하여 짠다 해도 한과 위는 짐을 배반하고 진에게 붙을 것이오. 그리 되면 계책을 실행에 옮기기도 전에 우리 나라가 먼저 위태롭게 될 것이오.

과인이 생각해 보건대 초나라 단독으로는 진나라에 대항한다 하더라도 승산이 없소. 또 안으로 뭇 신하와 계책을 논의해 보았자 믿을 만한 것이 없을 것이오. 이와 같은 상황이기 때문에 과인은 잠자리에 들어도 안심하고 잠을 잘 수 없고 밥을 먹어도 그 맛을 모르며 마음은 바람에 날리는 깃발과 같아 도무지 편하지 않소.

그런데 지금 그대가 천하를 통합하여 제후를 불러 모아 위태한 지경에 이른 우리 초나라를 완전하게 보존하기를 바라고 있소. 과인은 삼가 온 백성과 함께 그 계책에 따르겠소."

이리하여 6국은 합종의 맹약을 맺고 힘을 합하게 되었다. 또 소진은 합종 맹약의 장(長 : 원문은 從約長)이 되고 6국의 재상을 겸임했다.

소진은 북쪽의 조왕(趙王)에게 경과를 보고하기 위하여 가는 도중에 낙양(洛陽)을 통과하게 되었다. 소진을 따르는 수레와 화물에는 제후들이 보내온 예물이 매우 많아 일행은 왕자의 행렬에 비길 만큼 성대했다. 이 소식을 들은 주(周)나라의 현왕(顯王)은 두려워하며 그가 통과하는 길을 깨끗이 청소하고 사신을 보내어 교외에까지 나아가 예를 갖추게 했다.

소진의 처, 형제와 형수들은 고향 집에 온 소진을 곁눈으로 볼 뿐 감히 올려다보지도 못했다. 고개를 숙인 채 소진의 시중을 들고 밥 먹을 때 잔 심부름까지 했다. 소진은 웃으면서 형수에게 말했다.

"전에는 그렇게도 거만하시더니 지금은 왜 이렇게 공손하십니까?"

형수는 엎드려 얼굴을 땅에 대고 사과하며 말했다.

"아주버님[105]의 지위가 높아지고 재산이 많은 것을 보았기 때문입니다."

소진은 길게 탄식하면서 말했다.

"똑같은 사람인데 부귀하게 되면 일가친척도 두려워하고 빈천하게 되면 가볍게 보고 업신여기니 하물며 일반 백성들이야 말해 무엇하겠는가? 만약 내가 낙양성 부근의 기름진 땅 이백 묘(畝)만 가졌더라면 어찌 6국 재상의 인수(印綬 : 官印의 꼭지에 달린 끈)를 찰 수 있었겠는가?"

소진은 천 금을 뿌려 일족과 친구들에게 나누어 주었다.

예전에 소진이 연(燕)나라로 갈 때 일백 전을 꾸어서 노자로 삼았었는데 부귀해진 뒤에 백 금으로 이것을 갚은 것이다. 그리고 그때까지 은혜를 입은 사람들에게 빠짐없이 사례를 했다. 다만 그의 종자 한 사람만이 보수를 받지 못해서 그 사실을 말하니 소진이 대답했다.

"내가 너를 잊어버리고 있었던 것은 아니다. 네가 나와 함께 연나라로 갈 때 너는 몇 차례나 나를 역수(易水)가에서 버리려고 했다. 그때 나는 너무나 난감하여 너를 이만저만 원망한 것이 아니었다. 그래서 일부러 너를 뒤로 미룬 것인데 이제 너에게도 그만한 보수를 주마."

---

105) 원문은 '季子'. 季子는 蘇秦의 字일 것이라는 설도 있지만 형수가 남편의 동생을 부르는 말이라고도 한다.

소진이 6국의 합종 맹약의 친교를 성립시키고 조나라로 돌아오니 조나라의 숙후(蕭侯)는 소진을 무안군(武安君)에 봉했다. 그리고 6국이 합종 맹약한 서류를 진나라에 보냈다. 그 후 십오 년 동안 진나라의 병사는 감히 함곡관의 동쪽을 엿보지 못했다.

그 후에 진나라는 서수(犀首)에게 명하여 제나라와 위나라를 속여, 진나라와 함께 조나라를 치게 하여 합종의 맹약을 깨뜨리게 하려 했다. 그 결과 제·위가 조나라를 쳤다. 조왕이 소진에게 그 책임을 추궁했다. 소진은 두려워 연나라에 사신으로 가서 제를 쳐 보복할 것을 청했다. 그런데 소진이 조나라를 떠나자 합종 맹약은 아예 해소되고 말았다.

진나라 혜왕(惠王)이 그의 딸을 연나라 태자의 부인으로 주었다. 이 해에 연나라의 문후(文侯)가 죽고 태자가 즉위했다. 이 사람이 연나라의 역왕(易王)이다. 역왕이 즉위할 무렵 제나라의 선왕(宣王)은 연나라가 상중(喪中)인 틈을 타 연을 쳐서 열 개의 성을 빼앗았다.

역왕이 소진에게 말했다.

"왕년에 그대는 연나라에 왔었소. 그때 나의 선왕께서 그대에게 여비를 주어 조왕을 만나 보게 하여 그 결과 6국 합종의 맹약을 성립시킬 수 있었소. 그런데 지금 제나라가 먼저 조나라를 치고 다음에 우리 연나라를 공격해 왔소. 이제 연나라는 그대 때문에 천하의 웃음거리가 되었으니 그대는 우리 연나라를 위해 제나라에게 빼앗긴 땅을 도로 찾아 줄 수 있겠소?"

소진이 크게 부끄러워하며 말했다.

"왕을 위하여 꼭 찾아오도록 하겠습니다."

소진은 제왕(齊王)을 만나 두 번 절하고 엎드려 경축하는 말을 올리고 나서 다음에는 조위(弔慰)의 말을 드렸다. 제나라 왕이 이상하게 생각하여 물었다.

"어째서 경축하는 말을 하면서 한편으로는 조위의 말을 하는가?"

소진이 대답했다.

"신이 들은 바로는 '아무리 굶주린 사람이라도 오훼(烏喙)를 먹지 않는 이유는 그것을 먹어 뱃속이 차면 찰수록 독으로 인해 죽게 되니 굶어 죽는 것이나 마찬가지이기 때문이다.' 라고 했습니다. 지금 연나라는 약소국이라고는 하나 진나라의 사위가 되는 나라입니다. 지금 대왕께서는 연나라의 열 개 성을 손에 넣으셨지만 그 대신 오랫동안 강대한 진나라의 원수가 되지 않을 수 없습니다. 머지않아 강대한 진나라가 연나라로 하여금 뒤를 지키게 하고 천하의 정예 부대를 제나라로 보낸다면 지금 대왕께서 연나라의 열 개 성을 빼앗은 것은 오훼를 먹은 것과 다를 바 없게 될 것입니다."

제나라 왕은 근심스러운 낯빛으로 말했다.

"그렇다면 어떻게 하면 좋단 말이오?"

그러자 소진이 대답했다.

"신이 듣기로는 '옛날에 일을 잘 처리하는 사람들은 화를 바꿔 복으로 삼고 실패를 발판으로 성공한다.' 고 합니다. 대왕께서 진실로 신의 계책을 들어 주신다면 원컨대 연나라의 열 개 성을 돌려주십시오. 연나라는 아무 까닭 없이 열 개의 성이 반환되면 반드시 기뻐할 것입니다. 그리고 진나라 왕도 자기 덕택으로 제나라가 연나라한테 열 개의 성을 반환한 것을 알게 되면 반드시 기뻐할 것입니다. 이것이 이른바 '원수 관계를 버리고 견고하고 후한 친교를 얻는다.' 는 것입니다.

대저 연나라와 진나라가 다 함께 제나라를 섬기게 되면 천하의 백성들이 감히 대왕의 명령을 듣지 않을 수가 없을 것입니다. 그러면 대왕께서는 공허한 언사로써 진나라로 하여금 대왕을 따르게 하고 열 개의 성을 천하와 바꾸게 되는 것이니 이것이야말로 패왕의 위대한 사업인 것입니다."

제나라 왕은 소진의 말이 합당하다고 여겨 즉시 연나라의 열 개 성을 반

환했다. 그런데 소진을 비방하는 자가 있어,

"소진은 한 나라를 우(右)에 팔았다 좌(左)에 팔았다, 변덕이 무상한 간신이다. 머지않아 반란을 일으킬지 모른다."

라고 했다. 소진이 이 말을 듣고 제나라에서 죄를 얻을까 두려워 연나라로 돌아왔다. 연나라 왕은 소진을 본래의 관직에 복직시키지 않았다. 그래서 소진은 연나라 왕을 뵙고 말했다.

"신은 원래 동주(東周)의 비천한 사람입니다. 공이 없었는데도 대왕께서는 종묘에서 친히 신에게 관직을 내리시고 조정에서 대우하셨습니다. 그리고 이제 신은 대왕을 위하여 제나라의 병사를 물리치고 열 개의 성을 돌려받아 왔으므로 응당 더욱 신임을 받아야 마땅한데 귀국하여 보니 대왕께서는 본래의 관직도 주지 않으십니다. 이것은 틀림없이 대왕께 신을 불충한 자라고 중상 모략한 자가 있기 때문일 것입니다.

그런데 신의 불신(不信)은 사실 대왕께는 행복입니다. 신은 '충(忠)과 신(信)은 자신을 위하는 소행이며 진취(進取)는 타인을 위해 하는 행동이다.'라는 말을 들었습니다. 또 신이 제나라 왕을 설득한 것도 제왕을 속인 것이 아닙니다. 신이 노모(老母)를 동주에 버려두고 이 나라에 온 것은 진실로 자신을 위한 행동을 버리고 남을 위한 진취를 실천하려고 생각했기 때문입니다.

이제 이곳에 증삼(曾參)과 같은 효자, 백이(伯夷)와 같은 청렴한 인물, 미생(尾生)과 같은 신의 있는 인물이 있어 이 세 사람을 데리고 와서 대왕을 섬기게 한다면 만족하시겠습니까? 어떻게 생각하십니까?"

연나라 왕이 "만족하겠소." 하고 대답했다.

"증삼과 같은 효성이 지극한 인물은 의리를 지키므로 부모를 떠나서는 단 하루도 외박하지 않을 것입니다. 대왕께서는 그와 같은 인물에게 어떻게 천 리 밖 먼 곳까지 와서 불안정한 약소국 연나라의 왕을 섬기게 할 수 있겠습니까?

백이는 매우 청렴하여 의리를 지켰으며 고죽국(孤竹國) 국군(國君)의 후사가 되지 않고 주나라 무왕의 신하가 되는 것도 거절하고 제후에 봉해지는 것도 사양하면서 수양산(首陽山) 기슭에서 굶어 죽었습니다. 청렴하기가 백이와 같은 인물을 대왕께서 천 리 밖 먼 곳까지 보내어 제나라에서 진취의 활동을 하게 하실 수 있겠습니까?

또 미생(尾生)은 신실(信實)하여 여자와 다리 밑에서 밀회를 약속했는데 그 여자가 오지 않자 밀물이 밀려와도 떠나지 않고 다리 기둥을 안은 채 기다리다 마침내 물에 빠져 죽고 말았습니다. 이렇듯 신의가 있고 성실한 인물인 미생과 같은 사람을 대왕께서 천 리 밖의 먼 곳에까지 보내어 제나라의 강한 병사를 물리치게 하실 수 있단 말씀입니까?

이렇게 보면 신은 충신(忠信)으로 인해 대왕께 죄를 얻은 것입니다."

"그대가 충신하지 못했기 때문이오. 어찌 충신하고서도 죄를 얻는 자가 있겠소."

"그렇지 않습니다. 신이 들은 이야기에 이런 것이 있습니다. 어떤 사람이 관리가 되어 다른 지방으로 떠나고 없는 사이에 그 아내가 다른 남자와 간통을 했더랍니다. 얼마 후에 남편이 돌아온다고 하므로 간통하고 있던 남자가 걱정을 하니 아내가 말하기를 '근심할 것 없습니다. 저는 독약을 탄 술을 만들어 놓고 기다리고 있습니다.' 라고 말했습니다.

그로부터 사흘이 지나자 과연 남편이 돌아왔습니다. 아내는 남편의 첩을 시켜 독주를 남편에게 권하게 했습니다. 첩은 술에 독약을 탄 것을 말하고 싶었으나 그 말을 하면 본부인이 쫓겨나게 될 것이 걱정되었습니다. 또 말을 안 하자니 주인을 죽게 할 것이 두려웠습니다. 그래서 거짓으로 걸려 넘어지는 척하며 술잔을 뒤엎어 버렸습니다. 그랬더니 주인은 크게 화를 내며 첩에게 매를 쉰 대나 쳤다고 합니다.

이 이야기에 의하면 첩이 한 번 쓰러져 술잔을 뒤엎은 것이 위로는 주인의 생명을 구하고 아래로는 본부인의 몸을 건진 결과가 되었습니다. 그러나 첩 자신은 채찍질을 면할 수가 없었습니다. 충신하다고 해서 죄를 받지 않는다고 어떻게 말할 수 있겠습니까? 신의 신세는 불행하게도 이 이야기에 나오는 첩의 신세와 비슷하다고나 할까요."

그때서야 연나라 왕은,

"그대는 다시 본래의 관직에 취임하오."

하고 소진을 더욱 더 후하게 대우했다.

연나라 역왕(易王)의 어머니는 문후(文侯)의 부인으로서, 소진과 밀통하고 있었다. 그런데 역왕은 그것을 알면서도 소진을 후하게 대우했다. 소진은 죄를 받아 죽임을 당할까 두려워 역왕을 설득했다.

"신이 연나라에 있으면 연나라를 천하의 높은 지위에 올려 놓을 수 없습니다. 제나라에 가 있으면 연나라의 지위를 반드시 높일 수 있습니다."

연나라 왕이 대답했다.

"그대의 뜻대로 하는 것이 좋겠소."

소진은 거짓으로 연나라에서 죄를 지은 척 가장하고 망명하여 제나라로 갔다. 제나라 선왕(宣王)은 소진을 관리로 등용했다. 제나라 선왕이 죽자 민왕(湣王)이 즉위했다. 소진은 민왕을 설득하여 선왕을 성대하게 장례 지내게 하여 그 효심을 밝히고, 또 궁정을 높고 크게 짓고 원유(苑囿 : 식물원과 동물원)를 넓혀서 제나라가 정치를 안정되게 펼치고 있다는 것을 널리 밝히게 했다. 소진은 이와 같이 함으로써 제나라를 피폐케 하여 연나라에게 도움을 주려 하였다.

연나라의 역왕이 죽으니 쾌(噲)가 즉위하여 왕이 되었다. 그 후 제나라 대부들 중에는 소진을 상대로 임금의 총애를 다투는 자가 많아 자객을 보내 소진을 죽이려 했다. 소진은 중상을 입고 자객은 달아나 버렸다. 제나라 왕은 사람을 시켜 가해자를 찾게 했으나 체포하지는 못했다. 소진은 죽음에 임하여 제왕에게 말했다.

"신이 죽거든 시체를 거열형에 처해 백성들에게 보인 다음 '소진은 연나라를 위하여 제나라에서 반란을 일으키려 했다.' 는 말을 천하에 포고하십시오. 그렇게 하시면 신을 찌른 자가 반드시 나타나 그를 체포할 수 있을 것입니다."

소진이 죽은 후 그 말대로 했더니 소진을 죽이려고 한 자가 제 발로 나타났다. 제왕은 그를 주살했다. 연나라에서 이 소식을 듣고는,

"제나라가 소진의 원수를 갚아 주다니, 참으로 우스운 이야기가 아닌가."

하며 서로 수군댔다.

소진이 죽은 뒤에 그가 연나라를 위하여 제나라를 피폐케 하려 한 사실이 드러났다. 제나라는 이 사실을 전해 듣고는 연나라를 원망하고 또 분개했다. 이에 연나라가 매우 두려워했다.

소진의 아우는 대(代)라 했으며 대의 아우는 여(厲)라 했다. 이 두 사람은 형이 성공한 것을 보고 모두 유세하는 법을 공부했다. 소진이 죽은 뒤 형이 했던 전례를 배운 소대(蘇代)가 연나라 왕을 뵙고는 벼슬을 하려고 이렇게 말했다.

"신은 동주(東周)의 비천한 사람입니다. 대왕께서 의를 행하시는 덕행이 매우 높다는 것을 들어 비천하고 불민함을 생각지 않고 농사를 버린 채 대왕을 섬기려고 나섰습니다. 처음에는 조나라의 도읍 한단(邯鄲)에 갔으나 실제로 눈으로 본 상황은 동주에서 듣던 것보다 못하여 적이 실망했습니다. 이제 연나라 조정에 와서 대왕의 군신과 하리(下吏)들을 보니 대왕께서 천하의 명군(明君)이라는 것을 알겠습니다."

연왕이 말했다.

"그대가 말하는 이른바 명군이란 어떠한 것인가?"

소대가 대답했다.

"신은 '명군이란 자기의 허물을 듣기를 힘쓰고 선하고 잘한다는 칭찬을 듣기를 좋아하지 않는 사람이다.' 라고 들었습니다. 그러니 대왕의 잘못에 대해 말씀드리는 것을 허락해 주십시오.

제나라와 조나라는 연나라의 원수이며 초나라와 위(魏)나라는 연나라의 우호국입니다. 지금 대왕께서 원수의 뜻을 받들어 우호국을 친다는 것은 연나라에 아무런 이익도 되지 않습니다. 원컨대 대왕께서는 이 점을 재고해 주십시오. 이것은 잘못된 계략이고 그 잘못됨을 임금님께 말하지 않는 자는 충신이 아닙니다."

"제나라는 본디 과인의 원수로서 언제든 치고자 마음먹고 있었다네. 다만 우리 나라가 피폐해서 힘이 부족한 것이 걱정이네. 그대가 연나라의 병력을 이끌고 제나라를 칠 수 있다면 과인은 온 백성과 함께 그대에게 이 일을 맡기겠네."

"현재 천하에는 전투력을 갖춘 큰 나라가 일곱 있습니다. 연나라는 그 중에서 약한 편입니다. 따라서 단독으로 싸운다는 것은 불가능합니다. 그렇지만 어느 한쪽이 큰 나라에 붙으면 그 나라가 반드시 천하에 비중이 커질 것입니다. 남쪽의 초나라에 붙으면 초나라의 비중이 커지고 서쪽에 있는 진나라에 붙으면 진나라의 비중이 커지고 중앙에 있는 한·위에 붙으면 한·위의 비중이 커질 것입니다. 또한 연나라와 손을 잡아 강대해진 나라는 대왕을 중히 여기게 되고 따라서 연나라의 비중도 커질 것입니다.

지금 제나라에서는 군주가 연장(年長)하여 매사를 마음대로 결정합니다. 즉 남쪽으로 초나라를 쳐서 저축했던 양식과 재화가 5년 만에 다 떨어지고 서쪽의 진과 싸워 고전한 지 3년이 되어 병사들이 피폐해졌는데도 북쪽으로 연나라와 싸워 연나라의 삼군을 격멸하고 연나라의 두 장군을 포로로 사로잡았습니다. 그리고 또 나머지 병력을 가지고 남쪽으로 향하여 오천 승의 전차를 가진 대국 송나라를 격파하고 열두 명의 작은 제후[106]를 병합했습니다.

이래서는 군주의 욕망은 충족될지 몰라도 백성들의 힘은 탕진되어 버립니다. 이와 같은 방법은 취할 가치가 없습니다. 신이 들은 바에 의하면 '자주 싸우면 백성이 지치고 오래 싸우면 병사가 지친다.'고 했습니다."

연왕이 말했다.

"과인이 듣기로 제나라에는 맑은 제수(濟水)와 탁한 황하(黃河)가 있어 나라를 방어할 수 있고 장성(長城)[107]과 거방(鉅防)이 있어 요새지가 된다고 하는데 참으로 그런가?"

소대가 대답했다.

"천시(天時)가 제나라를 돕지 않는다면 맑은 제수와 탁한 황하가 있다 하더라도 어떻게 그것이 나라를 방어하는 힘이 되겠습니까? 국민의 힘이 피폐해진다면 장성·거방이 있다 한들 어떻게 요새지로 삼을 수 있겠습니까? 게다가 제나라가 여태 제수(濟水) 서쪽에서 징병하지 않은 까닭은 조나라에 대비하기 위해서입니다. 황하 이북에서도 징병을 하지 않았는데 이것은 연나라를 대비해서입니다. 그런데 지금은 제수 서쪽에서 징병을 하건 황하 이북에서 징병을 하건 제나라의 영토 내라면 어디나 피폐해진 상태입니다.

대체로 교만한 군주는 반드시 이익을 좋아하고 망해 가는 나라의 신하는 반드시 재물을 탐낸다고 합니다. 대왕께서 진실로 자제나 조카들을 볼

---

106) 원문의 '十二諸侯'가 구체적으로 누구를 가리키는지 확실하지 않지만 7대 강국 이외의 약간 작은 나라들, 즉 鄒나 魯 등을 가리킨다는 설이 있다.

107) 이 長城은 齊나라의 長城으로 戰國時代에 축조되어 지금도 山東省 서부에 그 유적이 남아 있다. 秦이 쌓은 이른바 萬里長城과는 다른 것이다.

모로 제나라에 보내고 보주(寶珠)와 옥백(玉帛)을 보내어 제왕의 측근 신하들의 비위를 맞추는 것을 부끄럽게 생각하지 않으신다면 제나라는 연나라를 믿고 경솔하게 송나라를 멸해 버리려고 할 것입니다. 그리하여 제나라가 송나라와 싸워 피폐해지면 제나라를 쉽게 멸망시킬 수 있을 것입니다."

연왕이 말했다.

"과인은 드디어 그대의 덕으로 패왕이 될 천명을 받았도다."

그래서 연나라는 한 아들을 제나라에 볼모로 들여보냈다. 소려는 연나라의 볼모를 인도해 가면서 제나라 왕께 뵙기를 청했다. 제나라 왕은 마침 소진을 원망하고 있던 차인지라 그의 아우인 소려를 가두어 버리려 했는데 연나라에서 볼모로 온 왕자의 노력으로 무사했다. 그 후 소려는 예물을 바쳐서 제나라의 신하가 되었다.

연나라 재상 자지(子之)는 소대(蘇代)와 인척 관계를 맺고 연나라에서 정치의 실권을 잡으려 했다. 그래서 서로 짜고 소대를 제나라에 보내 제나라에 볼모로 가 있는 왕자를 시중들게 했다. 제나라 왕은 소대에게 명하여 볼모로 온 연왕의 아들이 별고 없다는 것을 연나라에 보고하게 했다.

그때 연나라 왕 쾌(噲)가 소대에게 물었다.

"제나라 왕은 천하의 패자가 될 수 있겠소?"

"될 수 없습니다."

"어째서 그렇소?"

"신하를 믿지 못하기 때문입니다."

그 말을 들은 연나라 왕은 오로지 자지에게 정사를 일임하고 왕위까지 그에게 물려주었기 때문에 연나라는 크게 어지러워졌다. 제나라는 그 틈을 타 연을 쳐서 연왕 쾌와 재상 자지를 죽였다. 연나라에서는 소왕(昭王)을 세웠다. 소대와 소려는 끝내 연나라로 돌아가지 않고 두 사람을 후대한 제나라를 섬겼다.

소대가 지나갈 때 위(魏)나라는 연나라를 위하여 소대를 체포했다. 제나라에서는 사람을 보내어 위왕에게 말하게 했다.

"제나라가 송나라 땅에 경양군(涇陽君)을 봉하기를 청해도 진나라는 받아들이지 않을 것입니다. 진이 제와 우호국이 되어 송나라 땅을 얻는 것을 불리하다고 생각해서가 아닙니다. 제왕과 소대를 믿지 않기 때문입니다. 그런데 지금 제나라와 위나라의 불화가 이렇게까지 심하면 제나라가 진나라를 속이려 하지 않을 것이며 진나라도 안심하고 제나라를 믿게 될 것입니다. 제나라와 진나라가 화합하고 경양군이 송나라 땅을 보유하는 것이 위나라한테 이로울 리 없습니다.

그러니 소대를 동방의 제나라에 돌려보내는 것보다 더 좋은 방책은 없을 것입니다. 그러면 진은 위나라와 제나라 사이에 무엇인가 양해하는 것이 있는 것으로 보고 반드시 제나라를 의심하고 소대도 믿지 않을 것입니다. 제와 진이 화합하지 않으면 천하의 변고(秦의 침략)는 없을 것입니다. 그렇게 되면 위나라가 제나라를 칠 형세가 이루어질 것입니다."

이래서 위나라는 소대를 석방했다. 소대는 송나라로 갔다. 송나라에서는 소대를 매우 후대했다. 이윽고 제나라가 송나라를 치니 송나라가 위태로운 지경에 이르렀다. 그래서 연나라가 제나라와 친교를 맺는 일이 없게 하기 위해 소대는 연나라 소왕(昭王)에게 다음과 같은 서한을 보냈다.

"대저 만승(萬乘) 대국의 대열에 끼는 연나라가 제나라에 볼모를 보냈다는 것은 스스로 체면을 떨어뜨리고 권위를 손상시키는 일입니다. 지금 또 대왕께서는 만승의 대국을 좇아 제나라를 도와 송나라를 치기 때문에 백성은 피로하고 국비는 많이 허비됩니다. 송나라를 격파하고 초나라의 회북(淮北) 땅을 침략해서 제나라를 더욱 더 비대하게 하는 것은 원수가 강대하게 되고 연나라에 해가 되는 것으로 이 세 가지 일을 수행하는 것은 연나라의 큰 실수입니다.

그럼에도 불구하고 대왕께서 이 일을 하려는 것은 제나라의 신임을 얻으려는 마음에서입니다. 그런데 이와 같은 일을 하시면 제나라는 대왕을 더욱 믿지 않을 것이며 연나라를 꺼려함이 더 심해질 것입니다. 즉 대왕의 계략이 잘못된 것입니다.

송나라에 회북 땅을 더하게 되면 그 강대함은 만승의 나라에 뒤지지 않을 정도가 됩니다. 또 제나라가 이것을 병합하면 제나라 위에 또 하나의 제를 보태는 격입니다. 또 북이(北夷)는 사방 칠백 리의 땅으로 이에 노(魯)·위(衛)를 더하면 그 강대함은 만승의 나라에 비길 만하고 제가 이것을 병합하면 제나라 위에 두 개의 제를 더하게 되는 셈입니다.

여태까지 연나라가 강대함에도 불구하고 겁을 먹은 이리가 힐끔힐끔 뒤를 돌아보듯이 제나라에 대해서 항상 마음을 놓지 못하고 그 압력을 지탱하기가 어려웠습니다. 그런데 지금 세 개의 제가 연나라를 덮치는 것과 같은 형세이므로 제나라에서 받는 재앙이야말로 앞으로 더욱 클 것입니다.

그런데 지혜로운 자가 일을 할 경우에는 화를 발판으로 복이 되게 하고 실패를 돌려 성공이 되도록 합니다. 제나라에서 생산하는 자주색 비단은 원래 품질 나쁜 흰 비단에 자주색으로 염색을 하여 그 가격은 원가의 열 배나 됩니다. 월나라 왕 구천은 회계산으로 몰렸으나 다시 강대한 오나라를 격파하고 천하의 패자가 되었습니다.

이런 것은 다 화를 발판으로 하여 복이 되게 하고 실패를 돌려 성공을 거둔 예입니다. 이제 대왕께서도 그렇게 하시려면 적극적으로 제나라를 패자로 만들고 이를 존경하는 것보다 나은 방법이 없습니다.

곧 사신을 주실(周室)에 보내어 진나라가 제후들의 맹주라고 하는 맹약서를 불태워 버리고 제나라를 제후의 맹주로 할 것을 서약하면서 '최상의 계략은 진나라를 격파하는 것이고 차선의 계략은 장기간에 걸쳐 진나라를 서쪽으로 쫓아내는 것이다.' 라고 천하에 알리십시오.

진나라가 제후들로부터 배척당해 파멸을 기다리는 형세가 되면 진나라 왕은 반드시 이것을 근심할 것입니다. 진나라는 5대에 걸쳐 제후를 치고 위세를 떨쳐 왔으나 이제는 제나라의 아래에 서게 되니 진왕의 심사로는 만약 제나라를 궁지에 몰아넣을 방책만 있다면 국력을 다하여 그것을 실현하는 데 주저하지 않을 것입니다.

그렇다면 대왕께서는 유세객을 보내어 다음과 같이 진왕을 설득하는 것이 좋을 것입니다.

'연나라와 조나라가 송나라를 격파하고 제나라를 살찌우고 존경하여 그 아래 위치에 있는 것은 그렇게 하는 것이 연나라와 조나라에게 유리하기 때문이 아닙니다. 연나라와 조나라가 유리하지도 않은데 부득이 그렇게 하는 것은 진왕을 불신하기 때문입니다. 그러므로 대왕께서는 믿을 만한 자를 파견하여 연나라·조나라를 자기편으로 끌어들이는 것이 좋은 계책이라고 생각합니다.

대왕의 아우이신 경양군(涇陽君)·고릉군(高陵君)을 우선 연나라와 조나라에 보내어, 만일 진나라가 연나라와 조나라에 적대할 때에는 이 두 사람을 볼모로 삼아도 좋다고 한다면 연나라와 조나라는 진나라를 믿게 될 것입니다. 그 결과 3국이 하나가 되면 진은 서제(西帝)가 되고 연은 북제(北帝)가 되고 조는 중제(中帝)가 되겠지요.

3제를 세워 천하에 명령을 하는데 한·위가 듣지 않으면 진이 치고 제나라가 듣지 않으면 연·조가 친다면 천하에 어느 누가 감히 듣지 않겠습니까? 천하가 모두 복종하면 한·위를 휘몰아 제를 쳐 '송나라 땅을 돌려주고 초나라의 회북을 돌려주라.' 고 하십시오. 제나라가 송나라 땅을 돌려주고 초나라의 회북을 돌려보내는 것은 연·조에 이익이 되는 것입니다.

3제왕이 병립하는 것은 연나라·조나라가 바라는 바입니다.

　실제로 이로운 것을 얻고 존대 받는 칭호를 얻고 나면 연나라와 조나라는 헌 짚신을 벗어 던지는 것처럼 제를 버릴 것입니다. 지금 연·조를 진의 편으로 끌어들이지 않으면 제나라의 패업은 반드시 성취될 것입니다.

　제후들이 제나라를 돕는데 대왕이 이를 좇지 않으신다면 진이 제후에게 정벌당할 것입니다. 제후들이 제나라를 돕고 대왕께서도 이를 좇는다면 진나라의 명성은 떨어질 것입니다. 연·조를 진의 편으로 끌어들이면 국가가 안정되고 명성도 높아질 것이나 연·조를 끌어들이지 못하면 국가가 위태로워지고 명성도 떨어질 것입니다.

　대저 안정되고 높아지는 것을 버리고 위태롭고 낮아지는 것을 택한다는 것은 지혜로운 자가 취할 도리가 아닙니다.'

　진왕이 이러한 말을 들으면 반드시 마음에 찔리는 바가 있을 것입니다. 대왕께서는 어째서 유세객을 보내 이처럼 진왕을 설득하지 않으십니까? 이같이 하면 진나라는 반드시 연나라의 편이 되고 제나라는 반드시 정벌당하게 될 것입니다. 대저 진나라를 끌어들여 이 편으로 만드는 것은 중후한 외교가 되는 것이고 제나라를 치는 것은 정당한 이익이 됩니다. 중후한 외교를 존중하고 정당한 이익을 얻도록 힘쓰는 것은 성왕(聖王)의 사업입니다."

　연나라의 소왕이 이 편지를 옳은 것으로 받아들이고 이렇게 말했다.

　"돌아가신 선왕은 일찍이 소진에게 은혜를 베풀었으나 자지(子之)의 내란으로 소대와 소려는 연나라를 떠났소. 연나라가 제나라에 보복하려면 소씨가 아니면 적임자가 없소."

　그렇게 소대를 불러 종전과 같이 후대하면서 함께 제나라를 칠 계략을 세웠다. 그리하여 마침내 제나라를 격파하니 제나라의 민왕은 국외로 도피했다. 그 뒤 오랜 세월이 흐른 후에 진나라가 연나라 왕을 초대했다.

연나라 왕이 가려고 하니 소대가 이를 만류하면서 말했다.

"초나라는 지(枳) 땅을 얻어 나라가 망했고 제나라는 송(宋)을 얻어서 나라가 망했습니다. 제·초가 지·송을 보유하면서도 진나라를 무사히 섬기지 못한 까닭이 무엇일까요? 공업(功業)이 있는 자는 진나라에서 볼 때 가장 원한이 깊기 때문입니다. 진나라가 천하를 쟁취한 것은 의(義)를 통해서가 아니라 폭력을 통해서입니다. 진나라가 폭력을 행사할 때에는 공공연하게 천하에 포고합니다.

예를 들면 초왕(楚王)에게 '촉(蜀)의 무장병이 문강(汶江)에 배를 타고 여름에 물이 불은 틈을 타 양자강을 따라 내려가면 초의 수도인 영(郢)에 5일이면 도착할 것이오. 또 한중(漢中)의 무장병이 배를 타고 파수(巴水)로 나와 여름철 불은 물을 타고 한수(漢水)를 따라 내려가면 초나라 땅 오저(五渚)에 4일이면 도착할 것이오.

내가 무장병을 원동(宛東)·하수(夏水)에 집결시키면 귀국의 어떤 슬기로운 자도 계략을 짤 겨를이 없고 아무리 용감한 병사도 응전할 겨를 없이 독수리처럼 재빠르고 확실하게 귀국을 나의 손아귀에 넣을 수 있소. 그런데 귀하는 천하의 제후가 함곡관을 치는 것을 기다렸다가 함께 우리 진나라를 치려 하고 있소. 그것은 실로 아득한 일이 아니오?' 라고 했던 것처럼 말씀입니다. 초나라 왕은 이 말이 두려워 십칠 년 동안이나 진나라를 섬겼습니다.

또 진나라는 한(韓)나라에 정식으로 통고하지 않았던가요? '우리 군사가 소곡(少曲)에서 출병하면 단 하루 만에 대행산(大行山)의 통로를 차단할 것이오. 우리 군사가 의양(宜陽)에서 행동을 일으켜 평양(平陽)에 가볍게 쳐들어가면 단 이틀 만에 한나라의 전토는 초토화될 것이오. 우리 군사가 양주(兩周, 東周와 西周)를 거쳐 정(鄭)나라에 쳐들어가면 단 5일이면 한나라는 멸망하게 될 것이오.' 라고 말씀입니다. 그랬더니 한나라는 정말 그러리라 생각하고는 진나라를 섬겼습니다.

진나라는 또 위(魏)나라에도 공공연하게 통고했습니다. '우리 군사가 안읍(安邑)을 빼앗고 여극(女戟)을 차단하면 한나라의 태원(太原)은 쉽게 석권될 것이오. 우리 군사가 지도(軹道), 남양(南陽), 봉릉(封陵), 기(冀)로 내려와 양주를 포위하고 여름철 물이 불은 틈을 타 가벼운 배를 띄워 강력한 쇠뇌를 앞세우고 예리한 창을 뒤에 갖추고 형택(滎澤)의 수구(水口)를 터놓아 그 물을 대량(大梁)으로 쏟아져 내리게 하면 위나라의 대량은 물에 쓸려 없어질 것이오.

또 백마(白馬) 나루의 수구를 터놓으면 위나라의 외황(外黃), 제양(濟陽)은 없어질 것이오. 숙서(宿胥) 나루의 수구를 터놓으면 위나라의 허(虛), 돈구(頓丘)가 없어질 것이오. 육상으로 공격하면 하내(河內)를 격파하고 수상으로 공격하면 대량을 멸망시킬 것이오.' 위나라는 그럴 것이라 생각하고는 진나라를 섬겼습니다.

또 진나라는 안읍(安邑)을 치려고 했으나 제나라가 구원할 것이 두려웠습니다. 그래서 송나라를 제나라에 맡기면서 '송왕(宋王)은 무도(無道)하여 과인의 모습을 본뜬 나무인형을 만들어 그 인형의 얼굴을 활로 쏘고 있다. 과인이 송나라를 책망했으나 국토가 멀리 떨어져 있고 파병하기에는 너무 멀어 치지를 못하니 대왕이 만약 송을 쳐부수고 이것을 보유해 주신다면 과인 자신이 송을 얻은 것이나 다름이 없다.' 고 했습니다.

그런데 진나라가 일단 안읍을 얻고 여극(女戟)을 차단하자 진나라는 송나라를 격파한 것을 구실 삼아 제나라의 죄를 문책했습니다. 또 진나라가 한(韓)을 치려 할 때에는 천하의 제후들이 한나라를 구원하지나 않을까 두려워했습니다.

그래서 제나라를 천하의 제후에게 맡기면서 이렇게 말했습니다. '제나라 왕은 네 차례나 과인과 약속하고 네 차례 모두 과인을 속였다. 제후를 이끌고 과인을 치려 한 것이 세 차례나 된다. 제나라가 건재하면 진나라는 망하고 진나라가 건재하면 제나라는 망할 것이다. 제후들은 반드시 제나라를 쳐서 멸망시켜 주기를 바란다.'고 했습니다. 그런데 진나라가 의양(宜陽), 소곡(少曲)을 차지하고 조(趙)의 땅인 인(藺), 석(石)을 탈취하자 제나라를 친 것을 천하의 제후들의 죄로 돌렸습니다.

또 진나라는 위(魏)를 치려 할 때에 초가 염려되어 한나라의 옛 땅 남양(南陽)을 초에 맡기면서 '과인은 본시 한나라와 국교를 단절하려고 했다. 만약 초가 균릉(均陵)을 침략하고 맹(鄳)의 요새지를 막아서 한나라를 공격하는 것이 초나라에 조금이라도 이익이 된다면 과인이 이것을 영유한 것이나 다름없다고 생각한다.'고 말했습니다. 그런데 위나라가 동맹국인 초나라를 버리고 진나라와 하나가 되자 진나라는 맹의 요새지를 막은 것을 초나라의 죄로 돌렸습니다.

진나라 군대가 위나라와 싸워 임중(林中)에서 고전할 때 진나라는 연(燕)과 조(趙)가 위(魏)나라 편을 들까 염려되어 교동(膠東)의 땅을 연나라에 맡기고 제서(濟西)의 땅을 조나라에 맡겼습니다. 그런데 위나라와 강화가 성립되자 위나라 공자 연(延)을 볼모로 잡고 서수(犀首, 魏나라의 장군)를 진나라 군중에 합류시켜 조나라를 공격했습니다.

진나라 군사가 조나라와 싸워 초석(譙石)에서 손상을 입고 양마(陽馬)에서 패했을 때 위나라가 조나라 편을 들까 염려되고 꺼려서 섭(葉)·채(蔡)를 위나라에 맡겼습니다. 그런데 그 뒤 조나라와 강화가 성립되자 위나라를 위협하여 약속했던 섭·채의 땅을 할양하지 않았습니다. 패배하여 궁지에 몰리면 태후(太后 : 秦나라 昭王의 어머니)의 아우 양후(穰侯)를 시켜 화친하게 하고 이기면 외삼촌과 모친(양후와 태후)을 모두 속였습니다.

연나라를 책할 때는 교동(膠東)을 탈취한 것을 트집 잡고, 조나라를 책할 때는 제서(濟西)를 탈취한 것을 트집 잡고, 위나라를 책할 때는 맹(鄳)의 요새지를 막은 것을 트집 잡고, 제나라를 책할 때에는 송나라를 격파한 것을 트집 잡았습니다.

진나라 왕이 신하를 시켜 제후를 책망하는 말은 둥근 고리처럼 돌고 돌아 끝이 없고 출병했다 하면 풀을 베듯 거침이 없었습니다.[108] 그의 모친도 이를 제지하지 못하고 외삼촌도 말릴 수가 없었습니다.

위나라 장군 용가(龍賈)와의 전투, 한나라와 안문(岸門)에서 벌인 전투, 위나라와 봉릉(封陵)·고상(高商)에서 벌인 전투, 조나라 장군 조장(趙莊)과 벌인 전투 등, 진나라 군대가 죽인 한·위·조 삼진(三晉)의 백성은 수백만 명이나 되고 지금 살아있는 사람들이라고는 모두 진나라 군대와의 전투에서 전사한 자들의 고아들입니다.

서하(西河) 밖의 상락(上洛) 땅과 삼천(三川) 등 삼진(三晉) 땅 가운데 진나라에 침략당한 땅이 절반이나 됩니다. 진나라의 재화(災禍)가 이렇게 큰데도 연·조에서 진나라로 나아간 유세자들은 모두 자기 나라의 군주에게 진나라를 섬기는 것이 이롭다고 말합니다. 이것이야말로 신이 크게 근심하는 바입니다."

연나라의 소왕은 진나라의 초청에 응하지 않았고 소대(蘇代)는 다시 연나라의 요직에 등용되었다. 연나라는 소진(蘇秦) 때처럼 제후들에게 합종친교(合從親交)의 맹약을 맺게 하려 했다. 그런데 제후들 중에는 합종의 맹약에 따르는 자도 있었고 그렇지 않은 자도 있었다. 그런데 천하는 이 일로 인하여 소씨의 합종책을 중요하게 여겼다. 소대도 소려도 모두 천수를 누렸으며 제후들 사이에 그 이름이 높았다.

---

108) 원문은 '此必令言如循環, 用兵如刺蜚'. 循環은 반복해서 계속된다는 뜻이며 다음 句의 刺蜚는 이해하기 어렵다. ≪戰國策≫의 姚宏本에는 '如刺繡'로 되어 있다.

태사공은 말한다.

"소진 형제 세 사람은 모두 제후에게 유세하여 이름을 남겼다. 그 변론술은 권모와 속임수에 능했는데 소진은 반간(反間 : 이중간첩)이라는 이름을 듣고 죽임을 당했다. 천하 사람들은 이를 비웃었으며 그 술책을 배우기를 꺼렸다.

그런데 세상에 널리 퍼진 소진에 대한 이야기에는 이설(異說)이 많다. 그 이유는 다른 시대에 있었던 이와 비슷한 일들을 모두 소진이 한 일이라고 끌어다 붙인 때문이 아니겠는가.[109]

소진이 평민으로 몸을 일으켜 6국을 연결하여 합종 친교의 맹약을 맺게 한 것은 범상한 사람보다 지혜가 뛰어났기 때문이다. 그러므로 나는 소진의 사적을 연대순으로 열기하여 오직 그만이 악평을 받는 일은 없도록 했다."

---

109) 蘇秦이나 蘇代에 관해 口傳되는 것에는 모순되는 점이 많고 史實과 일치하지 않는 것이 적지 않다.

# 제10 장의열전(張儀列傳)

장의(張儀)는 위(魏)나라 사람이다. 처음에 소진(蘇秦)과 함께 귀곡(鬼谷) 선생을 스승으로 섬기면서 합종연횡의 학술을 배운 적이 있으며 소진은 자신의 재주가 장의에 미치지 못한다고 생각했다. 학업을 마친 장의는 제후들에게 유세하면서 돌아다녔다.

한번은 초나라 재상을 따라 주석(酒席)에 참석했는데 연회가 끝난 후 초나라 재상이 벽(璧)[110]을 잃은 것을 알게 되었다. 재상의 빈객들은 장의를 의심하여 말했다.

"장의는 가난하고 소행이 좋지 못하다. 재상의 벽옥을 훔친 것은 틀림없이 장의일 것이다."

그리하여 여럿이 장의를 잡아 수백 대의 매질을 했으나 아무리 쳐도 장의는 결백하다고 주장했으므로 석방되었다. 반죽음이 되어 집에 돌아온 장의를 보고 그의 아내가 말했다.

"아, 당신이 부질없이 책만 읽고 유세 같은 것을 하지 않았던들 이런 모욕은 당하지 않았을 것을……."

그러자 장의가 말했다.

"내 혀가 아직도 붙어 있는지 어떤지 보아 주오."

그의 아내가 웃으면서 말했다.

"아직 붙어 있습니다."

그러자 장의가 말했다.

"혀만 붙어 있으면 충분하오."

---

110) 圓板으로 중앙에 둥근 구멍이 있는 硬玉. 大臣이 조정에 나갈 때에는 이것을 손에 든다.

그 무렵 소진은 이미 조왕(趙王)을 설득하여 제후 사이에 합종의 맹약을 맺게 하는 데 성공했다. 그런데 진(秦)나라가 제후를 쳐서 그 결과로 제후들이 맹약을 깨고 서로 배반하는 일이 벌어지지나 않을까 우려했다. 그래서 진나라가 제후들을 공격하는 일이 없도록 진나라에서 활약해 줄 사람을 찾고 있었다. 그리하여 장의를 분발케 할 생각으로 아무도 모르게 사람을 보내 다음과 같은 말을 하도록 했다.

"당신은 일찍이 소진과 친한 사이였소. 그런데 소진은 이미 성공하여 요직에 올라 있소. 어째서 그에게 당신의 바람을 이루도록 부탁하지 않는 것이오?"

이리하여 장의는 조나라로 가서 명함을 올리고 소진에게 만나 보기를 청했다. 소진은 문지기에게 일러, 일부러 수일 동안 면회를 사절하되 그렇다고 면회를 단념하고 떠날 수도 없게 했다. 이런 후에 소진은 장의를 면회하는데 장의를 당하(堂下)에 앉게 하고 노비에게나 주는 음식을 주면서 말했다.

"자네는 훌륭한 재능을 가지고 있으면서도 마음가짐이 나빠 이토록 곤궁하고 굴욕적인 처지에 빠져 있는 것일세. 내가 주군께 아뢰어 자네를 부귀하게 해 주지 못할 바도 아니나 자네는 암만 보아도 등용할 만한 인물이 못 되는 것 같네."

이렇게 꾸짖고 그의 청을 거절하면서 그냥 떠나게 했다. 장의가 소진을 찾아올 때에는 옛 친구이니 알아서 해 줄 것이라고 믿었기 때문인데 덕을 보려다 오히려 모욕을 당하게 되자 크게 분개했다. 그러면서 제후들 중에는 섬길 만한 자가 없으며 다만 진(秦)나라만은 조(趙)나라를 괴롭힐 수 있으리라 생각해 진나라로 들어갔다.

장의가 떠난 뒤 소진은 하인에게 말했다.

"장의는 천하의 재주 있는 선비다. 나도 미치지 못할 정도이다. 단지 운이 좋아 내가 먼저 등용되어 세상에 나온 것뿐이다. 지금 진나라에서 권력을 잡아 진나라를 좌지우지할 수 있는 자는 장의뿐이다. 단지 그가 가난하여 예물을 바칠 수 없어 진나라에 등용될 길이 없는 것이다. 나는 장의가 조그만 이익에 만족하고 큰 뜻을 이루지 못할까 염려되어 일부러 욕을 보여 그를 분발케 하려고 그리 했던 것이다. 그러니 너는 내 뜻을 알아 아무도 모르게 장의에게 금품을 주어 도와주기 바란다."

소진은 조왕에게 아뢰어 금전, 비단, 거마(車馬)를 공실(公室)의 곳집에서 받아 가지고 하인을 시켜 몰래 장의를 뒤쫓아가 장의가 묵는 숙사에 묵게 했다. 하인은 장의에게 접근하여 친해지면서 거마와 금전을 제공하고 또 장의가 필요로 하는 물건이 있으면 무엇이나 구해 주면서도 그것이 소진에게서 나왔다는 것은 말하지 않았다.

이렇게 하여 장의는 드디어 진나라로 가서 혜왕을 만날 수 있었다. 혜왕은 장의를 객경(客卿)[111]으로 삼고 함께 제후를 정벌할 계책을 세웠다.

소진의 하인이 떠나가려 하자 장의가 물었다.

"나는 당신 덕택에 출세할 수 있게 되었소. 이제부터 그대의 은덕을 갚으려 하는데 어째서 떠나려고 합니까?"

그러자 하인이 대답했다.

"제가 선생의 인물됨을 알고 있는 것이 아닙니다. 선생의 지기(知己)는 소군(蘇君)이십니다. 소군은 진나라가 조나라를 쳐서 합종의 맹약이 깨질까 염려하셨으며, 선생이 아니고서는 진나라의 권력을 수중에 넣을 수 있는 인물이 천하에 없다고 생각했습니다. 그래서 선생을 격분하게 하고 저를 시켜 남몰래 자금을 제공한 것입니다. 모든 것이 소군의 계략입니다. 선생께서는 이제 진나라에 등용되셨습니다. 그러니 돌아가서 소군에게

---

111) 다른 나라에서 와서 大臣이 된 사람을 秦에서는 客卿이라고 했다.

보고할 수 있도록 해 주십시오."

"아, 그렇게 된 것인가? 그것은 내가 배운 술수에도 있는 것인데 조금도 눈치 채지 못했구려. 이러니 내가 소진만 못하다는 것은 명백하오. 게다가 나는 진나라에 등용되었지만 사실은 조나라에 등용된 것이나 마찬가지니 내가 어찌 조나라를 치는 계략을 세울 수 있겠소. 부디 나를 위해 소군에게 사례의 말씀을 드리고 소군이 살아 있는 동안은 내 주장 같은 것은 감히 내세우지 않을 것이고 소군께서 건재하신데 나로서야 무슨 일을 할 수 있겠느냐고 전해 주시오."

장의는 진나라의 재상이 되자 문서를 꾸며 초나라의 재상에게 통고했다.

"일찍이 내가 그대를 따라 주연에 참석한 일이 있었다. 그때 내가 그대의 벽옥을 훔치지도 않았는데 그대는 나를 매질했다. 그대는 정신 차리고 그대 나라나 잘 지켜라. 이번에는 그대 나라의 성시(城市)를 훔칠 테다."

저(苴)와 촉(蜀)이 서로 전쟁하면서 각각 사자를 파견하여 진나라에 위급함을 고했다. 진나라의 혜왕은 군사를 출동시켜 촉을 치려고 했으나 길이 험하고 좁아서 가기 힘들며 또 그 틈을 타 한(韓)나라가 내습하여 진을 침범하지나 않을까 염려했다.

혜왕은 먼저 한나라를 치고 그 후에 촉을 치면 승산도 없고 이렇다 할 이익도 없을 것 같아 망설이고, 그렇다고 촉을 치자니 한나라가 진나라의 피폐한 틈을 타 덮쳐오는 것이 아닌가 두려워 결정을 내리지 못하고 있었다.

이에 대해 사마착(司馬錯)과 장의가 혜왕 어전에서 논쟁을 벌였다. 사마착이 촉을 치자고 하는 것을 듣고 장의가 주장했다.

"한나라를 치는 것이 옳습니다."

혜왕이,

"그러면 그 근거가 무엇이오?"

하고 묻자 장의가 대답했다.

"위 · 초와 친선한 후 우리 군사를 삼천(三川)으로 내려 보내 한(韓)의 땅 습곡(什谷)의 입구를 막고 둔류(屯留)의 길을 차단하여 위에게는 남양(南陽)과의 연락을 끊게 하고 초에게는 한나라 남정(南鄭)에 박두하게 하는 한편, 진나라는 한의 신성(新城), 의양(宜陽)을 치고 동서 양주(兩周)[112]의 교외에 포진하여 주(周)나라 왕의 죄를 문책하고 초나라, 위나라의 땅까지 침입할 태세를 취하면 주나라는 도저히 헤어날 수 없다는 것을 깨닫고는 구정(九鼎)[113]과 보기(寶器)를 내놓고 항복할 것입니다.

그렇게 되면 구정의 권위를 근거로 열국의 지도와 문서를 검토한 후 천자를 옹위하여 온 천하에 명령하면 천하에 어느 누가 감히 듣지 않겠습니까? 이것이야말로 왕께서 할 대업(大業)입니다.

그런데 촉은 서쪽에 치우쳐 있는 먼 나라로 융적(戎翟)의 무리들입니다. 이것을 친다 해도 군사만 지치게 하고 백성을 수고롭게 할 뿐 명예로울 것이 못 되고, 그 땅을 얻는다 해도 이익 될 것이 없습니다.

신은 '명예를 다투려는 자는 조정에서 하고 이익을 다투려는 자는 시장에서 하라.'고 들었습니다. 지금 삼천(三川)과 주실(周室)은 실로 천하의 조정인 동시에 시장인 것입니다. 대왕께서 이곳에서 다투려 하지 않으시고 융적의 땅에서 다투려 하시니 이것은 왕자의 대업과는 거리가 멀다고 말씀드리지 않을 수 없습니다."

이에 대해 사마착이 논박했다.

---

112) 원문은 '二周'. 戰國時代 때 周는 동 · 서 두 나라로 나뉘어 있었다.
113) 夏의 禹王이 만들었다고 하는 9개의 커다란 세발솥[鼎]. 周의 武王이 殷의 紂王을 멸망시킬 때 鼎은 殷의 수도에서 周의 수도로 옮겨졌다. 그래서 후세에 나라의 수도를 정하는 것을 定鼎이라고 했다.

"그렇지 않습니다. 신은 '나라를 부하게 하려는 자는 땅을 넓히는 일에 힘쓰고 군사를 강하게 하려는 자는 백성을 부하게 하는 일에 힘쓰며 왕자의 도를 행하려 하는 자는 덕을 넓히는 일에 힘쓴다.'고 들었습니다. 이 세 가지 자격이 갖추어지면 왕자의 대업은 자연히 이루어질 수 있습니다.

지금 대왕의 땅은 좁고 작으며 백성은 가난합니다. 그래서 신은 우선 쉬운 일부터 하고자 합니다. 촉은 서쪽에 치우친 멀리 떨어진 나라로서 서쪽 오랑캐 중 으뜸입니다. 그곳에서는 하나라의 걸왕, 은나라의 주왕에 비길 만한 내란이 일고 있기 때문에 진나라가 이것을 공략한다는 것은 비유컨대 승냥이나 이리가 양떼를 쫓는 것처럼 아주 쉬운 일입니다.

그 땅을 얻으면 우리 국토를 넓힐 수도 있고 그 재물을 취하면 우리 백성을 부하게 할 수도 있으며 무기를 수선할 수도 있습니다. 우리 백성을 상하지 않게 하면서도 그들을 수월하게 복종시킬 수 있을 것입니다. 실제로는 한 나라를 빼앗은 것에 불과하니 천하는 폭력을 휘둘렀다고 생각하지 않을 것이며, 서쪽 지역의 이익을 몽땅 취했으나 천하는 우리를 탐욕스럽다고 생각하지 않을 것입니다. 이것이야말로 일거에 명예와 실리를 동시에 취하는 일이며 그 위에 폭란(暴亂)을 그치게 했다는 명예까지도 얻는 일입니다.

그런데 한(韓)나라를 쳐서 천하를 위협하는 것은 명분도 서지 않고 이익을 얻는다는 것을 보장할 수도 없습니다. 또 천하에 의롭지 못한 이름을 얻으면서까지 주나라를 친다는 것은 위험한 일입니다. 그 이유를 말씀드리겠습니다.

대체로 주나라는 천하의 대종(大宗)으로서 모두가 존경하는 바입니다. 또 제나라는 한나라의 우호국입니다. 주나라가 구정(九鼎)을 잃고 한나라가 삼천(三川)을 잃게 된다는 것을 알면 두 나라는 힘을 모으고 꾀를 합하여 제나라·조나라와 손을 잡고 초나라, 위나라에게 구원을 청할 것입니다. 그 결과 주나라가 구정을 초나라에 주고 국토를 위나라에 줄지도 모르는데 대왕께서는 이것을 제지하지는 못할 것입니다. 이것이 신이 위험하다고 하는 이유이며 촉나라를 치는 계책보다 더 나은 것은 없습니다."

그러자 혜왕은,

"좋소. 과인은 그대의 의견을 따르겠소."

하고는 마침내 군사를 일으켜 촉나라를 쳐서 시월에 이것을 빼앗았다. 촉나라를 평정하자 촉왕(蜀王)의 신분을 강등시켜 왕(王)에서 후(侯)로 하고 진장(陳莊)을 파견해 촉나라의 재상으로 임명했다. 촉나라가 진나라에 예속되자 진나라는 더욱 강대해지고 부유해져서 제후를 가벼이 보게 되었다.

진나라 혜왕 10년에는 공자 화(華)와 장의(張儀)를 보내 위나라의 고을 포양(蒲陽)을 포위케 하여 항복을 받았다. 그러자 장의는 진나라 임금에게 건의하여 포양을 다시 위나라에 돌려주고 진나라 공자 요(繇)를 위나라에 볼모로 보내면서 위나라 왕에게 말했다.

"진왕께서 위나라에 대한 대우는 이렇게도 두터운 바가 있습니다. 위나라로서도 답례가 있어야 하지 않겠습니까?"

그래서 위나라는 상군(上郡)·소량(少梁)을 진나라에 바쳐 진나라 혜왕에게 감사했다. 혜왕은 장의를 재상으로 임명하고 소량의 땅 이름을 '하양(夏陽)'으로 개명했다.

장의가 진나라 재상이 된 지 4년 만에 혜왕을 왕위에 오르게 했다.[114] 그로부터 1년이 지나 장의는 진나라 장군이 되어 위나라 땅 섬(陝)을 취하고 상군(上郡)에 요새를 구축했다. 2년 후 사자가 되어 제(齊)·초(楚)의 재

---

114) 秦나라에서 王이라는 호칭을 쓰기 시작한 것은 《史記》 六國年表에 의하면 惠文君 13년으로, 周의 顯王 44년(기원전 325년)에 해당한다.

상과 설상(齧桑)의 동쪽에서 회합한 뒤 귀국해서는 진의 재상을 그만두고 위나라 재상이 되어 진나라의 이익을 도모했다.

우선 위나라로 하여금 진나라를 섬기게 하고 제후들도 이를 본받게 하려 했는데 위나라 왕은 장의의 의견을 받아들이려 하지 않았다. 그러자 진나라 왕이 분개하여 위나라를 쳐서 곡옥(曲沃)과 평주(平周)를 공략했으며 은밀하게 장의를 더욱 후대했다.

장의는 진나라로 돌아가도 보고할 만한 공적이 없는 것을 부끄러워했다. 그래서 그대로 위나라에 머무르기를 4년, 위나라에서는 양왕(襄王)이 죽고 애왕(哀王)이 섰다. 장의가 다시 진나라를 섬기도록 애왕을 설득했으나 애왕은 이를 받아들이지 않았다. 장의는 몰래 진나라에 통보하여 위나라를 치게 했다. 위나라는 진나라와 싸워 패했다. 그 이듬해 제나라도 위나라를 내습하여 관택(觀澤)에서 격파했다.

진나라는 다시 위나라를 공격하기 위해 먼저 한나라 장군 신차(申差)의 군사를 쳐부수고 병졸 팔만을 목 베니 제후들은 떨고 두려워했다. 장의는 또 다시 위왕에게 말했다.

"위나라의 국토는 사방 천 리 미만이며 병졸들은 삼십 만에 불과합니다. 또 지세는 사방이 평탄하여 제후 나라와의 통로가 사방으로 열려 있어 어디에서나 모여들 수 있습니다. 명산이나 대천으로 막혀 있는 것도 아닙니다. 정(鄭 : 이때에는 韓나라에 속함)에서 위나라의 국도 대량(大梁)에 이르기까지는 겨우 이백여 리로, 수레나 사람이 달려도 큰 힘을 들이지 않고 도달할 수 있습니다.

남쪽은 초나라에, 서쪽은 한나라에, 북쪽은 조나라에, 동쪽은 제나라에 맞닿아 사방을 지키는 경비병과 요새를 지키는 자가 십만이나 됩니다.

본래 위나라의 지세는 싸움터가 되기에 알맞습니다. 위나라가 남쪽의 초나라와 결탁하여 제나라와 손잡지 않으면 제나라가 우리 위나라의 동쪽을 공격할 것입니다. 만약 동쪽으로 제나라와 제휴하고 조나라와 맺지 않는다면 조나라가 북쪽을 칠 것입니다. 또 한나라와 합세하지 않으면 한나라가 서쪽을 칠 것이며, 초나라와 친하지 않으면 초나라가 남쪽을 칠 것입니다. 이것이 이른바 사분오열(四分五裂)의 형세라고 하는 것입니다.

또한 제후로서 합종의 맹약을 하는 것은 장차 국가를 편안하게 하고 군주를 높이며 군사를 강하게 하고 이름을 빛내기 위한 것입니다. 지금 합종론자는 천하의 제후들을 통합하여 원수(洹水) 근방에서 형제의 의를 맺음에 있어 흰 말을 죽여 그 피를 마시고 맹세하여 서로의 결합을 굳고 단단하게 하려고 합니다.

그러나 부모를 같이한 형제라 하더라도 금전이나 재산을 다투는 일이 있습니다. 하물며 사기 · 배반을 일삼는 소진(蘇秦)의 권모술수로는 아무리 자신만만해도 성공하지 못할 것은 명백합니다.

대왕께서 진나라를 신하의 예로써 섬기지 않으면 진나라가 병사를 보내 하외(河外)를 치고 권(卷), 연(衍), 연(燕), 산조(酸棗)에 의거하여 위(衛)를 위협해 양진(陽晋)을 공략할 것입니다. 그렇게 되면 조나라는 남으로 내려와 위(魏)나라를 도울 수 없게 되고 조나라가 남하하지 못하면 위나라도 북상하지 못하게 되고 위나라가 북상을 못하여 조나라와 연락이 안 되면 합종의 길은 끊어지고 말 것입니다. 합종의 길이 끊어지면 대왕의 나라는 도저히 위태로운 지경을 모면할 수 없습니다.

또 진나라가 한나라를 제어해 위나라를 치게 되면 한나라는 진을 두려워하여 떨며 복종할 것이고 진 · 한이 하나가 되면 위나라의 멸망은 순식간에 실현될 것입니다. 이것이 바로 신이 대왕을 위하여 근심하는 바입니다.

대왕을 위하여 생각해 보건대 진나라를 섬기는 것보다 더 좋은 계책은 없습니다. 진나라를 섬긴다면 초 · 한이 감히 위나라에 손을 대지 못할 것입니다. 초·한의 근심이 없으면 대왕께서는 베개를 높이고 편안하게 주무실 수 있으며 국가도 근심에서 벗어날 것입니다.

또 진나라가 약화시키려는 나라는 초나라가 첫째이며, 초나라를 약화시키는 데에는 위나라가 제일입니다. 초나라는 부유하고 강대한 나라라는 평이 있으나 실은 그렇지 못합니다. 병졸들이 많다고는 하지만 너무 경솔해서 패주하기 쉬우며 끈질기게 싸우려 들지 않습니다.

만약 위나라가 모든 군사를 투입하여 남쪽을 향해 초나라를 치면 이기는 것은 정해 놓은 것이나 다름없습니다. 초나라 땅을 쪼개 위나라의 국토에 더하고 초나라 땅을 깎아 진나라에 소속시키는 것은 재앙을 초나라에 전가하여 자기 나라를 평안하게 함이니 이것은 대왕을 위하여 좋은 방책이라고 하겠습니다.

만약 대왕께서 신의 말을 받아들이지 않으신다면 진나라는 무장병을 내어 동쪽의 위나라를 쳐들어올 것입니다. 그때를 당하여 진나라를 섬기려 해도 이미 때가 늦을 것입니다.

또 합종론자들은 호언장담하기 일쑤라 믿을 수가 없습니다. 제후 한 사람을 설득하면 후(侯)에 봉해지게 되니, 천하의 유세자는 밤낮으로 팔을 걷어 올리고 눈을 부릅뜨며 이를 악물고 합종의 이로움을 말해 군주를 설득하려 하지 않는 자가 없습니다. 그 변설이 현명하다고 마음이 끌리기 시작하면 군주가 어찌 현혹되지 않을 수 있겠습니까?

신은 '가벼운 깃털도 쌓이면 배를 가라앉게 하고 가벼운 물건이라도 모아서 수레에 실으면 수레의 축(軸)을 부러뜨리며, 뭇 사람의 입에 오르내리면 단단한 쇠도 녹일 수 있고 비난이 쌓이고 쌓이면 뼈도 녹여 없앤다.'고 들었습니다. 합종설도 자주 들으면 진실로 믿게 될 것입니다. 하오니 대왕께서는 충분히 조사한 다음에 계책을 정해 주십시오. 신은 잠시 동안 휴가를 얻어 위나라를 떠나려고 합니다."

그리하여 애왕은 합종의 맹약을 배반하고 장의를 통해 진나라에 화청(和請)했다. 장의는 진나라에 돌아와서 다시 재상이 되었다.

그로부터 3년이 지나자 위나라가 또 진나라를 배반하고 제후들과 합종에 가담했다. 진나라는 위나라를 쳐서 곡옥(曲沃)을 탈취했다. 그 이듬해 위나라가 또다시 진나라를 섬기자 진나라는 제나라를 치려고 했다. 그러나 제·초가 합종 친교하고 있었으므로 장의가 초나라의 재상이 되어 제·초의 사이를 갈라놓으려고 했다.

초나라의 회왕(懷王)은 장의가 왔다는 말을 듣자 상등(上等)의 객사(客舍)를 비워 장의를 머무르게 하고 그 객사에 나아가 장의에게 말했다.

"우리 나라는 멀고 편벽된 곳에 위치한 보잘것없는 변방의 나라인데 그대는 이 같은 나라에 와서 무엇을 가르쳐 주겠는가?"

장의는 초나라 왕에게 말했다.

"대왕께서 진실로 신의 의견을 잘 받아들여 주셔서 관문을 닫고 제나라와 합종의 맹약을 끊어 주신다면 신은 진의 땅 상(商)·오(於) 육백 리를 대왕께 바치고 진나라 공주를 키질이나 하고 비질이나 하는 대왕의 측실(側室)로 삼게 해 드리고자 합니다. 그렇게 되면 진·초 양국 간에는 부인을 얻어 오고 공주를 시집보내어 영구히 형제의 나라가 됩니다. 이것은 북방으로는 제나라를 약화시키고 서방으로는 진나라를 이롭게 하는 것으로, 이보다 더 이로운 계책은 없습니다."

초나라 왕은 크게 기뻐하여 이것을 허락했다. 군신들이 경하하여 마지 않았으나 오직 진진(陳軫)만이 홀로 잘못됨을 간하니 초나라 임금은 노하여 말했다.

"과인은 군사를 일으키지도 출동시키지도 않고 육백 리의 땅을 얻는 것이다. 군신들이 모두 축하하는데 그대 혼자만이 유감으로 생각하는 이유가 무엇인가?"

이에 진진이 대답했다.

"그렇지 않습니다. 신이 보는 바에 의하면 상·오의 땅은 얻지 못할 것이며 제·진은 반드시 결합합니다. 제·진이 결합하면 곧 우환이 닥쳐올 것입니다."

"왜 그런가?"

진진이 대답했다.

"대체로 진나라가 초나라를 중하게 여기는 까닭은 제나라와 결탁하여 친하기 때문입니다. 이제 관문을 닫고 제나라와 합종의 맹약을 끊으면 초나라는 고립될 것입니다. 그렇게 되면 어찌 고립된 나라를 진나라 편으로 끌어들이려고 상·오의 땅 육백 리를 내주겠습니까? 장의가 진나라에 돌아가면 반드시 대왕과의 약속을 어길 것입니다. 이것은 북방으로는 제나라와 국교를 끊고 서쪽으로는 진나라와의 관계에 우환을 초래하는 것으로, 제·진 두 나라가 연합하여 쳐들어올 것입니다.

어떻게 하는 것이 대왕을 위하는 길이 되는가를 잘 생각해 보니 제나라와는 은밀히 손을 잡아 놓되 표면상으로는 절교한 것처럼 보이게 하고, 장의에게 누군가를 딸려 보내시는 것이 최상책일 것입니다. 만약 진나라가 우리 나라에 땅을 주면 그때 제나라와 절교해도 늦지 않습니다. 또 우리에게는 땅을 주지 않는다 하더라도 애당초 제와 내통하고 있었으므로 우리 초나라는 무사할 수 있습니다. 이것을 모계(謀計)라고 하는 것입니다."

그러자 초왕이 말했다.

"진자여, 입을 다물고 더 이상 아무 말도 하지 말라. 과인이 땅을 얻을 때까지 기다려 보라."

그래서 초왕은 장의에게 재상의 인수(印綬)를 주고 후하게 선물도 주었다. 그리고 드디어 관문을 폐쇄하여 제나라와 합종의 맹약을 끊고 장군으로 하여금 장의를 수행케 했다.

장의는 진나라에 돌아오자 일부러 수레에 오를 때 끈[115]을 잘못 잡아 수레에서 떨어져 3개월 동안 조정에 나아가지 않았다. 초나라 왕이 이 소식을 듣고 말했다.

"장의는 과인이 제나라와 절교한 것이 아직도 충분하지 않다고 생각하여 약속을 이행하지 않는 것인가?"

초나라 왕은 용사를 송(宋)나라에 보내 부(符)[116]를 빌려 북상하여 제나라에 가서 제왕을 꾸짖게 했다. 제왕은 크게 노하여 그때까지의 태도를 바꿔 진나라에 굴복했다. 이렇게 제나라와 진나라의 국교가 성립되자 장의는 조정에 나아가 초나라의 사자에게 말했다.

"내게는 6리의 봉읍(俸邑)이 있소이다. 그것을 대왕의 좌우 근신들에게 바치고자 합니다."

초나라의 사자가 말했다.

"나는 우리 임금으로부터 상·오의 땅 육백 리를 받아 오라는 명령을 받았습니다. 6리라고는 듣지 않았습니다."

초나라의 사자는 돌아가서 이 사실을 초왕에게 보고했다. 그러자 초왕이 크게 노하여 군사를 출동시켜 진나라를 치려 했다. 그러자 진진이 말했다.

"소신이 입을 열어 말씀을 올려도 되겠습니까? 진나라를 치기보다는 토지를 갈라 진나라에 뇌물로 바치고 진나라와 병력을 합해 제나라를 치는 편이 좋을 것입니다. 이렇게 하면 우리 나라는 토지를 진나라에 주고 그

---

115) 원문은 '失綏墮車'. 綏는 마차에 탔을 때 잡을 수 있도록 매달아 놓은 끈이다. 고대 중국의 마차는 立乘이었다.
116) 符는 관문을 통행하기 위한 증명서도 된다. 宋에서 빌릴 필요가 없었으므로 이 文은 잘못된 것이라는 說도 있지만 ≪資治通鑑≫의 注에 의하면 당시 楚와 齊는 절교 상태였기 때문에 다른 나라의 符를 빌리지 않을 수 없었을 것이다.

대신 제나라에서 보상을 받게 되니 대왕의 나라는 존속될 수 있을 것입니다."

초왕은 이 말을 받아들이지 않았다. 그리하여 군사를 동원하여 장군 굴개(屈匄)를 시켜 진나라를 치게 했다.

진·제가 협력하여 초나라를 공격해 병사의 머리를 베기 팔만, 굴개를 죽이고 초나라의 단양(丹陽)·한중(漢中) 땅을 탈취했다. 초나라는 다시 더 많은 병사를 동원하여 진나라를 덮쳐 남전(藍田)까지 진출하여 싸웠으나 대패하고 말았다. 결국 초나라는 두 개의 성시(城市)를 쪼개어 진나라에 바치고 화친을 맺었다.

진나라는 초나라 땅 검중(黔中)을 얻고 싶어 무관(武關) 밖의 땅과 교환하자고 초나라에 청했다. 그러자 초나라 왕이 말했다.

"토지를 교환하고 싶지는 않습니다. 그렇지만 장의를 내어 주신다면 검중의 땅을 바치겠습니다."

진나라 왕은 장의를 내주고 싶었으나 차마 입 밖에 내어 말할 수가 없었다. 그런데 장의가 스스로 가겠다고 나섰으므로 혜왕이 말했다.

"초왕은 그대가 상·오의 땅을 바치겠다는 약속을 지키지 않은 것에 대해 노하고 있소. 아마 그대에게 속은 것을 분풀이하려 할 것이오."

장의가 말했다.

"진나라는 강국이고 초나라는 약소국입니다. 그리고 신은 근상(靳尙)과 친교가 있고 근상은 초왕의 부인 정수(鄭袖)의 신임을 받고 있습니다. 정수의 말이라면 초왕은 다 들어 줍니다. 게다가 신은 대왕의 부절(符節)을 가지고 가는 사신이므로 초나라가 어찌 신을 주살할 수 있겠습니까. 만일 신이 죽더라도 그로 인해 진나라가 검중의 땅을 얻게 된다면 그것은 신이 바라는 바입니다."

이라하여 장의는 사신으로서 초나라에 갔다. 초나라의 회왕은 장의가 도착하자 그를 잡아 죽이려 했다. 그러자 근상이 정수를 찾아가 말했다.

"왕비께서는 대왕의 총애가 식어 왕비를 냉대하고 있음을 아시고 계십니까?"

정수가 말했다.

"어째서 그렇습니까?"

근상이 대답했다.

"진나라 왕은 장의를 매우 사랑하고 있어, 장의가 초나라에 잡혀 있는 것을 어떻게 해서든 구출하려 하고 있습니다. 그래서 지금 진나라 상용(上庸)의 땅 여섯 현을 초나라에 뇌물로 주고 미모의 공주를 초나라에 보내며 노래를 잘 부르는 궁녀를 딸려 보내려 합니다. 초왕께서는 토지를 중요시하고 진나라를 존중하므로 진나라 공주를 틀림없이 정중하게 대우할 것이니 왕비께서는 배척되기 쉽습니다. 그렇게 되기 전에 대왕께 말씀 올려 장의를 석방시키는 것이 좋을 것입니다."

그래서 정수는 밤낮으로 회왕에게 졸랐다.

"임금의 신하가 된 사람이라면 누구든 자기 군주를 위하여 충성을 다하려 합니다. 그러므로 장의의 언동도 무리는 아닙니다. 지금 검중의 토지가 진나라 땅이 되기도 전에 장의를 보낸 것은 대왕을 지극히 존중하기 때문입니다. 대왕께서 아직 답례도 하시지 않고 장의를 죽여 버린다면 진나라는 틀림없이 크게 노하여 초나라를 칠 것입니다. 소첩 모자(母子)에게 휴가를 주시어 양자강 남쪽으로 옮겨갈 수 있게 해 주십시오. 진나라의 고기밥이 되는 것만은 면하고 싶습니다."

회왕은 장의를 풀어 주고 이전과 같이 두텁게 예우했다.

장의가 석방되어 미처 초나라를 떠나기 전에 소진이 죽었다는 소식을 들었다. 장의는 초나라 왕에게 말했다.

"진나라의 국토는 천하의 절반이나 되며 병력은 4개국의 병력과 맞먹습니다. 지세는 험준한 산악으로 둘러싸이고 황하를 끼고 있어 사방과 차단된 천연의 요새입니다. 호랑이처럼 용맹한 군사가 백만여 명, 전차가 천승, 군마가 일만 필, 식량은 산처럼 쌓여 있습니다. 법령은 분명하여 국내에 골고루 미치니 사졸들은 고난을 겪더라도 안심하고 싸움에 나아가 즐거이 죽기를 원합니다.

군주는 현명하고 준엄하며 장군은 지략이 종횡무진한데다 무용(武勇)이 무쌍하여 무장병을 낼 것도 없이 상산(常山)의 험준한 땅을 석권하고 천하의 척추(脊椎 : 상산은 중원의 북방에 있으므로 사람의 등뼈에 비유함)를 꺾을 것입니다. 이러한 형세이므로 열국 중에서 빨리 진나라에 항복하지 않는 자는 먼저 멸망할 것입니다.

또 합종을 맹약하여 진나라를 적대하는 것은 양떼를 몰아 맹호를 공격하는 것과 다를 바 없습니다. 양이 호랑이의 적수가 될 수 없다는 것은 명백합니다. 지금 대왕께서는 맹호와 맺지 않고 양의 무리와 맺고 있으니 신은 대왕의 계략이 잘못되었다고 생각하는 바입니다.

대체로 천하의 강국이라면 진나라 아니면 초나라이고 초나라 아니면 진나라입니다. 양국이 서로 다투면 그 세력이 양립될 수 없습니다. 대왕께서 진나라와 제휴하지 않으면 진나라는 무장병을 보내 의양(宜陽)을 공략할 것입니다. 그렇게 되면 한(韓)나라 상군(上郡)과는 통로가 차단되어 연락이 끊어집니다. 또 진나라의 군사가 황하의 동쪽으로 내려와 한나라의 성고(成皐)를 공략하면 반드시 진나라에 들어와 신하가 될 것입니다. 그렇게 되면 위나라는 바람에 흔들리는 초목과 같이 진나라를 따르게 될 것입니다. 진나라가 초나라의 서쪽을 치고 한·위가 그 북쪽을 친다면 초나라가 어찌 위태롭지 않을 수 있겠습니까?

뿐만 아니라 합종하는 자는 약소국만을 모아서 최강국을 공격하고, 적의 병력도 헤아리지 않고 경솔하게 싸움을 걸며 국가가 빈곤한데도 자주 군사를 일으키니 이것은 위험하기 짝이 없는 일로서 멸망으로 가는 길입니다.

신이 들은 바에 의하면 '병력이 미치지 못할 경우에는 도전해서는 안 되며 식량이 부족할 때에는 지구전을 해서는 안 된다.'고 했습니다. 대체로 합종론자들은 공허한 변설을 꾸미고 허사를 희롱하여 군주의 절의가 높다고 추켜세우고 긍지를 갖게 하여 합종의 이로움만 말할 뿐 해로움은 결코 말하지 않습니다. 그래서 마침내 진나라의 재화(災禍)를 입는다 해도 결국 손쓸 겨를이 없습니다. 그러므로 원컨대 대왕께서는 심사숙고하셔서 계략하시기를 바랍니다.

진나라는 서쪽에 파·촉을 영유하고 있으므로 큰 배에 식량을 싣고 문산(汶山)을 기점으로 하여 양자강을 내려오면 초나라에 이르기까지의 거리는 삼천여 리가 됩니다. 그렇지만 두 척의 배를 묶어 한 쌍으로 하고 한 쌍마다 사졸 오십 인과 3개월분의 식량을 싣고 강물을 내려가면 하루에 삼백여 리를 가게 됩니다. 삼천여 리라고 하면 이수(里數)는 많다 해도 우마(牛馬)의 힘도 빌리지 않고 열흘이 채 못 되어 흘러 내려올 수 있는 거리입니다.

진나라는 양자강에 배를 띄운 지 열흘 만에 한관(扦關)에 다다릅니다. 한관이 경동(驚動)케 되면 경릉(竟陵)·이동(以東) 지역은 모두 수비에 나서게 될 것입니다. 그렇게 되면 검중(黔中), 무군(巫郡)은 진나라의 지배 아래 들어가고 대왕의 영유지에서 빠지게 됩니다. 또 진나라가 출병하여 무관(武關)으로 출격하여 남을 향해 친다면 초나라의 북쪽 경계는 연락이 두절될 것입니다.

진나라 군대가 초나라를 치면 위급함과 곤란함은 3개월 이내에 닥쳐옵니다만 초나라가 제후의 구원을 받기까지는 반년 이상 걸리므로 형세는 불을 보듯 뻔합니다. 그래서 약소국의 구원을 기대면서 강대한 진나라의 재화를 잊는다는 것은 위험천만한 일이며, 이것이 바로 신이 대왕을 위해 근심하는 바입니다.

대왕께서 일찍이 오(吳)나라와 싸워 5전 3승을 올렸습니다만 출병한 병졸들은 전멸하고 새로 공략한 성시(城市)를 지키려다 백성에게 괴로움만 남겼습니다. 신이 들은 바에 의하면 '공업(功業)이 크면 클수록 위험에 빠지기 쉽고 백성이 피폐해지면 윗사람을 원망한다.'는 말이 있습니다. 대체로 위험을 무릅쓰고 공업을 유지하기 위해 강대한 진나라의 심중을 거스르는 것은 대왕을 위해 신이 마음속으로 은근히 걱정하고 두려워하는 바입니다.

또 진나라가 십오 년 동안이나 함곡관에서 출병하지 않고 제·조를 치지 않은 까닭은 천하를 병합하려는 음모를 꾸미고 있기 때문입니다. 초나라는 일찍이 진나라와 대립하여 한중(漢中)에서 싸웠으나 이기지 못했으며, 중신과 작위 있는 자로서 죽은 자가 칠십여 명이었고 끝내는 한중을 잃었습니다. 대왕은 크게 노하여 병사를 일으켜 진나라를 습격해 남전(藍田)에서 격렬하게 싸웠습니다. 이것이 이른바 '양호상투(兩虎相鬪)'라는 것입니다.

진·초가 서로 피폐하게 하여 한·위가 온전한 채 그 뒤를 제어하는 태세가 되면 이보다 더 위험한 일은 없을 것입니다. 원컨대 대왕께서는 깊이 생각하시고 계략을 짜시기 바랍니다. 진·초가 대립하지 않고 진나라가 군사를 보내 위(衛)의 양진(陽晋)을 치면 천하의 심장을 누른 것과 같이 제후들은 움직이지 못하게 될 것입니다.

한편 대왕께서는 나라 안의 군대를 총동원하여 송(宋)나라를 치면 틀림없이 몇 달 안 가서 송나라를 취할 수 있을 것입니다. 송나라를 취하고 동쪽으로 진격하면 사수(泗水) 부근의 열두 제후국은 모두 대왕의 영토가 될 것입니다.

합종 친교의 맹약으로 천하의 제후들을 굳게 결속시키려는 것은 소진(蘇秦)입니다. 소진은 무안군(武安君)으로 봉해지고 연나라 재상이 되자 은밀히 연나라 왕과 함께 제나라를 쳐서 그 국토의 일부를 남몰래 빼앗으려는 음모를 꾸몄습니다. 그리고 당돌하게도 연나라에서 죄를 얻어 도망쳐 온 것이라 속이고는 제나라로 들어갔습니다.

제나라 왕은 소진을 받아들여 재상으로 삼았습니다. 2년이 지나 음모가 발각되자 제왕은 크게 노하여 소진을 거열형에 처했습니다. 무릇 일개 사기꾼에 지나지 않는 소진을 써서 천하를 경영하고 제후를 합종하려 하더라도 그것이 성공할 수 없다는 것은 명백합니다.

지금 진나라와 초나라는 국경을 접하고 있어서 원래 지형상으로 보면 친하게 지내야 할 나라들입니다. 대왕께서 진실로 신의 의견을 들어 주신다면 신은 진나라 태자가 초나라의 볼모가 되고 초나라 태자가 진나라의 볼모가 되도록 주선하겠습니다. 또 진나라 공주를 대왕의 청소부나 다름없는 측녀로 삼게 하고 그 위에 일만 호의 도읍을 붙여서 그 땅의 과세를 휴양 비용으로 삼도록 주선하겠습니다.

이렇게 되면 진나라와 초나라는 오래도록 형제 나라가 되어 한평생 서로 공격하는 일이 없어질 것입니다. 신이 생각하기로는 계책으로 이 이상 이롭고 편한 것은 없습니다."

이 말을 듣자 초왕은 장의를 이미 손안에 넣은 만큼 약속한 검중 땅을 진나라에 주는 것이 아까워 장의의 의견을 들으려 했다. 그런데 이때 굴원(屈原)이 말했다.

"전에 대왕께서는 장의에게 속은 적이 있습니다. 장의가 오면 대왕께서 그를 삶아 죽일 것으로 알았습니다. 이제 차마 죽일 수는 없다 하더라도 그의 간교한 말을 또 들으신다는 것은 옳지 않습니다."

그러자 회왕이 말했다.

"장의의 말을 듣고 검중을 내주지 않게 된다면 그것은 큰 이익이다. 나중에 약속을 어긴다는 것은 좋지 못하다."

초나라 왕은 장의의 의견을 받아들여 진나라와 화친했다. 장의는 초나라를 떠나 돌아가는 도중에 한(韓)나라에 들러 한왕(韓王)을 설득했다.

"한나라의 땅은 험하고 메말라 백성들은 대부분 산에 살고 있습니다. 생산되는 곡식은 콩·보리 정도이고 백성들이 먹는 것이라곤 대개 콩이 섞인 거친 밥과 콩잎으로 끓인 국이 고작입니다. 1년이라도 수확이 없으면 백성들은 재강이나 겨도 배불리 먹지 못합니다. 사방이 구백 리에 지나지 않는 국토라 단 2년을 지탱할 식량도 없습니다. 또 대왕의 병졸들을 계산해 보니 모두 삼십만에 불과합니다. 그것도 잡역부와 취사부까지 포함해서 그렇습니다. 변경의 역정(驛亭)이나 성채를 수비하는 자를 제외한다면 현역병은 이십만에 지나지 않습니다.

그런데 진나라는 무장병 백여 만, 전차 일천 승, 군마는 일만 필, 호랑이처럼 용맹한 병사나 투구도 쓰지 않고 맨발로 적진에 뛰어드는 용사, 화살에 맞아 턱이 관통되어도 창을 휘두르며 싸우는 용사들의 수는 이루 헤아릴 수 없을 정도입니다. 진나라 기병의 수는 많고 말은 모두 준마이며 앞발로 땅을 긁고 뒷발로 땅을 차고 질주하며 한 번에 이십칠 자를 건너뛰는 기마 또한 헤아릴 수 없을 정도로 많습니다.

산동(山東 : 함곡관 이동의 땅으로, 진을 제외한 6국을 가리킨다.)의 군사는 투구를 쓰고 갑옷을 입고 싸우지만 진나라 군사들은 갑옷을 버리고 맨발에다 알몸으로 적진에 뛰어들어 왼손으로는 적의 수급(首級)을 쥐고 오른손으로는 포로를 잡습니다.

무릇 진나라의 병졸과 산동의 병졸을 비교하면 맹분(孟賁, 춘추전국시대의 힘세고 용맹스러운 병사)과 겁쟁이가 대하는 것 같습니다. 진나라 군사가 산동 군사를 누르는 모양은 오획(烏獲, 진나라 무왕의 신하로 대단했던 장사)이 어린아이를 상대하는 것과 같습니다. 맹분, 오획과 같은 전사를 출전시켜 복종하지 않는 약소국을 치면 천 균(千鈞)의 무게로 새알을 누르는 것과 다를 바 없으니 공격당하는 자는 꼼짝 못하고 당할 뿐, 요행을 바랄 수는 없습니다.

대체로 많은 제후들은 협소한 국토는 생각지도 않은 채 합종론자의 감언호사(甘言好辭)만 듣고 한패가 되어 합종하는 것이 유리한 것처럼 꾸며대는 그들의 말에 따르고 있습니다. 합종론자들은 한결같이 '우리들의 계책을 채택하면 강대한 나라가 되고 천하를 제패할 수 있다.' 고 기염을 토하나 국가의 장구한 이익을 돌보지 않고 일시적인 미봉책을 따르게 한다는 것은 군주를 그르치게 하는 점에서 이보다 더한 잘못은 없습니다.

대왕께서 진나라를 섬기지 않는다면 진은 무장병을 내려 보내 의양(宜陽)에 웅거하여 한나라의 상지(上地)를 차단하고 동으로 나아가 성고(成皋)·형양(滎陽)을 취할 것입니다. 그렇게 되면 홍대(鴻臺)의 별궁과 상림원(桑林苑)은 더 이상 대왕의 소유가 될 수 없습니다. 성고로 가는 통로를 막고 상지를 차단하면 대왕의 국토는 분단될 것입니다.

그에 앞서 진나라를 섬기면 평안하고 진나라를 섬기지 않으면 위험하게 됩니다. 도대체 화근의 씨를 뿌려 놓고서 그 보답으로 복이 돌아오기를 기다린다는 것은 얄팍한 계략인 데다가 진나라의 깊은 원한을 사게 됩니다. 진나라를 거역하고 초나라를 따른다면 멸망하지 않으려 해도 아니할 수가 없습니다.

그러므로 대왕을 위해 생각하건대 진을 섬기는 것이 가장 좋습니다. 진나라가 원하는 바는 초나라를 약화시키는 것이 첫째고 초나라를 약화시킬 수 있는 나라로는 한나라를 따를 나라가 없습니다. 그것은 한나라가 초나라보다 강해서가 아니라 땅의 형세가 그렇기 때문입니다.

지금 대왕께서 서쪽의 진나라를 섬기고 초나라를 친다면 진나라 왕은 반드시 기뻐할 것입니다. 초나라를 쳐서 그 국토를 취하고 화(禍)를 돌려서 진나라를 기쁘게 한다면 계략 가운데 이 이상 이롭고 편한 것은 없습니다."

한왕은 장의의 계략을 받아들였다.

장의는 진나라에 돌아와 보고했다. 진나라 혜왕은 장의를 5개 읍에 봉하고 무신군(武信君)이라고 불렀다. 혜왕은 장의에게 명해서 동쪽으로 나아가 제나라 민왕에게 다음과 같이 말하게 했다.

"천하의 강국으로 제나라 이상 가는 나라는 없습니다. 제나라의 대신과 왕족의 노신들은 번영하여 부유하고 안락한 생활을 누리고 있습니다. 그런데 대왕을 위해 계략을 짜는 자들은 모두 한때의 임시적인 수단을 논의할 뿐 백세(百世)의 이익을 돌보지 않습니다.

합종론자들은 대왕께 아뢰기를, '제나라는 우호국으로 서쪽에 강대한 조나라가 있고 남쪽에는 한과 위가 있으며 뒤로는 바다를 등에 지고 있습니다. 국토는 넓고 크며 백성은 많고 병사들은 강하고 용감하여 설령 백 개의 진나라가 있어도 제나라를 어떻게 할 수는 없습니다.' 라고 할 것입니다.

대왕께서는 그 주장을 현명하다 생각하시고 그 실속을 고려하지 않으십니다. 저 합종론자들은 한패가 되어 도당을 만들고 합종에 관한 일이라면 모두 좋다고 합니다.

신이 들은 바로는 '제나라와 노나라가 세 번 싸워 노나라가 세 번 승리를 거두었지만 결국 노나라는 위태로워지더니 멸망하고 말았다.' 고 합니다. 노나라는 전승했다는 명예는 얻었지만 실속 없는 망국이 되고 말았습니다. 이것은 무슨 까닭일까요? 제나라는 대국이고 노나라는 소국이었기 때문입니다. 진나라와 조나라의 경우도 마치 제와 노의 관계와 같습니다.

진과 조는 장수(漳水) 부근에서 싸웠는데 두 번 싸워 조나라가 두 번 다 진나라를 이겼습니다. 또 파오(番吾) 성 밑에서도 싸웠으나 두 번 싸워 역시 조나라가 다 이겼습니다. 그런데 이 네 번의 싸움으로 조나라의 전사자는 수십만이나 되었고 국도인 한단만이 겨우 명맥을 보전했습니다. 조나라는 전승했다는 명예를 얻었으나 국가의 기능은 파괴되고 말았습니다. 이것은 무슨 까닭일까요? 진은 강국이고 조는 약소국이었기 때문입니다.

이제 진나라와 초나라는 서로 공주를 시집보내고 아내를 취하여 형제의 나라가 되었습니다. 그 진나라에게 한(韓)은 의양(宜陽)을 바치고, 위(魏)는 하외(河外)를 내놓고, 조(趙)는 민지(澠池)에 입조(入朝)하고 하간(河間 : 황하와 장수 사이의 땅)을 쪼개어 진나라를 섬기고 있습니다.

만약 대왕께서 진나라를 섬기지 않으면 진나라는 한·위를 시켜 제나라의 남부를 공략하고 조나라의 전군을 총동원하여 청하(淸河)를 건너 박관(博關)을 향해 진격해 올 것입니다. 그렇게 되면 제나라의 수도인 임치(臨淄)와 즉묵(卽墨)은 더 이상 대왕의 소유가 될 수 없을 것입니다. 제나라가 일단 공격을 받은 후에는 진을 섬기려 해도 될 수 없는 일입니다. 대왕께서는 숙고하셔서 계략을 세우십시오."

그러자 제왕(齊王)은,

"제나라는 멀리 치우쳐 있는 미개한 나라인 데다 과인은 동해 부근의 구석진 곳에서 은거하고 있기 때문에 여태까지 국가의 장구한 이익을 들어본 적이 없소."

하며 장의의 말을 받아들였다.

장의는 제나라를 떠나 서쪽으로 가서 조왕(趙王)을 설득했다.

"진왕께서는 신의 어리석은 계책을 대왕께 말씀드리도록 했습니다. 대왕께서는 천하의 제후들을 통제하시고 진나라를 물리쳤으므로 진나라 군사는 십오 년간이나 감히 함곡관을 나오지 못했습니다. 대왕의 권위 있는 명령은 산동에 시행되고 있습니다.

진나라는 엎드려 갑옷을 수선하고 병기를 갈고 거마를 정비하면서 말타기와 활쏘기를 익히고 경작에 힘써 양식을 축적하고 나라 안을 수비하되 근심하고 두려워 감히 일을 일으키려고 하지 않았습니다. 그것은 대왕의 위력을 매우 두려워하기 때문입니다.

진나라는 대왕을 두려워하여 나라 안의 일에 힘쓴 덕택으로 파·촉을 빼앗고 한중(漢中)을 병합하였으며 양주(兩周)를 거둬들여 구정(九鼎)을 옮기고 백마(白馬)의 나루터를 지키게 되었습니다. 진나라는 먼 벽지의 나라이지만 내심 오랫동안 원한을 품고 있었습니다.

지금 진나라 군대가 지치고 쇠약하다고는 하지만 민지에 포진하고 있습니다. 그리고 황하를 건너고 장수를 넘어 파오(番五)에 웅거하여 한단성 밑에서 대왕의 군사와 맞붙어 갑자일(甲子日)[117]을 기해 서로 싸워 주나라 무왕이 은나라 주왕의 잘못을 바로잡은 성사(盛事)를 재현코자 합니다. 이와 같은 사실을 삼가 저를 통해 우선 대왕의 좌우 근신들께 알려 드리는 바입니다.

대체로 대왕께서 합종이 유리하다고 믿게 되신 것은 소진(蘇秦)의 말을 들은 까닭입니다. 그런데 소진은 제후들을 현혹시켜 옳은 것을 그르다 하고 그른 것을 옳다고 하여 제나라를 전복시키려다 시장에서 거열형을 받은 사람입니다. 천하가 그런 인물에 의해 하나가 될 수 없다는 것은 당초부터 분명했던 일입니다.

이제 초나라와 진나라는 형제의 나라가 되었고 한나라와 위나라는 진의 동쪽 울타리의 신하라 칭하며 제나라는 물고기와 소금이 나는 땅(魚鹽之地 : 해안 지역을 가리킴)을 진나라에 바쳤습니다. 이것은 조나라의 오른

---

117) 周의 武王이 牧野에서 殷의 紂王의 군대를 물리친 것은 甲子日이었다고 ≪書經≫ 牧誓篇 및 ≪史記≫ 周本記에 나와 있다.

팔을 절단한 것과 같습니다. 오른팔을 잘리고도 다른 사람과 싸우려 하다 동지를 잃고 고립되면 태평하기를 바란다 하더라도 도저히 불가능한 일입니다.

지금 진나라가 세 장군을 파견해 조나라를 친다고 가정해 보겠습니다. 한 부대는 제나라에 통고하여 군사를 일으켜 조나라의 동쪽에서 제나라의 서쪽이 되는 오도(午道)를 막고 청하(淸河)를 건너 한단에 포진하고, 한 부대는 성고에 진을 친 후 한·위의 군사를 하외(河外)의 땅으로 진격시키고, 또 한 부대는 민지에 진을 치고 진·제·한·위 4국이 연합하여 조나라를 칠 것입니다. 그리하여 조나라가 항복하면 틀림없이 4국이 조나라 땅을 넷으로 나누어 가질 것입니다.

그렇게 되면 큰일이기에 숨기지 않고 우선 대왕의 근신들에게 알려 드리는 바입니다. 신이 대왕을 위해 곰곰이 생각해 보건대 진왕과 회합하여 서로 마주보면서 친목을 맺는 것보다 더 좋은 일은 없습니다. 그때까지는 진나라가 출병을 억제하여 조나라를 치지 않도록 손을 쓰겠습니다. 원컨대 대왕께서는 방침을 정해 주시기 바랍니다."

조왕이 말했다.

"선왕(先王 : 蕭侯를 가리킴)의 시대에는 봉양군이 권세를 휘두르며 세력을 떨쳐 선왕의 총명을 어둡게 하고 선왕을 속여 가며 혼자서 마음대로 정사를 처리했소. 당시 과인은 연소하여 사부(師傅, 스승과 보좌관)의 지도 아래 있어서 국가의 정책에는 아직 참여하지 않고 있었소. 그 후 선왕이 세상을 떠나고 나이 어린 과인이 왕위에 올라 종묘의 제사를 받든 지 며칠 되지 않아 어떻게 해야 좋을지 매우 당황하고 있었소.

제후들과 단결하여 합종함으로써 진나라를 섬기지 않는 것은 국가의 영원한 이익이 되지 못한다고 마음을 고쳐먹고 생각을 다시 한 끝에, 진나라를 섬기려는 마음에 국토를 나누어 종래의 잘못을 사과하고 방금 수레에 말을 매어 시급하게 진나라로 가려던 차에 그대의 분명한 해명을 듣게 됐소."

조왕은 장의의 말을 받아들였다.

장의는 조나라를 떠나 북쪽으로 올라가서 연나라의 소왕(昭王)에게 말했다.

"대왕께서 친밀한 교분을 가진 나라로는 조나라가 으뜸입니다. 그런데 조나라는 믿을 수 없습니다. 옛날에 조나라의 조상인 조양자(趙襄子)는 자신의 누이를 대왕(代王)의 아내로 보냈지만 그것은 대(代)를 병합하려고 했기 때문입니다.

조양자는 그 뒤 대왕(代王)과 약속하여 구주산(句注山)의 요새에서 만났습니다. 그때 세공인에게 명하여 금으로 술잔과 주전자를 만들면서 손잡이를 길게 하여 사람을 칠 수 있게 했습니다. 그리고 대왕(代王)과 주연을 벌이면서 몰래 요리사에게,

"연회가 한창 무르익어 흥이 날 즈음에 뜨거운 국물을 권해 놓고 대왕을 주전자로 쳐서 죽여라."

하고 명했습니다. 그리하여 주연이 무르익어 흥이 절정에 올랐을 때, 요리사는 대왕에게 뜨거운 국물을 권하고 술을 따르는 척하다가 주전자의 밑바닥으로 대왕을 쳤습니다. 그러자 대왕의 뇌수가 바닥에 쏟아졌습니다.

그 소식을 들은 조양자의 누이는 비녀를 갈아 자신의 목을 찔러 자살했습니다. 그래서 지금의 마계산(摩笄山)이라는 이름이 붙여진 것입니다.

대왕이 이렇게 죽었다는 것은 천하에 모르는 사람이 없습니다. 그러므로 조왕이 포학무도하여 가까이할 사람이 못 된다는 것은 대왕께서도 잘 알고 계실 것입니다. 그런데도 조왕을 상대하시겠습니까?

또 일찍이 조나라가 군사를 일으켜 두 번이나 연나라의 도읍을 포위하

여 대왕(大王)을 위협한 일이 있습니다. 대왕께서는 열 개의 성읍을 바치고 사과하지 않으셨습니까? 그런데 지금 조왕은 이미 민지에서 진나라에 입조하여 하간(河間)의 땅을 바쳐 진나라를 섬기고 있습니다.

만약 대왕께서 진나라를 섬기지 않으시면 진나라는 무장병을 운중(雲中), 구원(九原)으로 보내어 조나라를 시켜 연나라를 공격할 것입니다. 그렇게 되면 역수(易水), 장성(長城)은 대왕의 소유가 될 수 없습니다. 그리고 또 지금 조나라는 진나라의 한 군현(郡縣)과 같기 때문에 진나라의 허가가 없으면 함부로 군사를 일으켜 연나라를 칠 수 없습니다.

대왕께서 진나라를 섬기신다면 진나라 왕께서는 반드시 기뻐할 것입니다. 게다가 조나라는 제멋대로 움직일 수 없습니다. 이것은 연나라로서는 서쪽에 강한 진나라의 원조가 있고 남쪽으로는 제·조의 우환이 사라지는 것입니다. 그러므로 대왕께서는 숙고하셔서 계략을 세워 주십시오."

연왕이 말했다.

"과인은 미개한 벽지에 살고 있어서 덩치는 크지만 어리석기로는 어린애나 다름이 없소. 게다가 주위에는 정당한 계책을 세우는 데 도움이 될 만한 의논을 할 자도 없소. 그런데 다행히도 지금 그대가 가르쳐 주었소. 그대 의견에 따라 진나라를 섬기도록 하겠소."

연왕은 항산(恒山) 기슭의 5개 성읍을 진나라에 바쳤다.

연왕이 장의의 말을 받아들였으므로 장의는 돌아가 진나라에 보고하려 하는데 진의 수도인 함양에 이르기 전에 진나라 혜왕(惠王)이 죽고 무왕(武王)이 즉위했다.

무왕은 태자로 있을 때부터 장의를 좋아하지 않았는데 왕위에 오르자 여러 신하들이 장의를 헐뜯었다.

"장의의 말은 믿을 수 없습니다. 왼쪽이나 오른쪽으로 나라를 팔며 다만 자기를 알아주는 상대의 비위만 맞추려고 합니다. 대왕께서 통치하시는 지금에 와서 다시 그를 쓰게 된다면 아마도 천하의 비웃음거리가 될 것입니다."

제후들도 장의와 무왕의 사이가 좋지 않다는 것을 알고는 모두 연횡의 약속을 어기고 다시 합종했다. 진나라 무왕 원년,[118] 여러 신하들은 밤낮으로 장의를 헐뜯기를 그치지 않았고 제나라에서도 장의의 불신행위를 문책해 왔다.

장의는 죄를 받고 주살될까 두려워 무왕에게 말했다.

"저에게 변변치 않사오나 한 계책이 있으니 원컨대 말씀드릴 수 있게 해 주십시오."

"무엇인가?"

"진나라를 위하여 생각해 보니 동방에 큰 변란이 일어나야만 대왕께서는 비로소 제후들에게 많은 땅을 할양하게 할 수 있을 것입니다. 제가 듣기로는 제나라 왕이 저를 매우 미워한다고 합니다. 그래서 제가 있는 곳이면 제왕(齊王)이 군사를 일으켜 반드시 쳐들어올 것입니다. 그러니 불초의 몸이 말미를 얻어 위나라에 가고자 합니다. 그렇게 하면 제나라는 군사를 일으켜 기필코 위나라를 칠 것입니다.

위·제의 군사가 성 아래에서 교전하여 서로가 물러서려야 물러설 수 없는 상태가 될 즈음, 그 틈을 타서 대왕께서는 한(韓)나라를 공격하여 삼천(三川)으로 들어가고 군사를 함곡관으로 보내어 공격을 하지 않고도 주나라를 위압하면 주에 전해 내려오는 천자의 제기(祭器)는 반드시 진나라로 옮겨질 것입니다. 천자를 옹위하고 그 지도와 문서를 조사하여 천하에 명령을 내린다면 이것이야말로 왕자의 대업이라 하겠습니다."

---

118) 중국에선 예부터 王이 즉위한 이듬해를 元年으로 하는 것이 통례였다.(漢 이후에 年號가 생기고 나서도 예고한 다음 해부터 改元했다.) 그러므로 이 元年은 실제로는 武王이 즉위한 그 이듬해인 것이다.

진왕은 과연 그럴듯하다고 생각하여 혁거(革車)[119] 삼십 대를 갖추어 장의를 위나라로 들어가게 했다. 그러자 예상대로 제나라는 군사를 일으켜 위나라를 쳤다. 위나라의 애왕(哀王)이 이것을 두려워하자 장의가 말했다.

　　"원컨대 대왕께서는 근심하지 마십시오. 제나라의 군사를 물러가게 하겠습니다."

　　장의는 하인 풍희(馮喜)를 시켜 먼저 초나라에 가서 사신이라는 명의(名儀)를 빌리게 한 후 제나라로 가서 제왕에게 다음과 같이 말하게 했다.

　　"대왕께서는 장의를 매우 미워하고 계십니다. 그렇지만 대왕께서 장의를 진나라에 맡겨 보호하시는 것도 두텁습니다."

　　제왕이 말했다.

　　"과인은 장의를 미워하고 있소. 그가 있는 곳이라면 반드시 군사를 일으켜 그곳을 치겠소. 그런 내가 왜 장의를 진나라에 맡겨 보호한단 말인가?"

　　그러자 풍희가 조심스럽게 대답했다.

　　"그렇게 하시는 것은 곧 대왕께서 장의를 진나라에 맡겨 보호하는 것입니다. 애당초 장의가 진나라를 출국할 때 실은 진왕과 이렇게 약속했습니다. '대왕을 위해 생각해 보건대 동쪽에 큰 변란이 일어난 후에야 대왕께서는 비로소 제후들에게서 많은 토지를 할양받으실 수 있을 것입니다. 지금 제왕은 저를 매우 미워하고 있습니다. 제가 있는 곳이라면 군사를 일으켜 반드시 쳐들어올 것입니다. 그래서 불초의 몸이 말미를 받아 위나라로 가고자 합니다. 그렇게 되면 제나라는 군사를 일으켜 틀림없이 위나라를 칠 것입니다.

---

119) 兵車, 즉 군용 마차. 가죽으로 겉을 둘러서 화살 따위를 막았으므로 革車라고 한다.

제·위의 군사는 성 아래에서 교전하여 서로가 물러서려야 물러설 수 없는 상태에 이르게 됩니다. 대왕께서는 그 틈을 타 한나라를 공격하여 삼천으로 들어가 군사를 함곡관으로 보내어 공격을 가하지 않고도 주나라를 위압하면 주나라에 전해 내려오는 천자의 제기는 반드시 진나라로 옮겨질 것입니다. 천자를 옹위하고 그 지도와 문서를 조사하여 천하에 명령하는 것, 이것이야말로 왕자의 대업입니다.' 하고 말입니다. 그래서 진왕은 과연 그렇다고 인정하고는 혁거 삼십 대를 준비하여 장의를 위나라에 들어가게 했습니다.

지금 장의가 위나라에 들어가 있는데 아니나 다를까 대왕께서는 위나라를 치고 계십니다. 이것은 대왕께서 안으로는 나라를 피폐하게 하고 밖으로는 동맹국을 쳐서 이웃 나라를 적으로 만드는 일로서, 장의의 계략대로 진왕으로 하여금 그를 신용하게 해 주시는 것과 다름이 없습니다. 그래서 장의를 진에 맡겨 보호하게 했다고 말씀드린 것입니다."

제왕은 말했다.

"알겠소."

하고는 군대를 풀게 했다. 장의는 1년간 위나라의 재상이 되어 일하다가 위나라에서 죽었다.

진진(陳軫)은 유세자로서 장의와 함께 진나라의 혜왕(惠王)을 섬겼다. 둘 다 중용되어 혜왕의 총애를 다투었다. 어느 날 장의가 혜왕에게 진진을 헐뜯어 말했다.

"진진이 정중한 예물을 가지고 진나라와 초나라 사이를 부지런히 왕래하며 심부름을 한 것은 양국 간의 국교를 잘하려고 했기 때문이었습니다. 그런데 지금 초나라는 진나라와 친선하지 않고 진진에게만 가까이하고 있습니다. 이것은 진진이 자기 자신을 위한 일에만 힘쓰고 대왕을 위한 일에는 소홀했기 때문입니다. 또 진진은 진나라를 떠나 초나라로 가려고 합니다. 대왕께서는 어찌하여 허락하지 않으십니까?"

그러자 혜왕이 진진에게 물었다.

"그대가 진을 떠나 초나라로 가려고 한다는 말을 들었는데 정말 그런가?"

진진이 대답했다.

"그렇습니다."

"장의의 말이 사실이로군."

그러자 진진이 말했다.

"장의 혼자만 아는 것이 아닙니다. 길을 가는 사람이라면 누구나 다 알고 있습니다. 옛날 오자서(伍子胥)는 임금에게 충성했기 때문에 천하의 군주들은 다투어 그를 신하로 삼으려 했으며, 증삼(曾參)은 부모에게 효도했기 때문에 천하의 어버이들은 모두 그를 아들로 삼고자 했습니다.

이와 비슷한 논리로서 노비로 팔릴 때 그 마을을 나가기 전에 팔리는 자는 훌륭한 노비인 것입니다. 이혼한 여자가 바로 그 동네에서 재혼할 수 있다면 그녀는 훌륭한 아내인 것입니다. 지금 제가 저의 인군(人君)이신 대왕께 불충하다면 초나라가 어찌 저를 충신으로 인정하겠습니까? 이제 신은 충성을 하고도 버림 받을 처지에 놓여 있습니다. 신이 초나라에 의지하지 않으면 도대체 어디에 의지하겠습니까?"

혜왕이 과연 그렇겠다고 인정하고는 그 뒤로 그를 후대했다.

진진이 진나라를 섬긴 지 만 1년이 되자 혜왕이 장의를 재상으로 삼으니 진진은 초나라로 달아났다. 초나라에서는 진진을 중용하려 하지 않았다. 그러던 중 진진을 사자로 진나라에 보냈다.

진진은 도중에 위나라에 들러 서수(犀首)를 만나려 했다. 그런데 서수는 거절하며 만나 주지 않았다. 그러자 진진이 이렇게 전하게 했다.

"귀공에게 충고할 것이 있어서 왔으나 공이 만나 주지 않으니 그냥 돌아

갑니다. 그러나 후일 다시 올 수는 없을 것이오."

이 말을 전해 듣고 서수가 그를 만났다. 진진이 말했다.

"공은 어째서 술 마시기를 좋아하십니까?"

"아무것도 할 일이 없기 때문입니다."

"싫증이 나도록 귀공을 바쁘게 해 드리고 싶은데 어떻습니까?"

"어떻게 하려는 것이오?"

"위나라의 재상 전수(田需)가 제후들과 함께 합종의 맹약을 맺으려 하는데 초왕이 이를 믿지 않습니다. 공은 위왕에게 이렇게 말하십시오. '신은 연왕·조왕과 구면인데 그들은 자주 사람을 보내, '할 일이 없을 때 어째서 만나러 오지 않는가?'라고 말합니다. 그래서 가고자 하오니 허락해 주시기 바랍니다.' 위왕이 허락하더라도 공은 많은 수레를 준비하지 말고 삼십 대만 뜰에 늘어놓고 연나라와 조나라로 간다고 소문을 내십시오."

서수가 그렇게 하니 위나라에 와 있던 연나라와 조나라 사람들이 수레를 달려 자기 나라 왕에게 보고하고 사신을 보내어 서수를 맞이하게 했다.

초나라 왕이 이 소식을 듣자 크게 노하여,

"전수가 과인과 약속하였는데 서수가 연나라와 조나라로 가니 이것은 과인을 속이는 것이 아닌가?"

라고 말하며 위나라와 합종하기를 거절했다.

제나라는 서수가 북상한다는 말을 듣고는 사자를 보내어 서수에게 나랏일을 위임했다. 서수는 드디어 제·연·조 3국의 재상이 되어 3국의 정사는 모두 서수가 결재하였다.

진진이 진나라에 도착했다. 그 무렵 한나라와 위나라가 서로 공격하더니 1년이 지나도록 화해하지 않았다. 진나라 혜왕이 화해를 중재하기 전에 그 가부를 좌우에 있는 근신들에게 물었다. 좌우 근신들 중 어떤 자는 '중재하시는 것이 진나라에게 이롭고 편합니다.' 하기도 하고 혹은 '중재하지 않는 편이 이롭고 편합니다.' 하기도 했다. 혜왕은 갈피를 못 잡고 결정을 내리지 못했다. 이때 마침 진진이 도착했다. 혜왕이 물었다.

"그대는 과인을 떠나 초나라로 갔는데 아직도 과인을 생각하고 있는가?"

"대왕께서는 저 월나라 사람 장석(莊舃)의 이야기를 들으신 적이 있습니까?"

"들은 적이 없네."

"월나라 사람 장석은 초나라를 섬겨 집규(執珪)가 되었습니다. 그런데 얼마 후 병에 걸렸습니다. 초왕이 '장석은 본시 월나라의 미천한 사람이었다. 그런데 이제 초나라를 섬겨 집규로서 부귀한 몸이 되었다. 그래도 월나라를 생각하고 있는가?' 하고 물으니 중사(中謝)가, '무릇 사람이 고향을 생각하는 것은 병에 걸렸을 때입니다. 그가 월나라를 생각하고 있다면 월나라 말을 쓸 것이고 생각하지 않고 있다면 초나라 말을 쓸 것입니다.' 하고 대답했습니다. 그래서 사람을 시켜 가서 들어 보게 했더니 역시 월나라 말을 쓰고 있었다고 합니다. 이제 신은 버림받고 쫓겨나 초나라에 가 있기는 하지만 어찌 진나라 말을 쓰지 않고 있겠습니까?"

"좋은 말이오. 그런데 지금 한나라와 위나라가 서로 공격하더니 1년이 되었는데도 화해하지 않고 있소. 어떤 자는 과인이 화해를 중재하는 편이 진에게 이롭고 편하다 하고 혹자는 중재하지 않는 편이 편하다고 말하오. 과인은 갈피를 잡지 못하여 결정을 내리지 못하고 있소. 어디 한번 그대의 주군(主君 : 楚王을 가리킴)을 위해 충고한다 생각하고 과인을 위해 계략을 말해 주시오."

"저 변장자(卞莊子)가 호랑이를 찔러 죽인 이야기를 대왕께 들려 드린 사람이 없습니까? 변장자가 호랑이를 찌르려고 했습니다. 그런데 묵고 있던 여관의 아이가 만류하면서 '지금 호랑이 두 마리가 소를 잡아먹으려고 합니다. 먹어 보고 맛이 있으면 틀림없이 서로 빼앗으려고 다툴 것입니다. 다투게 되면 반드시 싸울 것입니다. 싸우게 되면 큰 호랑이는 부상당하고 작은 호랑이는 죽을 것입니다. 그때 부상당한 놈을 찌르면 단번에 두 마리의 호랑이를 잡았다는 소리를 들을 것입니다.'라고 말했습니다.

변장자가 그렇겠다고 생각하여 기다리고 있었습니다. 이윽고 두 호랑이가 싸워 큰 호랑이는 상처를 입고 작은 호랑이는 죽었습니다. 변장자는 부상당한 호랑이를 단번에 찔러 죽여 두 마리의 호랑이를 잡는 성과를 거두었습니다.

지금 한나라와 위나라가 서로 공격하여 1년이 지나도록 화해하지 않으니 이렇게 되면 틀림없이 대국은 상하고 소국은 망할 것입니다. 그때 상한 나라를 공격하면 일거에 두 가지 실효를 거둘 것입니다. 이것은 변장자가 호랑이를 찌른 것과 같습니다. 신의 주군이나 대왕이나 그 입장이 뭐가 다르겠습니까?"

혜왕이,

"좋은 말이오."

하고 끝내 중재를 하지 않았다. 과연 대국은 상하고 소국은 망했다. 이때 진나라가 군사를 일으켜 크게 이겼다. 이것은 진진의 계략이었다.


서수(犀首 : 魏나라의 官名인데 公孫衍의 통칭이 됐다.)는 위(魏)나라 음진(陰晋) 땅의 사람이다. 이름은 연(衍), 성은 공손씨(公孫氏)인데 장의와 사이가 좋지 않았다. 장의가 진(秦)을 위하여 위나라로 가니 위왕이 장의를 재상으로 삼았다. 서수는 그 일이 자기에게 불리하다고 생각하여 사람을 시켜 한(韓)나라 공숙(公叔)에게 말하게 했다.

"장의는 이미 진나라와 위나라를 동맹시켰습니다. 그리고는 '위나라는 한나라 남양(南陽)을 공격하고 진나라는 한의 삼천(三川)을 공격할 것입니다.'라고 말했습니다. 위왕이 장의를 존중하는 까닭은 한나라 땅을 얻고자 하기 때문입니다. 또 한의 남양은 이제 곧 침략을 당할 지경에 이르렀습니다. 공께서는 어찌해서 나랏일을 조금이라도 제게 맡겨 공을 세울 수 있게 해 주지 않습니까? 그렇게 해 주시면 진나라와 위나라의 국교는 단절되고 위나라는 반드시 진나라를 도모할 생각으로 장의를 내쫓고 한나라를 자기편으로 끌어들이고 저를 재상으로 임명할 것입니다.”

공숙은 그렇게 하는 것이 좋겠다고 생각하여 한나라의 국사를 서수에게 맡겨 공을 세울 수 있게 하였다. 예상대로 서수는 위나라의 재상이 되었고 장의는 위나라를 떠나 버렸다.

서융(西戎)의 나라인 의거(義渠)의 군주가 위나라에 입조했다. 서수는 장의가 다시 진나라 재상이 되었다는 소리를 듣고 위험하다고 생각하여 의거의 군주에게 말했다.

“귀국은 너무 멀어 우리 위나라를 다시 방문하기 어려울 것입니다. 그래서 앞으로의 상황을 말씀드리겠습니다. 중원의 여러 나라가 진나라를 치지 않는다면 진나라는 귀국을 쳐들어가 불태우고 약탈할 것입니다. 중원의 여러 나라가 진나라를 친다면 진나라는 자주 사자를 통해 정중한 예물을 보내어 귀국을 섬기게 될 것입니다.”

그 후 초·위·제·한·조 5국이 진나라를 쳤다. 때마침 거기에 있던 진진이 진나라 왕에게 말했다.

“미개한 오랑캐 나라치고 의거의 임금은 현군입니다. 뇌물을 보내어 회유해 두는 것이 좋을 것입니다.”

진나라 왕이 그러겠다고 말하고 무늬 있는 비단 천 필과 여자 백 명을 의거의 임금에게 보냈다. 의거의 임금이 여러 신하를 불러 상론하여 말했다.

"공손연이 말했던 그대로가 아닌가?"

그리하여 군사를 일으켜 진으로 쳐들어가 이백(李伯) 부근에서 진나라를 크게 격파했다.

장의가 죽은 뒤 서수가 진나라로 들어가 재상이 되었다. 그는 한때 5국 재상의 인수(印綬)를 차고 합종 맹약의 장(長)이 되었다.


태사공은 말한다.

"삼진(三晉 : 韓 · 魏 · 趙)에는 권모와 기략(奇略)을 희롱하는 무절조한 인사들이 많았다. 합종 · 연횡의 설을 부르짖어 진나라를 강하게 만든 자는 대개 삼진 출신이다. 대체로 장의의 책모(策謀)는 소진보다 더 심한 데가 있다. 그런데도 세상 사람들이 소진을 미워하는 것은 소진이 먼저 죽어서 그의 단점을 장의가 과장하여 말하고 자기주장을 유리하게 하여 연횡론을 성취시킨 때문일 것이다. 요컨대 이 두 사람은 사람을 홀리게 하는 참으로 위험한 인물이었다."

# 제11 저리자 · 감무열전(樗里子 · 甘茂列傳)

저리자(樗里子)의 이름은 질(疾)이라 하고 진(秦)나라 혜왕(惠王)의 동생이다. 혜왕과는 어머니가 달랐으며 그의 어머니는 한(韓)나라 공주였다. 저리자는 말재주가 능하고 지혜도 풍부해[120] 진나라 사람들은 그를 '지혜 주머니'라고 불렀다.

진나라 혜왕 8년에는 저리자에게 우경(右更 : 秦나라의 작위로 밑에서부터 열네 번째 자리)의 작위를 주고 장군으로 삼아 위(魏)나라 곡옥(曲沃)을 치게 했다. 저리자는 곡옥의 주민들을 모조리 내쫓고 성읍을 빼앗아 진나라의 영토로 했다.

진나라 혜왕 25년, 저리자를 장군으로 임명해 조(趙)나라를 치게 했다. 저리자는 조나라 장군 장표(莊豹)를 포로로 잡아 인(藺)을 빼앗았다. 그 이듬해에는 위장(魏章)을 도와 초나라를 공격해 초나라 장군 굴개(屈丐)를 격파하고 한중의 땅을 점령했다. 진나라는 저리자를 봉하여 엄군(嚴君)이라고 불렀다.

진나라 혜왕이 죽고 태자 무왕(武王)이 왕위에 올랐다. 무왕은 장의(張儀)와 위장(魏章)을 내쫓고 저리자와 감무(甘茂)를 좌우 승상에 임명했다. 진나라는 감무를 파견해 한나라를 치게 하여 의양(宜陽)을 함락시켰다. 또 저리자를 시켜 전차 백 대를 이끌고 주나라로 향하게 했다. 주나라에서는 병졸을 동원하여 맞이하면서 다시없는 경의를 표했다.

---

120) 원문은 '滑稽多智'. 滑稽에 대해서는 두 가지 해석이 있다. 하나는 말이 달변이고 민첩하여 백을 흑으로, 흑을 백이라고 하여 상대방을 구워삶아 사물을 분간할 수 없게 하는 것. 또 하나는 술통에서 술이 막힘없이 흘러나오듯 상대방을 끝없이 구슬리는 것. 여기서는 첫 번째 뜻으로 해석한다.

초나라 왕은 주나라가 진나라를 소중하게 여기고 있는 것에 분노했다. 세객(說客) 유등(游騰 : 游는 姓이고 騰은 이름)이 주나라를 위해 초왕을 설득했다.

"옛날에 진(晉)나라의 지백(知伯)[121]은 오랑캐 나라인 구유(仇猶)를 칠 때, 길이 험난하고 행군하기가 불편해 먼저 큰 종(鐘)을 만들어 이것을 광차(宏車, 적의 측면을 공격할 때 사용하는 전차)에 실어 보내며, 광차의 뒤에는 군대를 따르게 했습니다. 구유는 결국 방심하고 방비를 하지 않았기 때문에 망하고 말았습니다.

또 제나라 환공이 채(蔡)나라를 칠 때, 초나라에 주벌(誅罰)을 가한다고 말하고서는 실상 채나라를 습격했습니다. 지금 진나라는 호랑이와 같은 나라로서 저리자를 시켜 전차 백 대를 이끌고 주나라로 향하게 했습니다.

주나라는 구유와 채나라의 전례에 비추어 전략을 짰습니다. 그래서 긴 창을 든 군사를 앞쪽에 늘어서게 하고 강한 쇠뇌를 뒤쪽에 배치시켜 명목상 저리자를 호위한다고 했지만 실상은 그를 포로로 만들었습니다. 주나라로서는 사직을 걱정하지 않을 수 없었고 또 나라를 망하게 함으로써 대왕에게 걱정을 끼칠까 두려웠던 것입니다."

이 말에 초나라 왕은 기뻐하며 만족했다.

진나라 무왕이 죽고 소왕이 왕위를 계승했다. 저리자는 더욱 더 후대 받고 신임을 얻었다.

소왕 원년, 저리자는 장군이 되어 위(衛)나라 고을 포(浦)를 치려고 했다. 포의 태수는 두려워 호연(胡衍)이라고 하는 사나이에게 중재해 주기를 부탁했다. 호연은 포를 위해 저리자에게 말했다.

"공이 포를 치는 것은 진나라를 위해서입니까? 그렇지 않으면 위(魏)나

---

121) 知伯은 智伯이라고도 쓴다. 晉의 家老로, 晉나라의 全權을 쥐고 있었다.

라를 위해서입니까? 위나라를 위해서라면 좋습니다만 진나라를 위해서라면 이로울 것이 없습니다. 무릇 위(衛)나라가 존속할 수 있는 것은 포가 있기 때문입니다. 지금 포를 치신다면 포는 화를 면하기 위해 위(魏)로 귀속해 버릴 것입니다. 그렇게 되면 위(衛)나라는 기세가 꺾여 위(魏)나라를 따르게 될 것입니다.

앞서 위(魏)나라가 서하(西河)의 변두리 땅을 진나라에 빼앗기고 지금까지 회복하지 못하는 것은 병력이 약하기 때문입니다. 그런데 지금 위(衛)나라를 위(魏)나라에 병합시키면 위(魏)나라는 반드시 강력해질 것입니다. 위(魏)나라가 강대해지는 날이면 서하의 변두리 땅은 틀림없이 위태로워질 것입니다. 또 진나라 왕은 공의 이번 군사행동이 진나라에 해롭고 위(魏)나라에 유리하게 되는 것을 보시게 됩니다. 그렇게 되면 진나라 왕이 공에게 죄를 줄 것은 정한 이치입니다."

"어떻게 하면 좋은가?"

"공께서는 포를 용서하고 치지 마십시오. 신이 시험 삼아 포에 들어가 공의 생각하는 바를 전하고 위(衛)나라 인군(人君)이 공의 덕을 입고 있다는 것을 알게 하겠습니다."

"좋네."

호연은 포에 들어가 그곳 태수에게 말했다.

"저리자는 포가 피폐한 것을 알고는 '반드시 포를 쳐서 빼앗겠다.'고 말하고 있습니다. 그렇지만 제가 포를 용서하고 치지 않도록 하겠습니다."

포의 태수가 두려워하며 두 번 절하고 말했다.

"제발 잘 중재해 주기 바라오."

그리고 금 삼백 근을 내놓으면서 말했다.

"진나라 군사가 이대로 물러간다면 그대를 위(衛)나라 군주에게 추천하여 봉읍을 받도록 주선하겠소."

이리하여 호연은 포에서 금을 받고 위(衛)나라에서 귀한 자리에 올랐다.

저리자는 포를 포위한 군사를 풀어 다시 위(魏)의 고을인 피지(皮氏)를 공격했다. 그런데 피지가 항복하기 전에 저리자는 물러갔다. 소왕 7년에 저리자가 죽자 위남(渭南)의 궁전 장대(章臺) 동쪽에 장사 지냈다. 저리자가 생전에,

"내가 죽은 뒤 백 년이 지나면 여기에 천자의 궁전이 들어서서 나의 무덤을 둘러싸게 될 것이다."

라고 말했었다. 저리자 질(疾)의 집은 소왕 묘의 서쪽, 위남(渭南) 음향(陰鄕)의 저리(樗里)에 있었기 때문에 세상은 그를 '저리자'라고 불렀던 것이다.

한(漢)나라가 일어나자 저리자의 무덤 동쪽에 장락궁(長樂宮)이, 그 서쪽에 미앙궁(未央宮)이 세워지고 무덤의 정면에는 무기고가 세워졌다.

진나라 사람들의 속담에 '힘이라면 임비(任鄙, 옛날 秦나라의 大力士), 지혜라면 저리(樗里)'라는 말이 있다.

감무(甘茂)는 초나라 고을 하채(下蔡) 사람이다. 하채의 사거(史擧) 선생을 스승으로 모시고 학습하여 백가(百家)의 학설을 배우고 장의와 저리자를 통해 진나라 혜왕을 뵈려고 했다. 혜왕은 감무를 만나 보고 마음에 들었으므로 그를 장군으로 발탁해 위장(魏章)을 보좌해서 한중 땅을 공략시켜 평정케 했다.

혜왕이 죽고 무왕이 즉위하자 장의와 위장은 진나라를 떠나 동쪽의 위(魏)나라로 갔다. 촉후(蜀侯) 휘(煇)와 그 재상 진장(陳莊)이 반란을 일으켰으므로 진나라는 감무를 파견해 촉(蜀)을 평정시켰다. 그가 돌아오자 감무를 좌승상으로, 저리자를 우승상으로 임명했다.

진나라 무왕 3년에 왕은 감무에게 말했다.

"과인은 전차가 지나갈 수 있는 길을 삼천(三川)까지 내어 주나라 왕실을 엿보고 싶소.[122] 이것이 이루어진다면 과인은 죽어도 한이 없겠소."

"알겠습니다. 그렇다면 제가 위(魏)나라에 가서 맹약을 맺고 한(韓)나라를 치겠습니다."

그리하여 무왕은 상수(向壽 : 宣太后의 일족)를 부사로 함께 가게 했다. 감무가 위나라에 도착하여 맹약을 맺은 후 상수에게 말했다.

"공께서는 귀국해서 대왕에게 '위나라는 신의 말을 들어 주었습니다. 그렇지만 대왕께서는 한나라를 치지는 마시기 바랍니다.' 하고 말씀드려 주십시오. 이번 일이 성공하면 모든 것을 귀공의 공으로 돌리겠소."

상수가 귀국해 무왕에게 보고했다. 무왕은 진나라 땅 식양(息壤)까지 나아가 감무를 맞았다. 감무가 도착하자 한나라를 쳐서는 안 된다고 한 이유를 물었다. 감무가 대답했다.

"한나라 의양은 큰 현(縣)입니다. 상당(上黨)과 남양(南陽)에서 오랜 세월 이곳에 재물과 식량을 축적시키고 있습니다. 이름만 현이지 실상은 군(郡)과 같습니다.[123] 지금 대왕께서 여러 험지를 넘어 천리 길을 가신다 하더라도 이곳을 공략하기는 어려울 것입니다.

옛날 공자의 높은 제자로서 효도로 유명한 증삼(曾參)이 비(費)라는 곳에 살고 있었을 때, 증삼과 동성동명(同姓同名)인 노(魯)나라 사람이 누군가를 죽이게 되었습니다. 어떤 사람이 증삼의 어머니에게 '증삼이 사람을 죽였소.' 하고 고했습니다만 그의 어머니는 태연하게 베만 짜고 있었습니

---

122) 원문은 '欲容車通三川'. 三川은 伊水 · 洛水 · 黃河를 말하는 것으로 당시 周나라의 수도 洛陽의 주변 지역이다. 秦의 수도가 있었던 지금의 長安 부근에서 洛陽사이는 函谷關과 潼關을 양 끝으로 하는 길이다. 이 文은 실제로 길을 넓힌다는 것이 아니라 자유롭게 통행하겠다는 뜻으로 해석하는 것이 옳을 것이다.
123) 春秋時代에는 縣이 郡보다 컸지만 戰國時代에 와서는 郡이 縣보다 커졌다. 秦 · 漢 이후에는 郡이 훨씬 큰 구획으로 縣은 그 밑에 속해 있었다.

다. 조금 뒤에 또 한 사람이 '증삼이 사람을 죽였소.' 하고 일러 주었으나 어머니는 여전히 태연하게 베만 짜고 있었습니다. 또 조금 있다가 다른 한 사람이 '증삼이 사람을 죽였소.' 하고 고하자 어머니는 베틀에서 내려와 북을 집어던지고는 담을 넘어 달리기 시작했다고 합니다.

도대체 증삼과 같은 어짊과 어머니의 자식에 대한 믿음으로도 세 사람이나 자식을 의심하자 그 어머니는 정말인가 싶어 겁을 먹게 되었던 것입니다.

그런데 신이 어진 것은 증삼을 따를 수 없습니다. 대왕께서 신을 믿으시는 정도도 증삼의 어머니가 자식을 믿는 것에는 미치지 못합니다. 신을 의심하는 사람은 비단 세 사람만이 아닐 것입니다. 그러니 신은 증삼의 어머니가 북을 내던지듯이 대왕께서 신을 의심하시게 될 것을 두려워하는 바입니다.

옛날에 장의는 진나라를 위해 서쪽으로 파·촉의 땅을 병합하고 북쪽으로는 서하 바깥쪽을 진나라 영토에 더했으며 남쪽으로는 상용(上庸)을 얻었는데도 세상 사람들은 장의를 위대하다고 생각지 않고 선왕(先王 : 惠王)의 현명함만 찬양했습니다.

또 위(魏)나라의 문후(文侯)는 악양(樂羊)을 장군으로 임명해 중산(中山)을 치게 했습니다. 악양은 3년이나 걸려서 이를 함락시켰습니다. 그런데 악양이 개선해 돌아와 그의 공을 표창할 마당에 이르자 문후는 상자 안에 가득 차 있는 악양에 대한 비방의 상소문을 보여 주었습니다. 악양이 두 번 절하고 고개를 떨어뜨리며 이렇게 말했습니다. '이번의 승리는 신의 공이 아닙니다. 임금님의 힘입니다.'

그런데 신은 외국에서 들어온 신하에 지나지 않습니다. 저리자와 공손석 두 사람이 한나라를 보호하기 위해 신의 방책을 이러쿵저러쿵 비방하면 대왕께서도 별 수 없이 두 사람의 말을 듣게 될 것입니다. 그렇게 되면 대왕께서는 위나라 왕을 속이게 되고 신으로서는 한나라 재상 공중치(公仲侈)의 원망을 사게 될 것입니다."

"과인은 그와 같은 비방을 듣지 않겠다. 그대와 맹세하겠다."

무왕은 드디어 감무를 시켜 군사를 이끌고 의양을 치게 했다. 감무가 5개월이 지나도록 빼앗지 못하자 저리자, 공손석이 감무를 비난하기 시작했다. 무왕은 마음이 흔들리자 감무를 불러들여 전쟁을 중지시키려 했다. 감무가 말했다.

"식양(息壤)은 아직도 그곳에 그대로 있습니다. 약속을 잊으셨습니까?"

무왕이,

"분명히 내가 약속을 했었지."

하고 다시 크게 군사를 일으켜 감무로 하여금 한나라를 치게 했다. 적의 머리를 벤 것이 육만 명에 이르렀고 마침내 의양을 함락시켰다. 한나라 양왕(襄王)은 공중치를 사신으로 보내 진나라에 사과하고 화평을 맺었다.

진의 무왕은 끝내 주나라에 가서 그곳에서 죽었다. 그 아우가 즉위해 소왕(昭王)이 되었다. 소왕의 모친인 선태후(宣太后)는 초나라 공주였다.

초나라 회왕(懷王)은 앞서 진나라가 초나라를 단양(丹陽)에서 격파했을 때 한나라가 구원해 주지 않은 것을 원망하고 있었으므로 군사를 일으켜 한나라의 옹지(雍氏)를 포위했다. 한나라는 재상 공중치를 사자로 진나라에 보내어 위급함을 호소했다. 진나라 소왕은 새로 즉위한 지 얼마 안 되었고 태후는 원래 초나라 사람이었으므로 구원해 주기를 꺼렸다. 공중치는 감무에게 매달렸다. 감무는 한나라를 위해 소왕에게 말했다.

"공중치는 진나라가 구원해 줄 것이라고 믿었기 때문에 감히 초나라를 막으려 했던 것입니다. 그런데 지금 옹지가 포위당했는데도 진나라 군사

---
124) 韓의 公子이다. ≪史記≫ 韓世家에 나와 있는 公叔은 韓나라 襄王의 아들이라고 한다.

가 구원해 주지 않으면 공중치는 절망한 나머지 진나라에 입조하지 않을 것입니다. 한편 한나라의 공자 공숙(公淑)[124]은 한나라의 남쪽으로 가 초나라와 합세할 것입니다. 초나라와 한나라가 연합하면 위(魏) 또한 합세하지 않을 수 없을 것입니다. 그렇게 되면 진나라를 치는 형세가 됩니다. 앉아서 상대가 공격해 주기를 기다리는 것과 이쪽에서 상대를 치는 것과 어느 편이 더 유리하겠습니까?"

"알았소."

진나라는 군사를 보내 한나라를 구원했다. 이윽고 초나라 군사는 물러갔다.

진나라는 상수(向壽)에게 명해 의양(宜陽)을 평정하게 하고 저리자와 감무에게 명해 위나라의 피지(皮氏)를 치게 했다. 상수는 선태후의 일족으로 소왕과는 어렸을 적부터 사이좋게 성장한 사이였으므로 신임을 받아 임용됐다.

일찍이 상수가 초나라에 갔을 때 진나라가 상수를 존중한다는 말을 듣고 초나라에서는 상수를 극진히 대접했다. 상수는 진나라를 위해 의양을 지키게 되자 자진하여 한나라를 치려고 했다. 한나라의 공중치는 소대(蘇代)를 보내 상수에게 다음과 같이 말하게 했다.

"금수(禽獸)도 몰려 궁지에 빠지면 수레도 뒤엎습니다.[125] 공은 일찍이 한나라를 격파해 공중치를 욕되게 하셨는데 그때 공중치는 한나라를 수습하여 진나라를 섬기고 자신은 진나라로부터 봉읍을 받을 것이라고 생각했습니다만 아직도 받지 못하고 있습니다. 그런데 지금 공은 한나라에 가까운 진나라 고을 해구(解口) 땅을 초나라에 주고 초나라 소영윤(小令

---

125) 원문은 '禽困覆車'. 禽은 일반적으로 鳥類를 가리키지만 禽獸를 일괄해서 禽이라 하는 경우도 있다.

尹)<sup>126)</sup>을 진나라 고을 두양(杜陽)에 봉했습니다.

이와 같이 하여 진나라와 초나라가 합세해 다시금 한나라를 치게 되면 한나라는 반드시 망하고 말 것입니다. 한나라가 망할 지경이라면 공중치도 몸소 그의 사병을 이끌고 진나라와 맞서 싸우게 될 것입니다. 부디 이 점을 깊이 생각해 주시기 바랍니다."

상수는 말했다.

"내가 진나라와 초나라를 연합시키려 하는 것은 한나라를 상대하려는 것이 아니오. 그대는 나를 위해 '진나라와 한나라의 국교는 화합의 여지가 있다.'고 공중치에게 전해 주시오."

소대는 삼가 대답했다.

"저도 공에게 드릴 말씀이 있습니다. 세상 사람들이 말하기를 '귀(貴)한 것을 얻게 되는 까닭을 귀히 여기는 사람은 그 귀함을 잃지 않는다.'고 합니다. 그런데 진나라 왕이 공을 친애하는 정도는 공손석에 미치지 못합니다. 또 공의 지혜를 인정하고 있는 정도는 감무만 못합니다.

그런데 공선석과 감무, 이 두 사람은 진나라의 국사에 참여하지 못하는데 공만이 왕과 함께 국사를 주재할 수 있는 이유는 무엇일까요? 두 사람에게는 그것을 잃게 된 이유가 있습니다. 즉 공손석은 한나라에 가깝고 감무는 위나라와 가깝기 때문에 왕께서 신임하지 않는 것입니다.

지금 초나라와 한나라가 서로 힘을 겨루는 마당에 공은 초나라 편을 들려고 하는데 이것은 공손석이나 감무와 같은 길을 걷는 것과 무엇이 다르겠습니까? 사람들은 초나라가 교묘하게 약속을 잘 바꾸므로 믿을 수 없다고 하는데 공께서는 그 같은 일은 없다고 주장하십니다. 이러면 공께서 초

---

126) 令尹은 楚의 官名으로 재상에 해당한다. 小令尹은 필시 令尹보다는 낮은 관직인 듯하나 확실치는 않다. 戰國時代 때 여러 나라의 관직제도는 대체로 확실히 알 수가 없다.

나라에 대한 책임을 진왕 앞에 지게 되는 것입니다.

공께서는 진나라 왕과 함께 초나라의 변덕에 대처할 계략을 마련하고 한나라와 친선을 도모해 초나라에 대비하는 것이 상책일 것입니다. 그렇게 하면 아무 염려할 것이 없습니다.

한나라는 처음에 나라 전부를 공손석에게 의지했고 뒤에는 나라를 감무에게 맡겼습니다. 이 두 사람은 공에게는 조금도 반갑지 않은 존재로서 그들에게 나라를 맡겼던 것만으로도 한나라는 공의 원수라고 할 수 있습니다. 그런데 공께서 한나라와 친선을 도모해 초나라에 대비할 것을 말하면 그것은 두 사람을 편드는 것이 되고 자기의 원수라도 쓸 만한 사람이면 추천을 꺼리지 않는 공명정대한 태도를 보여 주는 것입니다."

"그렇소. 나는 한나라와 진나라가 연합하는 것을 크게 찬성하오."

"감무는 앞서 진나라가 빼앗은 무수(武遂)를 되돌려 줄 것을 한나라 공중치에게 약속하고 의양에서 포로로 데려간 백성들을 돌려보낼 것을 약속했습니다. 그래서 지금 공께서 이것을 진나라 것으로 한다는 것은 지극히 어려운 일입니다."

"그러면 어떻게 하면 좋겠소? 무수만은 도저히 내 줄 수 없는데……."

"공은 어째서 진나라의 위세를 이용해 영천(穎川)을 한나라에 주라고 초나라에 요구하지 않습니까? 영천은 본시 한나라 땅으로 초나라에 빼앗긴 것입니다. 공이 요구하여 되돌려 받게 된다면 진나라의 명령이 초나라에서 시행되고, 또 잃은 땅을 찾아 주었으니 한나라에 덕을 베푸는 셈이 됩니다. 공이 요구하더라도 실현되지 못한다면 한나라와 초나라 사이의 원한은 풀리지 않고 두 나라가 서로 진의 환심을 사려고 할 것입니다. 진나라와 초나라가 강대하기를 다투고 있는 이때에 공이 점차로 초나라의 죄를 문책하고 한나라를 진나라에 끌어들이는 것은 진나라에게 유리한 것입니다."

"그러자면 어떻게 하면 좋은가?"

"좋은 수가 있습니다. 감무는 위나라를 이용해 제나라를 취하려 하며 공손석은 한나라를 이용해 제나라를 취하려 합니다. 지금 공은 의양을 공략해 공을 세웠으니 초나라와 한나라를 회유해 안심하고 진나라를 섬기게 하고 제나라와 위나라의 죄를 책하시면 감무와 공손석은 계략이 어긋나 진나라의 국사에 참여하지 못하게 될 것입니다."

그 사이에 감무는 진나라 소왕에게 말해 무수를 한나라 돌려주게 했다. 상수와 공손석은 이 일에 반대하고 나섰으나 그 뜻을 이루지 못했다. 두 사람은 그 일로 감무를 원망하고 중상하기 시작했다. 감무는 화가 미칠까 두려워 위나라 포판(浦阪)을 공격하다가 중단하고 진나라에서 도망치고 말았다. 저리자가 위(魏)나라와 화평을 맺고 싸움을 그쳤다.

감무는 진나라를 도망쳐 제나라에 들어가 소대(蘇代)를 만났다. 소대는 때마침 제나라 사신이 되어 진나라로 가려던 참이었다. 감무가 소대에게 말했다.

"나는 진나라에서 죄를 얻고 처벌이 두려워 도망쳐 나와 몸 둘 곳이 없는 형편입니다. 그런데 이런 이야기를 들은 적이 있습니다. 가난한 집 딸과 부유한 집 딸이 같은 장소에서 실을 뽑고 있는데 가난한 집 딸이, '나는 초를 살 수 없는데 당신 촛불은 다행히 여유가 있습니다. 원컨대 쓰고 남은 빛을 나에게 나눠 주지 않겠소? 당신의 그 밝은 빛을 손해 보지는 않을 것이며 나는 함께 그 덕을 보게 되는 것입니다.' 라고 말했다는 것입니다. 지금 나는 궁지에 빠져 있으나 당신은 장차 사신으로서 진나라에 가게 되어 있으니 요로(要路)의 인물입니다. 나의 처자는 진나라에 있습니다. 제발 당신의 남은 빛으로 그들을 구해 주십시오."

소대가 승낙하고 진나라에 가 사자로서 사명을 다하고 나서 진왕에게 이렇게 말했다.

"감무는 훌륭한 인물입니다. 진나라에 있을 때에는 혜왕, 무왕에게 중용되었습니다. 게다가 그는 효(殽)의 요새에서 귀곡(鬼谷)에 이르기까지 지형의 험하고 평탄함을 잘 알고 있습니다. 만약 그가 제나라를 충동해 한·위나라와 맹약을 맺게 하여 진나라를 공략하려 한다면 진에게 유리할 것은 없습니다."

"그렇다면 어떻게 하면 좋겠소?"

"대왕께서는 많은 예물과 후한 봉록을 약속하여 감무를 맞이해 들이는 것이 제일 좋습니다. 그가 돌아오면 귀곡에 살게 하고 종신토록 그곳을 나오지 못하게 하십시오."

"그렇게 하겠소."

이리하여 진나라의 소왕은 감무에게 상경(上卿)의 벼슬자리를 내리고 재상의 인수(印綬)를 줄 것을 약속하고는 제나라로부터 감무를 받아들이기로 했다. 그러나 감무는 가지 않았다. 소대가 제나라의 민왕에게 말했다.

"저 감무는 비범한 인물입니다. 지금 진나라에서는 그에게 상경(上卿)의 자리를 내리고 재상의 인수를 주겠다고 약속하여 맞아들이려 하고 있습니다. 그러나 감무는 대왕의 선물을 고맙게 여기고 대왕의 신하가 되고자 하여 진나라 상경 자리를 사양하고 진나라에 가지 않았습니다. 그렇다면 대왕께서는 그를 어떻게 예우하시겠습니까?"

그러자 제왕은 감무에게 상경의 벼슬을 주어 제나라에 머물게 했다. 이 소식을 들은 진나라에서는 감무의 가족에게 세금을 면제해서 우대하며 그를 얻기 위하여 제나라와 경쟁했다.

제나라는 감무를 초나라에 사신으로 보냈다. 초나라의 회왕(懷王)은 새로이 진나라와 혼인 관계를 맺고 있던 때라 진나라와 친선을 도모하고 있었다. 그래서 진나라는 감무가 초나라에 있다는 소식을 듣자 사람을

보내어,

"원컨대 감무를 보내 주시기 바랍니다."

하고 초나라 왕에게 청했다. 초왕은 범연(范蛹)에게 물었다.

"과인은 진나라에 재상을 추천했으면 하는데 누가 좋겠소?"

"신은 잘 모르겠습니다."

"감무를 진나라 재상으로 삼으면 어떻겠소?"

"그건 안 됩니다. 감무의 스승인 사거(史擧)라는 사람은 하채(下蔡)의 문지기로서 큰일에서는 인군을 섬기지 못하고 작은 일에서는 집안일도 제대로 다스리지 못합니다. 자신의 비천함도 부끄러워할 줄 모르며 그렇다고 청렴하고 정직하다는 평판이 난 것도 아닙니다. 감무는 그와 같은 인물을 순순히 좇아 스승으로 모셨던 사람입니다.

그러기에 감무는 현명한 혜왕과 명철한 무왕과 말 잘하는 웅변가인 장의를 받들어 여러 가지 관직을 역임하면서도 죄를 받은 적이 없이 지낼 수 있었던 것입니다. 감무는 참으로 현명한 인물입니다. 그렇지만 진나라의 재상으로 삼는 것은 옳지 않습니다. 진나라에 현명한 재상이 있다는 것은 초나라로서는 이로울 것이 없습니다.

또 대왕께서 일찍이 소활(召滑)을 월(越)나라의 재상으로 쓰도록 하셨을 때 소활은 대왕의 은혜를 생각하고 월나라 사람 장의(章義)에게 내란을 일으키게 함으로써 월나라는 어지러워졌습니다. 이로 인해 초나라는 남쪽으로 여문(厲門)을 막고 월나라 강동을 우리 속군(屬郡)으로 만들었습니다. 대왕께서 이 같은 공적을 거두시게 된 까닭을 생각해 보면 월나라가 어지러워지고 초나라는 그 틈을 타서 나라 안을 잘 통치했기 때문입니다.

그런데 대왕께서는 그 방법을 월나라에 쓸 줄은 아시면서 진나라에 쓸 줄은 모르고 계십니다. 신은 대왕께서 하시는 일이 크게 잘못되었다고 생각합니다. 대왕께서 만약 진나라에 재상을 두려고 하신다면 상수(向壽)와 같은 자가 적당합니다. 상수는 진나라 왕과 친한 사이입니다. 진나라 왕은 어릴 때 상수와 같은 옷을 입었고 자라서는 같은 수레를 타고 다녔으며 국사를 논할 때 그의 말을 잘 들어 주고 있습니다. 상수를 진나라 재상으로 두시는 것이 초나라에 이로울 것입니다."

초나라 왕은 진나라에 사신을 보내어 상수를 진나라의 재상으로 삼아 주기를 원한다고 청했다. 진나라는 상수를 재상으로 삼았다. 이리하여 감무는 끝내 두 번 다시 진나라에는 들어가지 못하고 위(魏)나라에서 죽었다.

감라(甘羅)는 감무(甘茂)의 손자다. 감무가 죽은 뒤 감라는 십이 세에 진나라 재상인 문신후(文信侯)와 여불위(呂不韋)를 섬겼다. 진나라 시황제(始皇帝)는 연나라를 회유하기 위해 강성군(剛成君) 채택(蔡澤)을 사신으로 보냈다. 3년이 지나 채택은 사명을 잘 끝냈고 연나라 왕 희(喜)는 태자 단(丹)을 진나라에 볼모로 보냈다. 진나라는 장당(張唐)을 파견해 연나라의 재상이 되게 하여 연나라와 함께 조나라를 쳐서 하간(河間)의 땅을 차지하려고 했다. 그런데 장당이 문신후에게 반대하여 말했다.

"신은 일찍이 진나라 소왕을 위해 조나라를 쳤습니다. 이 일로 인해 조나라는 신을 미워하여 '장당을 잡는 자에게는 사방 백 리의 땅을 주겠다.'고 포고하였습니다. 지금 연나라에 가려면 반드시 조나라를 거쳐야만 하기 때문에 도저히 갈 수 없습니다."

문신후는 불쾌했지만 강요할 수도 없어 그대로 있었다. 그러자 감라가 문신후에게 물었다.

"상공께서 몹시 불쾌한 얼굴을 하고 계신데 무슨 일이라도 있었습니까?"

"나는 강성군 채택으로 하여금 3년간 연나라를 섬기게 했고 그 결과 연나라의 태자 단을 볼모로 삼아 진나라로 오게 했다. 그래서 장경(張卿)[127]에게 연나라로 가서 재상이 되어 주었으면 좋겠다고 부탁을 했는데 가려고 하지 않는구나."

"신이 장당에게 가도록 부탁해 보겠습니다."

그러자 문신후는 꾸짖어 말했다.

"물러가거라. 내가 직접 부탁해도 듣지 않는데 너 따위가 어떻게 가게 하겠다는 것이냐?"

"항탁(項槖)은 일곱 살에 공자(孔子)의 스승이 되었습니다. 지금 신은 열두 살이옵니다. 무턱대고 그렇게 꾸짖지만 마시고 상공께서는 신을 한 번 시험해 보십시오."

이렇게 하여 감라가 장당을 만나 말했다.

"공께서는 무안군(武安君)과 비교해서 누구의 공이 더 크다고 생각하십니까?"

"무안군은 남쪽으로 강한 초나라를 꺾고 북쪽으로 연나라와 조나라를 위협하였으며 싸우면 이기고 치면 취하여 적의 성읍을 파괴한 것이 수를 헤아릴 수 없이 많다. 나의 공적 따위는 비교도 안 된다."

"응후(應侯 : 범저)가 진나라에 등용되어 요직에 있을 때의 상황과 문신후가 정권을 독점하고 있는 지금의 상태를 비교할 때 어느 쪽이 더 권세가 크다고 보십니까?"

"응후의 권세는 문신후를 따를 수 없다."

"공께서는 진심으로 그것을 인정합니까?"

"물론 인정한다."

"응후가 조나라를 치려고 했을 때 무안군이 그것을 비난했습니다. 그러

---

127) 卿은 이 경우엔 존칭이다.

자 무안군은 벼슬자리에서 쫓겨나 진나라의 수도 함양에서 칠십 리 떨어진 두우(杜郵)에서 금방 죽고 말았습니다. 지금 문신후께서는 몸소 공께 연나라의 재상이 되어 달라고 부탁을 하는데도 공께서는 연나라로 가려고 하지 않습니다. 이래서는 공께서도 어디서 죽게 될지 알 수 없습니다."

그러자 장당이 말했다.

"그대의 말대로 떠나기로 하겠네."

이리하여 장당은 감라에게 출발할 행장을 갖추게 하고 떠나는 날짜까지 정했다. 감라가 문신후에게 말했다.

"원컨대 저에게 수레 5대만 빌려 주십시오. 장당을 위해 조나라에 미리 일러두고 오겠습니다."

문신후는 대궐로 들어가 시황제에게 말했다.

"감무의 손자 감라는 나이 어린 소년에 지나지 않습니다만 유명한 집안의 자손이라 그 이름이 제후들에게 널리 알려져 있습니다. 지금 장당이 병을 칭탁해 연나라로 떠나려 하지 않는데 감라가 설득하여 떠나게 했습니다. 그리고 장당이 연나라로 떠나게 된다는 것을 자신이 직접 조나라에 통고하고 오겠다고 합니다. 보내도록 허락해 주십시오."

시황제가 감라를 불러 살펴 보고는 조나라에 사신으로 보냈다. 조나라의 양왕(襄王)은 교외까지 나와서 감라를 맞이했다. 감라는 조왕을 설득했다.

"대왕께서는 연나라 태자 단(丹)이 진나라에 볼모로 들어왔다는 사실을 들으셨습니까?"

"들었소."

"장당이 연나라의 재상이 되는 것도 들으셨습니까?"

"들었소."

"연나라의 태자 단이 볼모로 진나라에 와 있는 것은 연나라가 진나라를 속이지 않는다는 표시입니다. 장당이 연나라의 재상이 된다는 것은 진나라가 연나라를 속이지 않는다는 표시입니다. 연나라와 진나라가 서로 속이지 않게 되면 힘을 합해 조나라를 치게 될 것이므로 조나라로서는 위험한 일입니다. 연나라와 진나라가 서로 속이지 않는 이유는 다른 것이 아닙니다. 조나라를 쳐서 하간(河間)의 땅을 빼앗음으로써 그 판도를 넓히려는 것입니다.

대왕께서는 이 기회에 신을 통하여 진나라에 5개 성읍을 주고 하간 땅을 확보하는 것보다 더 좋은 일은 없습니다. 그렇게 하시면 저는 연나라의 태자를 돌려보내고 연나라와 진나라의 국교를 단절하여 진나라가 강한 조나라와 함께 약한 연나라를 치도록 주선하겠습니다."

조나라 왕은 그 자리에서 5개 성읍을 내어 주고 하간의 땅을 확보하기로 했다. 진나라는 연나라 태자를 돌려보냈다. 조나라는 연나라를 쳐서 상곡(上谷) 지방의 삼십 개 성읍을 빼앗아 그중 십일 개 성읍을 진나라에 주었다. 감라가 귀국하여 경과를 보고하자 진나라는 감라를 상경(上卿)으로 삼고 원래 감무가 가지고 있던 전지(田地)와 주택을 감라에게 내려 주었다.


태사공은 말한다.

"저리자는 진나라 왕과 골육 관계에 있었으므로 중용된 것은 당연한 이치다. 그렇지만 진나라 사람들이 저리자의 지혜를 칭찬했으므로 그의 사적(事蹟)을 많이 기록했다.

감무는 하채의 시골 마을에서 몸을 일으켜 제후들 사이에 이름을 떨치자 강한 제나라와 초나라에서 소중하게 등용되었다.

감라는 나이가 어렸으나 한 가지 기이한 꾀를 생각해 내어 그의 명성은 후세까지 알려지게 되었다. 독실한 군자는 아니었지만 그래도 전국 시대의 책사(策士)이기는 했다.

　진나라가 강성하게 되었을 당시 천하의 사람들은 이렇듯 모략과 사술
(詐術)로 기울어지고 있었던 것이다."

# 제12 양후열전(穰侯列傳)

양후(穰侯) 위염(魏冉)은 진나라 소왕(昭王)의 어머니인 선태후(宣太后)의 동생이다. 그 조상은 초나라 사람으로, 성은 미(羋)씨다.

진나라 무왕이 죽자 아들이 없었으므로 그 동생을 왕으로 세웠다. 이 사람이 소왕이다.

소왕의 어머니는 원래 이름이 미팔자(羋八子)[128]였는데 소왕이 즉위하자 선태후라 부르게 되었다. 선태후는 무왕을 낳은 어머니는 아니었다. 무왕의 생모는 혜문후(惠文后)인데 무왕보다 앞서 죽었다.

선태후에게는 동생이 둘 있었다. 아버지가 다른 큰 동생을 양후(穰侯)라고 했다. 성은 위(魏)씨요, 이름은 염(冉)이었다. 그리고 아버지가 같은 작은 동생을 미융(羋戎)이라 했다. 이 사람이 화양군(華陽君)이다. 소왕과 어머니가 같은 동생은 고릉군(高陵君) · 경양군(涇陽君)이다. 이들 가운데 위염이 가장 현명했다.

위염은 혜왕과 무왕 때부터 국사에 참여했다. 무왕이 죽고 여러 동생들이 왕위를 놓고 다투었을 때 위염의 힘으로 소왕이 즉위할 수 있게 되었다.

소왕이 왕위에 오르자 위염을 장군에 임명하고 진나라 도읍 함양을 호위하게 했다. 위염은 계군(季君 : 秦의 一門인 듯)의 난을 평정했으며, 무왕의 후비(后妃)를 추방하여 위나라로 보내고 소왕의 여러 형제들 가운데 불량한 자들은 모조리 멸하여 진나라에서 위세를 떨쳤다. 소왕의 나이가 어렸기 때문에 선태후가 섭정을 하고 위염에게 나라의 정치를 위임했다.

소왕 7년에 저리자가 죽자 경양군을 제나라에 볼모로 보냈다. 조나라

---

128) 八子는 女官의 호칭으로, 8등급 중에서 皇后부터 세어 제5위다.

사람 누완(樓緩)은 진나라에 와서 재상이 되었다. 조나라는 이 일이 불리하다고 생각하여, 구액(仇液)을 진나라에 사자로 보내 위염을 진나라의 재상으로 임명하도록 청하기로 했다. 구액이 출발하려 할 때 그의 식객인 송공(宋公)이 말했다.

"진나라가 당신의 말을 받아들이지 않더라도 누완이 당신을 원망할 것은 분명합니다. 당신은 누완에게 '공에 대한 청원은 공을 위해 너무 서두르지 않기로 하겠소.' 라고 말해 두는 편이 좋을 것 같습니다. 진나라 왕은 위염을 재상으로 임명했으면 좋겠다는 조나라의 청원이 그다지 급한 것이 아니라는 것을 알게 되면 공의 말과는 달리 오히려 위염을 재상으로 앉힐 것입니다. 공이 진왕을 설득했다가 뜻을 이루지 못한다 해도 누완에게 덕을 베푸는 것이 될 것이며, 뜻대로 되면 위염에게 덕을 베푼 셈이 됩니다."

구액은 그의 의견에 따랐다. 진나라는 누완을 파면시키고 위염을 진나라의 재상으로 임명했다. 그 후 위염은 여례(呂禮)를 주살하려 했는데 여례는 제나라로 도망쳤다.

소왕 14년, 위염은 백기(白起)를 등용하여 상수(向壽)를 대신해 장군에 임명하고 위, 한을 쳐서 이를 이궐(伊闕)에서 격파하고 목을 베기 이십사만, 위나라 장군 공손희(公孫喜)를 포로로 잡았다. 다음해 또 초나라의 완(宛)과 섭(葉)을 쳐서 빼앗았다.

위염이 병을 핑계 삼아 재상을 그만두자 객경(客卿 : 외국인으로서 그 나라에 와서 벼슬하는 사람)인 수촉(壽燭)이 재상이 되었다. 그 다음해에 수촉은 재상의 자리에서 물러났고 또 다시 위염이 재상이 되었다. 이때 진나라는 위염을 양(穰)에 봉하고 또 도(陶)를 영지로 주어 양후(穰侯)라고 불렀다.

양후는 봉함을 받은 지 4년 후에 진나라 장군이 되어 위나라를 공격했다. 위나라는 하동(河東) 사방 사백 리 땅을 진나라에 바쳤다. 또 위나라의 하내(河內)를 공략하여 대소(大小) 육십여 성읍을 빼앗았다.

소왕 19년, 진나라는 서제(西帝)라 칭했고 제나라는 동제(東帝)라 칭했다. 그 후 한 달 남짓 여례가 호칭을 논하자 제나라, 진나라는 제호(帝號)를 폐하고 다시 왕호(王號)를 썼다. 위염이 진나라 재상이 되었다가 6년 후에 그만두었는데 2년 뒤에 다시 진나라의 재상이 되었다.

그 4년 뒤에 백기(白起)로 하여금 초나라의 수도 영(郢)을 공략하게 하고 그곳에 남군(南郡)을 두었다. 그리고 백기를 봉하여 무안군(武安君)이라 했다. 백기는 양후가 추천한 사람이므로 두 사람은 사이가 좋았다. 양후의 부(富)는 왕실을 능가할 정도였다.

소왕 32년, 양후는 상국(相國 : 上位의 재상)이 되었다. 그후 군사를 이끌고 위나라를 공략하여 장군 망묘(芒卯)를 패주시키고 북택(北宅)으로 쳐들어가 마침내 위나라의 도읍 대량(大梁)을 포위했다. 위나라의 대부(大夫) 수가(須賈)가 양후를 설득했다.

"신은 위나라 대관(大官)이 위나라 왕에게 이렇게 말한 것을 들은 적이 있습니다.

'옛날 위나라 혜왕이 조나라를 쳤을 때 삼량(三梁)에서 이기고 조나라의 도읍 한단을 함락시켰습니다. 그러나 조나라는 땅을 위나라한테 할양하지 않았기 때문에 한단은 다시 조나라로 되돌려졌습니다.

또 제나라가 위(衛)나라를 쳤을 때 그 고도(故都)인 초구(楚丘)를 함락시키고 위나라 대부 자량(子良 : 衛의 大夫, 혹은 將軍의 이름)을 죽였습니다. 그러나 위(衛)나라는 땅을 제나라에 할양하지 않았기 때문에 고도는 위(衛)나라로 되돌려졌습니다.

위(衛)나라와 조나라가 나라를 보전하고 강한 병력을 유지하며 그 땅을 제후들에게 병합당하지 않았던 까닭은 어려움을 잘 참아 내면서 국토를 함부로 할양하지 않았기 때문입니다.

그런데 송(宋)나라와 중산(中山) 두 나라는 이따금 정벌당하고 그때마다 국토를 할양하여 다른 나라에 주었기 때문에 그로 인하여 멸망하게 되었던 것입니다. 신은 위(衛)나라와 조나라를 본받아야 하며 송나라와 중산 같은 정책은 경계해야 한다고 생각합니다.

진(秦)나라는 탐욕스럽고 포악한 나라로서 친해질 수 없는 나라입니다. 위(魏)나라를 잠식하고 지난날의 진(晉)나라 땅을 모두 빼앗으려 합니다. 일찍이 우리 장군 포연(暴鳶)을 이기자 여덟 현을 쪼개어 그 땅을 취하면서 그 땅이 채 진나라 것이 되기도 전에 또 다시 군대를 몰고 쳐들어왔던 놈들입니다.

대체로 진나라는 만족하는 일이 없습니다. 지금 또 망묘(芒卯)를 패주시키고 북택(北宅)을 침입했는데 이것은 결코 위(魏)나라를 침략하는 것 자체가 목적이 아닙니다. 그보다는 대왕을 위협하여 더 많은 땅을 할양받으려 하는 것입니다. 대왕께서는 절대로 들어 주어서는 안 됩니다.

이제 대왕께서 초나라와 조나라를 배반하고 진나라와 강화한다면 초나라와 조나라는 노하여 대왕과 손을 끊고 대왕과 다투며 진나라는 반드시 조나라와 초나라를 받아들이게 될 것입니다. 진나라가 초나라·조나라의 군사와 합세해 다시 위나라를 친다면 망하지 않으려고 아무리 애를 쓰더라도 어쩔 수 없습니다.

부디 대왕께서는 진나라와 강화하지 말기를 바랍니다. 만약 대왕께서 꼭 강화를 원하신다면 극히 조그마한 땅을 할양해 주시고 진나라에서 볼모를 받도록 하십시오. 그렇게 하지 않으신다면 반드시 속임을 당할 것입니다.'

이것은 신이 위(魏)나라에서 들은 이야기입니다. 바라옵건대 공께서는 이상의 것을 고려하여 일을 처리하시기 바랍니다.

≪주서(周書)≫에 '천명은 일정하지 않다.'고 했습니다. 행운이란 언제나 있는 것이 아니라는 뜻입니다. 생각해 보면 포연과 싸워 이겨서 여덟 현을 할양케 한 것은 군대가 정예롭기 때문도 아니고 계략이 교묘해서도 아닙니다. 천행(天幸)이 많았기 때문입니다. 또 망묘를 패주시키고 북택에 침입하여 대량을 공격하고 있는데 이것은 천행이 항상 공께 있다고 믿기 때문입니다.

그런데 지혜로운 사람은 그렇게 생각지 않습니다. 신은 '위(魏)나라는 백현(百縣)에서 선발된 병사들보다 더 많은 병사를 동원해 대량을 지킨다.'고 들었습니다. 생각해 보건대 그 병력이 삼십만 이하는 아닐 것입니다. 삼십만의 대병력으로 일곱 인(靭)[129]이나 되는 높고 견고한 성을 지키는 것이기 때문에 은나라의 탕왕이나 주나라의 무왕이 다시 태어난다 해도 쉽게 함락시킬 수는 없을 것입니다.

도대체 경솔하게 초나라, 조나라의 군사를 배후에 남겨 두고 높고 견고한 성벽을 기어올라 삼십만의 대군과 싸워 성을 함락시키겠다는 것은 신의 생각으로는 천지개벽 이래 지금까지 한 번도 그와 같은 예는 없었습니다.

공략이 실패할 경우 진나라 군사는 반드시 피폐하고 공의 봉읍인 도(陶)는 역습을 당해 틀림없이 망하게 될 것입니다. 그렇게 되면 지금까지의 공로는 수포로 돌아가고 맙니다.

지금 위나라는 어떻게 하면 좋을지 몰라 갈팡질팡하고 있습니다. 그러니 다소의 땅을 할양케 하여 사태를 수습할 수 있을 것입니다. 제발 초나라와 조나라의 병사가 위나라에 이르기 전에 빨리 약간의 땅을 할양케 하

---

129) 원문은 '七靭之城'. 靭은 길이의 단위로 4尺을 1靭으로 한다. 단, 7尺을 1靭으로 한다는 說과 8尺을 1靭으로 한다는 說이 있어서 8尺으로 한다면 56尺, 약 13미터이다. 고대의 尺은 후세의 尺보다 짧다.

여 위나라와의 분쟁을 수습해 주십시오. 위나라는 지금 당황하고 있으니 약간의 땅을 할양하여 화친할 수 있다면 틀림없이 그것을 바랄 것입니다. 그러면 공께서도 어디든지 원하는 땅을 얻을 수 있습니다.

초나라와 조나라는 위나라가 자기들보다 앞서 진나라와 강화한 것에 노하여 다투어 진나라를 섬기게 될 것입니다. 그렇게 되면 합종은 무산되어 버립니다. 그러면 공께서 원하시던 일을 이룰 수 있을 것입니다. 그리고 공께서 땅을 얻으려 할 때 병력을 사용할 필요도 없습니다.

원래의 진(晉)나라 땅을 갈라 가지고 싶다면 진(秦)나라 군대가 치지 않더라도 위나라는 틀림없이 강(絳), 안읍(安邑)을 내놓게 될 것이며 또 도(陶)에 통하는 남북의 두 길을 개통할 것입니다. 이렇게 원래의 송나라 땅을 거의 다 손에 넣게 되면 위(衛)나라는 틀림없이 선보(單父)를 내놓을 것입니다. 진(秦)나라 군사는 한 명도 희생시키지 않고 공께서는 무엇이든 원하는 대로 얻을 수 있으며, 무슨 일을 해도 성공 못할 것이 없습니다. 바라옵건대 공께서는 숙고하셔서 대량을 포위하는 것과 같은 위험한 일은 하지 마십시오."

그러자 양후는,

"좋소."

하고 말하고 대량의 포위를 풀었다.

그 다음해 위나라가 진나라를 배반하고 제나라와 합종 친교했다. 진나라는 양후를 시켜 위나라를 치게 했다. 목을 자른 것이 사만 명, 위나라 장군 포연을 패주시키고 위나라의 세 현(縣)을 손에 넣었다. 양후는 봉읍을 더 받게 되었다.

그 다음해 양후는 백기(白起)와 객경인 호양(胡陽)과 함께 다시 조나라, 한나라, 위나라를 치고 망묘를 화양(華陽), 성하(城下)에서 격파하여 목을 자른 것이 십만, 위나라의 권(卷), 채양(蔡陽), 장사(長社)와 조나라의 관진

(觀津)을 탈취했다. 그런데 관진을 조나라에 돌려주고 응원군을 보내어 제나라를 치려 했다. 제나라의 양왕(襄王)은 두려워하며 소대(蘇代)에게 명하여 비밀리에 다음과 같은 편지를 양후에게 보냈다.

"신은 길을 가던 사람들이 '진나라는 바야흐로 조나라에 무장병 사만 명을 원군으로 주어 제나라를 치려고 한다.'고 말하는 것을 들었습니다. 그래서 신은 조용히 우리 제나라 왕께, '진나라 왕은 현명하여 계략이 능숙하고 양후는 지혜로워 모든 일에 익숙하므로 결코 조나라에 무장병 사만 명을 원군으로 주어 제나라를 치게 하지는 않을 것입니다.'하고 단언했습니다. 왜냐하면 삼진(三晉 : 韓・魏・趙)이 연합하는 것은 진(秦)나라에게는 깊은 원수가 되기 때문입니다.

삼진은 백 번이나 진나라를 배반하고 백 번이나 진나라를 속였으나 그다지 불신하지도 않고 또 불의하다고 생각지도 않습니다. 지금 진나라가 제나라를 격파해 조나라를 살찌게 하면 초나라는 진나라의 깊은 원수이기 때문에 진나라가 불리합니다. 이것이 그 첫 번째 이유입니다.

진나라의 참모는 이렇게 말할 것입니다. '삼진과 초나라가 제나라를 치면 격파될 것이며 삼진과 초나라도 피폐해진다. 그러면 진나라는 삼진과 초나라마저 제압할 수 있을 것이다.'라고 말씀드리겠지요. 그런데 제나라는 원래 피폐한 나라입니다. 천하 제후들의 군사를 가지고 제나라를 친다는 것은 천 균(千鈞)이나 되는 무게의 쇠뇌로 터지려는 종기를 쏘는 것과 같아 제나라는 쉽게 멸망하겠지만 삼진과 초나라를 피폐하게 할 수는 없습니다. 이것이 두 번째 이유입니다.

진나라가 소수의 군사를 원군으로 보낸다면 삼진과 초나라는 진나라를 신용하지 않을 것이며, 그렇다고 대규모의 원군을 보내면 삼진과 초나라는 진나라에 제압되어 진나라가 제나라를 치게 될 것입니다. 제나라는 두려워 진나라를 좇지 않고 틀림없이 삼진과 초나라를 좇을 것입니다. 이것이 그 세 번째 이유입니다.

진나라가 제나라 땅을 할양 받아 삼진과 초나라에 그 땅을 나누어 주면 삼진과 초나라가 병사를 배치해 그 땅을 지키게 될 테니 진나라는 도리어 적을 만들어 놓는 것이나 다름없습니다. 이것이 그 네 번째 이유입니다.

진나라가 삼진과 초나라를 도와 제나라를 치는 것은 삼진, 초나라가 진나라를 이용해 제나라 땅을 빼앗고 제나라를 이용해 진나라 땅을 빼앗는 결과가 됩니다. 이것은 삼진, 초나라가 지혜로우며 진나라와 제나라가 너무나 어리석은 것이 되므로 진나라는 결코 그렇게 하지 않을 것입니다. 이것이 그 다섯 번째 이유입니다.

그러니 진나라는 안읍을 얻어 잘 통치해야 합니다. 그렇게만 하면 아무 우환도 없을 것입니다. 진나라가 안읍을 보유하면 한나라는 결코 상당(上黨)을 지킬 수 없습니다. 천하의 위장이라고 할 만한 상당을 얻는 것과 출병하여 무사히 돌아올 것인가를 걱정하는 것 중 어느 쪽이 진나라의 이익이 되겠습니까? 그런 까닭에 신은 '진나라 왕은 현명하여 계략에 숙달하고 양후는 지혜로워 매사에 능숙하므로 조나라에 무장병 사만 명을 원군으로 주어 제나라를 치도록 하는 일은 결코 없을 것이다.' 라고 한 것입니다."

이 편지를 읽은 양후는 제나라로 가는 것을 그만두고 군사를 이끌고 되돌아왔다.

소왕 36년, 상국 양후는 객경 조(竈)와 상론하여 제나라를 쳐서 강(剛), 수(壽)를 차지해 자기의 봉읍을 넓히려 했다.

이때 위나라 사람 범저(范雎 : 뒤의 第十九 范雎‧蔡澤列傳에 나옴)는 양후가 제나라를 치기 위해 삼진(三晉)을 넘어 제나라를 공격한 무모함을 비난하는 주장을 진나라 소왕에게 설명했다. 이에 소왕은 범저를 등용했다.

범저는 선태후가 전제(專制)하는 점, 또 양후가 권세를 멋대로 휘두르는 일, 경양군·고릉군의 무리가 매우 사치하여 왕실보다도 더 부유하다는 점들을 지적해 말했다. 이리하여 소왕도 깨닫는 바가 있어 상국 양후를 파면시키고 경양군 등 일족을 모두 함곡관 밖으로 보내어 각기 자기 봉읍에서 살도록 명했다.

양후가 함곡관을 나갈 때 그 짐수레가 천 대를 넘었다. 양후는 도(陶)에서 죽어 그곳에 묻혔다. 진나라는 도를 회수하여 현(縣)으로 삼았다.

태사공은 말한다.

"양후는 소왕의 외숙부다. 진나라가 동쪽으로 영토를 넓히고 제후의 세력을 약화시켜 한때 천하를 향해 제호(帝號)를 사용하고 천하의 제후들로 하여금 서쪽을 향해 머리를 숙이게 한 것은 모두가 양후의 공적이다. 그렇지만 양후의 고귀함이 극도에 달하고 부유함이 넘쳐 흐를 때 이름도 없는 한 사람[130]이 왕에게 그를 헐뜯어 말하자 양후는 그의 높은 신분이 좌절되고 권세를 잃게 되어 울분이 터져 죽었다. 왕족의 한 사람임에도 이러하거늘, 하물며 뜨내기로 들어온 신하의 경우에야!"

---

130) 범저를 가리킨다. 이때는 아직 명성이 없고 昭王에게 빌붙어 있던 참이었다.

# 제13 백기·왕전열전(白起·王翦列傳)

백기(白起)는 미(郿) 사람이다. 군사를 부리는 기술이 능숙하였으며 진(秦)나라 소왕(昭王)을 섬겼다.

소왕 13년, 백기는 좌서장(左庶長)[131]이 되고 나서 장군으로서 한(韓)나라 신성(新城)을 공격했다. 이해에 양후가 진나라의 재상이 되어 임비(任鄙)를 등용해 한중(漢中)을 지키게 했다. 그 다음해 백기는 좌경(左更)이 되어 한나라·위나라와 이궐(伊闕)에서 싸워 목을 자른 것이 이십사만, 적장 공손희(公孫喜)를 사로잡고 다섯 성읍을 빼앗았다.

백기는 승진해 국위(國尉)[132]가 되어 황하를 건너 한나라 안읍(安邑)에서부터 동쪽 건하(乾河)에 이르는 땅을 점령했다. 다음해 백기는 대량조(大良造)가 되어 위나라를 공략해서 크고 작은 성읍 육십일 개를 빼앗았다.

다음해 백기는 객경 착(錯)[133]과 함께 원성(垣城)을 쳐서 이를 함락시켰다. 그 5년 후에 백기는 조나라를 공격해서 광랑성(光狼城)을 빼앗았다. 그로부터 7년 후에는 초나라를 쳐서 다섯 성을 함락시켰다.

그 이듬해 초나라를 쳐서 수도인 영(郢)을 빼앗고 이릉(夷陵)을 불태웠으며 동쪽으로 경릉(竟陵)까지 진출했다. 초나라 왕은 영을 떠나 동쪽으

---

131) 秦의 위계제도는 십팔 등급으로 되어 있다. 최하위를 公士라 하고 최상위를 大庶長이라 한다. 그 위에 있는 關內侯와 列侯까지 합치면 20位가 된다. 左庶長은 밑에서부터 제11位, 다음의 左更은 제12位, 또 大良造는 大上造라고도 하며 제16位이다. 이 위계는 원래 군대에서 쓰는 것으로, 제1位인 公士에서 제4位인 不更까지는 하사관에 해당하고 제5位인 大夫부터 장교에 해당한다.
132) 관직명이지 위계는 아니다. 漢의 太尉나 대장군과 비슷하다는 주석이 있는데 漢의 太尉는 三公 중 하나로 최고의 관직이며 군사를 담당했다. 戰國時代에도 尉는 무관에게 주어진 칭호였으며 國尉 외에 都尉도 있었다. 國尉는 총사령관 격이었다.
133) 客卿은 다른 나라에서 와서 일하는 사람. 錯은 사람 이름으로, 아마 司馬錯일 것이다. 司馬遷의 선조임이 太史公自序에 보인다.

로 도망가 도읍을 진(陳)으로 옮겼다. 진(秦)나라는 빼앗은 영 땅을 남군(南郡)으로 했다.

백기는 승진하여 무안군(武安君)이 되었다. 무안군은 다시 초나라를 빼앗고 무군(巫郡)과 검중군(黔中郡)을 평정했다.[134]

소왕 34년, 백기는 위(魏)나라를 쳐서 화양(華陽)을 점령해 적장 망묘(芒卯)를 패주시켰고 삼진(三晉 : 韓・魏・趙)의 장군을 사로잡았으며 적병 십삼만 명의 목을 베었다. 또 조나라 장군 가언(賈偃)과 싸워 그 사졸 이만 명을 황하(黃河)에 장사 지냈다.

소왕 43년, 백기는 한나라의 형성(陘城)을 공격해 5개 성읍을 함락시키고 목을 벤 것이 오만 명이었다.

소왕 44년, 백기는 한나라의 읍 남양(南陽)을 쳐서 대행산(大行山) 통로를 차단했다.

소왕 45년, 백기는 한나라 야왕(野王)을 쳤다. 야왕이 진나라에 항복하자 상당(上黨)으로 가는 통로가 끊겼다. 상당의 태수 풍정(馮亭)은 백성들과 이렇게 상의했다.

"한나라의 국도인 정(鄭)으로 가는 길이 끊겼으므로 한나라는 이제 이곳 백성들을 보호할 수 없을 것이다. 진나라 군사는 날마다 진격해 오는데 한나라는 이에 응전할 길이 없다. 이렇게 된 바에야 우리 상당을 조나라에 귀속시키는 편이 나을 것 같다. 조나라가 상당을 받아들이면 진나라는 노하여 틀림없이 조나라를 공격할 것이다. 조나라가 진나라 군사에게 공격을 당하면 반드시 한나라와 친해지게 될 것이다. 한나라와 조나라가 연합하면 진나라에 대항할 수 있다."

---

134) 원문은 '定巫黔中郡'. 여기에서는 楚에 2개의 군이 있었고 그것을 秦이 빼앗은 것처럼 보이지만 사실은 두 군데 땅을 秦이 차지한 후에 그곳에 2개의 郡을 두었던 것이다.

그래서 사자를 보내 조나라에 이 취지를 통고했다. 조나라 효성왕(孝成王)은 평양군(平陽君), 평원군(平原君)과 함께 이 일을 놓고 계략을 논했다. 평양군이 말했다.

"받아들이지 않는 편이 좋겠습니다. 그렇게 함으로써 생기는 화가 이득보다 더 클 것입니다."

그런데 평원군은 이렇게 말했다.

"이렇다 할 조건 없이 한 군(郡)을 얻는 것이니 받아들이는 편이 이롭습니다."

조나라는 받아들이기로 하고 풍정(馮亭)을 화양군(華陽君)에 봉했다.

소왕 46년, 진나라는 한나라의 유지(緱氏)와 인(藺)을 공격해 손에 넣었다.

47년, 진나라는 좌서장(左庶長) 왕흘(王齕)을 파견해서 한나라를 치게 하여 상당을 점령했다. 상당의 백성들은 조나라로 달아났다. 조나라는 장평(長平)에 진을 치고 상당의 백성을 진정시키고 다스렸다.

4월에 왕흘이 조나라를 쳤다. 조나라는 염파(廉頗)를 장군으로 임명했다. 조나라 사졸이 진나라의 척후병을 맞아 싸움을 걸었는데 진나라의 척후병이 조나라 부대장 가(茄)를 베었다.

6월, 진나라 군대는 조나라 군대를 쳐부수어 두 군데 보루를 빼앗고 장교 4명을 사로잡았다.

7월, 조나라 군대는 누벽(壘壁)을 구축하고 이것을 지켰다. 진나라는 그 누벽을 공격해 2명의 장교를 사로잡고 진지를 격파했으며 다시 서쪽 누벽을 빼앗았다. 염파는 누벽을 견고히 하고 진나라 군대가 공격해 오기를 기다렸다. 진나라 군대가 자주 도전했지만 조나라 군대는 누벽에서 나오지 않았다. 조나라 왕은 진나라 군사에 적극적으로 응전하지 않는 염파의 태도를 자주 책망했다.

진나라 재상 응후(應侯)는 사람을 보내어 조나라에 천금을 뿌려 이렇게 역선전을 했다.

"진나라가 경계하고 있는 것은 다만 마복군(馬服君)135)의 아들 조괄(趙括)이 장군이 되는 것이다. 그것만을 두려워할 뿐이다. 염파는 크게 두려워할 상대가 아니다. 머지않아 진나라에 항복할 것이다."

그때까지 조나라 왕은 염파의 군대에 전사자와 도망병이 많고 싸움에 자주 패했는데도 누벽을 견고하게 쌓을 뿐 응전하지 않는 것에 노한 데다가 진나라의 역선전을 듣자 염파 대신 조괄을 장군으로 삼아 진나라를 공격하게 했다.

진나라는 마복군의 아들이 장군이 되었다는 말을 듣고 은밀하게 무안군 백기를 상장군(上將軍)으로 삼고 왕흘을 부장(副將)으로 삼은 다음, 군진에 '무안군이 장군으로 부임한 것을 누설하는 자는 참죄한다.'고 포고했다.

조괄은 임지에 도착하자 병사를 동원해 진나라를 공격했다. 진나라 군대는 거짓으로 패하여 달아나는 척하면서 복병으로 조나라 군대를 위협할 계획을 세웠다. 조나라 군대는 승세를 타고 추격하여 진나라의 누벽에 육박했으나 진나라 군사들은 누벽을 굳게 방비하고 저항했으므로 더 이상 쳐들어갈 수가 없었다.

진나라는 복병 한쪽 편 이만오천 명을 조나라 군대의 배후를 차단하고 또 다른 한 편의 오천 기병을 조나라 군대와 그 누벽 사이의 연락을 차단하게 했다. 조나라 군대는 둘로 갈라져 양식을 나르는 길조차 끊기고 말았다.

---

135) 원문은 '馬服子'. 趙括의 아버지 趙奢는 馬服君에 봉해졌다. 따라서 '馬服의 아들'로 해석할 수도 있다. 그런데 馬服子는 趙括의 칭호라는 설도 있다.

그러자 진나라 군사는 경장병(輕裝兵)을 내어 공격했다. 조나라 군대는 응전하면 불리하다고 생각하여 누벽을 구축하고 굳게 지키면서 원군이 도착하기를 기다렸다. 진나라 왕은 조나라의 식량 보급로가 끊겼다는 말을 듣자 몸소 하내(河內)에 들어가 백성들에게 각각 작(爵) 일급(一級)을 주고 나이 십오 세 이상 된 자들을 정발해 장평(長平)으로 보내 조나라의 원군과 보급로를 차단시켰다.

9월이 되어 양식 보급로가 끊긴 지 사십육 일에 이르니 조나라의 사졸들은 서로 몰래 죽여 인육(人肉)을 먹었다. 그러면서 4개 부대를 조직해 진나라 보루를 몇 차례 되풀이하여 공격해 보았으나 탈출할 수가 없었다. 장군 조괄은 정예 부대를 이끌고 분전했으나 진나라 군대는 활을 쏘며 응전했다. 조괄의 군대는 패하여 병졸 사십만이 무안군에게 항복했다.

무안군은 생각했다.

"앞서 진나라가 상당을 공략했다. 그런데 상당의 주민들은 진나라 백성이 되기를 기뻐하지 않고 조나라에 귀속했다. 조나라 군졸들은 이랬다저랬다 하기 때문에 모두 죽여 버리지 않으면 장차 반란을 일으킬지도 모를 일이다."

그리하여 속임수를 써서 모두 다 구덩이에 처넣어 죽여 버렸다. 다만 나이 어린 아이들 이백사십 명만을 살려주어 조나라에 돌려보냈다. 앞뒤를 통해 조나라 군사로서 이렇게 머리를 베인 자와 포로가 된 자가 사십오만 명에 달했다. 조나라 사람들은 몹시 떨며 두려워했다.

소왕 48년 시월, 진나라는 또 다시 상당군을 평정했다. 진나라는 군대를 두 부대로 나누어 왕흘은 피뢰(皮牢)를 쳐서 함락시키고 사마경(司馬梗)은 태원(太原)을 평정했다. 한나라와 조나라는 두려워하며 소대(蘇代)에게 명해 선물을 후하게 보내서 진나라 재상 응후(應侯)를 설득하도록 했다.

"무안군이 마복군의 아들을 포로로 하였습니까?"

"그렇소."

"이번에는 한단을 포위하겠지요?"

"그렇소."

"무안군이 진나라를 위해 싸워 이기고 쳐서 빼앗은 성읍이 칠십여 개나 됩니다. 남쪽으로는 언(鄢), 영(郢), 한중(漢中)을 평정했고 북쪽으로는 조괄이 이끄는 전군을 포로로 했습니다. 저 주공(周公) 단(旦), 소공(召公) 석(奭), 태공망(太公望) 여상(呂尙)의 공훈도 이 이상 되지는 못합니다.

조나라가 망하고 진나라 왕이 천하의 제왕에 오르면 무안군은 틀림없이 삼공(三公)이 되겠지요. 그때 공께서는 무안군보다 아랫자리에 서게 되는 것을 참을 수 있겠습니까. 그의 아랫자리에 서는 것을 참을 수 없겠지만 어찌할 수도 없을 것입니다.

진나라는 일찍이 한나라를 칠 때 형구(刑丘)를 포위해 상당(上黨)을 괴롭혔으나 상당의 백성들은 진나라에 귀속하지 않고 조나라에 귀속했습니다. 천하의 사람들이 진나라 백성이 되는 것을 달가워하지 않은 지 이미 오래 되었습니다. 지금 조나라를 멸망시킨다면 그 북방의 땅은 연나라로 돌아가고 동쪽의 땅은 제나라로 돌아가고 남쪽의 땅은 한·위나라로 돌아가게 되어 공께서 얻게 되는 백성은 얼마 되지 않을 것입니다.

그런 까닭에 이번의 전승을 이용하여 한·조나라한테 땅을 바치게 하는 조건으로 강화를 맺고 무안군의 공훈으로 하지 않는 것이 좋을 것입니다."

그래서 응후가 진나라 왕에게 아뢰었다.

"진나라 군대는 싸움에 지쳐 있습니다. 한나라와 조나라가 땅을 할양해 화친을 청하는 것을 허락하시고 또 우리 병사들을 휴식시키는 것이 좋을 줄 압니다."

진나라 왕이 이 말을 받아들여 한나라의 원옹(垣雍)과 조나라의 6개 성읍을 할양하게 하여 강화했다. 그리고 정월에 군대를 모두 철수시켰다. 무안군은 이 일로 응후와 사이가 나빠졌다.

그해 9월[136] 진나라는 다시 군대를 동원해 오대부(五大夫, 秦의 위계에서 제9위)인 왕릉(王陵)에게 명해 조나라의 한단을 치게 했다. 이때 무안군은 병에 걸려 출정할 수 없었다.

소왕 49년 정월, 왕릉이 한단을 공격했으나 별로 성과를 거두지 못하자 진나라가 군대를 증원해 왕릉을 도왔다. 그런데 왕릉의 군대는 5명의 장교를 잃었다. 무안군의 병이 낫자 진나라 왕은 왕릉 대신 무안군을 장군으로 삼으려 했다. 그러자 무안군이 말했다.

"한단을 공격하기란 쉽지 않습니다. 또 제후들의 지원군이 날이 갈수록 많이 도착할 것입니다. 저 제후들이 진나라를 원망해 온 것은 이미 오래 전부터였습니다. 지금 진나라는 장평(長平)의 적군을 격파했다고는 하지만 진나라의 병졸은 절반 이상이 죽었고 나라 안에 장정은 거의 없습니다. 그런데도 우리 진나라는 멀리 산하를 넘어 타국의 도읍을 공격하려고 합니다. 조나라 군대가 안에서 응전하고 제후들의 원군이 밖에서 쳐들어 온다면 진나라 군대는 틀림없이 패하고 맙니다. 한단을 공격해서는 안 됩니다."

진나라 왕은 강력히 명령했으나 무안군은 출전하지 않았다. 그래서 진나라 왕은 응후를 시켜 간청해 보았으나 무안군은 끝내 사퇴하고 병을 핑계로 들어앉았다. 진나라 왕은 왕릉 대신에 왕흘(王齕)을 장군으로 삼았다. 8, 9개월 동안이나 왕흘이 한단을 포위했으나 함락시키지는 못했다.

초나라는 춘신군(春申君)과 위나라 공자(公子) 신릉군(信陵君)으로 하여금 병력 십만을 이끌고 진나라 군대를 치게 했다. 진나라 군사는 많은 사상자와 도망자를 냈다. 그러자 무안군은 사람들에게 말했다.

---

136) 이 전후의 年月에 잘못이 있는 것 같은데 〈史記〉 秦本紀의 기록도 똑같이 되어 있다.

"진나라 왕이 나의 계략을 받아들이지 않더니 그 결과 지금 어떻게 되었는가?"

진나라 왕이 이 말을 듣고 노하여 무안군을 강제로 출전시키려고 했으나 무안군은 중병을 칭탁하고 응하지 않았다. 응후가 간청해도 소용이 없었다. 이에 진왕은 무안군을 일개 병졸로 강등시켜 음밀(陰密)로 이주하라 명했으나 무안군은 병으로 급히 떠나지 못했다.

그동안 3개월이 지나 제후의 군사들이 진나라 군대를 맹렬히 공격하니 진나라 군대는 그때마다 퇴각했다. 위급함을 알리는 사자가 날마다 진나라 도읍으로 들어왔다. 그러자 진나라 왕은 사람을 보내어 백기(白起, 무안군)를 내쫓아 진나라 도읍 함양의 성중에 더 이상 머물러 있지 못하도록 했다. 무안군이 함양의 서문(西門)을 나와 십 리 밖 두우(杜郵)에 이르렀다.

진나라의 소왕은 응후와 뭇 신하들을 불러 의논했다.

"백기가 떠날 때 그 마음속에 원한이 있어 순응하지 않고 원망하는 말까지 했소."

진나라 왕은 사자를 보내 무안군에게 검(劍)을 내려 자결할 것을 명했다. 무안군은 검을 받아 자기의 목에 대고는 말했다.

"내가 하늘에 어떤 죄를 지었기에 이런 벌을 내리는 것인가?"

그리고 잠시 동안 있다가 다시 이렇게 말했다.

"나는 원래 죽어야 할 몸이다. 장평의 전쟁 때 항복한 조나라의 병졸이 수십만 명이었는데 나는 그들을 속여 모두 땅속에 묻어 죽였다. 그 죄만으로도 나는 죽어 마땅하다."

백기는 마침내 자결했다. 진나라 소왕 51년 11월의 일이다. 무안군이 죽기는 했지만 그 자신이 죄를 범했기 때문은 아니었으므로 진나라 사람들은 그를 불쌍히 생각했으며 지방의 고을에서는 모두 무안군의 제사를 지냈다.

왕전(王翦)은 빈양(頻陽)의 동향(東鄉) 사람이다. 젊었을 때부터 병법을 좋아해 진나라 시황제를 섬겼다.

진나라 시황제 11년, 왕전은 장군으로서 조나라의 알여(閼與)를 쳐서 격파하고 아홉 개 성읍을 함락시켰다.

시황제 18년, 왕전은 조나라를 공격하기 1년 남짓하여 마침내 조나라를 격파했다. 조나라 왕은 항복했다. 조나라 땅을 모두 평정해 진나라 군(郡)에 편입시켰다. 그 다음해 연나라가 형가(荊軻)를 보내어 진나라 왕을 찔러 죽이려 했다. 진나라 왕은 왕전에게 명해 연나라를 치게 했다. 연나라 왕 희(喜)는 요동(遼東)으로 도망가고 왕전은 연나라 국도인 계(薊)를 평정하고 돌아왔다.

진나라는 왕전의 아들 왕분(王賁)에게 명해 형(荊 : 진나라에서 초나라를 지칭할 때 쓰는 칭호)을 치게 했다. 형의 군사는 패했다. 왕분이 귀환하며 위나라를 치자 위나라 왕은 항복했다. 마침내 위나라 땅을 평정했다. 이리하여 진나라 시황제는 삼진(三晉)을 멸망시키고 연나라 왕을 패주시켰으며 초나라 군사를 격파했다.

진나라 장군 이신(李信)은 나이가 젊고 용맹하고 씩씩했다. 일찍이 병력 수천 명을 이끌고 연나라 태자 단(丹)의 군사를 추격하여 연수(衍水)에서 수전(水戰)을 벌여 연나라의 군사를 쳐부수고 단을 사로잡았다. 시황제는 이신을 현명하고 용감한 인물이라고 생각해 그에게 물었다.

"과인은 형(荊)을 공략하고 싶은데 장군의 생각으로는 어느 정도의 병력이 있으면 할 수 있을 것 같소?"

"이십만 명이면 충분하다고 생각합니다."

진시황이 이번에는 왕전에게 물었다.

그러자 왕전은 이렇게 대답했다.

"육십만 명이 아니면 불가능할 것입니다."

진시황이 말했다.

"왕 장군도 이제 늙었구려. 어찌 그리도 겁이 많은가. 이 장군은 과연 그 기세가 용맹하고 씩씩하도다. 그의 말이 옳을 것이오."

그래서 결국 이신과 몽염에게 명해 이십만 명의 병력을 이끌고 남쪽으로 형을 치게 했다. 왕전은 자기의 의견이 받아들여지지 않았기 때문에 빈양(頻陽)으로 돌아가 은거했다.

이신은 평여(平輿)를 치고 몽염은 침(寢)을 쳐서 형군을 크게 격파했다. 이신은 또 언(鄢), 영(郢)을 공격해 함락시키고 군사를 이끌고 서쪽으로 나아가 몽염과 성보(城父)에서 만났다.

형나라 군사는 이신 군대의 뒤를 밟아 사흘 낮 사흘 밤을 휴식도 없이 잠도 자지 않고 추격하여 크게 깨뜨리고 두 곳의 누벽에 돌입해 도위(都尉) 일곱 명을 죽였다. 진나라 군대는 패해서 달아났다. 진시황은 이 말을 듣자 크게 노했으며 몸소 마차를 달려 빈양까지 가서 왕전을 만나 사과했다.

"과인이 장군의 계략을 쓰지 않았기 때문에 진나라 군대의 명예를 이신이 욕되게 했소. 지금 들은 바에 의하면 형나라 군사는 날마다 진격해 서쪽으로 진군하고 있다 하오. 장군이 병중이라고는 하지만 과인을 이대로 버릴 수야 있겠소?"

"노신(老臣)은 병 때문에 지쳐서 생각도 어지럽고 전혀 쓸모없는 몸입니다. 바라옵건대 대왕께서는 다른 현명한 장수를 선발하십시오."

시황제는 사과하며 말했다.

"그러지 마시오, 장군. 그와 같은 말은 두 번 다시 말아 주오."

"대왕께서 부득이 신을 쓰실 의향이시라면 신도 더 이상 사양하지는 않겠습니다만 육십만의 병력을 주시지 않는다면 받아들일 수가 없습니다."

"장군의 생각대로 하겠소."

그리하여 왕전은 육십만의 대군을 거느린 장군의 되었다. 시황제는 몸소 패수(灞水) 근처까지 왕전의 출병을 전송했다. 왕전은 출전의 대가로 상등의 전지(田地)와 저택과 원지(園池)를 내려줄 것을 청했다. 시황제는 말했다.

"장군, 떠나시오! 가난 같은 것을 걱정할 필요가 있겠소."

"대왕의 장군이 된 사람은 아무리 공훈이 있다 하더라도 후(侯)에 봉함을 받지 못합니다. 그러므로 대왕의 어의(御意)가 신에게 쏠려 있을 때 신도 기회를 잃지 않고 원지를 청해 자손들의 재산을 만들어 두려고 할 뿐입니다."

시황제가 크게 웃었다. 왕전이 관소(關所)[137]에 도착한 후에도 사자를 다섯 번이나 보내 좋은 전지를 하사해 주기를 청원했다. 어떤 사람이,

"장군의 청원은 너무 지나치십니다."

하고 말하자 왕전이 말했다.

"그렇지 않소. 진나라 시황은 성질이 거칠고 사나워서 남을 믿지 않소. 지금 진나라 안의 무장병을 텅 비우고 모든 병력을 오로지 나에게 맡겼소. 그러니 내가 야심이 없다는 것을 보이기 위해서는 전무(田畝)와 택지(宅地)를 많이 받고 싶다고 청하여 자손들을 위해 재산을 만들고 나의 지위를 견고히 하지 않으면 도리어 시황에게서 내가 다른 뜻이 있는 것이 아닌가 의심을 받게 될 것이오."

왕전은 이신을 대신해 형을 공격하게 되었다. 초나라에서는 왕전이 대부대를 이끌고 쳐들어온다는 말을 듣더니 나라 안의 군사를 총동원해 진

---

137) 원문은 '旣至關'. 秦의 관문은 몇 개가 있었다. 이것은 동남쪽으로 향한 것이므로 武關일 것이라고 한다.

나라 군사를 막으려 했다.

왕전은 도착하여 누벽을 견고하게 쌓고 지킬 뿐 나아가 싸우려 하지 않았다. 형나라 군사가 자주 도전했으나 끝내 누벽 안에서 나오지 않고 싸움에 응하지 않았다. 왕전은 매일 사병들을 휴식시키고 목욕시키며 잘 먹여 따뜻하게 위로했으며 자신도 병졸들과 함께 똑같은 음식을 먹었다. 얼마동안 이렇게 지내다 왕전이 진중에 사람을 보내,

"무엇을 하면서 노는가?"

하고 묻자,

"돌 던지기와 뛰어넘기를 하고 있습니다."

하고 대답했다. 그러자 왕전이 말했다.

"됐다. 심신이 건전한 사졸들은 이제 전투에 쓸 만하게 되었다."

형나라 군사는 자주 도전을 해 보았지만 진나라 군대가 응전해 오지 않으므로 군사를 철수해 동쪽으로 향했다. 왕전은 때를 놓치지 않고 전군을 몰아 이를 추격해 형나라 군대를 크게 격파했다. 그러고는 기수(蘄水)의 남쪽에서 형나라 장군 항연(項燕)을 죽였다. 형나라 군대는 결국 패주했다. 진나라 군사는 승세를 타고 형나라 땅의 성읍을 공략하여 평정했다. 1년 남짓해서 형나라 왕 부추(負芻)를 사로잡고 형나라 영토를 평정해 진나라의 군현으로 만들었다. 그리고 그곳을 발판으로 하여 남쪽으로 백월(百越)의 군주(君主)를 정복했다.[138]

그 사이 왕전의 아들 왕분(王賁)이 이신과 함께 연나라와 제나라를 쳐서 그 땅을 평정했다. 이렇게 하여 진시황 26년에는 천하를 모두 병합했다. 이에는 왕씨(王氏)와 몽씨(蒙氏)의 공로가 많았는데 그 명성은 후세까지

---

138) 원문은 '因南征百越之君'. 越나라는 越王 句踐 시대에 가장 강성했는데 후에 楚의 威王 때에 멸망하여 百越이란 이름처럼 많은 종족으로 갈라졌다. 君이란 한 사람이 아니라 각 부족의 우두머리를 가리키는 것이다.

전해졌다.

진나라 2세 황제 때에는 왕전이나 그의 아들 왕분도 이미 죽고 또 몽씨마저 잃었다. 진승(陳勝)이 진나라에 반기를 들자 진나라에서는 왕전의 손자 왕리(王離)에게 명해 조를 치게 했다.[139] 왕리는 조나라 왕과 장이(張耳)를 거록성(鉅鹿城)에서 포위했다.

어떤 사람이 말했다.

"왕리는 진나라의 명장이다. 지금 강대한 진나라 군사를 이끌고 이제 겨우 새로 생긴 조나라를 공격하고 있으니 조나라를 함락시킬 것은 뻔한 일이다."

그러자 어느 객이 말했다.

"그렇지 않소. 무릇 3대에 걸쳐 장군이 된 자는 반드시 패하고 맙니다. 왜냐하면 할아버지와 아버지가 사람을 많이 죽이기도 하고 치기도 했기 때문에 자손이 그 화를 입게 되는 것입니다. 그런데 왕리는 이미 3대째의 장군입니다."

그 후 얼마 안 가서 항우(項羽)가 조나라를 도와 진나라 군사를 쳤을 때 왕리가 포로로 잡혔다. 왕리의 군사는 마침내 제후(여기서는 반란군이 세운 나라의 왕)들에게 항복하고 말았다.


태사공은 말한다.

"옛 속담에 '척(尺)에도 짧은 데가 있고 치(寸)도 긴 데가 있다.'는 말이 있다. 백기는 적의 전력을 헤아려 사변에 대응하고 기이한 꾀를 생각해 내는 것이 무궁무진하여 명성을 천하에 떨쳤다. 그러나 응후와의 사이에 생

---

139) 이 趙는 秦에 대한 반란군이 각지에서 일어났을 때 처음 武臣이란 사람이 趙王이라고 칭했는데 곧 죽임을 당하고 戰國時代의 趙王의 자손이라는 趙歇이 세운 새로운 나라다. 따라서 다음에 나오는 趙王은 趙歇을 가리킨다.

긴 환화(患禍)를 극복하지는 못했다.

　왕전은 진나라의 장군이 되어 6개국을 평정했다. 그 당시 왕전은 나이도 많고 공훈도 많은 노련한 장수로서 시황제는 그를 스승으로 받들었다. 그런데 진시황을 보필하며 덕을 세우고 국가의 근본을 견고하게 하지는 못한 채 부질없이 진시황의 뜻에 맞추어 그의 환심을 사느라 한평생을 마치고 말았다. 그 후 그의 손자 왕리가 항우에게 사로잡혔으니 당연한 일이 아니겠는가. 백기와 왕전에게도 단점이 있었던 것이다."

# 제14 맹자 · 순경열전(孟子 · 荀卿列傳)

나 태사공은 말한다.

"나는 맹자(孟子)의 저서를 읽고 양(梁)나라 혜왕(惠王)이 맹자에게 '어떻게 해야 우리 나라를 이롭게 할 수 있겠소?' 하고 묻는 대목에 접할 때마다 책 읽는 것을 멈추고 탄식하지 않은 때가 없었다.

아, 이(利)야말로 진실로 난(亂)의 시초로다! 공부자(孔夫子 : 孔子)가 이(利)에 대해 별로 말하지 않은 것도 평상시 난의 근원을 막으려 했기 때문이다. 공부자는 또 '매사를 이익 본위로 행하면 반드시 사람들에게 많은 원망을 듣는다.' 고 말했다. 천자로부터 서민에 이르기까지 이익을 좋아하는 폐단은 조금도 다를 것이 없구나."[140]

맹가(孟軻 : 軻는 孟子의 이름)는 노(魯)나라의 추(騶 : 鄒로도 씀)읍 사람이다. 공자의 손자 자사(子思)의 문인한테서 배웠다. 학문의 도에 통달한 다음 여러 곳으로 유랑하다가 제나라 선왕(宣王)을 섬기려 했으나 선왕이 그의 능력을 알지 못하여 등용하지 않자 맹가는 양나라로 갔다. 양나라 혜왕은 맹가의 주장을 믿지 않고 현실의 실정과는 거리가 있다고 생각했다.

당시 진나라는 상군(商君)을 등용하여 부국강병에 힘쓰고 초나라와 위나라는 오기(吳起)를 등용하여 전쟁에서 이겨 적국을 약화시켰으며, 제나라의 위왕, 선왕은 손자(孫子)와 전기(田忌)를 기용하여 병력이 강했다.

---

140) ≪史記≫ 列傳에서 '太史公曰' 의 一段은 각 篇의 끝에 오는 것이 보통인데 이 篇에서는 예외이다. 伯夷傳의 경우처럼 司馬遷의 특별한 의도를 엿볼 수 있다.

그 때문에 제후들은 동쪽을 향하여 제나라에 조공을 바치는 등 천하는 바야흐로 합종연횡에 힘써, 서로 공격하고 빼앗는 것이 현명하다고 하던 시대였다.

그와 같은 상황에서 맹가는 오로지 당(唐 : 堯)·우(虞 : 舜)·삼대(三代 : 夏·殷·周)의 덕을 주장했으므로 어디에 가든 시세의 요구와는 멀다 하여 받아들여지지 않았다. 그리하여 은퇴 후 제자인 만장(萬章) 등과 함께 ≪시경≫·≪서경≫을 정리하고[141] 중니(仲尼 : 孔子)의 뜻한 바를 펴서 ≪맹자≫ 7편[142]을 저술하였다.

그 후 추자(騶子) 일당이 나왔다. 제나라에는 삼추자(三騶子)가 있었다. 맨 먼저 추기(騶忌)[143]는 가야금을 잘 타는 것으로써 위왕(威王)에게 벼슬하기를 청했고 국정에 참여할 수 있게 되자 마침내 성후(成侯)에 봉해져 재상의 인수를 받았다. 시대는 맹자보다 앞섰다.

그 다음으로 추연(騶衍)은 맹자보다 나이가 아래였던 사람이다. 추연은 당시의 국왕이 갈수록 음탕하고 사치하여, 덕을 숭상하는 점에서는 ≪시경≫의 〈대아(大雅)〉(≪시경≫의 제3부에 해당, 周文王의 덕을 칭송하는 내용)에서 칭송하는 군주들 — 주나라의 무왕·문왕 — 과는 달리 먼저 도

---

141) 원문은 '序詩書'. 序는 순서를 정한다는 뜻. 이 一句는 經學史上 상당히 중요한 의미를 지닌다. ≪詩經≫과 ≪書經≫이 孟子의 손을 거쳐 전해졌으며, 孔子가 서술한 詩·書에 뭔가 孟子가 손을 댄 부분이 있다고 추측할 수 있다. ≪詩經≫은 孔子 이전에 이미 삼백 편이었고, 새로운 편이 孟子에 의해 첨가된 것이 아닌가 여겨진다. 各篇의 해석에 孟子의 의견이 첨가되었을 가능성이 있고, '序' 한 字를 문자 그대로 받아들인다면 각 편의 순서도 孟子에 의해 정해졌는지도 모른다. 그리고 ≪書經≫의 경우 孟子 때 새로 추가된 편이 있는 것 같다. 이러한 문제를 제공한다는 점에서 이 一文은 상당히 중요한 의미를 갖는다.

142) 원문은 '作孟子七篇'. 지금의 ≪孟子≫는 孟子 및 그 門人들이 지은 것으로, 거의 원형 그대로 전해졌다고 생각할 수 있다.

143) 이 인물에 대해서는 ≪史記≫ 田敬仲世家에 나오며, 騶忌子라고 되어 있다.

(道)를 통해 자신을 수양하고 나아가 백성들에게 미치게 하고자 하는 사람이 아님을 알았다. 그리하여 음양(陰陽)의 소장(消長)·변화(變化)를 깊이 관찰하고 ≪괴우지변(怪迂之變)≫, ≪종시대성(終始大聖)≫[144] 등 십만여 자의 책을 저술하였다.

그의 글은 넓고 멀고 웅대하여 보통의 이치에는 맞지 않았으며, 반드시 먼저 작은 사물을 검토하여 어떤 결론을 이끌어 내고 그것을 바탕으로 추론 확대하여 마침내는 무한한 일에까지 미치는 것이었다.

예를 들면 시대에 대해 고찰할 때 먼저 현대(戰國時代)를 말하고 거슬러 올라가 황제(黃帝)에 이르기까지 말하고 있으나 그것은 학자들이 공통적으로 서술한 것으로서 대저 세상의 성쇠를 논술한 것이다. 이에 관련해 길흉의 징조라든가 법령 제도를 기재하고[145] 그로부터 추론 확대하여 천지가 아직 생기기 전 유원한 근원을 알 수 없는 시대에까지 미쳤다.

만물에 대한 고찰에서는 우선 중국의 명산(名山), 대천(大川), 대곡(大谷), 금수(禽獸)와 기타 수륙(水陸)에 번식하는 것, 사물들 중 진귀한 것을 열거하고 그것에서 추론하여 사람들이 볼 수 없는 해외의 것에 미친 다음, 천지개벽 이래 5행(五行)의 덕(德)이 움직임에 따라 정치가 합당성을 얻고 길흉의 징조가 이것에 부응한다는 것을 논하고 있다.

그의 설에 이런 것이 있다.

"유자(儒者)가 말하는 중국이란 온 천하에서 팔십일 분의 1에 지나지 않는다. 중국을 일컬어 적현신주(赤縣神州)라고 한다. 이 적현신주 안에

---

144) 원문은 '終始大聖之篇'. 騶衍의 저서는 사십구 편이었다고도 하고 ≪騶子終始≫ 오십 편이었다고도 한다. 終始大聖이란 ≪史記≫의 封禪書에서 말하는 '終始五德之變'이며 五行說을 써서 王朝의 交替 順列을 설명한 것이다.

145) 원문은 '因載其禨祥度制'. 禨祥은 귀신이 인간에게 예고하는 吉凶禍福의 前兆다. 度制는 이른바 名物度數, 즉 의복 기물과 그 밖의 용품에 대한 상세한 규정이다. 필시 다음에 보이는 五行說에 의해 秦漢時代의 제도에도 영향을 주었다고 생각되나 그 내용은 확실치 않다.

는 자연히 구주(九州)가 있다. 우(禹)가 정리한 구주는 이것을 말함이며 본래 주(州)의 수에 들어가지 않는다. 중국 이외에도 적현신주와 같은 것이 아홉 개 있는데[146] 이것이 이른바 구주다.

소해(小海)가 있어 이 구주를 하나하나 둘러싸고 있으므로 백성과 금수는 그 밖과 서로 왕래할 수 없고 각기 하나의 구역을 형성하고 있어서 그것이 하나의 주인 것이다. 그와 같은 큰 주가 아홉 개 있고 대해(大海)가 그 밖을 둘러싸고 있다. 이것이 천지의 한계다."

추연(騶衍)의 저술이란 모두 이와 같은 것이다. 그 귀착하는 바를 요약하면 반드시 인의(仁義), 절검(節儉)을 강조하고 있는 것이어서 군신(君臣), 상하(上下), 육친(六親)에게 베풀어야 할 도리들이다. 다만 처음이 허하고 커서 단서를 잡을 수 없을 뿐이다. 왕후(王侯), 귀인(貴人)들은 처음에 그의 설을 듣고 놀라서 마음이 끌렸다가도 나중에는 실행할 수가 없었다.

그렇지만 추연은 제나라에 중용되었고 양나라에 가니 혜왕은 국도의 교외까지 마중 나와 빈객의 예를 갖추어 대우했다. 조나라에 가자 평원군(平原君)은 지극히 경건한 태도로 대접하여 그의 옆을 따라 걸었고 앉을 때에는 옷소매로 자리의 먼지를 털어 줄 정도였다.

연나라에 갔을 때 소왕(昭王)은 비를 들고 길을 깨끗이 하여 앞장서서 인도했다. 그리고 제자로서 가르침을 받고 싶다고 청하고는 갈석궁(碣石宮)을 지은 다음 몸소 나아가 그를 스승으로 모셨다. 그곳에서 추연은 《주운편(主運篇)》을 저술했다. 추연이 제후들 사이를 돌아다니면서 존경과 대우 받기를 이와 같이 했다.

---

146) 중국 외에도 같은 크기의 지역이 9개, 모두 열 개가 있는 것처럼 들리지만 실은 합계가 9개이므로 8개라고 해야 한다.

중니(仲尼)가 진(陳)나라와 채(蔡)나라에서 굶주려 얼굴이 창백하게 된 것이나 맹가가 제(齊)나라와 양(梁)나라에서 고생한 것에 비하면 너무나 차이가 나는 일이다.

옛날 주나라 무왕이 인의로써 은나라의 주왕을 쳐 천하의 왕자가 되었으나 백이(伯夷)는 무왕을 그르다고 하여 굶어 죽을지라도 주나라의 녹미(祿米)를 받으려고 하지 않았다.

위(衛)나라 영공(靈公)이 군진법(軍陣法)을 물었을 때 공자는 대답하지 않았다. 양나라 혜왕이 조나라를 치려고 맹가에게 상의했을 때에는 주나라의 대왕(大王 : 周나라 文王의 祖父) 고공단보(古公亶父)가 백성을 생각해 빈(邠)을 떠난 것을[147] 찬양했다.

이러한 백이, 공자, 맹가의 태도는 세속에 아부하고 사람들에게 영합하려는 마음에서는 결코 나타날 수 없다. 네모진 자루(柄)를 둥근 구멍에 넣으려 한들 어찌 넣을 수 있겠는가.

어떤 사람이 말했다.

"이윤(伊尹)은 원래 솥을 등에 짊어진 요리사로서 은나라 탕왕에게 접근한 후 탕왕을 부추겨 왕업을 성취케 했다. 백리해(百里奚)는 소를 수레 밑에서 길러 진(秦)나라 목공(繆公)에게 인정받아 등용되고 목공은 백리해의 덕택으로 패업(覇業)을 이루었다. 이 두 사람은 먼저 상대방에게 가까이할 수 있는 수단을 연구해 놓고 그 다음에 상대방을 대도(大道)로 이끈 것이다. 추연의 언설이 궤도에서 벗어났으나 어떤 의미로는 소를 기른 백리해, 솥을 등에 짊어진 이윤과 같은 뜻이 있었던 것이 아닐까."

---

147) 원문은 '大王去邠'. 《孟子》 梁惠王 下篇에 나온다. 단 지금의 《孟子》에는 滕의 文公에게 대답한 말로 되어 있다. 司馬遷이 잘못 기억한 듯하다.
148) 齊의 수도 臨淄의 성문을 稷門이라 하고 그 주변을 稷下라 했다. 여기에 많은 학자가 모여 있었다는 것은 《史記》 田敬仲世家에도 나오며 거기에 모인 학자들을 稷下學士라고 불렀다.

추연을 비롯하여 제(齊)나라의 직하(稷下)[148]선생, 예를 들면 순우곤(淳于髡), 신도(愼到), 환연(環淵), 접자(接子), 전병(田駢), 추석(騶奭) 등도 모두 책을 저술해 치란(治亂)을 논했고 그 당시 군주들에게 벼슬을 구했다. 그 수는 매우 많아 여기에 전부 언급할 수는 없다.

순우곤은 제(齊)나라 사람이다. 사물에 대한 견문이 넓고 이를 잘 기억했는데 그의 학문은 특히 어느 학파에 속한다고 할 수는 없다. 군주에게 간하는 방법은 안영(晏嬰)의 사람됨을 흠모하여 그것을 본받았으나 상대방의 뜻에 순응하고 안색을 살피는 일에 힘썼다.

어떤 빈객이 순우곤을 양나라 혜왕에게 알현시켰다. 혜왕은 좌우의 신하를 물리치고 홀로 두 번 인견하였는데 그는 끝내 한마디도 하지 않았다. 혜왕은 괴이하게 생각하여 빈객을 책하며 물었다.

"당신은 순우 선생을 칭찬하여 관중, 안영도 따르지 못하는 훌륭한 인물이라고 말했는데 과인이 만나 보니 과인에게는 조금도 도움을 주지 않았소. 그 선생은 자기 의견을 들려주기에 과인을 부족한 사람으로 생각하는 것이오? 그렇지 않다면 대체 무슨 이유란 말이오?"

빈객이 이 사실을 순우곤에게 말하자 순우곤이 대답했다.

"당연합니다. 제가 처음 뵈었을 때 임금의 마음은 말을 타고 달리는 데 있었소. 다음에 또 뵈었을 때 임금의 마음은 음악에 빼앗기고 있었소. 그래서 저는 묵묵히 있었던 것이오."

빈객이 그 까닭을 왕에게 자세히 보고했다. 왕은 크게 놀라면서 말했다.

"아, 순우곤 선생은 정말로 성인(聖人)이로다. 순우 선생이 처음 왔을 때 어떤 사람이 준마를 바쳤는데 과인은 아직 그것을 보지 못했고 때마침 선생이 도착했소. 두 번째 선생이 왔을 때에는 어떤 사람이 명창(名唱)을 바쳤는데 아직 그의 노래를 듣지 못하였고 그때 마침 선생이 왔소. 과인은 좌우를 물리치면서 선생의 말을 경청하려는 태도를 갖추었으나 내심으로는 좋은 말과 노래 부르는 사람을 생각하고 있었소. 선생의 말 그대로였소."

그 후 순우곤이 혜왕을 뵙고 한번 말을 시작하자 사흘 낮 사흘 밤을 계속했지만 혜왕은 싫증을 내지 않았다. 혜왕은 재상의 자리로 순우곤을 후대하려고 했으나 순우곤은 사양하고 양나라를 떠났다. 그래서 안거(安車)[149]에 말 네 필을 붙여 주고 구슬을 붙인 비단 한 묶음과 황금 백 일(百鎰)을 선물로 주었다. 순우곤은 종신토록 벼슬을 하지 않았다.


신도(愼到)는 조나라 사람이고 전병(田駢), 접자(接子)는 제나라 사람이며 환연(環淵)은 초나라 사람이다. 모두 황제(黃帝)·노자(老子)의 술(術), 즉 도가(道家)의 학문을 배우고 그것에서 자설(自說)을 수립하여 각자의 뜻을 서술했다. 그리하여 신도는 열두 편의 논문을 지었고 환연은 상·하편을 지었으며 전병, 접자도 각각 논저를 남겼다. 추석(騶奭)은 제나라 추자(騶子) 유파에 속하는 사람으로 역시 추연의 학설에서 주장한 바를 채택하여 문장을 엮었다.

제나라 왕은 이와 같은 학술이 융성해지는 것을 옳게 생각하여 칭찬하고 순우곤 이하 모두를 열대부(列大夫)라고 부르며 그들을 위해 사통팔달(四通八達)하는 거리에 높은 문을 갖춘 광대한 저택에 살게 하여 후대했다. 천하 제후들이 모은 빈객들을 관찰해 보니 제나라는 천하의 현사(賢士)를 잘 모았다고 할 수 있다.

---

149) 승차감이 좋은 마차. 戰國時代까지 마차는 戰車와 마찬가지로 서서 탔으며 특별히 앉아서 탈 수 있는 마차를 安車라고 했다. 老年의 大夫 등에게 주어 아주 후하게 대우함을 나타냈다.

순경(荀卿)은 조나라 사람이다. 오십 세에 처음으로 제나라에 유학(遊學)했다.[150] 당시 추연(騶衍) 등은 모두들 탈 없이 잘 있었다. 추연의 학설은 허(虛)하고 큰 경향이 있으나 사물을 널리 분별하여 변론했다. 추석(騶奭)의 문장은 훌륭했으나 실용에는 적합하지 않았다. 순우곤은 함께 오래 있으면 명언을 들을 수 있는 사람이다. 그래서 제나라 사람들은 이 세 사람을 다음과 같이 칭찬했다.

"아득하고 오랜 하늘의 일을 이야기하여 기개와 도량이 넓고 큰 추연, 용을 조각하듯 아름답고 유려한 문장을 쓰는 추석, 기름통을 불에 쬐어 매끄럽게 돌아가는 수레바퀴처럼 지혜가 풍부한 순우곤."[151]

이윽고 전병의 무리가 모두 죽자 제나라 양왕 시대에는 순경이 학자들 가운데 가장 노장한 선생이었다. 제나라는 당시에도 열대부의 결원을 보충했는데 순경은 세 번이나 제주(祭酒)[152]가 되었다. 그러나 제나라 사람 중에 순경을 참언하는 자가 있었기 때문에 순경은 초나라로 떠났다. 초나라의 춘신군(春申君)은 순경을 난릉(蘭陵)의 영(令)에 임명했다. 춘신군이 죽자 순경은 영의 관직에서 면직되었으나 위와 같은 연고로 그대로 난릉에 거주했다.

---

150) 원문은 '年五十始來游學於齊'. '五十'은 '十五'를 잘못 쓴 것이라는 說도 있다. 五十을 그대로 두느냐 十五로 고치느냐에 따라서 荀子가 나고 죽은 해를 추정하는 데 큰 차가 생긴다. 통상 원문을 고치지 않으므로 荀子는 구십 살 가까이 산 것이 된다. '游學' 두 字는 荀子의 학문이 이미 성숙했음을 나타낸다.

151) 원문은 '談天衍, 騶龍奭, 炙轂過髡.'. 앞의 두 句는 별 문제가 없다. 세 번째 句에 대해서는 異說이 있다. 轂은 마차바퀴의 회전축이며 바퀴의 회전을 부드럽게 하기 위해 기름을 쳐 준다. 그것을 불에 쬐면 기름이 나무에 잘 배어 바퀴가 항상 잘 돌아간다는 뜻으로 해석한다.

152) 고대 會合이나 酒宴이 있을 때 술을 神에게 바치는 의식이 있었다. 그 의식을 거행하는 자는 최연장자로 祭酒라고 한다. 따라서 같은 서열 중에서 長老나 首席을 가리키는 통칭이며 漢 이후에는 官名이 되었다.

이사(李斯)는 일찍이 순경의 제자가 되었다가 그 후 진(秦)나라의 재상이 되었다. 순경 당시에는 정치 풍토가 혼탁한 세상이어서 망국(亡國)과 난군(亂君)이 계속 생겨나 성인의 대도(大道)가 행해지지 않고, 무축(巫祝)에 미혹되어[153] 길흉화복의 전조(前兆)를 믿고, 못된 유자(儒者)들이 작은 일에 구애되어 시시콜콜 따지고, 장주(莊周) 등과 같은 무리들이 고담방론(高談放論)하여 풍속을 어지럽히고 있었다.

그래서 순경은 이들을 미워하고 유가(儒家), 묵가(墨家), 도가(道家)의 실정과 흥패를 추론하여 그것을 수만 자의 저서로 정리하고 죽었다. 죽은 뒤 난릉에 장사지냈다.


조나라에는 또 공손룡(公孫龍)이 있어 견백동이(堅白同異)의 변(辯)을 세웠고 극자(劇子)[154]의 언설이 있었다. 위(魏)나라에는 이회(李悝)가 주장한 지력 이용(地力利用)의 생산향상론이 있었다. 초나라에는 시자(尸子), 장로(長盧)가 있었고, 아(阿)에는 우자(吁子)가 있었다. 맹자로부터 우자에 이르기까지 그들의 저서가 많이 있었으나 여기서는 그 전기를 논하지 않기로 한다.

생각하건대 묵적(墨翟)은 송나라 대부로서 성을 잘 지키고 방어하는 능력이 탁월했고 절용(節用)[155]을 설했다. 어떤 사람은 그를 공자(孔子)와 동시대 사람이라고 하고 어떤 사람은 공자 이후 시대의 사람이라고 한다.

---

153) 원문은 '營於巫祝'. 오로지 신탁에 의존한다는 뜻. 營은 熒과 통하며 熒은 현혹된다는 뜻.
154) 지금의 ≪漢書≫ 藝文志의 목록에 의하면 ≪處子≫로 되어 있고 9편이었다. 劇과 處모두 姓이므로 어느 쪽이 맞는지 정확히 알 수는 없다.
155) ≪墨子≫의 篇名. 節用 두 글자는 ≪論語≫에도 나오는데 君主가 비용을 될 수 있는 대로 절약하는 것이다. 節用에는 葬禮를 간소화하는 것도 포함된다.

# 제15 맹상군열전(孟嘗君列傳)

맹상군(孟嘗君)[156]은 이름이 문(文), 성은 전(田)이다. 문의 아버지는 정
곽군(靖郭君) 전영(田嬰)이라고 했다. 전영은 제[157]나라 위왕(威王)의 막내
아들로 제나라 선왕(宣王)의 배다른 동생[158]이다.

전영은 위왕 때부터 요직에 임명되어 나랏일에 관여했고 성후(成侯), 추
기(鄒忌) 및 전기(田忌)와 함께 장군이 되어 한(韓)나라를 구원하고 위(魏)
나라를 친 일이 있다. 성후는 전기와 왕의 총애를 다투다 전기를 죄에 빠
뜨렸다. 전기는 두려워 제나라 변경의 읍을 기습했는데 이길 수 없자 도망
쳐 버렸다. 때마침 위왕이 죽고 선왕이 즉위하여 성후가 전기를 모함한 것
을 알게 되어 재차 전기를 불러들여 장군으로 삼았다.

선왕 2년, 전기는 손빈(孫臏), 전영(田嬰)과 함께 위나라를 쳐 마릉(馬陵)
에서 격파하고 위나라 태자 신(申)을 사로잡고 장군 방연(龐涓)을 죽였다.

선왕 7년, 전영은 사신으로 한나라, 위나라에 갔다. 한나라와 위나라는
제나라에 복종했다. 전영은 한나라 소후(昭侯)와 위나라 혜왕(惠王, 梁惠
王)을 안내하여 제나라 선왕과 동아(東阿)의 남쪽에서 회합하여 맹약을

---

156) 이외에 平原君, 信陵君(魏의 公子), 春申君을 합쳐서 四君 혹은 四君子라 한다.
157) 이 齊는 春秋時代의 齊(즉, 姜氏의 齊)는 아니다. 陳나라의 일족이라는 田完(諡號는 敬仲)이
　　망명해서 齊에서 살았고 그 자손이 大夫가 되었는데 후에 田和는 齊侯가 되어 諸侯의 반열에
　　들었다. 田和의 손자가 威王이다. 威王이 즉위한 해에 姜氏로서 마지막 公인 康公이 죽음으
　　로써 그 영지가 모두 田氏의 것이 되었다. 春秋時代의 齊와 구별하기 위해 田齊라고도 한다.
158) 원문은 '宣王庶弟'. 윗글에서는 末子(원문은 小子)라고 했다. 靖郭君은 威王의 친아들처럼
　　보이지만 《索隱》에서 말하듯이 의심스럽다. 庶弟란 배다른 형제를 뜻하지만 여기에서는
　　사촌을 가리키는지도 모른다.

맺고 돌아갔다.

그 다음해에 또 양(梁 : 魏)나라의 혜왕과 견(甄)에서 회합했는데 이해에 혜왕이 죽었다.

선왕 9년, 전영은 제나라의 재상이 되었다. 제나라 선왕은 위나라 양왕 (襄王)과 서주(徐州)에서 회합하고 서로 왕호(王號)를 쓰기로 했다.[159] 초 나라 위왕(威王)은 한나라와 위나라가 제나라에 복종하여 회맹한 사실을 알고 이는 전영이 뒤에서 조종한 일이라고 생각하여 전영에게 노했다.

이듬해에 초나라는 제나라를 공격하여 서주(徐州)에서 격파하고 사신 을 보내어 전영을 제나라에서 추방하려고 했다. 그런데 이를 안 전영이 장 추(張丑)를 파견하여 초나라 위왕을 설득했기에 위왕은 전영을 추방할 생 각을 돌렸다. 전영이 제나라의 재상으로 임명된 지 십일 년 만에 선왕(宣 王)이 죽었다. 뒤를 이어 민왕(湣王)이 즉위했다. 즉위한 지 3년 후에 전영 은 설(薛)에 봉(封)해졌다.


전영에게는 사십여 명의 아들이 있었다. 그중 신분이 천한 첩이 낳은 아 들이 있었는데 이름은 문(文)이라고 했다. 문은 5월 5일에 태어났다.

전영은 문의 어머니에게 키워서는 안 된다고 일렀다. 하지만 그 어머니 는 비밀리에 문을 키웠다. 성장한 후 어머니는 문의 형제들의 주선으로 아들 문을 아버지 전영과 만나게 하였다. 전영은 노하여 문의 어머니에게 말했다.

"나는 너에게 이 아이를 양육하지 말라고 명했는데 감히 키운 것은 무슨 까닭인가?"

---

159) 원문은 '相王'. 《史記》 田敬仲世家에 의하면 齊가 왕으로 자청했던 것은 이보다 전이었 다. 또 世家에서는 이 해 '諸侯를 相王으로 했다.'고 되어 있다. 齊와 魏 두 나라의 관계만은 아니다.

문이 머리를 조아리고 어머니를 대신하여 말했다.

"아버님께서 5월에 태어난 아이를 키우지 말라고 하신 것은 무슨 이유에서입니까?"

"5월에 태어난 아이가 문(門)에 닿을 만큼 키가 성장하면 부모에게 해를 입힌다고 하기 때문이다."

"사람은 하늘에서 생명을 받고 태어나는 것입니까, 아니면 문에서 받고 태어나는 것입니까?"[160]

전영이 묵묵히 대답이 없자 문은 다시 말했다.

"하늘에서 생명을 받는 것이라면 아버님께서는 조금도 염려하실 것이 없습니다. 문으로부터 생명을 받는 것이라면 문을 높게 만들면 될 것입니다. 문을 높게 만들면 누구도 그 높이까지 클 수는 없을 것입니다."

"좋다. 이제 이 이야기는 그만두자."

그 후 얼마 지나 문은 틈이 났을 때 아버지인 영에게 물었다.

"아들의 아들은 무엇이 됩니까?"

"손자다."

"손자의 손자는 무엇이 됩니까?"

"현손(玄孫)이다."

"현손의 손자는 무엇이 됩니까?"

"모르겠다."

그러자 전문이 말했다.

"아버님께서는 나랏일에 관여하시는 제나라의 재상으로 임명되시어 오늘날까지 위왕, 선왕, 민왕 등 세 왕을 모셨습니다. 그 동안 제나라의 국토

---

160) 이 문답의 확실한 의미는 알 수 없다. 추측하건대 門(원문은 戶)은 문을 지키는 神이며, 그것보다 키가 커지면 불길하다는 신앙이 있었기 때문일 것이다. 5월 5일生이 불길하다는 신앙만은 훨씬 후세에까지도 남아 있었다.

는 조금도 넓어지지 않았는데 아버님의 집은 부유하게 되고 만금을 쌓았습니다. 그런데 문하에는 한 사람의 현인도 보이지 않습니다.

소자는 '장군의 가문에는 반드시 장군이 있고 재상의 가문에는 반드시 재상이 있다.'는 말을 들었습니다. 그런데 지금 아버님의 후궁들은 찬란한 비단옷을 입고 치맛자락을 땅에 끌고 다닐 정도로 사치스러운데 나라의 선비들은 조잡한 옷도 걸치지 못하고 있습니다. 아버님의 노비와 첩들은 좋은 쌀밥과 고기를 질리도록 먹는데 나라의 선비들은 겨나 재강조차 배불리 먹지 못하고 있습니다.

아버님께서는 이 위에 저축을 더하고 저장하여 그것을 남겨두었다가 돌아가신 후에 당신께서 알지도 못하는 몇 사람에게 물려 주시기를 원하십니까? 그처럼 쓸데없는 일에 마음을 쓰느라 제나라의 국사(國事)가 나날이 파손되어 가는 것을 아버님께서 잊고 계시는 것이 소자는 마음속으로 여간 이상하게 생각되는 게 아니옵니다."

전영은 아들 전문을 예우하고 집안일을 떠맡아 빈객을 접대케 하였다. 그러자 빈객은 날로 모여들었으며 문의 명성은 제후들 사이에 널리 알려졌다. 제후들은 사자를 보내어 설공(薛公) 전영에게 문을 태자로 세우도록 간청했다. 전영은 이를 승낙했다. 전영이 죽자 정곽군(靖郭君)이라는 시호가 내려졌다. 그리고 전문이 대를 이어 설(薛)의 영주가 되었다. 이 사람이 바로 맹상군이다.


맹상군은 설에 거주하면서 제후의 빈객을 초대했다. 죄를 짓고 도망친 자까지 모두 맹상군에게 모여들었다. 맹상군은 재산을 내어놓아 이들을 따뜻하게 대우했다. 그렇게 하여 천하의 선비를 많이 모을 수 있었다.

식객은 마침내 수천 명에 이르렀는데 맹상군은 식객의 귀천에 관계없이 모두 자기와 대등하게 대우했다. 맹상군이 객을 응대하며 좌담할 때에는 병풍 뒤에 시사(侍史 : 기록관)가 있어서 맹상군이 손님에게 친척의 주소를 물으면 그것을 기록했다. 손님이 가고 나면 맹상군은 사자를 보내 그 친척을 방문하여 물품을 보내 주었다.

맹상군이 어느 날 손님과 함께 야식을 먹으려 할 때였다. 누군가가 등불을 막는 사람이 있어 어둡게 되자 손님은 음식에 차별이 있어서 어둡게 한 것이라 생각하고 노하여 음식을 먹다 말고 돌아가려고 했다. 이때 맹상군이 자리에서 일어나 몸소 음식물을 들고 가서 손님의 음식과 비교하여 똑같은 음식임을 보여 주었다. 손님은 부끄러운 나머지 목을 찔러 자결했다. 이 일로 인하여 맹상군에게 복종하는 선비가 많아졌다.

맹상군은 손님을 차별하는 일 없이 평등하게 잘 대우했기 때문에 사람들은 누구나 마음속으로 자기만 특별히 친절하게 대해 주는 것으로 알았다.

진나라 소왕은 맹상군이 현명하다는 이야기를 듣고는 아들 경양군(涇陽君 : 앞의 穰侯列傳에 나온다. 소왕의 아우)을 볼모로 제나라에 보내어 맹상군에게 만나기를 청했다. 맹상군은 초대에 응하여 진나라로 들어가려고 했다. 빈객 중에는 맹상군을 따라 진나라에 가려는 자가 없었으며 진나라에 가는 것이 위험하다고들 간했다. 그러나 맹상군은 듣지 않았다. 그러자 소대(蘇代)[161]가 말했다.

"오늘 아침에 제가 이곳으로 오는 도중에 나무인형과 흙으로 만든 인형이 서로 이야기하는 것을 들었습니다. 나무인형이 '비가 오면 너는 당장 무너져 버릴 것이다.'라고 말하니 흙인형이 '나는 원래 흙에서 태어났다. 무너지면 흙으로 돌아갈 뿐이지. 그런데 비가 와서 너를 떠내려 보내면 너는 어디까지 흘러내려가 멈출 것인지조차 모를 것이다.'라고 말했습니다.

---

161) 蘇秦의 아우. 단 이하의 文은 《戰國策》 齊策에는 蘇秦의 말로 되어 있다.

지금 진나라는 호랑이와 같은 나라인데 공께서는 고집을 부리며 가려고 하십니다. 만약 돌아오지 못하게 된다면 공께서는 흙인형의 웃음거리가 되지 않겠습니까?”

맹상군은 진나라에 가지 않기로 했다.

제나라 민왕 25년, 다시 이야기가 있어 맹상군은 진나라에 들어갔다. 진나라 소왕은 즉시 맹상군을 진나라 재상으로 임명하고자 했다. 그러자 어떤 사람이 진나라 소왕에게 이렇게 말했다.

“맹상군은 현명한 사람입니다만 제나라 왕의 일족입니다. 지금 진나라의 재상이 되더라도 반드시 제나라의 이익을 앞서 생각하고 진나라는 나중에 생각할 것입니다. 그렇다면 진나라는 위태롭습니다.”

진나라 소왕은 맹상군을 재상의 자리에 앉히는 것을 그만두고 잡아 가두어 모략을 써서 죽이려고 했다. 맹상군은 소왕이 총애하는 애첩에게 사람을 보내 석방에 힘써 주기를 부탁했다. 그러자 소왕의 애첩은 이렇게 말했다.

“나는 맹상군의 호백구(狐白裘 : 여우의 겨드랑이 가죽을 모아 만든 가죽옷)를 갖고 싶소.”

이때 맹상군은 한 장의 호백구를 갖고 있었는데 값으로 따지면 천금으로 천하에 둘도 없는 진품이었다. 그런데 맹상군이 진나라에 들어와 그것을 소왕에게 바쳤으므로 다른 호백구는 없었다. 맹상군은 어떤 묘안이 없겠느냐고 수행해 온 식객들에게 물었으나 누구도 대답하는 사람이 없었다. 그러자 말석(末席)에 개의 흉내를 내 좀도둑질을 잘하는 자가,

“신은 호백구를 가져올 수 있습니다.”

하고 말하며 한밤중에 개 흉내를 내며 진나라 궁전 깊숙한 곳까지 몰래 들어가서 앞서 소왕에게 바친 호백구를 가져왔다. 그것을 진나라 왕의 애첩에게 바치자 애첩은 소왕에게 간청해 소왕으로 하여금 맹상군을 석방

케 하였다.

맹상군은 석방되자마자 지체하지 않고 성명을 바꾸어 관소(關所) 통행 증을 위조하고 함곡관을 통과하려고 했다. 맹상군 일행은 한밤중에 함곡 관에 당도했다. 진나라의 소왕은 맹상군을 석방한 것을 후회하여 그를 잡으려고 했으나 이미 달아난 다음이었다. 소왕은 사람을 시켜서 뒤쫓게 했다.

맹상군은 함곡관까지 오기는 했으나 관의 규칙으로는 닭이 운 뒤에야 문을 열어 여객을 통과시키게 되어 있었다. 맹상군은 추격자가 올 것이 두 려웠다. 그때 말석에 앉은 식객 중에 닭 울음소리를 잘 내는 자가 있어 그 가 닭 울음소리를 흉내 내자 근처에 있던 닭이 모두 울어댔다. 그래서 통 행증을 보이고 관을 탈출했다. 맹상군 일행이 관을 통과한 후 얼마 뒤 소 왕이 보낸 추격대가 도착했지만 맹상군은 이미 빠져나간 뒤였다.

일찍이 맹상군이 개 흉내를 내서 도둑질하는 자와 닭 울음소리를 잘 내 는 이 두 사람을 빈객 대우할 때 다른 빈객들은 모두 한자리에 앉는 것을 부끄럽게 생각했는데 진나라에서 곤경에 처한 맹상군을 이 두 사람이 구 출해 내자 그 후부터 빈객들은 모두 맹상군의 뜻을 알게 되었다.

돌아오는 길에 조나라에 들렀다. 조나라의 평원군(平原君)은 일행을 빈 객으로 맞이했다. 조나라 사람들은 맹상군이 현명하다는 것을 전해 들은 지라 문 밖에 나와 그 일행을 보더니 웃으며 말했다.

"지금껏 설공(薛公)이 제법 당당한 장부인 줄 알았더니 이제 보니 보잘 것없는 사나이에 지나지 않구나."

맹상군은 이 말을 듣자 대노했다. 동행하던 식객들이 수백 명을 참살하

---

162) 戰國時代의 縣은 크고 작은 여러 도시였는데 여기에서는 하나의 城(성벽으로 둘러싸인 도 시)을 말한다.

고 마침내는 한 현(縣)<sup>162)</sup>을 망쳐 놓은 후에 떠났다.

제나라 민왕은 마음이 편치 못했다. 그것은 자기가 맹상군을 진나라에 보냈기 때문이었다. 그래서 맹상군이 돌아오자 제나라의 재상으로 임명하고 모든 정치를 그에게 맡겼다.

맹상군은 진나라를 원망하고 있어 일찍이 제나라가 한나라와 위나라를 위해 초나라를 공격했던 친분으로 이번에는 한나라·위나라와 함께 진나라를 공격하기로 마음먹고 우선 서주(西周)<sup>163)</sup>에서 식량을 빌리려고 했다.

소대가 서주를 위해 맹상군에게 말했다.

"공께서는 제나라의 힘을 가지고 한나라와 위나라를 위해서 9년에 걸쳐 초나라를 공격하여 완(宛), 섭(葉)의 이북의 땅을 빼앗고 한나라와 위나라를 강하게 만들었습니다. 그리고 이제 또 진나라를 공격하여 한나라와 위나라에 이익을 주려고 하십니다. 그러면 한나라와 위나라는 남쪽에 있는 초나라의 위협이 없어지고 서쪽의 진나라에 대한 걱정도 없어지므로 제나라가 위험해집니다. 한나라와 위나라는 틀림없이 제나라를 가볍게 보고 진나라를 두려워할 것입니다.

공을 위하여 그렇게 될까 봐 신은 걱정입니다. 그것보다도 서주를 진나라와 친밀하게 하여 서주를 치지 말고, 또 군사의 식량을 빌리거나 군사를 출동하여 함곡관에 나아가 진나라를 공격하거나 하지 마십시오. 그리고 서주로 하여금 공의 심정을 진나라 소왕에게 알리게 하는 편이 좋을 것입니다.

이렇게 말하십시오. '설공은 진나라를 침으로써 한나라와 위나라를 강하게 만들려고 하지는 않습니다. 진나라를 치려는 것은 대왕께서 초나라

---

왕(懷王)에게 명해 초나라의 동부(楚나라의 동방에 있었던 屬國. 지금의 淮河 유역에 있던 徐 등의 나라)를 할양하여 제나라에 주게 하고 또 진나라에 억류되어 있었던 초나라 회왕(懷王)을 풀어 주어 제나라와 진나라가 화친하고 싶기 때문입니다.' 라고 말입니다.

이렇게 하여 우리 서주에게 진나라의 은혜를 입게 해 주시길 바랍니다. 진나라는 손상됨이 없이 초나라의 동부를 할양해 줌으로써 공격을 면할 수 있으니 틀림없이 그것을 원할 것입니다. 초나라 왕도 진나라에서 풀려나 자기 나라로 돌아갈 수 있을 것이니 틀림없이 제나라의 덕이라고 할 것입니다. 제나라는 초나라의 동부를 손에 넣게 되어 더욱 강대하게 될 것이며, 설(薛)은 대대로 걱정거리가 없어지게 됩니다. 진나라가 너무 약해지지 않고 삼진(三晉)의 서쪽에 있다면 삼진은 반드시 제나라를 소중하게 생각할 것입니다."

이에 설공은 한나라, 위나라와 우호를 도모하고 제, 한, 위 3국이 진나라를 치지 않고 군사의 식량을 서주에서 빌리지 않고도 해결할 수 있게 하였다.

당시 초나라 회왕은 진나라에 억류되어 있었기 때문에 제나라는 어떻게 해서든지 회왕을 진나라로부터 석방시키려 했던 것인데 진나라는 아무리 해도 초나라 회왕을 풀어 주지 않았다.

맹상군이 제나라 재상으로 있을 때 그 하인인 위자(魏子 : 姓은 魏, 이름은 확실치 않음)가 봉읍의 조세를 수납하고 있었는데 봉읍을 세 번이나 왕복하면서도 한 번도 맹상군에게 수입을 바치지 않았다. 맹상군이 그 까닭을 물으니 이렇게 대답했다.

"어떤 현인에게 몰래 빌려 주었습니다. 그래서 아직 바치지 못했습니다."

맹상군은 노하여 위자를 물리쳤다.

그 후 몇 년이 지난 뒤에 어떤 사람이 맹상군을 제나라의 민왕에게 다음과 같이 중상했다.

"맹상군이 반란을 일으키려고 합니다."

전갑(田甲)이 반란을 일으켜 민왕이 위협을 당하게 되자 민왕은 맹상군이 시킨 것이 아닌가 의심했으므로 맹상군은 달아났다. 앞서 위자로부터 금품을 받았던 현인이 이 말을 듣자 상소를 올렸다.

"맹상군은 절대로 반란을 일으킬 사람이 아닙니다. 제가 목숨을 걸고 맹세하는 바이니 믿어 주십시오."

그러더니 마침내 맹상군에게 허물이 없음을 증명하고자 궁문 앞에서 스스로 목을 찔렀다. 깜짝 놀란 민왕이 여러 가지로 사정을 조사해 본 결과 맹상군한테는 모반한 사실이 없었다. 그래서 다시 맹상군을 불렀다. 맹상군은 병을 핑계대고 사절하며 설에서 은거하기를 원했다. 민왕이 이를 허락했다.

그 후 진나라에서 망명해 온 장군 여례(呂禮)가 제나라의 재상이 되어 소대(蘇代)를 괴롭히려 했다. 소대는 맹상군에게 말했다.

"주취(周冣 : 周나라 公子)는 제나라 왕과 매우 친밀히 사귀는 사이였는데 제나라 왕이 그를 추방하고 친불(親弗)의 의견을 받아들여 여례를 재상으로 임용한 것은 진나라의 환심을 사기 위해서입니다. 제나라와 진나라가 화합하면 친불과 여례는 중히 쓰이게 될 것입니다. 그리고 이 두 사람이 제나라의 정치를 하게 되면 진나라는 반드시 공을 가벼이 여길 것입니다.

공께서는 군사를 빨리 북방으로 진격시켜 조나라를 도우십시오. 그렇게 하여 진나라와 위나라를 화친케 하고 주취를 불러들여 두텁게 대우하고 제나라 왕이 진나라 왕과 화합하려는 마음을 번복시켜 천하의 변사를 미연에 방지하는 것이 상책입니다. 제나라에서 진나라의 압력이 사라지면 천하의 제후들은 제나라에 모이고 친불은 반드시 도망칠 것입니다. 그렇게 되면 제나라 왕은 공을 빼놓고 그 누구와 나랏일을 의논하겠습니까?"

맹상군은 그 계략에 따르기로 했다. 여례는 맹상군의 명성을 질투하고 있었다. 맹상군은 이를 두려워하여 진나라 재상인 양후(穰侯) 위염(魏冉)에게 다음과 같은 편지를 보냈다.

'듣는 바에 의하면 진나라는 공과 사이가 틀어져 망명한 여례를 통해 제나라와 화합하려고 합니다. 천하의 강국인 제나라가 여례의 힘으로 진나라와 화합하게 되면 공께서는 반드시 소홀한 대접을 받을 것입니다. 또 제나라와 진나라가 화합해 삼진(三晉)을 상대하게 되면 틀림없이 여례가 제나라와 진나라 양국의 재상을 겸할 것입니다.

이렇게 되면 공이 제나라와 함께 일을 꾀하여 여례의 지위를 높여 주는 셈이 됩니다. 만약 제나라가 진나라의 원조로 천하 제후들의 공격을 면하려 한다면 여례의 공적이 커지게 됩니다. 그러면 여례는 공과 사이가 틀어진 처지이므로 제나라는 틀림없이 공을 깊은 원수로 알 것입니다.

그래서 저는 공께서 진나라 왕에게 청하여 제나라를 치는 것이 상책이라고 생각합니다. 제나라가 패하면 진나라가 손에 넣은 땅에 공을 봉하도록 진나라 왕께 청원해 드리겠습니다. 또 제나라가 패하면 진나라는 삼진(三晉)이 강성해지는 것이 두려워 틀림없이 공을 중용하여 삼진과의 화합을 꾀할 것입니다. 삼진이 제나라와의 싸움에서 피폐해져 진나라를 두려워하면 삼진도 공을 중용하여 진나라와 화합하려고 할 것입니다.

이 일은 공께서 제나라를 격파하여 공을 세우고 삼진을 이용하여 진나라에서 중하게 되는 일이며, 또 공께서 제나라의 봉읍을 확보하고 진과 삼진으로 하여금 공을 중하게 여기게 할 수 있는 묘책이 됩니다. 만약 제나라가 패하지 않고 여례가 또 다시 제나라에 중용된다면 공은 틀림없이 궁

지에 빠지게 될 것입니다.'

　그리하여 양후는 진나라 소왕에게 건의하여 제나라를 공격했다. 여례는 제나라에서 도망쳤다. 그 후 제나라 민왕은 송나라를 쳐서 멸망시키더니 점점 교만해져서 마침내는 맹상군을 물리치려고 생각했다. 맹상군은 두려워 위나라로 갔다. 위나라 소왕은 맹상군을 재상으로 임명하고 서쪽으로 진나라, 조나라와 화합하고 연나라와 함께 제나라를 쳐서 이를 격파했다.

　제나라 민왕은 국도에서 도망가 거(莒)에 거주하게 되었는데 마침내 그곳에서 죽었다. 뒤이어 제나라 양왕이 즉위했는데 맹상군은 제후들 사이에 중립을 지켜 어느 쪽에도 가담하지 않았다. 제나라의 양왕은 즉위한 지 얼마 되지 않았기 때문에 맹상군을 두려워하여 화친하고 다시 설공(薛公 : 孟嘗君)과 친밀한 관계로 돌아갔다.

　전문(田文)이 죽은 다음 맹상군이라는 시호가 내려졌다. 여러 아들들이 후사를 다투는 동안 그 틈을 타서 제나라와 위나라가 힘을 합쳐 설(薛)을 멸망시켰다. 이로 인해 맹상군의 후계는 끊어지고 말았다.

　처음에 풍환(馮驩)은 맹상군이 빈객을 좋아한다는 말을 듣고 변변치 않은 짚신을 신은 채로 찾아와서 맹상군을 만났다. 맹상군이,

　"선생께서 먼 곳에서 일부러 찾아와 주시니 대체 무엇을 제게 가르쳐 주시겠습니까?"

　하고 묻자 풍환이 대답했다.

---

164) 孟嘗君 食客의 宿舍가 상 · 중 · 하 세 개로 나뉘어 있었다는 것은 그 다음의 文에서 알 수 있다. 이것은 최하급 宿舍이다. 다음의 幸舍가 중급이고, 代舍가 상급이다.

"당신께서 선비를 좋아한다는 말을 듣고 가난한 이 몸을 당신에게 의탁할까 생각하고 왔습니다."

맹상군은 풍환을 전사(傳舍)<sup>164)</sup>에 열흘쯤 숙박하게 했다. 그리고 전사장(傳舍長)에게 물어보았다.

"그 손님이 무슨 일을 하던가?"

"풍 선생은 매우 가난하나 그래도 칼 한 자루를 갖고 있는데 그나마 길령풀 새끼로 자루를 감은 보잘것없는 것입니다. 그는 그 칼을 두들기며 '장협(長鋏 : 칼의 몸과 칼끝이 긴 칼자루)이여, 돌아갈까 보다. 밥상에 고기반찬이 없구나.' 하고 노래 부르고 있습니다."

맹상군은 풍환을 행사(幸舍)로 옮겼다. 거기에서는 밥상에 고기반찬이 올라왔다. 5일이 지난 뒤에 또 전사장에게 물어보았더니 이렇게 대답했다.

"그 손님이 또 칼을 두들기며 '장협이여, 돌아갈까 보다. 외출하려 해도 타고 갈 수레가 없구나.' 하고 노래를 부르고 있습니다."

맹상군은 풍환을 대사(代舍)로 옮겨 주었다. 거기에서는 출입할 경우에 쓸 수레가 있었다. 5일이 지난 뒤에 맹상군이 다시 전사장에게 물어보았더니,

"선생은 역시 칼을 두들기며 '장협이여, 돌아갈까 보다. 살 집이 없구나.' 하고 노래를 부릅니다."

라는 대답이었다. 맹상군은 내심 불쾌하게 생각했다. 그 후 만 1년이 지나도록 풍환은 아무 진언(進言)도 올리지 않았다.

맹상군은 그 무렵 제나라의 재상으로 설(薛) 땅 일만 호의 읍을 봉지로 받았는데 그의 식객은 삼천 명이나 되어 그 수입으로는 빈객을 접대하는 데 부족했다. 그래서 사람을 시켜 설 땅의 백성들에게 돈을 대여했으나 1년이 넘도록 반환이 없고 돈을 빌려간 사람 대부분은 그 이자를 갚을 수가

없어 손님을 접대하는 비용이 부족하게 되었다. 맹상군은 이것을 근심하여 좌우의 사람들에게 문의했다.

"설(薛)에 가서 빚을 회수해 올 수 있는 자가 있는가?"

이 말에 전사장이 말했다.

"대사(代舍)의 손님 풍공(馮公)은 얼굴과 풍채가 훌륭하며 언변이 뛰어나고 덕이 있는 사람[165]이나 다른 기능은 없습니다. 그러니 빌려 준 돈이나 회수하게 하는 것이 좋겠습니다."

그래서 맹상군은 풍환을 불러서 의뢰했다.

"빈객들은 이 전문(田文)이 불초하다는 것을 알지 못하고 저에게 찾아와 있는 이가 삼천여 명이나 됩니다. 봉읍의 수입으로는 빈객들을 접대할 수 없습니다. 그래서 이자를 얻기 위해 설의 백성들에게 돈을 빌려 주었습니다만 1년이 지나도 갚지 않고 이자조차 물지 않는 자가 많습니다. 이래서는 빈객들의 끼니 제공도 만족하게 하지 못할까 걱정이 됩니다. 선생께서 한 번 독촉하여 이것을 회수해 주시기 바랍니다."

그러자 풍환은,

"그렇게 하겠습니다."

라고 시원스럽게 말하고 하직한 다음 설에 도착하여 맹상군에게 돈을 빌려 쓴 자를 불러 모았다. 그리하여 이자 십만 전(錢)을 받을 수 있었다. 그러자 풍환은 그 돈으로 술을 많이 빚고 살진 소를 사들인 다음,

"이자를 잘 바칠 수 있는 자는 다 오시오. 이자를 바칠 수 없는 자도 다 오시오."

하며 돈을 빌려 쓴 자를 모두 불러 모았다. 그리고 한 사람 한 사람의

---

165) 원문은 '長者', 인망이 있는 인물임을 나타낸다. 단 위 문장의 노래로 본다면 오히려 同宿하는 사람들한테서 미움을 받았는지도 모른다. 宿舍의 長은 일부러 반대로 말했다고 해석할 수도 있다.

차용증서와 대조한 뒤에 그것이 끝나자 다시 회합할 날을 정했다.

회합하는 날에는 소를 잡고 술자리를 벌였다. 술자리가 한창 무르익었을 때 전날처럼 차용증서를 대조하여 이자를 바칠 수 있는 자에 대해서는 원금 반환의 날짜를 약정하고 가난하여 이자를 바칠 수 없는 자에 대해서는 그 증서를 회수하여 몽땅 불살라 버렸다. 그리고 말했다.

"맹상군께서 돈을 대여한 것은 자금이 없는 백성으로 하여금 그 돈을 자본으로 가업(家業)에 힘쓰게 하기 위한 것이라고 생각하며 이자를 받는 것은 빈객을 접대할 자금이 없기 때문이오. 이제 부유하고 부족함이 없는 자는 반환 기일을 약속하고, 빈궁한 자에게 증서를 불살라 버리고 그 채권을 포기하겠소. 그러니 여러분은 실컷 마시고 먹도록 하시오. 이와 같이 훌륭한 주군을 모시고 있으니 어찌 그런 주군의 은혜를 저버릴 수 있겠소?"

좌석에 앉아 있던 사람들은 모두 일어나 두 번 절하고 감사의 뜻을 표했다.

맹상군은 풍환이 차용증서를 불살라 버렸다는 말을 듣자 노하여 사자를 보내어 풍환을 불러들였다. 풍환이 돌아오자 맹상군이 말했다.

"나의 식객이 삼천 명이나 되오. 그래서 돈을 설 땅의 백성에게 대여한 것이오. 나의 봉읍은 작아서 세(稅) 수입도 적소. 그런데도 백성들의 대부분은 기한이 되어도 이자를 바치지 않소. 이래서는 빈객들의 끼니 대접을 만족하게 하지 못할까 두렵소. 그래서 선생께 청하여 이것을 회수해 달라고 의뢰한 것이오. 들으니 선생께서는 이자를 받아 그것으로 쇠고기와 술을 많이 장만하고 차용증서를 불살라 버렸다고 하니 무슨 까닭이오?"

"그렇습니다. 쇠고기와 술을 충분히 준비하지 않으면 모든 사람을 빠짐없이 모이게 할 수 없습니다. 따라서 여유 있는 자와 부족한 자를 알 수 없습니다. 여유 있는 자에게는 반환할 기일을 약속했지만 부족한 자에게는 증서를 보존하여 십 년에 걸쳐 독촉한다 하더라도 이자만 더욱 많아질 뿐 독촉이 심하면 도망쳐 버리든가 그 증서를 찢어 버리고 결국은 변상하지 않을 것입니다.

그렇게 되면 위로는 주군이 이익을 탐하여 선비와 백성을 사랑하지 않게 될 것이고 아래로는 백성이 주군에게서 떨어져 나가 부채를 갚지 않고 떼먹었다는 오명을 남기게 될 것입니다. 이것은 선비와 백성을 격려하고 주군의 명성을 드러나게 하는 일이 아닙니다. 그러니 쓸데없는 빈 명목의 증서를 불살라 버려 받을 수 없는 헛계산을 버림으로써 설 땅의 백성들로 하여금 주군을 친애하고 명성을 드러내고자 하였을 뿐입니다. 주군께서는 의아하게 생각하시는 점이 있습니까?"

맹상군은 이에 손뼉을 치며 잘했다고 치하하고 자기가 잘못 생각했다는 것을 사과했다.[166]

제나라 왕은 진나라, 초나라 사람들의 헐뜯는 말에 현혹되어 제나라 군주보다 맹상군의 명성이 높으며 제나라 정권을 자기 마음대로 휘두른다고 생각하여 맹상군을 재상의 자리에서 파면시켰다. 빈객들은 맹상군이 파면된 것을 보고 모두 떠나 버렸다.

그러자 풍환이 말했다.

"신에게 진나라에 타고 갈 수레 한 대를 빌려 주십시오. 그러면 반드시 공을 제나라에서 중용되게 하고 또 봉읍도 더욱 넓고 크게 할 수 있도록 하겠습니다. 어떻습니까?"

맹상군은 곧 수레와 예물을 준비하여 풍환에게 보냈다. 풍환은 곧 서쪽

---

166) 이 뒷부분 《戰國策》 齊策에는 맹상군이 1년 후에 재상에서 물러나 薛의 영지로 돌아올 때 영지의 노인과 어린아이들이 멀리까지 마중 나왔다고 기록되어 있다.

으로 가서 진나라 왕을 설득했다.

"수레를 타고 말고삐를 잡아 서쪽으로 진나라에 오는 천하의 유세하는 선비들 중에서, 진나라를 강성하게 하고 제나라를 약하게 만들고자 하지 않는 자는 하나도 없습니다. 또 수레를 타고 말고삐를 잡아 동쪽으로 제나라에 오는 자 중에는 제나라를 강대하게 하고 진나라를 약하게 만들고자 하지 않는 자는 하나도 없습니다. 진나라와 제나라는 자웅을 다투는 관계에 있기 때문에 형세가 양립할 수 없으며, 웅(雄 : 수컷)이 된 나라가 천하를 수중에 넣을 수 있습니다."

진나라 왕은 꿇어앉아 풍환에게 물었다.

"어떻게 해야 진나라가 자(雌 : 암컷)가 되지 않을 수 있겠소?"

"대왕께서도 제나라에서 맹상군을 파면시킨 것을 아십니까?"

"알고 있소."

풍환이 말했다.

"천하에서 제나라를 중시하게 만든 자는 맹상군입니다. 그런데 제나라 왕은 남 헐뜯는 말만 듣고 그를 파면했습니다. 맹상군은 마음속으로 원망하여 제나라를 저버릴 것은 틀림없는 일입니다. 그가 제나라를 저버리고 진나라에 오면 제나라의 실정과 인사(人事)의 진상을 전부 진나라에 알릴 것입니다. 그렇게 되면 진나라는 제나라의 땅을 얻을 수 있게 됩니다. 다만 웅(雄)이 될 뿐이겠습니까?

대왕께서는 급히 예물을 수레에 실어 보내 몰래 맹상군을 맞아들이도록 해야 할 것입니다. 그런데 시기를 잃어서는 안 됩니다. 만약 제나라 왕이 잘못을 깨닫고 다시 맹상군을 등용한다면 진나라와 제나라 어느 쪽이 자웅이 될지 예측할 수 없습니다."

진나라 왕은 매우 기뻐하며 곧 수레 열 대와 황금 일백 일(鎰)을 주어 맹상군을 맞으려 했다. 풍환은 진나라 왕을 하직하고 나와서 진나라 사신보다 먼저 제나라로 돌아와 제나라 왕을 설득하여 말했다.

"수레를 타고 말고삐를 잡아 동쪽으로 제나라에 오는 천하의 유세하는 선비들 중에, 제나라를 강성하게 하고 진나라를 약하게 만들고자 하지 않는 자가 없습니다. 또 수레를 타고 말고삐를 잡아 서쪽으로 진나라에 들어가는 자 중에, 진나라를 강대하게 하고 제나라를 약하게 만들고자 하지 않는 자가 없습니다. 대체로 진나라와 제나라는 자웅을 겨루는 관계에 있습니다. 진나라가 강하면 제나라가 약해지고 제나라가 강하면 진나라가 약해집니다. 이는 양쪽이 다 웅(雄)이 될 수 없는 사세이기 때문입니다.

신이 가만히 들으니 진나라가 사자를 시켜 수레 열 대에 황금 일백 일을 싣고 맹상군을 맞아들이게 하였다 합니다. 맹상군이 서쪽으로 안 간다면 그만이지만 만약 서쪽으로 가서 진나라에 들어가 재상이 된다면 천하는 진나라가 웅이 될 것입니다. 그러면 제나라는 저절로 자(雌)가 됩니다. 자가 된다면 임치(臨淄 : 齊나라의 國都), 즉묵(卽墨 : 齊나라의 邑)도 위태롭게 될 것입니다.

대왕께서는 어찌하여 진나라의 사자가 도착하기 전에 맹상군의 지위를 재상으로 복귀시키고 그 봉읍을 더 늘려 주어 사죄의 뜻을 표하지 않습니까? 그렇게 하면 맹상군은 틀림없이 기뻐하여 그것을 받아들일 것입니다. 진나라가 제아무리 강국이라 하더라도 타국의 재상을 데려가겠다고 청하겠습니까? 이렇게 하면 진나라의 계획을 꺾어 그들이 패자(霸者)나 강국(强國)이 되려는 모략을 단절시키는 것이 됩니다."

제나라 왕이 말했다.

"과연 그렇겠다."

제나라 왕은 곧 사람을 국경에까지 보내 진나라의 사신이 정말로 오는지 정찰하게 하였다. 진나라 사신의 수레가 때마침 제나라의 국경 안으로 들어오고 있었다. 제나라의 사자는 급히 말을 달려 돌아와서 그것을 보고

했다. 제나라 왕은 맹상군을 불러서 재상의 지위를 회복시키고 먼저의 봉읍 외에 또 일천 호의 땅을 증봉(增封)했다. 진나라의 사신은 맹상군이 다시 제나라의 재상이 되었다는 말을 듣고 수레를 돌려 돌아갔다.

제나라 왕이 중상(中傷)을 듣고 맹상군을 파면했을 때 맹상군의 식객들은 모두 떠나 버렸다. 그 후 제나라 왕이 그들을 불러 다시 오게 하고 풍환으로 하여금 그들을 맞이하게 했다. 그 빈객들이 아직 돌아오기 전, 맹상군은 크게 한숨을 쉬고 탄식하며 말했다.

"나는 항상 빈객을 좋아하며 손님을 접대하는 일에 실수가 없었으며, 식객이 삼천여 명이나 되었던 것은 선생께서도 잘 아시는 일입니다. 그런데 빈객들은 내가 한 번 파면되는 것을 보자 나를 저버리고 떠났으며 나를 돌보고자 하는 자가 없었습니다. 이제 선생의 힘에 의해 지위를 회복하게 되었으나 빈객들은 무슨 명목으로 두 번 다시 나를 볼 수 있단 말입니까? 만약 다시 찾아오는 자가 있다면 그 얼굴에 침을 뱉어 크게 창피를 주겠습니다."

풍환이 이 말을 듣자 말고삐를 매어 놓고 수레에서 내려와 맹상군에게 절을 하니 맹상군도 수레에서 내려와 마주 절하며 말했다.

"선생께서는 빈객들을 위해 사과하시는 것입니까?"

풍환이 말했다.

"빈객들을 위해 사과하는 것은 아닙니다. 공께서 하신 말씀이 틀렸기 때문입니다. 대체로 만물에는 반드시 그렇게 되는 결과가 있고 모든 일에는 당연한 이치가 있습니다. 공께서는 그런 것이 있다는 것을 아십니까?"

"어리석어서 선생께서 하시는 말씀을 알지 못하겠습니다."

"살아 있는 것은 반드시 죽는다는 것은 만물의 필연적 결과입니다. 부귀하면 선비가 모여들고 빈천하면 벗이 적은 것은 일의 당연한 이치입니다. 공께서는 아침에 시장에 몰려가는 사람들을 보지 않았습니까? 날이 밝을 무렵에는 어깨를 마주치며 성문으로 먼저 들어가기를 다투지만 날이 저문 뒤에 시장을 나가는 사람들은 팔을 휘저으면서 시장은 돌아보려고도 하지 않습니다. 그것은 아침에는 좋아하고 저녁에는 미워해서가 아니라 해가 저물 무렵에는 이익을 기대할 물건이 시장 안에 없기 때문입니다.

공께서 벼슬을 잃으니 빈객들이 다 떠나갔습니다만 그것을 이유로 선비들을 원망하여 빈객이 오는 길을 함부로 끊어서는 안 됩니다. 바라옵건대 공께서는 빈객을 예전과 같이 대우해 주시기를 원합니다."

맹상군은 두 번 절하며 말했다.

"삼가 충고에 따르겠습니다. 선생의 말씀을 듣고 나니 감히 가르침을 받들지 않을 수 있겠습니까?"


태사공은 말한다.

"나는 일찍이 설(薛)을 지나간 일이 있었다. 그곳의 풍속은 마을에 거칠고 사나운 젊은이들이 많아서 추(鄒), 노(魯)[167]의 풍속과는 판이하였다. 그 까닭을 물었더니 '맹상군이 천하의 협객들과 간악한 사람들을 불러 모아 설 땅에 들어온 자가 육만여 가구나 되었기 때문일 것입니다.'라고 말했다. 세상에서 맹상군이 빈객을 좋아하여 스스로 즐겼다고 전해오는 것은 사실 무근한 평판이 아니다."[168]

---

167) 鄒는 孟子의 고향이고 魯는 孔子의 고향이다. 거칠고 사나운 젊은이들이 많다고 한 것은 司馬遷이 이곳에서 고난을 겪었던 일과 관계가 있는 것 같다. 太史公自序 참조.
168) 列傳의 끝에 나오는 '太史公曰'의 一段은 함축성이 많아 眞意를 파악하기 어려운 것이 적지 않다. 이것도 그러한 예의 하나다.

# 제16 평원군·우경열전(平原君·虞卿列傳)


평원군(平原君) 조승(趙勝)은 조(趙)나라 혜문왕(惠文王)의 아우로, 조나라 공자(公子) 중 한 사람이다. 여러 공자 중에서 승(勝)이 가장 현명하고 빈객을 좋아하여 그에게 모여든 빈객의 수가 수천 명이나 되었다. 평원군은 조나라 혜문왕과 효성왕(孝成王) 때 재상이 되었는데 세 번 재상의 자리를 떠났다가 세 번 다시 그 지위를 회복하였다. 동무성(東武城)에 봉해졌다.

평원군의 집 누각은 민가를 굽어보고 있었다. 민가에 한 절름발이가 살고 있었는데 절름거리며 걸어가 물을 긷곤 하였다. 어느 날 평원군의 후궁이 누상 위에서 아래를 굽어보다 절름발이를 보고는 큰 소리로 웃어댔다. 이튿날 절름발이는 평원군의 집 문 앞에 와서 이렇게 항의했다.

"신은 주군께서 선비를 좋아하신다고 들었습니다. 선비들이 천 리 길을 멀다 않고 찾아오는 것은 주군께서 선비를 소중히 여기고 첩을 천하게 여기실 줄로 믿기 때문입니다. 신은 불행하게도 구루병에 걸렸습니다. 그런데 주군의 후궁이 위에서 굽어보며 신을 비웃었습니다. 원컨대 신을 조소한 자의 머리를 얻고자 합니다."

평원군이 웃으면서 대답했다.

"그렇게 합시다."

절름발이가 돌아가자 평원군은 코웃음을 치며 말했다.

"저 녀석 좀 보게. 한 번 웃었다는 이유로 꽃 같은 나의 후궁을 죽이고자 하네."

평원군은 후궁을 죽이지 않았다. 그 후 1년 남짓 사이에 빈객과 문하(門下), 사인(舍人)들이 하나 둘씩 점차로 떠나 그 수가 반을 넘었다. 평원군은 이상히 여겨 사람들에게 물었다.

"내가 여러분을 대우하는 일에 아직까지 예를 잃은 적이 없소이다. 그런데 떠나는 자가 어찌하여 이렇게 많소?"

그러자 문하의 한 사람이 앞으로 나와 대답했다.

"주군께서 절름발이를 조소한 자를 죽이지 않았기 때문에 주군이 여색을 사랑하고 선비를 천시하는 인물이라고 판단하여 선비들이 떠나는 것입니다."

평원군은 결국 절름발이를 비웃은 후궁의 목을 베어 자신이 직접 절름발이를 찾아가 그 머리를 주고 사과했다. 그러자 식객들이 다시 모여들기 시작했다.

이때 제나라에는 맹상군이, 위나라에는 신릉군(信陵君)이, 초나라에는 춘신군(春申君)이 있어 서로 다투어 선비를 불러 후하게 대접하고 있었다.[169]

진나라가 한단(邯鄲 : 조나라의 도읍)을 포위했을 때 조나라는 평원군을 초나라에 파견하여 구원을 청하고 초나라와 합종하려고 했다. 평원군은 식객 중에 용기 있고 문무를 겸비한 자 이십 명과 함께 가기로 조나라 왕과 약속하고 이렇게 말했다.

"말로 교섭하여 목적을 달성할 수 있다면 그보다 다행한 일이 없겠습니다. 그것이 불가능하면 초나라의 아름다운 궁전 아래에서 피를 마시며 무력으로 위협해서라도 반드시 합종을 약속 받고 오겠습니다. 동행할 선비는 밖에서 구하지 않겠습니다. 우리 식객 중에서 뽑으면 충분합니다."

---

169) 이 네 사람, 소위 四君 중에서 孟嘗君이 최연장자이고, 信陵君이 봉해졌을 때에는 이미 죽고 없었다. 春申君은 더욱 늦다. 모두 같은 시대의 인물은 아니지만 네 사람을 한데 묶어 부르는 습관은 漢初부터였다.

그래서 열아홉 명은 뽑을 수 있었는데 나머지 한 명은 사람이 없어서 스무 명을 채우지 못하고 있었다. 그때 식객 중에 모수(毛遂)라는 자가 있었는데 그가 나와서 평원군에게 자신을 추천하여(원문은 '自讚', 自畵自讚, 자기를 자기가 칭찬하는 것) 말했다.

"듣자 하니 주군께서는 초나라와 합종하고자 식객 스무 명을 데리고 가기 위해 인선(人選)을 하셨는데 지금 한 명이 결원(缺員)이라 합니다. 원컨대 주군께서는 이 수(遂)를 원수(員數)에 채워 데려가 주셨으면 합니다."

평원군이 말했다.

"선생은 우리 문하에 오신 지 몇 년이나 되었소?"

"3년이 됩니다."

"무릇 현명한 인사가 세상에 처해 있는 것을 비유하면 송곳이 주머니 속에 있는 것처럼 당장 그 끝이 주머니를 뚫고 나와 나타나는 법입니다. 지금 선생은 우리 문하에 오신 지 3년이나 되었지만 좌우의 사람들한테서 칭송받은 일이 없었으며 나도 일찍이 선생의 훌륭한 점을 들은 바 없습니다. 이는 선생에게 특별한 재능이 없다는 이야기입니다. 따라서 선생께서는 이번 임무를 해낼 수 없으니 이곳에 머물러 계십시오." [170]

"신은 오늘 비로소 주머니 속에 들어가기를 청할 뿐입니다. 만약 저를 진작 주머니 속에 넣으셨더라면 자루 밖까지 나왔을 것이며, 그 끝이 드러나 보이는 데 그치지는 않았을 것입니다."

평원군은 마침내 모수와 함께 가기로 했다. 열아홉 명은 모수를 경멸하고 서로 마주보면서 비웃었으나 입 밖에 내지는 않았다. 그러다 초나라에

---

170) 平原君의 말 속에 先生이라는 호칭이 네 번 반복된다. 그리고 뒤로 갈수록 간격이 줄어든다. 입으로는 정중하게 말하면서 마음속으로 '뭐, 너 같은 자식!'이라는 기분이 잘 나타나 있다. 대화를 통해 심리의 음영까지 포착한 司馬遷 문장의 묘미가 잘 나타난 일례이다.

이르는 동안에 모수는 열아홉 명과 토론했는데 모두 다 그의 논의에 탄복했다.

평원군이 초나라와 합종하기 위하여 초나라 왕에게 그 이해(利害)를 말했는데 해 돋을 때부터 시작하여 정오가 되도록 결론이 나지 않았다. 그때 당하(堂下)에 있던 열아홉 명이 모수에게 말했다.

"선생도 당상(堂上)에 올라가서 논의를 끝맺어 주시오."

모수는 칼자루를 어루만지면서 급히 섬돌을 올라가[171] 평원군에게 말했다.

"합종의 이해(利害)는 다만 두 마디의 말로 결정됩니다. ― 이(利)와 해(害)의 양자(兩者)를 검토하기만 하면 곧 이(利)로움을 알게 된다는 뜻 ― 이렇게 해 뜰 때부터 합종을 논하여 한낮까지 결론이 나지 않는 것은 무슨 까닭입니까?"

초나라 왕이 평원군에게 말했다.

"저 객인은 대체 누구요?"

평원군이 대답했다.

"저 사람은 승(勝)의 부하입니다."

초나라 왕은 모수를 꾸짖으며 말했다.

"어찌하여 당하로 내려가지 않느냐? 나는 네 주군과 논하고 있는데 너는 대체 무엇하는 놈이냐?"

모수는 칼자루에 손을 댄 채 나아가 말했다.

"왕께서 나를 꾸짖는 것은 수많은 초나라 백성들을 의지하고 하는 짓이겠지만 지금 왕과 나 사이는 열 발짝이 안 되니 왕께서는 초나라 백성의

---

171) 원문은 '歷階而上'. 《儀禮》, 《禮記》 등에 따르면 궁전의 계단을 오를 때에는 한걸음씩 뗄 때마다 양발을 모으는 것이 예의였다.

힘을 의지할 수 없습니다. 왕의 목숨은 내 손 안에 있습니다. 우리 주군이 앞에 계신데 꾸짖는 것은 무슨 짓이오?

들으니 은나라 탕왕은 사방 칠십 리의 땅으로 천하의 왕 노릇을 했고 주나라 문왕은 사방 백 리의 땅을 가지고 제후들을 신하로 삼았다고 합니다. 그것은 사졸의 수가 많아서가 아니라 진실로 그 세(勢)에 의거하여 위엄을 잘 발휘했기 때문입니다.

지금 초나라는 땅이 사방 오천 리이고 무장한 군사가 백만입니다. 이것이야말로 패자가 될 수 있고 왕자가 될 수 있는 바탕입니다. 초나라의 이 강대한 힘 앞에는 대항할 나라가 천하에 없을 것입니다.

그런데 진나라 장군 백기(白起)는 한낱 필부일 뿐이었는데 수만의 무리를 이끌고 군대를 동원하여 초나라와 싸웠습니다. 한 번 싸워서 언(鄢)과 영(郢 : 초나라의 郡)을 빼앗고, 두 번 싸워 이릉(夷陵)을 불사르고, 세 번 싸워 왕의 선조의 능묘를 욕되게 했습니다. 이것은 초나라로서 백세(百世)에 이르도록 원한이 되는 일이며 조나라 사람들도 초나라를 위해 수치로 여기고 있습니다.

그런데도 왕께서는 진나라를 미워할 줄 모르십니다. 합종은 초나라를 위한 것이지 조나라를 위한 것이 아닙니다. 우리 주군의 체면을 생각지 않고 꾸짖은 것은 무슨 도리입니까?'

초나라 왕이 말했다.

"과연 그렇소. 정말로 선생의 말씀 그대로구려. 삼가 사직을 받들어 선생의 말에 따라 합종하겠소."

모수가 말했다.

"그럼 합종으로 결정이 난 것입니까?"

초나라 왕이,

"그렇소."

하고 대답하자 모수는 초나라 왕 좌우에 있는 사람에게 말했다.

"닭, 개, 말의 피를 가져오시오."

모수는 그 피를 담은 구리 쟁반을 받쳐 들고 무릎을 꿇어 초나라 왕에게 올리며 말했다.

"왕께서 마땅히 피를 마시고 종약(從約)을 정하셔야 하겠습니다. 다음은 우리 주군, 그리고 그 다음으로 이 수(遂)가 마시겠습니다."

이리하여 전상(殿上)에서 드디어 합종을 약정했다. 모수는 왼손에 구리 쟁반을 들고 오른손으로 열아홉 명을 불러서 말했다.

"그대들은 당하에서 함께 이 피를 마시오. 그대들은 그저 따라왔을 뿐이니 말하자면 남의 힘에 의지하여 일을 이룩하는 자일 뿐입니다."

평원군은 합종을 약정하고 귀국하여 조나라에 도착하자 말했다.

"승(勝)은 감히 다시는 선비를 고르지 못하겠습니다. 내가 지금까지 선비를 골라 뽑으면서 많으면 천 명, 적어도 몇 백 명은 보았는데 스스로 천하의 선비를 몰라 본 적이 없다고 생각했습니다. 그런데 모(毛) 선생을 알아 보는 눈이 없었습니다. 모 선생이 초나라에 가자 조나라의 국위를 구정(九鼎), 대려(大呂)보다도 더 무거운 것으로 만들었습니다. 모 선생의 세 치 혀는 백만의 군사보다도 강했습니다. 나는 다시는 인물 평가를 하지 않겠습니다."

평원군은 모수를 상객(上客)으로 대우했다.

평원군이 조나라로 돌아가자 초나라에서는 춘신군을 장수로 임명하여 군대를 거느리고 조나라를 구원하기로 했다. 위나라의 신릉군도 군명(君命)이라고 속이고 진비(晉鄙) 장군의 군대를 빼앗아[172] 조나라를 구원하러 나섰다. 그러나 그들 구원군이 도착하기도 전에 진나라가 한단을 포위했다.

한단은 위급하게 되었으며 항복하기 직전에 놓였다. 평원군은 이를 매우 근심했다. 그러자 한단의 숙사 관리인 아들 이동(李同)[173]이 평원군에게 아뢰었다.

"상공께서는 조나라가 망하는 것이 근심되지 않으십니까?"

평원군이 대답했다.

"조나라가 망하면 나는 곧 포로가 될 것이다. 어찌 근심이 되지 않겠는가."

이동이 다시 말했다.

"한단의 백성들은 땔나무가 없어서 죽은 사람의 뼈를 땔감으로 하고 식량이 없어 굶주린 나머지 자기 자식과 남의 자식을 서로 바꾸어 잡아먹고 있습니다. 참으로 위급하다고 말하지 않을 수 없습니다. 그런데 상공의 후궁들은 몇 백이나 되며 비첩(婢妾)들이라도 비단옷을 입고 기름진 쌀밥과 고기반찬이 먹고도 남아돕니다.

백성들은 변변치 않은 허술한 베옷도 충분하지 못하고 쌀겨나 재강조차 배불리 먹지 못합니다. 백성들은 곤궁하고 무기는 다 떨어져, 어떤 사람은 나무를 깎아 창과 화살을 만들고 있는 상황입니다. 그런데 상공의 기물(器物)은 종(鍾)과 경(磬)과 같은 악기류[174]까지 예전과 다름이 없습니다.

진나라가 조나라를 멸망시키면 어찌 이런 것들을 상공께서 보유하실 수 있겠습니까? 조나라가 안전 무사함을 얻는다면 어찌 이런 것들을 갖지 못할까 상공께서 걱정할 필요가 있겠습니까? 지금 상공께서 진실로 부인 이하 모든 사람들을 사졸 사이에 편입시켜서 일을 나누어 하게 하시고 소장한 물건들을 전부 풀어 사졸들을 대접한다면 위태롭고 괴로운 때를 당

---

172) 信陵君과 장군 晉鄙 사이의 경위에 대해서는 다음의 魏公子列傳을 참조.

173) 李同의 원이름은 李談. 司馬遷의 아버지 이름이 談이므로 생전의 이름을 피해서 同으로 기록했다.

174) 모두 銅으로 만들어졌으므로 녹여서 무기로 다시 주조할 수가 있다.

했던 그들은 상공의 은혜에 더욱 쉽게 감복할 것입니다."

평원군은 그의 말대로 실행하여 결사의 용사 삼천 명을 조직했다. 이동(李同)은 삼천 명과 함께 진나라 군대를 향하여 진격해 나아갔다. 진나라 군대는 삼십 리나 후퇴했다. 때마침 초나라와 위나라의 구원군도 도착하니 진나라의 군대는 마침내 포위를 풀고 물러가 한단은 다시 전과 같이 보존되었다. 이동이 전사했으므로 그의 아버지를 봉하여 이후(李侯)라 했다.

우경(虞卿)은 신릉군이 구원군을 이끌고 와서 한단을 구한 것은 평원군과의 교분이 있기 때문이라 생각했다. 그래서 공을 평원군에게 돌리고 평원군을 위해 증봉(增封)해 주기를 조나라 왕에게 청원하고자 했다. 공손룡(公孫龍)이 그 소문을 듣고 밤새 수레를 달려 평원군에게 찾아와서 물었다.

"들은 바에 의하면 신릉군이 한단을 구해 주었다 해서 상공에게 증봉을 하도록 우경이 왕에게 청하려 한다니 그게 사실입니까?"

평원군이,

"그렇습니다."

하고 대답했다. 그러자 공손룡이 이렇게 말했다.

"그것은 당치도 않은 일입니다. 왕께서 상공을 조나라의 재상에 임명한 것은 조나라에 상공의 지능을 따를 만한 자가 없다고 생각해서가 아닙니다. 또 동무성(東武城)을 떼어 그 땅에 상공을 봉한 것도 상공한테만 공훈이 있고 다른 사람에게는 공훈이 없다고 생각해서가 아닙니다.

그것은 상공께서 국왕의 친척이기 때문입니다. 상공께서 재상의 인수(印綬)를 받으면서 무능하다고 사양하지 않고, 봉지(封地)를 받게 되었을 때 공이 없다고 사양하지 않은 것도 스스로 왕실의 친척이라고 생각했기 때문입니다. 그런데 이제 신릉군이 한단을 구원했는데 상공의 공이라고 증봉을 청한다면 그것은 친척이라 해서 봉지를 받고, 이번에는 조나라 사람으로서 공을 계정(計定)하여 증봉을 받으려는 것으로서 타당치 않은 일입니다.

또 우경은 양다리를 걸치려는 것입니다. 즉 일이 이루어지면 그것을 증거 삼아 보상을 얻으려고 할 것이며, 일이 이루어지지 않더라도 봉지를 더받도록 노력했다는 헛된 이름으로 상공께 생색을 내려고 할 것입니다. 상공께서는 결코 우경의 말을 받아들여서는 안 됩니다."

평원군은 결국 우경의 말을 받아들이지 않았다.

평원군은 조나라 효성왕(孝成王) 15년에 죽었다. 자손이 그 대를 이었다가 뒤에 조나라와 함께 망하고 말았다. 평원군은 공손룡을 후하게 대우했다. 공손룡이 견백동이(堅白同異)의 변(辯)을 잘했기 때문이다. 그러나 추연(鄒衍)이 조나라를 지나다 들러 지도(至道)를 말하자 평원군은 공손룡을 물리쳐 버렸다.


우경(虞卿)은 유세하는 선비다. 짚신을 신고 긴 자루가 달린 우산을 짊어지고 와서 조나라 효성왕을 설득했다. 한 번 알현으로 황금 백 일(鎰)과 흰 구슬 한 쌍을 하사 받았으며 두 번째 알현으로 조나라의 상경(上卿)이 되었다. 그래서 '우경(虞卿)'이라고 부르게 된 것이다.

진나라와 조나라는 장평(長平)에서 싸웠는데 조나라는 싸움에서 이기지도 못하고 도위(都尉)만 한 명 잃었다. 조나라 왕은 장군 누창(樓昌)과 우경을 불러 이렇게 말했다.

"우리 군대는 싸워서 이기지도 못하고 게다가 도위마저 전사했소. 과인은 갑옷을 걷어붙이고 가벼운 차림을 한 군대를 진나라 진지로 진격시키고자 하는데 어떻게 생각하오."

이에 누창이 대답했다.

"그것은 무익한 일입니다. 그것보다는 중요한 인물을 사자로 파견하여 강화를 맺는 것이 좋을 것입니다."

그러자 우경이 말했다.

"누창이 강화를 말하는 것은 강화하지 않으면 조나라 군대가 반드시 패한다고 생각하기 때문입니다. 그런데 강화를 하고 안 하고는 진나라의 의사에 달린 것입니다. 왕께서는 진나라가 반드시 조나라 군대를 깨뜨리고자 한다고 생각하십니까, 그렇지 않다고 생각하십니까?"

왕이 말했다.

"진나라는 전력을 다하여 조나라를 깨뜨리려 할 것이오."

우경이 말했다.

"왕께서는 신의 의견을 들어 주십시오. 곧 사신을 보내어 귀중한 보물을 가지고 가서 초나라와 위나라를 우리 편으로 끌어들이십시오. 초나라와 위나라는 왕의 귀중한 보물을 얻고자 반드시 우리의 사신을 입국시킬 것입니다. 조나라의 사신이 초나라, 위나라에 들어가면 진나라는 틀림없이 천하의 제후가 합종하는 것이 아닌가 의심하고 두려워할 것입니다. 이렇게 되면 진나라와 강화할 수 있습니다."

조나라 왕은 이 말을 듣지 않았다. 그리고 평양군(平陽君 : 趙豹. 효성왕의 아버지인 혜문왕의 동생이므로 숙부에 해당)과 상론하여 강화를 맺기로 하고 정주(鄭朱)를 파견하여 진나라에 들어가게 했다. 진나라에서도 그를 입국시켰다. 조나라 왕은 우경을 불러서 말했다.

"과인이 평양군을 시켜 진나라와 강화하게 했는데 그 결과 이미 국내에 정주를 들어오게 했다오. 경은 이 일을 어떻게 생각하오."

우경이 대답했다.

"왕께서는 강화를 할 수 없을 것입니다. 그리고 우리 군대는 틀림없이 패할 것입니다. 지금 천하의 전승(戰勝) 축하객들이 모두 진나라에 모여 있습니다. 정주는 조나라의 귀인이므로 그가 진나라에 들어가면 진나라 왕은 응후(應侯 : 范雎의 칭호)와 함께 상론하고 그를 정중히 대우하여, 그가 조나라의 강화 사절이라는 것을 천하에 밝게 드러낼 것입니다. 그렇게 되면 초나라와 위나라는 조나라가 진나라와 강화한다는 이유로 결코 왕을 구원하지 않을 것입니다. 천하가 왕을 구원하지 않을 것을 진나라 왕이 알게 되면 강화는 이루어지지 않을 것입니다."

응후는 정주를 정중히 대우하여 천하 제후들로부터 온 전승 축하 사신들에게 보여 줄 뿐 끝내 강화를 승낙하지 않았다. 이렇게 하여 조나라 군대는 장평에서 크게 패전하고 결국 한단이 포위당하여 천하의 웃음거리만 되었다.

진나라가 한단의 포위를 푸니 조나라 왕은 조학(趙郝)을 시켜 진나라와 조약을 맺고 여섯 현(縣)을 할양하여 강화하려고 했다. 그러자 우경이 조나라 왕에게 물었다.

"진나라는 왕을 공격했습니다만 결국 포위를 풀었습니다. 그들이 지치고 싫증이 나서 돌아갔다고 생각하십니까? 그렇지 않으면 공격을 계속할 힘이 아직 더 있는데도 왕을 가엾게 여겨 공격하지 않은 것이라고 생각하십니까?"

왕이 대답했다.

"진나라는 우리 나라를 공격하는 일에 전력을 기울였소. 틀림없이 지치고 싫증이 나서 돌아갔을 것이오."

우경이 말했다.

"진나라는 그들의 힘으로는 빼앗을 수 없는 곳을 공격하다가 지쳐서 돌아갔습니다. 그런데 왕께서는 그들의 힘으로는 빼앗을 수 없었던 여섯 현을 할양하여 진나라에 주려고 하십니다. 그것은 진나라를 돕고 스스로를 공격하는 것입니다. 내년에 진나라가 다시 와서 왕을 공격한다면 왕께서는 빠져나갈 길이 없을 것입니다."

왕이 우경의 말을 조학에게 전하니 조학은 이렇게 말했다.

"우경은 진실로 진나라의 힘의 한계를 남김없이 간파했을까요? 정말로 진나라의 힘의 한계를 알고서 한 말이라면 화살촉만한 조그만 땅도 줄 필요가 없습니다. 그런데 만약 진나라가 내년에 다시 왕을 공격한다면 왕께서는 그때 영토의 일부를 할양하여 강화하지 않을 수 있겠습니까?"

왕은 말했다.

"그대의 의견을 들어 여섯 현을 할양하겠소. 그대는 내년에 진나라가 우리 나라를 공격하지 않게 할 수 있겠소?"

조학이 대답했다.

"그것은 신이 감히 책임질 수 없습니다. 옛날에 삼진(三晉)과 진나라의 국교는 서로 친밀했습니다. 그런데 지금 진나라가 한나라, 위나라와 친선을 도모하여 왕을 공격했으니 이것은 왕께서 진나라를 섬김이 한(韓), 위(魏)만 못하기 때문입니다. 신이 대왕을 위하여 그동안 화친을 저버린 것 때문에 받는 공격을 해소하고 관소(關所)를 열어 무역을 하며 진나라와의 국교를 한나라, 위나라와 평등하게 한다고 해도, 내년이 되어 왕께서 홀로 진나라의 공격을 받게 된다면 그것은 왕께서 진나라를 섬기는 방법이 한나라나 위나라에 뒤졌기 때문입니다. 그것은 신이 감히 책임질 수 있는 일이 아닙니다."

왕이 이 말을 우경에게 전하니 우경은 이렇게 말했다.

"조학은 '강화하지 않으면 내년에 다시 진나라가 공격할 것이다. 그때에는 영토의 일부를 할양하여 강화하지 않을 수 있겠는가?' 라고 말했는데 지금 비록 강화했다 하더라도 진나라가 다시는 공격해 오지 않으리라는 것을 그도 보증할 수 없습니다. 그렇다면 지금 진나라에 여섯 현을 할양해 준다 한들 무슨 소용이 있겠습니까?

내년에 진나라가 다시 와서 공격하면 왕께서는 진나라의 힘으로 얻을 수 없는 땅을 할양해 주고 강화하게 될 것입니다. 이것은 자멸하는 길입니다. 그러니 강화하지 않는 것이 상책입니다. 진나라가 아무리 공격을 잘한다 해도 여섯 현을 빼앗을 수는 없을 것이고, 조나라가 잘 지켜내지 못한다 해도 여섯 현을 다 잃지는 않을 것입니다.

진나라가 싸움에 지쳐서 돌아갔다면 그 군사들도 틀림없이 지쳐 있을 것입니다. 그렇다면 우리 나라는 여섯 현을 천하의 제후에게 나누어 주어 천하를 우리 편으로 하고 피폐해 있는 진나라를 공격하는 것이 낫습니다. 우리는 여섯 현을 천하 제후들에게 주어 잃게 되지만 그 보상을 진나라에서 받게 되는 것이니 우리 나라에 오히려 이익입니다. 가만히 앉아서 땅을 할양하여 자신을 약화시키고 진나라를 강하게 만드는 것과 견주어 어느 쪽이 상책이겠습니까?

지금 조학은 '진나라가 한나라, 위나라와 친하고 조나라만을 공격하는 것은 그렇게 하면 한나라, 위나라가 조나라를 구원하지 않아서 왕의 군대가 고립하여 구원을 받지 못할 것이라고 생각하기 때문입니다. 또 한나라, 위나라가 진나라를 섬기는 것만큼 왕께서 진나라를 잘 섬기지 못하기 때문입니다.' 라고 말하고 있습니다만 이 같은 생각은 왕으로 하여금 해마다 여섯 성씩 할양하여 진나라를 섬기게 만들려는 것입니다.

결국 가만히 앉아서 성읍은 다 없어질 것입니다. 내년에 진나라가 또 땅을 할양해 달라고 요구하면 왕께서는 주시겠습니까? 주시지 않는다면 지금까지 진나라에 할양한 효과는 없어지고 진나라에게 공격을 받는 화만 불러올 뿐입니다. 땅을 할양해 주기 시작하면 나중에는 줄 땅이 없어지고 맙니다.

옛말에도 '강한 자는 공격을 잘하지만 약한 자는 수비에 능하지 못하다.' 란 말이 있습니다. 지금 가만히 앉아서 진나라의 요구를 듣는다면 진나라는 군대의 손상도 없이 많은 땅을 얻는 결과가 됩니다. 이것은 진나라를 강하게 하고 조나라를 약하게 만드는 일입니다. 더욱 강해진 진나라가 더욱 약해진 조나라한테서 땅을 떼어가는 것이니 진나라의 계책은 그칠 리가 없습니다. 더구나 왕의 땅에는 한계가 있으나 진나라의 요구에는 한계가 없습니다. 유한한 땅을 가지고 무한한 요구에 응한다면 그 결과는 조나라의 멸망뿐입니다."

조나라 왕은 어찌 해야 좋을지 결정을 내리지 못했다. 그때 누완(樓緩)이 진나라에서 왔다. 조나라 왕은 누완과 함께 이 일을 상론하여 말했다.

"진나라에 땅을 떼어 주는 것과 떼어 주지 않는 것 중 어느 편이 좋겠소?"

누완이 겸양하며 말했다.

"그것은 신으로서는 잘 알 수 없습니다."

왕이 말했다.

"그래도 시험 삼아 그대의 의견을 말해 보오."

누완이 삼가 대답했다.

"왕께서는 저 공보문백(公甫文伯 : 魯나라 季康子의 從父兄弟)의 어머니 이야기를 들으셨습니까? 공보문백은 노(魯)나라에서 벼슬을 했는데 병으로 죽게 되자 이를 슬퍼하여 규방에서 자살한 여자가 두 사람 있었습니다. 이 말을 듣고도 그의 어머니가 곡(哭)하지 않았으므로 문백의 보모(保姆)가 말하기를, '자식이 죽었는데도 곡례(哭禮)를 하지 않는 이가 있겠습니까?' 라고 하니 그 어머니는 '공자(孔子)는 현인인데도 노나라를 쫓겨 났을 때 내 아들은 공자를 수행하지 않았다. 그런데 이제 아들이 죽자 두 사람의 여자가 자살을 했다고……. 이런 사람은 덕이 있는 사람에게는 박정하고 여자에게는 다정했음이 틀림없기에 내 자식의 죽음이지만 곡례(哭禮)를 하지 않았다.' 라고 말했답니다.

이 말이 어머니로부터 나왔을 때에는 현모(賢母)라는 평을 받게 되지만 아내가 이 말을 했다면 질투가 심한 아내라는 평을 면치 못할 것입니다. 그런 까닭에 말은 동일하지만 말하는 사람이 다르면 듣는 사람의 심정도 달라지는 법입니다.

신은 방금 진나라에서 돌아왔으므로 진나라의 사정을 잘 압니다. '땅을 떼어 주지 마십시오.' 라고 한다면 그것은 좋은 계책이 아닙니다. 그렇지만 '땅을 떼어 주십시오.' 라고 한다면 신이 진나라를 위해 하는 말이라고 생각하실까 두려워 감히 대답하지 못하겠습니다. 그래도 신으로 하여금 대왕을 위하여 계책을 말할 수 있게 해 주신다면 '땅을 떼어 주시는 것보다 좋은 계책은 없습니다.' 라고 아뢰겠습니다."

왕이 말했다.

"좋소. 그렇게 하겠소."

우경이 그 말을 듣고 왕궁으로 들어가 왕을 알현하여 말했다.

"누완의 말은 아름답게 꾸며서 하는 말일 뿐 실은 조나라를 위한 좋은 계책이 아닙니다. 왕께서는 신중히 생각하셔서 땅을 진나라에 주지 마십시오."

누완이 이 말을 전해 듣고 왕을 만나니 왕이 또 우경의 말을 누완에게 전했다. 누완이 삼가 대답했다.

"그렇지 않습니다. 우경은 하나만 알지 둘은 모르고 있습니다. 대저 진나라와 조나라가 전쟁을 하게 되면 천하의 제후들이 다 기뻐하는 것은 무슨 까닭입니까? 제후들은 '나는 강한 자에 가담하여 약한 자를 노릴 것이다.' 라고 말합니다. 지금 조나라의 군대가 진나라 군대한테 고전을 하게 되면 천하의 제후들이 보내는 전승 축하사(祝賀使)는 전부 진나라로 갈 것입니다. 그런 까닭에 급히 땅을 떼어 주어 강화를 성립시켜서 천하의 제후들을 현혹시키고 진나라의 마음을 달래 주는 것만 못합니다.

그렇게 하지 않으면 장차 천하의 제후들은 진나라의 불같은 노여움을 이용하고 조나라의 피폐함을 틈타 오이를 쪼개어 나누듯이 조나라를 분할하려고 할 것입니다. 그렇게 되면 조나라는 멸망하게 됩니다. 또 그런 지경에서 어떻게 진나라 정벌을 도모할 수 있겠습니까?

그러므로 신은 말합니다. '우경은 하나만 알 뿐 둘은 알지 못한다.'라고. 원컨대 대왕께서는 지금까지 말씀드린 것을 근거로 마음을 결정하시고 이 이상 다른 생각을 마십시오."

우경이 그 말을 전해 듣고 왕을 뵙고 말했다.

"실로 위험한 일입니다, 누완이 진나라를 위하는 마음은. 그의 말에 의하면 그것은 더욱 더 천하의 제후들에게 조나라를 의심하게 만드는데 어떻게 진나라의 마음을 달랠 수 있단 말입니까? 조나라가 약하다는 것을 천하에 드러내는 것에 불과합니다. 또 신이 '땅을 진나라에 떼어 주지 마십시오.'라고 한 것은 굳이 주지 말라고만 한 것이 아닙니다.

진나라 왕이 여섯 성을 요구하고 있는데 왕께서는 차라리 그 여섯 성을 제나라에 뇌물로 주시라는 것입니다. 제나라는 진나라에 원한이 깊습니다. 제나라 왕이 여섯 성을 얻으면 조나라와 힘을 합쳐 서쪽으로 진나라를 칠 것입니다. 제나라는 왕의 말씀이 채 끝나기도 전에 왕의 의견에 따를 것입니다. 그렇게 되면 왕께서는 여섯 성을 제나라에 잃고 그 보상은 진나라로부터 받는 것입니다. 게다가 제나라와 조나라는 원한이 깊은 진나라에게 원수를 갚을 수 있고 조나라의 유능함을 천하에 드러내는 것이 되기도 합니다.

왕께서 이 방침을 선언하시면 제나라와 조나라의 군사가 진나라 국경을 채 엿보기도 전에 진나라에서 많은 뇌물이 조나라에 이를 것이며 오히려 진나라 쪽에서 강화를 청해 올 것입니다. 진나라에서 강화를 청해 오면 한나라, 위나라도 소문을 듣고 반드시 왕을 중히 여길 것입니다. 왕을 중하게 여기게 되면 틀림없이 중보(重寶)를 가지고 서로 먼저 왕께 화친하기를 청해 올 것입니다. 그렇게 되면 왕께서는 일거에 제, 한, 위 세 나라와 화친을 맺고 진나라와 그 지위를 바꾸는 것이 됩니다."

이에 조나라 왕은,

"좋소."

하고는 곧 우경을 동쪽으로 보내어 제나라 왕을 알현하게 하여 그와 함께 진나라를 공격할 것을 모의하게 했다. 그런데 우경이 제나라에서 돌아오기도 전에 진나라의 강화 사신이 이미 조나라에 와 있었다. 누완은 이 소문을 듣고 도망쳤다. 조나라는 이에 우경에게 한 개의 성을 주어 봉읍하였다.

그 후 얼마 지난 뒤에 위나라가 조나라와 합종을 맺을 것을 청해 왔다. 조나라 효성왕(孝成王)은 우경을 불러 상론하려 했다. 우경이 궁중으로 가는 도중에 평원군에게 들렀다. 그러자 평원군이 말했다.

"바라건대 경은 위나라와의 합종이 좋은 계책이라는 것을 왕께 말씀드려 주시오."

우경이 궁중에 들어가 왕을 뵈니 왕이 말했다.

"위나라가 합종하기를 청하고 있소."

"위나라가 잘못하는 일입니다."

"과인은 아직 그것을 허락하지 않았소."

"왕께서도 잘못하셨습니다."

"위나라가 합종을 청한다고 하니 경은 '위나라가 잘못하는 일입니다.' 라고 말했소. 또 '과인은 아직 그것을 허락하지 않았소.' 하니 경은 '왕께서도 잘못하셨습니다.' 라고 말했소. 그렇다면 결국 합종이란 해서는 안 된다는 말이오?"

"신이 듣기로 '작은 나라가 큰 나라와 함께 어떤 일을 하게 되면 이익이 있을 때에는 큰 나라가 그 복을 받고 실패할 때에는 작은 나라가 그 화를 입게 된다.'고 합니다. 지금 위나라는 작은 나라인데 그 화(禍)를 청했습니다. 또 왕께서는 큰 나라이면서 그 복(福)을 사양하셨습니다. 그래서 신은 '왕께서 잘못하셨습니다. 위나라도 잘못했습니다.'라고 아뢴 것입니다. 가만히 헤아려 보니 합종을 맺는 것이 좋겠습니다."

왕은 우경의 뜻에 따라 드디어 위나라와 합종의 맹약을 맺었다.

우경은 위나라의 재상 위제(魏齊 : 魏의 公子. 이때 魏에서 趙로 망명함)와의 관계 때문에 만호후(萬戶侯)의 지위와 경상(卿相)의 인수(印綬)도 버리고 사람의 눈을 피해 위제와 함께 조나라를 떠나서 대량(大梁 : 魏나라의 도읍)에서 곤궁하게 지냈다. 위제가 죽어 우경이 뜻을 이루지 못하니 드디어 책을 저술하여 자기의 생각을 말했다. 책의 위로는 ≪춘추(春秋)≫를 채용하고 아래로는 근세를 관찰하여 절의(節義)·칭호(稱號)·취마(揣摩)·정모(政謀) 등 모두 8편(篇)을 지었다. 여기에서 국가의 이해득실을 논했다. 세상은 이 책을 전하여 ≪우씨춘추(虞氏春秋)≫라고 했는데 현재는 전해지지 않고 있다.


태사공은 말한다.

"평원군은 공중을 높이 나는 새는 잡기 어려운 것처럼 뛰어난 인물로서 난세에서는 얻기 어려운 풍류를 아는 귀공자였다.[175] 그러나 국가를 다스리는 요체를 살필 줄 몰랐다. 속담에 '이(利)는 지혜를 어둡게 한다.'는 말이 있다. 평원군은 풍정의 사설(邪說)을 지나치게 좋아하여 탐욕스러운 마음으로 장평에 출진한 사십만 여의 조나라 군사를 희생시키고 한단이

---

175) 원문은 '平原君翩翩猗濁世之佳公子也'. '翩翩'은 영어의 'smart'와 비교적 뉘앙스가 맞는 단어이다. 본디는 새가 가볍고 빠르게 날아가는 모양을 나타내는 말.

거의 함락되는 지경에 이르게 했다.

　우경이 사태를 헤아리고 조나라를 위하여 획책함이 그 얼마나 교묘했던
가! 그 후 위제(魏齊)의 불행을 차마 보지 못하고 마침내 대량에서 곤궁하
게 지냈다. 범부라도 그 옳지 않음을 알 텐데 하물며 현인인 우경이 그 불
가함을 몰랐을 리 없다. 그렇지만 우경이 곤궁하여 우수(憂愁)에 잠기지
않았더라면 책을 저술하여[176] 자신을 후세에 드러나게 할 수는 없었을 것
이다."

---

176) 여기에서는 司馬遷도 困窮憂愁의 처지에 놓이고서야 《史記》를 저술하기에 이르렀다는 것
　　을 은연중에 말하고 있다. 또 魏齊와 虞卿의 관계는 李陵과 司馬遷의 관계와 비슷했다는 설
　　도 있다.

# 제17 위공자열전(魏公子列傳)[177]

위공자(魏公子) 무기(無忌)는 위(魏)나라 소왕(昭王)의 막내아들로 안희왕(安釐王)의 이복동생이다. 소왕이 죽자 안희왕이 즉위하고 공자 무기를 봉하여 신릉군(信陵君)이라 했다.

이때 범저(范雎)는 위나라에서 망명하여 진나라의 재상이 되었는데 위나라 재상 위제(魏齊)를 원수로 여기고 있었다. 그래서 진나라 군사를 출동시켜 대량(大梁 : 魏나라의 도읍)을 포위하고 화양(華陽) 부근에 진치고 있던 위나라 군대를 격파하여 그 장군 망묘(芒卯)를 패주시켰다. 위나라 왕과 공자 무기는 이것을 근심했다.

공자(公子)는 사람됨이 어질고 남을 사랑하는 마음이 많았으며 선비 앞에서는 자신을 낮추었다. 즉 선비가 어질거나 불초하거나 구별하지 않고 겸손한 태도로 예를 지켜 사귀고, 자신의 신분이 부귀하다 하여 다른 선비에게 거만하게 행동하지 않았다. 그렇기 때문에 선비들은 수천 리 사방에서 다투어 그에게 모여들었다. 그리하여 마침내 식객의 수가 삼천 명이나 되었다. 그 당시 제후들은 현명한 공자에게 빈객이 많아 그를 두려워하며 십여 년에 이르는 동안 위나라를 공격하려 하지 않았다.

어느 날 공자가 위왕과 장기를 두고 있었는데 그때 북쪽 변경에서 봉화

---

177) 보통의 경우라면 '信陵君列傳'이라고 해야 할 것이다. 실제로 ≪正義≫ 등에는 그렇게 되어 있다. 그러나 ≪索隱≫처럼 魏公子列傳으로 제목을 붙이는 것이 太史公自序의 내용에 맞고 원형으로 인정받는다. 이 앞뒤로 이어진 다른 세 公子의 傳은 모두 그들이 封해진 영지의 이름을 따서 제목이 붙여졌다. 이 傳에만 이렇게 색다르게 제목이 붙은 이유는 첫째, 傳의 끝 부분에 기록되어 있는 것처럼 ≪魏公子兵法≫의 저자로 알려져 있다는 점, 둘째, 漢의 高祖가 제사를 소홀히 하지 않았다는 사당이 魏公子 사당이었다는 점일 것이다. 따라서 信陵君이라 부르지 않고 이 제목을 붙여 傳 중에서도 公子라고 부르는 것이다.

가 올랐다고 하면서,

"조나라 군사가 쳐들어와 국경을 돌파하려고 합니다."

라는 보고가 있었다. 위나라 왕은 장기 두던 것을 그만두고 대신들을 불러 대책을 의논하려 하자 공자는 왕을 말리면서 말했다.

"조나라 왕은 사냥하러 왔을 뿐이지 침공하러 온 것이 아닙니다."

그리고는 다시 전과 다름없이 장기를 두었다. 왕은 근심이 되어 마음은 장기에 있지 않았다. 조금 뒤에 또 북방에서 전령이 오기를,

"조나라 왕은 사냥을 할 뿐이고 침공하는 것이 아닙니다."

하고 전했다. 위나라 왕은 매우 놀라서 물었다.

"공자는 어떻게 그런 줄 알았소?"

공자가 말했다.

"신의 식객 가운데 조나라 왕의 비밀을 잘 탐지해 오는 자가 있습니다. 조나라 왕이 하는 일이라면 늘 신에게 그대로 보고해 주는 까닭에 그래서 알았습니다."

그 후 위나라 왕은 공자의 현명함을 두려워하여 감히 국정을 맡기지 못했다.

위나라에 벼슬을 하지 않고 숨어 사는 선비 후영(侯嬴 : 후리(侯贏)라는 책도 있음)이 있었다. 나이는 일흔인데 집이 가난하여 대량의 이문(夷門 : 동쪽의 성문)에서 문지기를 하고 있었다. 공자가 그 소문을 듣고 찾아가 빈객으로 맞아 후한 예물을 주려고 했으나 후영은 받으려 하지 않았다.

"신은 수십 년 동안 몸을 닦고 행동을 깨끗이 해 온 터입니다. 새삼 문지기의 생활이 곤궁하다는 이유로 공자의 재물을 받을 수는 없습니다."

그래서 공자는 주연을 크게 베풀고 빈객들을 초대했다. 연회장의 좌석이 정해지자 공자는 수레와 말을 거느리고 자기가 탄 수레의 왼쪽 자리(上座)를 비워 둔 채 몸소 이문(夷門)으로 후영을 맞이하러 갔다. 후영은 다

떨어진 의관을 정제하고 수레에 올라 공자의 상좌에 타면서도 조금도 사양하지 않았다. 그것은 공자의 마음을 살펴보려고 했기 때문이다. 공자는 말고삐를 붙잡고 공손하게 대했다.

후영은 공자에게 이렇게 말했다.

"신의 친구 한 사람이 시장의 도살장에 있습니다. 바라건대 길을 좀 돌아서 그곳을 들러 가도록 해 주십시오."

공자는 수레를 몰고 길을 돌아서 시장 안으로 들어갔다. 후영은 수레에서 내려 친구인 주해(朱亥)를 만나서 일부러 오랫동안 서서 이야기를 나누었다. 그러면서 곁눈질하며 공자의 눈치를 살폈다. 그랬건만 공자의 얼굴빛은 부드럽기만 했다.

이때 위나라의 장군, 대신, 종실의 빈객들은 연회장에 가득 모여 있었는데 술잔을 들며 공자가 돌아오기를 기다리고 있었다. 시장 사람들은 공자가 말고삐를 잡고 있는 것을 구경하고 있었으며 공자를 수행해 온 사람들은 은근히 후영을 욕했다.

후영은 공자의 얼굴빛이 끝까지 변하지 않는 것을 보자 이에 친구와 하직 인사를 나누고 수레에 올랐다. 공자의 집에 도착하자 공자는 후영을 인도하여 상좌에 앉게 하고 빈객들에게 널리 소개했다. 빈객들은 모두 놀랐다. 술자리가 한창 무르익을 무렵 공자가 일어나서 후영의 앞으로 나아가 장수를 축복하는 잔을 올리니 후영은 공자에게 이렇게 말했다.

"오늘 저도 공자를 위해 충분한 일을 한 것으로 생각합니다. 저는 한낱 이문의 문지기에 지나지 않습니다. 그런데 공자께서는 친히 왕림하셔서 몸소 저를 많은 손님들이 모여 앉은 좌중에 맞이하여 주셨습니다. 딴 곳에 들르실 수 없었음에도 불구하고 공자께서는 특별히 저의 친구 주해에게 들러 주셨습니다. 그런데 제가 이런 청을 한 것은 공자의 명성을 높여 드리고 싶어서였습니다.

일부러 오랫동안 공자의 수레를 시장 가운데 세워 두고 친구에게 들러 이야기하면서 여러 사람들에게 공자의 모습을 보여 주고 싶었기 때문입니다. 살펴보니 공자께서는 공손한 태도를 보여 주셨습니다. 시장 사람들은 모두 저를 소인이라 하고 공자는 온후 유덕한 장자(長者)로서 선비에게 몸을 낮추는 훌륭한 분이라고 했습니다."

술자리가 파한 뒤 후영은 드디어 공자의 상객이 되었다. 후영이 공자에게 말했다.

"신이 들렀던 도살장의 주해는 현인입니다. 그런데 세상에는 그 현명함을 알아주는 사람이 없습니다. 그래서 도살장의 백정들 사이에 숨어 살고 있는 것입니다."

그래서 공자가 자주 찾아가 주해를 빈객으로 청했으나 주해는 짐짓 답례하지 않았으므로 공자는 괴이하게 생각했다.

위나라 안희왕 20년에 진나라 소왕(昭王)은 조나라 장평(長平)의 군대를 격파하고 또 군대를 전진시켜 한단을 포위했다. 공자의 맏누이는 조나라 혜문왕(惠文王)의 아우인 평원군(平原君)의 부인이었다. 평원군은 위나라 왕과 공자에게 자주 편지를 보내어 구원을 청했다. 위나라 왕은 장군 진비(晉鄙)를 시켜 십만의 대군을 거느리고 조나라를 구원하게 했다.

그러자 진나라 왕은 위왕에게 사신을 보내어 통고하기를,

"우리 진나라는 조나라를 쳐서 극히 짧은 시간 안에 항복을 받으려 하는데 만약 제후들 가운데 감히 조나라를 구원하는 자가 있다면 조나라를 함락시킨 뒤에 반드시 군대를 몰아 그를 공격할 것이다."

라고 했다.

위나라 왕이 두려운 나머지 사신을 보내 진비의 진격을 중지시켰다. 진비는 군대를 주둔시키고 업(鄴)[178]에 누벽을 쌓은 채 명목은 조나라를 구원한다고 하면서 실은 두 마음을 갖고 사태를 관망하고 있었다. 조나라 평원

군은 끊임없이 사자를 위나라에 보내 공자를 이렇게 책망했다.

"승(勝 : 平原君)이 자진해서 공자와 인척 관계를 맺은 것은 의리가 강한 공자가 남의 곤궁을 알면 곧 구제해 줄 것이라고 믿었기 때문입니다. 그런데 지금 조석지간에 한단이 진나라에 함락당하게 되었는데도 위나라의 구원병이 도착하지 않습니다. 이렇게 되면 공자가 남의 곤궁을 알면 곧 구제하는 인물이라고 어떻게 말할 수 있겠습니까? 또 공자가 승을 가볍게 여기어 진나라에 항복하게 내버려 두면 공자의 맏누이가 불쌍하게 되지 않겠습니까?"

공자는 이것이 근심이 되어 위나라 왕에게 조나라를 구원하기를 여러 번 청원하고 공자의 빈객과 변사로 하여금 온갖 수단 방법으로 왕을 설득하게 했으나 위나라 왕은 진나라를 두려워하여 끝내 공자의 요청을 들어 주지 않았다.

공자는 도저히 왕의 승낙을 받을 수 없다고 생각하고 또 한편으로는 자기만 살아남고 조나라가 멸망하게 내버려 둘 수는 없다고 생각했다. 그래서 빈객들에게 자기 심정을 토로하고 전차 백여 대를 준비하여 빈객을 거느리고 진나라 군대를 향하여 나아가 조나라와 생사를 함께하려고 했다.

출발하는 길에 이문에 들러 후영을 만나 진나라 군대와 싸우다 죽고자 하는 까닭을 자세히 말하고 하직하려는데 후영이 말했다.

"공자께서는 분발하십시오. 노신(老臣)은 유감스럽지만 따라갈 수가 없습니다."

공자는 몇 십리 길을 갔으나 마음이 불쾌하고 이상해서,

"내가 후영을 대우함이 극진했다는 것은 온 천하에 모르는 이가 없을 정

---

178) 지금의 河南省 부근으로 黃河보다 북쪽에 있고 당시엔 魏의 영지였으며 趙의 수도인 邯鄲과 가까웠다.

도다. 그런데 내가 지금 죽을 자리로 간다는데 후영은 나에게 일언반구도 조언을 해 주지 않았다. 도대체 내가 후영에게 무슨 실수라도 했단 말인가?"

하고는 다시 수레를 몰아 돌아와서 후영에게 물었다. 그러자 후영은 웃으면서 대답했다.

"신은 처음부터 공자께서 다시 돌아오실 줄 알았습니다."

그리고 이렇게 말을 이었다.

"공자께서는 선비를 좋아하여 그 명성이 천하에 알려졌습니다. 지금 어려운 일에 당면하여 아무런 계책도 없이 진나라 군대에 달려들고자 하시니 이것을 비유한다면 굶주린 호랑이에게 고깃덩이를 던져주는 것과 같아서 아무런 효과도 기대할 수 없을 것입니다. 이러한 경우에 쓸모가 없다면 평소에 빈객을 기를 필요가 있겠습니까?

그런데 공자께서는 신을 대우하심이 후했습니다. 그럼에도 불구하고 공자께서 죽으러 떠나시는 마당에 신은 한마디도 도움이 될 말씀을 드리지 않았습니다. 그러니 공자께서 신을 원망하여 다시 되돌아올 것을 미리 알고 있었습니다."

공자가 두 번 절하고 계책을 물으니 후영은 드디어 사람들을 물리치고 소리를 죽여 말했다.

"신이 들은 바에 의하면 진비(晉鄙)가 갖고 있는 병부(兵符 : 장군에게 군대를 위임할 때 주는 割符. 나머지 한 조각은 왕이 가짐)의 한 조각은 항상 왕의 침실 안에 보관되어 있다고 합니다. 그리고 가장 총애를 받는 여희(如姬)가 왕의 침실에 출입한다고 하니 여희의 힘이라면 병부를 훔쳐낼 수 있을 것입니다.

또 신이 들으니 여희의 아버지가 남에게 죽임을 당해 여희가 그 원수를 갚기 위하여 3년 동안이나 재물을 써 왔으며[179] 왕 이하 여러 사람들이 여희의 아버지 원수를 갚아 주고자 했으나 찾지 못했답니다. 그러다가 여희가 공자에게 울며 호소하자 식객을 시켜 그 원수의 머리를 베게 하여 여희에게 바쳤다고 합니다. 그래서 여희는 공자를 위한 일이라면 죽음도 사양하지 않으려 하는데 아직까지 보답할 길이 없었답니다.

그러므로 공자께서 진실로 한 번 입을 열어 여희에게 요청한다면 반드시 승낙할 것입니다. 그리하여 호부(虎符 : 범의 모양을 그린 兵符)를 얻어 이것으로 진비의 군대를 빼앗아 북으로 조나라를 구원하고 서쪽으로 진나라 군대를 물리친다면 이것이야말로 오패(五覇)의 공업(功業)에 비할 수 있는 일이 될 것입니다."

그 계책에 따라 공자가 여희에게 요청하니 여희는 진비가 가지고 있는 병부의 한 조각을 훔쳐내어 공자에게 주었다. 공자가 출발하려 하자 후영이 말했다.

"장수가 군대를 이끌고 출전할 때에는 주군의 명령도 듣지 않는 경우가 있습니다. 그렇게 함으로써 국가에 유익되게 하는 것입니다. 만일 공자께서 병부를 맞춰 보이고 군대의 인수를 요구하더라도 진비가 군사를 내주지 않고 진부를 확인하기 위해 다시 국왕에게 사자를 보내어 명령을 청하게 되면 위태롭게 됩니다.

그러므로 신의 친구인 도살장의 주해(朱亥)를 함께 데리고 가시는 것이 좋을 것입니다. 그 사람은 힘이 장사입니다. 진비가 공자의 요청을 들어주면 더할 나위 없이 좋겠습니다만 만약 듣지 않는다면 주해를 시켜 그를 때려죽일 수밖에 없습니다."

이 말을 듣고 공자가 울자 후영이 물었다.

---

179) 원문은 '資之三年'. 여러 가지 해석이 있는데 '3년 동안이나 재물과 보화를 포기하고 원수를 갚아 줄 사람을 구했다.' 는 해석을 따랐다.

"공자께서는 죽음을 두려워하십니까? 어찌하여 우시는 겁니까?"

공자가 대답했다.

"진비는 용기있는 노장군입니다. 내가 요구하더라도 아마 듣지 않을 테니 어쩔 수 없이 그를 죽여야 할 것입니다. 그래서 우는 것입니다. 어찌 죽음을 두려워하겠습니까."

주해에게 공자가 함께 갈 것을 청하니 주해는 웃으면서 말했다.

"신은 시장에서 칼을 휘두르는 도살을 업으로 하는 천한 몸입니다. 그럼에도 불구하고 공자께서는 친히 여러 번 저의 안부를 물어 주셨습니다. 그렇건만 한 번도 답례를 한 적이 없었습니다. 작은 예의 같은 것은 소용이 없는 것이라고 생각했기 때문입니다. 공자께서는 위급한 일에 직면하셨습니다. 지금이야말로 신이 목숨을 바칠 때입니다."

주해는 공자와 함께 가기로 했다. 공자가 후영에게 들러 작별 인사를 하니 후영이 말했다.

"신이 마땅히 따라가야 할 일입니다. 그런데 늙어서 그렇게 할 수가 없습니다. 청컨대 공자의 행정 일수를 계산하여 진비의 군진에 도착하실 날에 북쪽을 향해 제 목을 침으로써 공자를 송별하겠습니다."

공자는 드디어 출발했다. 업(鄴)에 도착하여 위나라 왕의 명령이라고 속이고 진비와 교대하려고 했다. 그런데 진비는 병부를 맞춰 보고 나서도 의심하여 손을 들어 공자를 자세히 보며 말했다.

"지금 나는 십만의 군사를 거느리고 국경에 주둔하여 국가의 중대한 임무를 맡고 있습니다. 그런데 공자께서는 단 한 대의 수레를 타고 오셔서 교대하려 하니 어찌 된 일입니까?"

진비는 공자의 말을 믿으려 하지 않았다. 그러자 주해가 옷소매 속에 감추어 두었던 사십 근짜리 철퇴를 꺼내 진비를 쳐 죽였다. 공자는 진비의 군대를 거느리고 군사들을 각기 부서에 배치한 다음 군중에 명령을 내렸다.

"부자(父子)가 함께 군중에 있으면 아버지가 집으로 돌아가고 형제가 함께 군중에 있으면 형이 돌아가라. 독자로서 형제가 없는 자는 돌아가서 부모를 봉양하라."

그리하여 정선한 군사 팔만 명으로 진군하여 진나라 군대를 공격했다. 진나라 군대는 한단의 포위를 풀고 물러갔다. 공자는 한단을 구하여 조나라를 보전하게 했다. 조나라 왕과 평원군은 몸소 국경까지 나와 공자를 영접했다. 평원군은 전통(箭筒)을 짊어진 채 공자를 위하여 앞에서 인도했다. 조나라 왕은 두 번 절하고 말했다.

"옛날부터 현인은 많았으나 공자와 견줄 만한 사람은 아직 없었소."

그 당시 천하에 내로라하는 평원군도 감히 자신을 공자와 비교하려 하지 않았다.

공자가 후영과 작별하여 진비의 군진에 이르렀을 무렵, 후영은 북쪽을 향해 스스로 목을 쳐서 죽었다.

위나라 왕은 공자가 그의 병부를 훔쳐서 속이고 진비를 죽인 것에 대해 매우 노했다. 공자 또한 자기가 범한 죄를 알고 있었으므로 진나라 군대를 물리치고 조나라를 보전하게 한 다음에 부장에게 명하여 부대를 인솔해서 위나라로 돌아가게 했다. 그리고 자신은 빈객들과 함께 조나라에 머물러 있었다.

조나라 효성왕은 공자가 위나라 왕의 명령을 속여 진비의 군대를 빼앗아 조나라를 보전하게 한 것을 은덕으로 생각하고 평원군과 의논하여 5개 성을 떼어내어 공자의 봉읍으로 하고자 했다. 공자가 이 소문을 듣고는 교만과 자부심이 일어나 스스로의 공로를 자랑하려 했다.

빈객 가운데 한 사람[180]이 공자에게 말했다.

"어떤 일에서나 잊어서는 안 되는 것이 있는가 하면 잊지 않으면 안 되는 것이 있습니다. 남이 공자에게 베푼 은덕을 잊어서는 안 될 것입니다.

그러나 공자께서 남에게 베푼 은덕은 잊으시길 바랍니다. 이번에 위나라 왕의 명령이라 속이고 진비의 군대를 빼앗아 조나라를 구원한 일은 조나라의 처지에서 볼 때 공이 있으나 위나라의 처지에서 본다면 공을 충신이라고 할 수 없습니다. 그런데 공자께서는 교만해져 공이 있다고 생각하시니 그것은 공자를 위해 찬성할 수 없는 일입니다."

이 말을 듣자 공자는 자책하여 몸 둘 바를 몰랐다.

조나라 왕은 궁전을 청소하고 몸소 공자를 영접하는데 주인의 예를 지켜 공자를 인도하여 서쪽의 계단[181]으로 오르도록 권했다. 공자는 측행(側行 : 존귀한 사람에게 경의를 표하기 위하여 정면을 피하고 한쪽으로 걷는 것)하여 사양하고 주인이 올라가는 동쪽 계단으로 당상(堂上)에 올라갔다. 그리고 스스로 자기의 죄를 말하면서 자신은 위나라를 배반했고 조나라에도 아무 공이 없는 사람이라고 했다. 조나라 왕은 해질 무렵까지 함께 술을 마셨으나 공자가 너무 겸손해 하는 까닭에 5개 성을 바치겠다는 말을 차마 꺼내지 못했다.

마침내 공자가 조나라에 머무르기로 했기 때문에 조나라 왕은 호(鄗 : 趙나라의 邑)를 공자에게 '탕목읍(湯沐邑)'으로 바쳤다. 위나라에서도 신릉(信陵)의 땅을 공자의 봉읍으로 했다.

조나라에는 두 사람의 처사(處士)가 있었는데 모공(毛公)이라는 사람은 도박꾼들 사이에 숨어 살고 설공(薛公)이라는 사람은 물장수(원문은 '賣漿家'. 漿은 신 음료로 지금의 주스 종류)라는 말을 듣고 공자는 그 두 사람을 만나 보고자 했다. 그러나 두 사람은 숨은 채 공자를 만나려고 하지

---

180) ≪戰國策≫ 魏策에 따르면 충고했던 賓客의 이름은 唐且였다.
181) 옛날에 궁전의 앞부분에 2개의 계단이 있어 주인은 동쪽의 계단으로 오르고 빈객은 서쪽에 있는 계단으로 올라가는 법도가 있었는데 빈객의 지위가 낮으면 주인의 계단, 즉 동쪽 계단으로 올라갔다. ≪禮記≫ 曲禮 上篇

않았다. 공자는 그들의 거처를 수소문한 다음 은밀히 찾아가서 그들과 함께 사귀는데 서로 뜻이 맞아 매우 즐거워하는 모습이었다.

평원군이 그 소문을 듣고 부인(夫人 : 魏公子의 누이)에게 이렇게 말했다.

"처음에는 당신의 동생 공자가 천하에 둘도 없는 훌륭한 인물인 줄 알았는데 이제 내가 들으니 어이없게도 도박하는 무리와 물장수 따위를 상대로 사귀고 있다 하니 공자는 망령된 사람인가, 대체 그 사람 됨됨이를 알 수가 없구려."

누이가 공자에게 이 말을 전하자 공자는 곧 누이에게 하직 인사를 하고 조나라를 떠나려고 하면서 이렇게 말했다.

"처음에 저는 평원군이 현명한 분이라는 말을 들었기 때문에 위나라 왕을 배신까지 하면서 조나라를 구원하여 평원군의 마음에 들려고 했습니다. 그런데 평원군이 하고 있는 교제는 한갓 호걸스러운 행동을 자랑할 뿐이고 선비를 구하려는 태도가 아닙니다.

저는 대량(大梁)에 있을 무렵부터 항상 그 두 사람이 어질다는 소문을 들었습니다. 조나라에 온 후로는 그 두 사람을 만날 수 없을까 기대했습니다. 그런 까닭에 저는 그 두 사람과 교제를 하면서도 혹시 그들이 저를 싫어하지나 않을까 걱정이 됩니다. 그런데 지금 이러한 교제를 부끄럽게 생각하는 평원군과는 상종하여 교제할 만한 인물이 못 됩니다."

행장을 갖추어 떠나려고 했다. 공자의 말을 부인이 평원군에게 자세히 이야기했다. 평원군은 관을 벗고 달려와 자신의 불명(不明)함을 사과하면서 공자가 조나라에 머무르도록 붙잡고 말렸다.

평원군의 문하 사람들이 이 소문을 듣더니 반이나 평원군을 떠나 공자에게 몸을 의지했다. 그뿐 아니라 천하의 수많은 선비들도 공자의 명성을 듣고 모여들어서 평원군에게 모인 빈객들의 마음을 공자에게 기울어지게 했다.

공자는 조나라에 머무른 지 십 년이 되어도 귀국하지 않았다. 진나라는 공자가 조나라에 있으니 위나라에는 인물이 없다는 것을 알아차리고 밤낮으로 군대를 진군시켜 동쪽에 있는 위나라를 공격했다. 위나라 왕이 이를 걱정한 나머지 사자를 보내 공자에게 귀국하기를 청했다. 공자는 위나라 왕이 예전 일로 자기에게 노해 있을 것을 두려워하여 문하인들에게,

"위나라 왕의 사자를 데려오는 자는 살려 두지 않으리라."

하고 훈령을 내렸다.

공자의 빈객들은 모두 위나라를 등지고 조나라에 온 사람들이라 그때 누구 하나 공자에게 위나라로 돌아갈 것을 권하는 사람은 없었다. 그런데 모공과 설공 두 사람이 나서서 공자를 뵙고 다음과 같이 말했다.

"공자께서 조나라에 중용되어 제후 사이에서 명성이 높은 것은 위나라라는 본국의 배경이 있기 때문입니다. 이제 진나라가 위나라를 쳐서 위나라가 위급을 고하고 있는데 공자께서는 전혀 근심하지 않습니다. 만약 진나라가 대량을 함락시키고 선왕(先王)의 종묘(宗廟)를 짓밟는다면 공자께서는 장차 무슨 면목으로 천하에 서실 수 있겠습니까?"

이 말이 채 끝나기도 전에 공자의 얼굴빛이 변하더니 급히 수레를 준비하도록 재촉하고는 말을 달려 위나라를 구하기 위해 귀국했다. 위나라 왕은 공자를 만나자 서로 붙잡고 울었다. 상장군(上將軍)의 인장(印章)을 맡겨 공자는 장군이 되었다.

위나라 안희왕(安釐王) 30년, 공자는 사자를 보내어 자신이 위나라 장군이 되었다는 것을 제후들에게 널리 알렸다. 제후들은 공자가 장군이 되었다는 소식을 듣고는 각기 장군을 파견하고 군사를 보내어 위나라를 구원하게 했다.

공자는 5개국의 군대를 인솔하여 황하 서쪽에서 진나라 군대를 쳐부수

고 장수 몽오(蒙鰲)를 패주시켰다. 그리고 승리의 기세를 몰아 진군을 추격해 함곡관에 이르러 진나라 군대를 압박하니 그 뒤로는 감히 함곡관 밖으로 나오려 하지 않았다.

이때 공자의 위세는 천하에 떨치게 되었고 제후의 빈객들은 각기 펴낸 병법서를 공자에게 바쳤다. 공자는 그것에 모두 이름을 붙였기 때문에 세상에서는 ≪위공자병법(魏公子兵法)≫[182]이라고 일컫는다.

진나라 왕은 공자의 위세를 두려워하고 미워한 나머지 황금 만 근을 진비(晉鄙)의 옛 빈객들에게 뿌려서 위나라 왕에게 다음과 같이 공자를 헐뜯어 말하게 했다.

"공자가 위나라를 도망하여 외국에 머문 지 십 년, 지금은 위나라의 장군이 되었는데 제후의 장군들이 모두 그에게 예속하게 되었습니다. 제후들은 위나라에 공자가 있다는 것만 알고 왕이 있다는 것을 알지 못합니다. 그리고 공자 자신도 이 기회에 왕위에 올라 국왕이 되려 하고 제후들도 공자의 위세가 두려워서 서로 합세하여 공자를 왕위에 오르게 하려 합니다."

진나라는 또 자주 간첩을 보내어 공자를 거짓으로 경하하면서,

"공자께서는 이미 즉위하시어 위나라 왕이 되셨습니까? 아니면 그대로 계십니까?"

라고 하는 것이었다.

매일같이 그렇게 헐뜯는 말을 듣다 보니 위나라 왕은 믿지 않을 수 없게 되었다. 그리하여 얼마 후에는 결국 공자 대신 다른 사람을 장군에 임명했다.

---

182) ≪魏公子兵法≫은 漢代에는 본문 21권과 그림 7권이 붙어 있었다고 한다. 지금은 소실되어 전해지지 않는다.

공자는 또 헐뜯는 말 때문에 물러난 것을 알게 되자 병을 핑계 삼아 조정에도 나오지 않고 빈객들과 함께 밤낮으로 술자리를 벌였다. 그렇게 밤낮없이 술만 마시고 여색을 가까이하기 4년, 마침내 술로 인하여 병을 얻어 죽고 말았다. 그해에 위나라의 안희왕도 세상을 떴다.

진나라는 공자가 죽었다는 말을 듣고 몽오를 파견하여 위나라를 쳤다. 그리고 이십 개 성시(城市)를 함락시키고 동군(東郡)을 설치했다. 그 후로 진나라는 차츰 위나라를 잠식하여 십팔 년 만에 위나라 왕을 사로잡고 대량을 함락시켰다.

한(漢)나라의 고조(高祖)는 아직 미천하고 연소했을 때 공자가 현명하다는 소문을 여러 번 들었다. 그래서 천자의 자리에 오른 뒤에 대량을 지날 때마다 항상 공자의 제사를 받들었다. 고조 12년, 경포(黥布)를 치고 돌아오는 길에 공자를 위하여 묘지기 다섯 집을 두고 대대로 해마다 사계절에 공자를 제사 지내도록 했다.

태사공은 말한다.

"내가 대량의 옛터를 지나다가 소위 이문(夷門)이라는 것을 물어 찾으니 이문은 성의 동문이었다. 당시 천하의 여러 공자들 가운데 선비를 좋아하는 이가 많았다. 그런데 신릉군(信陵君)만이 산의 굴속에서 숨어 사는 현자와 접촉하고 신분이 낮은 자와 사귀기를 부끄러워하지 않은 것은 깊은 이유가 있었을 것이다. 당시 신릉군의 명성이 제후들 사이에서도 으뜸이었다는 사실은 헛소문이 아니었다. 한나라 고조께서는 대량을 지나갈 때마다 백성들에게 신릉군을 제사 지내도록 명하여 제사가 끊어지지 않게 했다."

# 제18 춘신군열전(春申君列傳)


　춘신군(春申君)은 초(楚)나라 사람이다. 이름은 헐(歇), 성은 황씨(黃氏)
다. 그는 여러 곳에서 유학해 견문이 넓었으며 초나라 경양왕(頃襄王)을
섬겼다.

　경양왕은 헐이 말을 잘한다고 해 사신으로 삼아 진나라에 보냈다. 당시
진나라 소왕(昭王)은 장군 백기(白起)를 시켜 한(韓)나라를 치게 하여 화
양(華陽)에서 격파하고 위(魏)나라 장수 망묘(芒卯)를 사로잡으니 한나라,
위나라는 항복하고 진나라를 섬기게 되었다. 진나라 소왕은 다시 백기에
게 명해 한나라, 위나라와 연합해서 초나라를 치게 했다. 그 군대가 출동
하기 전 초나라의 사신 황헐이 마침 진나라에 도착해 그러한 계략을 들어
알게 되었다.

　당시 진나라는 이미 예전에 백기에게 초나라를 치게 해 무군(巫郡), 검
중군(黔中郡)을 빼앗고 언(鄢), 영(郢)을 함락시켰으며, 동쪽으로 경릉(竟
陵)에 이르니 초나라 경양왕은 동쪽으로 도망해 진현(陳縣)에 천도하고
있었다.

　황헐은 일찍이 초나라 회왕(懷王)이 진나라에 입조했다가 속임수에 걸
려 억류된 채 끝내는 진나라에서 객사한 것을 잘 알고 있었다. 경양왕은
그 회왕의 아들이었으므로 진나라가 그를 경시(輕視)해 군사를 한 번 출
동시키기만 하면 초나라를 멸망시킬 것 같아 두려워했다. 황헐이 이에 글
을 올려 진나라 소왕을 설득했다.

　"천하에 진나라, 초나라보다 강한 나라는 없습니다. 지금 듣자오니 대
왕께서는 초나라를 치려고 하신다는데 그것은 마치 두 마리의 호랑이가
서로 싸우는 것과 같습니다. 두 호랑이가 서로 싸우게 되면 둘 다 상처를

입게 되고 서로가 지쳐버렸을 때는 둔하고 느린 개한테도 제압을 당하는 법입니다. 그러니 초나라와 친선하는 것보다 나은 일은 없습니다. 신이 그 이유를 설명하겠습니다.

신은 '사물(事物)이 그 극(極)에 이르면 처음으로 되돌아가는 법이니 겨울이 다 되면 여름이 오는 것이 곧 이것이다. 물건을 겹쳐 쌓음이 극도에 이르면 위태로운 것이니 쌓아올린 장기의 말이 무너지기 쉬운 것이 곧 이것이다.' 라는 말을 들었습니다.

지금 대국인 진나라의 영토는 천하에 골고루 뻗쳐 있어 서쪽과 북쪽은 천하의 이경(二境)을 이루고 있습니다. 이와 같은 만승(萬乘)의 대국은 사람이 생긴 이래 지금까지 유례가 없었습니다.

진나라는 선왕인 혜문왕(惠文王), 무왕(武王)[183]에서 대왕에 이르는 3대 동안 한나라, 위나라를 병합해 제나라와 영토를 접하고 있으며 제후들의 합종의 요부(腰部)[184]를 끊고자 하는 일을 잊은 적이 없었습니다.

지금 대왕께서는 성교(盛橋)를 한나라에 들여보내시어 재상으로 삼으시고 정책을 촉진시켰습니다. 그 결과 성교는 한나라의 영토를 진나라에 합병시켰습니다. 이것은 왕께서 군대를 동원해 전쟁하지 않고 그 위력도 휘두르지 않으면서 백 리의 땅을 얻은 것입니다. 대왕께서는 참으로 유능한 분이라 말할 수 있습니다.

---

183) 원문은 '先帝文王莊王之身'. 莊王이 秦의 莊襄王이라면 이때 秦의 王은 昭王인데 莊襄王은 그 손자다. 司馬遷이 여기에서 의거한 자료는 ≪戰國策≫ 秦策일 것이다. ≪戰國策≫에는 두 가지 텍스트가 있는데 그 하나인 姚宏本은 ≪史記≫의 기록과 같고 다른 하나인 吳師道本에는 莊王이 아니라 武王으로 되어 있다. 아마 吳氏가 고쳤을 것이다. ≪史記≫ 秦本紀에 의하면 惠文王의 아들이 武王(悼武王이라고도 한다), 武王의 동생이 昭襄王, 즉 昭王이다. 그런데 이러한 착오는 ≪戰國策≫에는 얼마든지 있다. ≪史記≫는 그 착오를 받아들인 것에 지나지 않는다.

184) 원문은 '以絕從親之要'. 要는 腰와 통한다는 說과 約, 즉 盟約의 뜻이란 說이 있다. 여기서는 앞의 설에 따랐다. 뒤 文에서도 要를 腰로 해석해야만 하는 곳이 있다.

대왕께서는 또 군대를 동원해 위나라를 쳐서 대량의 성문을 막고, 하내(河內 : 黃河 이북의 魏나라 영토)를 공략해 연(燕), 산조(酸棗), 허(虛), 도인(桃人), 형(邢)을 함락시켰는데, 위나라 군대는 구름처럼 흩어져 도망칠뿐 감히 국난을 구하려고 하지 못했습니다. 대왕의 무공은 실로 대단하다고 말하지 않을 수 없습니다.

또 대왕께서는 전쟁을 멈추어 군대를 쉬게 하여 백성들이 편히 살게 하신 지 2년 후에 다시 군대를 동원해 포(浦), 연(衍), 수(首), 원(垣)을 빼앗아 합치고 인(仁), 평구(平丘)에 육박했으며 황(黃), 제양(濟陽)을 고립시키니 위나라는 마침내 항복했습니다.

대왕께서는 또 복(濮)과 력(歷)의 북쪽 땅을 분양받아 제나라와 진나라 사이의 허리에 해당하는 지역을 빼앗고 초나라와 조나라 사이의 척추와 같은 지역을 끊어 놓으셨습니다. 그에 대항하여 천하 제후들의 군대가 대여섯 번이나 집합했지만 감히 구원하지 못했습니다. 대왕의 위력이 극도에 이르렀다고 할 수 있습니다.

이제 대왕께서 이룩하신 공을 잘 유지해 위세를 지키고 이 이상의 공격 탈취의 야심을 버리고 인의(仁義)의 도(道)를 두텁게 해 뒷날의 근심을 방지하신다면 옛 삼왕(三王 : 夏나라의 禹王, 殷나라의 湯王, 周나라의 文王·武王)과 오패(五覇 : 齊나라의 桓公, 宋나라의 襄公, 晋나라의 文公, 秦나라의 繆公, 楚나라의 莊王)와 어깨를 나란히 하는 것은 쉬운 일로서, 삼왕에 대왕을 더해 사왕(四王)으로 하고 오패에 대왕을 더해 육패(六覇)로 칭하게 될 것입니다.

그런데 대왕께서 진나라 백성이 많고 무력이 강대하다는 것만을 믿고 위나라를 격파하신 위세를 타 힘으로써 천하의 제후들을 굴복시키려 하신다면 신은 그 후환이 있을 것을 두려워합니다. ≪시경(詩經)≫에는 '모두 시작은 있었지만 끝까지 잘한 것은 드무네.' 라고 했고 ≪역경(易經)≫

에는 '어린 여우가 강을 거의 다 건넜다가 그 꼬리를 적셨다.' (≪易經≫ 火水未濟의 占卦에서 인용)고 했습니다.

이 말들은 시작은 쉽지만 끝내기는 힘들다는 것을 나타냅니다. 무엇을 가지고 그러한 사실을 알 수 있는지 예를 들어 보겠습니다.

옛날 지백(智伯)[185]은 조(趙)나라를 치는 것이 이롭다는 것은 알았지만 유차(楡次) 땅에서 자기가 살해될 화(禍)는 알지 못했습니다. 오(吳)나라 왕은 제(齊)나라를 치는 것이 유리하다는 것은 알았으나 간수(干遂 : 蘇州의 서북으로 吳王 夫差가 敗해서 죽은 곳) 싸움에서 패하게 되리라는 것은 알지 못했습니다. 이 지씨와 오나라 왕은 처음에는 큰 공이 없지 않았으나 목전의 이익에만 눈이 어두워 뒷날에 닥칠 화를 염두에 두지 않았기 때문에 그런 화를 입었던 것입니다.

그때 오(吳)나라 왕은 월(越)나라를 믿고 군대를 동원해 제(齊)나라를 쳤습니다. 그리하여 애릉(艾陵)에서 이겼습니다. 그런데 도리어 삼저(三渚)의 물가에서 월왕(越王)에게 포로가 되고 말았습니다. 지씨는 한(韓), 위(魏)를 믿고 군대를 동원하여 조(趙)나라를 쳤습니다. 진양성(晉陽城)을 공격해 승리의 날이 목전에 다다랐는데 한, 위 두 나라가 지백을 배반해 그를 착대(鑿臺) 아래에서 죽이고 말았습니다.

지금 대왕께서는 초나라가 격파되지 않고 있는 것만을 미워하시고 초나라를 멸망시키는 것이 한나라와 위나라를 강하게 하는 결과가 된다는 것은 잊고 계십니다. 신은 대왕을 염려하는 마음에서 이 계획을 찬성하지 않습니다.

옛 시에 말하기를, '위력이 큰 자는 먼 곳의 땅을 짓밟지 않고서도 평정

---

185) 智伯은 春秋時代 말기 晉나라의 大夫로 韓·魏·趙 三氏와 함께 四卿으로 불렸다. 그가 趙를 공격하다 패해서 죽자 그 뒤 三氏가 晉의 실권을 장악하고 곧이어 晉을 분할해서 세 나라를 세웠다. 智伯은 ≪史記≫ 晉世家 등에는 '知伯'으로 표기되어 있는 곳도 있다.

하도다.' [186]라고 했습니다. 이 시로 생각해 볼 때 초나라는 진나라 편이요, 이웃 나라인 한나라와 위나라는 진나라의 적국입니다. 또 ≪시경≫에 말하기를 '깡충깡충 뛰는 약은 토끼도 개를 만나면 잡히고 말지. 남의 마음을 내가 헤아려 알 수 있도다.' [187]라고 했습니다.

지금 대왕께서 한나라와 위나라를 정벌하려 하시면서 그 중도에 한나라와 위나라가 대왕에게 베푸는 호의를 믿으시는 것은 마치 오왕이 월나라를 믿었던 것과 같습니다.

신은 이렇게 들었습니다. '적은 용서하지 말아야 하며 시기를 놓쳐서는 안 된다.' 고 말입니다. 신은 한나라와 위나라가 공손한 말로써 자신의 환난을 덜고 실제로는 진나라를 속이려는 것이 아닌지 두렵습니다. 왜냐하면 진나라는 대대로 한나라와 위나라에 대해 덕을 베푼 적이 없고 반대로 한나라와 위나라로부터 여러 대에 걸친 원한이 쌓여 있기 때문입니다.

대체로 한나라와 위나라의 부자 형제들이 뒤를 이어 전사한 자가 실로 십 대(十代)에 이르고 있습니다. 당시 나라는 황폐하고 사직은 파괴되었으며 종묘는 무너졌습니다. 배를 갈라 창자를 끊었으며 목은 꺾이고 턱은 깨졌습니다. 머리와 몸뚱이는 분리되고 해골은 초택(草澤)에 뒹굴게 되었으며 두개골은 엎어져 국경을 서로 바라보았습니다. 또 아버지와 아들, 늙은이와 어린이가 목과 손을 묶인 채 떼 지어 진나라의 포로가 되어 도로 위에 줄을 섰습니다.

지금도 죽은 자의 영혼은 외로이 슬퍼할 뿐 제사를 지내 줄 유족마저 없습니다. 백성들은 편안한 삶을 누릴 수 없고 일가친척들도 뿔뿔이 흩어져 이곳저곳 떠돌아다니고 남의 집에 노복과 첩이 된 자가 국내에 무수히 많

---

186) ≪詩經≫에는 이 문구가 없다. ≪周書≫(≪逸周書≫라고도 함) 大武篇에 같은 취지의 말이 있다.
187) ≪詩經≫ 小雅 巧言篇에 나온다. 지금의 텍스트와 句의 순서가 다르다.

습니다.

그런 까닭에 한나라와 위나라가 멸망하지 않고 있다는 것은 진나라의 근심거리입니다. 그런데 지금 대왕께서는 한나라와 위나라에 원군을 보내어 함께 초나라를 치고자 하다니 그 어찌 잘못이 아니겠습니까?

또 장차 대왕께서 초나라를 공격한다면 도대체 어느 지점에서 출병시키려고 하십니까? 대왕께서는 원수의 나라인 한나라와 위나라에서 길을 빌리려고 하십니까? 그렇게 하신다면 군대가 출발하는 날 대왕께서는 그 군대가 돌아오지 않는 것을 근심하게 될 것입니다. 이것은 대왕께서 군대를 주어 한나라와 위나라를 돕는 것이 됩니다.

대왕께서 원수의 나라 한나라와 위나라에서 길을 빌리지 않으신다면 틀림없이 수수(隨水) 오른편 언덕의 땅을 공격하실 것입니다. 그곳은 넓고 큰 강물이 흐르는 산림 계곡 지대로서 개간 경작이 될 수 없는 토지입니다. 대왕께서 이곳을 소유한다 할지라도 땅을 얻었다고는 할 수 없습니다. 그러면 초나라를 격파했다는 이름만 얻을 뿐 땅을 얻는 실리는 없는 것입니다.

게다가 대왕께서 초나라를 공격하시면 제, 조, 한, 위 4국은 모두 군대를 동원해 대왕에게 호응할 것입니다. 진나라와 초나라의 군대가 교전하여 장기전이 된다면 그 사이에 위나라는 출병하여 유(留)·방여(方與)·질(銍)·호릉(湖陵)·탕(碭)·소(蕭)·상(相 : 모두 宋나라의 옛 땅. 그 당시 楚나라에 속해 있었다.) 땅을 공격해 원래 송나라의 옛 땅은 모두 위나라의 것이 되고 말 것입니다.

또 제나라는 남쪽을 향해 초나라를 치면 틀림없이 사수(泗水) 근처의 땅을 차지하게 될 것입니다. 이곳의 땅들은 다 평원 지대로서 사통팔달의 기름진 땅입니다. 결국 제나라와 위나라만이 싸움을 하여 이익을 독점하게 됩니다.

바꾸어 말하면 대왕께서 초나라를 격파하는 것은 한나라, 위나라를 중원 지대에서 살지게 하고 제나라를 강하게 만드는 결과가 됩니다. 한나라, 위나라가 강대해지면 진나라에 대항할 수 있게 되고 또 제나라는 남쪽으로 사수를 경계로 하고 동쪽으로는 바다를 배경으로 삼고 북쪽으로 황하에 의지해 뒷날의 우환이 없게 될 것입니다. 그렇게 하면 천하의 나라 중 제나라, 위나라보다 강한 나라는 없게 될 것입니다.

이렇게 제나라와 위나라는 땅을 얻고 이익을 보유하면서 거짓으로 진나라의 하리(下吏)가 되어 섬길 것입니다. 그렇게 되면 1년 뒤 스스로 제(帝)가 되지는 못해도 대왕께서 제(帝)가 되는 것을 막는 데에는 여력이 있을 것입니다.

대체로 대왕께서는 넓은 영토와 수많은 백성과 강력한 병력을 가지고 있으면서, 병사를 한 번 일으켜 초나라와 원수를 맺고 한나라와 위나라로 하여금 제호(帝號)를 제(齊)나라에 바치도록 한다는 것은 대왕의 실책이 됩니다.

신이 대왕을 위해 생각해 보건대 초나라와 친선을 도모하는 것보다 나은 것은 없습니다. 진나라와 초나라가 한편이 되어 한나라를 친다면 한나라는 반드시 손을 거두어 복종할 것입니다. 대왕께서 동산(東山)의 험함을 옷깃으로 삼으시고 곡하(曲河) 땅의 이점을 띠로 삼으신다면 한나라는 반드시 관내후(關內侯)[188]로 전락하고 말 것입니다.

이와 같이 하여 대왕께서 십만의 군대로 한나라의 도읍 정(鄭)을 지키신다면 위나라는 간담이 서늘해질 것입니다. 허(許)·언릉(鄢陵 : 모두 魏나라의 읍)은 성안에 갇히게 되어 수세(守勢)를 취하게 될 것이며, 상채(上

---

188) 關內侯는 秦의 20등급 벼슬 중에서 밑에서 세어 제19位. 그 위는 列侯이다. 여기에서는 韓이 독립을 잃고 秦의 신하가 되는 것을 말한다. 關內는 函谷關의 서쪽을 가리키며 秦의 직할령이었으므로 關內侯의 영지는 보잘것 없었다.

蔡)와 소릉(召陵, 모두 魏나라의 읍)은 수도와의 교통이 끊기게 되어 왕래할 수 없게 될 것입니다. 이렇게 해서 결국은 위나라 또한 한낱 관내의 조그만 제후로 전락하고 말 것입니다.

대왕께서 한 번 초나라와 친선을 도모해 두 사람의 만 승(萬乘) 군주 — 한나라, 위나라의 왕 — 를 관내의 작은 제후로 전락시킬 것이며 그 결과 제나라와 영토를 접하게 되면 제나라 서쪽 땅은 팔짱을 끼고 앉은 채 차지하게 될 것입니다. 결국 대왕의 영토는 중국의 동서(東西)를 꿰뚫는 것이 되어 천하를 주름잡을 수 있게 될 것입니다.

그렇게 되면 연나라, 조나라에는 제나라와 초나라의 원조가 없게 되고 제나라, 초나라에는 연나라, 조나라의 원조가 없게 됩니다. 그렇게 한 뒤에 연나라, 조나라를 위협하고 곧장 제나라와 초나라를 뒤흔들면 힘들여 공격할 것도 없이 모두 복종하게 될 것입니다."

이 상서(上書)를 본 후 진나라 소왕은,

"과연 그렇군."

하고는 백기의 출발을 중지시키고 한나라 · 위나라의 출병을 사절한 뒤에 사자를 보내어 초나라에 선물을 바치고 동맹국이 될 것을 약속했다. 황헐은 그 약속을 받고 초나라에 돌아왔다.

초나라에서는 황헐에게 명해 태자 완(完)과 함께 진나라에 볼모로 들어가게 했다. 진나라가 그들을 머물게 하기 수년이 지나 초나라 경양왕(頃襄王)이 병이 들었다. 그렇지만 초나라 태자는 귀국할 수 없었다. 그런데 초나라 태자는 진나라 재상 응후(應侯)와 사이가 좋았으므로 황헐이 응후를 설득했다.

"상국(相國)께서는 진정으로 초나라 태자에게 호의를 가지고 계십니까?"

황헐의 물음에 응후가,

"그렇소."

하고 대답했다. 이에 황헐이 말했다.

"지금 초나라 왕께서는 병중이신데 아마 일어나실 수 없을 것입니다. 그러니 진나라는 이 기회에 태자를 귀국시키는 것이 좋지 않을까 합니다. 태자가 귀국해 왕위에 오르게 되면 진나라를 진심으로 섬기게 될 것이고, 자신이 왕위에 오른 것은 재상의 덕이라는 것을 마음속 깊이 새기게 될 것입니다. 그렇게 하는 것이 동맹국과 친하게 되는 일이고 또 만 승의 나라에 덕을 쌓는 것이 됩니다.

만약 돌려보내지 않는다면 태자는 함양(咸陽 : 秦나라의 國都)의 한낱 무의무관의 평민에 지나지 않으며 초나라가 다시 태자를 세우면 진나라를 섬기지 않을 것입니다. 그것은 동맹국을 잃고 만 승의 나라와 화친을 끊는 것이니 옳은 계책이 아닙니다. 바라옵건대 상국께서는 이 일을 깊이 생각해 주시기 바랍니다."

응후가 그 말을 진나라 왕에게 아뢰니 왕이 말했다.

"초나라 태자의 부(傅 : 보좌관)를 먼저 보내어 초나라 왕의 병을 위문하게 하고 그가 돌아온 뒤에 태자의 일을 의논하게 하시오."

황헐이 초나라 태자를 위해 한 계책을 생각하여 말했다.

"진나라가 태자를 억류하는 것은 그로 인해 이익을 요구하려는 것입니다. 그렇지만 태자께서는 아직 진나라에 이익을 제공할 힘이 없습니다. 저는 그 점을 매우 근심합니다. 그리고 양문군(陽文君)의 아들 두 사람이 초나라에 있습니다. 만약 부왕께서 승하하시고 태자가 초나라에 안 계시면 틀림없이 양문군의 아들이 왕위를 잇게 될 것이니 태자는 왕위를 계승하여 종묘를 받드는 제사를 섬길 수 없게 될 것입니다. 그러니 부왕께 문병차 가는 사자와 함께 진나라를 탈출하는 것이 상책일 것으로 생각합니다. 신은 이곳에 머무르면서 죽음을 무릅쓰고 이에 대처하겠습니다."

이 말에 초나라의 태자는 변복을 하고 초나라 사자의 마부가 되어 함곡관을 빠져나갔다. 그리고 황헐은 태자의 숙사에 남아 있으면서  태자가 병이 있다고 둘러대며 외출을 하지 않았다. 태자가 이미 멀리 가서 이제는 진나라가 뒤쫓을 수 없을 때쯤 헐은 스스로 진나라 소왕에게 나아가 말했다.

"초나라 태자는 이미 돌아갔습니다. 함곡관을 나가 먼 곳까지 갔을 것입니다. 도망시킨 이 황헐의 죄는 죽어 마땅합니다. 원컨대 부디 죽여 주옵소서."

소왕은 크게 노해 그에게 자살할 것을 명하려 하자 응후가 말했다.

"황헐은 신하로서 자기 한 몸을 내던져 군주를 위해 죽으려고 했습니다. 초나라 태자가 즉위하면 반드시 황헐을 등용할 것입니다. 그러니 죄를 묻지 마시고 그를 돌려보내 초나라와 친선을 도모하시는 것이 상책입니다."

진나라는 황헐을 보내 주었다.

황헐이 초나라에 돌아온 지 3개월 만에 초나라 경양왕이 죽고 태자 완이 즉위하니 이 사람이 고열왕(高烈王)이다. 고열왕 원년에 왕은 황헐을 재상으로 임명하여 춘신군(春申君)이라 일컫고 회북(淮北) 땅 열두 현을 하사했다. 그 뒤 15년, 황헐이 초나라 왕에게 말했다.

"회북 땅은 초나라의 변경으로 제나라와 접하고 있으므로 이에 대처할 일을 급하게 정해야 할 것입니다. 청컨대 그곳을 군(郡)으로 하는 편이 편리할 것입니다."

그러면서 자기의 봉읍인 회북의 열두 현을 모두 왕에게 바치고 그 대신 봉읍으로 강동(江東 : 양자강 하류 남부의 땅) 땅을 청하니 고열왕이 이를 허락했다. 그리하여 춘신군은 옛날 오(吳)나라의 성터에 성읍을 쌓고 그곳을 자기의 도읍으로 했다.

춘신군이 초나라의 재상이 되었을 때, 제나라에는 맹상군이 있고 조나라에는 평원군이 있고 위나라에는 신릉군이 있었는데, 모두 다투어 겸손한 태도로써 선비들을 대접하고 빈객을 초대해 그들의 힘으로 국정을 돕고 자기의 권력을 확장하고자 했다.

춘신군이 초나라의 재상이 된 지 4년, 진나라는 조나라의 장평에 주둔한 사십만 여 군대를 격파했으며 5년에는 한단을 포위했다. 한단에서는 초나라에 위급함을 통고해 구원을 호소해 왔다. 초나라에서는 춘신군에게 명해 군대를 이끌고 가서 구원하게 했는데 진나라 군사가 포위를 풀고 물러갔기 때문에 춘신군도 되돌아왔다.

춘신군이 초나라의 재상이 된 지 8년, 북쪽으로 노(魯)나라를 쳐서 멸망시켰다. 그리고 순경(荀卿 : 荀子)을 난릉(蘭陵)의 태수로 임명했다.[189]

이때 초나라는 다시 강성한 나라가 되었다. 조나라 평원군이 어떤 사람을 춘신군에게 사자로 보냈다. 춘신군은 그를 상등(上等)의 객관에 머물게 했다. 조나라의 사자는 초나라에 자랑하고자 대모(瑇瑁)로 만든 비녀를 꽂고 주옥으로 장식한 칼을 차고 춘신군의 빈객들에게 만나기를 청했다. 춘신군에게는 빈객이 삼천여 명이나 있었는데 그 상객(上客)들은 모두 주옥으로 장식한 신을 신고 조나라의 사자를 맞이했다. 그들을 만나 본 조나라 사신은 오히려 부끄러워졌다.

춘신군이 재상이 된 지 십사 년 만에 진나라 장양왕(莊襄王)이 즉위하고

---

189) 荀子가 蘭陵의 縣令이 된 사실은 春申君과는 별 관계가 없는데 司馬遷이 儒學을 숭상하는 뜻에서 기록했다는 說이 있다. 孔子의 일에 대해 몇 개의 편에 기록한 것과 같은 의도이다. 儒學의 전통은 戰國時代 말년부터 秦初에 걸쳐서 荀子가 이것을 고수했고 漢代의 유학자는 대개 荀子 門人의 계통이었다. 그런 까닭에 司馬遷이 그의 선조(司馬錯 등)의 事蹟을 군데군데 삽입한 것과 같이 자신의 학문의 근원을 밝히려는 의도에서 荀子의 일을 여기에 삽입한 듯하다. 또 荀子가 楚나라에 있었던 것은 儒學이 楚나라에 확산된 커다란 원인이 되었다는 사실에 유의해야 한다.

여불위(呂不韋)를 재상으로 임명해 문신후(文信侯)로 봉했다. 그리고 주(周)나라 왕실의 땅 동주(東周)를 빼앗았다.

춘신군이 재상이 된 지 이십이 년에 천하의 제후들은 진나라의 여러 나라에 대한 침략이 그치지 않는 것을 걱정한 나머지 함께 합종하여 서쪽을 향해 진나라를 치기로 했다. 초나라 왕이 합종의 장(長)이 되었으며 춘신군이 이를 맡아 처리하기로 했다.

연합 군대가 함곡관에 이르자 진나라는 제후의 군대를 공격하여 모두 패주시켰다. 그러자 초나라의 고열왕은 이것을 춘신군의 책임으로 돌려 그를 책망했다. 춘신군은 이 일로 왕에게 점점 소외당했다.

빈객 중에 관진(觀津) 사람으로 주영(朱英)이라는 자가 있었는데 춘신군에게 이렇게 말했다.

"사람들은 모두 지난날에는 초나라가 강했는데 군(君)께서 정치를 하고부터는 약해졌다고 생각합니다. 그런데 저는 그렇게 생각하지 않습니다. 선왕 시대에 진나라와 친선하여 이십 년 동안 진나라의 공격을 받지 않은 것은 왜일까요? 진나라는 맹애(黽隘)의 요새를 넘어와 초나라를 공격하는 것이 불편했으며, 또 양주(兩周)에서 길을 빌려 한나라와 위나라를 배후에 둔 채 초나라를 공격할 수 없었기 때문입니다.

그런데 지금은 그렇지 않습니다. 위나라의 멸망이 조석지간에 있어 허(許), 언릉(鄢陵)을 잃어버린다 해도 아까워할 수 없는 형편입니다. 그 허를 위나라가 진나라에 떼어 주게 되면 진나라의 군대는 진(陳 : 당시의 楚나라의 도읍)에서 겨우 일백육십 리밖에 안 되는 가까운 곳까지 박두하게 됩니다. 그러니 신이 보는 바로는 장차 진나라와 초나라는 끊임없이 싸우게 될 것 같습니다."

그래서 초나라는 진(陳)을 떠나 수도를 수춘(壽春)으로 옮겼다. 그리고 진나라는 위(衛)를 야왕(野王)으로 옮긴 다음 그곳에 동군(東郡)을 두었다. 춘신군은 그 후 자기의 봉지인 오(吳)에 있으면서 재상의 정무를 보았다.

초나라 고열왕에게는 아들이 없었다. 춘신군이 그 일을 근심해 아이를 낳을 만한 부인들을 구해 왕에게 바쳤는데 그 수는 많았으나 끝내 아들을 낳지 못했다.

조나라 사람 이원(李園 : 趙는 미녀가 많은 나라로 알려졌다. 李園의 누이동생도 미인임을 은근히 말하고 있음)은 여동생의 미모를 믿고 그녀를 초나라 왕에게 바쳐야겠다고 생각했다. 그런데 왕이 아들을 낳을 수 없다는 소문을 듣고는[190] 결국 왕의 사랑을 잃게 될 것을 두려워했다.

이원은 춘신군 섬기기를 원해 그의 가신(家臣)이 되었다. 그 후에 휴가를 얻어 귀국했다가 일부러 기일을 어기고 늦게야 돌아와서 춘신군을 뵈었다. 춘신군이 늦어진 이유를 묻자 이원은 이렇게 대답했다.

"제나라 왕이 사신을 보내어 신의 누이동생을 달라고 했습니다. 그래서 그와 함께 술을 마시다가 이렇게 늦게 되었습니다."

그의 말을 들은 춘신군이 물었다.

"폐백은 받았소?"

"아직 안 받았습니다."

"누이동생을 한 번 만나 볼 수 있겠소?"

"좋습니다."

이렇게 이원은 누이동생을 춘신군에게 바쳤고 춘신군은 그녀를 총애했다. 그녀가 아기를 밴 것을 알게 된 이원은 누이동생과 계책을 꾸몄다. 이원의 누이동생은 한가한 틈을 엿보아 춘신군에게 다음과 같이 말했다.

"초나라 왕께서 상공을 소중히 여기고 아끼는 것은 형제간보다도 더합니다. 지금 상공께서는 초나라의 재상으로 계신 지 이십 년이나 되었는데

---

190) 원문은 '聞其不宜子'. '不宜子'는 통상 부인이 아이를 낳지 못하는 것을 말한다. 그런데 여기서는 왕 자신에게 원인이 있음을 말한다.

왕에게는 아들이 없습니다. 만약 왕께서 승하하신다면 왕의 형제 되는 분이 즉위하게 될 터인데 그러면 누가 새 임금이 되든지 그 왕과 친히 지냈던 사람이 중용되는 것은 당연한 일입니다.

그렇다면 상공께서는 새 왕의 총애를 받을 수 있겠습니까? 그뿐 아니라 상공께서는 높은 자리에서 정권을 잡으신 지 오래여서 왕의 형제들에게 예를 바로 지키지 못한 적이 많습니다. 그들이 왕위에 오르게 된다면 틀림없이 화가 상공께 미칠 것입니다. 무엇으로 정승의 인수와 강동(江東)의 봉지를 보전할 수 있겠습니까?

지금 첩은 임신했는데 남들은 아무도 모릅니다. 첩이 상공에게 총애를 받은 지 얼마 되지 않으니 상공이 존귀한 지위를 이용해 첩을 초나라 왕에게 천거하신다면 왕께서는 틀림없이 첩을 받아들여 총애하시게 될 것입니다. 첩이 천행(天幸)으로 아들을 낳게 되면 두말할 것도 없이 바로 상공의 아들이 왕이 되는 셈입니다. 그렇게 되면 상공께서는 초나라를 송두리째 얻게 되는 것입니다. 예측하기 어려운 화에 빠지는 것과 어느 편이 더 좋겠습니까?"

춘신군은 그 말이 그럴듯하다고 생각되었으므로 이원의 누이동생을 자기 집에서 내보내 다른 관사에 살게 하면서 돌보게 한 다음 초나라 왕에게 천거했다. 초나라 왕은 그녀를 왕궁으로 불러들여 총애했는데 마침내 아들을 낳았다. 왕은 이 아들을 태자로 삼았고 이원의 누이동생을 왕후로 삼았다.

초나라 왕은 이원을 소중히 여겼으며 이원을 중용하여 정무를 맡겼다. 이렇게 해서 이원은 누이동생을 궁중에 들여보내 왕후가 되게 하고 그 아들은 태자가 되게 했다. 그런 후에는 춘신군의 입에서 비밀이 누설되거나 춘신군이 더욱 교만해질 것을 두려워하여, 결사적으로 일할 협객을 길러 비밀리에 춘신군을 죽여 그 입을 봉해 버리고자 했다. 그런데 이 비밀을 아는 자가 꽤 많았다.

춘신군이 재상이 된 지 이십오 년, 초나라 고열왕이 병석에 누웠다. 그러자 주영(朱英)이 춘신군에게 말했다.

"세상에는 생각지 않던 복이 있는가 하면 생각지 않았던 화도 있습니다. 지금 상공께서는 생각지 않았던 화와 복이 일어날 수 있는 세상에 살고 계시며, 총애를 믿을 수 없는 군주를 섬기고 계십니다. 그러므로 그런 화를 막을 수 있는 생각지 않았던 사람이 필요합니다."

춘신군이 말했다.

"무엇을 생각지도 않았던 복이라고 하오?"

"상공께서는 초나라의 재상으로 계신 지 이십여 년, 직책은 상국(相國)이라고 하나 실은 초나라 왕이나 마찬가지입니다. 지금 초나라 왕은 병석에 누웠고 그 목숨은 조석지간에 달려 있습니다. 그러니 상공께서는 나이 어린 군주를 도와서 대신 국정을 다스린 이윤(伊尹), 주공(周公)처럼 했다가 왕이 성장한 후에 정권을 왕에게 돌려 주거나 그렇지 않으면 상공 자신이 왕위에 올라 초나라를 차지하게 되실 겁니다. 이것이 곧 생각지 않았던 복입니다."

"생각지 않았던 화란 무엇을 말하오?"

"이원은 상공이 계시기 때문에 자기가 나라를 다스리지 못하게 될 것이라고 생각하여 상공을 원수로 여기고 결사대를 양성한 지 오래되었습니다. 초나라 왕이 승하하시면 틀림없이 이원은 궁중으로 들어가 권력을 장악하고 상공을 죽임으로써 상공의 입을 막으려 할 것입니다. 이것이 이른바 생각지 않았던 화입니다."

"어떠한 사람을 생각지 않았던 사람이라 말하는 것이오?"

"상공께서는 저를 낭중(郎中)에 임명해 주십시오. 초나라 왕이 승하하시면 이원은 반드시 궁중에 들어올 것입니다. 그러면 상공을 위해 제가 이원을 죽이겠습니다. 이것이 이른바 어떠한 경우에도 재난을 배제할 수 있는 생각지 않았던 사람인 것입니다."

"그대는 그런 생각을 그만두오. 이원은 약한 인간이오. 나는 또 그를 후하게 대해 주고 있소. 어찌 감히 그런 일이 있을 수 있겠소."

주영은 자신의 말이 받아들여지지 않을 것을 알고 자신에게 화가 미칠까 두려워 도망을 치고 말았다.

그 후 십칠 일 만에 초나라 고열왕이 죽었다. 이원은 먼저 왕궁에 들어가서 결사의 협객을 극문(棘門 : 楚나라의 도읍인 壽春의 성문) 안에 숨겨 두었다. 춘신군이 극문 안에 들어서자 이원의 협객들이 춘신군을 에워싸 찔러 죽이고 그의 머리를 베어 극문 밖으로 내던졌다. 이원은 아전에게 명해 춘신군의 일족을 다 죽여 버렸다. 그리고 이원의 누이동생이 춘신군의 총애를 받을 때 임신했고 왕의 첩이 되어서 난 아들을 왕위에 올렸다. 이 사람이 초나라 유왕(幽王)이다.

이때가 진(秦)나라 시황제(始皇帝)가 즉위한 지 9년 되는 해였다. 진나라에서는 노애(嫪毐)가 모반을 일으키다 발각되어 그의 삼족(三族)이 멸망당했으며 여불위도 벼슬에서 쫓겨났다.

태사공은 말한다.

"나는 초나라에 가서 옛날 춘신군이 살던 성과 궁실을 보았는데 정말로 호사스러웠다. 처음 춘신군이 진나라 소왕을 설득한 것이라든가, 자기의 한 몸을 내던져 초나라 태자를 귀국시킨 일은 그 얼마나 총명한 지혜였던가! 뒤에 이원에게 잡혀 죽게 된 것은 늙어 무능해졌기 때문이었으리라.

옛말에 '마땅히 결단을 해야 할 때 결단하지 않으면 오히려 그로 인해 화란(禍亂)을 받는다.'고 했다. 이것은 춘신군이 주영의 말을 받아들이지 않았음을 두고 한 말일까?"

# 제19 범저 · 채택열전(范雎 · 蔡澤列傳)

범저(范雎)[191]는 위(魏)나라 사람으로 자를 숙(淑)이라 했다.

그는 제후들에게 유세하여 위나라 왕을 섬기고자 했지만 집이 가난해 자력으로 비용을 마련할 수 없었다. 그래서 우선 위나라 중대부(中大夫)인[192] 수가(須賈)를 섬겼다. 수가는 위나라 소왕(昭王)의 사자가 되어 제나라에 사신으로 갔는데 범저도 그를 수행했다. 여러 달을 머무르고 있었으나 제나라 왕으로부터 회답을 얻지 못했다.

제나라 양왕(襄王)은 범저가 변설에 능하다는 말을 듣고 사람을 보내 금 열 근과 쇠고기와 술을 하사했다. 범저는 사양하고 감히 받으려 하지 않았다. 수가가 그 사실을 알고는 매우 노하여 생각하기를, 범저가 위나라의 비밀을 제나라에 알려 주었기 때문에 이러한 선물을 보냈을 것이라고 의심했다. 수가는 범저에게 쇠고기와 술은 받고 금은 돌려보내도록 했다. 그렇지만 위나라에 돌아온 뒤에도 이 일에 대하여 노하고 있던 수가는 끝내 위나라 재상에게 보고했다.

위나라 재상은 이때 위나라 공자 중의 한 사람인 위제(魏齊)였는데 그도 이 말을 듣자 크게 노하였다. 그의 가신(家臣)을 시켜 범저를 심하게 매질하니 범저는 갈비뼈가 부러지고 이가 부러졌다. 범저가 거짓으로 죽은 시늉을 하고 움직이지 않자 하인들은 그의 몸을 거적으로 말아서 변소에 놓아두었다. 그러자 빈객 중에 술을 마신 자들이 번갈아가며 오줌을 누었는

---

191) 范雎의 '雎'는 수(睢)라고도 쓰며 ≪資治通鑑≫에는 그렇게 되어 있다. ≪史記≫에는 예로부터 雎로 되어 있었다.
192) 周代의 大夫에는 상 · 중 · 하 세 등급이 있었으며 ≪漢書≫의 百官表에 의하면 '중대부는 논의를 관장한다.'고 했다.

데 이렇게 치욕을 주는 이유는 후일의 본보기로 삼아 나라의 비밀을 함부로 누설하는 자가 다시는 생겨나지 않게 하려는 것이었다.

범저는 거적 속에서 자기를 지키고 있던 자에게 말하기를,

"만약 나를 구해 주면 반드시 후한 답례를 하겠소."

라고 했다. 그래서 지키던 자는 거적 속의 범저가 죽었다며 내다 버리기를 청했다. 그러자 위제는 술에 취하여 그러라고 말했다. 이리하여 범저는 마침내 탈출할 수 있었다.

그 뒤에 위제는 이를 후회하고 지키던 사람을 다시 불러 그를 찾아오라고 했다. 위나라 사람 정안평(鄭安平)이 그 말을 듣고는 곧 범저를 데리고 도망쳐 잠복하였으며 범저의 성명을 장록(張祿)이라고 바꾸었다.

그 무렵 진(秦)나라 소왕(昭王)이 알자(謁者 : 官名)인 왕계(王稽)를 위나라에 사신으로 보냈다. 정안평은 자신의 신분을 속이고 병졸이 되어 왕계를 모셨다. 왕계가 물었다.

"위나라에 서쪽(秦나라)으로 함께 데리고 가서 유세시킬 만한 어진 사람이 있는가?"

정안평이 말했다.

"신의 고향에 장록 선생이라는 분이 있습니다. 군(君)을 뵈옵고 천하의 대사를 이야기하고자 합니다. 그분은 원수가 있어 낮에는 만나 볼 수 없습니다."

왕계가 말했다.

"그럼 밤에 함께 오라."

정안평은 밤에 장록과 함께 왕계를 만났다. 이야기가 채 끝나기도 전에 왕계는 범저의 현명함을 간파하고 말했다.

"선생은 위나라 국경에 있는 삼정(三亭)의 남쪽에서 나를 기다려 주십시오."

이렇게 하여 범저와 왕계는 비밀리에 약속을 하고 헤어졌다.

왕계는 위나라를 하직하고 돌아갈 때 삼정의 남쪽에 들러 범저를 수레에 태워 진나라에 들어갔다. 호(湖 : 縣名으로 咸陽의 동쪽)에 이르니 서쪽에서 마차가 오는 것이 보였다.

범저가 왕계에게 물었다.

"저기에서 오는 것이 누구입니까?"

왕계가 말했다.

"진나라의 재상 양후(穰侯)가 동쪽으로 현읍(縣邑)을 순행(巡行)하는 길입니다."

범저가 말했다.

"양후는 제나라의 정권을 전담하면서 제후의 유세객이 국내에 들어오는 것을 싫어한다고 들었습니다. 저에게도 욕을 보일지 모르니 저는 수레 안에 잠시 숨어 있겠습니다."

조금 뒤에 양후가 나타나 수레를 멈추어 세우더니 왕계를 위로하며 말했다.

"관동(關東)에 무슨 일이 없었소?"

"아무 일도 없었습니다."

"알군(謁君)은 제후 나라의 유세객을 데려오지는 않았겠지요? 그런 자들은 아무 이익도 없으며 단지 남의 나라를 혼란하게 만들 뿐입니다."

"데리고 오지 않았습니다."

하고 대답하자 양후는 그대로 작별하고 떠나갔다.

범저가 말했다.

"내가 들으니 양후는 지혜로운 선비라고 하던데 의외로 대범한 인물입니다. 그는 수레 안에 사람이 숨어 있나 의심하면서도 수레 안을 수색하는 것은 잊었습니다."

하고 범저는 수레에서 내려 달아나면서 말했다.

"반드시 후회하고 또 찾으러 올 것입니다."

왕계 일행이 십여 리쯤 갔을 때 범저의 예상대로 양후는 기마병에게 명하여 말을 달려 돌아와서 수레 안을 수색했다. 그러나 유세객이 없었기 때문에 아무 일도 일어나지 않았다.

왕계는 드디어 범저와 함께 함양(咸陽)에 들어갔다. 그리고 사신으로서 복명(復命)을 마치고 진나라 왕에게 말했다.

"위나라에 장록 선생이라는 사람이 있는데 천하의 변설가입니다. 그가 말하기를 '진왕(秦王)의 나라는 쌓아 놓은 달걀보다 더 위태합니다. 그러나 신의 의견을 들어 주신다면 편안할 것입니다. 그것은 서면(書面)으로는 전할 수 없습니다.' 라고 하기에 신이 수레에 태워 데리고 왔습니다."

진나라 왕은 믿지 않고 범저를 숙사에 둔 채 형편없는 음식을 대접했다. 이와 같은 상태로 범저는 1년 남짓 진나라 왕의 명을 기다렸다.

이때는 소왕(昭王)이 즉위한 지 삼십육 년이 되는 해였는데 그 사이 남으로는 초나라의 언(鄢)·영(郢 : 楚나라의 國都)을 함락시켰고 초나라 회왕(懷王)은 진나라에 억류된 채 세상을 떠났다. 또 진나라는 동쪽으로 제나라를 격파하고 제나라 민왕(湣王)은 일찍이 '제(帝)'라고 일컬었다가 나중에는 제호를 그만두었다.

진나라는 한·위·조의 3진(晉)에 자주 괴롭힘을 당하여 천하의 유세객을 싫어하고 그들의 말을 듣지 않았다.

양후(穰侯)와 화양군(華陽君)은 소왕의 어머니 선태후(宣太后)의 동생이며, 경양군(涇陽君), 고릉군(高陵君)도 모두 소왕의 동모제(同母弟)였다. 양후는 재상이 되었고 다른 세 사람은 번갈아 장군이 되어 봉읍을 소유하고 있었다. 태후와의 연고로 그들의 부는 왕실을 능가할 정도였다.

양후가 진나라 장군이 되자 한, 위의 영토를 넘어서 제나라의 강수(綱

壽)를 쳐 자기 영지인 도(陶)를 넓히고자 했다. 그러자 범저가 진나라 왕에게 글을 올렸다.

"신이 들으니 '현명한 임금이 정치를 하게 되면 공 있는 자는 반드시 포상을 받으며 능력이 있는 자는 반드시 등용된다. 노고가 큰 자는 봉록이 후하고 공적이 많은 자는 관직이 높아지며 백성을 잘 다스리는 자는 벼슬이 높아진다. 그러므로 능력이 없는 자는 감히 직무를 담당하지 못하고 능력이 있는 자는 재능을 감출 수 없다.'고 합니다.

만약 신의 말이 옳다고 생각하신다면 바라옵건대 그것을 실천하시어 더욱 더 다스리는 길을 빛내십시오. 또 만약 신의 말이 옳지 않다고 생각되신다면 신을 오래도록 머물게 하셔도 소용없는 일입니다. 옛말에 '용렬한 임금은 자기가 사랑하는 자에게 상을 주고 미워하는 자에게 벌을 주지만 현명한 임금은 그렇지 않아서, 상은 반드시 공 있는 자에게 주고 형벌은 반드시 죄가 있는 자에게 가한다.'고 했습니다.

지금 신의 가슴은 칼을 받는 바탕에 댈 만한 자격이 없고[193] 허리는 부월(釜鉞)을 기다릴 만한 존재가 못 되는 비천한 몸입니다. 어찌 감히 의심스러운 일을 가지고 왕께 말씀을 드려 대왕을 시험하려 하겠습니까? 왕께서는 신이 비록 비천한 자라고 경멸하신다 하더라도 신을 추천한 자가 대왕을 배반할 사람이 아니란 것은 믿으실 겁니다.

또 신이 들은 바에 의하면 '주(周)나라의 지려(砥厲), 송(宋)나라의 결록(結綠), 양(梁)나라의 현려(縣藜), 초(楚)나라의 화박(和朴) 등 네 보옥(寶玉)은 각기 그 나라 땅에서 생산된 것으로서 옥을 잘 아는 양공(良工)들도 그것들이 훌륭한 보옥인 것을 알아차리지 못했지만 마침내는 천하의 명

---

193) 원문은 '今臣之胸不足當枕質'. 枕은 재목을 자를 때 밑에 놓는 바탕. 質도 비슷한 뜻. 여기서는 죄인의 목을 자를 때 쓰는 바탕을 가리킨다.

기(名器)가 되었다.'고 합니다. 그렇다면 무능하다고 성왕(聖王)께서 버린 자가 반드시 국가를 번영시키지 못할 것이라고 할 수만은 없습니다.

신은 또 '대부(大夫)의 가문을 부강하게 할 자는 나라 안에서 찾고 제후의 나라를 부강하게 할 인재는 온 천하에서 찾는다.'는 말을 들었습니다. 천하에 현명한 군주가 있으면 제후들은 자기 나라를 부강하게 할 인재를 마음대로 얻지 못하는 것은 무슨 까닭일까요? 그것은 현명한 군주가 그와 같은 천하의 인재를 제후로부터 구하여 영화와 권세를 마음대로 휘두르기 때문입니다.

훌륭한 의사는 병자의 사생(死生)을 미리 알고 성군(聖君)은 일의 성패에 밝습니다. 이로우면 실행하고 해로우면 버리고 의심스러우면 조금만 시험해 봅니다. 이 점은 순(舜)임금, 우(禹)임금이 세상에 다시 태어나더라도 변함이 없을 것입니다.

지극히 심각한 문제에 대해서는 감히 이 서면에 적지 못합니다. 또 내용이 천박한 것이라면 들으실 만한 가치가 없습니다. 생각건대 대왕께서 이제까지 신을 방치해 두신 것은 신이 어리석어서 왕의 마음을 움직이지 못해서였을까요? 아니면 신을 천거한 자의 신분이 낮아 그의 말을 들을 필요가 없다고 생각하셨기 때문일까요?

만약 이 두 가지 이유가 아니라면 바라옵건대 한가한 틈을 내시어 왕께 알현하게 해 주시옵소서. 그때 신이 드리는 말씀에 한마디라도 국가에 유효함이 없다면 무거운 형벌이라도 달게 받겠습니다."

진나라 소왕은 이 글을 읽고 크게 기뻐하며 왕계에게 사과하고 수레를 내어 범저를 불러들이게 했다. 그리하여 범저는 장안(長安)의 별궁(別宮)에서 왕을 알현하게 되었다. 드디어 때가 되니 범저는 짐짓 모르는 척하며 영항(永巷 : 궁중의 복도) 안으로 들어갔다. 때마침 왕이 나오자 환관이 노하여 범저를 내쫓으려 하면서 말했다.

"왕께서 납신다!"

범저는 시치미를 떼고 환관에게 말했다.

"진나라에 어디 왕이 있단 말인가? 진나라에는 다만 태후(太后)와 양후 (穰侯)가 있을 뿐인데."

그렇게 하여 소왕으로 하여금 분노를 느끼게 하고자 함이었다. 소왕이 그곳에 도착하여 범저가 환관과 다투는 말을 듣고는 그를 궁중으로 들게 하고 사과했다.

"과인은 마땅히 일찍 선생을 만나 보고 가르침을 받았어야 했을 것이 오. 그런데 때마침 의거(義渠)의 일[194]이 급해 아침저녁으로 태후의 지시 를 받지 않으면 안 되었기 때문에 틈이 없었소. 이제야 의거에 대한 일이 끝났으므로 과인이 비로소 선생의 가르침을 받을 수 있게 되었소. 스스로 도 나의 불민함을 민망하게 생각하오. 삼가 주객(主客) 대등(對等)의 예로 써 말씀해 주기 바라오."

그러나 범저는 사양했다. 이날 범저가 소왕을 알현하는 장면을 지켜본 여러 신하들은 모두 숙연해져 얼굴빛이 변하고 용모를 단정히 하지 않을 수 없었다. 진나라 왕이 좌우의 근신들을 물리치니 궁중은 텅 비어 사람 기척이 없었다. 진나라 왕은 무릎을 꿇고 말하기를,

"선생께서는 과인에게 무엇을 가르쳐 주시겠습니까?"

라고 하자 범저는 다만,

"예, 예."

라고 말할 뿐이었다. 조금 후 진나라 왕은 다시 무릎을 꿇고 말했다.

"선생께서는 과인에게 무엇을 가르쳐 주시겠습니까?"

---

194) 匈奴列傳에 의하면 義渠族의 왕이 昭王의 어머니 宣太后와 밀통하여 두 아들이 태어났는데
    그 왕은 甘泉에서 죽임을 당했고 秦은 출병하여 의거족에게 큰 타격을 주었다.

범저는 역시,

"예, 예."

라고 할 뿐이었다. 이와 같이 하기를 세 번이나 했다. 진나라 왕이 꿇어앉아 말했다.

"선생께서는 어찌하여 과인에게 가르쳐 주지 않으려 하십니까?"

그러자 범저는 이렇게 말했다.

"감히 그리 하려는 것은 아닙니다. 신은 이런 말을 들었습니다. 옛날 태공망 여상이 주나라 문왕을 만났을 때 그 몸은 일개 어부로서 위수(渭水)가에서 낚시질을 하고 있었습니다. 그러한 상태에서 만난 것은 문왕과 여상의 사귐이 소원했기 때문이었습니다.

그런데 그곳에서 만나 서로 말을 주고받은 결과 문왕께서는 여상이 말한 경륜(經綸)을 듣고 기뻐하여 태사(太師)로 삼고 수레에 태워 함께 돌아갔는데 이는 여상의 말이 깊은 뜻을 지니고 있었기 때문입니다. 그리하여 문왕은 드디어 여상의 힘에 의해 큰 공업(功業)을 이루어 마침내 천하의 왕자가 되었습니다.

만약 그때 문왕이 여상을 소원하게 하여 깊은 뜻이 있는 말을 하게 하지 않았더라면 주나라는 천자의 덕을 갖출 수 없었을 것이며 문왕, 무왕도 왕업을 성취할 수 없었을 것입니다.

지금 신은 타국에서 온 나그네 신세로서 대왕과는 서먹서먹한 사이입니다. 그런데 왕께 말씀 올리려는 것은 모두 왕의 잘못을 바로잡으려는 일, 사람으로서 골육지간(骨肉之間)에 처할 일에 관한 것입니다. 어리석은 충성을 바치고자 하오나 대왕의 본심이 어떤지를 아직 모르고 있기에 대왕께서 세 번이나 물으셨건만 감히 대답하지 못했던 것입니다.

신이 형벌을 받는 것이 두려워 말씀을 드리지 못하는 것은 아닙니다. 신이 오늘 왕 앞에서 이것을 말씀드리면 내일 주살당할 것을 압니다. 그러나 선은 감히 피하지 않겠습니다. 대왕께서 진실로 신의 말을 실행하신다면 죽음도 괴로울 것이 못 되고 귀양살이도 두려울 것이 못 되며, 몸에 옻칠을 하여 문둥병자처럼 되고 머리를 흐트러 미치광이같이 되더라도 수치로 여기지 않겠습니다.

오제(五帝)와 같은 성인(聖人)들도 죽었고 삼왕(三王)과 같은 어진 분도 죽었습니다. 또 오패(五覇)와 같은 현인(賢人)도 다 죽었고 오획(烏獲), 임비(任鄙)와 같은 대역사(大力士)도 죽었으며 성형(成荊), 맹분(孟賁), 왕경기(王慶忌), 하육(夏育)과 같은 용사(勇士)들도 모두 죽었습니다.

죽음이란 누구나 피할 수 없는 것입니다. 어차피 죽어야 한다면 진나라에 조금이라도 보탬이 될 수 있게 진나라의 과오를 바로잡고자 하는 것이 신의 바람입니다. 그 밖에 또 무엇을 근심하겠습니까?

오자서는 초나라를 탈출할 때 몸을 부대 속에 숨겨서 수레에 실려 소관(昭關 : 吳나라와 楚나라의 국경에 있던 초나라의 關)을 빠져나가 밤에는 길을 가고 낮에는 숨으면서 능수(陵水)에 도착하니 먹을 것이 없었습니다. 그는 오나라 시장 바닥을 무릎으로 기어 다니면서 머리를 땅에 조아리고 옷을 벗은 채 배를 두들기고 젓대를 불며 구걸을 했습니다.

그렇지만 마침내는 오나라를 일으켜 오왕 합려(闔閭)를 천하의 패자로 만들었습니다. 신에게 '오자서처럼 지혜를 다할 수 있게만 해 주신다면 비록 감옥에 유폐(幽閉)되어 평생 다시는 왕을 뵐을 수 없다 하더라도 신의 말이 실행된다면 또한 무엇을 근심하겠습니까?

기자(箕子 : 殷나라 말기의 현인)와 접여(接輿 : 春秋時代의 楚나라의 숨은 선비)는 몸에 옻칠을 하여 문둥병자처럼 가장하고 머리를 풀어헤쳐 미치광이처럼 꾸미기까지 했으나 결국 그의 군주에게 유익함이 되지는 못했습니다. 가령 신으로 하여금 기자처럼 행동하게 하더라도 신이 현명하다고 인정한 왕(昭王을 가리킴)에게 이익이 되게 도울 수 있다면 신에게 큰 영광입니다. 신이 무엇을 부끄럽게 생각하겠습니까?

다만 신이 두려워하는 것은 신이 충성을 다하고도 죽임을 당하는 것을 천하의 사람들이 보고, 그로 인하여 입을 다물고 말하지 않으며 발을 싸매고 다시는 진나라로 오려는 자가 없지나 않을까 하는 것입니다.

만약 왕께서 위로는 태후의 위엄을 두려워하고 아래로는 간신들의 아첨에 미혹되어 깊숙한 궁궐 속에 계시면서 근시(近侍)의 손에서 헤어나지 못하시어 평생 현신과 간신을 분명하게 밝혀내지 못하신다면 크게는 종묘를 뒤집어 엎고 작게는 왕의 일신을 고립시켜 위태롭게 할 것입니다.

이것만이 신이 두려워하는 바입니다. 신은 곤궁이나 치욕, 사형이나 귀양살이 같은 것은 조금도 두렵지 않습니다. 신이 죽어서 진나라가 잘 다스려진다면 신의 죽음은 사는 것 이상으로 더 나은 일이 될 것입니다."

진나라 왕은 꿇어앉아 말했다.

"선생께서는 그게 무슨 말씀입니까? 진나라는 멀리 떨어진 궁벽한 나라이며 과인은 어리석고 불초합니다. 그렇건만 다행히도 선생께서 수고롭게 여기에 들어오셨으니 이것은 하늘이 과인을 위하여 선생에게 폐를 끼치면서 선왕의 종묘를 보존하게 하려는 것입니다. 과인이 선생의 가르침을 받을 수 있게 됨은 하늘이 선왕에게 복을 내리시어 그의 외로운 아들인 과인을 버리시지 않은 까닭인데 선생께서는 어찌하여 그런 말씀을 하십니까? 이후로는 일의 대소를 가리지 마시고 위로는 태후에 관한 일에서 아래로는 대신들에 관한 일까지 모든 일을 과인에게 가르쳐 주십시오. 과인을 조금도 의심하지 마시오."

범저는 진나라 왕에게 절을 하고 진나라 왕 또한 범저에게 절을 했다. 범저가 말했다.

"대왕의 나라는 사방이 자연의 요새로 되어 있습니다. 즉 북쪽에는 감천(甘泉), 곡구(谷口)가 있고 남쪽에는 경수(涇水), 위수(渭水)가 띠처럼 둘렀으며, 농(隴), 촉(蜀)의 산지(山地)를 서쪽에 두고 함곡관, 상판(商阪)이 동쪽에 있습니다. 그리고 용감한 정예 군대가 백만 명이며 전차가 일천 대, 유리하다고 여겨지면 국외로 나아가 공격하고 불리하다고 생각되면 국내에 들어와 지킵니다. 이것이 왕업을 이룰 수 있는 땅입니다.

또 백성들은 사사로운 싸움에는 겁을 내지만 나라를 위하는 싸움에는 용감합니다. 이것이 왕자의 백성입니다.

왕께서는 이 두 가지를 아울러 가지셨습니다. 따라서 진나라의 용감한 군대와 많은 수레와 군마를 가지고 제후들을 평정한다는 것은 마치 명견(名犬) 한로(韓盧 : 韓나라에서 생산되는 검은 털을 가진 사나운 개)를 몰아 절름발이 토끼를 잡는 것과 같습니다. 당연히 패왕의 업을 이룩할 수 있습니다.

그런데 왕의 군신들 중에는 그런 임무를 감당할 만한 자가 없어 오늘날에 이르기까지 함곡관을 닫은 지 십오 년이 되었으며, 군대를 내보내 산동(山東)을 엿보지 못하는 것은 양후가 진나라를 위해 세우는 계책에 성의가 없고 또 대왕의 계책에도 잘못됨이 있었기 때문입니다."

진나라 왕이 꿇어앉아 말했다.

"원컨대 과인의 잘못된 계책을 듣고자 합니다."

범저는 태후와 양후에 대해서 말하고자 했으나 좌우에 비밀을 엿듣는 자들이 많아 말이 새어 나갈까 경계하여 국내의 일에 대해서는 말하지 않고 먼저 국외의 일에 대해 말하여 진나라 왕의 태도를 살펴보고자 했다. 그리하여 범저는 왕 앞으로 다가가 앉으며 말했다.

"양후가 한, 위나라의 영토를 넘어서 제나라의 강수(綱壽)를 공격하려는 것은 좋은 계책이 아닙니다. 적은 병력을 출동시키면 제나라의 국력을 손상시킬 수가 없고 많은 병력을 출동시키면 진나라 국력에 손실이 있습니다. 생각건대 왕의 계략은 진나라 군대를 최소한으로 보내고 한나라와 위나라의 병력을 최대한 동원시키려는 듯한데 그것은 옳지 못한 일입니다. 지금 동맹국인 제나라가 친선하지 않는다고 해서 남의 나라를 지나가 공격하는 것이 과연 옳은 일이겠습니까? 계략 치고는 결점이 많습니다.

옛날 제나라의 민왕(湣王)은 남쪽으로 초나라를 쳐서 군대를 격파하고 장군을 죽였으며 두 번이나 영토를 사방 천 리나 넓혔습니다. 그런데 제나라는 한 치의 땅도 얻은 것이 없었습니다. 그것은 땅을 얻고자 하지 않았기 때문이겠습니까? 아닙니다. 땅을 보유할 수 없는 형세였기 때문입니다.

제후들은 제나라가 피폐하고 군신 사이가 불화한 것을 보고 군대를 동원하여 제나라를 쳐 크게 격파하였으며 제나라 선비들은 치욕을 당하고 병기는 파괴되었습니다.

제나라에서는 모두 왕을 책망하여 '이 계책을 누가 세웠습니까?' 물으니 왕은 '문자(文子 : 孟嘗君)가 이 계책을 세웠다.'고 했습니다. 대신들이 들고 일어나니 문자는 도망쳤습니다. 그러므로 제나라가 크게 격파된 것은 초나라를 쳐서 한나라와 위나라를 이롭게 했다는 점에 있습니다. 이것이야말로 이른바 '적에게 무기를 빌려 주고 도적에게 양곡을 주는 것'이라고 말하는 것입니다.

왕께서는 먼 나라와 친교하고 가까운 나라를 공격하는 것이 상책입니다. 그렇게 되면 한 치의 땅을 얻어도 그대로 왕의 땅이 되고 한 자의 땅을 얻어도 왕의 땅이 되는 것입니다. 지금 이러한 좋은 계책을 버리고 먼 나라를 공격한다는 것은 잘못되지 않았습니까?

옛날 중산국(中山國)은 땅이 사방 오백 리였습니다. 가장 가까운 조나라가 단독으로 중산을 병합했습니다. 그리하여 공이 이루어지고 명성이 드러났으며 이익도 따랐습니다. 천하의 여러 나라들은 누구도 이것을 방해하지 못했습니다. 지금 저 한·위나라는 중원에 있는 나라로서 천하의 중심이 되는 땅을 영유하고 있습니다.

왕께서 패자가 되고자 하신다면 반드시 중원의 나라들과 친선을 맺어 스스로 천하의 중추가 되어 초나라와 조나라를 위압하셔야 합니다. 초나라가 강하면 조나라를 내편으로 삼고 조나라가 강하면 초나라를 내편으로 하십시오. 초나라·조나라를 다 내편으로 한다면 제나라는 틀림없이 두려워할 것입니다. 제나라가 두려움을 느낀다면 말을 낮추고 예물을 후히 보내어 진나라를 섬길 것입니다. 제나라가 진나라 편이 된다면 한나라와 위나라는 손쉽게 수중에 넣을 수 있을 것입니다."

소왕이 말했다.

"과인이 위나라와 친선하고자 한 지가 오래요. 그런데 위나라는 변화가 많은 나라라 믿기 어려워 친교를 맺을 수 없었소. 위나라와 친교를 맺으려면 어떻게 하는 것이 좋겠소?"

범저가 대답했다.

"왕께서 말을 낮추고 예물을 후하게 보내어 위나라를 섬기십시오. 그래도 듣지 않거든 땅을 뇌물로 주십시오. 그래도 듣지 않거든 군대를 동원해 공격하십시오."

"과인은 삼가 그대의 가르침에 따르겠소."

소왕은 범저를 객경(客卿)에 임명하고 군사에 관한 일을 상의하였으며 마침내 범저의 계책에 따라 오대부(五大夫 : 秦의 位階로 밑에서부터 제9位)인 관(綰)을 파견하여 위나라를 쳤으며 회(懷) 땅을 함락시키고 그 후 2년에 형구(邢丘)를 함락시켰다.

객경 범저는 다시 소왕을 설득하여 이렇게 말했다.

"진나라와 한나라의 지형은 마치 수를 놓은 것처럼 서로 얽혀 있습니다. 진나라의 천하에 한나라가 있다는 것을 비유하면 나무에 좀벌레가 있는 것 같고 사람의 내장에 병이 있는 것과 같습니다. 천하가 무사하면 그만이지만 일단 천하에 변란이 일어나면 진나라에 한나라보다 더 큰 화근이 되는 나라는 없습니다. 그러므로 왕께서 한나라를 끌어들여 우리 편을 만드시는 것보다 나은 일은 없을 것입니다."

"나는 원래 한나라를 한편으로 삼고자 했으나 한나라가 듣지 않았소. 어떻게 하는 것이 좋겠소?"

"한나라가 어떻게 진나라 편이 되는 일을 받아들이지 못하겠습니까? 왕께서 군대를 내려 보내어 형양(滎陽)을 공격하면 공(鞏), 성고(成皋)의 길은 통하지 못하게 되고 북쪽에 있는 태행(太行)의 길을 끊으면 상당(上黨)의 군대는 남하하지 못할 것입니다.

이처럼 왕께서 한 번 군대를 동원시켜 형양을 치신다면 한나라는 셋으로 나뉩니다. 틀림없이 멸망할 것을 안다면 한나라로서 어찌 진나라의 말을 받아들이지 않겠습니까? 한나라가 받아들이게 되면 패업 달성의 계획도 세울 수 있게 됩니다."

소왕은 곧 사신을 한나라로 보내려고 했다.

날이 갈수록 범저는 소왕과 친근하게 되고 또 여러 해 동안 그가 진언하는 것이 채용되었다. 범저는 기회를 엿보아 내정 개혁 문제를 가지고 소왕을 설득하려 했다. 그래서 한가한 틈을 타 왕에게 말했다.

"신이 산동(山東 : 여기서는 魏나라를 뜻함)에 있을 때 제나라에는 전문(田文 : 孟嘗君)[195]이 있다는 말만 들었을 뿐 왕의 존재에 대해서는 듣지 못했습니다. 진나라에는 태후(太后)와 양후(穰侯)와 화양군(華陽君), 고릉군(高陵君), 경양군(涇陽君)이 있다는 말은 들었으나 왕의 존재는 듣지 못했습니다.

---

195) 田文은 田單의 잘못으로, 古寫本에는 분명히 田單으로 되어 있으며 《戰國策》 秦策에도 그렇게 되어 있다. 이 무렵 孟嘗君은 이미 齊에서 타국으로 망명하여 십 년이 지나고 있었다.

대체로 나라의 일을 자기 마음대로 할 수 있는 이를 왕이라 말하고 사람에게 이해(利害)를 줄 수 있는 권력을 가진 이를 왕이라 하며, 또 사람을 죽이고 살리는 위력을 가지고 있는 이를 왕이라고 합니다.

　　그런데 지금 태후는 나라 정치를 자기 마음대로 하면서 왕을 돌보지 않고 양후는 사자로 타국에 다녀와서도 왕에게 복명하지 않으며, 화양군, 경양군은 사람을 함부로 죽이는 것을 꺼리지 않고 대왕을 무서워하지 않으며, 고릉군은 나아가고 물러가는 일에 왕의 허가를 청한 적이 없습니다.

　　진나라가 이렇게 네 부류의 존귀한 사람을 고루 갖추어 놓고 어찌 위태롭지 않을 수 있겠습니까? 왕께서 이 네 부류의 귀인을 신하로 한다면 왕의 존재는 실질적으로 없는 것입니다. 그렇게 되면 왕의 권력은 기울어지지 않을 수 없으며 명령도 왕으로부터 나갈 수 없게 됩니다.

　　신이 들으니 '나라를 잘 다스리는 자는 안으로는 그 위세를 굳게 하고 밖으로는 그 권력을 중히 한다.'고 합니다. 양후는 사자로서 왕의 중권(重權)을 장악하여 제후들을 제어하고 천하의 땅을 마음대로 나누어 사람들에게 봉해 주며, 적을 정벌하고 다른 나라를 치는 등 진나라의 국사를 뜻대로 행합니다.

　　싸워서 승리하고 공격하여 빼앗으면 그 이익은 자기의 봉읍인 도국(陶國)에 돌리고 손해는 제후들에게 뒤집어씌웁니다. 또 싸움에 패하면 백성에게 원망을 품고 화(禍)는 국가에 돌립니다. ≪詩≫[196]에도,

나무 열매 지나치게 많이 열리면
가지가 찢어지게 되나니.

---

196) 詩라고 했으나 ≪詩經≫에는 이 글이 없고 ≪逸周書≫ 周祝篇에 유사한 글이 있으므로 차라리 ≪書≫라 해야 마땅하다. ≪書≫와 ≪詩≫를 혼동한 예는 이 밖에도 많다.

그 가지 찢어지면
나무의 정기(精氣)도 다치고 마네.

도성을 지나치게 크게 만들면
그 나라는 위태롭게 되고
신하를 존귀하게 만들면
임금님은 저절로 낮아진다네.

라고 했습니다. 최저(崔杼 : 春秋時代 때 齊나라의 大夫)와 요치(淖齒 : 春秋時代 때 楚나라의 장수)가 제나라의 국정을 맡았을 때 그 주군인 민왕(湣王)의 넓적다리를 쏘았으며 그 힘줄을 뽑아 종묘의 들보에 달아맸습니다. 민왕은 밤 사이에 죽었습니다.

이태(李兌)는 조(趙)나라를 주관했는데 주보(主父 : 武靈王)를 사구(沙丘)에 가두어 백 일 만에 굶어 죽게 했습니다.

신이 들으니 진나라의 태후와 양후는 정권을 마음대로 휘두르고 고릉군, 화양군, 경양군은 그것을 도와 마침내 진나라 왕을 무시한다는 평판이 있습니다. 이것 또한 요치, 이태와 같은 무리라고 하겠습니다.

저 하·은·주 삼대의 나라들이 멸망한 까닭은 군주가 신하들에게 정권을 넘겨준 채 술에 취하고 말을 달려 사냥을 하느라고 왕이 직접 정사를 처리하려 하지 않았기 때문입니다. 또 정권을 위임받은 신하는 어질고 능력 있는 선비를 질투하고 아랫사람들을 억누르며 위로는 임금의 총명을 가리고 사욕을 취하여 군주를 위한 계책을 꾀하지 않았습니다. 그렇건만 군주는 그걸 깨닫지 못했기 때문에 나라를 잃은 것입니다.

그런데 지금 진나라에는 유질(有秩 : 鄕戶 오천 호를 가진 大夫) 이상 여러 대관부터 왕의 좌우 측근에 이르기까지 상국(相國 : 穰侯를 가리킴)의 사람이 아닌 자가 없습니다. 신이 보건대 왕께서는 조정에서 완전히 고립되어 계십니다. 신은 만세 뒤에 진나라를 보유하는 자가 왕의 자손이 아닐 것 같아 은근히 걱정되는 바입니다."

소왕은 이 말을 듣고 크게 두려워하며,

"잘 알았소."

하고는 이에 태후를 폐하고 양후, 고릉군, 화양군, 경양군을 함곡관 밖으로 축출했다. 그리고 범저를 재상으로 임명하고 양후에게서 정승 인수(印綬)를 회수하여 도(陶)의 봉읍으로 돌아가게 했다. 현의 관리를 시켜 운반용 수레와 소를 양후에게 주어서 이사하게 했다는데 이삿짐을 실은 수레가 천 대를 넘었다. 함곡관에 이르렀을 때 관(關)의 관리가 그의 보기(寶器)를 검열하니 진기한 물품이 왕실을 능가했다.

진나라는 범저를 응(應) 땅에 봉하고 '응후(應侯)'라고 불렀다. 이때가 진나라 소왕 41년이었다.

범저가 진나라의 재상이 되고 진나라에서는 '장록(張祿)'이라고 불렀으므로 위나라에서는 그가 범저인 것을 알지 못하고 범저가 이미 죽은 지 오래라고 생각했다.

위나라는 진나라가 동쪽으로 한나라와 위나라를 치려 한다는 말을 듣고 수가(須賈)를 진나라에 사자로 보냈다. 범저는 수가가 사자로 왔다는 말을 듣고 떨어진 옷을 입고 미행하여 남몰래 객관에 숨어 들어가 수가를 만났다. 수가는 깜짝 놀라며 말했다.

"범숙(范叔 : 叔은 범저의 字)은 그동안 무고했던가?"

"그렇습니다."

범저가 말하자 수가가 웃으면서 말했다.

"범숙이 진나라에 유세한 일이 있는가?"

"없습니다. 제가 예전에 위나라 재상에게 죄를 입었기 때문에 도망쳐 여기에 이르렀습니다. 어찌 감히 유세할 수 있었겠습니까?"

"지금 범숙은 무슨 일을 하고 있나?"

"남의 집에서 품팔이를 하고 있습니다."

수가는 마음속으로 불쌍하게 여겨 범저를 머물게 하고 함께 앉아서 음식을 먹으며 말했다.

"범숙, 그대는 이렇게도 궁하단 말인가?"

수가는 두꺼운 명주로 만든 솜옷 한 벌을 꺼내어 범저에게 주었다.

그리고 이렇게 물었다.

"진나라에는 장군(張君)이 재상이라는데 그대는 아는가? 내가 들으니 장군은 왕의 총애를 받고 있어서 천하의 일은 모두 재상의 의견에 따라 결정된다고 하더군. 이제 나의 사명을 완수하느냐 못하느냐는 장군의 생각 여하에 달려 있는데 그대는 혹시 재상과 친숙한 빈객을 아는가?"

"신의 주인이 그를 친숙하게 알고 있습니다. 그래서 신도 한 번 장군을 만난 적이 있습니다. 제가 상공을 위해 장군을 만나 뵐 수 있게 주선해 보겠습니다."

"내 말은 병들고 수레는 바퀴축이 부러졌네. 네 필 말이 끄는 큰 수레가 아니면 외출할 수 없다네."

"그러면 신이 공을 위하여 주인에게 큰 수레와 말 네 마리를 빌려 오겠습니다."

범저는 돌아가 네 마리 말이 끄는 큰 수레를 내어 자신이 직접 그것을 몰고 진나라 재상이 있는 관청으로 들어갔다. 범저를 알고 있는 관청 사람들이 모두 피하니 수가가 이상하게 생각했다. 재상의 관사 앞문에 도착하자 범저가 수가에게 말했다.

"여기서 기다리십시오. 먼저 들어가 재상에게 알리겠습니다."

수가가 문 아래에서 수레를 멈추고 기다린 지 꽤 오래되어서 문지기에게 물었다.

"범숙이 나오지 않는 것은 무슨 까닭인가?"

"범숙이라고 하는 사람은 없습니다."

"아까 나와 함께 수레를 타고 와서 안으로 들어간 사람 말일세."

"아, 그분은 우리의 재상 장군(張君)이십니다."

수가는 매우 놀라 그때서야 속은 것을 알고, 어깨를 드러내고 무릎으로 걸어 문지기를 통해 사죄했다. 이에 범저는 휘장과 장막을 둘러치고 많은 시종을 거느리고 수가를 맞았다. 수가는 머리를 숙여 땅에 대고 사죄했다.

"가(賈)는 군께서 이렇게 입신영달(立身榮達)하신 것을 전혀 알지 못하고 있었습니다. 이와 같이 군을 알아보는 눈이 없으므로 금후 다시는 천하의 글을 읽지 않겠습니다. 또 다시는 천하의 일에 참여하지 않겠습니다. 가마솥 속에 뛰어들어야 할 큰 죄입니다만 청컨대 북방의 오랑캐 땅으로 물러가게 해 주십시오. 그 뒤로는 군께서 죽이시건 살리시건 마음대로 하십시오."

범저가 말했다.

"너의 죄가 얼마나 된다고 생각하느냐?"

"저의 머리털을 뽑아서 그것을 전부 잇는다 하더라도 오히려 부족합니다."

"너의 죄는 세 가지가 있을 뿐이다. 옛날 초나라 소왕(昭王) 때 신포서(申包胥)가 초나라를 위하여 오나라의 군대를 물리치니 초나라 왕이 그를 형(荊)의 오천 호 땅에 봉읍했으나 포서는 사양하고 받지 않았다. 오나라 군대를 물리친 것은 포서 조상의 분묘가 형(荊 : 楚나라)에 있었기 때문이지 특별히 초나라를 위해 한 일이라고 할 수는 없다고 생각했기 때문이다.

그와 마찬가지로 나도 조상의 분묘가 위나라에 있는 까닭에 위나라의 비밀을 제나라에 팔아먹을 수는 없었던 것이다. 그런데 너는 내가 제나라와 내통했다고 의심하여 나를 위제에게 나쁘게 말했으니 이것이 너의 첫 번째 죄다. 위제가 나를 변소에 가두고 욕되게 할 때 너는 말리지 않았으니 이것이 너의 두 번째 죄다. 위제의 빈객들이 번갈아가며 술에 취해 나에게 오줌을 누었는데도 너는 모르는 체했다. 이것이 너의 세 번째 죄다.

그런데도 네가 죽임을 당하지 않는 이유는 앞서 네가 명주 솜옷 한 벌을 주면서 옛일을 그리워하는 뜻을 보여 주었기 때문이다. 그런 까닭에 그대를 용서한다."

이리하여 범저는 퇴거하고 회견을 끝마쳤다.

범저는 왕궁으로 돌아가서 이 일을 소왕에게 말하였다. 그리고 수가를 용서하여 사자의 임무를 마치게 하고 위나라로 돌려보내기로 했다.

수가가 범저에게 하직 인사를 하러 가니 범저는 크게 잔치를 벌이고 여러 제후의 사자들을 초대하여 함께 당상에 앉아 진수성찬을 대접했다. 범저는 수가를 당하에 앉히고 그 앞에 꼴에 콩을 섞은 마소의 먹이를 놓고는 형벌을 받은 두 죄수를 시켜 양쪽에서 끼고 그것을 먹이게 했다. 범저는 수가에게 말처럼 먹이면서 하나하나 죄목을 들어 꾸짖으며 말했다.

"나를 위하여 위나라 왕에게 말하라. 급히 가서 위제의 머리를 가져오너라. 그렇게 하지 않으면 내가 대량(大梁 : 魏나라의 도읍)을 짓밟을 것이다."

수가가 귀국하여 이 사실을 위제에게 알리니 위제는 두려워 조나라로 달아나 평원군에게 가서 몸을 숨겼다.

범저가 재상이 된 뒤 어느 날 왕계(王稽)는 범저에게 이렇게 말했다.

"일에는 미리 알 수 없는 것이 세 가지 있고 어떻게도 할 수 없는 것 또한 세 가지 있습니다. 국왕이 언제 승하하시게 될지 알 수 없습니다. 이것이 미리 알 수 없는 일의 하나입니다. 군께서 갑자기 관사(館舍)를 버리는 일이 있을지도 모릅니다. 이것이 미리 알 수 없는 일의 둘째입니다. 신이 갑자기 구렁텅이에 빠져 죽는 일이 있을지도 모릅니다. 이것이 미리 알 수 없는 일의 세 번째입니다.

국왕이 하루아침에 승하하시면 군께서 신의 등용을 왕에게 진언하지 않은 것을 한탄할지라도 그때는 어떻게 할 수 없을 것입니다. 신이 갑자기 구렁텅이에 빠져 죽는 일이 있게 되면 비록 군께서 신을 등용하지 않은 것을 한탄할지라도 어떻게 할 수 없을 것입니다.”

범저는 불쾌하게 생각하면서도 궁중에 들어가 왕에게 말했다.

“왕계와 같이 진나라에 충성심을 가지고 있는 자가 아니었다면 신을 함곡관 안에 들어오게 할 사람이 없었을 것입니다. 또 대왕과 같이 현명한 성군이 아니었다면 신을 존귀한 지위에 오르게 할 수 없었을 것입니다. 지금 신의 벼슬은 재상에 이르고 작(爵)은 열후(列侯)에 있습니다만 왕계의 벼슬은 아직도 알자(謁者)에 머물러 있으니 이것은 그가 신을 진나라에 들여놓은 본의가 아닐 것입니다.”

소왕은 왕계를 불러 하동(河東 : 黃河의 동쪽. 원래 위나라와 조나라의 땅으로 당시는 진나라 영토)의 태수로 임명했다. 그리고 왕계가 부임한 지 3년이 되도록 행정에 관한 보고서를 올리지 않는데도 아무 말 하지 않았다.[197]

또 범저는 자신의 은인인 정안평(鄭安平)을 추천하니 소왕은 그를 장군으로 임명했다. 그리고 범저는 자기 집의 재물을 전부 헐어서 예전에 곤궁했을 때 신세졌던 사람들의 은혜에 보답했다. 단 한 끼의 밥을 먹여 준 은덕도 반드시 보답했다. 대신 눈 한 번 흘긴 원한도 반드시 앙갚음을 했다.

범저가 진나라의 재상이 된 지 2년, 진나라 소왕 42년에 동쪽으로 한나

---

197) 지방관은 관내를 순찰하고 매년 말에 중앙에 보고해야 한다. 그 의무를 면제한 것은 신임이 두텁다는 뜻이리라.

라의 소곡(少曲), 고평(高平)을 쳐서 함락시켰다. 진나라 소왕은 위제가 평원군에게 가 있다는 말을 듣고는 범저를 위해 그의 원수를 갚아 주고자 했다. 그래서 친선을 도모하는 체하며 수호(修好)의 편지를 써서 평원군에게 보냈다.

"과인은 군(君)에게 높은 뜻이 있음을 듣고 군과 평민적인 벗이 되고자 합니다. 바라건대 군께서 과인에게 들러 주신다면 다행이겠습니다. 과인은 군과 함께 열흘 동안 술자리를 같이하고 싶습니다."

평원군은 진나라가 두려웠지만 진나라에 들어가 소왕을 만났다. 소왕은 평원군과 함께 수일 간 술자리를 함께 하다가 이렇게 말했다.

"옛날 주(周)나라 문왕(文王)은 여상(呂尙)을 얻어 태공(太公 : 祖父)이라 하여 존경했고 제나라 환공(桓公)은 관이오(管夷吾 : 管仲)를 얻어 중보(仲父 : 叔父)라 하여 존경했습니다. 지금 범군(范君)도 과인에게는 숙부와 같은 존재입니다. 그런데 범군의 원수가 군의 집에 있다고 하니 바라건대 사람을 보내서 그 원수의 머리를 베어 오게 하시오. 그렇게 하지 않는다면 군을 함곡관 밖으로 내보내지 않겠소."

평원군이 말했다.

"귀하게 된 때 벗으로 사귀는 것은 비천한 몸이 되었을 때 도움을 받고자 하기 때문입니다. 부유하게 된 때 벗으로 사귀는 것은 가난하게 되었을 때 도움을 받기 위해서입니다. 위제는 승(勝 : 平原君)의 벗입니다. 저의 집에 있을지라도 내줄 수 없는데 하물며 지금은 신이 살고 있는 집에 있지도 않습니다."

그래서 소왕은 조나라 왕에게 다음과 같은 편지를 보냈다.

"왕의 아우님(平原君 : 실은 왕의 숙부임)은 진나라에 와 있습니다. 우리 범군의 원수인 위제는 평원군의 집에 있습니다. 왕께서는 사람을 시켜 빨리 그의 머리를 갖고 진나라로 오게 하시오. 그렇게 하지 않으면 군대를 동원하여 조나라를 칠 것이며 또 왕의 아우님을 함곡관 밖으로 내보내지 않겠습니다."

조나라의 효성왕(孝成王)은 급히 군사를 출동시켜 평원군의 집을 포위했으나 위제는 밤을 타 도망하여 조나라의 재상 우경(虞卿)에게 의지했다.

우경은 여러 가지로 생각해 보았으나 조나라 왕을 끝내 설득할 수 없음을 헤아리고 결국 재상의 인수(印綬)를 풀어놓고[198] 위제와 함께 몰래 조나라를 도망쳤다. 그리고 장차 제후들 중에 누구에게 의지하면 좋을까 이리저리 생각해 보았지만 급히 가서 의지할 만한 자가 없었다. 그래서 다시 대량(大梁)으로 달아나 신릉군(信陵君)을 통해 초나라로 도망하고자 했다.

신릉군은 두 사람이 왔다는 말을 듣고 진나라를 두려워하여 만나 보기를 망설이면서 물었다.

"우경은 어떤 인물인가?"

후영(侯贏)이 신릉군 곁에 있다가 이렇게 대답했다.

"남이 나를 알아주는 것은 본래부터 쉽지 않습니다. 내가 남을 이해하는 것 또한 쉽지 않습니다. 저 우경이라는 사람은 짚신을 신고 자루가 긴 우산을 짊어지고 와서 한 번 조나라 왕을 알현하더니 흰 구슬 한 쌍과 황금 일백 일을 얻었습니다. 두 번 알현하니 상경에 임명됐습니다. 세 번 알현하니 재상의 인수를 받고 만호(萬戶)의 후(侯)에 봉해졌습니다. 그 당시는 천하의 사람들이 다투어 그를 알려고 했습니다.

그런데 위제가 궁지에 빠지고 곤란하게 되어 우경을 찾아가서 애걸하니 우경은 존귀한 작위와 봉록을 소중히 여기지 않아 재상의 인수를 반납하

---

198) 원문은 '解其相印'. 도장을 갖는다는 것은 그 관직의 책임을 지고 있다는 상징이다. 따라서 도장을 푼다는 것은 허리에 차고 있던 도장의 끈을 푼다는 뜻으로 사직한다는 의사 표시가 된다.

고 만호후의 봉록도 버리고, 선비가 궁지에 빠진 일을 중시하여 미행으로 몰래 공자를 의지해 돌아온 것입니다.

그런데 공자께서는 '어떤 인물인가?' 하고 물으십니다. 남이 나를 알아주는 것은 본래부터 쉽지 않습니다. 자기가 남을 이해하는 것 또한 쉽지 않습니다."

신릉군은 크게 부끄러워하며 수레를 몰고 교외에 나아가 영접했다. 그런데 위제는 신릉군이 처음에 그를 만나는 일에 난색을 보였다는 말을 듣고 성을 내어 스스로 목을 찔러 죽었다. 조나라 왕이 그 말을 듣고 그의 머리를 베어서 진나라에 보냈다. 진나라 소왕은 비로소 평원군을 함곡관에서 내보내어 조나라로 돌아가게 했다.

소왕 43년에 진나라는 한나라의 분(汾), 형(陘)을 공격하여 이를 함락시키고 이어 황하에 가까운 광무(廣武)에 성을 쌓았다.

그 5년 뒤에 소왕은 응후의 계책을 채용하여 간첩을 놓아 조나라를 속였다. 조나라는 그 때문에 마복자(馬服子)[199]에게 염파(廉頗)를 대신해 군사를 지휘하게 했다. 진나라가 조나라 군대를 장평(長平)에서 크게 격파하고 한단(邯鄲 : 趙나라의 도읍)을 포위했다. 그 후 얼마 안 되어 응후는 무안군(武安君) 백기(白起)와 사이가 좋지 않아서 왕에게 참언하여 그를 죽였다.

그리고 정안평(鄭安平)을 장군으로 추천하여 조나라를 공격하게 했다. 그런데 정안평은 조나라 군대에 포위되어 위급한 지경에 빠지자 군사 이만 명을 이끌고 조나라에 항복하고 말았다. 응후는 짚자리를 펴고 앉아 (형벌을 받을 때의 예절) 죄에 대한 처벌을 청했다.

---

199) 앞의 白起傳에서는 趙奢가 馬服君에 봉해졌기 때문에 馬服子라고 하면 그의 아들을 가리키는 것 같지만 ≪史記索隱≫에 따르면 馬服子도 趙括의 칭호이다.

진나라 법에 사람을 추천했을 경우에 그 추천 받은 사람이 좋지 못한 일을 했을 때에는 추천한 자도 같은 처벌을 받게 되어 있었다. 법에 의하면 응후의 죄는 삼족(三族)[200]이 체포되어 주멸 당하는 죄에 해당하나 진나라 소왕은 응후의 마음을 상하게 할까 우려하여 나라 안에 포고령을 내려 '감히 정안평의 일을 말하는 자가 있으면 정안평과 같은 죄로 다스릴 것이다.' 라고 했다. 그러면서 상국 응후에게는 음식을 평상시보다 많이 하사하는 등 날마다 더욱 후하게 대우하여 그의 마음을 상하지 않도록 했다.

그 뒤 2년에 왕계가 하동의 태수가 되어 제후들과 내통했다가 법에 저촉되어 사형을 받았다. 응후는 날이 갈수록 즐겁지 못했다.

어느 날 소왕이 조정에 나아가 탄식하니 응후가 나아가 말했다.

"신이 듣기로 '군주가 근심하면 신하는 부끄러워하고 군주가 치욕을 당하면 신하는 죽는다.' 고 했습니다. 지금 대왕께서 조정 안에서 정무를 보시다 근심하시니 이것은 신이 부족하기 때문입니다. 원컨대 신은 감히 그 죄 받기를 청합니다."

소왕이 말했다.

"내가 들은 바에 의하면 '초나라에는 철검(鐵劍)이 예리하고 배우들의 재예(才藝)는 졸렬하다.' 고 하오. 철검이 예리하다면 병졸들은 용감할 것이고 배우들의 재예가 졸렬하다면 사려함이 심원할 것이오. 심원한 사려로써 용사를 부리게 될 것이니 나는 초나라가 진나라를 공략할 것을 도모하는 것이 아닌가 하고 두려워하고 있소. 대체로 일을 할 때 평소부터 준비함이 없으면 갑작스러운 경우에 대처할 수 없소. 지금 우리 나라에는 무안군은 이미 죽고 정안평은 배반하여 달아났소. 안으로는 훌륭한 장수가

---

200) 三族은 父의 일족, 母의 일족, 妻의 일족을 합하여 말한 것. 異說이 많은데 漢代에는 부모·처자·형제·자매까지 처벌하는 것을 삼족의 형벌이라고 했다.

없고 밖으로는 적국이 많이 있소. 그래서 내가 이것을 근심하고 있소."

소왕은 이렇게 하여 응후를 격려하고자 한 것이었다. 그런데 응후는 두려워하며 어찌 할 바를 몰랐다. 채택(蔡澤)이 이 소문을 듣고 진나라에 들어갔다.

채택은 연나라 사람이다. 그는 사방에서 유학을 하고 벼슬자리를 구하여 큰 나라건 작은 나라건 많은 제후들을 찾아 돌아다녔으나 누구도 그를 써 주지 않았기 때문에 당거(唐擧)에게 상(相)을 보기 위해 찾아가서 이렇게 물었다.

"들은 바에 의하면 선생님께서 일찍이 이태(李兌 : 趙나라의 재상)의 인상을 보고 '백 일 안으로 한 나라의 정권을 잡을 것이다.' 라고 말씀하셨다는데 그게 정말입니까?"

채택이 묻자 당거는,

"그렇습니다."

하고 대답했다. 채택이,

"그럼 나 같은 사람은 어떻겠습니까?"

하고 묻자 당거는 한참 동안 채택을 보더니 웃으면서 말했다.

"선생은 콧날이 낮지만 코끝이 풍대(豊大)한 사자 코에 어깨가 넓고 이마가 툭 솟은 얼굴인 데다가 콧대는 죽고 다리는 굽었소이다. '성인(聖人)의 상(相)은 보아도 분간을 못한다.' 고 했는데 선생 같은 분을 두고 한 말일 것이오."

채택은 당거가 자기를 조롱하고 있다고 생각하여 이렇게 말했다.

"부귀는 내가 본디부터 가지고 있는 거요. 내가 모르는 것은 수명뿐입니다. 그것이나 좀 들려주십시오."

그러자 당거는,

"선생의 수명은 금후 사십삼 년이오."

하고 말했다. 채택은 웃으며 인사를 하고 그 자리를 떠나면서 마부에게 말했다.

"좋은 쌀밥과 맛좋은 고기를 먹고 말을 타고 달리며, 황금으로 만든 관인(官印)을 품안에 넣고 보라색 인끈(大夫 이상이 참)을 허리에 매고 군주 앞에서 절을 한다면야 앞으로 사십삼 년의 수명이라도 충분하다."

그는 조나라에 갔으나 쫓겨났고 한나라, 위나라에 가는 도중에 도적을 만나 솥과 냄비를[201] 빼앗겼다.

그때 앞에서 응후가 추천했던 정안평과 왕계가 진나라에서 중죄를 범하여 응후가 부끄럽게 여기고 있다는 말을 듣고 채택은 서쪽의 진나라를 향해 간 것이다.

그는 진의 소왕을 알현하기 위해서는 응후를 격분시켜야겠다고 생각하고 사람을 응후에게 보내어,

"연나라에서 온 객인 채택은 천하에서도 뛰어난 말 잘하고 지혜 있는 사람이라서 그가 진나라 왕을 한 번 알현하게 되면 틀림없이 응후를 괴롭히고 재상의 지위를 빼앗을 것입니다."

라고 말하게 했다. 응후가 이 말을 듣자,

"오제·삼대의 사적과 제자백가의 학설이라면 이미 잘 알고 있다. 많은 사람들의 변설도 다 꺾어버렸는데 그가 어찌 감히 나의 지위를 빼앗는단 말이냐?"

라고 말하며 사람을 시켜 채택을 불러오게 했다. 채택이 들어와 읍(揖)을 하자 응후는 처음부터 불쾌하던 터에 채택의 거만한 태도가 역겨워 그

---

201) 원문은 '釜鬲', 鬲은 굵은 발이 셋 달린 고대의 냄비. 일용품이 아니라 귀중품이었을 것이다.

를 꾸짖어 말했다.

"그대가 말하기를 나를 대신해서 진나라의 재상이 된다고 했다는데 그게 사실인가?"

채택이 대답했다.

"네, 그렇습니다."

"어디 그 이유를 들어 봅시다."

채택이 말했다.

"아, 공께서는 어찌 판단하시는 것이 이리 더딥니까? 춘하추동 사계절이 바뀌는 것처럼 차례에 따라 공을 이룬 자는 물러가고, 한 철이 가면 다음 철이 와서 교체되는 것입니다. 사람도 태어나서 신체가 건강하고 수족이 자유로우며 귀와 눈이 잘 들리고 잘 보이며 마음이 어질고 지혜로운 것이 선비 된 자의 소원 아니겠습니까?"

"그렇소."

"인(仁)을 바탕으로 의(義)를 지키고 도(道)를 행하여 덕(德)을 베풀며 뜻을 얻어 천하의 사람들이 모두 그를 사모하고 좋아하며 존경하고 사랑하여 그를 군주로 높이 받들기를 원한다면 이것이야말로 어찌 능변하고 지혜 있는 선비들이 기대하는 바가 아니겠습니까?"

"그렇소."

채택은 다시 말을 이었다.

"부귀함이 드러나 영화로우며 만사 만물을 잘 처리하여[202] 각각 제자리를 얻게 하고 그 타고난 수명을 마쳐 일찍 죽는 일이 없으며, 천하의 사람들이 각기 전통을 잇고 사업을 지켜서 그것을 무궁하게 뒷세상에 전하되

---

202) 원문은 '成理萬物', 재상은 예로부터 陰陽을 조화시킨다고 했는데 物은 사람을 가리키는 경우도 있다.

명성과 실지가 순수하며, 그 은택은 천리에 퍼지고 대대로 그를 칭송함이 끊어지는 일이 없어서 천지와 함께 처음과 끝을 같이한다면 이것이야말로 도덕의 효력으로서 성인이 말하는 길상선사(吉祥善事)가 아니겠습니까?"

"그렇소."

"진나라의 상군(商君)이나 초나라의 오기(吳起), 그리고 월나라의 대부인 종(種)과 같은 사람은 선비로 원할 만한 사람들이라고 할 수 있겠습니까?"

응후는 채택이 자기를 곤란하게 하여 설복시키고자 한다는 것을 알아차리고 마음에도 없는 대답을 했다.

"어째서 선비 된 자가 지망 대상으로 원할 수 없단 말이오. 저 상군이 진나라 효공(孝公)을 섬길 때 몸과 마음을 다 바쳐서 두 마음이 없었으며, 공적인 일에 힘을 다하여 사사로운 일을 돌보지 아니하고 법률을 제정하여 간사(姦邪)함을 금지하고 상벌을 분명히 하여 잘 다스려지는 세상을 초래하고, 흉금을 터 진정을 나타내 보였으나 때로는 원망과 허물을 업으며 옛 벗을 속이기까지 하고 위나라의 공자 앙(卬)을 포로로 하여 진나라의 사직을 편안하게 하고 백성을 이롭게 하여, 마침내 진나라를 위하여 적장을 사로잡고 적군을 격파하여 영토를 확장한 것이 천 리나 되었소.

오기는 초나라 도왕(悼王)을 섬기면서 사사로운 이익 때문에 공익을 해치지 않았으며, 참언으로 충신을 가림이 없도록 했으며, 꾸며대는 말을 듣지 않았으며, 경솔한 행위를 배척하고 위험하다고 하여 정당한 행동을 바꾸지 않았으며, 정의를 행하여 어려움을 피하지 않았고 군주를 패자(覇者)로 만들고 나라를 부강하게 만들기 위해서는 화(禍)나 흉(凶)한 일도 사양하지 않았소.

대부 종(種)이 월나라 왕 구천(句踐)을 섬기면서 군주가 곤욕에 빠져 있더라도 충성을 게을리 하지 않고 군주가 절멸되어도 능력을 다하여 떠나지 않았으며, 공을 이루고도 자랑하지 않았으며, 부귀했어도 교만하거나 본분을 게을리 하지 않았소.

이 세 사람은 실로 지극히 의리가 있고 충성스러운 신하라고 할 만하오. 그런 까닭에 군자는 의를 위해서라면 고난 속에 죽어가고, 죽는 것을 밖에서 집으로 돌아가는 일같이 여기며, 살아서 치욕을 당하는 것보다는 죽어서 후일에 광영이 있는 것을 더 존중하오. 선비 된 자는 원래가 한 몸을 죽여 이름을 이루고자 하지만 의로우면 죽더라도 원망하지 않소. 어찌 이들 세 사람이 선비로서 원할 만한 사람이 못 된다는 것이오?"

"군주가 거룩하고 착하며 신하가 현명한 것은 천하의 큰 복입니다. 군주가 밝고 슬기로우며 신하가 곧고 염치를 아는 것은 국가의 행복이 됩니다. 아버지가 자애롭고 아들이 효도하며 남편이 성실하고 아내가 정숙한 것은 한 집안의 복입니다.

그런데 비간(比干)[203]은 충신이었으나 은나라를 존속시킬 수 없었으며, 오자서는 지혜로웠으나 오나라를 완전하게 보전할 수 없었으며, 신생(申生 : 진나라 獻公의 태자)은 효자였으나 진(晋)나라는 어지러웠습니다. 이와 같이 충신, 효자가 있었음에도 국가가 멸망하거나 어지러웠으니 무슨 까닭입니까? 그것은 그들의 간언을 듣는 밝은 임금과 어진 아비가 없었기 때문입니다. 그런 까닭에 천하 사람들은 그 군주와 아비를 욕하고 그 신하와 아들을 불쌍히 여기는 것입니다.

상군과 오기와 대부 종은 신하로서 더없이 훌륭했지만 그들의 군주는 틀렸습니다. 그래서 세상에서는 그 세 사람이 공을 세웠으나 그 군주가 부덕(不德)했다는 점을 말할 뿐, 어찌 그들이 불우하게 죽은 것까지 흠모하겠습니까? 죽은 뒤에야 충(忠)을 세우고 이름을 얻을 수 있다면 죽지 않

---

203) 殷의 紂王을 諫하다 죽임을 당한 충신. ≪史記≫ 殷本紀에 나온다.

앉던 현인 미자(微子)[204]를 어진 분이었다고 말할 수 없고 공자(孔子)는 성인이라고 말하기에 부족하며 관중(管仲)도 위인이라고 말할 수 없을 것입니다.

대체로 사람이 공을 세우는 데 어찌 완전하게 이루길 기도하지 않겠습니까? 몸과 이름이 함께 완전한 것이 최상이고, 이름은 남의 모범이 될 만하나 몸이 죽음은 그 다음이 되고, 이름은 더럽혀졌으나 몸이 온전한 것은 맨 밑이 됩니다."

채택이 이렇게 말하자 응후가,

"과연 옳은 말이오."

라고 했다. 채택은 약간 인정을 받은 것 같아 더 말할 수 있는 기회를 틈타 다시 말을 이었다.

"저 상군, 오기, 대부 종이 남의 신하로서 충성을 다하여 공을 세운 점은 선비들이 원하는 바이지만 굉요(閎夭)[205]가 주나라 문왕을 섬기고 주공(周公)이 주나라 성왕(成王)을 보필한 것이야말로 어찌 충성스럽고 성스러운 일이 아니라 하겠습니까. 그리고 원활한 군신 관계를 논할 때 상군, 오기, 대부 종과 굉요, 주공 어느 쪽이 선비로서 더 바람직하겠습니까?"

이에 응후가 대답했다.

"상군, 오기, 대부 종이 못하오."

"그렇다면 공의 군주가 인자하여 충신을 신임하고 옛 친구들을 후대하며 어질고 지혜로운 까닭에 도가 높은 선비와 군은 교제를 하고 의리를 지켜 공신(功臣)을 저버리지 않는다는 점에서 진나라 효공, 초나라 도왕, 월나라 왕 구천을 비교하여 어느 쪽이 더 낫겠습니까?"

---

204) 殷의 紂王을 諫했으나 받아들여지지 않자 도성을 떠났던 충신. 周의 武王이 殷을 멸한 뒤에 微子는 殷의 왕족이므로 이를 宋에 封하여 殷의 제사를 잇게 했다.
205) 散宜生 등과 함께 周의 文王을 섬긴 신하. ≪史記≫ 周本紀에 나온다.

"내 아직 잘 모르겠소."

그러자 채택은,

"지금 공의 군주께서 충신을 친애하심이 진나라 효공, 초나라 도왕, 월왕 구천 이상이 될 수는 없습니다. 그런데 공께서는 지혜와 능력을 다하여 군주를 위해 국가의 위난을 구하는 정치를 닦으며 어지러움을 다스리고, 군대를 강하게 하고 화(禍)를 근절시켜 근심을 없애고, 국토를 넓혀 곡물을 많이 생산케 하여 나라를 부강하게 만들었습니다. 또 집안을 넉넉하게 만들고 군주의 권위를 강하게 하여 사직을 받들며 종묘를 빛나게 하셨습니다.

그래서 천하에는 군주에게 거역하는 자가 없어 권위를 천하에 떨치고 그로 인하여 공적은 만 리 밖에까지 소문이 나 명성은 천세에 전해지게 되었습니다. 이런 점에서 공과 상군, 오기, 대부 종 중 어느 쪽이 더 낫겠습니까?"

하고 말했다. 그러자 응후는,

"그야 내가 미치지 못하오."

하고 대답했다. 그러자 채택은 다시 다음과 같이 말했다.

"지금 공의 군주께서 충신을 친애하시고 옛 친구를 잊지 않는다는 점에서는 효공·도왕·구천에 미치지 못합니다. 또한 공의 공적이나 군주의 신뢰와 총애도 상군, 오기, 대부 종에 미치지 못하는데도 공의 봉록은 후하고 작위는 귀하고 성대하며, 사유 재산은 그 세 사람들보다 더합니다. 그런데도 공께서 물러나지 않으시면 공이 받을 화는 세 사람들보다 더 심할 것입니다. 그 점이 제가 마음속으로 공을 위해 은근히 걱정하는 바입니다.

또 옛말에 '해가 중천에 오르면 서쪽으로 기울며, 달도 차면 이지러진다. 사물이 성하면 쇠하게 되는 것이 천지의 공리(公理)이니 나아가고 물러나고 차고 이지러지는 것이 때와 함께 변화하여 그에 알맞은 것이 성인(聖人)의 떳떳한 도(道)이다.' (비슷한 글이 《易經》의 象傳에 있음)라고 했습니다. 그러므로 나라에 도가 행해지고 있으면 나아가 벼슬을 하고 나라에 도가 행해지지 않으면 물러나 숨는 것이 중요한 것입니다.

성인은 또 말하기를 '나는 용이 하늘에 있으니 대인(大人)을 보기에 이롭다.' (《易經》 乾卦의 글)고 했으며, 또 '의(義)가 아니면서 부하고 귀한 것은 나에게는 뜬구름과 같다.' (《論語》 述而篇에 실려 있는 글)고도 했습니다.

지금 공께서는 남에게 받은 원한은 이미 갚았으며 은덕 또한 보답했습니다. 원하는 바는 더할 수 없이 다 성취했습니다. 그런데 변화에 따라 대응하는 계획이 없으니 공을 위해 제가 찬성할 수 없는 일입니다.

저 물총새, 고니, 코뿔소, 코끼리는 그들이 살고 있는 곳이 썩 안전한 곳은 아니지만 그래도 천수를 누릴 수 있는 곳에서 삽니다. 그렇건만 죽임을 당하는 까닭은 먹이를 얻으려는 욕심에 미혹되기 때문입니다.

소진(蘇秦)이나 지백(智伯)[206]의 지혜는 욕됨을 피하고 죽음을 멀리하기에 모자라지 않았지만 그런데도 죽임을 당한 까닭은 이(利)를 탐함에 미혹되어 멈추어야 할 곳에서 멈추지 않았기 때문입니다. 그래서 성인(聖人)은 예(禮)를 만들고 욕심을 절제하여, 백성에게 조세를 거두어들이는 데에도 한계를 긋고 백성들을 부리는 데에도 한가한 때를 가려서 했던 것입니다.

그런 까닭에 뜻은 넘치지 않았고 행동은 교만하지 않았습니다. 항상 도(道)와 합치하여 어긋남이 없고 천하 사람들은 그것을 모범으로 이어 받들어 끊어짐이 없는 것입니다.

---

206) 《史記》 趙世家 및 기타에서는 知伯이라고 한 곳이 많다.

옛날 제나라의 환공은 제후를 아홉 번 회합시키고 천하를 한 차례 바로 잡았습니다. 그러나 규구(葵丘)의 회합에 이르러 교만하고 자랑하는 마음이 있어 배반한 나라가 아홉이나 되었습니다.

오나라 왕 부차(夫差)는 천하에 대적할 자가 없을 정도였습니다만 용감하고 강대한 것을 자랑하고 제후들을 경시했으며, 제나라와 진(晉)나라를 능멸했기에 결국 자신의 몸을 죽게 하고 나라를 멸망케 했습니다.

하육(夏育)과 태사교(太史噭)[207]는 큰 소리로 노호하면 삼군을 경동시킬 정도의 용사였습니다만 하잘것없는 한 사나이에게 죽임을 당했습니다.

이것은 극성(極盛)한 세(勢)를 타고 도리를 돌아보지 않았으며, 몸을 낮추어 한 걸음 물러서서 겸손하게 행동하지 않고, 검소하고 절약하지 않았기 때문에 생긴 환난입니다.

저 상군(商君)은 진나라 효공을 위하여 법령을 밝게 하고 간사한 것의 근본을 막았으며, 공이 있는 자는 작위를 높여 반드시 상을 주고 죄 있는 자에게는 반드시 벌을 주었습니다. 도량형의 제도를 공평하게 하고 자(尺)와 말(斗)을 바르게 하여 재정을 정리하고 논밭 사이로 길을 내어 이로써 생민(生民)의 업을 안정되게 했으며, 풍속을 통일하고 백성에게 농사짓는 일을 권장하여 토지의 생산력을 높이고 한 집에 두 가지 생업을 가지지 못하게 했으며, 힘써 농사지어 양식을 축적하고 전진법(戰陣法)에도 익숙하게 했습니다.

그래서 군대가 한 번 움직이면 영토가 넓어지고 전쟁이 없으면 나라가 부유해졌습니다. 이리하여 진나라는 천하에 대적할 나라가 없었으며 제후에게 위엄을 보이고 진나라의 공업을 이루었습니다. 그런데 공업이 이미 이루어지니 상군은 마침내 거열형을 당했습니다.

---

206) ≪史記≫ 趙世家 및 기타에서는 知伯이라고 한 곳이 많다.

초나라는 땅이 사방 수천 리나 되고 무장한 군대가 백만의 대국이었습니다. 그런데 백기(白起)는 불과 수만의 군대를 거느리고 그 강한 초나라와 싸웠습니다. 한 번 싸워 언(鄢), 영(郢)을 함락시키고 이릉(夷陵)을 불살랐으며, 두 번 싸워 남쪽으로 촉(蜀), 한(漢) 땅을 병합했습니다.

또 한나라와 위나라를 넘어서 강대한 조나라를 공격했으며, 북쪽으로 마복군(馬服君)의 아들 조괄(趙括)의 군대를 깨뜨려 사십여 만을 묻어 죽이며 장평(長平) 부근에서 섬멸시키니 피가 흘러 강을 이루고 울부짖는 소리는 우레와도 같았습니다. 마침내 한단을 포위하여 진나라로 하여금 제업(帝業)을 보유하게 했습니다.

원래 초나라와 조나라는 천하의 강국으로서 진나라의 원수입니다. 그런데 그 이후에는 초나라, 조나라가 다 두려워하고 복종하여 감히 진나라를 공격하지 못한 것은 백기의 위세에 눌렸기 때문이었습니다. 백기가 직접 정복한 성은 칠십여 개에 이르렀는데 공업(功業)이 이루어지고 얼마 안 되어 그에게는 칼이 하사되었고 백기는 두우(杜郵)에서 자살했습니다.

오기(吳起)는 초(楚)나라 도왕(悼王)을 위해 새로 법령을 제정하고 대신들의 중권(重權)을 깎아 내렸으며, 무능한 자를 파면시키고 무용한 직급을 폐지하고 급하지 않은 관원을 감원하고 사사로운 청탁을 막았습니다. 또 초나라의 풍속을 통일시키고 유세객을 입국하지 못하게 금했으며 농경을 겸하는 전사를 정예화하였습니다.

남쪽의 양월(楊越 : 楊州, 越國)을 수중에 넣고 북쪽의 진(陳), 채(蔡)의 땅을 병합하여 연횡(連衡)을 깨고 합종(合從)의 맹약을 해제하여 타국에서 오는 유세객이 입을 열지 못하게 하였습니다. 그리고 붕당(朋黨)을 짓는 것을 금하고 백성을 격려하여 초나라의 정치를 안정시켰으며 천하에 무력을 휘둘러 위세를 떨치고 또 천하의 제후 사이에 나라의 권위를 높였던 것입니다. 그런데 그도 공업이 성취되자 마침내는 몸, 머리, 손, 발이 잘리는 참혹한 형벌을 받았습니다.

　대부(大夫) 종(種)은 월나라 왕을 위하여 깊고 원대한 계략을 꾸며 회계(會稽)의 위기를 모면하게 하고 망국의 국가를 보전시켰으며, 치욕을 전환하여 영광으로 돌리고, 초원을 개간하여 읍지에 넣었고 벽지를 개척하여 곡물을 심어 증산했습니다.

　그리고 상하의 힘을 합쳐 하나로 하고 구천(句踐)의 현명함을 도왔습니다. 그리하여 부차(夫差)한테서 받은 원수를 갚았으며 강력한 오나라 왕을 사로잡아 포로로 하고 월나라를 패자로 만들었습니다. 그 공적은 이미 밝게 드러나고 사람들도 이것을 믿었습니다. 그런데 구천은 그를 저버리고 죽였습니다.

　이 네 사람은 공을 이루고도 은퇴하지 않았기 때문에 이와 같이 화가 자신의 몸에 이른 것입니다. 이것이 소위 '펼 줄만 알지 굽힐 줄은 모르고 갈 줄만 알지 돌아올 줄 모른다.'는 것입니다. 범려(范蠡)는 그 이치를 알고 초연히 세상을 피해 도주공(陶朱公 : 貨殖列傳 참조)이 되어 오래도록 영화를 누렸습니다.

　공께서는 도박하는 사람을 보지 못하셨습니까? 한꺼번에 밑천을 크게 던져 단번에 큰 승부를 걸어 이기려는 사람이 있는가 하면 밑천을 조금씩 들여 끈기 있게 따먹으려는 사람도 있습니다. 이것은 공께서도 잘 아시는 일입니다.

　지금 공께서는 진나라의 재상이 되어 자신의 자리를 뜬 적이 없고 조정 밖에 나오지 않고도 계책을 세우고, 앉은 채 제후들을 제압하여 삼천(三川)의 땅을 공략해 의양(宜陽)의 부(富)를 채웠으며, 양장(羊腸)의 험난한 곳을 돌파하여 태행(太行)의 길을 막았습니다. 또 범(范), 중행(中行)의 길을 끊어 6국이 합종할 수 없게 했으며, 천 리에 이르는 잔도(棧道)를 만들어 촉(蜀), 한(漢)과 통하게 하여 온 천하의 제후들로 하여금 모두 진나라를 두려워하게 만드셨습니다.

진나라가 하고 싶은 일은 모두 이루어졌으며 공업은 극에 이르렀습니다. 이때야말로 진나라가 밑천을 조금씩 들여야 할 때입니다.[208] 이와 같은 상황에서 물러나지 않는다면 상군, 백기, 오기, 대부 종과 같이 될 것입니다.

저는 '물을 거울로 삼는 자는 자기 얼굴을 알고, 사람을 거울로 삼는 자는 자기의 길(吉)한 것과 흉(凶)한 것을 안다.'고 들었습니다. 또 ≪書≫[209]에도 '성공한 곳에는 오래 머물러 있지 말라.'고 했습니다. 저 네 사람이 화를 입었는데 공께서는 어느 편에 있으려고 하십니까?

공께서는 이 기회에 재상의 인수(印綬)를 현자에게 물려주고 물러나 암혈(岩穴)에 거주하면서 강가에서 경치나 구경하며 살지 않으시렵니까? 그렇게 하신다면 반드시 백이(伯夷)와 같이 청렴하다는 칭찬이 높아지고 길이 응후(應侯)로 불리며 자자손손 제후의 지위를 누리게 되고, 허유(許由)와 연릉(延陵)의 계자(季子)[210]와 같은 겸양의 덕을 칭송받으며 왕자교(王子喬), 적송자(赤松子)[211]와 같은 장수를 누릴 것입니다.

화를 받고 생을 마치는 것과 비교하여 어느 쪽이 더 좋겠습니까? 공께서

---

208) 원문은 '此亦秦之分功之時也'. '分功' 두 字는 앞의 도박의 비유에서 '밑천을 조금씩 거는 것'을 가리킨다. 이미 딴 돈을 잃지 않도록 하는 방법이다. 이제부터 신중히 해야만 한다는 것을 말한다. '秦之' 두 字는 무슨 뜻인지 분명하지 않다.

209) '물을 거울로……'와 같은 뜻의 글이 ≪墨子≫ 非攻篇에 보이는데 '성공한……'은 지금의 ≪書經≫, ≪逸周書≫ 등에 보이지 않는다. 그런데 ≪書≫는 아주 넓은 뜻으로 해석하면 전승된 고전 전부를 가리키는 수도 있다.

210) 許由는 伯夷列傳에 나온 바 있다. 季子는 吳의 公子 季札로 吳王 壽夢의 넷째 아들. 아버지는 그를 후계자로 삼고 싶어 했고 그의 死後에 長子도 그에게 양보하려 했으나 사양했다. ≪史記≫ 吳太伯世家에 나온다.

211) 두 사람 모두 후세에 신선으로 잘 알려진 사람들로 喬는 周나라 靈王의 太子 晋이라고 한다. 원문은 '喬松之壽'로 두 사람이 장수했음은 戰國時代 말경부터 널리 알려진 이야기인 듯하다.

는 어느 쪽에 처하려고 하십니까? 지금의 지위가 아까워서 차마 떠나지 못하고 의심하여 결단을 내리지 못하신다면 틀림없이 저 네 사람과 같은 화가 있을 것입니다.

≪역경(易經)≫ 乾卦의 글에는 '항룡(亢龍)은 뉘우침이 있다.'고 했습니다. 이것은 올라가기만 하고 내려갈 줄 모르며, 펴기만 하고 굽힐 줄 모르며, 가기만 하고 돌아올 줄 모르는 자를 비유한 것입니다. 바라건대 공께서는 깊이 생각하십시오."

응후가 대답했다.

"좋소. 나도 '하고자 하여 그칠 줄 모르면 그 하고자 하는 바를 잃게 되고, 소유하고도 만족할 줄 모르면 그 소유한 것도 잃어버린다.'고 들었소. 다행히 선생께서 나에게 가르쳐 주셨으니 삼가 가르침에 따르겠소."

범저는 채택을 집안으로 맞아들여 자리에 앉히고 상객(上客)으로 대우했다. 그리고 며칠 후 조정에 입조한 응후는 소왕에게 말했다.

"산동(山東)에서 온 빈객이 있는데 채택이라고 합니다. 이 사람은 능변의 선비로서 삼왕의 사적과 오패의 공업과 세속의 변천에 통달하여 진나라의 정치를 맡기기에 족합니다. 신이 지금까지 만난 사람은 수없이 많으나 그와 비할 만한 사람은 없었습니다. 신도 그에 미치지 못하는 인물이기에 삼가 아뢰는 것입니다."

진나라 소왕은 채택을 불러들여 함께 이야기해 보더니 크게 기뻐하여 그를 객경으로 임명했다. 이를 기회로 응후는 병이라 칭하고 재상의 인수를 도로 바치기를 청했다. 소왕이 강력히 유임시키려 했으나 응후는 중병이라 칭하여 마침내 재상의 자리에서 물러났다.

소왕은 새로 등용한 채택의 계획을 좋아하여 그를 진나라의 재상으로 임명하였다. 채택은 동쪽 주실(周室)의 땅을 손아귀에 넣었다. 그런데 채택이 재상이 된 지 수개월 만에 그를 참언하는 자가 있었다.

채택은 주살당할 것을 두려워하여 병이라 칭하고 재상의 인수를 도로 바쳤다. 채택에게는 '강성군(綱成君)'이라는 호가 내려지고 진나라에 살기 십여 년, 소왕, 효문왕, 장양왕을 섬기고 마침내는 시황제를 섬겨 진나라를 위해 연나라에 사신으로 갔다. 3년 후에 연나라는 태자 단(丹)을 진나라에 볼모로 들여보냈다.

태사공은 말한다.

"《한비자(韓非子)》에 이르기를 '소매가 긴 옷을 입은 자는 춤을 잘 추고 돈이 많은 자는 장사를 잘한다.'고 했는데 이 말은 참말이다. 범저와 채택은 세상에서 말하는 이른바 권모술수를 잘 쓰는 유능한 변사였다.

세상에는 제후를 찾아다니며 유세하지만 백발이 되도록 들어 주는 임금을 만나지 못하는 자가 있다. 그것은 그들의 계책이 졸렬했기 때문이 아니라 그들의 주장을 받아들이기에는 제후국들이 힘에 부쳤기 때문이다. 이 두 사람이 나그네의 몸으로 진나라에 들어가서 서로 뒤를 이어 재상의 자리를 차지하고 공을 천하에 나타낸 것은 진나라와 다른 여러 나라들 간에 강약의 세(勢)가 다르기 때문이었다.

그런데 선비에게도 호운(好運)과 불운(不運)이 작용하는 듯하다.[212] 현명하기가 이 두 사람 못지않으면서도 뜻을 다할 기회를 얻지 못한 자가 많음을 어찌 이루 다 말할 수 있겠는가? 그러나 이 두 사람처럼 곤궁함과 재앙이 없었던들 어찌 이렇게 발분(發憤)하여 성공할 수 있었겠는가?"

---

212) 원문은 '偶合'. 이 말은 범저와 채택을 칭찬하기 위해서라기보다 司馬遷 자신의 불운을 한탄하는 것인 듯하다. 범저의 전기를 말하는 도중에 魏齊와 虞卿의 이야기를 삽입한 것도 司馬遷 자신의 신상과 대조하려는 의도가 숨겨져 있을 것이다.

# 제20 악의열전(樂毅列傳)

　악의(樂毅)의 선조는 악양(樂羊)이다. 악양은 위(魏)나라 문후(文侯)의 장군이 되어 중산(中山 : 定縣 일대를 차지했던 나라)을 쳐서 빼앗았다. 위나라 문후는 영수(靈壽)의 땅을 악양에게 봉읍했다. 악양이 죽자 영수에 장사지냈으며 그 자손들도 대대로 그 땅에 정주(定住)했다. 그 후 중산은 나라를 다시 일으켰으나 조(趙)나라 무령왕(武靈王)에게 다시 멸망당했다.

　악씨(樂氏)의 자손에 악의(樂毅)가 있었다. 악의는 현명했고 군사에 관한 일을 좋아했다. 조나라에서 그를 기용했는데 무령왕이 사구(沙丘)의 난(亂 : 惠文王이 趙나라의 別宮인 沙丘宮을 포위하여 무령왕을 굶어 죽게 했던 사건)에서 아사(餓死)하게 되자 악의는 조나라를 떠나 위(魏)나라로 갔다.

　이때 연(燕)나라는 소왕(昭王)이 왕위에 있었으며, 재상인 자지(子之)의 난(亂)[213]을 틈타 제(齊)나라가 연나라를 쳐 대패(大敗)시켰기 때문에 연나라 소왕은 제나라를 미워하여 복수할 것을 하루도 잊지 않았다. 그렇지만 연나라는 워낙 나라가 작은 데다가 멀리 떨어져 있어서 제나라를 제압할 힘이 없었다. 그래서 우선 몸을 굽히고 선비를 높이 받들어 곽외(郭隗)를 예우하여 현인들을 초청하려고 했다.

　이 소식을 들은 악의는 위(魏)나라 소왕(昭王)을 찾아가 자청하여 위나

---

213) 子之는 燕王의 재상이었다. 연왕은 자지에게 왕위를 물려주려고 했으나 자지와 태자 平이 다 투었다. 齊나라의 민왕이 燕을 쳐서 연왕은 죽고 자지는 도망쳤다. 六國年表에는 두 사람이 다 죽은 것으로 되어 있다. 결국 燕나라에서는 태자 平이 즉위하니 이 사람이 곧 昭王이다.

라 사자로 연나라에 갔다. 연나라 왕은 그를 빈객으로 대우했으나 악의는 사양하고 예물을 바쳐 연나라의 신하가 되었다. 연나라 소왕은 악의를 아경(亞卿)[214]으로 임명했으며 악의는 상당히 오랫동안 그 자리를 지켰다.

당시 제나라 민왕(湣王)이 강성하여 남쪽의 초나라 장군 당말(唐眛)을 중구(重丘)에서 격파하고 서쪽으로 한·위·조, 삼진(三晉)의 군을 관진(觀津)에서 격파했다. 마침내 삼진과 함께 진(秦)나라를 공격하고 조(趙)나라를 도와 중산국(中山國)을 멸망시켰으며 송(宋)나라 군대를 쳐 영토를 넓히기 천여 리, 진(秦)나라 소왕(昭王)과 우열을 다투면서 제호(帝號)를 칭했다.

그 후 제호는 쓰지 않았지만 그때의 제후들은 모두 진나라를 배반하고 제나라에 복종하려 했다. 그로 인해 민왕은 이를 뽐냈으나 제나라의 백관과 백성들은 심한 고통을 겪고 있었다. 그래서 연나라 소왕이 악의에게 제나라 정벌에 대하여 물으니 악의는,

"제나라는 일찍이 환공이 천하의 패자였던 여광(餘光)이 있으며 국토가 넓고 인구가 많으니 연나라가 단독으로 공격하는 일은 쉽지 않습니다. 왕께서 기어이 제나라를 치려거든 조나라, 초나라, 위나라와 협력하여 치는 것이 좋을 것입니다."

하고 대답했다.

이에 연나라 왕은 악의를 보내어 조나라 혜문왕(惠文王)과 맹약하게 하고 따로 다른 사람을 시켜 초나라, 위나라와 연합하기로 했으며, 다시 조나라로 하여금 이설(利說)로써 진나라를 꾀어 함께 제나라를 치는 것이 이롭다고 설득케 했다. 당시의 제후들은 제나라 민왕이 교만하고 횡포한 것을 미워하고 있었기 때문에 모두 앞을 다투어 합종하여 연과 함께 제나

---

214) 亞卿은 필시 上卿 다음의 官位일 것이다.

라를 치고자 했다. 악의가 돌아가 그런 사실을 소왕에게 보고했다.

연나라 소왕은 나라 안의 병력을 총동원하고 악의를 상장군으로 삼았다. 조나라 혜문왕도 재상의 인수를 악의에게 주었다. 이리하여 악의는 조(趙)·초(楚)·한(韓)·위(魏)·연(燕)의 연합군을 통솔하여 제나라를 쳐 제수(濟水)의 서쪽에서 제군을 격파했다.

제후들은 싸움을 마치고 돌아갔으나 악의는 연나라 군대를 이끌고 제나라 군대를 추격하여 제(齊)의 도읍 임치(臨淄)에 박두했다. 제나라 민왕은 제수의 서쪽에서 패전하자 도읍에서 도망쳐 거(莒) 땅에 피신하여 그만을 지킬 뿐이었다.

악의는 제나라 땅에 머물면서 계속 호령을 했지만 제나라 군대는 모든 고을의 성문을 닫고 나오지 않았다. 악의는 임치성을 공격해 제나라의 보화와 재물과 제기를 모두 약탈하여 연나라로 보냈다.

연나라 소왕은 크게 기뻐하여 친히 제수(濟水)가에 나와 군사를 위로하고 상을 내렸으며, 군사들에게는 잔치를 베풀어 대접하고 악의를 창국(昌國 : 齊나라 땅)에 봉해 창국군(昌國君)이라 했다. 이어 연나라 소왕은 제나라에서 노획한 전리품을 거두어 본국으로 돌아가며 악의에게는 다시 군대를 이끌고 계속 진군하여 아직 항복하지 않은 제나라의 성읍을 평정하게 했다.

악의는 제나라에 머무르면서 각지를 돌며 정령(政令)을 내리고 공격하기 5년, 제나라의 칠십여 성을 함락시키고 그곳을 모두 군·현으로 만들어 연나라에 귀속시켰다. 그러나 거(莒)와 즉묵(卽墨)만은 항복하지 않았다.

이때 연나라 소왕이 죽고 그 아들이 즉위했다. 이 사람이 곧 연나라 혜왕(惠王)이다. 혜왕은 태자 때부터 악의에 대하여 마땅치 않게 생각하고 있었다. 그리하여 혜왕이 즉위했다는 소식을 전해 들은 제나라의 전단

(田單)은 연나라로 반간(反間)[215]을 들여보내 다음과 같이 헛소문을 퍼뜨렸다.

"제나라의 성읍 중에 항복하지 않은 곳은 두 성뿐이다. 그런데 악의가 빨리 그 성을 공략하지 않는 것은 연나라의 새 왕과 사이가 나쁘기 때문에 전쟁을 오래 끌면서 제나라에 더 머물렀다가 나중에 제나라 땅의 왕이 되려는 야심이 있기 때문이다. 제나라로서는 연나라의 다른 장수가 그와 교체될까 두려워할 뿐이다."

연나라의 혜왕은 일찍부터 악의를 의심하고 있었는데 제나라의 첩자가 퍼뜨린 이 같은 선전을 듣고는 마침 잘 되었다 생각하고 기겁(騎劫)을 장군으로 임명하고 악의를 소환했다.

악의는 연나라 혜왕이 자기를 신임하지 않아 장군을 대체하려 한다는 것을 알고, 죽을 것이 두려워 서쪽의 조나라로 갔다.

조나라에서는 악의를 관진(觀津)에 봉하고 망제군(望諸君)이라고 했다. 또한 악의를 존중하고 총애하며 연나라, 제나라를 견제했다.

제나라의 전단은 연나라의 기겁과 싸웠는데 계략으로써 연나라 군대를 속이고 드디어는 기겁의 군대를 즉묵성 부근에서 격파했다. 그리고 여러 곳에서 연나라 군대를 추격하여 북방의 황하 부근에 이르러 제나라의 실지(失地)를 회복하고 양왕(襄王)을 다시 임치로 맞아들였다.

연나라 혜왕은 악의를 기겁으로 대체했기 때문에 패전하여 많은 장병과 빼앗았던 제의 땅을 잃은 것을 후회하였다. 또 악의가 조나라로 투항한 것을 원망하고 조나라가 악의를 이용하여 연나라가 피폐한 틈을 타 연나라를 치지나 않을까 두려워했다.

---

215) 反間은 《孫子》에 나오는 말로 이중간첩 또는 적국의 첩자를 이용하여 역선전을 시켜 적을 혼란에 빠뜨리는 것.

그래서 혜왕은 사람을 시켜 한편으로는 악의를 책망하고 또 한편으로는 사과하면서 이렇게 말했다.

"선왕(先王)께서는 나라의 모든 것을 장군에게 맡기셨소. 이에 장군이 연나라를 위하여 제나라를 처부수고 선왕의 원수를 갚으니 천하가 진동하여 놀라지 않은 이가 없었소. 그러니 과인이 어찌 하루라도 장군의 공을 잊을 수 있으리오. 때마침 선왕께서 백성들을 버리고 승하하셔서 과인이 새로 왕위에 올랐는데 좌우 근신들이 과인의 처사를 그릇되게 인도했던 것이오.

과인이 기겁과 장군을 교체시킨 것은 장군이 오랫동안 국외에 나가 있어 비바람에 시달리며 고생하고 있었기에 잠깐 불러들여 쉬게 하고 다시 국사를 모의하려고 했던 것이오. 그런데 장군은 그것을 과인과 사이가 나빠서 그런 것이라 오해를 하여 연나라를 버리고 조나라로 투항을 했소. 장군이 자신의 일을 스스로 생각한다는 것은 좋다손 치더라도 장군을 후하게 대우한 선왕의 뜻을 잊지 말고 보답해야 하지 않겠소?"

악의는 연나라 혜왕에게 답장을 보냈다. 그 서간은 다음과 같다.

"신은 불초한 몸으로 왕명을 받들고서도 대왕의 근신(近臣)의 뜻을 따를 수 없었습니다. 그래서 선왕의 밝으신 식견과 대왕의 높은 의리를 손상케 하지나 않을까 두려워 조나라로 달아났던 것입니다.

이에 대왕께서는 사신을 보내 이를 책하셨습니다. 지금 신은 대왕의 측근자가 선왕께서 신을 총애하신 까닭을 살피지 못하고 또 신이 선왕을 섬겼던 심정을 명백히 하지 못하는 것을 두려워합니다. 그러므로 감히 서면으로 대왕께 대답하게 된 것입니다.

신은 '어질고 성스러운 군주는 친근한 자라고 해서 벼슬과 봉록을 사사로이 주지 아니하고 공로가 많은 자에게는 상을 주고 일을 감당할 만한 재능을 지닌 자에게는 그에 합당한 관직에 있게 한다.'는 말을 들었습니다. 그래서 사람의 재능을 살펴 관직을 주는 자를 일컬어 공을 이루는 군주라 하고 군주의 언행을 정당하게 논평하여 섬기는 자를 일컬어 명성을 올리는 선비라고 합니다.

신이 가만히 선왕의 언행을 살피니 세상의 군주들에 비해 높으신 뜻을 지니고 있음을 보았습니다. 그런 까닭에 위나라 소왕의 사자라는 부절(符節)을 빌려 연나라에 들어가게 되었던 것이고 신 자신이 직접 선왕을 설득해 신의 뜻을 인정받았습니다.

선왕께서는 일시 잘못 생각하시어 신을 빈객 속에 넣어 뭇 신하의 윗자리에 올려 놓으시고 왕족 일가들과 상의도 없이 신을 아경(亞卿)으로 삼으셨습니다. 그때 신은 그 일을 감당할 수 있을까 내심 두려웠습니다만 군주의 명령을 받들고 군주의 가르침을 받들기만 하면 큰 죄는 없을 것이라 생각하고 사양치 않고 명령을 받았던 것입니다.

선왕께서 신에게 명령하여 말씀하시기를

'나에게는 제나라에 대하여 쌓인 원한과 깊은 분노가 있소. 그러니 연나라의 힘이 미약하지만 제나라를 치고 싶은 생각뿐이오.'

라고 하셨습니다. 그래서 신이 말씀드리기를,

'저 제나라는 일찍이 환공이 패업을 성취했던 패국(霸國)의 여광이 있어 싸움에 이긴 실적이 많고 훌륭한 무기를 갖추고 군병을 훈련시켜 전투에도 익숙합니다.

왕께서 만약 제나라를 치고자 하신다면 반드시 천하의 다른 제후들과 상의하여 힘을 모아 치십시오. 천하 제후들과 힘을 모아 제나라를 정벌하시려면 먼저 조나라와 결맹하는 길보다 더 좋은 방법은 없습니다. 또 회수(淮水) 북방의 옛 송나라 땅은 초나라와 위나라가 갖고 싶어하는 곳입니다. 만약 조나라가 일에 가담하기를 허락하고 조(趙)·초(楚)·위(魏)·한(韓) 4개국과 협력할 것을 약속하고 제나라를 공격한다면 크게 격파할 수

있을 것입니다.'

라고 했습니다. 선왕께서는 그렇겠다 생각하시고 부절(符節 : 符는 符信, 節은 使者임을 입증하는 旗)을 준비하시어 남쪽에 있는 조나라로 신을 보내셨으며 신이 귀국하여 보고를 드리자 군대를 동원하여 제나라를 치셨습니다.

하늘이 도(道)와 선왕의 위령(威靈)으로 황하 북방 일대의 땅이 선왕의 명령에 순응했으므로 그 땅의 군대를 제수(濟水)가에 집결시켜 연나라 군대에 합세하게 했습니다. 그 군대는 명령을 받아 제나라의 군대를 크게 격파했습니다. 그리고 가볍게 무장한 정예부대를 몰고 제나라의 도읍으로 들어갔던 것입니다. 그러자 제나라 왕은 거(莒) 땅으로 달아나 겨우 한 몸을 보존했습니다.

그때 연나라의 군대는 제나라의 주옥, 재보, 전차, 무기, 진기한 기물들은 모두 차지하여 연나라로 보냈습니다. 그 전리품들은 연나라의 영대(寧臺)에 진열되었고 제나라의 큰 종 대려(大呂)는 원영(元英)에 진열되었으며, 일찍이 연나라에서 가져갔던 솥도 역실(曆室)[216]의 제자리로 돌아왔고 계구(薊丘 : 燕나라의 도읍)에는 제나라 문수(汶水)가의 대나무를 가져다 심었습니다.

오패(五覇) 이래 공업을 이룬 점에서 선왕을 따를 자가 없습니다. 그래서 선왕께서는 매우 만족하셨던 것입니다. 그래서 땅을 떼어 신을 봉해 주고 작은 나라의 제후들과 어깨를 나란히 하게 해 주셨습니다. 신은 그 임무를 감당할 것인가 내심 두려웠습니다만 그 명령을 받들고 가르침을 받는다면 다행히 큰 허물없이 섬길 수 있을 것이라고 생각해 그 명령을 사양

---

216) 寧臺에서 曆室까지 모두 燕의 도읍에 있던 건축물의 이름. 燕의 寶器였던 세발솥은 子之의 亂 때 齊나라에 빼앗겼던 것인데 이때 되찾았다.

치 않고 받아들였던 것입니다.

신은 '어질고 성스러운 군주는 공업을 이루게 되면 허물어뜨리지 않는다. 그러므로 그 명성이 《춘추(春秋)》[217]에 드러나는 법이다. 선견지명이 있는 선비는 이름이 나면 그 이름을 훼손시키는 일이 없다. 그런 까닭에 후세까지 이름이 남는 것이다.' 라는 말을 들었습니다.

선왕께서는 원수를 갚고 치욕을 씻었으며, 제나라라는 만승(萬乘) 강국을 평정하고 팔백 년에 걸쳐 쌓아 둔 재보와 진기한 그릇을 몰수했습니다만 승하하시는 날까지도 생전에 남기신 교명(敎命)이 아직 쇠멸되지 않았습니다.

정치를 맡고 있는 신하들은 그 법령을 닦고, 적자(嫡子)와 서자(庶子)의 구분을 명백히 하고, 그것을 백성들과 노비에까지 미치게 한 것들은 모두 후세의 교훈이 될 수 있었습니다. 또 신이 들으니 '일을 잘 꾸미는 사람이 반드시 그 일을 잘 이룩하는 것은 아니며, 시작을 잘하는 사람이라고 해서 반드시 그 일을 끝까지 잘하는 것은 아니다.' 라고 합니다.

옛날 오나라 왕 합려는 오자서의 말을 받아들였기 때문에 정벌의 발자취를 멀리 초나라의 국도에까지 남기며 쳐들어갈 수 있었습니다. 그런데 그의 아들 부차는 오자서의 말을 듣지 않았을 뿐 아니라 자서에게 죽음을 내리고 그의 시체를 말가죽으로 만든 전대에 넣어 양자강의 물에 띄웠습니다.

오나라 왕 부차는 선왕의 정책을 따라 공을 세워야 한다는 것을 깨닫지 못하고 오자서를 양자강 물에 내던지고서도 후회하지 않았던 것입니다. 오자서는 그때 두 군주의 기량이 같지 않다는 것을 일찍 알아차리지 못했

---

217) 《春秋》는 원래 魯나라의 年代記지만 孔子에 의해 經典으로 삼아졌고 그 표현 방식에 의해 기록된 사람의 평가가 확립되었다.

던 까닭으로 자신의 몸이 양자강 물에 던져질 때까지도 태도를 고치지 못했습니다.

신의 경우는 제 몸을 죄에서 벗어나게 하고 공을 세워 선왕의 업적을 뚜렷하게 하는 것이 상책이라고 생각하며, 타인에게 비방을 받고 치욕을 당하더라도 선왕의 명예가 손상될 것을 가장 두려워하고 있습니다. 이미 연나라를 떠나 조나라로 도망쳤다는 불측(不測)의 죄를 범하면서, 또 연나라의 피폐한 틈을 타 조나라를 위해 이를 치고 연나라에 대해 범한 죄를 요행히 면하려고 하는 따위는 의리상 도저히 할 수 없는 일입니다.

신은 '옛날 군자는 친구와 절교를 하더라도 상대에게 욕되는 말을 하지 않았고 충신은 나라를 떠나더라도 군주에게 허물을 돌리며 자기는 결백하다는 말을 하지 않는다.'는 말을 들었습니다. 신은 못난 놈이오나 가끔 군자의 가르침을 받은 적이 있습니다.

다만 대왕의 측근들이 가까이 있는 사람들 말하는 것만 듣고, 멀리 있는 자의 언행을 충분히 살펴서 알아주지 못하는 것이 아닌지 두려워 이에 감히 서면을 올려 말씀드리는 바이니 바라건대 군왕께서는 살펴 주시기 바랍니다."

이 편지를 받은 연나라 왕은 악의의 아들 악간(樂間)을 창국(昌國)에 봉하여 '창국군(昌國君)'이라 했다. 악의는 조나라와 연나라 사이를 왕래하며 다시 연나라와 통하게 되었고 연나라와 조나라는 그를 객경으로 삼았는데 후에 조나라에서 죽었다.

악간이 연나라에 거주하기 삼십여 년이나 되었다. 연나라 왕 희(喜)가 재상 율복(栗腹)의 계책을 써 조나라를 치고자 그 가부(可否)를 창국군 악간에게 물었다. 그러자 악간은,

"조나라는 사방의 적과 싸운 자주 국가입니다. 그 백성들은 전쟁에 익숙하니 지금 조나라를 쳐서는 안 됩니다."

하고 말했다. 그러나 연나라 왕은 악간의 말을 듣지 않고 조나라를 쳤다.

조나라는 장군 염파(廉頗)에게 명하여 연나라 군대를 맞아 싸우게 했다. 염파는 호(鄗)에서 율복의 군대를 크게 격파하고 율복과 악승(樂乘)을 포로로 했다. 악승은 악간의 일족인데 그는 조나라로 달아났다. 조나라는 마침내 연나라를 포위했다. 연나라는 거듭 땅을 떼어 주고 조나라와 화친하니 조나라 군대는 포위를 풀고 조나라로 돌아갔다.

연나라 왕은 악간의 의견을 채용하지 않은 것을 후회했으나 악간이 이미 조나라에 가 있었으므로 편지를 보냈다.

"옛날 은나라 주왕 때의 기자(箕子)는 자기의 말이 왕에게 채용되지 않았지만 계속 끈기 있게 충간하여 끝내 왕에게 통해질 것을 원했소. 그리고 상용(商容)[218]도 왕에게 충간을 했지만 그의 의견은 받아들여지지 않고 치욕만 당했으나 그래도 오로지 주왕이 마음을 고쳐먹을 것만을 원했소.

그러다가 나라가 문란하게 되어 민심이 국가를 외면하고 죄수들이 제멋대로 탈옥하게 되니 이 두 사람은 단념하고 은퇴했던 것이오. 그래서 주왕은 폭군이었던 하나라 걸왕과 같이 악명을 얻었거니와 그 두 사람은 충성의 이름을 잃지 않았소. 그것은 그 두 사람이 나라를 걱정하는 정성을 다했기 때문이오. 지금 과인이 어리석다고는 할지라도 주왕과 같이 포악스럽지는 않고 우리 연나라 백성이 어지럽다고는 할지라도 은나라 백성처럼 심하게 문란한 것은 아니오.

한 집안에 불화가 있을 때 가족들이 서로 성의를 다하여 화합하려 하지 않고 이웃집에 다니며 험담을 하는 법이 어디 있겠소? 게다가 그대는 과인에게 강력하게 간언도 하지 않고 이웃 나라인 조나라로 가 버렸는데, 이 두 가지 일은 과인이 공에게 심히 유감스럽게 생각하는 바이오."

---

218) 箕子 및 商容에 대해서는 ≪史記≫ 殷本紀에도 언급되어 있으나 자세하지 않다.

그러나 악간과 악승은 연나라 왕이 자기들의 계책을 듣지 않은 것을 원망하여 두 사람 모두 끝까지 조나라에 머물렀다. 조나라에서는 악승을 봉하여 무양군(武襄君)이라 했다.

그 다음해에는 악승과 염파가 조나라를 위해 연나라를 포위하니 연나라에서는 예를 후하게 하여 화친했으므로 포위를 풀었다.

그 뒤 5년에 조나라 효성왕(孝成王)이 죽었다. 도양왕(悼襄王)[219]은 염파 대신 악승을 장군으로 임명했다. 그러자 염파가 악승을 공격했다. 악승은 패주하고 염파는 도망하여 위나라로 들어갔다.

그 뒤 16년에 진나라가 조나라를 멸망시켰다.

그 뒤 20년에 한(漢)나라 고제(高帝 : 漢나라의 高祖)가 옛 조나라의 땅을 지나다가 사람들에게,

"악의에게 자손이 있는가?"

하고 물으니 사람들이,

"악숙(樂叔)이라는 자가 있습니다."

하고 대답했다. 그리하여 고제가 그를 악경(樂卿)에 봉하고 화성군(華成君)이라 불렀다.

화성군은 악의의 손자다. 그리고 악씨의 일족에는 악하공(樂瑕公), 악거공(樂巨公)이 있었다는데 조나라가 진나라에 멸망을 당하게 되었을 때 제나라의 고밀(高密)로 갔다. 악거공은 황제(黃帝)와 노자(老子)의 학문을 잘 닦아 제나라에서 이름 높은 현사(賢師)로 일컬어졌다.

태사공은 말한다.

---

219) 원문은 '襄王'. ≪史記≫에서는 여러 나라 왕의 정식 諡號가 두 字라 하더라도 한 字만을 일컫는 경우가 많다.

"일찍이 괴통(蒯通)과 주보언(主父偃)은 악의가 연나라 왕에게 보낸 서간을 읽을 때마다 울지 않은 적이 없었다고 한다. 악거공은 황제와 노자의 학술을 배웠다. 그의 스승을 '하상장인(河上丈人)'이라고 불렀다고 하나 내력은 분명하지 않다. 하상장인은 안기생(安期生)을, 안기생은 모흡(毛翕)을, 모흡은 악하공(樂瑕公)을, 악하공은 악거공을, 악거공은 개공(蓋公)을 가르쳤다. 개공은 제나라의 고밀(高密), 교서(膠西) 땅에서 조상국(曹相國 : 曹參)의 스승이 되었다."[220]

---

220) 여러 사람이 樂毅의 편지를 읽고 눈물을 흘렸다고 特筆한 것은 곧 司馬遷의 깊은 공감과 자신의 통탄을 나타낸 것으로 볼 수 있다. 樂巨公의 學說 傳授 과정을 소상히 기술한 것은 이른바 黃老의 학문이 漢初에 큰 세력을 떨쳤기 때문이며 司馬遷의 부친 司馬談도 그 說에 크게 영향을 받았기 때문이리라.

# 제21 염파 · 인상여열전(廉頗 · 藺相如列傳)[221]


염파(廉頗)는 조나라의 훌륭한 장군이다. 혜문왕 16년, 염파는 장군이 되어 제나라를 쳐 크게 격파하고 양진(陽晉)을 함락시켰다. 그 공으로 상경(上卿)에 임명되었고 용기 있는 사람으로 제후들 사이에서 유명하게 되었다.

인상여(藺相如)도 조나라 사람이다. 원래 조나라의 환자령(宦者令)이었던 목현(繆賢)의 부하였다.

조나라 혜문왕은 초나라의 화씨벽(和氏璧)[222]을 손에 넣었다. 진나라 소왕(昭王)이 이 말을 듣고는 사자에게 서간을 보내어 조나라 왕에게 말하기를,

"청하건대 진나라의 열다섯 성(城)과 그 화씨벽을 바꾸기를 원합니다."

라고 했다. 조나라 왕은 대장군 염파와 뭇 신하를 모아놓고 상의했는데, 진나라 왕에게 화씨벽을 주더라도 열다섯 성을 얻을 수 없어 그저 속을 것만 같고 그렇다고 주지 않으면 진나라의 공격을 받을 것이 걱정되어 좀처럼 회의의 결말이 나지 않았다. 게다가 진나라에 회답을 보낼 만한 사신을 구하려 해도 좀처럼 적임자를 고를 수가 없었다.

그러자 환자령 목현이 말했다.

"제 부하인 인상여가 진나라에 보낼 사자로서 적임자입니다."

그러자 왕이,

"그건 어째서인가?"

---

221) 이 篇에는 廉頗와 藺相如 외에 趙著, 李牧의 傳記도 실려 있다.
222) 유명한 寶玉으로, 和氏가 楚王에게 바쳤기 때문에 이런 이름이 붙었다. 璧은 원판형으로 한 복판에 구멍이 있는 玉.

하고 물으니 그는 다음과 같이 대답했다.

"신이 일찍이 죄를 범하여 연나라로 몰래 도망치려고 했더니 신의 부하인 상여가 신을 만류하면서 '군께서는 어떻게 연나라 왕을 알게 되었습니까?' 라고 묻기에 신이 말하기를, '내가 예전에 대왕을 수행하여 연나라 왕과 국경 부근에서 만난 적이 있소. 그때 연나라 왕이 가만히 나의 손을 잡으며 '벗이 되기를 바란다.'고 해서 그를 알게 되었소. 그러니 그리 가고자 하오.' 라고 했습니다.

그러자 상여가 신에게 '대체로 조나라는 강대하고 연나라는 약소합니다. 그리고 군께서는 조나라 왕의 총애를 받고 있었습니다. 그래서 연나라 왕이 사귀고 싶다고 한 것입니다. 그런데 지금 군께서 조나라를 버리고 연나라로 도망친다면 연나라는 조나라를 두려워하여 군을 머물러 있게 하지 않을 뿐더러 틀림없이 군을 잡아 조나라로 돌려보낼 것입니다. 그러니 군께서는 옷을 벗고 형틀에 엎드려[223] 조나라 왕에게 죄를 자청하시는 것이 상책입니다. 그렇게 하면 다행히 용서를 받을지도 모릅니다.' 라고 말했습니다.

곰곰이 생각한 뒤 신은 그의 말을 따랐는데 송구스럽게도 대왕께서 신을 용서해 주셨습니다. 그때 신은 그가 용기 있고 지모(智謀)가 있는 사람이라는 것을 알게 되었으며, 그러면 사자가 될 만하다고 생각하는 것입니다."

왕은 인상여를 불러 만나 보고 물었다.

"진나라 왕은 열다섯 성을 가지고 나의 화씨벽과 바꾸자고 하는데 벽을 주어야겠는가, 아니면 어떻게 해야 하겠는가?"

---

223) 원문은 '肉袒'. 살갗을 드러내는 것은 죄인이라는 표시. 원문 '伏斧質' 의 質은 도끼로 재목이나 창작을 팰 때 쓰는 바탕. 사형대도 뜻하며 이 두 가지로 죄를 자인하고 형벌을 청하는 것을 뜻한다.

"진나라는 강대하고 조나라는 약소합니다. 주지 않을 수 없을 것입니다."

"화씨벽만 받고 성을 내주지 않으면 어떻게 하지?"

"진나라가 성읍을 주겠다는 조건으로 벽옥을 달라는데 조나라가 허락하지 않는다면 그 잘못은 조나라에 있습니다. 또 조나라가 벽옥을 주었는데도 성을 주지 않는다면 그 잘못은 진나라에 있습니다. 이 두 계책을 비교해 보면 역시 들어줌으로써 잘못을 진나라에게 돌리는 편이 좋을 것입니다."

"사자로서 적당한 자는 누구겠소?"

"대왕께 적임자가 없으시다면 신이 벽옥을 가지고 진나라에 갈 수 있게 해 주십시오. 만약 약속한 성읍이 조나라 수중에 들어오게 되면 벽옥을 진나라에 주겠습니다만 성읍이 수중에 들어오지 않는다면 신은 벽옥을 안전하게 하여 조나라로 돌아오겠습니다."

이에 조나라 왕은 상여에게 벽옥을 받들고 서쪽의 진나라로 들어가게 했다.

진나라 왕은 장대(章臺)에 앉아 상여를 접견했다. 상여가 벽옥을 받들어 진나라 왕에게 올리니 진나라 왕은 크게 기뻐하면서 벽옥을 돌려가며 궁녀들과 좌우의 시신(侍臣)들에게 보였다. 좌우의 시신들이 모두 만세를 불렀다. 이에 상여는 진나라 왕에게 성읍을 내줄 의사가 없음을 간파하고 앞으로 나아가 말했다.

"그 벽옥에는 흠이 있습니다. 대왕께 그것을 보여드리겠습니다."

왕이 벽옥을 그에게 주었다. 상여가 그 벽옥을 손에 넣자 물러나서 기둥에 기대어 섰는데 그의 곤두선 머리털이 관(冠)을 밀어올릴 만큼 성이 나 있었다. 상여는 이렇게 말했다.

"대왕께서는 벽옥을 얻고자 사자를 시켜 조나라 왕에게 편지를 보내셨습니다. 조왕께서 여러 신하들을 불러 의논하니 모두 말하기를 '진나라는 탐욕스러워 자신의 강대함을 믿고 실행할 의사가 없는 빈말로 벽옥을 요구하는 것입니다. 보상한다는 성읍은 아마 주지 않을 것입니다.' 라고 했습니다. 그리하여 의논한 결과 진나라에 벽옥을 주지 않으려고 했습니다.

그러나 신은 '무의무관 필부의 사귐에서도 서로 속이지 않는데 하물며 큰 나라 사이의 일에서 그럴 리가 있겠습니까? 또 한낱 벽옥 때문에 강한 진나라의 환심을 거스르는 것은 옳지 않습니다.' 고 했습니다. 조나라 왕께서는 목욕재계하시기를 5일, 신에게 명하여 벽옥을 바치게 하고 편지를 공손히 진나라 조정에 보내도록 했습니다. 왜냐하면 대국의 위세를 두려워하여 경의를 표하기 위해서였습니다.

그런데 이제 신이 와서 보니 대왕께서는 신을 빈객으로 대우하지 않고 뭇 신하들과 더불어 신을 접견하시니 예절이 매우 거만합니다. 또 벽옥을 하찮은 궁녀들에게 차례로 돌려보게 하여 신을 희롱했습니다. 대왕께서는 조나라에 성읍을 보상할 의사가 없다고 신은 판단했습니다. 그래서 신이 다시 벽옥을 돌려받은 것입니다. 대왕께서 기어이 신을 협박하여 벽옥을 빼앗고자 하신다면 신의 머리는 지금 이 벽옥과 함께 기둥에 부딪쳐서 부서질 것입니다."

상여는 기둥을 노려보며 벽옥을 기둥에 들이치려고 했다. 진나라 왕은 그가 벽옥을 깨뜨릴까 두려워 곧 사과하고 담당 관리를 불러 지도를 손가락으로 가리키면서 '여기서부터 십오 개의 도성[224]을 조나라에게 주겠다.' 고 말했다.

상여는 진나라 왕이 거짓말로 조나라에 성읍을 주는 체할 뿐으로 성을

---

224) 앞에서 15城이라고 했고 여기서는 15都라 했는데 都도 큰 도시를 가리킨다. 都는 천자나 국왕의 궁전이 있는 곳만을 말하는 것이 아니라 諸侯의 자제에게 封해진 도시, 卿이나 大夫의 영지 안의 도시도 말한다.

얻을 수 없다는 것을 알아채고 진나라 왕에게 말했다.

"화씨벽은 온 천하가 다 보물이라고 말하고 있습니다. 조나라 왕께서는 진나라를 두려워하여 감히 바치지 않을 수 없었습니다. 그래서 조나라 왕께서 벽옥을 보낼 때 닷새 동안 재계하셨습니다. 대왕께서도 닷새 동안 목욕재계하시고 구빈(九賓)의 예(빈객을 예우하는 매우 정중한 의식)를 궁정에서 베푸시기 바랍니다. 그러신다면 신이 벽옥을 바치겠습니다."

진나라 왕은 벽옥을 강제로 빼앗을 수는 없다고 생각했다. 그래서 닷새 동안 목욕재계하겠다고 하고 상여를 광성전사(廣成傳舍 : 객사의 이름)에 머무르게 했다.

상여는 진나라 왕이 재계를 할지라도 반드시 약속을 저버리고 성읍을 보상하지 않을 것임을 알아차렸다. 상여는 자신의 수행원에게 명하기를, 누더기 옷을 입고 변장하여 벽옥을 가슴에 품고 샛길로 도망쳐 조나라에 벽옥을 돌려보내게 했다.

진나라 왕은 5일 동안의 목욕재계를 마치고 구빈의 예를 갖추어 조나라의 사자인 상여를 접견했다. 상여는 진나라 왕에게 이렇게 말했다.

"진나라는 목공(穆公) 이래 이십여 명의 군주가 대를 이어왔으나 아직까지 약속을 굳게 지키신 임금이 없었습니다. 신은 대왕께 속아 조나라 왕의 명령을 저버리는 결과가 되는 것을 진실로 송구스럽게 생각합니다. 그래서 사람을 시켜 벽옥을 가지고 몰래 조나라로 돌아가게 했습니다.

진나라는 강대하고 조나라는 약소하니 대왕께서 한 사람의 사자만을 조나라에 보내서도 그 자리에서 벽옥을 받들고 올 것입니다. 지금 강한 진나라가 먼저 열다섯 개 도성을 조나라에 준다면 조나라가 어찌 감히 벽옥을 자국에 두어 대왕께 죄를 짓겠습니까?

신은 대왕을 기만한 죄로 마땅히 죽음을 받아야 할 것을 알고 있습니다. 신이 청하니 신에게 끓는 솥에 뛰어들 수 있도록 해 주십시오. 다만 대왕께서는 여러 신하들과 함께 깊이 의논하시어 결정해 주시기 바랍니다."

진나라 왕과 군신들은 서로 얼굴을 마주 보고 놀라면서 또 성내었다. 좌우의 신하들 중에는 상여를 끌어내려는 자도 있었다. 그러자 진나라 왕이 말했다.

"지금 상여를 죽이더라도 벽옥은 얻을 수 없고 진나라와 조나라 사이의 우호만 끊어질 것이다. 그러니 차라리 상여를 후대하여 조나라로 돌려보내는 것이 좋겠다. 그렇게 한다면 어찌 한낱 벽옥을 둘러싼 문제 때문에 조나라 왕이 진나라를 속이겠는가?"

그래서 상여를 빈객으로서 궁정에서 접견하고 의례를 마친 뒤에 돌아가게 했다.

상여가 돌아오니 조나라 왕은 그가 현인이었기 때문에 사자로서 욕을 당하지 않았다고 생각하여 상대부(上大夫)로 임명했다. 진나라는 조나라에 성읍을 주지 않았으며 조나라도 끝내 벽옥을 주지 않았다.

그 뒤 진나라는 조나라를 쳐 석성(石城)을 함락시키고 그 다음해에 또 조나라를 공격하여 이만 명을 살해했다. 진나라 왕은 사자를 보내어 조나라 왕에게 통고했다.

"왕과 친선하고 싶으니 서하(西河)의 남쪽 면지(澠池)에서 회견하고 싶소."

조나라 왕은 진나라를 두려워하여 가지 않으려고 했으나 염파가 인상여와 상의하여 말하기를,

"대왕께서 가지 않으시면 조나라는 약하고 비겁하다는 인상을 보이게 됩니다."

라고 했다. 마침내 조나라 왕이 가기로 하여 상여가 왕을 수행했다. 염파는 국경까지 따라가 전송하며 왕에게 하직하면서 말했다.

"왕이 행차하시는 이정(里程)을 계산해 보니 서로 만나 보는 예를 마치

고 돌아오시는 길이 삼십 일이면 충분합니다. 삼십 일이 지나도 돌아오시지 않으면 청컨대 태자를 왕으로 세워 대왕을 볼모로 이익을 얻으려 하는 진나라의 야망을 처부수도록 해 주십시오."

왕은 그렇게 할 것을 허락하고 드디어 진나라 왕과 면지에서 회합했다. 진나라 왕은 술자리가 무르익자 이렇게 말했다.

"과인이 들으니 조나라 왕께서는 음악을 좋아하신다고 들었습니다. 청컨대 슬(瑟 : 거문고 비슷한 오십 弦의 악기)을 한 곡조 연주해 주십시오."

조나라 왕이 슬을 타니 진나라의 어사(御史)[225]가 앞으로 나아가,

"모년 모월 모일, 진나라 왕이 조나라 왕과 회음(會飮)하고 조나라 왕을 시켜 슬을 타게 했다."

라고 기록했다. 그러자 인상여가 앞으로 나아가 말했다.

"조나라 왕께서 가만히 들으니 진나라 왕께서는 진나라의 음악을 잘하신다고 합니다. 술독[226]을 진나라 왕에게 받들어 올려 노래를 부르실 수 있게 하겠습니다."

진나라 왕은 성을 내고 허락하지 않았다. 이에 상여가 앞으로 나아가 술독을 올리고 꿇어앉아 진나라 왕에게 청했다. 진나라 왕은 부(缶)를 치면서 노래하는 것을 승낙하지 않았다. 상여가 진왕을 노려보며 말했다.

"대왕과 신의 거리는 불과 다섯 걸음밖에 떨어져 있지 않습니다. 제 목의 피를 대왕께 뿌려 드릴까요?"[227]

진나라 왕의 좌우 신하들이 상여를 칼로 찔러 죽이려고 했으나 상여가

---

225) 御史는 뒤에 監察役을 맡았지만 본래는 史官으로 기록을 맡아 보았다.
226) 원문은 '盆缶'. 缶는 술을 넣는 작은 독. 秦 지방에서는 이것을 두드려 노래의 박자를 맞추는 풍습이 있었다.
227) 상대를 죽이고 자신도 죽임을 당하리라는 뜻. 자기의 일만 말하는 것은 상대방에 대한 敬意를 나타낸다.

눈을 부릅뜨고 꾸짖으니 좌우가 모두 쓰러지듯 물러났다. 이에 진나라 왕은 내키지 않으면서도 부를 한 번 치고 노래를 불렀다. 상여가 진나라의 어사를 돌아보며

"'모년 모월 모일에 진나라 왕이 조나라 왕을 위하여 부를 치고 노래를 불렀다.'고 쓰시오."

라고 했다. 진나라 신하들이 말했다.

"조나라는 열다섯 개 성을 진나라에 바쳐 진나라 왕의 수(壽)를 축복해 주었으면 하오."

그러자 상여가 말했다.

"진나라는 그 도읍 함양을 조나라에 바치고 조나라 왕의 장수를 축복해 주었으면 하오."

이렇게 진나라 왕은 주연이 끝날 때까지 초나라 왕을 끝내 굴복시키지 못했다. 또 조나라도 군사를 배치시켜 진나라에 대비하고 있었기 때문에 진나라 군사는 움직이지 못했다.

회합을 끝내고 귀국하자 조나라 왕은 인상여의 공이 크다 하여 상경(上卿)에 임명하니 그의 지위는 염파보다 높게 되었다. 염파는 이 일이 불만스러웠다.

"나는 조나라의 장수가 되어 성을 공격하고 들에서 싸워 큰 공을 세웠다. 그런데 인상여는 그저 입과 혀만 놀리는 수고로써 지위가 나보다 높게 되었다. 또 상여는 원래 천민 출신이다. 나는 그의 아래에 있는 것이 부끄러워 참을 수가 없다."

그리고 염파는 또,

"인상여를 만나기만 하면 반드시 그를 욕보여 줄 테다."

하고 선언했다. 인상여는 이 말을 듣자 될 수 있으면 염파와 만나지 않으려 했다. 왕궁에 조회(朝會)차 나가야 할 때도 번번이 병이라 핑계를 대

고 나가지 않았으며 염파와 서열 다투기를 피했다. 얼마 후 인상여가 외출했다가 맞은 편에서 염파가 오는 것을 보자 수레를 끌고 피했다. 그러자 인상여의 부하들이 간했다.

"저희들이 친척을 버리고 와서 공을 섬기는 것은 단지 공의 높은 의기를 흠모하기 때문입니다. 지금 공께서는 염공과 같은 위치에 계시면서도 염공의 욕설을 무서워하며 겁내어 그를 보고 숨고 피하는 정도가 너무 심합니다. 평범한 사람들도 부끄러워하는 일인데 하물며 공께서는 장군과 재상의 지위에 계시는 바이니 더 말할 나위가 있겠습니까? 불초한 저희들은 청컨대 하직하고 이만 물러가겠습니다."

그러자 인상여는 그들을 말리며 말했다.

"그대들이 보기에는 염파 장군과 진나라 왕을 비교하여 어느 쪽이 더 무섭다고 생각하는가?"

"그야 염파 장군이 진나라 왕보다 못합니다."

"그러한 진나라 왕의 위력 앞에서도 나는 그의 조정에서 진나라 왕을 꾸짖고 뭇 신하들을 부끄럽게 했다. 내가 아무리 둔하고 못난 사람이기로 어찌 염장군을 두려워하겠는가? 내가 살펴보건대 강한 진나라가 감히 우리 조나라에 싸움을 걸어오지 못하는 것은 오직 우리 두 사람이 있기 때문이다. 지금 두 호랑이가 싸우면 형세로 보아 두 사람 다 살아남지 못하게 될 것이다. 내가 이렇게 피하는 것은 국가의 위급을 우선하고 사사로운 원한은 그 다음으로 생각하기 때문이다."

염파가 이 말을 전해 듣고는 옷을 벗어 어깨를 드러내고 가시 회초리를 짊어지고(죄인으로서 형벌을 받는 자의 몸차림. 사죄의 뜻을 나타냄) 빈객을 통하여 인상여의 집 문 앞에 와서 크게 사죄하며 말했다.

"비천한 인간이라 장군의 관대함이 이렇게 크실 줄은 알지 못했습니다."

이래서 두 사람은 드디어 친목하게 되고 공생공사(共生共死)의 친교를 맺었다.

이해에 염파는 동쪽에 있는 제나라를 공격하여 1군(一軍)을 격파하고 2년 후에는 다시 제나라의 기(幾) 땅을 쳐서 이를 함락시켰다. 그리고 그 후 3년에 염파는 위나라의 방릉(放陵), 안양(安陽)을 공격하여 이를 함락시켰다. 그 뒤 4년에 인상여는 장군이 되어 제나라를 쳐 평읍(平邑)까지 진격했다가 군사를 철수시켰다. 그 다음해에 조사(趙奢)는 알여(閼與)의 성 부근에서 진나라 군사를 격파했다.

조사는 조(趙)나라 전담의 세금 일을 맡았던 관리였다. 조세를 징수하는데 평원군의 집에서 조세를 내려고 하지 않았다. 조사는 법대로 다스려 평원군 집의 일을 보는 사람 9명을 죽였다. 평원군이 대노하여 조사를 죽이려 하자 조사가 평원군을 설득하여 말했다.

"공께서는 조나라의 귀공자이십니다. 지금 공의 집에서 공적인 의무를 이행하지 않으시면 국가의 법이 무력해집니다. 법이 무력하게 되면 나라가 약하게 되고 나라가 약하게 되면 다른 제후들에게 공략당하게 됩니다. 제후들에게 공략당하게 되면 조나라는 망하고 말 테니 공께서 지니신 부(富)를 어찌 보전할 수 있단 말입니까?

공과 같은 귀한 신분으로서 솔선하여 법을 따르시고 공적인 의무를 지키신다면 나라 안의 상하(上下)는 공평하게 되며 상하가 공평하게 되면 나라는 부강하게 될 것입니다. 나라가 부강하게 되면 조나라는 태평스럽고 튼튼해질 것입니다. 더구나 공은 신분이 높은 왕가의 일족으로서 어찌 천하에서 경시당하는 일이 있겠습니까?"

평원군은 조사를 현인이라고 생각하여 왕에게 천거했다. 왕은 그를 중용하여 국가의 조세를 다스리게 하니 그 후로 나라의 부세는 아주 공평하게 되고 백성은 부유해졌으며 국고는 충실하게 되었다.

때마침 진나라 군사가 한(韓)나라를 치기 위하여 알여(閼與)에 주둔했다.  조나라 왕은 염파를 불러,

"알여를 구할 수 있겠는가?"

라고 물었다. 염파가 대답했다.

"길은 멀고 험난하여 구하기 어렵습니다."

또 악승(樂乘 : 樂毅列傳 참조)을 불러 물은 바, 똑같은 대답을 했다. 왕은 조사를 불러 물었다. 그러자 조사가 대답했다.

"길이 멀고 험난하므로 그곳에서 싸우는 것은 마치 두 마리의 쥐가 구멍 속에서 싸우는 것과 같아 용감한 장군 쪽이 이기게 될 것입니다."

왕은 조사를 장군으로 임명하여 알여를 구원하러 보냈다. 군대가 한단을 떠나 삼십 리쯤 갔을 때 조사는 군중에 명령을 내렸다.

"군대 일에 대하여 간하는 자가 있으면 사형에 처한다."

진나라 군사는 무안(武安)의 서쪽에 진을 치고 있었다. 북을 치고 함성을 지르며 군사를 부서에 배치하니 그 소리에 무안의 모든 집의 기왓장이 진동했다. 그걸 본 조나라 군대의 한 척후병이,

"서둘러서 무안을 구하십시오."

하고 말했다. 조사는 그 자리에서 그자의 목을 베었다. 그리고 누벽을 견고하게 쌓고 머무른 지 이십팔 일, 움직이는 것은 고사하고 누벽을 더욱 증축했다. 진나라의 간첩이 들어왔는데 조사는 후히 대접해 돌려보내 주었다. 간첩이 진나라의 장수에게 정황을 보고하자 진나라 장수는 매우 기뻐하며 말했다.

"국도에서 겨우 삼십 리 떨어졌는데 행군하지 않고 누벽을 증축하고 있으니 알여는 이미 조나라의 땅이 아니다."

조사는 진나라 간첩을 돌려보내자 바로 병사들의 갑옷을 벗기고 가볍게 무장시켜 진나라 군대를 향해 출동했다. 하루 밤 이틀 낮 동안에 목적지에

도착하여 활을 잘 쏘는 자들로 알여의 오십 리 밖에 진을 치게 했다. 진나라 군대가 그 소문을 듣고 군대를 총동원해서 왔다. 조사의 군사(軍師) 허력(許歷)이 군대 일에 대하여 간하고 싶다 하여 조사가 안으로 불러들여 만나 보았다. 허력이 말했다.

"진나라 군사는 조나라 군사의 본대(本隊)가 습격한 것이 아니라고 생각해 그들의 진군은 틀림없이 무섭게 용감할 것입니다. 그러니 장군께서는 진지에 군대를 두텁게 모아서 적을 맞도록 하시는 것이 좋을 것입니다. 그렇지 않으면 반드시 패하실 것입니다."

이에 대하여 조사는,

"군대의 일에 대하여 간하는 자는 사형에 처한다고 했으니 그대는 전에 내린 나의 명령을 따라야 하네."

라고 했다. 그러자 허력이,

"그럼 참수형을 받겠습니다."

하고 말했다. 조사는,

"후일 명령이 있을 때까지 기다려라."

하고 말했다.

드디어 전쟁을 시작하려 하자 허력이 또 간하기를 청했다.

"북산(北山)의 정상을 먼저 점령하는 편이 이기고 늦게 오는 편이 패할 것입니다."

조사는 그럴 것이라고 생각해 즉시 일만의 군대를 출동시켜 북산에 달려가게 했다. 진나라의 군대가 뒤늦게 달려와 고지를 다투었으나 올라갈 수 없었다. 조사는 군대를 보내어 이를 공격해 진나라 군대를 크게 격파했다. 진나라 군대는 사방으로 흩어져 패주했다. 조사는 드디어 알여의 포위를 풀고 개선했다.

조나라 혜문왕은 조사에게 '마복군(馬服君)'이라는 호를 내리고 허력을 국위(國尉 : 장군 다음의 지위인 듯)로 임명했다. 조사는 염파 인상여와 지위가 같게 되었다.

그 뒤 4년에 조나라 혜문왕이 죽고 그의 아들 효성왕이 왕위에 올랐다.

그로부터 7년 뒤 진나라 군대가 조나라 군대와 장평(長平)에서 대치했다. 그때 조사는 이미 죽고 인상여는 병이 위독했다. 조나라는 염파를 장군으로 하여 진나라 군대를 치게 했다. 진나라 군대는 자주 조나라 군대를 격파했다. 그래서 조나라 군대는 누벽을 견고하게 지키고 나아가 싸우지 않았다. 진나라 군대가 자주 싸움을 걸어왔으나 염파는 응전하지 않았다. 이때 조나라 왕이 진나라 간첩의 말을 듣게 되었다. 그 간첩은 이렇게 말했다.

"진나라가 무서워하는 것은 다만 마복군 조사의 아들 조괄(趙括)이 장군이 되어 오는 것이다."

조나라 왕은 그 말을 믿고 조괄을 장군에 임명하여 염파를 대신하려고 했다. 그러자 인상여가 말했다.

"왕께서는 명성만 듣고 조괄을 등용하려 하십니다만 그것은 거문고의 기둥에 아교풀을 칠하여 고정시켜 놓고 거문고를 타는 것과 같습니다. 조괄은 고작 그의 아버지가 남긴 병서를 잘 읽었을 뿐이지 임기응변을 모릅니다."

그러나 조나라 왕은 듣지 않고 마침내 조괄을 장군으로 임명했다.

조괄은 소년 시절부터 병법을 배워 병사(兵事)를 말했다. 그래서 스스로 생각하기를 병법가로서 천하에 자기를 당할 자가 없다고 생각했다.

조괄이 예전에 그의 아버지 조사와 함께 병사를 논한 적이 있었는데 조사는 그의 잘못된 점을 지적할 수가 없었다. 그러나 잘한다고 말하지는 않았다. 조괄의 어머니가 그 이유를 물으니 조사는 이렇게 대답했다.

"싸움이란 생명을 거는 일인데 괄은 너무 쉽게 논하고 있소. 조나라에서 괄을 장수로 삼지 않는다면 좋겠지만 만약 괄을 장수로 삼는다면 조나라의 군대는 괄 때문에 반드시 패할 것이오."

조괄이 장수가 되어 출발하려고 할 때 그의 어머니가 왕에게 상소를 올렸다.

"괄을 장수로 삼으시면 안 됩니다."

왕이 그 이유를 묻자 조괄의 어머니는 이렇게 대답했다.

"첩이 괄의 아버지를 섬겼을 때 사(奢)는 장군이었습니다. 그때 사 밑에는 그가 몸소 밥과 마실 것을 주는 등 급식을 돌보아 준 부하가 수십 명 있었고 벗으로 사귀는 사람은 수백 명이나 있었습니다. 대왕과 종실에서 하사받은 상은 전부 군리(軍吏)나 사대부(士大夫)들에게 나누어 주었습니다. 그러다 출정 명령을 받기만 하면 그날부터 일체 가사를 돌보지 않았습니다.

그런데 괄은 하루아침에 장수가 되어 높은 자리에 있는 자로서[228] 군리를 공식으로 회합시켜도 군리 가운데 그를 우러러보는 자가 없었습니다. 또 왕께서 하사하신 금백(金帛)을 집에 쌓아둡니다. 그리고 날마다 살 만하고 편리한 전택(田宅)을 살펴보고 그것을 사들입니다. 대왕께서는 그가 그의 아비와 비교하여 어떻다고 생각하십니까? 아비와 아들의 마음 쓰는 것이 아주 다릅니다. 바라옵건대 왕께서는 저 아이를 보내지 마십시오."

그러자 왕이 말했다.

"어머니는 이 일에 간섭하지 마시오. 내 이미 결정했소."

괄의 어머니가 말했다.

"왕께서 끝내 괄을 보내려 하신다면 만일 저 애가 뜻대로 되지 않는 일

---

228) 원문은 '東向而朝'. 東向은 동쪽의 좌석으로 주인이나 지위가 높은 자가 착석한다.

이 있을지라도 그 죄에 첩이 연좌되는 일이 없도록 해 주십시오."

왕이 이를 허락했다.

조괄이 염파를 대신하게 되니 군령을 모조리 고치고 군리를 경질했다. 진나라 장군 백기(白起)가 이 말을 듣자 기병(奇兵)을 풀어 거짓으로 패주하는 척하면서 조나라 군사의 군량 나르는 길을 차단했다. 조나라 군사를 분단하여 둘로 나누니 조나라 군사들은 사기가 떨어졌고 사십여 일이나 굶었다.

조괄은 날쌘 군사를 선출하여 몸소 나아가 싸웠으나 진나라 군사의 화살에 맞아 죽었다. 괄의 군대는 패하고 수십만의 많은 군병은 마침내 진나라에 항복했다. 진나라는 이들을 모두 구덩이에 묻어 죽였다. 조나라의 군사로서 전후를 통하여 사망한 자가 모두 사십오만 명에 이르렀다.

다음해 진나라 군대는 한단을 포위했다. 1년 남짓 포위 속에서 고전을 면할 수 없었으나 초, 위나라 제후들의 구원으로 겨우 진나라의 포위를 풀 수 있었다. 조나라 왕은 괄의 어머니와 먼저 약속한 것이 있었기 때문에 조괄의 어머니를 죽이지 않았다.

한단의 포위가 풀린 지 5년 후에 연나라는 율복(栗腹 : 樂毅列傳에도 나옴)의 계략에 따라 '조나라 장정들은 장평의 싸움에서 모두 죽고 그 아들들은 아직 장년이 되지 못했다.' 하여 군대를 동원해 조나라를 공격했다.

조나라는 염파를 장군으로 삼아 싸우게 했다. 염파는 호(鄗)에서 연나라 군사를 크게 깨뜨리고 율복을 죽인 뒤 드디어 연나라의 도읍을 포위하니 연나라가 5성을 떼어 주고 화친을 청해 왔으므로 이를 받아들였다. 조나라는 염파를 위문(尉文) 땅에 봉하고 '신평군(信平君)'이라 하여 임시 재

---

229) 원문은 '爲假相國'. 假는 빌려 준다는 뜻에서, 일시적으로 어떤 관직을 대리하게 한다는 뜻. 趙의 相國은 平原君이었는데 이때 이미 죽고 없었다.

상에 임명했다.[229]

앞서 염파가 장평에서 파면되어 돌아와 권세를 잃었을 때 식객들은 모두 떠나가더니 이제 다시 임용되어 장군이 되자 또다시 식객들이 모여들었다. 그러자 염파가,

"손을 물리쳐라."

고 하자 객(客)이 말했다.

"아아! 공께서는 아직도 이 이치를 깨닫지 못하고 계십니까? 대체로 천하 사람들은 장사를 하는 도리로 사귀는 것입니다. 공에게 권세가 있으면 사람들이 공을 따르고 공에게 권세가 없으면 공을 떠나는 것이 당연한 이치입니다. 전에 떠났다고 해서 원망할 일이 뭐 있겠습니까?"

6년이 지나 조나라는 염파에게 명하여 위나라의 번양(繁陽)을 쳐 공략했다. 조나라 효성왕(孝成王)이 죽고 그의 아들 도양왕(悼襄王)이 즉위하자 악승(樂乘)을 장군으로 임명하여 염파를 대신하게 했다. 염파가 노하여 악승을 공격하니 악승은 도망쳤다. 염파도 위나라 대량으로 달아났다.

그 다음해에 조나라는 이목(李牧)을 장군으로 하여 연나라를 쳐서 무수(武遂)와 방성(方城)을 함락시켰다. 염파는 오랫동안 대량에 있었는데 위나라는 그를 신용하지 않았다. 그 사이 조나라 왕은 진나라 군사한테 자주 고통을 받은 터라 염파를 다시 얻고자 생각했고 염파 역시 조나라에서 임용해 주기를 바랐다.

조나라 왕은 사자를 보내어 염파가 다시 장군의 임무를 감당할 수 있을지 알아보고 오라고 했다. 그런데 염파의 원수인 곽개(郭開)가 그 사자에게 많은 금을 주고 염파를 중상토록 시켰다.

조나라 사자가 염파를 만나니 염파는 한 끼니에 쌀 한 말의 밥과 고기 열 근을 먹었으며 갑옷을 입고 말에 올라타고는 아직도 충분히 임무를 감당할 수 있음을 과시했다. 조나라 사자가 돌아와서 왕에게 보고하기를,

"염장군은 늙었다고는 하지만 아직 건강하여 식욕이 좋습니다. 그러나 신과 앉아 있는 잠깐 사이에 여러 번 똥을 쌌습니다."

라고 했다. 조나라 왕은 염파가 늙었다고 판단하고 끝내 부르지 않았다.

초나라는 염파가 위나라에 있다는 말을 듣고는 몰래 사자를 보내어 그를 맞이했다. 염파는 한 차례 초나라 장군이 되었으나 공을 세우지는 못했다. 그는 말하기를,

"나는 조나라 군사를 쓰고 싶다."

고 했다. 염파는 마침내 수춘(壽春 : 楚나라의 읍)에서 죽었다.[230]


이목(李牧)은 조나라 북변의 훌륭한 장군이었다. 일찍이 대(代)의 안문(雁門)에 머무르면서 흉노의 침입에 대비했다. 때의 편의를 생각해 임의로 관리를 두고 시장의 조세는 모두 장군의 군영으로 받아들여 병졸들을 위해 썼다. 날마다 소를 잡아 병사들을 먹여 가며 활쏘기와 말 타기를 훈련시켰다. 적이 오는 것을 알리는 봉화에 주의하도록 하고 많은 간첩을 풀어놓았으며 병사들을 후대했다. 그러고는,

"만약 흉노가 침입해 도둑질하거든 급히 가축들을 몰아 성안으로 들라. 함부로 흉노를 포로로 하는 자가 있으면 턱을 베겠다."

하고 군령을 내렸다. 이목은 흉노가 침입할 때마다 봉화에만 주의하고 성안에 틀어박혀 있을 뿐 나아가 싸우려 하지 않았다. 이와 같이 하기를 수년 동안 했더니 별다른 손해를 입는 일이 없었다.

이렇게 하니 흉노는 이목을 겁쟁이라고 생각하였으며 변방을 지키는 조나라 군인들까지도 그를 겁쟁이라고 여겼다. 그래서 조나라 왕은 이목을

---

230) 楚가 도읍을 壽春으로 옮긴 것은 孝烈王 22년으로, 秦始皇이 왕이 되고부터 6년째(기원전 241년)이므로(≪史記≫ 楚世家), 廉頗는 그보다 뒤에 죽은 것이 된다.

꾸짖었으나 그는 방침을 바꾸지 않았다.

노한 조왕은 이목을 소환하고 다른 사람을 장군으로 임명했다. 그랬더니 그는 1년 남짓한 동안에 흉노가 습격해 올 때마다 군사를 출동시켜 싸웠고 싸울 때마다 불리하여 손해가 많아져 변경의 백성들은 마음 놓고 농사짓거나 가축치기를 할 수 없었다.

조나라 왕이 이목을 다시 보내려고 했으나 이목은 문을 닫고 나오지 않으며 병이라 핑계하고 한사코 사양했다. 조왕이 강제로 그를 장군으로 기용하려 하자 이목은 이렇게 말했다.

"왕께서 꼭 신을 기용하시기를 원하신다면 신은 전의 방침을 바꾸지 않을 텐데 그래도 좋으시다면 감히 명령을 받들겠습니다."

왕은 이를 허락했다.

이목은 변방에 도착해서 전과 같이 군령을 시행했기에 흉노는 수년 간 아무런 소득도 없었다. 그러다 결국은 또 이목을 겁쟁이라 생각했고 변경을 지키는 군사들도 날마다 상여금과 금품을 받으면서도 한 번도 싸움에 힘을 써 보지 못한다 하여 모두가 싸우기를 원했다.

이목은 견고한 전차 일천삼백 대를 갖추고 기마 일만삼천 필을 골라 뽑았다. 또 일찍이 전공으로 백 금의 상을 받은 용감한 군사 오만 명, 그리고 활을 잘 쏘는 사람 십만 명을 얻어 통솔하고 훈련을 행하며 가축을 모두 내어 먹이니 백성이 들에 가득했다.

흉노가 소수의 군사를 이끌고 침입해 오자 거짓으로 패하여 이기지 못하는 척 도망하면서 수천 명을 뒤에 남겨 놓았다. 선우(單于 : 흉노의 王)가 이 말을 듣고 대군을 이끌고 침입해 왔다.

이목은 여러 가지 기이한 진법을 써서 군사를 배치해 군을 좌우의 날개처럼 벌려 놓고 그들을 공격하여 크게 격파했다. 흉노의 십만여 기병을 죽이고 담람(襜襤 : 흉노의 한 종족)을 멸망시켰으며 동호(東胡 : 흉노의 한 종족)를 격파하고 임호(林胡 : 흉노의 한 종족)를 항복받으니 선우는 패해 달아났다. 그 뒤 십여 년 동안 흉노는 조나라의 변경에 접근하지 못했다.

조나라 도양왕 원년, 염파는 위나라에 망명 중이었다. 조나라에서는 이목을 시켜 연나라를 공격하게 했다. 그래서 무수(武遂), 방성(方城)을 함락시켰다.

그 2년 후에 조나라의 장수 방난(龐煖)이 연나라 군대를 격파하고 극신(劇辛 : 원래 조나라 사람이었는데 연나라를 섬김)을 죽였다.

그 뒤 7년에 진나라가 조나라의 장군 호첩(扈輒)을 무수(武遂)에서 격파하여 죽이고 조나라 군사의 머리를 벤 것이 십만에 이르렀다. 이에 이목을 조나라의 대장군으로 임명했다. 이목은 의안(宜安)에서 진나라 군대를 크게 격파하고 진나라 장군 환기(桓齮)를 패주시켰다. 조나라는 이목을 봉하여 무안군(武安君)으로 했다.

그 3년 뒤에 진나라가 파오(番吾)를 공격하니 이목이 나아가 진군을 격파하고 남쪽으로 한나라 · 위나라의 군대를 막았다.

조나라 왕 천(遷) 7년에 진나라가 왕전(王翦)을 시켜 조나라를 공격하니 조나라는 이목, 사마상(司馬尙)을 시켜 방어하게 했다. 진나라에서는 조왕의 총신 곽개(郭開)에게 많은 금을 주고 간첩 활동을 시켜 이목, 사마상이 배반하고자 한다고 말하게 했다. 조나라 왕은 이목을 조총(趙葱)과 제나라의 장군 안취(顔聚)로 교체시키려 했지만 이목이 명령을 듣지 않았으므로 몰래 사람을 시켜 붙잡아 참형시키고 사마상을 파직시켰다.

그 3개월 후에 왕전은 조나라를 급습하여 크게 격파하였으며 조총을 죽이고 조나라 왕 천(遷)과 그의 장수 안취(顔聚)를 포로로 하여 마침내 조나라를 멸망시켰다.

태사공은 말한다.

"죽음을 각오하면 반드시 용감하게 된다. 죽는다는 것 자체가 어려운 것이 아니라 어떤 경우에 죽을 것인가, 또는 어떻게 죽음에 대처할 것인가가 어려운 것이다. 인상여가 벽옥을 안고 기둥을 노려본 것이라든지 면지의 회합에서 진나라 왕의 좌우 측근들을 꾸짖은 것은 당시 상황으로 보아 자기가 죽음을 면할 수 없을 것이라고 생각했기에 나온 행동이었다.

그런데 선비 중에 어떤 자는 비겁하여 감히 그러한 용기를 내지 못한다. 인상여는 한번 용기를 내어 적국에 위엄을 떨치고 물러나서는 염파에게 사양하여 그 이름을 태산보다도 무겁게 했던 것이다. 그는 '지(智)'와 '용(勇)' 두 가지를 다 지녔던 인물이라 말할 수 있을 것이다."

# 제22 전단열전(田單列傳)

전단(田單)은 제나라 전씨(田氏)의 먼 친척이 된다. 민왕(湣王) 때 임치(臨淄 : 齊나라의 國都)의 시장 관리원의 속관(屬官)이 되었으나 그의 이름은 알려지지 않았다.

연나라가 악의(樂毅)에게 명하여 제나라를 쳐 격파하고 제나라 민왕은 임치에서 달아나 그 후 거성(莒城)에서 농성(籠城)하고 있었다. 연나라 군사는 깊숙이 침입하여 제나라를 평정했다.

전단은 안평(安平)으로 도망가서 그의 집안사람들에게 명하여 모든 수레의 차축(車軸) 끝을 잘라 버리게 하고 그 머리를 철로 감아 고정시켰다. 그러는 중에 연나라 군이 안평에 쳐들어와 성이 무너지자 사람들은 앞을 다투어 도망치는데 차축의 끝이 부러져 수레가 부서지는 바람에 모두 연나라의 포로가 되었다. 오직 전단의 집안만 차축의 머리를 철로 감아 고정시켰기 때문에 부서지지 않아 도망칠 수 있었는데 동쪽에 있는 즉묵(卽墨)으로 가서 몸을 보전했다.

연나라는 제나라의 성을 모두 항복시켰으나 오직 거(莒)와 즉묵(卽墨)만이 항복하지 않았다. 연나라 군대는 제나라 왕이 거에 있다는 말을 듣고 군사들을 모아 거를 공격했다. 그때 제나라 구원군으로 초나라에서 파견되어 거에 와 있던 요치(淖齒)[231]가 민왕을 이미 거에서 죽였는데도 제나라 군대는 거를 굳게 지키면서 수년간 연나라 군대를 방어하여 항복하지 않

---

231) 요치는 楚의 장군으로 齊를 구하기 위해 파견되어 齊의 재상이 되어 있었는데 燕의 군대와 함께 齊를 분할코자 민왕을 포박했다. 그런데 요치가 왕을 죽인 뒤 백성들이 요치를 덮쳐 이를 죽였다. (≪史記≫ 田敬仲世家)

았다. 연나라는 군대를 이끌고 동쪽으로 나아가 즉묵을 포위했다. 즉묵의 대부가 성에서 나와 싸우다가 패하여 죽었다.

이에 성안의 사람들은 전단을 추천하여,

"안평(安平)에서 싸울 때 전단의 일족은 차축 끝을 철로 감았기 때문에 안전했다. 전단은 용병술에 익숙하다."

라고 말하며 그를 장군으로 삼았다. 전단은 즉묵에서 연나라 군대를 막았다. 얼마 뒤에 연나라 소왕이 죽자 혜왕이 즉위했다. 혜왕은 악의와 사이가 좋지 않았다. 전단이 그 말을 듣고는 간첩을 연나라에 보내 선전했다.

"제나라 왕은 이미 죽고 제나라의 성읍에서 아직 함락되지 않은 성은 둘뿐이다. 악의는 사형당할 것이 두려워 귀국하려 하지 않는다. 그리고 제나라를 토벌한다는 명목으로 실은 전쟁을 오래 끌다가 결국 자기가 제나라의 왕이 되려 한다. 그런데 제나라 사람들이 아직 그에게 심복하지 않고 있어 잠시 동안 천천히 즉묵을 공격하면서 시기를 기다리고 있는 것이다. 제나라 사람들은 다른 장군이 와서 즉묵을 함락시키지 않을까 두려워할 뿐이다."

연나라 왕은 그 말에 현혹되어 기겁(騎劫)을 장군으로 임명해 악의와 교체시켰다. 그 때문에 악의는 조나라로 도망가 귀속하였고 연나라 사람들과 병졸들은 모두 악의를 경질한 것에 대해서 분개했다.

한편 전단은 성안의 사람들을 시켜 음식을 먹을 때마다 반드시 조상에게 제물을 갖추어 뜰에서 제사를 지내도록 영을 내렸다. 그래서 새들이 성의 상공을 날다가 춤추며 내려와 그 제물을 먹게 되었다. 연나라 사람들이 새가 성중에서 춤추며 내려앉는 것을 이상하게 여기자 전단이 이에 선전하기를,

"신이 하늘에서 내려와 나를 가르쳐 주시는 것이다."

하고 사람들에게,

"이제 곧 신인(神人)이 나타나서 나의 스승이 될 것이다."

라고 했다. 그런데 한 병졸이,

"신(臣)이 그 스승이 될 수 있을까요?"

하고는 돌아서서 달아났다. 전단은 곧 일어나 그 병졸을 끌고 되돌아와 동쪽에[232] 앉게 한 뒤에 그에게 스승의 예를 갖추었다. 병졸이,

"신은 공을 속였습니다. 신은 진실로 아무 능력도 없습니다."

라고 하자 전단이 말했다.

"그대는 아무 말도 하지 말라."

전단은 그를 스승으로 했다. 그리고 명령을 내릴 때마다 반드시 신사(神師)의 가르침이라고 말했다. 이와 같은 상태를 만들어 놓고 전단은 이렇게 선전했다.

"내가 두려워하는 것은 오직 연나라 군대가 붙잡아 간 제나라 병졸들의 코를 베어 그것을 군진 앞줄에 내걸고 싸워서 그 때문에 즉묵이 패하게 되는 것이다."

연나라 사람들은 그 말을 전해 듣고 전단의 말처럼 실행했다. 성중의 사람들은 제나라에서 항복한 자가 코를 베이는 형에 처하는 것을 보고 모두 분개하여 굳게 성을 지키면서 오직 적에게 붙잡힐 것을 두려워했다. 전단은 또 간첩을 놓아 말했다.

"나는 연나라 군대가 우리 성 밖에 있는 조상의 분묘를 파헤쳐 선조들을 욕되게 하지나 않을까 두렵다. 그런 생각만 해도 전신이 떨리고 마음이 오싹한다."

연나라 군대가 분묘를 모두 파내어 시체를 불에 태우니 즉묵 사람들은

---

232) 원문은 '東鄕'. 鄕 은 向과 같다. 신분이 높은 사람이 동쪽 자리에 앉는다.

성벽 위에서 멀리 바라보며 모두 눈물을 흘리고 함께 나아가 싸우기를 원했다. 즉묵 사람들의 연나라 군사에 대한 적개심은 전보다 열 배나 커졌다.

전단은 이제 병졸들이 싸움에 쓸 만하다고 생각하고 몸소 판삽(版插 : 성벽 공사용의 널과 삽)을 손에 들고 병졸들과 함께 노역하면서 자기의 처첩까지 군대의 대오 속에 편입시켰다. 또한 모든 음식물을 전부 나누어 병졸들을 먹였다. 그렇게 하고 나서 무장을 갖춘 군대는 안에 숨게 하고 노인·어린이·부녀자들만 성벽 위에 오르게 한 다음, 사자를 보내어 연나라 군대에 항복을 약속했다.

연나라 군대는 크게 기뻐했다. 전단은 또 백성들에게서 거둔 금(金)으로 천 일(千鎰)을 만들어 즉묵의 부호로 하여금 연나라의 장군들에게 바치게 하고,

"즉묵이 항복하거든 바라건대 우리들 가족과 처첩을 포로로 한다든지 재산을 빼앗지 말아 주십시오."

라고 말하게 했다. 연나라 장군들은 매우 기뻐하며 그렇게 하겠다고 승낙했다. 연나라 군대는 이 일로 더욱 해이해졌다.

전단은 은밀히 성안에서 소 천여 마리를 거두어들였다. 그러고는 빨간 비단으로 옷을 만들어 거기에 오색으로 용의 무늬를 그려서 소들에게 입히고 칼과 창을 뿔에 묶고 꼬리에는 기름을 적신 갈대 다발을 묶어 달아맸다. 그리고 성벽에 수십 개의 구멍을 뚫은 다음, 밤이 되자 그 구멍을 통해 소 꼬리에 불을 붙여 밖으로 내보냈다. 또 장사 오천 명으로 하여금 그 뒤를 따르게 했다.

소는 꼬리가 뜨거워지자 미친 듯이 성이 나서 연나라 군진으로 돌진했다. 연나라 군대는 한밤중의 일이라 크게 놀랐다. 소 꼬리의 횃불은 눈부시게 타오르며 광채를 냈다. 연나라 군대가 보니 모두 용의 무늬였다. 소

에게 받힌 자는 죽거나 부상당했다. 이를 틈타 오천 명의 제나라 군사들은 나무쪽[233]을 입에 물고 소리 없이 공격했다. 성안에서는 큰북을 치고 고함을 지르고 노인과 어린이들까지 모두 구리쇠 그릇을 쳐서 소리를 내 성원하니 그 소리가 천지를 진동했다. 연나라 군대는 몹시 놀라서 패주했다.

제나라 사람들이 드디어 연나라 장수 기겁을 무찔러 죽이니 연나라 군대는 산산이 흩어져 소란스럽게 달아날 뿐이었다. 제나라 군대가 도망가는 연나라 군대를 추격하니 지나가는 곳마다 성읍은 모두 연나라를 배반하고 전단에게로 돌아왔다. 전단의 군대는 날이 갈수록 더욱 많아졌으며 승세를 타고 진격했다. 연나라 군대는 패주를 거듭하다 겨우 하상(河上 : 齊나라의 북쪽 경계)에 도달했다.

빼앗겼던 칠십 개 성읍은 다시 제나라의 것이 되었다. 이에 제나라의 양왕을 다시 임치로 맞아들여 정사를 보게 했다. 양왕은 전단을 봉읍하고 안평군(安平君)이라 불렀다.


태사공은 말한다.

"전쟁이란 정면으로 대치하여 싸우거나 유격(遊擊)인 기병(奇兵)을 가지고 적의 의표를 찔러 이기는 것이다. 전쟁을 잘하는 자는 기병을 쓰는 방법이 무궁무진하여 기습과 정공이 돌고 도는 것이 마치 끝이 없는 고리와 같다. (≪孫子≫ 兵勢篇에서 인용)

'처음에는 처녀처럼 약하게 보여 적이 업신여기고 문을 열어 방비하지 않아도 되게 하고 나중에는 그물을 벗어난 토끼처럼 빨리 달려 적이 방비하려야 할 겨를이 없게 한다.' (≪孫子≫ 九地篇에서 인용. 司馬遷이 ≪孫子≫의 애독자였음을 알 수 있음)고 한 것은 저 전단을 두고 한 말이 아니

---

233) 夜襲 때 병사나 말이 소리를 내지 않도록 입에 물리는 나뭇조각.

겠는가!"

이야기는 처음으로 돌아가는데,[234] 요치가 민왕을 죽였을 때 거(莒)의 사람들이 민왕의 아들 법장(法章)을 찾았는데 태사교(太史嬓)의 집에서 그를 찾아냈다. 이때 법장은 그 집에 고용되어 정원의 나무에 물 주는 일을 하고 있었는데 교의 딸이 그를 불쌍히 여겨 후대했다. 뒤에 법장은 자기의 실정을 그 여자에게 밝혔고 그녀와 좋아 지냈다.

거읍의 사람들이 모두 법장을 제나라 왕으로 세워 거읍으로 연나라 군대를 방어하게 하니 태사씨(太史氏)의 딸은 마침내 왕후가 되었다. 이 여자가 바로 군왕후(君王后)[235]이다.

연나라가 처음에 제나라에 침입했을 때 획읍(劃邑 : 임치의 서북 산동성) 사람 왕촉(王蠋)이 현명한 인물이라는 말을 듣고 군중에 명령하여 말했다.

"획읍의 둘레 삼십 리 안에는 들어가지 말라."

이것은 왕촉을 위하기 때문이었다. 그 후 연나라 장군은 사자를 보내 왕촉에게 말하기를,

"제나라의 많은 사람들이 그대의 절의를 존중하고 높이 평가하고 있소. 내가 그대를 장군으로 임명하고 일만 호의 읍에 봉하고자 하오."

라고 하자 왕촉은 한사코 사절했다. 연나라 장군이 말했다.

"그대가 듣지 않는다면 내가 삼군을 이끌고 와서 획읍을 무찌르겠소."

그러자 왕촉은 이렇게 말했다.

---

234) 원문은 '初', 역사 등의 서술에서 어떤 일을 말한 다음 그보다 시간적으로 앞의 것을 말할 경우에 쓰는 용어.

235) '君王后' 세 글자가 어떤 것을 의미하는지 확실하지 않다. 后의 부친 太史는 딸이 중매 없이 출가한 것을 가문의 불명예라고 한탄하여 죽을 때까지 后를 만나지 않았다고 한다. 특별한 뉘앙스를 지닌 명칭인 듯한데 잘 알 수 없다.

"충신은 두 임금을 섬기지 아니하고 열녀는 두 남편을 섬기지 아니한다고 하오. 제나라 왕이 나의 간언을 받아들이지 않았기 때문에 물러나 들에서 경작을 하고 있는데 나라는 이미 멸망했고 나는 그것을 보전하게 하지 못했소. 이제 군대를 가지고 나를 위협한다고 해서 그대의 장수가 된다면 그것은 걸왕을 도와 포악을 일삼는 짓이나 다름이 없소. 살아서 의로운 일을 하지 못할 바에는 차라리 삶겨 죽는 편이 훨씬 낫겠소."

그러더니 나뭇가지에 목을 매어 죽고 말았다. 도망쳤던 제나라 대부들이 이 이야기를 듣고 말하기를,

"왕촉은 포의한사(布衣寒士)인 평민인데도 의를 지켜 연나라를 섬기지 않았다. 하물며 벼슬자리에 있으면서 녹을 먹었던 사람이야……."

하며 모두 거로 달려가 제나라 왕의 여러 아들들을 찾고 법장을 세워 양왕으로 받들었던 것이다.[236]

---

236) 이 한 단락은 '太史公曰'의 뒤에 있는 부분인데 사실은 본문을 보충한 기술이다. 이와 같은 예는 本紀에도 있다.

# 제23 노중련·추양열전(魯仲連·鄒陽列傳)

노중련(魯仲連)은 제나라 사람이다. 그는 특이하고 탁월한 계획을 좋아하나 벼슬에는 뜻이 없었으며 고상한 절개 지키기를 좋아했다.

그는 일찍이 조나라 땅을 유람했다. 그때는 조나라 효성왕(孝成王) 때인데 진나라 왕이 백기를 시켜 전후 사십만여 명에 이르는 조나라의 군대를 장평에서 격파했던 무렵이었다. 진나라 군대는 드디어 동쪽으로 나아가 한단을 포위했다.

조나라 왕은 두려워 제후들에게 구원병을 요청했으나 진나라 군사를 감히 공격하는 자가 없었다. 위나라 안희왕은 진비(晉鄙)에게 명하여 조나라를 구원하게 했는데 진비는 진나라가 두려워 탕음(蕩陰)에 머물면서 진군하지 않았다. 그래서 위나라 왕은 객장(客將)[237] 신원연(新垣衍)을 시켜 몰래 한단에 들어가 평원군을 통해 조나라 왕에게 다음과 같이 말했다.

"진나라가 갑자기 조나라의 국도(國都)를 포위한 까닭은 다른 데 있는 것이 아닙니다. 진나라가 앞서 제나라 민왕과 강성함을 다투어 '제(帝)'를 칭하다가 얼마 뒤에 취소했습니다. 그런데 제나라 민왕은 점점 약해지고 있어서 이제는 진나라만이 천하의 웅(雄)이 되는 존재입니다. 그래서 꼭 한단을 탐해서 공략하려는 것은 아니고 다시 '제'라고 칭하기를 바라기 때문일 것입니다. 그러니 조나라가 사자를 보내어 진실로 진나라 소왕(昭王)을 높여 '제'라고 칭한다면 진나라는 틀림없이 기뻐하여 군대를 거두어 돌아갈 것입니다."

평원군은 망설이며 아직 결단을 내리지 못했다. 이때 노중련이 때마침

---

237) 客將은 타국에서 와서 대장이 된 자. 新垣이 姓으로 이름은 衍.

유람차 조나라에 가 있었다. 그때 진나라 군대가 조나라의 국도 한단을 포위했고 위나라가 조나라로 하여금 진나라를 높여 제라 칭하게 하려 한다는 말을 듣고 노중련은 곧 평원군을 찾아가서 말했다.

"이 일을 어떻게 처리하실 생각입니까?"

평원군이 말했다.

"내가 이 일에 대해서 어떻게 감히 말할 수 있겠습니까? 앞서 사십만의 병력을 국도 밖에서 잃었으며, 지금은 또 안으로 한단이 포위되었는데 격퇴시킬 방법이 없습니다. 거기에 위나라 왕이 객장군 신원연을 보내 조나라로 하여금 진나라를 높여 제호(帝號)를 바치라고 합니다. 지금 그 사람이 이곳에 있지만 내가 감히 이 일에 대해서 어떻게 말할 수 있겠습니까?"

노중련이 말했다.

"처음에는 상공을 천하의 현명한 공자라고 생각하고 있었는데 내 이제야 상공이 천하의 현명한 공자가 아님을 알았습니다. 양(梁 : 魏나라)에서 온 객장군 신원연은 지금 어디에 있습니까? 상공을 위해 그 사람을 꾸짖어 돌려보내겠습니다."

평원군이 말했다.

"내가 그를 선생과 만나게 해 드리겠습니다."

그리하여 평원군이 신원연을 만나 말했다.

"동국(東國)에 노중련 선생이 있는데 지금 여기에 와 계십니다. 내가 소개하겠으니 장군께서 만나 보시기 바랍니다."

신원연이 말했다.

"내가 들으니 노중련 선생은 제나라의 절개 높은 선비라고 합니다. 하지만 나는 군주를 섬기고 있는 몸으로서 한 군주의 사자로 와 있기 때문에 노중련 선생을 만나고 싶지 않습니다."

평원군이 말했다.

"내가 이미 이 일을 노중련 선생에게 말했습니다."

신원연은 하는 수 없이 승낙했다. 노중련은 신원연을 보고도 아무 말도 하지 않았다. 신원연이 말했다.

"내가 이 포위된 성안에 있는 사람을 보니 모두가 평원군에게 무엇인가를 구하고 있는 사람들뿐입니다. 그런데 지금 선생의 풍모를 뵈오니 평원군에게 기대하고 있는 분이 아니십니다. 선생께선 어째서 오래도록 이 포위된 성에서 떠나지 않으십니까?"

노중련이 말했다.

"세상에서는 포초(鮑焦)[238]가 여유 있는 태도를 갖지 못하고 성급하게 죽었다고 비난하나 그것은 잘못입니다. 그는 당시의 혼탁한 세상 인심을 바른 길로 인도하려 했으나 세상 사람들은 그것을 모르고 자기 일신을 위한 근심 때문에 죽었다고 생각합니다.

저 진나라는 예의를 버리고 다만 적의 목을 많이 베는 것만을 존중하는 나라입니다. 그래서 그들은 권모와 술수로써 전사(戰士)를 부리고 백성들을 노예처럼 다루고 있습니다. 이와 같은 진나라 왕이 방자하게 제(帝)가 되어 천하의 정치를 그릇되게 한다면 나는 동해(東海)에 몸을 던져 죽을 뿐입니다. 나는 결코 진나라 왕의 백성이 될 수 없습니다. 장군을 뵙는 까닭은 조나라를 돕고자 하기 때문입니다."

"선생께서는 앞으로 어떻게 조나라를 도우려고 하십니까?"

"나는 양(梁 : 魏나라)과 연나라로 하여금 조나라를 돕게 하고자 합니다. 제나라와 초나라는 물론 조나라를 도울 것입니다."

"연나라에 대해서는 저도 선생의 말을 좇겠습니다. 그러나 양으로 말하

---

238) 周代의 隱者. 나무꾼으로서 천자에게도 제후에게도 벼슬을 하지 않고 나무를 끌어안고 죽었다 한다.

자면 내가 바로 양나라 사람이라서 그 사정을 잘 알고 있는데 선생께서는 무슨 수로 양나라로 하여금 돕게 하시렵니까?"

"양나라가 조나라를 돕지 않는 이유는 진나라가 '제'라고 일컬으면 그 해독이 얼마나 클지 아직 모르기 때문입니다. 그러니 양나라로 하여금 진나라가 '제'를 칭했을 경우의 해독을 알게 하면 반드시 조나라를 도울 것입니다."

신원연이 말했다.

"진나라가 '제(帝)'라고 일컬을 경우 어떠한 해독이 있습니까?"

노중련은 다음과 같이 말했다.

"옛날에 제나라 위왕은 일찍이 인의를 실행하려고 했습니다. 곧 천하의 제후들을 인솔하여 주나라의 조정으로 천자를 뵈러 들어가려는데 그때 주나라 왕실은 가난하고 세력이 미약해 어느 제후도 참조(參朝)하지 않고 제나라만 홀로 주나라에 참조했습니다.

그 후 1년 남짓하여 주나라 열왕이 붕어했습니다. 제나라가 다른 제후들보다 뒤늦게 조문을 갔습니다. 주나라의 새 왕이 노하여 제나라 왕에게 이르기를 '하늘이 무너지고 땅이 갈라져 천자가 자리를 내려와 상실(喪室)에서 태자가 상복을 입고 있는 터에 동쪽 울타리를 지키는 신하(齊나라 威王을 가리킴)가 늦게 오다니 목을 칠 죄에 해당한다.'고 말씀하셨습니다. 제나라 위왕이 발끈 성을 내어 말하기를 '무엇이라고! 너의 어미는 종년이 아니었느냐.'239)고 했습니다. 그래서 제나라 왕은 천하의 웃음거리가 되고 말았습니다.

제나라 왕이 열왕의 생전에 주나라에 참조하고 죽은 뒤에는 그의 아들

---

239) 원문은 '而母婢也'. '而'는 爾와 같다. 이것은 烈王의 后를 매도한 것으로, 즉 그 아들은 庶子라는 뜻. 그런데 ≪史記≫ 周本紀에 따르면 烈王의 死後 즉위한 것은 그 아우 顯王이므로 두 사람의 아버지는 烈王의 아버지 安王이었다.

인 안왕(安王)을 꾸짖어 욕한 것은 진실로 주나라의 요구에 참을 수 없었기 때문입니다.

비록 미약하나 주나라는 천자였으니 제후들에게 요구하는 것은 당연한 일로서 조금도 이상하게 여길 것은 못 됩니다. 그런데도 위왕은 참을 수 없었습니다. 진나라가 만약 '제' 를 칭할 경우 제후들에게 요구함은 생각하는 것 이상일 것입니다."

그러자 신원연이 말했다.

"선생께서는 저 노복들을 못 보셨습니까? 열 명의 노복이 한 명의 주인에게 복종하는 것은 힘으로 이길 수 없어서도 아니고 또 지혜가 부족해서도 아닙니다. 그들은 다만 주인을 두려워해서입니다."

노중련이 말했다.

"아아! 그렇다면 양나라는 진나라에 대한 관계가 노복과 같은 것이라고 생각하십니까?"

"그렇습니다."

"그렇다면 나는 앞으로 진나라 왕으로 하여금 양나라 왕을 삶거나 소금에 절여 젓을 담그라고 해야겠습니다."

신원연은 심히 불쾌한 얼굴로 말했다.

"아아, 선생의 말씀은 너무 지나치십니다. 어떻게 진나라 왕에게 위나라 왕을 삶거나 소금에 절여 젓을 담그라고 할 수 있단 말입니까?"

그 물음에 대하여 노중련은 다음과 같이 말했다.

"당연히 의심이 가시겠지요. 나는 지금 그것을 말하려 한 것입니다. 옛날에 구후(九侯)와 악후(鄂侯)와 주나라 문왕(文王)은 은나라 주왕(紂王)의 삼공(三公)이었습니다. 구후에게 미모의 딸이 있었는데 주왕에게 바쳤더니 주왕은 그의 딸이 추녀라고 생각해 구후를 죽여 소금에 절여 젓을 담갔습니다. 악후가 이 일에 대해 강력하게 구후를 변호했습니다. 그러자 주왕은 악후를 죽여 포를 떴습니다. 문왕이 그 말을 듣고 크게 탄식했습니다. 그 때문에 문왕은 유리(羑里)의 창고에 백일 동안이나 구금당하고 죽임을 당할 뻔했습니다.

지금 양나라 왕이 진나라 왕과 똑같은 왕의 처지이면서 어째서 갑자기 포가 되고 소금에 절여지는 처지가 되려고 하십니까?

또 제나라 민왕이 '제' 라고 일컬으며 노나라에 가려고 했을 때 이유자(夷維子)가 말채찍을 손에 들고 수행하면서 노나라 사람에게 말하기를 '그대들은 장차 우리 임금을 어떻게 대우할 생각이오?' 라고 물었습니다. 노나라 사람이 '우리는 장차 십태뢰(十太牢)[240]로써 그대의 임금을 대우하려고 합니다.' 라고 대답하니 이유자가 말했습니다.

'그대는 어떠한 예법으로써 우리 임금을 대우하시렵니까? 우리 임금께서는 천자이십니다. 천자가 제후의 나라를 순수(巡狩 : 나라들을 직접 돌아보는 것)하면 제후는 자기의 궁전을 천자에게 양보하여 성문과 창고의 열쇠를 바치고 옷깃을 여미며 천자를 옆에서 모시고 있다가 당하(堂下)에서 천자께 올리는 수라상을 감독하고 천자께서 수라를 끝낸 다음에야 물러나 조정에 나아가 정사를 봐야 하오.'

이 말을 들은 노나라 사람은 성문을 닫고 자물쇠를 잠가 버리고 나서 성문의 열쇠를 땅에 내던지고는 민왕을 들여보내지 않았습니다.

제나라 민왕은 노나라에 들어가지 못했기 때문에 설(薛)나라에 가려고 하였습니다. 추(鄒)나라에서 길을 빌려 지나가기로 했는데 그때 마침 추나라의 군주가 죽었기 때문에 민왕이 조상을 하려고 했습니다. 이유자가 추나라의 사군(嗣君)에게 말하기를, '천자께서 조문을 하실 때에는 주인

---

240) 원문은 '十太牢'. 宗廟의 제사에 산 제물로 바치는 가축은 세 종류, 즉 소와 양과 돼지다. 이 세 가지를 갖춘 경우를 太牢라 하고 양만 갖추는 것을 少牢라 한다. '十太牢' 는 太牢의 열 곱절이란 뜻일까. 특별한 요리임에 틀림없다.

은 반드시 빈관(殯棺)을 주인의 뒤로 하여 북면(北面)한 자리를 남쪽으로 만들어 놓은 뒤에 앉아 천자가 남면(南面)하여 조문할 수 있게 해야 합니다.'라고 하니 추나라의 뭇 신하들이 '반드시 그와 같이 하고자 한다면 우리들은 칼날 위에 엎드려 죽을 것이다.'라며 민왕이 추나라에 들어오는 것을 강경하게 거부했습니다.

추나라와 노나라의 신하들은 나라가 가난하고 작았기 때문에 군주가 살아 있을 때에는 마음껏 봉양하지 못했고 죽은 뒤에도 충분히 예를 갖추지 못했습니다만 제나라 민왕이 추나라와 노나라에 천자의 예를 행하려고 하니 추ㆍ노의 신하들은 단연코 이것을 받아주지 않았던 것입니다.

지금 진나라는 만승(萬乘 : 전차 일만 대 보유)의 나라입니다. 양나라도 또한 만승의 나라입니다. 모두 만승의 나라에 웅거하여 각각 왕이라고 일컫는 이름이 있습니다. 그 양나라가, 싸움에 한 번 이긴 진나라를 보고 복종하여 진나라 왕을 '제'로 받들려고 합니다. 이것은 한ㆍ위ㆍ조, 삼진(三晉)의 대신을 추나라나 노나라의 하인이나 첩만도 못하게 만드는 것입니다.

어쩔 수 없이 진나라를 '제'로 받든다면 그들은 즉시 제후국의 대신들을 갈아 치울 것입니다. 곧 진나라가 못마땅하게 보는 사람의 관직을 빼앗고 진나라에게 잘 보인 사람에게 관직을 줄 것이며, 또 미워하는 사람의 관직을 빼앗아 좋아하는 사람에게 줄 것입니다. 그리고 또 자기들의 딸이나 천첩을 제후들에게 아내로 삼으라고 하여 위나라 궁중에도 들여보낼 터인데 그리 된다면 위나라 왕인들 어찌 평안하게 지낼 수 있겠으며, 장군도 어찌 전과 같은 총애를 계속 받을 수 있겠습니까?"

이 말을 듣고 난 신원연은 자리에서 일어나 노중련에게 재배하고 사과하여 말했다.

"조금 전까지만 해도 저는 선생을 평범한 분으로 생각했습니다만 이제야 비로소 선생께서 천하의 선비이신 것을 알았습니다. 저는 이곳을 떠나면 두 번 다시 진나라 왕을 '제'로 하자는 말을 하지 않겠습니다."

진나라 장군이 이 소문을 듣고는 군대를 오십 리나 뒤로 물러나게 했다. 그때 마침 위나라의 공자 무기(無忌)가 진비(晉鄙)의 군대를 빼앗아(魏公子列傳 참조) 영솔하여 조나라를 구원하려고 진나라 군대를 공격하니 진나라의 군사는 드디어 물러가고 말았다.

이에 평원군은 노중련을 봉하고자 하였으나 노중련이 사양했다. 사자가 세 번이나 왕복했으나 끝내 봉작을 받으려고 하지 않았다. 평원군은 대신 주연을 베풀었다. 술자리가 한창 무르익을 무렵에 일어나 앞으로 나아가 천 금으로 노중련의 장수를 축원하니 노중련이 웃으며 말했다.

"천하의 선비라는 자가 귀하게 여기는 것은 남을 위하여 걱정을 덜어 주고 어려운 일을 풀어 주며 분란을 해결해 주되 보상은 받지 않는 것입니다. 보상을 받는 따위는 장사치나 하는 일입니다. 나는 차마 그런 일은 할 수 없습니다."

마침내 노중련은 평원군을 하직하고 떠나서는 평생토록 다시 만나지 않았다.

그 후 이십여 년이 지나 연나라 장군이 제나라 읍 요성(聊城)을 공격해 함락시켰다. 요성의 어떤 사람이 연나라 왕에게 가서 그 장군을 참언했다. 연나라 장군은 살해당할 것이 두려워 요성에서 농성한 채 귀국하려 하지 않았다. 제나라의 전단이 요성을 공격한 지 1년이 넘어 전사자가 많았는데도 요성은 함락되지 않았다. 그때 노중련이 편지를 써서 화살에 매달아 성안으로 쏘아 연나라 장군에게 보냈다. 그 편지의 사연은 다음과 같았다.

"나는 '지혜로운 자는 때를 어기느라 이점을 상실하지 않고, 용사는 죽음을 두려워하느라 명예를 잃지 않으며, 충신은 자기를 먼저 생각하고 군주를 뒤에 생각하는 짓을 하지 않는다.'는 말을 들었습니다.

지금 공께서는 한때 참언을 당한 노여움 때문에 연나라 왕을 배신하고 왕에게 좋은 신하가 없음을 알면서도 귀국하지 않고 있는데 이는 충성이 아닙니다. 그러다 자기의 일신을 망치고 요성을 잃게 될 것이며, 그와 같이 해서 제나라에 위엄을 떨치지 못하는 것은 용감함이 아닙니다. 또한 공은 무너지고 명성은 훼손되어 후세에 일컬음이 없게 되는 것은 지혜로움이 아닙니다.

위의 세 가지 점에 해당하는 자는 세상의 군주들이 신하로 삼지 않고 유세객도 그러한 사람을 입에 담지 않을 것입니다. 그런 까닭에 지혜 있는 사람은 때를 잃지 않고 곧 결단하며 용감한 사람은 죽음을 무서워하지 않는 것입니다.

공에게는 지금이야말로 생사영욕과 귀천존비가 달려 있습니다. 이러한 시기는 두 번 다시 오지 않습니다. 공께서는 깊이 헤아려 보시고 세속의 평범한 사람들 같은 태도를 취하지 마십시오.

또 초나라가 제나라의 남양(南陽)을 치고 위나라가 평륙(平陸)을 공격하고 있지만 제나라는 남쪽의 초나라와 위나라를 공격할 마음이 없습니다. 남양, 평륙을 잃는 데서 오는 손해는 적고 요성을 포함한 제북(濟北)의 땅을 얻는 데서 오는 이익은 크다고 생각하기 때문입니다.

그런 까닭에 대책을 정하여 신중하게 대처하고 있습니다. 지금 진나라가 군대를 내려 보내면 위나라는 감히 동쪽을 향하여 제나라를 공격하지 못할 것입니다. 제나라와 진나라 사이에 연횡(連衡)이 성립되면 초나라의 형세는 위태롭게 될 것입니다.

제나라는 남양을 포기하고 평륙을 단념하더라도 제북을 평정하려는 계책을 감행하려고 할 것입니다. 곧 제나라의 요성(聊城) 탈환은 기정사실이므로 공께서는 때를 놓치지 말고 결단을 내리십시오.

지금 초나라 · 위나라의 군대가 차례차례 제나라에서 물러가고 연나라의 구원군도 오지 않습니다. 이와 같이 천하에 대해 배려할 필요가 없는 상황에서 제나라가 전 병력을 가지고 1년간 고통을 받아 온 요성과 대치하게 된다면 공의 목적은 달성되지 못할 것은 불을 보듯 환한 일입니다.

또한 연나라는 매우 혼란해져서 군주와 신하가 다 함께 계책을 잃었으며 상하가 모두 곤경에 빠져 있습니다. 율복(栗腹)은 십만이라는 많은 군대를 가지고도 다섯 번이나 국외에서 패했으며, 그 결과 연나라는 만승의 나라이면서도 조나라 군대에게 국도가 포위되어 영토는 떨어져 나가고 군주는 곤욕을 받아 천하의 웃음거리가 되었습니다. 나라는 피폐하고 환난은 많아서 백성들은 마음을 붙일 데가 없습니다.

공이 지금 피폐한 요성의 백성을 이끌고 제나라의 군대를 방어하고 있는 것은 실로 훌륭한 것으로서 저 옛날의 묵적(墨翟 : 宋나라를 위하여 楚나라의 강한 습격을 막았다.)[241]의 수비에 필적할 만한 것입니다. 먹을 것이 없어 인육(人肉)을 먹고 인골(人骨)을 땔감으로 밥을 지어 먹으면서도 병졸들에게 배반할 마음이 없게 한 것은 실로 손빈(孫臏 : 孫子 · 吳起列傳 참조)의 병법에도 필적할 만한 것입니다. 공의 그 같은 훌륭한 능력은 천하에 밝게 드러날 것입니다.

그런데 공을 위하여 생각하건대 지금의 전차와 말, 무장병을 완전히 보전하여 연나라로 돌아가 복명하고 연나라 왕을 위하여 힘을 다하는 것이 가장 현명한 일이라 생각합니다. 전차와 말, 무장병을 고스란히 보존한 채 연나라에 돌아가면 왕은 틀림없이 기뻐할 것입니다. 공의 몸을 온전히 보전하여 귀국한다면 백성들은 부모를 만난 듯이 기뻐할 것이고 친구들은

---

241) 孟子 · 荀卿列傳에도 언급되어 있다. 城의 수비에 능했다고 하며 지금 전해지는 《墨子》에도 성의 수비에 관해 언급한 부분이 있다.

팔을 걷어붙이고 공의 업적을 세상에 칭찬하여 공의 공업을 명백히 할 것입니다. 위로는 고립한 연나라 왕을 보필하여 군신(群臣)을 통제하고 아래로는 백성들을 길러 유세객들에게 화제(話題)를 제공하며 나랏일을 바로잡고 타락한 풍속을 고쳐 나간다면 공명을 세울 수 있을 것입니다.

만약에 공께서 연나라에 돌아갈 의사가 없다면 연나라를 버리고 세상의 여론도 버리고 동쪽의 제나라를 유람하시는 것도 좋겠지요. 제나라에서는 틀림없이 땅을 떼어 주어 공의 봉령(封領)을 정할 것입니다. 그리하면 공의 부(富)는 저 도공(陶公)이나 위씨(衛氏)[242]와 견줄 것이며, 공의 자손은 대대로 제후가 되어 '고(孤)'라고 자칭하며 제나라와 함께 길이 존속하게 될 것입니다. 이것도 한 가지 계책입니다.

이상의 두 가지 계책은 어느 것이나 명성을 드러내고 실리를 후하게 하는 방법입니다. 공께서는 깊이 헤아려 그 두 가지 계책 중 하나를 택하십시오.

또 나는 '작은 절의에 구애되는 자는 영화스러운 명성을 이룰 수 없고 조그마한 수치를 꺼리는 사람은 큰 공을 세울 수 없다.'는 말을 들었습니다.

옛날에 관이오(管夷吾 : 管仲)[243]가 환공을 쏘아 그의 허리띠 갈고랑쇠에 명중시킨 것은 임금 자리를 빼앗으려는 행동이었습니다. 공자 규(糾)를 버린 채 그와 함께 죽지 않은 것은 비겁한 짓이었습니다. 몸이 묶여 수갑과 족쇄를 찬 것은 치욕이었습니다. 이런 세 가지 행위를 하는 자라면 세상의 군주들은 그런 사람을 신하로 삼지 않으며 향리 사람들도 사귀기를 싫어할 것입니다.

---

242) 陶는 陶君에 봉해진 魏冄을, '衛'는 전에 魏나라 公子였던 商鞅을 가리킨다. 둘 다 秦에서 성공했다. 穰侯列傳과 商君列傳 참조.

243) 管晏列傳의 기록은 간략하고 ≪史記≫ 齊世家 쪽이 자세하다. 齊의 桓公은 襄公의 아우인데 管仲은 桓公의 형인 공자 糾를 섬기고 襄公의 死後 형제끼리 다툴 때 管仲은 桓公을 죽이려고 활을 쏜 일이 있었다. 공자 糾는 魯나라로 망명했는데 거기서 죽임을 당하고 관중은 투옥되었다.

그런데 그때 관자(管子)가 옥에 갇힌 채 세상에 나오지 못하여 제나라에 돌아가지 못했더라면 그의 행동은 치욕에 가득 찬 사람의 천한 행동이었다는 오명을 면치 못했을 것입니다. 노비까지도 그와 같은 오명을 뒤집어쓰는 것이 부끄러울 텐데 하물며 세상의 보통 사람들이야 더 말할 것이 있겠습니까?

그렇기 때문에 관자는 감옥에 갇힌 것을 부끄러워하지 않고 천하가 잘 다스려지지 않는 것을 부끄러워했습니다. 공자 규를 위하여 죽지 않은 것을 부끄럽게 여기지 않고 제나라의 위력이 제후들에게 떨치지 못한 것을 부끄러워했습니다. 그래서 이 세 가지 잘못된 행동을 겸하고도 환공을 도와 오패(五覇)의 우두머리로 만들었고 그 이름은 천하에 높아졌으며 그의 위광(威光)은 이웃 나라에까지 미쳤습니다.

조자(曹子 : 曹沫)는 노나라의 장군이 되어서 제나라와 세 번 싸워 세 번 다 패하여 달아나니 노나라의 영토를 잃어버린 것이 오백 리나 되었습니다. 그때 만약 조자가 뒷일을 생각지 않고 노나라에 돌아가지 않을 결심을 하였다면 그는 전쟁에 지고 항복하여 포로가 된 장군이라는 오명을 면할 수 없었을 것입니다. 그러나 조자는 세 번이나 패해 달아난 부끄러움을 버리고 노나라 임금과 계책을 세웠습니다.

제나라 환공이 천하의 제후들을 소집하여 회맹할 때, 조자는 칼 하나에 의지하여 단상에 올라가 환공의 가슴에 겨누어 안색 하나 변하지 않고 말소리와 호흡도 흐트러짐 없이 세 번 싸워 잃어버린 영토를 하루아침에 회복했습니다. 그러니 천하가 진동하고 제후들은 깜짝 놀랐으며 그 위엄은 멀리 오나라와 월나라에까지 떨치었습니다.

이 두 선비도 작은 치욕을 부끄러워하고 작은 절의를 행할 수 없었던 것은 아니었습니다. 그들은 다만 자기 몸을 죽이고 집안과 자손의 뒤를 끊어 공명을 세우지 못하는 것은 지혜로운 사람이 취할 바가 아니라고 생각했던 것입니다. 그런 까닭에 분함과 원한을 버리고 평생 빛나는 이름을 세웠으며 분하게 여기고 원망하는 작은 절의에 구애되지 않고 후세까지 남길 공을 세웠던 것입니다. 그랬기에 그 공업이 하·은·주의 삼왕과 함께 전해지고 그 명성은 천지와 함께 남게 된 것입니다. 바라건대 공께서는 부디 그중 어느 한 가지를 택해서 실행하십시오."

연나라 장군은 노중련의 편지를 읽고 울기를 사흘, 우물쭈물 망설이면서 결정하지 못했다. 연나라로 돌아가려고 하니 이미 연나라 왕과 불화한 사이가 되었으므로 주살당할 것이 두려웠고 또 제나라에 항복하자니 제나라 사람을 죽이고 사로잡은 포로가 매우 많았으므로 항복한 뒤에 당할 치욕이 두려웠다. 그래서 탄식하며,

"남의 칼에 죽느니 차라리 내 칼로 죽자."

하고 자살했다. 그러자 요성 안이 혼란해졌으며 전단은 마침내 요성을 함락시켰다. 전단은 돌아와 제나라 왕에게 노중련에 관한 일을 보고하고 노중련에게 작위를 주려고 했다. 그러나 노중련은 도망쳐 바닷가에 숨어 살면서 말했다.

"나는 부귀를 누리는 몸이 되어 남에게 굽히는 것보다는 차라리 가난하고 천하게 살면서 세상을 가볍게 보고 내 마음 내키는 대로 살아가리라."

추양(鄒陽)은 제(齊)나라 사람이다. 양(梁)[244]나라에서 유람하면서 본래 오(吳)나라 사람이었던 장기부자(莊忌夫子)와 회음(淮陰)의 매생(枚生) 무리와 교류했다.

양나라 효왕(孝王)에게 상소하여 이름이 알려지자 양승(羊勝)과 공손궤(公孫詭) 무리와 명성을 다투게 되었다. 양승의 무리는 추양을 시기하여

---

244) 이 梁은 戰國時代의 魏나라 뒤에 漢代에 세워진 나라로, 漢의 文帝의 넷째아들 劉勝이 처음으로 封해지고, 劉勝 사후 淮陽王인 그의 형 劉武가 이 나라로 옮겨 梁의 孝王이 되었다. ≪史記≫에는 梁孝王世家가 있다.

양나라 효왕에게 그를 중상했다. 효왕은 노하여 추양을 옥사 담당 관리에게 넘겨주어 죽이려 했다. 추양은 타국을 유람하던 중에 참소 때문에 붙잡혀 죽게 되거나 죽은 뒤에도 오명을 남기게 될 것을 두려워하여 옥중에서 왕에게 글월을 써 올렸다.

"저는 '충성스러운 자는 군주에게 정당한 보상을 받지 않는 일이 없고 신의와 진실을 지키는 자는 남한테서 의심을 받는 일이 없다.'는 말을 들었습니다. 지금까지 저는 이 말을 진실로 믿어 왔는데 실제로는 헛된 말에 지나지 않는 것 같습니다.

옛날 형가(荊軻 : 刺客列傳 참조)는 연(燕)나라 태자 단(丹)의 의(義)를 사모하여 단을 위해 진나라 왕 정(政)을 찔러 죽이려고 하니 그 충성이 하늘을 감동시켜 흰 무지개가 태양을 관통했건만 태자 단은 오히려 형가의 결심을 의심했습니다. 또 위(衛) 선생[245]은 백기 장군의 곁에 있으면서 진나라를 위해 조나라 장평 전투의 계획을 세웠는데, 그 충성은 하늘에 닿아 태백성(太白星)이 묘성(卯星)을 침식하는 현상이 일어났건만 진나라 소왕은 위 선생을 의심하여 믿지 않았습니다.

형가와 위 선생의 정성이 천지의 현상까지도 변하게 했건만 그 신의와 진실이 두 군주에게 받아들여지지 않았으니 이 어찌 슬픈 일이 아니겠습니까?

저는 충성을 다하고 계책을 다하여 알아주시기를 원했으나 왕을 좌우에서 모시는 사람들이 현명하지 못하여 옥리(獄吏)에게 심문을 받았으며 세상의 의심을 받게 되었습니다. 생각건대 형가나 위 선생이 이 세상에 다시 태어난다 하더라도 연나라 태자와 진나라 왕은 두 사람의 신의와 진실을

---

245) 秦의 白起가 長平에서 趙와 싸웠을 때 군량을 지원받기 위해 秦으로 심부름 보낸 사람. 그런데 穰侯의 방해로 뜻을 이루지 못했다. 이 사실은 《史記》어느 곳에도 실리지 않았고 《戰國策》에도 보이지 않는다.

깨닫지 못할 것입니다. 바라옵건대 대왕께서는 깊이 살펴 주십시오.

옛날에 변화(卞和)는 보옥을 바쳤건만 초나라 왕은 그가 돌을 옥이라 속인다 하여 다리를 자르는 형에 처했습니다. 이사(李斯)는 진나라에 충성을 다했건만 진나라 왕 호해(胡亥)에 의해 극형에 처해졌습니다. 그랬기에 은나라 기자(箕子)는 주왕에게 충간하다가 받아들여지지 않자 거짓으로 미친 사람 노릇을 했으며, 초나라의 접여(接輿)는 어지러운 세상으로부터 도피했습니다. 그들은 이와 같은 환난을 당할 것이 두려웠기 때문입니다. 바라옵건대 대왕께서는 변화, 이사의 일을 깊이 살피시고 초왕이나 호해처럼 참언을 받아들이지 않으셔서 제가 기자, 접여에게 웃음거리가 되지 않게 해 주십시오.

또 저는 '비간(比干)은 은의 주왕에게 심장을 찢기고, 오자서는 오왕 부차의 노여움을 사서 죽임을 당하고 그의 시체는 말가죽 자루에 넣어 양자강에 던져졌다.'고 들었습니다. 처음에는 그 말을 믿지 않았습니다만 지금에야 그것이 정말이었다는 것을 알겠습니다. 원컨대 대왕께서는 깊이 살피시어 조금이라도 불쌍히 여겨 주십시오.

속담에 '어려서부터 백발이 되도록 사귀었어도 새롭게 여겨지는 사람이 있는가 하면 길을 가다 만나 수레 옆에서 일산을 기울인 채 잠깐 이야기하고도 서로 오래된 친구처럼 친한 사람도 있다.'[246]고 했습니다. 이것은 상대방의 마음을 아느냐 알지 못하느냐에 차이가 있기 때문입니다.

그러므로 옛날 번어기(樊於期)는 진나라를 피해 연나라에 가서 자기의 목을 형가에게 주어 진나라로 가지고 가, 연나라 태자 단의 일을 위한 증거로 삼게 했습니다. 그리고 왕사(王奢)는 제나라를 떠나 위나라로 갔는

---

246) 원문은 '有白頭如新, 傾蓋如故'. 《韓詩外傳》과 《孔子家語》에도 이와 같은 내용인 '傾蓋而語, 終日甚相親'이란 글이 있다.

데 후일 그를 잡으려고 제나라가 위나라를 치니, 제나라 군사를 물리치고 위나라 도읍 성벽 위에 올라 스스로 목을 쳐서 죽어 위나라에 해가 미치지 않도록 했습니다.

그렇다고 왕사와 번어기에게 제나라와 진나라는 새롭게 관계를 맺는 나라이고 연나라와 위나라는 오래 인연을 맺었던 나라는 아닙니다. 두 나라(秦나라와 齊나라)를 버리고 두 임금(태자 丹과 魏나라 왕)을 위해 죽은 것은 그 두 임금의 처사가 각각 두 사람의 뜻에 맞아 그의 의로움을 사모하는 마음이 지극했기 때문입니다.

또 소진(蘇秦)은 가는 곳마다 신임을 받지 못했지만 오직 연나라에서만은 미생(尾生)[247]과 같은 신의를 지켰고 백규(白圭)[248]는 중산국(中山國)의 장수가 되어서는 싸움에 패하여 성읍을 6개나 잃고 위나라로 망명했는데 위나라 문후(文侯)의 후대에 감격해 위나라를 위해 중산을 공격해서 빼앗았습니다. 이런 일들은 진실로 군주와 신하 사이에 이해가 서로 깊었기 때문입니다.

소진이 연나라 재상이 되었을 때 연나라의 어떤 사람이 왕에게 소진을 참언했습니다. 그러자 왕은 손에 칼자루를 쥐고 참언한 자에게 노하고 도리어 소진을 후대하여 자신이 가장 아끼는 말을 잡아 대접했습니다. 백규(白圭)가 중산국을 쳐 그의 공명이 위나라에서 높아지자 중산의 어떤 사람이 위나라 문후에게 백규를 참언했습니다. 그러나 문후는 이 참언을 받아들이지 않고 더욱 더 백규를 후대하여 '야광벽(夜光璧)'을 내려 주었습니다.

---

247) 남자 이름. 여자와 만나기로 한 약속을 지키기 위해 다리 밑에서 기다렸는데 여자는 나오지 않고 마침 강물이 불어나는 바람에 그 자리를 지키다 익사했다고 한다. 信義를 지킨 고사로 유명하다.

248) ≪孟子≫ 告子篇, ≪呂氏春秋≫ 擧難篇 등에 등장하며, 周나라 사람이라고 한다. 뒤의 貨殖列傳에도 나온다.

이런 일들은 이 두 사람의 임금과 두 사람의 신하가 각기 흉금을 터놓고 간담(肝膽)을 비추어 서로 믿고 있었기 때문이니 어찌 근거 없는 말에 마음이 흔들릴 리 있었겠습니까? 여자는 미인이건 추한 여자건 궁중에 들어가면 질투를 당하게 마련이고 선비는 어질건 어리석건 조정에 들어가면 시기를 받게 마련입니다.

옛날 사마희(司馬喜)는 송(宋)나라에서 다리를 잘리는 형을 당했지만 마침내는 중산국의 재상이 되었습니다. 범저(范雎)는 위나라에서 갈비뼈가 부러지고 이가 부러졌지만 진나라에서 마침내 응후(應侯)가 되었습니다. 이 두 사람은 반드시 그렇게 될 것이라고 생각되는 계획을 믿었습니다. 그래서 도당(徒黨)을 지어 그 힘에 의지하려는 사심을 버리고 고독한 위치를 지켰습니다. 그런 까닭에 질투심 많은 자들의 미움을 피할 수 없었습니다.

은나라의 신도적(申徒狄 : 申屠狄이라고도 쓰며 殷의 말기 사람, 혹은 戰國時代 사람이라고도 함)은 임금에게 간했다가 들어 주지 않자 스스로 황하의 강물에 몸을 던졌고 주나라의 서연(徐衍)은 혼탁한 세상을 개탄해 돌을 등에 지고 바다에 뛰어들어 죽었습니다. 이들은 비록 세상에 받아들여지지 않더라도 의리를 지켜, 조정에서 도당을 지어 연결을 맺고 군주의 마음을 움직이게 하는 일은 하지 않았습니다.

또 백리해(百里奚)[249]는 거리에서 걸식을 하였건만 진나라 목공은 그에게 정사를 맡겼고, 영척(寧戚)은 수레 밑에서 소의 여물을 먹이는 일을 했으나 제나라 환공은 그에게 국정을 맡겼습니다. 이 두 사람은 처음부터 조정의 관직에 있는 좌우의 사람들에게 칭찬받는 일을 구걸하여 얻은 후에

---

249) ≪史記≫ 秦本紀에는 百里傒로 되어 있다. 靈戚은 ≪呂氏春秋≫ 擧難篇과 ≪淮南子≫ 道應篇 등에 나와 있다.

목공이나 환공에게 중용되었던 것은 아닙니다.

군주와 신하가 서로 마음이 통하고 뜻하는 일이 일치하여 그 친분이 아교나 옻칠보다 더 굳게 맺어져 형제간이라 할지라도 그 사이를 갈라놓을 수 없었습니다. 그러니 여러 사람이 쓸데없이 하는 말에 어찌 현혹될 수 있었겠습니까? 그러므로 한쪽 말만 들어 주면 간사스러운 꾀가 생기고 한 사람에게만 일을 맡기면 반란을 일으키는 것입니다.

옛날 노나라에서는 계손씨(季孫氏)의 말만 듣고 공자(孔子)를 쫓아냈으며, 송나라에서는 자한(子罕)의 계책을 믿고 묵적(墨翟)을 가두었습니다. 공자와 묵적의 변설로도 참언이나 아첨에서 오는 피해를 면할 수 없었고 그 결과 노나라와 송나라는 위태롭게 되었던 것입니다. 그 까닭인즉 뭇 사람의 입은 쇠도 녹이고 쌓이고 쌓이는 욕은 뼈도 갈 수 있기 때문입니다.

한편 진나라는 서쪽 오랑캐 사람 유여(由餘)를 써서 중국의 패자가 되었으며 제나라는 월나라 사람 몽(蒙)을 써서 위왕(威王)·선왕(宣王)의 시대에 강세를 이루었던 것입니다. 이 두 나라가 어찌 세속에 구애되고 세론에 견제되며 아첨과 편파적인 말에 얽매이는 일이 있었겠습니까? 공정하게 듣고 편파적으로 보는 일이 없었기 때문에 당세에 이름을 남긴 것입니다. 그러므로 뜻이 맞으면 오랑캐나 월나라 사람도 형제와 같이 되는 것입니다. 유여나 몽이 그 좋은 예입니다.

뜻이 맞지 않으면 골육간이라도 내쫓고 쓰지 않게 되는 것입니다. 요(堯)의 아들 단주(丹朱)와 순(舜)의 아우 상(象)과 주공(周公)의 아우인 관숙선(管叔鮮), 채숙도(蔡淑度)[250] 등이 그 예입니다. 임금 된 사람이 진실로 제나라, 진나라와 같이 도리에 맞는 방법을 쓰면서 송나라, 노나라 같은

---

250) 丹朱는 堯의 아들. 육친과 원수가 된 이야기의 출처는 확실하지 않다. 象은 舜의 아우. 舜과 사이가 나빴다. 管·蔡는 管叔과 蔡叔. 두 사람 다 武王의 아우. 殷의 멸망 후 그 나라를 다스리다가 반란을 일으켰다.

편벽된 방법을 물리친다면 오패나 삼왕에 필적할 만한 공업을 세우는 것도 쉬운 일일 것입니다.

그러한즉 성왕(聖王)은 사람을 쓰는 도리를 잘 깨달아 연나라 왕이 간신 자지(子之 : 蘇秦列傳 참조)에게 나라를 내준 것 같은 마음을 버리고 제나라 전상(田常 : 司馬穰苴列傳 참조)과 같은 간악한 신하를 내쳐야만 합니다. 주나라 무왕은 은나라의 충신 비간의 아들을 봉하고 또 주왕이 배를 갈라 죽인 임부(妊婦)의 묘를 잘 고쳐 주었습니다. 그리하여 그의 공업은 천하를 뒤덮었습니다. 그것은 무왕이 선을 구하되 억압을 하는 일이 없었기 때문입니다.

또 진(晉)나라 문공(文公)은 그의 원수인 발제(勃鞮)와 친하게 됨으로써 제후 중의 패자가 되었으며, 제나라 환공은 그의 원수 관중(管仲)을 등용하여 천하를 통일했습니다. 그것은 문공, 환공의 마음이 자애롭고 착해서 진실로 마음으로부터 그들을 받아들였기 때문입니다. 마음에도 없는 헛된 말만으로 일시적으로 이용할 수는 없는 것입니다.

그런데 진나라에 이르러서는 상앙(商鞅)의 법을 써서 동쪽의 한, 위나라를 약하게 만들고 병력을 막강한 것으로 만들었습니다만 끝내는 상앙을 거열형에 처했습니다. 월나라는 대부 종(種)[251]의 계략을 써서 강적인 오나라 왕 부차를 사로잡아 중국의 패자가 되었습니다만 끝내는 종을 주살했습니다.

이러한 군주의 밑에 있었던 초나라의 손숙오(孫叔敖)는 세 번 재상의 자리를 얻었어도 좋아하지 않았고 세 번 그 자리를 물러났어도 후회하지 않았으며, 오릉(於陵)의 자중(子仲)은 초나라 왕이 재상으로 삼기 위해 초빙했으나 굳이 사양하고 남에게 고용되어 정원의 초목에 물을 주는 일꾼 노

---

251) 越王 句踐을 크게 도왔으나 반역의 의혹을 받고 자살했다.

릇을 하고 살았습니다.

지금 왕께서 교만한 마음을 버리셔서 공이 있는 자에게는 보상할 뜻을 표하시고 흉금을 터놓고 숨기는 바 없는 진심으로 후한 덕을 베푸시면서 곤궁의 쓰라림과 영달의 기쁨을 함께하시어 어진 선비에게 벼슬과 봉록을 아낌없이 주신다면, 포악한 걸왕의 개라도 성왕인 요(堯)에게 대들어 짖게 할 수 있고 또 도척(盜跖)과 같은 나쁜 사람 밑에 있는 자객이라도 성인 허유(許由)[252]를 찔러 죽일 수 있을 것입니다. 하물며 만승의 권세를 가지고 성왕의 자질이 있는 사람의 명이라면 누가 응하지 않겠습니까?

그렇게 된다면 형가[253]가 연나라 태자 단을 위하여 진나라 왕을 찔러 죽이려다 실패해서 그의 일족이 연좌되어 망하게 된 것이나 또 오나라 왕 합려가 왕자 경기(慶忌)를 죽이려 하자 오왕의 신하인 요리(要離)가 경기에게 의심받지 않고 접근하기 위해 오왕에게 거짓으로 죄를 지은 것처럼 꾸미고 도망하여 왕으로 하여금 자기의 처자를 태워 죽이게 한 것은 말할 필요조차 없겠습니다.

저는 '명월주(明月珠)나 야광벽(夜光璧)도 어두운 길을 걷는 사람에게 던지면 칼을 잡고 노려보지 않는 사람이 없을 것이다. 그것은 아무 내력도 없는 것이 눈앞에 날아왔기 때문이다. 구부러진 나무뿌리는 서리고 굽고 뒤틀어진 것인데도 만승 군주의 기물이 될 수 있다. 그것은 좌우의 사람들이 그 뿌리를 조각하고 장식하여 군주에게 바치기 때문이다.' 라는 말을 들었습니다.

그러니 아무 인연도 없는데 눈앞에 날아오면 '수후(隋侯)의 주(珠)' — 수(隋)나라의 후(侯)가 큰 뱀이 부상당한 것을 보고 치료하여 낫게 해 주

---

252) 도척은 전국시대 楚 땅에서 횡포를 일삼던 도적의 우두머리. 許由에 관해서는 伯夷列傳 참조.
253) 刺客列傳 참조.

었는데 뱀이 구슬을 물고 와 보은의 표시로 주었다는 보옥 ― 나 '야광(夜光)의 벽(璧)'일지라도 원한을 살 뿐이지 덕으로 여기지 않는 것입니다. 반대로 누군가가 미리 알려준 바라면 마른 나무나 썩은 등걸을 바치더라도 공로가 있다 하여 잊히지 않게 됩니다.

지금 무위무관(無位無官)의 곤궁하고 신분이 빈천한 처지에 있는 선비로서 요, 순의 도를 안고 이윤(伊尹), 관중(管仲)과 같은 변재(辯才)를 가지고 하나라의 용봉(龍逢)[254]이나 은나라의 비간(比干)의 뜻으로써 임금에게 충성을 다하고자 해도 나무뿌리를 장식하여 임금에게 바치듯 하고, 천거해 주는 사람이 없으면 정성을 다하고 충성심을 다해 정치를 보필하려 해도 임금은 칼을 잡고 노려보는 경향이 있습니다. 이래서는 무위무관의 선비가 마른 나무나 썩은 등걸만한 자질도 바칠 수 없게 됩니다.

그러므로 성왕이 세상을 다스리고 풍속을 바로잡을 때에는 저 도공(陶工)이 녹로반(轆轤盤)을 사용해 크고 작은 도자기를 만드는 것처럼 뜻대로 세상을 교화시키고, 비천하며 세상을 어지럽히는 말에 마음이 끌리지 않고 여러 사람들의 수많은 입에서 나오는 말에 마음을 빼앗기지 않는 것입니다.

진나라 시황제는 그의 총신 중서자(中庶子) 몽가(蒙嘉)가 말하는 대로 형가의 말을 믿었다가 몰래 감춰둔 비수에 찔려 죽을 뻔했고 주나라 문왕은 경수(涇水), 위수(渭水)가에서 사냥을 하다가 태공망 여상을 수레에 태우고 돌아와 그의 조력으로 천하의 왕이 되었습니다.

다시 말해 시황제는 좌우의 측근들을 너무 믿다가 죽을 뻔했고, 문왕은 길을 가다 때마침 까마귀가 나무에 모여든 것을 보듯이 우연히 만난 여상을 등용해 왕이 되었던 것입니다. 그것은 문왕이 자신을 견제하는 말

---

254) 關龍逢. 夏의 桀王을 諫하다 죽임을 당한 賢臣.

에 초연하고 위대한 포부를 세웠고 공명정대한 관점에서 처신했기 때문입니다.

그런데 현재 군주가 된 사람은 아첨하는 말에 빠지고 좌우의 측근자들에게 견제되어 아무것에도 속박을 당하지 않는, 재능과 식견이 뛰어난 선비로 하여금 소와 말이 한 먹이통에서 길러지는 것처럼 보통 사람들과 같은 대우를 합니다. 이것이야말로 저 주나라의 포초(鮑焦)가 세상을 원망하며 부귀의 즐거움을 팽개친 이유입니다.

들은 바에 의하면 '의관을 정제하고 조정에 들어가는 자는 사사로운 이익 때문에 의리를 더럽히지 않으며, 명예를 닦고 다듬는 자는 사사로운 욕심 때문에 행동을 손상시키지 않는다.'고 합니다. 그런 까닭에 '승모(勝母)'라고 이름 붙여진 현에 효자인 증자(曾子 : 曾參)[255]는 들어가지 않았으며, 읍명(邑名)을 '조가(朝歌 : 殷나라 紂王이 지은 음탕한 음악의 곡명)'라고 하는 곳에서 묵자(墨子 : 墨翟)는 수레를 돌려 돌아갔습니다.

그런데 지금 군주들은 식견과 기량이 뛰어난 천하의 선비들을 왕권의 무게에 짓눌리게 하고 세력 있는 지위만을 제일로 여겨, 얼굴빛만 부드럽게 하고 행실을 더럽히면서까지 아첨을 좋아하는 사람들을 섬기게 함으로써 왕의 좌우 측근들과 친근하기를 바라고 있습니다. 이래서는 뜻있는 선비들은 차라리 험한 바윗굴 속에 숨어 엎드려 죽는 수밖에 없을 것입니다. 어찌 즐거이 충신(忠信)을 다하여 군주 밑에 들어가려는 자가 있겠습니까?"[256]

---

255) 孔子의 門人으로 孝行으로 유명하다. '어머니를 이긴다(勝母)'는 이름이 싫었던 것이다. 그런데 '勝母'라는 이름의 縣은 實在하지 않았다고 한다. 墨子가 朝歌를 싫어한 것은 음악의 내용이 좋지 않아서였을 것이다. 이 비유는 孔子가 '盜泉의 물을 마시지 않았다.'는 것과 같은 표현이다.

256) 이상의 鄒陽의 上書는 ≪漢書≫ 列傳 및 ≪文選≫에도 수록되어 있으며 서로 다른 부분이 간혹 있다.

이 편지가 양나라 효왕에게 바쳐지자 효왕은 사람을 보내 추양을 옥에서 나오게 하고 마침내 상객으로 대우했다.

태사공은 말한다.

"노중련은 지향하는 바가 비록 대의에는 맞지 않았으나 그가 포의(布衣)의 선비로서 뜻하는 바를 호탕하게 말과 행동으로 나타내면서 제후들에게 굽히지 않고 담론(談論) 유세(遊說)하며 경상(卿相)의 권위를 꺾은 적이 많았다.

추양은 비록 말이 불손하나 사물을 비교하고 예(例)를 열거한 점에서는 비창(悲愴)한 감이 있으며 또한 불굴의 정신과 정직한 마음으로 자신을 굽히지 않았다고 말할 수 있겠다. 그런 까닭에 이들을 열전에 기재한 것이다."

# 제24 굴원·가생열전(屈原·賈生列傳)[257]

굴원(屈原)은 이름이 평(平)으로 초나라의 왕족과 성이 똑같다. 초나라 회왕 때 좌도(左徒)[258]가 되었다. 그는 견문이 넓고 기억력이 우수했으며, 치란(治亂)의 자취에 밝고 문장과 문서의 수사(修辭)에 능숙했다.[259] 궁중에 들어와서는 왕과 국정을 의논하고 명령을 내렸으며 밖에 나와서는 빈객을 접대하고 제후를 응대했다. 왕은 그를 매우 신임했다.

상관대부(上官大夫) 근향(靳向)은 굴원과 같은 지위에 있어 왕의 총애를 다투면서 마음속으로 은근히 그의 유능함을 시기했다. 회왕은 굴원에게 명해 헌령(憲令)[260]을 기초(起草)하라고 했다. 굴원이 법령을 초안하고 있었는데 아직 완성하기도 전에 상관대부가 그 초안을 빼앗으려 하자 굴원이 이를 거부했다. 그러자 상관대부는 이것을 이유로 굴원을 왕에게 참언했다.

"왕께서 굴원에게 명하셔서 법령을 기초하게 하신 일은 누구나 다 아는 사실입니다. 그런데 법령이 한 가지 나올 때마다 굴원은 그의 공을 자랑하여 '생각하건대 내가 아니면 아무도 법령을 만들 수 없다.'고 말하고 있습니다."

---

257) 屈原과 賈生은 시대상으로 백 년 남짓 차이가 있지만 두 사람의 성격과 작품의 공통점으로 인해 하나의 傳으로 했다. 合傳의 일종이다.
258) 官名. 春申君도 左徒에서 令尹으로 진급했다. 令尹은 楚의 재상이므로 좌도가 그에 버금가는 지위임을 알 수 있다.
259) 원문은 '嫻於辭令'. 周代부터 戰國時代까지 列國의 사대부가 왕명을 받고 타국에 사자로 갈 경우 주어진 使命을 표현하는 말이 사명(辭命)이다. 또 辭令은 王이나 侯가 포고하는 명령이나 국가의 寶器인 銅器에 새기는 銘文 등도 포괄하나 美文의 일종이라 할 수 있다. 戰國時代 때 여러 나라를 遊說하는 사람의 말은 '辯'으로 '辭'와는 뉘앙스를 조금 달리한다.
260) 법령이라는 뜻일 것이다. 令은 구두로 포고되었을 테지만 憲은 문자로 기록되는 중요 문서였다.

왕은 노하여 굴원을 멀리했다. 굴원은 왕이 신하의 말을 분별해 들을 줄 모르고 참언과 아첨이 왕의 총명을 가려, 그릇된 말이 공정을 해치고 올바른 선비가 받아들여지지 않는 것을 마음 아프게 생각했다. 굴원은 이를 근심하여 〈이소(離騷)〉라는 글 한 편을 지었다. '이소'란 '이우(離憂 : 근심을 만나다)'와 같은 말이다.(원문은 '猶離憂也'. 이 경우 '離'는 '遭(만나다)'와 같은 뜻.)

대체로 하늘은 사람의 시초이며 부모는 사람의 근본이다. 사람은 궁하게 되면 그 근본으로 돌아가게 마련이다. 그러므로 괴롭고 피로함이 극에 이르면 하늘을 부르지 않는 자가 없고 병고에 시달리면 부모를 부르지 않는 자가 없다.

굴원은 도(道)를 바르게 하고 행실을 곧게 하며 충성을 다하고 지혜를 다하여 그의 군주에게 봉사했지만 참언을 하는 자가 군주와 그를 이간하여 곤궁하게 되었다고 말할 수 있다. 신의를 지켰는데도 의심을 받고 충성을 다 바치고서도 비방을 당한다면 그 누가 원망하지 않을 수 있겠는가? 굴원이 〈이소〉를 지은 것은 아마 원망하는 마음에서였을 것이다.

국풍(國風 : ≪詩經≫의 篇名)의 여러 시에서는 호색(好色)을 읊으면서도 도가 지나치지 않았고 소아(小雅 : ≪詩經≫의 篇名)의 여러 시에서는 사람을 원망하고 비방했을지라도 문란한 데에 이르지 않았다. 그런데 〈이소〉는 이 두 가지 장점을 겸하였다고 말할 수 있을 것이다.

위로는 제곡(帝嚳)[261]을 칭찬하고 아래로는 제나라 환공을 말했으며 중간에서는 은나라 탕왕, 주나라 무왕을 서술하여 그것으로 당세의 일을 풍자하여 도덕의 넓고 높음과, 세상이 잘 다스려짐과 어지러움, 흥망의 인과

---

261) 上古의 제왕으로 5帝의 하나. 5帝에 대해서는 여러 가지 설이 있지만 司馬遷은 黃帝·顓頊·帝嚳·堯·舜을 들었다.

관계를 명백하게 하여 남김없이 표현하였다. 문장은 간결하고 말의 뜻은 미묘하며 뜻은 고결하고 행위는 청렴하니, 문장의 양(量)은 적으나 취지는 지극히 크고 예(例)는 비근하나 나타난 의리는 고원한 것이었다.

뜻이 고결했기에 이 한 편의 글에는 향기가 충만하였고 행위가 청렴했기에 죽기까지 용납이 되지 못하고 사람들한테 소원하게 되었다. 그는 더럽고 썩은 물속에서는 매미가 묵은 껍질 밖으로 나가듯이 벗어나고, 먼지와 티끌의 밖에 떠돌면서 세상의 때에 더럽혀지지 않아 진흙탕 같은 세상에서도 결백을 견지했으니 그의 지조야말로 일월(日月)의 빛과 깨끗함을 다투었던 인물이라고 해도 좋을 것이다.[262]

굴원이 배척되어 물러난 뒤에 진나라는 제나라를 치려고 했다. 제나라가 초나라와 합종하고 있었기 때문에 이것을 걱정한 진나라 혜왕(惠王)은 장의(張儀)에게 명하기를, 거짓으로 진나라를 떠나 예물을 후하게 가지고 초나라에 가 다음과 같이 말하게 했다.

"진나라는 제나라를 몹시 미워하고 있는데 진나라는 초나라와 합종하고 있습니다. 만약 초나라가 제나라와 국교를 끊는다면 진나라는 상(商), 오(於)의 땅 육백 리를 바치겠습니다."

초나라 회왕은 탐욕스러운 마음이 일어나 장의의 말을 믿고 마침내 제나라와 국교를 끊었다. 그리고 진나라에 사자를 보내어 땅을 받아오게 했다. 그러자 장의는 시침을 떼고 말하기를,

"나는 초나라 왕에게 6리의 땅을 주기로 약속했지 육백 리라는 말은 한 적이 없습니다."

라고 했다. 초나라 사자가 화가 나 돌아가서 회왕에게 보고했다. 회왕은

---

262) 이 한 단락은 필시 漢의 准南王 劉安이 지은 ≪離騷傳≫ 또는 그 서문에서 인용한 것이리라. 그 傳이 司馬遷이 굴원의 전기를 짓는 데 주요 자료였던 듯하다. 굴원의 일대기가 요약되어 있지 않았나 생각된다.

노하여 대군을 내어 진나라를 공격했다. 이에 진나라도 군대를 일으켜 이와 맞서 싸웠는데 단수(丹水), 석수(淅水) 근처에서 초나라 군사를 크게 깨뜨리고 목을 베기 팔만, 초나라 장군 굴개(屈匄)를 사로잡고 마침내는 초나라 한중(漢中) 땅을 빼앗았다. 회왕은 국내의 전 병력을 출동시켜 깊숙이 쳐들어가 남전(藍田)에서 진나라를 공격했다.

이 말을 들은 위나라가 초나라를 습격하여 등(鄧)까지 진출했기 때문에 초나라 군사는 두려워하여 진나라에서 후퇴했다. 제나라는 앞서 초나라가 배신한 것에 노하여 구원하지 않으니 초나라는 매우 곤란했다. 다음해에 진나라는 한중 땅을 갈라 초나라에 주고 화친하려고 했다. 그러자 초왕이 말했다.

"땅을 원하지 않습니다. 다만 장의를 얻어 마음껏 원한을 풀고 싶소."

장의는 이 말을 듣자,

"일개 장의의 몸이 한중 땅에 상당하다면 저를 초나라에 보내 주시기 바랍니다."

하고 초나라에 가서는 정사를 맡고 있는 근상(靳尙)에게 후한 예물을 보내 회왕의 총희(寵姬)인 정수(鄭袖)에게 간사한 언변으로 자기를 돌보아 달라고 청했다. 회왕은 정수의 의견을 받아들이기로 하고 장의를 용서하여 돌아가도록 했다. 이때 굴원은 이미 소외되어 이전의 벼슬에 있지는 못했지만 제나라에 사자로 가 있다가 귀국해 회왕에게 충간했다.

"어찌하여 장의를 죽이지 않으셨습니까?"

회왕은 후회하고 장의를 추적시켰으나 이미 늦었다.

그 후 제후들은 함께 초나라를 쳐서 크게 깨뜨리고 장군 당매(唐昧)를 죽였다. 그때 진나라 소왕은 초나라와 혼인을 하자면서 회왕과 회견하기를 청했다. 회왕이 가려고 하자 굴원이 간했다.

"진나라는 호랑이 같은 나라입니다. 믿을 수 없으니 가시지 않는 편이 좋겠습니다."

그런데 회왕의 막내아들인 자란(子蘭)이 왕에게 가기를 권하며,

"진나라와 우호 관계를 끊어도 좋겠습니까?"

라고 말했기 때문에 회왕이 드디어 무관(武關)에 들어가니 진나라는 군사를 숨겨 놓았다가 그 퇴로를 끊어 버렸다. 그리고는 회왕을 억류하여 땅을 갈라 줄 것을 요구했다. 노한 회왕은 듣지 않고 조나라로 달아났으나 받아주지 않았으므로 다시 진나라로 가서 끝내 그곳에서 죽어 시체로 초나라에 돌아왔다.

장자인 경양왕(頃襄王)이 즉위하고 동생 자란을 영윤(令尹)에 임명했다. 자란이 회왕에게 진나라로 들어가기를 권했기에 끝내 돌아오지 못했다고 하여 초나라 사람들은 처음부터 자란에게 불만이 많았다. 굴원도 일찍부터 자란을 미워했다.

굴원은 추방되어서도 초나라를 그리워했으며 회왕을 생각하여 정도(正道)로 돌아오게 하려는 노력을 게을리 하지 않았다. 언젠가는 왕이 깨닫게 되고 사람들의 나쁜 풍습이 고쳐지기를 간절히 바라고 있었다. 왕을 모시고 나라를 중흥시켜 옛날과 같이 잘 다스려지는 세상으로 돌아가고자 하여 〈이소〉 한 편에서 세 번씩이나 되풀이하여 그 뜻을 토로했다. 그러나 결국 회왕의 마음을 정도로 돌아오게 할 수 없었다. 이것으로 회왕이 끝까지 깨닫지 못했음을 알 수 있다.

군주가 된 자 가운데 어리석거나 지혜롭거나 어질거나 불초하거나에 관계없이 누구나 충신을 구하여 스스로를 귀하게 만들고 현명한 신하를 등용하여 자신을 보좌하기를 원하지 않는 자는 없다. 그런데도 나라를 망치게 하고 집안을 파괴시키는 자가 잇달아 나타나 성군의 훌륭한 치세가 나타나지 않는 것은 이른바 충신이라는 자가 실은 충신이 아니고, 현명한 신하라는 자가 실은 어진 신하가 아니기 때문이다.

회왕은 충신과 불충의 신하를 구별하지 못했기 때문에 안으로는 총회 정수에게 미혹되고 밖으로는 장의에게 속았으며 굴원을 소원하게 하고 상관대부 근향과 영윤 자란을 믿었다. 그래서 군대는 꺾이고 국토는 깎여 6군을 잃었으며 몸은 진나라에서 객사하게 되어 천하의 웃음거리가 되고 말았다. 이것은 사람을 알지 못하기 때문에 생긴 화(禍)다. ≪역경(易經)≫에 말하기를,

"우물은 깨끗이 치워 맑은 물이 괴었건만 마시지 않으니 내 마음은 이를 슬퍼한다. 이 물을 퍼 올려라. 밝은 인군(人君)이 있어 물을 길으면 천하는 아울러 그 복을 받으리라."[263]

고 했다. 만약 왕이 충신을 꿰뚫어보는 현명함이 없으면 신하된 자가 어찌 복을 받을 수 있겠는가!

영윤 자란은 굴원이 자기를 미워한다는 말을 듣고 매우 노하여 마침내 상관대부로 하여금 경양왕에게 굴원에 대해 비방하게 했다. 경양왕은 노하여 굴원을 강남(江南)으로 귀양 보냈다.

굴원이 양자강 가에 이르러 머리를 풀어헤친 채 노래를 읊으며 걷고 있었다. 얼굴빛은 파리하고 몸은 야위어서 마른 나무처럼 수척했다. 어부가 그를 보고 물었다.

"그대는 삼려대부(三閭大夫)[264]가 아니십니까? 무슨 까닭으로 이런 곳에 오셨습니까?"

굴원이 말했다.

---

263) ≪易經≫ 水風井卦의 글. 대의는 다음과 같다. '우물을 쳐내어 물이 많은데도 먹을 수 없는 것은 보는 사람의 마음을 안타깝게 한다. 우물을 푸는 데 좋다고 한 것은 그 사람의 재주가 임용할 만한 것이라는 뜻이다. 현명한 왕을 만나지 못하면 재능도 쓸 데가 없다. 만일 현명한 군주를 만나면 재능을 펴고 환대 받으면 존중될 것이다.' (孔穎達의 ≪周易正義≫에 따름)

"온 세상이 혼탁한데 나 혼자만 깨끗하고 뭇 사람이 취해 있는데 나만이 깨어 있었소. 그래서 쫓겨났소."

"대체로 성인은 사물에 구애되지 않고 세상을 따라 잘 처세합니다. 온 세상이 혼탁하다면 어째서 그 혼탁함에 몸을 맡겨 그 흐름에 따르지 않고, 여러 사람이 취했다면 어째서 그 술재강을 먹고 모주를 마시며 함께 취하지 않으셨습니까? 무슨 까닭에 보옥 처럼 아름다운 재능을 지니고도 쫓겨날 일을 당하셨습니까?"

굴원이 다시 말했다.

"들은 바에 의하면 '새로 머리를 감은 자는 반드시 관(冠)의 먼지를 털어 쓰고 새로 몸을 씻은 자는 반드시 옷의 먼지를 털어 입는다.'고 합니다. 누가 자신의 깨끗한 몸에다 더러운 때와 먼지를 받아들이겠습니까? 차라리 양자강의 흐름에 몸을 던져 물고기의 뱃속에 장사를 지내는 편이 낫지, 어찌 희고 깨끗한 몸으로 세속의 검은 먼지를 뒤집어 쓸 수 있겠습니까?"[265]

굴원은 〈회사(懷沙)의 부(賦)〉[266]를 지었다.

그 가사는 이러하다.


햇볕이 넘쳐 흘러 초여름 되니
초목은 울창하게 우거지는데

---

264) 楚 왕실의 동족(昭·屈·景 세 성으로 나뉨)을 담당하는 관직으로 굴원은 이 관직에 있었던 적이 있다.

265) 이상의 한 단락은 ≪楚辭≫에 실린 漁父篇을 인용하였다. 지금의 ≪楚辭≫에는 이 뒤에 몇 句가 더 있다.

266) 賦는 韻文의 일종. ≪詩經≫의 詩가 歌唱되는 것임에 대해 賦는 朗誦되는 것이었다. ≪楚辭≫의 대부분은 낭송되는 賦다. 이 〈懷沙의 賦〉는 〈九章〉이라 불리는 아홉 편의 賦 가운데 하나다.

상심하여 오래도록 슬퍼했던 나
멀리 강남 땅으로 쫓겨가네.
눈부시고 깊숙하여 한없이 고요한 이곳
지극히 그윽한 채 말이 없구나.
원통한 생각 가슴에 맺혀
근심과 슬픔을 만나 길이 막혔네.
마음을 달래고 뜻을 밝혀서
고개 숙이고 마음 굽혀 스스로 억제하네.

모난 것 깎아서 둥글게 만들어도
떳떳한 법도 바꾼 일 없네.
본래부터 지켜야 할 길 바꾸는 것은
군자가 수치로 여기는 바
먹줄을 치듯이 분명한 계획
내 결코 고치지 않으리라.
마음 곧고 성품이 돈후함을
대인은 칭찬하여 마지않았네.
솜씨 좋은 공인이라도 깎고 다듬지 않으면
그 누가 척도의 바름을 알리.
화려한 무늬도 어두운 곳에 있으면
장님은 말하네, 무늬 없다고.
이루(離婁)[267]도
눈을 가늘게 흘깃 보면

---

267) 고대의 눈이 매우 밝은 사람. 천리 앞의 바늘 끝을 분별하였다고 한다.

그 또한 장님과 같네.
흰 것을 바꾸어 검다 하고
위를 거꾸로 아래라 하네.
봉황은 새장에 갇혀 있고
닭과 꿩은 넓은 하늘 훨훨 나네.
옥과 돌을 뒤섞어
한 가지로 말질하네.
아아, 무리들의 질투함이여,
나의 참뜻을 몰라주네.

성대한 재능은 중임(重任)에 견디어도
함몰하고 침체하여 성취할 길 없도다.
근유(瑾瑜) 같은 미옥(美玉)을 품었건만
궁한 이 내 몸 누구에게도 보일 수 없네.
마을의 개들이 떼 지어 짖는 것은
제 눈에 이상하게 보이기 때문.
준재(俊才)를 비방하고 호걸(豪傑)을 의심함은
본래부터 용렬한 사람들 상태(常態)라네.
문채(文彩)와 속바탕 갖추어 통달해도
중인(衆人)은 모르나니 나의 이채(異彩)를.
쓸 만한 원목이 쌓여 있건만
내 가진 재능을 알아주지 않네.
인의를 거듭하여 쌓아올려도
근후(謹厚)하여 덕성이 풍부하여도
중화(重華 : 古代의 帝王 舜) 같은 성군을 만날 수 없으니 뉘라서 내 유유(悠悠)한 마음을 알랴.
예로부터 성군과 현신이
때를 같이하지 못하는 것은
그 까닭이 무엇인지 알 수 없구나.
탕(湯), 우(禹) 성왕의 시절은 까마득하여
사모하여도 만날 길 없네.
한을 참고 분노를 잊어
마음을 억제하기를 스스로 힘쓰면서
어두운 세상을 만났어도 내 절개 굽히지 않고
후세에 이 법도를 남기고자 하네.
북쪽으로 길을 잡아 유숙(留宿)하려 하니
해는 이미 기울어 어둠이 깔리네.

근심을 삼키고 슬픔을 즐기는 것도
이것으로 한계 삼아 죽어 가리라.
난(亂)[268]에 말하기를
넓고 넓은 원(沅), 상(湘)의 물이여,
나뉘어 두 갈래로 흐르는구나.
멀리 이어진 나그네 길은 그윽하여
어둡고 쓸쓸하며 멀고도 멀어
끝이 없도다.
노래 부르고 슬퍼하고 깊이 탄식해 보아도
이미 세상이 나를 알아주지 않아

---

268) '亂'은 굴원의 많은 賦의 뒤에 삽입된 짧은 한 節. 한 편의 主意를 요약한 것.

제24 굴원·가생열전  433

내 마음 말하려 해도 말할 길 없네.
충성된 정과 돈후한 성품 품고 있어도
내 마음 바르게 아는 이 없네.
백락(伯樂 : 말을 감식하던 자)은 이미 죽어 세상에 없으니
그 뉘라 준마의 힘을 알리오.
인생은 태어날 때 천명을 받아
분수대로 갈 길이 있네.
내 마음을 정하고 내 뜻을 넓혔으니
나 또한 무엇을 두려워하리.
그래도 거듭 상심하고 슬퍼하며 깊이 탄식하여 끊이지 않음은
혼탁한 세상이 내 마음 몰라주어
마음 속에 품은 정 이를 데 없네.
죽음은 피할 수 없는 것,
바라건대 나를 위해 슬퍼하지 말라.
명백하게 알리노니 군자들이여,
그대들이 본받을 선례(先例) 짓고자 하네.

이렇게 탄식하며 돌을 껴안고 멱라(汨羅)에 몸을 던져 죽었다.
굴원이 죽은 뒤에는 초나라에 송옥(宋玉), 당륵(唐勒), 경차(景差)[269] 등
이 있었는데 모두 문장을 좋아하고 부(賦)를 잘 짓는 것으로 칭송을 받았
다. 그러나 저들은 굴원의 훌륭한 문체를 본떠 시를 읊는 것만 따랐을 뿐,
왕에게 바로 간하는 자가 없었다. 그 뒤 초나라는 날이 갈수록 국토가 줄

---

269) 宋玉 이하 3인의 전기는 굴원보다도 자료가 없다. ≪韓詩外傳≫ 등에 송옥의 이름이 나타
나고 굴원에 대해서는 전혀 언급이 없는 것으로 미루어 보아 ≪韓詩外傳≫이 지어진 漢初
에 宋玉은 비교적 유명했던 것 같다.

어들기 수십 년, 마침내 진나라에게 멸망당했다.

굴원이 멱라에 빠져 죽은 뒤 백여 년이 지난 후 한(漢)나라에 가생(賈生)이라는 사람이 있었다. 그가 장사왕(長沙王)의 태부(太傅)가 되었을 때 상수(湘水)를 건너다 제문(祭文)을 지어 강물에 던져서 굴원의 영혼을 위로했다.


가생(賈生)은 이름이 의(誼)로 낙양(洛陽) 사람이다. 십팔 세 때 시를 외고 글을 짓는 데 능숙하여 온 고을에 유명했다. 오정위(吳廷尉)[270]는 하남(河南) 태수(太守)로 있을 때 가생이 뛰어난 재주가 있다는 말을 듣고 불러다 문하에 두고 그를 매우 사랑했다.

효문제(孝文帝)가 처음 즉위했을 때 하남 태수 오공(吳公)이 고을을 잘 다스리고 백성을 편안하게 한 치적이 천하제일로서, 일찍이 한 고을에 살던 이사(李斯 : 李斯列傳 참조)에게서 배웠다는 말을 듣고 그를 하남에서 소환하여 정위(廷尉)로 임명했다. 오정위는 가생이 연소하지만 제자백가의 글에 자못 능통하다는 사실을 아뢰었다.

효문제는 가생을 불러 박사(博士)[271]로 삼았다. 그때 가생의 나이 이십여 세로 박사들 가운데 가장 어렸다. 천자가 내리는 조칙, 명령 등 의안(議案)에 대한 자문이 있을 때마다 여러 박사들이 말하지 못하는 것을 가생이 대답하였는데 그것은 누구나 그렇게 했으면 하고 원하더라도 잘 표현하지 못했던 의견이라 박사들은 가생을 도저히 따를 수 없다고 생각했다. 효문제는 기뻐하며 차례를 뛰어넘어 가생을 승진시키니 가생은 1년만에 태중대부(太中大夫 : 郎中令에 속하며 정치를 의논하였음)에 이르렀

---

270) 성이 吳라는 것밖에 알 수 없다. 廷尉는 官名으로 법무장관이다.
271) 秦代부터 있었던 벼슬로 典故에 밝아 학문을 가르쳤다.

다.

　가생은 한나라가 일어나 효문제에 이르기까지 이십여 년이 경과하고 천하는 평화스럽게 다스려져 백성들이 화합하고 있으므로 당연히 역서(曆書)를 고치고 관복의 색깔을 바꾸며 제도를 바르게 하고 관명을 정하며 예악을 흥성케 하는 것이 좋겠다고 생각했다. 그래서 그런 것들에 대한 의례와 법도의 초안을 잡았는데 색은 황색을 숭상하고 수(數)는 오(五)를 기준으로 하며 관명을 정하는 등 진나라 때의 법을 모두 고쳤다.

　효문제는 이제 막 즉위했을 뿐이기에 겸손하여 아직 거기까지 손이 미칠 겨를이 없다고 생각했지만, 감연히 모든 법령을 개정하고 열후로 하여금 모두 각자의 영지에 나아가게 했는데 이는 다 가생한테서 나온 의견이었다. 이로 인하여 천자 효문제는 여러 신하들과 의논하여 가생을 공경(公卿)의 지위에 올릴 만하다고 생각했다.

　그런데 강후(絳侯：周勃), 관영(灌嬰), 동양후(東陽侯：張相如), 풍경(馮敬)의 무리들은 가생을 싫어하여,

　"저 낙양의 사나이는 나이도 어리고 학문한 것도 얼마 되지 않으면서 멋대로 권력을 휘두르고 모든 일을 문란하게 만든다."

　라고 비방했다. 이에 천자도 나중에는 가생을 멀리하여 그의 제안을 받아들이지 않게 되었고 그래서 장사왕(長沙王)[272]의 태부(太傅)로 보냈다. 가생이 하직하고 길을 가면서 장사(長沙)는 땅이 낮고 습하다는 말을 듣고는 자신이 오래 살지 못할 것이라고 생각했다. 더구나 좌천되어 가는 길이라 마음이 편치 않았다.[273] 그는 상수(湘水)를 건너면서 부(賦)를 지어

---

272) 이 長沙王은 漢의 高祖가 漢王이 된 해(기원전 206년)에 衡山王으로 봉해져 있던 오예(吳芮)의 玄孫으로 이름은 著이고 靖王이라 했다. 高祖 말년에 漢의 동족 劉氏가 아닌 異姓의 왕은 이 長沙王뿐이었다.

273) 원문 '賈生旣辭往, 行開長沙卑濕, 自以壽不得長, 又以適去, 意不自得', '辭往' 이하 '又' 까지 15자는 바로 다음에 나오는 〈服의 賦〉 한 단락과 중복되나 원문을 살려 그대로 번역했다.

굴원을 조상(弔喪)했다. 그 글은 다음과 같다.[274]


천자의 영을 공손한 마음으로 받들어

장사에서 기다리는 죄인의 몸 되었네.[275]

어렴풋이 들어 보니 굴원 선생은

멱라에 스스로 몸을 던졌다네.

상수의 흐름에 부치어

삼가 선생의 영을 조상하노라.

더할 수 없는 무도한 세상을 만나

마침내 그 목숨을 끝마쳤도다.

아아, 슬프고 슬프도다.

상서롭지 못한 때를 만남이여 !

난봉(鸞鳳)은 엎드려 숨어 버리고

올빼미는 날개를 치며 창공을 나네.

불초한 무리들은 존귀하게 되고

참소하고 아첨하는 무리들은 뜻을 얻었네.

현인과 성인은 반대로 끌려다니고

방정한 선비는 전도된 위치에 놓였네.

세상 사람 말하기를,

백이(伯夷)는 탐욕하다 하고 도척(盜跖)을 청렴타 하는구나.

막야(莫邪)의 보검을 무디다 하고

납으로 만든 칼을 예리하다 하네.

---

274) 이 이하는 〈弔屈原文〉이라는 제목으로 ≪文選≫ 권60에도 실려 있는데 완전한 賦體이다.
275) 원문 '俟罪長沙'. 죄를 기다린다는 것은 임용된 관리가 자신의 일을 말할 때 쓰는 상투적 표현.

아아, 선생은 뜻을 이루지 못하고

이유 없이 화를 입으셨네.

주실(周室)의 보정(寶鼎)은 버리고서

무용한 바가지를 보배라 하네.

지친 소에게 수레를 끌게 하고

절름발이 나귀를 곁말로 쓰니

준마는 두 귀를 늘어뜨린 채

소금 실은 수레를 끌어야 했네.

장보(章甫 : 殷나라의 보배로운 갓)를 신발 밑에 깔았으니

점차 오래갈 수 없게 되었네.

아아, 괴로워라, 선생이여.

선생 홀로 이 환난을 만났도다.


신(訊)에 이렇게 말했다.[276]


그만이로다.

나라에 나를 알아줄 이 없으니[277]

홀로 답답하고 분한 마음

누구와 더불어 말하랴.

높이 뜬 봉황새 훨훨 날아

---

276) 원문 '訊曰'. 〈離騷〉의 亂과 같이 한 편의 뜻을 이하에 다시 되풀이하여 말하는 것이다. 그런데 訊에는 비난한다는 뜻이 있어 불평을 호소하는 것인지도 모른다.

277) 원문은 '已矣國其莫我知'. 이것은 〈離騷〉의 亂에 있는 '已矣哉國無人兮莫我知兮'를 거의 그대로 사용한 것으로 我는 굴원 자신을 가리킨다. 그런데 가의는 이 賦를 통해 굴원에 대한 동정을 표명하면서 실은 자신의 불만도 말하고 있으므로 我는 간접적으로 가의 자신을 말한다고도 할 수 있다.

뒤돌아보지 않고 멀리 떠났네.
깊고 깊은 못 속의 신룡(神龍)은
깊이 잠겨 몸을 숨기네.
스스로 제 몸을 소중히 하여
밝은 빛 멀리하고 숨어 지낼 뿐
그 어찌 말개미, 거머리, 지렁이들과 더불어 살 건가?
소중히 여길 것은 성인의 신덕(神德),
탁한 세상 멀리 떠나 스스로 숨노라.
뛰어난 준마라도 잡아매어 둔다면
그 어찌 개나 양과 다름 있으리?
산란한 마음에 머뭇머뭇 망설이다
이런 화(禍) 만났으니
이 또한 선생의 허물이로다.
구주(九州 : 중국 전토)를 돌아 어진 임금 섬겨서 도울 것이지
하필이면 이 국도(國都)만을 생각했단 말인가?
봉황새는 천 길 높은 하늘 위를 날다가
덕의 밝은 빛을 보면 거기에 내리고
덕이 적고 험난함이 눈에 띄면
날개 크게 쳐 그곳을 떠나네.
한 길이나 두 길 되는 작은 못 도랑에
배를 삼킬 큰 고기 그 어찌 있을 수 있단 말인가?
강호를 가로지를 큰 고기도
있을 곳을 잘못 찾으면
진실로 개미, 땅강아지에게 욕을 본다네.

가생이 장사왕의 태부가 된 지 3년이 된 때에 올빼미가 날아와 가생의 집에 들어와 방의 한 구석에 앉았다. 초나라 사람들은 그 모양으로 인해 올빼미를 복(服)이라고 부른다. 가생이 이미 귀양 가서 장사에 거주하고 있었는데 장사는 땅이 낮고 습기가 많아서 수명이 오래가지 못할 것이라 생각하고 그것을 상심하고 슬퍼하여 부(賦)를 지어 스스로를 위안했다. 그 부의 글은 이러하다[278]

정묘(丁卯)년 초여름 4월 경자(庚子)일[279]
해가 서쪽으로 기울었을 때
복(鵩 : 올빼미)이 나의 여사(旅舍)에 날아와 방 안에 앉으니
그 모습이 매우 한가롭게 보이네.
이상한 새 날아왔기에
그 까닭 괴이하게 여겨
내 가만히 책을 펴놓고 이 일을 점쳤더니
점괘가 길흉을 일러주기를
'들새 날아들어 방 안에 앉으면
주인은 장차 떠나리로다.'
올빼미에게 청하여 묻노니
우리 이제 떠나면 어디로 갈 것인가?
길한 징조인가 내게 알려라.
흉한 징조라면 그 재앙을 말해 다오.

---

278) 이 편은 〈鵩의 賦〉 또는 〈服鳥의 賦〉로 알려져 있으며 《漢書》 列傳 및 《文選》 권13에도 실려 있다.
279) 賦의 첫머리에 연월을 명기하는 것은 필시 〈離騷〉의 첫머리에 굴원이 태어난 연월을 기록한 것을 본뜬 것이리라.

그날은 빨리 올까, 더디 올까?

나에게 그 시기를 말하여 다오.

올빼미는 탄식하되 머리 들고 날개 치며

입으로는 도저히 말을 못하고

뜻으로 대답하니 헤아리소서.

만물은 항상 변화하여

진실로 잠깐인들 쉴 사이 없이

옮기고 돌아간다네.

형체는 기로 바뀌고 기는 형체로 바뀌어

변화하기가 매미 허물 벗듯 하네.

그 이치 깊고 아득하여 끝이 없네.

어떻게 이루 다 말할 수 있을까?

'화라는 것은 복이 의지하는 곳

복은 화가 숨어 있는 곳.' (≪老子≫ 58장 인용)

근심과 기쁨은 한 문(門)에 모이고

길흉은 한 곳에 있게 된다네.

오나라는 크고 강했으나

부차는 패하고 말았고

월나라는 회계산에 숨었으나

구천은 천하의 패자 되었네.

이사(李斯)는 진에서 유세로 성공했어도

결국 오형(五刑 : 다섯 형벌. 뒤의 李斯列傳 참조)을 받았고

부열(傅說)은 형도(刑徒)가 되었어도

마침내 무정(武丁 : 殷나라 高宗)의 재상 되었네.

저 화와 복의 관계란

비비 꼬인 새끼[280] 눈과 무엇이 다르랴.
천명이란 말로는 할 수 없는 것,
그 누가 궁극의 이치 헤아릴 수 있으랴.
물이란 부딪치면 빨리 흐르고
시위 떠난 화살이 굳세고 빠르면 멀리 가는 법.
만물은 돌고 돌며 부딪치고
진동하며 서로 굴러 변화한다네.
구름은 올라가서 비를 내리고
서로가 얽혀 어지럽구나.
조화(造化)의 신(神)이 만물을 주조함이여,
넓고 커서 한계가 없어라.
하늘의 이치는 예측할 바 없고
도[281]는 심원하여 미리 꾀할 수 없고
더디고 빠르고는 천명이 정할 일,
어찌 그때를 알 수 있으랴.
천지를 비유하여 용광로라면
조화신(造化神)은 곧 공인(工人)이 되고
음양을 비유하여 숯이라면
만물은 구리쇠가 되리로다.
합치고 흩어지고 덜고 더하는 것,
일정한 법칙이 어찌 있으랴.
천변만화(千變萬化)하여
처음부터 그침이 없네, 언제까지나.

---

280) 원문은 '纆', 纆은 세 가닥의 새끼를 합쳐서 꼰 것.
281) 老子가 말하는 것과 같은 道로 천지의 근원, 궁극적인 존재를 말한다.

홀연히 사람으로 태어난 것을
생에 너무 집착하여 애석해 하랴.
변하여 다른 것으로 된다[282] 해서
또 무엇이 근심될 것 있겠는가?
지혜 적은 사람은 자기만을 위하여
만물을 천시하고 자기만 귀하다 하네.
도리에 통한 사람이 크게 관찰하면
사물치고 무엇이든 안 좋은 것 없다네.
욕심 많은 사람은 재물에 죽고
의열(義烈)의 선비는 명예에 죽고
권세를 탐내는 자 권력에 죽고
중인(衆人)은 무작정 목숨에만 집착하네.
이득에 유혹되고 가난에 쫓기는 자
동서로 달리면서 이(利)를 구하네.
덕 있는 큰 사람은 사물의 변화에 구속됨 없이
억만으로 변하여도 늘 한 가지 자세를 지니도다.
사물에 매이는 자 세속 일에 구애되어
목책 속에 갇혀 있는 죄수와 같네.
지덕(至德)을 지닌 사람 만물에 초연하여
홀로 도(道)만 따라 살아 나가네.
범인들은 미혹되고 의심하여
좋아하고 미워함이 마음속에 쌓인다네.
지당한 도를 깨달은 진인(眞人)은

---

282) 죽음을 말한다. 이상의 두 절은 老子 및 莊子의 사상을 많이 승계하고 있다.

그 마음 담담하고 고요하여

홀로 도와 더불어 안식한다네.

슬기를 버리고 형체도 잊고

초연히 자신도 잊어버리고

천지의 마음으로 도와 함께 하늘 훨훨 난다네.

흐름을 타면 흘러가고

물가에 닿으면 멈춰 서네.

자기 몸 내놓아 천명에 맡기고

스스로에게 집착하지 않는다네.

그 삶은 물 위에 뜬 것 같고

그 죽음은 쉬는 것 같도다.

담담함은 심연의 고요함 같고

자유롭게 떠 있어 매이지 않은 배와 같도다.

산다는 것 귀중히 여기지 않고

공허한 마음으로 세상에서 유유히 노니노라.

덕 있는 사람에게는 걱정이 없다네,

천명을 알고 근심하지 않으니.

작은 사고란 초목의 가시인가?

의심할 일이 어찌 또 있겠는가?


그 뒤 한 해 남짓 후에 가생은 소환되어 효문제를 뵈었다. 때마침 효문제는 제사지내고 난 고기[283]를 먹으려고 궁중의 정전(正殿)에 앉아 있었는

---

283) 漢의 황제가 친히 제사지내는 것은 天地의 神뿐이며 그 밖의 신들에게 친히 참배하는 일은 없었다. 대신 勅使가 돌아와서 신의 하사품(福)을 가져다주었다. 여기서는 제물로 바친 희생 고기의 남은 것을 말한다.

데 귀신에 대하여 느낀 바가 있었으므로 귀신의 본체가 무엇이냐고 물었다. 가생은 귀신이 되는 까닭을 자세히 설론하다 야반에 이르렀다. 문제는 흥미를 느껴 자리를 앞으로 당겨 앉아 듣고 있다가 가의의 이야기가 끝나자 이렇게 말했다.

"나는 오랫동안 가생을 만나지 못했다. 내 자신 가생보다 낫다고 생각했더니 이렇게 만나고 보니 나는 가생에게 미치지 못하겠다."

그 후 얼마 되지 않아 가생을 양(梁) 회왕(懷王)의 태부(太傅)로 임명했다.

양의 회왕은 효문제의 막내아들로 문제의 총애를 받는데다가 글 읽기를 좋아했다. 그런 까닭에 가생을 그의 태부로 삼은 것이다. 효문제는 또 회남(淮南) 여왕(厲王)[284]의 네 아들을 봉하여 모두 열후로 삼았다.

그러자 가생은 이렇게 간했다.

"이로부터 천하의 우환이 일어날 것입니다."

또 가생은 여러 차례 상소하여 '제후들 중에는 여러 군(郡)의 토지를 많이 차지하고 있는 자가 있습니다만 이것은 고대의 제도와 다르니 차차 조금씩 줄여야 합니다.' 하고 건의했으나 문제는 들어주지 않았다.

그로부터 수년 후 회왕은 말을 타다 떨어져 죽었다. 그런데 후사가 없었다. 가생은 자신이 태부로 있으면서 용의주도하지 못했음을 자탄하고 근 1년 동안이나 울며 세월을 보내다가 죽었다. 가생이 죽었을 때 그의 나이 삼십삼 세였다.

효문제가 붕어하고 무제(武帝)가 즉위하자[285] 가생의 손자 두 명을 등용하였으며 그들은 모두 군수(郡守)까지 되었다. 그들 두 사람 중에서 가가

---

284) 厲王의 이름은 長. 文帝의 아우. 모반죄로 폐위되고 蜀으로 가던 중 죽었다. 조금 지나서 文帝는 그 아들 셋을 각각 왕에 봉했다.
285) 文帝 다음의 황제는 景帝이며 그 다음이 武帝이다. 이 원문은 景帝를 생략하고 있다.

(賈嘉)는 학문을 좋아하여 그의 가풍을 계승했는데 그는 나(司馬遷 자신)와 서신을 주고받은 사이였다. 소제(昭帝) 때 그의 자손은 구경(九卿 : 大臣)의 반열에 올랐다.[286]

태사공은 말한다.

"나는 〈이소(離騷)〉, 〈천문(天問)〉, 〈초혼(招魂)〉, 〈애영(哀郢)〉(모두 楚辭의 篇名)을 읽고 굴원의 뜻에 대하여 슬퍼했다. 그리고 나는 장사(長沙)에 가서 굴원이 몸을 던졌던 물을 바라보고는 눈물을 흘리면서 그의 인품을 추상(追想)하지 않을 수 없었다.

가생이 굴원을 조상(弔喪)한 부(賦)를 보고서는 '가생도 굴원과 같은 재능을 가지고 제후들에게 유세했으면 받아들여지지 않았을 리가 없었을 터인데 스스로 이러한 최후를 초래한 것이다.'라고 말한 것에 대해서는 이상하게 여겼다. 그런데 복조(服鳥)의 부(賦)를 읽으면 사생(死生)을 한 가지라 말하고 거취(去就)에 대해서 가볍게 취급했는데 이것은 나를 망연자실케 했다."

---

286) 司馬遷이 昭帝 때까지 살아 있었다고는 생각할 수 없으므로 이 글은 후세 사람의 가필이다.

# 제25 여불위열전(呂不韋列傳)

여불위(呂不韋)는 양책(陽翟)의 대상인(大商人)이었다. 여러 나라를 왕래하며 물건을 싸게 사들인 다음 비싸게 팔아 집에 천 금의 재산을 쌓았다.

진(秦)나라 소왕(昭王) 40년에 태자가 죽었다. 42년, 둘째 아들인 안국군(安國君)이 태자가 되었다. 안국군에게는 아들이 이십여 명이나 있었다. 가장 총애하는 첩을 정부인으로 삼아 '화양부인(華陽夫人 : 夫人은 諸侯의 正室의 칭호)'이라고 불렀는데 화양부인에게는 아들이 없었다. 안국군의 아들 중에는 자초(子楚)[287]라는 이가 있었는데 자초의 어머니인 하희(夏姬)는 안국군의 사랑을 받지 못했다.

자초는 조나라에 볼모로 보내졌는데 진나라가 자주 조나라를 치니 조나라는 자초를 크게 예우하지는 않았다. 자초는 진나라 임금의 많은 서자들 가운데 한 사람으로서 제후 나라에 볼모로 와 있는 처지라 거마(車馬)와 재물이 넉넉지 못하고 생활도 곤궁하여 매사가 뜻과 같지를 못했다.

여불위가 장사차 한단(邯鄲 : 趙나라의 國都)에 갔을 때 마침 자초를 만나 보고는 가엾게 여겨 말했다.

"이것은 뜻하지 않았던 보물이다. 사 두는 것이 좋겠다."

그래서 자초를 방문하여 말했다.

"제가 공의 문호(門戶)를 크게 만들어 드리겠습니다."

---

287) 子는 경칭. ≪戰國策≫ 秦策에 의하면 子楚의 본명은 '異人'이며 '子異人'이라고도 한다. 그가 趙에서 楚로 돌아왔을 때 초나라의 옷을 입고 華陽夫人을 만났는데 그때 화양부인은 반가워 '나는 楚나라 사람인 당신을 내 아들로 삼겠소.'라며 그의 이름을 '楚'로 고치게 했다고 한다.

자초는 웃으며 말했다.

"당신의 문호부터 크게 만들고 나서 내 문호도 크게 만들어 주오."

"모르시는 말씀입니다. 나의 문호는 공의 문호가 커짐에 따라 저절로 커지게 됩니다."

자초는 여불위가 말하는 뜻을 알아차리고 안으로 불러들여 대좌하고 속마음을 털어놓았다. 여불위가 말했다.

"진나라 왕께서는 연로하시고 안국군께서 태자가 되셨습니다. 들은 바에 의하면 안국군은 화양부인을 총애하신다고 합니다. 그런데 화양부인에게는 아들이 없습니다. 그러니 누구를 후사로 세우느냐 하는 것은 화양부인에게 달렸습니다. 그런데 형제가 이십여 명이나 계시지만 공께서는 그 중간 가는 아들이시고 또 그다지 사랑을 받지도 못하는 터에 오랫동안 남의 나라에 볼모가 되어 계십니다. 만약 대왕께서 갑자기 붕어하시고 안국군이 즉위하여 임금 자리에 앉게 되면 공은 장형(長兄)이 되시는 분이지만 임금 앞에 아침저녁으로 있는 여러 아들들과 태자의 지위를 다툴 수는 없을 것입니다."

"그건 그렇소. 대체 어떻게 하면 좋겠소?"

"공께서는 가난한 데다가 객인의 몸이 되어 있으니 어버이를 봉양할 수도 없으려니와 빈객들과 교제를 할 수도 없습니다. 저는 비록 가난하기는 하나 천 금을 내던져 공을 위하여 서방의 진나라로 가서 안국군과 화양부인을 섬겨 공을 후사로 삼도록 하겠습니다."

그러자 자초는 머리를 숙이며 말했다.

"당신의 계획이 성공한다면 진나라를 나눠서 당신과 함께 공유하겠소."

여불위는 자초에게 오백 금을 주어 빈객들과 교제비로 쓰게 하고 또 오백 금으로 진기한 물품을 사 가지고 서쪽에 있는 진나라로 갔다. 여불위는 손을 써서 화양부인의 언니를 통해 가지고 있던 물품을 전부 화양부인에게 바쳤다. 그리고 그 기회를 이용하여 말했다.

"자초는 어질고 지혜가 있으며 널리 천하 제후들의 빈객들과 교제를 하고 있습니다. 항상 '나는 화양부인을 하늘과 같이 여기고 있다.'고 말하며 태자와 부인을 흠모하여 밤낮으로 눈물을 흘리고 있습니다."

부인은 크게 기뻐했다. 여불위는 다시 부인의 언니를 시켜 다음과 같이 부인에게 말하게 했다.

"들은 바에 의하면 '용모가 잘나서 쓰였던 사람은 용모가 시들면 총애도 시들해진다.'고 합니다. 지금 부인께서는 매우 총애를 받고 계시지만 부인께는 아들이 없습니다. 어째서 이런 때 태자의 여러 공자들 가운데 현명하고 효심이 많은 분과 인연을 맺어서 후사로 천거하여 양자로 삼지 않으십니까? 그리하면 남편이 계실 때에는 존중히 대우를 받게 되고 남편이 죽은 뒤라도 양자로 삼은 자가 왕이 되어 최후까지 세력을 잃지 않을 것입니다. 이것이야말로 '한마디의 말로 만세(萬世)의 이(利)를 얻는다.'는 것입니다.

나이 젊고 용모가 아름다울 때에 근본을 세우지 않으면 용모가 쇠하여 총애가 시들해진 다음에는 한마디 하려고 해도 아무것도 되는 일이 없습니다. 지금 자초는 현명하게도 자기는 태자의 중간 아들로서 순서로 보아 후사가 될 수 없음을 알고 있고 또 그의 생모가 태자의 총애를 받지 못했으니 화양부인에게 마음을 의지하고 있습니다. 부인께서는 부디 이 기회를 놓치지 마시고 그를 발탁하여 후사로 삼으신다면 평생 동안 진나라에서 우대를 받는 몸이 될 것입니다."

화양부인은 그럴 것이라고 생각하고 태자가 한가한 틈을 엿보아, 조나라에 볼모로 가 있는 자초라는 아들이 매우 현명해서 그와 교제하는 사람들이 칭찬하고 있다는 것을 태연하게 화제에 올리고는 드디어 눈물을 흘리면서 말을 이었다.

"저는 다행히 후궁의 자리에 있으나 불행하게도 아들이 없습니다. 만약 허락하여 주신다면 자초를 양자로 삼아 저의 몸을 의탁하고 싶습니다."

안국군은 허락했다. 그리고 부인과 함께 옥할부(玉割符)[288]를 새겨 그것을 증거로 삼아 자초를 후사로 한다는 것을 약속했다. 안국군과 부인은 자초에게 후한 예물을 보내고 여불위에게 간청하여 자초의 부(傅)가 되어 돌보아 주도록 했다. 이로부터 자초의 명성은 제후들 사이에서 차츰 높아져 갔다.

여불위는 한단 여자 중에 용모가 뛰어나게 아름답고 춤을 잘 추는 무희와 동거하고 있었는데 그녀는 임신 중이었다. 그런데 자초가 여불위의 집에 초청받아 술을 마시다가 그 여자를 보고 기뻐하며 일어섰다. 자초는 여불위를 위해 건강을 축하하며 그 여자를 얻고 싶다고 말했다. 여불위는 내심 불쾌했다.[289] 그런데 다시 생각해 보니 재산을 기울여서까지 자초를 위하여 일을 한 것은 자초에게서 장차 큰 것을 낚으려던 것임을 생각하고 그 여자를 자초에게 바쳤다. 그 여자는 임신 중이었다는 사실을 숨기고 있다가 열두 달[290] 만에 정(政 : 후에 秦始皇)을 낳았다. 자초는 마침내 그 여자를 부인으로 삼았다.

진나라는 소왕(昭王) 50년에 왕의(王齮)에게 명하여 한단을 포위하게 했다. 사태가 위급한 지경에 빠지자 조나라는 자초를 죽이려고 했다. 자초는 여불위와 상의해 황금 육백 근으로 관리를 매수하여 탈주했다. 그리

---

288) 符節은 약속의 증거로 삼는 물건. 당시 安國君은 부친인 昭王이 살아 있었기 때문에 공공연히 자신의 상속인을 결정하여 칭호를 줄 수 없었다. 그래서 부인과 은밀히 약속하고 부절을 주었던 것이다.
289) 《資治通鑑》에 의하면 '불위, 짐짓 노하여…….' 라고 하여 《史記》의 원문에 다른 자를 더해 해석했는데 지나친 견해이다.
290) 원문은 '至大期時, 生子政'. '期란 12개월이다.' 라는 설과 '사람은 열 달 만에 태어난다. 그런데 2개월이나 지났으므로 大期라 한다.' 는 설이 있다.

하여 진나라의 군중에 닿을 수 있었으며 드디어 진나라로 귀국하였다. 조나라는 자초의 처자를 죽이려 했으나 자초의 부인은 조나라 호세가(豪勢家)의 딸[291]이었으므로 숨을 수 있었다. 그런 까닭에 모자(母子)가 모두 살아남았다.

진나라 소왕은 그 56년에 승하했다. 태자 안국군이 즉위하여 화양부인을 왕후로 하고 자초를 태자로 삼았다. 조나라에서도 자초의 부인과 아들 정을 진나라로 정중하게 돌려보냈다. 진나라 왕은 즉위한 지 1년 만에 승하했고 효문왕(孝文王)이라 시호했다.

자초가 뒤를 이어 즉위했다. 이 사람이 장양왕(莊襄王)이다. 장양왕은 양모인 화양후(華陽后)를 '화양태후(華陽太后)'라 하고 생모인 하희(夏姬)를 높여 '하태후(夏太后)'라 했다.

장양왕 원년, 여불위를 승상으로 임명하고 문신후(文信侯)에 봉해 하남(河南) 낙양(洛陽)의 십만 호의 땅을 영유지로 주었다. 장양왕은 즉위한 지 3년 만에 승하하고 태자 정이 즉위하여 왕이 되었다.

나이 어린 진나라 왕 정은 여불위를 존중하여 상국(相國)으로 임명하고 중부(仲父)[292]라 불렀다. 그리고 그의 모친인 태후는 때때로 여불위와 남몰래 사통(私通)했다. 여불위의 집안 하인은 일만 명이나 있었다고 한다.

당시 위나라에는 신릉군, 초나라에는 춘신군, 조나라에는 평원군, 제나라에는 맹상군이 있어[293] 모두 선비에게 몸을 낮추고 빈객 모으기를 서로 경쟁했다.

---

291) 원문은 '子楚夫人, 趙豪家女也'. 子楚夫人이란 결국 呂不韋의 애인이다. 이 원문에 대해 두 가지 해석이 있다. 즉 자초의 처가 되었으므로 趙의 부호가 딸 대우를 했을 것이라는 설과 여불위가 돈을 주었기 때문에 그 집도 유복해졌을 것이라는 설이다.

292) 相國은 丞相과 직책은 같지만 품위를 높인 것. 仲父는 叔父와 같은 뜻. 즉 아버지 버금가는 사람으로 존중한다는 뜻.

293) 각각 孟嘗君列傳, 平原君列傳, 魏公子列傳, 春信君列傳을 참조.

여불위는 진나라가 강대한 나라이면서도 이들 나라에 미치지 못하는 것을 수치로 여겨, 그도 또한 뜻있는 선비들을 불러들여 후대하니 식객이 사천 명에 달했다.

또 그 무렵 제후의 나라에는 변사(辯士)가 많았고 순경(荀卿 : 荀子, 孟子‧荀卿列傳 참조) 등이 책을 지어 천하에 널리 펴냈다. 이에 여불위는 그의 식객들에게 각기 들은 바를 저술케 하고 편집해서 팔람(八覽), 육론(六論), 십이기(十二紀) 등의 이십만여 자나 되는 책을 만들어 천지, 만물, 고금(古今)의 일을 모두 망라했다고 자신했다. 그래서 그 책을 ≪여씨춘추(呂氏春秋)≫라고 불렀다. 그것을 함양(咸陽 : 秦나라의 國都) 시(市)의 문(門)에 진열하여²⁹⁴⁾ 천 금을 현상금으로 걸고 제후 나라의 유세객과 빈객을 모아, '이것에 한 자라도 증감할 수 있는 사람이 있으면 천 금을 주리라.'고 했다.²⁹⁵⁾

시황제가 장년이 되었는데도 태후의 음란한 행위는 그치지 않고 있었다. 여불위는 태후와의 관계가 발각되어 화가 미칠 것이 두려웠다. 그리하여 노애(嫪毐)라는 남근이 큰 사람을 구하여 하인을 삼아 때때로 음란한 음악을 연주하게 하고 노애의 남근에다 오동나무로 만든 수레바퀴를 달고 걷게 하였다. 소문을 퍼뜨려 태후의 음란한 마음을 자극하려는 것이었다. 아니나 다를까 태후는 그 소문을 듣더니 노애를 은밀히 손에 넣으려고 했다.

---

294) 이 무렵에는 木簡이나 竹簡을 엮어 그것에다 기록했다. 여기서는 그것을 문간에 늘어놓고 모두에게 보였던 것이다.

295) 後漢의 高誘의 ≪呂氏春秋序≫에 따르면 더 보태거나 깎아낼 수 있는 자가 한 사람도 없었다고 했는데 그것은 할 수 없어서가 아니라 여불위의 권세를 두려워해 그런 것이라고 한다.

296) 불알을 까는 刑罰. 官刑이라고도 한다. 太史公自序 참조. 腐刑을 받은 자는 내전에서 일할 수 있었다.

여불위는 태후에게 노애를 진상하기 위하여 거짓으로 노애가 부형(腐刑)[296]에 해당하는 죄를 범했다고 다른 사람을 시켜 고발하게 했다. 그러고 나서 여불위는 태후에게 은밀히 말했다.

"죄를 지어 부형에 처했다고 속이면 노애를 궁중에 두고 부릴 수 있습니다."

태후는 부형을 집행하는 관리에게 후한 뇌물을 주어 거짓으로 판결을 내리게 하고 노애의 수염과 눈썹을 뽑아 환관으로 만들었다.

노애는 마침내 태후를 모실 수 있게 되었다. 태후는 그와 밀통을 하고 매우 총애했다. 그런 중에 임신이 되었다. 태후는 사람들에게 알려질까 두려워 거짓으로 점을 치게 하고 재액을 피하기 위해 궁전을 나와 옹(雍)에서 살았다. 노애는 항상 태후를 모시어 많은 상을 받았고 모든 일은 노애가 다 결정하게 되었다. 노애의 집안 하인은 수천 명이나 되었고 벼슬을 구하려 노애의 부하가 된 자도 천여 명이 넘었다.

시황제 7년에 장양왕의 어머니 하태후가 죽었다. 효문왕의 왕비는 화양태후라고 하여 효문왕과 수릉(壽陵 : 孝文王의 陵. 長安의 동북)에 합장했다. 또 하태후의 아들 장양왕은 지양(芷陽 : 長安의 동편)에 장사지냈다. 그런 까닭에 하태후는 홀로 두(杜 : 長安의 동남)의 동쪽에 장사지냈다. 이것은 하태후가 '동쪽으로 나의 아들을 바라보고 서쪽으로 나의 남편을 바라보고 싶다. 백 년 후에는 그 근처에 일만 호의 읍이 생길 것이다.' 고 말했기 때문이다.[297]

시황제 9년에,

"노애는 사실 환관이 아닙니다. 태후와 사통하고 난잡한 행동을 하여 아들 둘을 낳았는데 이를 모두 감추고 태후와 공모하여 '왕이 승하하면

---

297) 뒤에 그 예언대로 되었다. 그것은 漢의 宣帝 때로 태후가 묻힌 지 170년쯤 뒤의 일이다.

나의 아들로 후사를 삼자.'고 말하고 있습니다."

라고 밀고하는 자가 있었다.[298] 그래서 진왕(秦王 : 始皇帝)은 관리에게 명하여 조사를 시킨 결과 자세한 실정을 알아내었는데 그 일은 상국 여불위와도 관련이 있었다. 그해 4월 노애를 죽이고(≪史記≫ 秦始皇本紀에 따라 보충함) 9월에 노애의 삼족을 다 멸한 다음 태후가 낳은 두 아들도 죽였으며 마침내 태후를 옹(雍)으로 옮겼다. 또 노애 부하들의 가산을 모두 몰수하고 촉(蜀)으로 내쫓았다.

왕은 상국 여불위도 주살하려고 했으나 선왕을 받든 공로가 크고 또 빈객과 유세가 중에 상국을 변호하는 자가 많았으며 함부로 법을 적용할 수 없어 시황제 10년 시월에 상국 여불위를 파면했다.

그 후 제나라 사람 모초(茅焦)가 진나라 왕을 설득하여 태후를 옹에서 함양으로 다시 돌아오게 했다. 또한 문신후(文信侯 : 呂不韋)는 도읍에서 추방하여 봉령인 하남(河南)에서 살게 했다. 그 후 1년이 지나 제후의 빈객이나 사자들이 도로에 끊이지 않고 찾아와 문신후에게 만나기를 청했다. 진나라 왕은 모반이 일어날 것이 두려워 문신후에게 다음과 같은 친서를 보냈다.

"당신은 진나라에 대하여 무슨 공이 있어서 하남에 봉하고 십만 호의 식읍(食邑)을 주었단 말이오? 또 당신은 진나라에 무슨 혈연이 있어서 중부(仲父)라 불리고 있단 말이오? 가속(家屬)과 함께 촉(蜀)으로 옮겨가 살도록 하시오."

여불위는 자기의 권세가 점차로 기울어 결국은 주살당하리라고 생각하고 짐독(酖毒)을 마셔 자살했다. 진나라 왕의 분노의 대상이었던 여불위

---

298) ≪說苑≫ 正諫篇에 따르면 노애는 주사위 노름 자리에서 술에 취해 싸움을 하던 끝에 '나는 황제의 의붓아비다!' 하고 큰소리를 쳐 싸움 상대가 고발하여 秦始皇이 격노했다고 한다.

와 노애가 죽었으므로 이에 노애의 부하로서 촉에 내쫓겼던 자들을 원래의 거주지로 복귀하게 했다.

시황제 19년에 태후가 죽자 제태후(帝太后)라 시호하고 장양왕과 함께 지양에 합장했다.


태사공은 말한다.

"노애는 여불위의 은덕으로 존귀하게 되고 봉함을 받아 장신후(長信侯)라 했다. 어떤 사람이 노애를 밀고하였을 때 노애도 그것을 알고 있었다. 진나라 왕은 좌우의 사람에게 명하여 증거를 굳히려고 아직 발표를 하지 않은 채 옹(雍)에 나아가 교제(郊祭 : 교외에서 행하는 祭天禮)를 지냈다.

노애는 화가 미칠 것이 두려워 같은 도당들과 모의하여 거짓으로 태후의 인장(印章)을 사용해 군사를 동원시켜 기년궁(蘄年宮)에서 반란을 일으켰다. 진나라 왕이 관리를 보내어 노애를 공격하게 하니 노애는 패하여 달아났다. 관리는 추적하여 그를 호치(好畤)에서 베어 죽이고 마침내 그의 일족을 멸했다. 여불위도 이 사건으로 말미암아 꺾이고 말았다.

공자(孔子)께서 말씀하신 소위 '문(聞 : 겉으로는 유명한 듯하나 내면적인 면에서 실은 그렇지 못한 인물)'[299]이란 여불위와 같은 인물을 가리킨 것일까?"

---

299) ≪論語≫ 顔淵篇에 실린 孔子의 말에 의거한 평가. 제자 子張이 물었다. "선비는 어떻게 하면 '達' 하였다고 말할 수 있습니까?" 공자, "네가 말하는 '達' 이란 무엇이냐?" 자장, "어디에 있더라도 명성이 높은 것입니다." 공자, "그것은 '聞' 이지 '達' 이 아니다. '達' 이란 한결같이 바른 성질을 지닌다. 그래서 정의를 사랑하고 주의가 깊고 동정심이 많고 겸손한 인물, 그것이 '達' 이다. '聞' 이란 仁을 간판으로 내걸고 행동은 그 반대로 하면서 그러한 자신에 대해 의문조차 갖지 않는 인물을 말하며 그래야만 '聞', 즉 유명해지는 것이다."

# 제26 자객 열전(刺客列傳)

　조말(曹沫)은 노(魯)나라 사람으로서 용력(勇力)이 뛰어났다. 그리하여 용력을 좋아한 노나라의 장공(莊公)을 섬겼다. 조말은 노나라의 장군이 되어 제나라와 싸웠는데 세 번이나 패했다. 노나라의 장공은 조말에게는 그대로 장군의 직책을 맡게 하고 수읍(遂邑 : 山東省)의 땅을 바쳐 제나라와 화친을 도모하려 하였다.

　제나라 환공(桓公)은 노나라의 장공과 가(柯 : 山東省)에서 회맹할 것을 승낙했다. 환공이 장공과 화친을 서약하고 있을 때 갑자기 조말이 비수를 손에 들고 단상에 뛰어올라 환공을 위협했다. 환공의 좌우에 있던 사람들은 당황하여 부산을 떨 뿐 감히 말리려는 자가 없었다. 환공이 물었다.

　"그대는 대체 무엇을 하고자 하는가?"

　조말이 말했다.

　"제나라는 강대하고 노나라는 약소합니다. 대국인 제나라가 노나라를 침략하는 것은 지나친 처사입니다. 지금 노나라 국도(國都)의 성벽은 무너지고 제나라의 국경은 노나라의 국도에 육박하고 있습니다.[300] 이러한 상황에 대해 다시 한 번 생각해 주셨으면 합니다."

　환공은 노나라를 침략해 빼앗은 땅을 전부 돌려줄 것을 약속했다. 그의 말이 끝나자 조말은 곧 비수를 던져 버리고 단을 내려와 여러 신하들의 자리로 돌아가 북면(北面)[301]했는데 얼굴빛도 변하지 않고 말소리도 평소와 다름이 없었다. 환공은 노하여 약속을 어기려고 했다. 그랬더니 관중(管

---

300) 齊나라의 침략이 심하여 齊와 魯의 경계가 魯의 도성 옆이라고 할 수 있다는 뜻.
301) 신하는 얼굴을 北으로 향하고 착석하고 군주는 남쪽을 향해 앉는다.

仲)[302]이 말했다.

"안 됩니다. 대저 작은 이익을 탐하고 그에 만족하신다면 제후들한테 신망을 잃게 되고 천하의 원조를 잃게 될 것입니다. 그러니 약속대로 돌려주는 편이 좋겠습니다."

그리하여 환공은 노나라를 침략해 빼앗은 땅을 돌려주었다. 조말이 세 번 패하여 잃었던 땅은 이렇게 해서 모두 노나라로 되돌아왔다.


그 후 백육십칠 년이 지나 오(吳)나라에 전제(專諸) 사건이 있었다.

전제는 오나라의 당읍(堂邑 : 江蘇省) 사람이다. 오자서(伍子胥)는 초나라에서 오나라로 망명했을 때(伍子胥列傳 참조. 아래의 경위도 잘 나와 있음) 전제가 유능한 선비임을 알았다. 그 후 오자서는 오나라 왕 요(僚)를 알현하고 초나라를 공략하는 것이 좋다는 것을 설명하니 오나라의 공자 광(光)이 말했다.

"저 오운(伍員 : 伍子胥)의 아버지와 형은 모두 초나라에서 죽임을 당했습니다. 오운이 초나라를 치자고 말하는 것은 사사로운 원수를 갚고자 해서이지 오나라를 위해서 그런 것은 아닙니다."

그래서 오나라 왕은 이를 받아들이지 않았다. 오자서는 공자 광이 오나라 왕 요를 죽이려 한다는 것을 알아차리고,

"공자 광은 내란을 일으켜서 왕을 죽이려 하고 있다. 아직 초나라를 치는 것 같은 국외의 일을 논할 시기가 아니다."

라고 생각하고 전제를 공자 광에게 추천했다.

광의 아버지는 오왕(吳王) 제번(諸樊)이었다. 제번에게는 세 명의 동생

---

302) 管仲은 桓公을 패자로 만든 齊나라의 명재상. 管晏列傳 참조.

이 있었는데 바로 밑의 동생이 여제(餘祭), 그 다음이 이매(夷昧), 막내 동생이 계자찰(季子札)이었다. 제번은 계자찰이 현인임을 알았으나 태자를 세우지 않고 세 사람의 아우들에게 차례로 왕위를 전해 결국에는 계자찰에게 물려주려고 생각했다. 이리하여 제번이 죽자 왕위는 여제에게 이어졌고 여제가 죽자 이매에게 이어졌다.

그 후 이매가 죽으니 당연히 계자찰이 왕위에 오를 순서였다. 그런데 계자찰은 사양하여[303] 왕위에 오르지 않았다. 할 수 없이 오나라 사람들은 이매의 아들 요를 왕으로 삼았다. 그랬더니 공자 광은,

"형제의 순서로 왕이 된다면 계자찰이 왕위에 오르는 것이 당연하고 아들의 순서대로 왕위에 올라야 한다면 나야말로 진짜 적사(嫡嗣 : 正室에서 태어난 아들)니 내가 왕이 되는 것이 당연하오."

라고 했다. 광은 일찍부터 몰래 모신(謀臣)을 양성해 왕위를 빼앗으려 하고 있었다. 그러던 중 전제를 얻자 그를 빈객으로 잘 대우했다.

그로부터 9년 후에 초나라 평왕(平王)이 죽었다. 그해 봄, 오나라 왕 요는 초나라가 상중(喪中)임을 기화로 초나라를 치고자 두 사람의 아우, 공자 개여(蓋餘)와 공자 속용(屬庸)에게 명하여 군사를 거느리고 나갔다. 그래서 초나라의 잠(潛 : 安徽省)을 포위하게 하고 또 연릉(延陵)의 계자(季子)[304]를 진나라에 사자로 보내어 제후의 움직임을 살피게 했다.

초나라는 군사를 출동시켜 오나라의 장군 개여와 속용의 퇴로를 끊었으므로 오나라 군사는 귀환할 수 없게 되었다. 그러자 공자 광이 전제에게 말했다.

---

303) 《史記》 吳太伯世家에 '아우 계찰에게 주고자 했으나 계찰은 사양하여 도망했다.'고 되어 있다. 季子札은 사양하고 몸을 뺀 것이다.

304) 季子札을 말한다. 뒤에 延陵에 封해졌기에 이렇게 말한다.

"이 시기를 놓쳐서는 안 되오. 구하지 않는다면 아무것도 얻을 수 없소. 진짜 왕의 후사로서 내가 왕위에 오르는 것이 당연하오. 계자찰이 돌아온다 해도 나를 폐하지는 못할 것이오."

전제가 말했다.

"왕 요를 죽일 수 있습니다. 그의 어머니는 늙었고 아들은 어리며, 두 아우는 병사를 이끌고 초나라를 쳤는데 초나라가 그 후방을 끊어 버렸습니다. 지금 오나라는 국외로는 초나라한테 고통을 당하고 국내로는 병력이 비었을 뿐 아니라 강직한 신하마저 없습니다. 그러니 아무도 우리를 막을 수는 없을 것입니다."

공자 광은 머리를 조아리며 말했다.

"나의 몸은 곧 그대의 몸이오."[305]

4월 병자일, 광은 무장병을 지하실에 매복시키고 술자리를 준비하여 왕 요를 초청했다. 왕 요는 왕궁에서부터 광의 저택에 이르는 연도에 군대를 배치시키고 경호하게 했다. 또 광의 저택의 대문과 방문, 그리고 섬돌의 좌우에는 왕 요의 친척들이 시립한 채 왕 요를 가운데에 두고 모두 긴 칼을 들고 있었다.

술자리가 무르익었을 때 공자 광은 거짓으로 발에 병이 났다 하고는 지하실로 내려갔다. 그리고 전제로 하여금 뱃속에 비수를 감춘 생선구이를 내오도록 했다. 전제는 왕의 앞에 이르자 구운 생선을 찢고 비수를 꺼내어 오왕 요를 찔렀다. 요는 그 자리에서 죽었다. 그러자 왕의 좌우에 있던 사람들이 전제를 죽여 버렸다. 왕을 수행했던 사람들은 대소동을 일으켰다. 그러자 공자 광은 복병을 내보내어 요의 무리를 공격하여 모두 죽여 버리

---

305) 두 사람은 형제 이상의 一心同體다. '만일 네 몸에 무슨 일이 일어나면(즉 네가 죽으면) 뒤는 모두 내가 책임진다.'는 뜻.

고 드디어 왕이 되었다. 이 사람이 바로 합려(闔閭)다.

합려는 전제의 아들을 봉하여 상경(上卿)으로 삼았다.


그 뒤 칠십여 년이 지나서(정확하게는 62년. 기원전 453년) 진(晉)나라
에는 예양(豫讓) 사건이 있었다.

예양은 진(晉)나라 사람이다. 일찍이 그는 범씨(范氏)와 중항씨(中行
氏)[306]를 섬겼으나 인정을 받지 못하여 지백(智伯)[307]을 섬겼다. 지백은 그
를 매우 존경하고 사랑하며 또 예우했다.

지백이 조양자(趙襄子 : 晉의 六卿의 하나인 趙氏의 當主, 趙毋衂을 말
함)를 치게 되니 조양자는 한나라, 위나라와 공모하여 지백을 멸망시켜[308]
그 자손들을 다 죽이고 그 땅을 삼분했다.

조양자는 지백을 가장 큰 원수로 여겨 그의 두개골에 옻칠을 하여 음기
(飮器 : 便器라는 설도 있으나 술잔으로 해석하는 것이 타당함)로 썼다. 예
양은 산속으로 도망하면서 이렇게 말했다.

"아아, '선비는 자기를 알아주는 사람을 위하여 죽고 여자는 자기를 좋
아하는 사람을 위하여 몸치장을 한다.'[309]고 했다. 지백은 나를 알아주었
으니 나는 반드시 그의 원수를 갚고 죽을 것이다. 그리하여 비록 죽더라도
지백에게 보답할 수 있다면 나의 혼백은 부끄럽지 않을 것이다."

---

306) 晉의 六卿 가문 중 두 가문. 여기서 范氏란 昭子吉射를, 中行氏란 中行文子荀寅을 가리킨
　　다. 6경의 다른 4경은 智氏, 韓氏, 魏氏, 趙氏.
307) 晉의 六卿의 하나인 智氏를 말한다. 여기서는 襄子荀瑤를 가리킨다. 당시 六卿 중의 최대
　　권력자였다.
308) 六卿의 세력 다툼이다. 智伯은 먼저 6경 중의 范, 中行 두 씨를 멸망시키고 이어 韓, 魏氏와
　　더불어 趙襄子를 공격했는데 3년이 지나도 성공하지 못하자 거꾸로 조양자는 한, 위씨와
　　손잡고 지백을 멸했다.
309) 오랜 속담일 것이다. 《史記》가 의거한 《戰國策》 趙策에는 같은 표현이지만 '선비는 자
　　신을 알아주는 자한테 쓰이고……' 로 되어 있다.

그는 이름을 바꾸고 죄인의 무리에 몸을 숨겨 조양자의 궁전에 들어가 변소의 벽을 바르는 일을 하면서 가슴에 품은 비수로 조양자를 찔러 죽일 기회만 엿보았다. 양자가 변소에 갔는데 가슴이 두근거렸다. 이상히 여긴 양자가 변소의 벽을 바르고 있는 죄수를 잡아다 심문했더니 바로 예양이었다. 품속에 비수를 감추고 있었던 예양은 이렇게 말했다.

"지백을 위해 원수를 갚으려고 했던 것이오."

좌우의 사람들이 그를 주살하려고 하자 양자는,

"그는 의인이다. 나만 주의해 그를 피하면 되는 것이다. 대저 지백이 멸망하고 그 자손도 없건만 구신(舊臣)이 원수를 갚고자 하니 이 사람은 천하의 현인이다."

라며 석방하여 가게 했다.

그 일이 있은 지 한참 후에 예양은 또 몸에 옻칠을 하여 문둥병자로 가장한 다음, 숯가루를 먹어 목소리까지 변하게 해 자기의 얼굴과 형상을 남이 알아볼 수 없게 했다. 그렇게 시장에서 걸식을 하니 그의 아내도 알아보지 못했다. 그가 벗을 찾아갔는데 벗은 그를 알아보고 물었다.

"자네는 예양이 아닌가?"

"그렇다네."

예양이 대답하자 그 친구는 예양을 위하여 울면서 말했다.

"자네와 같은 재능으로 신하의 예를 갖추어 양자를 섬기면 틀림없이 가까이 두고 총애할 걸세. 자네를 측근에 두고 총애하게 되면 하고자 하는 일을 실천에 옮기기에 좋을 것일세. 그 편이 더 낫지 않겠는가? 어찌하여 몸을 해치고 모습을 흉하게 하여 양자에게 보복하려고 하는가? 그 편이 더 어렵지 않겠나?"

그러자 예양은 이렇게 말했다.

"신하의 예로써 남의 신하가 되어 섬기면서 그를 죽이려는 것은 두 마음을 품고 주군을 섬기는 일일세. 사실 내가 하려는 일은 매우 어려운 일이네. 그 어려운 길을 택한 까닭은 후세에 남의 신하가 되어 두 마음을 품고 주군을 섬기는 자를 부끄럽게 해 주려는 것일세."

그로부터 얼마 후, 양자가 외출을 하게 되었는데 반드시 지나야 할 길목의 다리 밑에 예양이 숨어 있었다. 양자가 그 다리에 이르니 말이 몹시 놀라 나아가려 하지 않았다. 양자는,

"필시 예양 때문일 것이다."

라며 사람을 시켜 조사해 보니 과연 예양이었다. 이에 양자는 예양을 꾸짖어 말했다.

"그대는 일찍이 범씨와 중항씨를 섬기지 않았는가? 지백이 그들을 전부 멸망시켰는데도 그대는 범씨와 중항씨를 위하여 원수를 갚기는커녕 도리어 신하의 예를 취하였다. 그 지백도 이미 죽었다. 그대는 어찌하여 지백을 위해서는 원수 갚기를 이다지 깊게 하는가?"

예양이 말했다.

"나는 틀림없이 범씨와 중항씨를 섬겼습니다. 그러나 범씨와 중항씨는 나를 여러 사람 중의 한 사람으로 대우했습니다. 그러므로 나도 범인(凡人)의 예로써 그들을 대했습니다. 그런데 지백은 나를 국사(國事 : 나라 안의 우수한 인사)로서 대우했습니다. 그러므로 나도 국사로서 그에게 보답하려는 것입니다."

양자는 깊이 탄식하면서 말했다.

"아아, 예양이여! 그대가 지백을 위하여 정성을 다한 명분은 이미 이루어졌다. 그리고 과인이 그대를 용서해 준 일도 이미 충분했다. 그대는 스스로 생각해 보라. 과인은 그대를 다시는 용서하지 않을 것이다."

그리고 군사들을 시켜서 예양을 포위하게 했다. 그러자 예양이 말했다.

"제가 들으니 '밝은 인군은 남의 아름다운 점을 덮어 가리지 않으며, 충

신에게 명예와 절개를 위해 몸을 던져 죽게 하여 의리를 세워 준다.'고 합니다. 군께서는 전일에 이미 저를 관대하게 용서해 주셨습니다. 세상에서 군의 어짊을 칭찬하지 않는 자가 없습니다.

오늘 일로 저는 죽임을 당해야 할 것입니다. 원컨대 군의 옷을 얻어 그것을 베어 원수를 갚는 뜻을 이루게 해 주신다면 비록 죽더라도 여한이 없겠습니다. 바랄 수는 없지만 감히 뱃속에 있는 마음을 말씀드렸을 뿐입니다."

이에 양자는 예양을 매우 의롭게 여겨 사람을 시켜 의복을 가져오게 하여 예양에게 주었다.[310] 예양은 칼을 빼어들고 세 번 뛰면서 그것을 치며[311] 말했다.

"저는 이렇게 하여 지하의 지백에게 보고할 수 있을 것입니다."

예양은 드디어 칼날 위에 엎어져 자살했다.

그가 죽던 날 조나라의 뜻 있는 인사들은 이 이야기를 듣고 모두 그를 위하여 눈물을 흘렸다고 한다.


그 뒤 사십여 년이 지나 지(軹 : 河南省)에서 섭정(聶政) 사건이 있었다.

섭정은 한(韓)나라 지읍(軹邑) 심정리(深井里 : 지금 河南省 濟源의 동남, 당시는 魏의 영토) 사람이다. 사람을 죽였기 때문에 복수당할 것을 피하여 어머니와 누이와 함께 제나라로 가서 도살업[312]을 하며 생활하고 있었다.

---

310) 豫襄은 趙襄子가 자기에게 저고리를 손수 건네주는 것을 마지막 기회로 노리고 있었는지도 모른다.

311) 《索隱》에 인용된 《戰國策》에는 이때 조양자의 저고리에서 피가 흐르고 조양자가 수레를 타고 돌아가려 했으나 수레의 바퀴가 채 한 바퀴도 돌기 전에 절명한 것으로 전해온다고 되어 있다. 그런데 지금의 《戰國策》에는 그런 기록이 보이지 않는다.

그로부터 여러 해가 지나서 복양(濮陽 : 하북성)의 엄중자(嚴仲子)가 한(韓)나라 애후(哀侯)를 섬기게 되었는데, 한나라 재상 협루(俠累)와 사이가 나빴다. 엄중자는 죽임을 당할 것이 두려워 한나라에서 도망쳐 여러 나라를 돌아다니며 협루에게 보복해 줄 인물을 찾아 제나라에 이르렀다. 제나라의 어떤 사람이 말했다.

"섭정은 용감한 선비인데 원수를 피하여 도살자들 사이에 몸을 숨기고 있습니다."

엄중자는 섭정의 집을 방문하여 교제하기를 청하고 이따금 내왕했다. 그러던 어느 날 술자리를 마련하여 섭정의 어머니에게 술잔을 올렸다. 술자리가 무르익었을 즈음 엄중자는 황금 백 일(百溢 : 溢은 鎰과 같음. 1鎰은 이십 냥쭝(삼백이십 그램), 일설에는 이십사 냥쭝(삼백팔십 그램))을 바치며 섭정 어머니의 장수를 축하했다.

섭정은 너무나 후한 선물에 놀라 괴이하게 여겨 한사코 사양을 했다. 그래도 엄중자가 굳이 바치려 하니 섭정은 사양하며 말했다.

"나는 다행히 노모가 계십니다. 타국에 유랑하며 집은 가난해 개 따위를 잡는 일을 하고 있습니다만 아침저녁으로 맛있고 부드러운 음식으로 어머니를 봉양하는 데 별 부족한 것이 없습니다. 당신이 주시는 것을 받지 않더라도 걱정 없습니다."

그러자 엄중자는 사람들을 물리치고 섭정에게 말했다.

"나에게는 원수가 있는데 그 원수에게 보복해 줄 수 있는 인물을 찾아 여러 제후의 나라를 떠돌고 있었습니다. 그런데 제나라에 들어와서 가만히 들어 보니 당신의 의협심이 매우 높다고 합니다. 백 금을 바치는 것은

---

312) 원문은 '屠' 한 字이지만 아래 글에 '狗屠'가 보인다. 戰國時代의 책인 《穆天子傳》에 '食犬'이라는 말이 보이는 것으로 알 수 있듯 당시 개는 식용이었다.

어머니를 위한 변변치 않은 음식을 마련할 비용으로 쓰시게 하여 당신과 친하게 지낼 수 있기를 원해서 생각한 일이지 당신에게 무엇인가를 바라서가 아닙니다."

섭정은 말했다.

"내가 뜻을 굽히고 몸을 욕되게 하면서 시정(市井)의 도살자들 사이에서 일을 하는 것은 다만 노모를 봉양하기 위해서입니다. 노모가 살아 계시는 동안에는 나의 몸을 남에게 바칠 수 없습니다."

하면서 엄중자가 아무리 권해도 섭정은 굳이 받지 않는 것이었다. 그렇지만 엄중자는 끝까지 주객(主客)의 예를 다하고 돌아갔다.

그로부터 오랜 후에 섭정의 어머니가 세상을 떠났다. 장례식도 마치고 상복도 벗게 되었을 때 섭정이 말했다.

"아아, 나는 칼을 휘둘러 도살을 업으로 하는 시정의 한낱 천한 사람이다. 그에 반해 엄중자는 제후국의 경상(卿相)이다. 그런 분이 천리 길도 멀다 하지 않고 일부러 찾아와서 나와 교제하기를 청해 교분을 맺었다. 그런데 그에 대한 나의 대우는 너무나 냉담했었다. 그리고 그에게 해 준 일이 아무것도 없었다. 그렇건만 엄중자는 백 금을 바쳐 어머니의 장수를 축하해 주었다. 내가 비록 받지는 않았으나 이렇게까지 해 준 것은 나를 깊이 알아주기 때문이다. 엄중자와 같은 현인이 눈을 흘겨 원수를 원망하고 시골뜨기 같은 나를 친근히 여겨 신용하는데 나 따위가 어찌 아무것도 하지 않고 가만히 보고만 있을 수 있겠는가.

전에 엄중자는 나의 협력을 요구했으나 나는 늙은 어머니가 살아 계시다는 이유로 거절했다. 그런데 노모는 천수를 다하시고 돌아가셨다. 이제 나를 알아주는 사람을 위해 일을 해야겠구나."

그래서 서쪽의 복양으로 가서 엄중자를 만나 말했다.

"전일에 당신의 말씀을 따르지 않은 것은 어머니가 살아 계셨기 때문입니다. 이제 어머니는 천수를 누리고 돌아가셨습니다. 당신이 원수를 갚고 싶다고 한 상대는 누구입니까? 바라건대 나에게 그 일을 시켜 주십시오."

그러자 엄중자가 자세하게 이야기했다.

"나의 원수는 한나라 재상 협루입니다. 협루는 또 한나라 왕의 계부(季父:아버지의 막내 동생)이기도 한데 그 일족은 수가 많고 세력도 있으며 거처는 엄중하게 경비를 하고 있습니다. 내가 사람을 시켜 협루를 찔러 죽이려 했으나 아무도 성공하는 자가 없었습니다. 이제 당신이 다행히도 나를 버리지 않고 원수를 갚아 주려 하시니 거기(車騎)와 장사(壯士) 등 당신을 도울 수 있는 것들을 충분히 준비하겠습니다."

그러자 섭정은,

"한나라의 국도인 양책(陽翟)과 위(衛)나라 복양 사이의 거리는 그리 멀지 않습니다. 이제 남의 나라의 재상을 죽이려 하고 있습니다만 그는 또 그 나라 왕의 친척이 됩니다. 이러한 상황에서는 한꺼번에 여러 사람을 써서는 안 됩니다. 그렇게 되면 가령 협루를 죽이는 일이 성공하더라도 누군가 사로잡히는 사람이 있게 마련이어서, 그의 입으로부터 일이 누설되고 말 것입니다. 일이 누설되면 한나라는 거국적으로 당신을 원수로 할 것이니 어찌 위태롭지 않겠습니까?"

하며 끝내 거기와 장사들을 거절했다.

섭정은 엄중자에게 작별을 고하고 단신으로 출발하여 칼을 지팡이 삼아 한나라에 도착했다. 한나라 재상 협루는 때마침 집무를 보는 관청에 있었고 그곳 주변에는 무기를 손에 들고 경호하는 자가 매우 많았다.

섭정은 관청에 들어가자마자 곧 계단을 뛰어 올라가 협루를 찔러 죽였다. 좌우에 있던 자들이 큰 혼란을 일으키자 섭정은 큰 소리로 외치며 수십 명을 쳐 죽이고 스스로 자기의 얼굴 가죽을 벗기고 눈을 도려내고 배를 갈라 창자를 긁어내어 마침내 죽고 말았다.

한나라 조정에서는 섭정의 시체를 시중에 내놓고 상금을 걸어 신원을 조사했으나 어디 사는 누구인가를 알아 내지 못했다. 그래서 현상금을 더 올려,

"재상 협루를 살해한 자의 신분을 알리는 자에게는 천 금을 내리겠노라."

하고 포고했지만 오랫동안 판명되지 않았다.

섭정의 누이 영(榮)이 한나라 재상을 찔러 죽인 자가 있는데 그 범인의 신원을 파악하지 못하여[313] 한나라 조정에서 죄인의 시체를 내놓고 천 금의 현상금을 걸어 조사하고 있다는 소문을 듣고는 근심이 되어 서러워하며 말했다.

"아마 내 동생이 아닐까? 아아, 엄중자는 동생을 알아주었구나!"

영이 한나라의 도읍에 가 보니 죽은 자는 바로 섭정이었다. 영은 시체 위에 몸을 엎드리고 슬피 울면서 말했다.

"이 사람은 지(輊)의 심정리(深井里)에 살던 섭정이라는 사람이오."

시가를 지나가던 사람들도, 주위에 있던 많은 사람들도 모두 입을 모아 말했다.

"이 사람은 우리 나라의 재상에게 포악한 행동을 한 사람으로, 국왕이 천 금의 상금을 걸고 그 성명을 알려 하고 있소. 당신은 그런 소문을 듣지도 못했소? 어째서 일부러 와서 이 자를 안다고 말하는 것이오?"

영이 대답했다.

"그런 소문은 들었습니다. 정(政)이 오욕을 뒤집어쓰며 시장 바닥에 숨어 묻혀 있었던 것은 노모가 정정하게 살아 계셨고 또 내가 아직 시집을

---

313) 원문 '賊不得'의 뜻은 해석하기 어렵다. 혹 글자의 잘못이 있는지도 모른다. 잠정적으로 번역해 둔다.

가지 않았기 때문이었습니다. 그 후 어머니는 천수를 다하고 돌아가셨으며 나도 이미 시집을 갔습니다. 엄중자는 내 동생이 의리가 있는 인물임을 알고 교제를 하게 되었고, 곤궁하고 욕된 생활을 하던 것을 끌어올린 은혜를 입음이 두터웠습니다. 그 은혜를 갚고자 하여 어찌할 수 없었던 거지요. 선비는 자기를 알아주는 사람을 위하여 죽는다고 했습니다.

그런데 지금 내 아우 섭정은 자기의 몸을 스스로 해쳐 신원을 감춰서 살아 있는 내가 연좌되는 일이 없도록 한 것입니다. 그렇지만 내가 어찌 사형이 무서워 어진 아우의 이름을 사라지게 할 수 있겠습니까?"

영은 한나라 시중의 사람들을 놀라게 하고 큰소리로 하늘을 부르기 세 번, 마침내 섭정의 곁에서 죽었다.

진(晉)나라, 초나라, 제나라, 위(衛)나라의 사람들은 이 사실을 전해 듣자 모두 이렇게 말했다.

"정(政)만이 훌륭한 일을 해낸 것이 아니다. 그 누이 또한 훌륭하고 장한 여자다."

그의 누이가 음울하게 속으로 인종하는 성격이 아니고 동생의 시체가 거리에 버려지는 것을 쓰라린 일로 생각하여 험난한 천리 길을 달려와 이름을 나란히 드러내고 남매가 함께 한나라의 시중에서 죽게 될 것을 미리 알았더라면 필시 자신의 몸을 엄중자에게 바치지는 않았을 것이다. 엄중자 또한 인물을 잘 알아보고 유용한 선비를 얻었다고 말할 수 있다.

그 후 이백이십여 년이 지나 진(秦)나라에서는 형가(荊軻)의 사건이 일어났다.

형가는 위(衛)나라 사람이다. 그의 선조는 제나라 사람이었는데 위나라

---

314) 荊軻의 본디 성은 慶이었을 것이다. 慶氏는 齊의 유력한 씨족이다. 卿은 존칭.

로 이주했다. 위나라 사람들은 형가를 경경(慶卿)이라 불렀다.[314] 후에 연나라로 갔는데 그곳에서는 그를 형경(荊卿)이라고 불렀다.[315]

형경은 독서, 격검(擊劍)을 좋아했으며 익힌 기예를 내세워 위(衛)나라의 원군(元君)을 설득했으나 원군은 그를 등용하지 않았다.

그 후 진(秦)나라가 위(魏)나라를 쳐서 동군(東郡)을 설치하고 위(衛)나라 원군(元君)에서 분가한 일족을 야왕(野王 : 河南省)으로 옮겼다.

형가는 예전에 유행(遊行)할 때 유차(楡次 : 山東省)를 지나다가 개섭(蓋聶)과 검술을 논했다. 개섭이 성내어 눈을 부릅뜨고 노려보니 형가는 바로 그 자리를 떠났다. 누군가 한 번 더 형가를 불러다 논하는 것이 좋겠다고 말하자 개섭은 이렇게 대답했다.

"일전에 그와 함께 검술에 대해 논하다가 마음에 합당하지 않는 것이 있어서 눈을 부릅떠 노려보았소. 시험 삼아 가 보시오. 아마 그는 머물러 있지 않을 것이오."

그래서 형가가 묵던 숙사의 주인에게 심부름꾼을 보냈더니 과연 형가는 수레를 타고 이미 유차 땅을 떠나버렸다. 그 심부름꾼이 되돌아와 보고를 하니 개섭이 말했다.

"응당 떠났을 것이다. 내가 눈을 부릅뜨고 위협을 했으니."

형가가 한단(邯鄲 : 趙나라의 國都. 河北省)에서 노닐고 있을 때 노구천(魯句踐)이 그와 장기를 두다가 놀이 방법에 대하여 논쟁을 했다. 노구천이 노하여 큰소리로 꾸짖으니 형가는 잠자코 나와 결국 두 번 다시 그와 만나지 않았다.

형가는 연나라로 옮겨가 그곳의 개백정과 축(筑 : 대나무를 가지고 絃을 치는 琴과 비슷한 악기)을 잘 타는 명수(名手) 고점리(高漸離)를 사랑했

---

315) 형(荊, 본음 경)과 경(慶)은 음이 서로 가깝다. 즉 잘못 전해진 것이다.

다. 형가는 술을 좋아하여 날마다 개백정이나 고점리와 함께 연나라 국도의 시중에서 술을 마셨다. 술이 얼큰해지면 고점리는 축을 타고 형가는 축 소리에 맞춰 노래 부르며 즐기다 서로 울곤 하여 마치 그들 옆에는 사람이 없는 양 행동하는 것이었다.

술꾼들과 사귀어 놀기는 했을망정 형가의 성격은 침착하고 사려가 깊고 독서를 좋아했다. 유력(遊歷)했을 때도 제후의 어느 나라에서든 그곳의 현인이나 호걸, 또는 덕 있는 사람과 교제했다.

연나라에 옮겨왔을 때 처사(處士 : 학식이 있으나 벼슬을 하지 않는 사람)인 전광(田光) 선생이 그를 잘 대우했다. 형가가 범용한 사람이 아님을 알고 있었기 때문이었다.

얼마쯤 후에 때마침 연나라의 태자 단이 진나라에 볼모로 가 있다가 연나라로 도망하여 돌아왔다. 연나라의 태자 단은 예전에 조나라에 볼모로 가 있었는데 진나라 왕 정은 조나라에서 태어나[316] 어린 시절을 단과 서로 친밀하게 지냈었다.

정이 즉위하여 진나라 왕이 되었을 때 단은 진나라에 볼모로 가게 되었다. 그런데 진나라 왕의 연나라 태자 단에 대한 대우가 그리 좋지 않았던

---

316) 秦王 政은 후의 始皇帝. 政이 趙에서 인질이 되어 있던 秦의 公子 子楚를 아버지로 하고 원래 呂不韋의 애인으로 뒤에 子楚의 妻가 된 여자를 어머니로 해서 태어난 사실은 앞의 呂不韋列傳에 상술되어 있다.
317) 전설이겠지만 소설 ≪燕丹子≫는 다음과 같은 이야기를 전한다. 秦王의 대우가 무례하자 이에 불만을 품은 丹은 귀국을 원했으나 허락되지 않고 '까마귀의 머리가 희어지고 말에 뿔이 나면 귀국을 허락하겠다.' 고 秦王이 까다로운 조건을 붙였다. 丹이 하늘을 우러러 호소하자 이상하게도 까마귀들의 머리가 희어지고 말머리에 뿔이 솟았다. 秦王은 할 수 없이 丹을 보내 주었는데 도중에 조종 장치를 한 다리를 만들어 丹을 다리 아래로 떨어뜨리려고 했다. 그런데 丹이 다리를 건너려 하자 웬일인지 조종 장치가 작동하지 않았다. 丹은 밤중에 국경의 관문까지 당도했는데 문이 굳게 닫혀 있었다. 그래서 丹이 닭의 울음소리를 흉내 내니 주위의 닭들이 울기 시작했고 그에 성문이 열려 丹은 달아날 수가 있었다.

까닭에 단은 원한을 품고 도망하여 돌아왔던 것이다.[317] 돌아와서는 자기를 위해 진나라 왕에게 복수해 줄 사람을 찾고 있었으나 나라가 작아서 불가능했다.

그 뒤 진나라는 날마다 산동(山東)에 군사를 보내 제, 초, 한, 위, 조를 쳐서 점차 제후의 땅을 잠식하고 바야흐로 연나라에 육박하고 있었다. 연나라의 군신(君臣)들은 화를 당할 것이 두려웠다. 태자 단이 근심하며 그의 부(傅 : 보좌관) 국무(鞠武)에게 어떻게 하는 것이 좋을까 물으니 무가 대답했다.

"진나라의 영토는 천하에 넓게 뻗쳐 있으며 한, 위, 조를 억누르고 있습니다. 그리하여 북쪽에는 감천(甘泉 : 甘泉山)·곡구(谷口 : 仲山의 골짜기. 두 곳 모두 지금의 섬서성)의 요해지(要害地)를 갖고 있고 남쪽에는 경수(涇水)·위수(渭水) 유역의 비옥한 땅이 있으며, 파(巴 : 巴郡으로 지금의 四川省 巴縣 일대)·한중(漢中 : 지금의 섬서성 南鄭 일대)의 풍요한 지대를 독점하고 오른편으로는 농(隴 : 隴山으로 지금의 섬서성 隴縣에서 甘肅省 淸水에 걸침)·촉(蜀 : 여기서는 四川省 안의 山을 말함)의 산지, 왼편으로는 함곡관(函谷關 : 지금의 河南省 靈寶의 서남)과 효산(殽山 : 지금의 河南省 洛寧의 서북)의 험한 요새지가 있습니다.

백성은 많고 군사는 용감하며 무기와 장비가 넉넉합니다. 그러므로 병사를 출동시켜서 치려고 마음만 먹으면 장성(長城)의 남쪽과 역수(易水) 이북의 땅(연나라를 가리킴)은 어떻게 될지 예측할 수 없습니다. 어찌하여 업신여김을 당했다는 원한으로 진나라 왕의 역린(逆鱗 : 龍의 턱밑에 거슬러 붙은 비늘)을 건드리려는 것입니까?"

단은 물었다.

"그러면 어찌하면 좋겠소?"

"안으로 들어오십시오. 차분히 생각해 계책을 세워 봅시다."

그 후 얼마 안 되어 진나라 장군 번어기(樊於期)가 진나라 왕에게 죄를 짓고 도망하여 연나라로 왔다. 태자는 그를 받아들여 관사에 머물게 했다. 국무는 왕에게 간했다.

"안 됩니다. 그렇지 않아도 포악한 진나라 왕은 연나라에 여러 가지 노여움이 쌓여 있는 형편이라 한심한 지경인데 더군다나 번장군이 연나라에 있다는 소문을 들으면 어떤 일을 저지를지 모를 일입니다. 그것은 굶주린 호랑이가 지나가는 길목에 고깃덩이를 던져두는 것 같은 일이니 그러한 일을 하면 화를 면할 수 없을 것입니다. 관중(管仲)·안영(晏嬰 : 둘 다 齊의 명재상. 管晏列傳 참조)과 같은 지혜 있는 사람이라도 대책을 세울 수 없을 것입니다.

그러니 태자께서는 번장군을 빨리 흉노 땅으로 내보내시어 진나라가 침략할 구실을 없애야 합니다. 그리고 서쪽으로 한, 위, 조와 맹약을 맺고 남쪽으로는 제, 초와 연합하며, 북쪽으로는 선우(單于 : 흉노의 왕)와 강화하십시오. 그렇게 한 뒤라야 진나라에 대한 계책을 세울 수 있을 것입니다."

이에 태자가 말했다.

"태부의 계책을 옮기려면 너무나 많은 시일이 걸립니다. 내 마음 같아서는 진나라에 대한 노여움과 근심 걱정에 잠시도 유예할 수 없습니다. 단지 그것만도 아닙니다. 추적당하여 온 천하에 몸을 둘 곳이 없는 저 번장군은 나를 의지해 왔습니다. 강폭한 진나라의 협박을 받는다고 인정에서 우러나는 우정을 버리고 불쌍한 그를 흉노에 보낼 수는 없습니다. 내 목숨을 던져서라도 그 사람을 숨겨 주고 싶습니다. 바라건대 태부는 다른 계책을 생각해 주면 좋겠습니다."

"대체로 위태로운 일을 행하면서 안전함을 찾고자 하고, 화의 씨를 심으면서 복을 구하고자 한다면 계책은 얕고 원망은 깊어질 뿐입니다. 단 한 사람과의 교분을 끊지 않기 위하여 국가의 큰 손해를 돌아보지 않는다면 이것이야말로 상대방의 원한을 더하게 하고 자기의 화를 조장한다고 할 수 있습니다.

진나라가 연나라를 공격하는 것은 기러기 털을 가져다 화로의 숯불에다 태우는 것과 같아서 별로 힘든 일이 아닐 것입니다.[318] 더구나 독수리나 솔개같이 탐욕스럽고 사나운 진나라가 원망한 끝에 포악한 노여움을 터뜨리면 그 맹렬함을 어찌 이루 다 말할 수 있겠습니까? 연나라에 전광(田光) 선생이란 분이 있습니다. 지혜가 깊고 용감하며 침착하여 함께 일을 도모할 만한 인물입니다."[319]

태자가 말했다.

"태부를 통하여 전광 선생과 사귀고자 합니다. 그리 될 수 있겠습니까?"

"삼가 그렇게 하겠습니다."

국무는 나아가 전광 선생을 뵙고 말했다.

"태자가 국사에 대해서 선생과 의논하기를 원하십니다."

전광은,

"삼가 말씀에 따르겠습니다."

하고는 곧 태자가 있는 궁으로 들어갔다. 태자가 급히 나와 영접하는데 뒷걸음질을 하며 인도하고 꿇어앉아 자리의 먼지를 털며 전광 선생이 앉기를 기다렸다(歡待할 때 보여 주는 아주 정중한 예법). 전광이 자리에 앉으니 좌우에는 사람이 없었다. 태자는 평소의 자기 자리를 떠나 몸소 아랫자리로 내려가서 청하여 말하기를,

---

318) 秦이 燕을 멸하는 것은 새털 하나를 태우는 것만큼이나 쉬운 일이라는 비유.
319) 鞠武가 여기서 田光 선생을 추천한 것은 자기에게는 더 이상 좋은 지혜가 없고 상담 상대도 될 수 없으니 사퇴의 뜻을 표명한 것이다.

"연나라와 진나라는 양립할 수 없습니다. 선생께서는 이 점에 유의해 주십시오."

라고 했다. 전광이 말했다.

"신은 이렇게 들었습니다. '준마도 한창 시절에는 하루에 천 리를 달릴 수 있으나 노쇠해지면 둔한 말에게 떨어지는 법이다.'라고 말입니다. 태자께서는 저의 한창 때의 이야기만 들으시고 정력이 쇠진해진 지금의 저를 알지 못하십니다. 그렇다고 나랏일에 힘쓰지 않을 수 있겠습니까? 저와 친하게 지내는 형경(荊卿)이라는 자가 있는데 이 사람이야말로 쓸 만합니다."[320]

"원컨대 선생의 소개로 형경과 친교를 맺고 싶은데 어떻습니까?"

"삼가 말씀에 따르겠습니다."

전광이 즉시 일어나 빠른 걸음으로 가려 하니 태자는 문까지 전송하며 조심스럽게 말했다.

"내가 말씀드린 것이나 선생께서 말한 것이나 모두 나라의 중대사이니 원컨대 선생께서는 누설치 마십시오."

전광은 머리를 숙이고 웃으면서,

"그렇게 하겠습니다."

라고 말했다. 그리고 늙은 몸으로 형가를 찾아가서 말했다.

"내가 그대와 친하다는 것은 연나라에서 모르는 사람이 없습니다. 그런데 태자께서는 나의 한창때의 이야기만 들으시고 이제는 내 몸이 예전 같지 못하다는 것을 모르십니다. 다행히 나에게 하교하시기를 '연나라와 진

---

320) 《燕丹子》가 전하는 바로는 田光은 荊軻를 추천하면서 이렇게 말했다. '태자님의 門客들은 노하면 얼굴빛이 벌게지거나 퍼레지거나 하얘지거나 하는 쓸모없는 사람들뿐입니다만 형가는 神勇이 있는 사람으로 화가 나도 안색이 변하지 않습니다.'

나라는 양립할 수 없습니다. 선생께서는 이 점에 유의해 주십시오.' 라고 하셨습니다. 그 말을 듣고 속으로 그대 생각이 나서 태자께 추천했습니다. 바라건대 그대는 궁으로 들어가서 태자를 뵙도록 하십시오."

형가가 말했다.

"삼가 명령을 받들겠습니다."

그러자 전광은 이렇게 말했다.

"내가 들으니 '덕이 있는 사람은 일을 행할 때 사람에게 의심을 받지 않게 한다.' 고 합니다. 그런데 태자께서 저에게 말씀하시길 '지금 우리가 말한 것은 국가의 대사이니 선생은 누설하지 마십시오.' 하셨습니다. 이것은 태자가 나를 의심하기 때문입니다. 대체로 일을 꾀하면서 남을 의심한다는 것은 절개와 의협심을 존중하는 자라고 할 수 없습니다."

전광은 자살로써 형경을 격려하고자 하며 말을 이었다.

"바라건대 그대는 급히 태자를 찾아가서 전광이 이미 죽었다고 말씀드려 비밀을 누설치 않기로 한 약속을 지킨 것을 명백하게 해 주시오."

전광은 스스로 목을 쳐서 죽었다. 형가는 태자를 알현하여 전광이 죽었다는 것을 알리고 전광이 한 말을 전했다. 태자는 두 번 절하고 무릎을 꿇고 걸으며 눈물을 흘렸다. 그리고 한참 있다가 말했다.

"내가 전광 선생에게 말하지 말라고 경계한 것은 큰일의 계책을 성공시키고자 했을 뿐입니다. 전광 선생이 죽음으로써 말하지 않은 것을 증명했으나 이것이 어찌 나의 본의였겠습니까?"

형가가 자리에 앉으니 태자는 자기 자리에서 내려와 머리를 조아리며 말했다.

"전광 선생은 나의 불초함을 모르고 내가 그대와 만날 수 있는 기회를

---

321) 원문은 '孤'. 본디는 아비 없는 자식을 뜻하지만 여기서는 丹의 자칭이다.

만들어 주셨습니다. 이것은 하늘이 연나라를 가엾게 여기시어 저[321]를 버리시지 않았기 때문입니다.

지금 진나라는 이득을 탐하는 마음이 커서 그 욕망을 충족시킬 수 없습니다. 천하의 땅을 다 차지하고 사해(四海) 안의 모든 왕을 신하로 삼지 않는 한 그의 마음은 흡족하지 않을 것입니다. 지금 진나라는 이미 한왕(韓王)을 포로로 하고 그의 영토를 전부 빼앗아 버렸습니다.

또 군사를 동원해 남쪽의 초나라를 치고 북쪽의 조나라를 핍박하며, 왕전(王翦)은 수십만의 군대를 거느리고 조나라 군대와 장(漳)과 업(鄴)[322]을 공격하고 이신(李信)은 태원(太原 : 趙의 옛 都邑. 지금의 山西省 太原市의 西南) · 운중(雲中 : 趙의 북쪽 경계)으로 출정하고 있습니다.

조나라가 진나라의 군대를 막아내지 못한다면 반드시 굴복되어 진나라의 신하가 될 것입니다. 그렇게 되면 화는 곧 연나라에 미칠 것입니다. 연나라는 약소국입니다. 지금까지도 잦은 전쟁으로 어려움을 당하고 있습니다. 이제는 거국적으로 싸운다 하더라도 진나라를 당해낼 수는 없습니다. 게다가 제후들은 진나라에 복종하여 감히 연나라와 합종하려는 자가 없습니다.[323]

저의 개인적인 생각으로는 천하의 용사를 구해 진나라의 사자로 보내되 진나라 왕은 탐욕스러운 자이니 큰 이득으로 유인한다면 소기의 목적을 반드시 달성할 수 있습니다. 저 조말(曹沫)이 제나라 환공에게 한 것과 같이 진나라 왕을 위협하여 제후에게 빼앗은 땅을 모두 돌려주게 한다면 그것이 바로 최선의 성과일 것입니다. 그렇게 못하면 이 기회에 진나라 왕을

---

322) 鄭의 남쪽 경계. 지금의 河北省 臨漳과 河南省 安陽 사이의 지역.
323) 당시 魏와 韓은 이미 秦에 멸망당했고 趙도 역시 거의 멸망당했으며 楚와 齊도 쇠약해 있었다.

찔러 죽이는 길밖에 없습니다.

　저 진나라의 대장들은 국외에서 일어나는 전쟁을 제 마음대로 하고 있는데 만약 국내에서 난동이 일어난다면 군신(君臣)은 서로 의심하게 될 것입니다. 그 틈을 타 제후들이 합종을 할 수 있다면 틀림없이 진나라를 격파할 수 있을 것입니다. 이것이야말로 나의 최상의 소원입니다. 그런데 누구에게 이 사명을 맡겨야 할지 모르겠습니다. 형경께서는 이 점을 유의해 주십시오."

　한참동안 있다가 형가가 말했다.

　"이것은 나라의 큰일입니다. 저는 노둔하고 재능이 부족하여 아마 그러한 일을 감당하지 못할 것입니다."

　그러자 태자가 앞으로 나아가 머리를 조아리며 사퇴하지 말라고 굳이 청하니 형가는 허락했다.

　태자는 형가를 상경(上卿)으로 삼고 상등의 숙사에 머무르게 했다. 태자는 매일같이 그 문 아래에 태뢰(太牢 : 소, 양, 돼지의 세 가지 고기가 든 최고급 요리)의 음식을 제공하고 진기한 물건을 갖추어 주었다. 또 가끔 거기(車騎)와 미녀(美女)를 보내어 형가의 마음을 흡족하게 해 주려고 애썼다. 그렇게 오랜 시간이 지났건만 형가는 떠나려는 기색이 없었다.

　그 사이에 진나라 장군 왕전은 조나라를 격파하여 조나라 왕을 포로로 했으며 땅을 모두 몰수하여 진나라에 병합시켰다. 또 군대를 진군시켜 북쪽 땅을 침략하면서 연나라의 남쪽 국경에 육박해 왔다.

　태자 단은 두려워 형가에게 물었다.

　"진나라의 군대가 오늘이라도 역수(易水)를 건너게 되면 비록 그대와 오랫동안 교제를 하고자 한들 어찌 그리 될 수 있겠습니까?"

　형가가 말했다.

　"태자께서 말씀하시지 않더라도 제가 뵙고 말씀드리려고 했습니다. 지금 출발할지라도 저쪽에서 믿을 만한 증거물이 없으면 진나라 왕에게 접근할 수 없을 것입니다. 저 번장군(樊將軍)은 진나라 왕이 황금 천 근(秦의 한 근은 이백육십 그램 정도)과 만 호의 고을을 상으로 내걸고 찾는 인물입니다. 만약 번장군의 머리와 연나라의 비옥한 땅인 독항(督亢 : 河北省)의 지도[324]를 가지고 가서 진나라에 바친다면 진나라 왕은 반드시 기뻐하며 저를 인견할 것입니다. 그렇게 되면 저는 태자의 은혜에 보답할 수 있을 것입니다."

"번장군은 몸을 둘 곳이 없어서 내게 의탁하고자 왔습니다. 이쪽의 사사로운 정 때문에 저 유덕한 사람의 마음을 상하게 하는 일은 차마 할 수 없습니다. 원컨대 그대는 달리 생각해 보십시오."

형가는 태자가 차마 번장군을 죽이지 못한다는 것을 알고 몰래 번어기를 만나서 말했다.

"장군에 대한 진나라의 처우는 참으로 잔혹하다고 말할 수 있습니다. 부모와 종족은 모두 주살되고, 들으니 황금 천 금과 일만 호의 고을을 상으로 내걸고 장군의 머리를 구하고 있답니다. 장군께서는 장차 어떻게 하시렵니까?"

번어기는 하늘을 우러러 크게 탄식하고 눈물을 흘리면서 말했다.

"나는 언제나 이 일을 생각할 때마다 아픔이 골수에 사무칩니다. 그렇지만 어떻게 해야 좋을지 계책이 나오지 않습니다."

형가가 말했다.

"지금 단 한마디의 말로 연나라의 근심을 풀어 주고 장군의 원수를 갚을 수 있는 계책이 있습니다. 장군은 어떻게 생각하십니까?"

---

324) 지도를 보내는 것은 그 땅을 바치겠다는 뜻을 나타낸다. 廉頗藺相如列傳에서도 진왕이 지도를 상여에게 보이며 땅을 떼어 주겠다고 하는 대목이 있다.

"어떤 계책입니까?"

"장군의 머리를 얻어서 진나라 왕에게 바치는 것입니다. 그렇게 되면 진나라 왕은 반드시 기뻐하여 나를 인견할 것입니다. 그때 내가 왼손으로 진나라 왕의 옷소매를 잡고 오른손으로 왕의 가슴을 찌르는 것입니다. 그렇게 하면 장군의 원수는 갚아지고 연나라가 업신여김을 받은 부끄러움을 씻을 수 있을 것입니다. 장군께서는 그럴 뜻이 있습니까?"

번어기는 한쪽 어깨를 드러내고 팔을 움켜쥐고 앞으로 다가앉으며 말했다.

"이야말로 내가 밤낮으로 이를 갈며 가슴을 치던 일입니다. 이제 비로소 그 한을 푸는 계책을 듣게 되었습니다."

하고는 결국 번어기는 자기 목을 찔러 죽었다. 태자는 이 말을 듣고 달려가 시체에 엎드려 매우 슬피 울었다. 그러나 이미 죽은 몸, 어찌 할 수 없었다. 이에 드디어 번어기의 머리를 베어 함에 넣고 봉했다.

태자는 세상에서 가장 예리한 비수를 구하던 중에 조나라 사람 서부인(徐夫人 : 남자로 徐는 성, 夫人은 이름)의 비수를 알게 되어 백 금을 주고 사들였다. 그리고 공인을 시켜서 칼날에 독약을 칠하고 사람에게 시험해 보았더니 겨우 한 오라기의 실을 적실 정도의 출혈을 했는데도 그 자리에서 죽지 않는 자가 없었다. 이만하면 됐다고 생각하여 형가에게 행장을 갖추게 하여 진나라로 출발시켰다.

연나라에 진무양(秦舞陽)이라는 용사가 있는데 이미 열세 살 때 사람을 죽인 적이 있었다. 사람들은 그를 두려워하여 감히 맞서려고 하지 않았다. 태자는 진무양을 불러다 형가의 부사(副使)로 삼았다.

형가가 거사를 위해 동행하려는 사람이 있었는데 먼 곳에 있던 그는 형가의 행장이 다 갖추어지도록 도착하지 않았다. 그 후 시간이 흐르는데도 형가는 출발하지 않았다. 애가 탄 태자는 형가가 후회하거나 변심한 것이 아닌가 의심하여 재차 청하여 말했다.

"떠나야 할 날짜가 이미 지났습니다. 형경께서는 무슨 다른 생각이라도 있습니까? 그러시다면 우선 진무양을 먼저 보낼까 하는데 어떻습니까?"

형가는 성을 내며 태자를 꾸짖어 말했다.

"진무양을 먼저 보내신다니 대체 무슨 말씀입니까? 한 번 떠나면 다시는 연나라에 돌아오지 못할 사람은 바로 접니다. 오로지 한 자루의 비수만을 가지고 어떤 경우에 처할는지 헤아릴 수 없는 진나라에 잠입하는 일이니 신중을 요합니다. 제가 머무르는 이유는 나의 객인(客人)을 기다렸다 함께 가려고 하기 때문입니다. 그런데 태자께서는 내가 더디다고 하시니 하직하고 출발하겠습니다."

이리하여 형가가 출발했다.

태자와 그 빈객들 가운데 이 사정을 알고 있는 자는 모두 흰 상복차림으로 전송하여 역수(易水)가에 이르렀다. 이때 고점리가 축을 치고 형가는 이에 맞추어 노래를 불렀는데 그 소리가 너무나 슬픔에 젖어 있어 듣는 사람들 모두 눈물을 흘리며 울었다. 형가는 걸어가면서 노래를 불렀다.

바람의 쓸쓸함이여!
역수는 한결 차가워라.
장사(將士)가 한 번 떠나감이여!
다시 돌아오지 못하리.

의기가 북받쳐 슬퍼하고 한탄하며 노래를 되풀이하니 듣는 사람들 모두 눈을 부릅뜨고 머리털이 관을 밀어낼 듯 일어섰다. 마침내 형가는 수레에 올라타고 떠나는데 끝내 뒤를 돌아보지 않았다.

형가는 진나라에 도착하자 천 금을 들인 후한 예물을 진나라 왕의 총신인 중서자(中庶子) 몽가(蒙嘉)에게 뇌물로 바쳤다. 그러면서 진나라 왕을 알현할 수 있도록 주선을 의뢰했다.

몽가는 형가를 위하여 진왕에게 말했다.

"연나라 왕은 진실로 대왕의 위업에 겁을 먹고 두려워 감히 군대를 동원하여 진나라 군사에 대항하려 하지 못하고, 거국적으로 대왕을 받드는 내신(內臣)이 되어 다른 제후들과 같이 제후의 열에 참여하여 공물 바치는 것을 군현처럼 함으로써 연나라 선왕의 종묘를 지키고 제사를 받들 수 있게 되기를 바랄 뿐입니다.

그렇지만 너무 두려워 감히 대왕 앞에 나서서 몸소 그 뜻을 전하지 못하고, 삼가 번어기의 머리를 베어서 함 속에 넣어 봉한 것을 연나라 독항 땅 지도와 함께 대왕에게 헌상하려고 연나라 왕궁의 뜰에서 배송하여 사자로 하여금 사정을 아뢰도록 보냈습니다. 대왕께서는 그 사자를 만나 보시고 지시를 내려 주시기 바랍니다."

진나라 왕은 이 말을 듣고 크게 기뻐하면서 조복(朝服)을 갖추고 구빈(九賓)의 예[325]를 갖추어 함양궁에서 연나라의 사자를 맞아들여 대면하게 되었다.

형가는 번어기의 머리를 넣은 함을 받들고 진무양은 지도를 넣은 함을 들고 차례로 나아가 궁전의 섬돌 앞에 이르렀는데 진무양은 얼굴빛이 변하여 벌벌 떨며 두려워했다. 그곳에 서 있던 진나라의 여러 신하들이 이것을 괴이하게 여기자 형가가 진무양을 돌아보고 웃으며 앞으로 나아가 사과하여 말했다.

"북방 오랑캐 땅에 사는 비천한 촌놈이라서 아직 천자를 뵈온 적이 없습

---

325) 9명의 接待官을 쓰는 引見의 예로서는 최고의 예

니다. 그래서 떨며 두려워하는 것입니다. 바라옵건대 대왕께서는 이 자의 무례함을 용서하시고 어전에서 사자로서의 사명을 마칠 수 있도록 해 주십시오."

"진무양이 갖고 있는 지도를 받아 오너라."

형가는 지도를 받아서 진나라 왕에게 올렸다. 진나라 왕이 지도를 펴 보는데 지도가 거의 다 펼쳐지자 비수가 나타났다. 그 순간 형가는 왼손으로 진나라 왕의 옷소매를 잡고 오른손으로 비수를 잡아 진나라 왕을 찔렀으나 비수가 몸에 닿기 전에 진왕이 놀라 몸을 일으키니 옷소매만 떨어지고 말았다.

진왕은 칼을 뽑으려고 했으나 칼은 길고 칼집을 잡은 상태라 칼을 뺄 수가 없었다. 형가가 진나라 왕을 쫓아가니 진나라 왕은 기둥을 돌며 달아났다. 여러 신하들은 다 놀랐으나 뜻밖에 일어난 일이어서 모두가 어찌 할 바를 몰랐다.

진나라 법에는 신하로서 당상에서 왕을 모시는 자는 한 치(寸) 길이의 무기도 지니는 것이 허용되지 않았다. 호위하는 무관으로서 무기를 들고 있는 자는 모두 궁전의 당하에 벌려 서 있을 뿐으로 왕의 조서가 있어서 부르기 전에는 당상에 오르지 못하게 되어 있었다.

위급한 때를 당해도 당하에 있는 무사를 불러올릴 겨를이 없었다. 그런 까닭에 형가가 진나라 왕을 쫓는데도 창졸간에 형가를 칠 무기도 없어서 뭇 신하들은 다만 빈손으로 형가를 칠 수밖에 없었다. 이때 시의(侍醫)인 하무저(夏無且)가 받들고 있던 약주머니를 형가에게 던졌다. 진나라 왕은 기둥을 돌며 달아날 뿐 어찌할 바를 모르는데 좌우의 신하들이 말했다.

"왕께서는 칼을 등에 짊어지십시오."

진나라 왕은 칼을 짊어진 다음에 칼을 뽑아 형가의 왼쪽 다리를 쳤다. 그러자 형가가 쓰러졌다. 형가는 비수를 들어 진나라 왕에게 던졌다. 그러

나 비수는 구리 기둥에 맞고 말았다. 진나라 왕이 다시 형가를 치니 형가
는 여덟 군데나 상처를 입었다. 형가는 진왕을 암살하려는 일이 실패했음
을 깨닫고 웃으며 기둥에 의지하여 두 다리를 뻗고 앉아 꾸짖어 말했다.

"일이 잘 이루어지지 못한 까닭은 진나라 왕을 산 채로 협박하여 연나라
한테서 빼앗은 땅을 돌려주겠다는 약속을 얻어 연나라 태자에게 보고하
려고 했기 때문이다."

좌우에 있던 신하들이 달려 나와 형가를 죽였다. 진나라 왕은 꽤 오랫동
안 기분이 유쾌하지 못했다.

그 후 공(功)을 논하여 여러 신하들에게 상을 주고 죄를 받아야 할 자에
게는 그에 상당하는 벌을 주었다. 그리고 하무저에게는 황금 이백 일(鎰)
을 하사하며 말했다.

"무저가 나를 사랑하여 약주머니로 형가를 친 덕분이다."

이 형가 사건으로 진나라 왕은 매우 노하여 많은 군대를 출동시키고 조
나라 왕전의 군사에 조서를 내려 연나라를 치게 했다. 왕전은 열 달 만에
연나라의 도읍을 함락시켰다.

연나라 왕 희(喜)와 태자 단(丹) 등은 그의 정병을 모두 이끌고 동쪽 요
동(遼東)으로 가서 그곳을 지켰다. 진나라 장군 이신(李信)이 다급하게 연
나라 왕을 추격하니 대왕(代王) 가(嘉)가 연나라 왕 희에게 서신을 보내어
말했다.

"진나라가 맹렬하게 연나라를 추격하는 것은 태자 단 때문입니다. 지
금 왕께서 단을 죽여 진나라 왕에게 바친다면 틀림없이 노여움을 풀 것

---

326) 燕나라는 존속할 수 있을 것이라는 뜻. 社는 土地의 神, 稷은 穀物의 神. 나라를 보유한 자
는 社와 稷 둘 다 제사지내야 하므로 社稷은 곧 나라를 가리킨다.

입니다. 그러면 연나라는 사직에 대한 제사를 계속 받들 수 있을 것입니다."[326]

그 뒤 이신은 단을 추격했는데 단은 연수(衍水)에 몸을 던졌다. 연나라 왕은 태자 단의 목을 베어 사자를 통해 진나라에 바치려고 했으나[327] 진나라는 계속 진군하여 연나라를 공격했다.

5년 후 진나라는 마침내 연나라를 멸망시키고 연나라 왕 희를 사로잡았다. 그 다음해에 진나라는 천하를 통일하여 칭호를 황제(皇帝)로 고쳤다.

이때 진나라는 태자 단과 형가가 모은 객인들을 추방하니 그들은 모두 도망쳤다. 고점리는 이름을 바꾸고 남의 집 고용살이가 되어 송자(宋子)라는 곳에 숨어서 노동에 종사했다. 오랫동안 그렇게 하니 일하기가 괴로웠다. 그 무렵 주인집 마루 위에서 손님이 축을 치는 것을 듣고서는 그 부근을 서성거리며 차마 떠나지 못했다. 그때 가끔 입 밖에 내어 말하기를,

"저 사람은 잘 치는군. 저 대목은 잘 쳤어. 이 대목은 잘못 치는군."

했다. 종자가 그 주인에게 이르기를,

"저 머슴은 음악을 아는 듯합니다. 가만히 축을 치는 소리를 듣고 저 혼자서 축을 잘 치네, 못 치네 하고 있습니다."

라고 했다. 이에 집 주인은 고점리를 불러들여 축을 쳐 보라고 했다. 좌중의 모든 사람들은 그의 축 치는 소리를 듣고 칭찬하며 술을 권했다. 고점리는 자리를 물러나와 행장함(行裝函) 속의 축과 좋은 옷을 꺼내어 용모를 고치고 들어가니 좌중의 사람들이 모두 놀랐다. 모두 몸을 낮추어 고점리와 대등한 예를 행한 뒤에 그를 상객으로 모시면서 축을 치고 노래를 부르게 했다. 좌중의 객들은 고점리의 축 소리와 노래를 듣고서 모두들 눈

---

327) 白起王翦列傳에서는 李信이 丹을 추격하여 죽인 것으로 되어 있다.

물을 흘렸다. 송자 고을 사람들은 고점리를 차례로 맞이하여 손님으로 모셨다.

이 소문은 진시황에게도 알려졌다. 진시황은 그를 불러 만나 보았다. 그런데 사람들 중에 그를 알아보는 자가 있어서,

"저 자는 고점리입니다."

라고 일렀다. 진시황은 그가 축을 잘 치는 것이 아까워 그를 죽이지 않았다. 대신 말의 똥을 태워 그의 눈을 지져 멀게 한 뒤에 축을 치게 했다. 그가 축을 칠 때마다 진시황은 칭찬하지 않은 때가 없었다. 이렇게 세월이 흐름에 따라 시황제는 차츰 고점리를 가까이 했다.

고점리는 축 속에 납덩어리를 넣어 두었다가 다시 나아가 시황제의 곁에 가까이 갈 수 있게 되었을 때 축을 들어 진시황을 쳤다. 그런데 명중하지 않았다. 이에 시황제는 고점리를 베어 죽이고 그 후 일생 동안 다시는 제후의 나라에서 온 사람을 가까이하지 않았다.

노구천은 형가가 진나라 왕을 비수로 찌르려고 했던 이야기를 듣고 혼잣말로 이렇게 말했다.

"아아, 아깝구나! 그가 칼 쓰는 법을 익히지 않은 것이……. 내가 사람을 알아보지 못함이 지나쳤구나! 언젠가 그를 꾸짖었던 일이 있었다. 그는 그때 틀림없이 나를 사람으로 생각하지 않았을 것이다."

태사공은 말한다.

"형가에 관해서 세상에 전해지는 이야기에, 하늘이 태자 단을 불쌍히 여겨 '하늘에서는 곡식이 비처럼 내리고 말에게 뿔이 났다.'[328]고 하는 것이

---

328) 태자 丹이 秦으로부터 燕으로 도망쳐 돌아갈 때에 일어난 기적으로 당시 떠돌던 전설.

있는데 이것은 매우 잘못된 말이다. 또 형가가 진나라 왕을 찔러서 상처를 입혔다고 했는데 이것도 잘못된 말이다. 일찍이 공손계공(公孫季功)과 동생(董生)[329]은 하무저(夏無且)와 사귀고 있어서 그 일을 자세히 알고 있었다. 그래서 나를 위하여 앞에서 내가 말한 것과 같이 이야기해 주었다.

조말로부터 형가에 이르기까지 다섯 사람의 의협심은 이루어지기도 하고 혹은 이루어지지 못했다. 그러나 그 뜻을 속이지 않았다. 그들의 이름이 후세에 전해지는 것을 어찌 망령된 일이라고 할 수 있겠는가?"

---

329) 公孫季功에 관해서는 불분명하다. 董生은 董仲舒를 말하는 것인지도 모른다. 董仲舒에 관해서는 儒林列傳 참조.

# 제27 이사열전(李斯列傳)

이사(李斯)는 초(楚)나라 상채(上蔡) 사람이다. 젊었을 때 향리의 말단 관리가 되었다. 그런데 가끔 관청의 변소에서 쥐가 인분을 먹다가 사람이나 개가 가까이 가면 놀라서 도망치는 것을 보았다. 또 창고에 들어가면 창고 안의 쥐가 저장한 곡식을 먹으면서도 사람이나 개를 무서워하지도 않고 넓은 처마 밑에서 살고 있는 것을 보았다. 그래서 이사는 탄식하며 이렇게 말했다.

"사람이 어질거나 어질지 못한 예를 들면 쥐와 같아서, 단지 처해 있는 환경에 의해 결정되는 것이로구나!"

이사는 곧 순경(荀卿)에게 사사하여 제왕(帝王)에 관한 학문을 배웠다. 학업을 마친 이사는 초나라 왕은 섬길 만한 사람이 못 되고 또 육국(六國)은 모두 약소해 공업(功業)을 세울 수 없다고 생각하여 서쪽에 있는 진나라로 가려고 마음을 굳혔다. 이사는 순경에게 작별 인사를 하며 말했다.

"저는 '기회가 오면 게을리 하지 말고 행동으로 옮겨라.' 는 말을 들었습니다. 이 시대야말로 만승의 제후 나라들이 서로 다투는 때로서 유세하는 자가 열국의 국사를 주도하고 있습니다. 또 진나라 왕은 천하를 병합하여 제(帝)라 일컬으며 다스리려고 하고 있습니다. 이때야말로 포의(布衣)의 선비가 분주하게 활동할 때이고 유세가한테는 활약해야 할 절호의 시기입니다.

지금 비천한 신분이면서 무엇인가 적극적으로 출세할 계책을 세우지 않는다면 마치 짐승이 고깃덩이를 보고 몹시 탐을 내면서도 사람이 보고 있다 해서 억지로 식욕을 참고 그대로 지나치는 것과 같은 일입니다.

그런 까닭에 비천한 것보다 더 큰 부끄러움은 없고 곤궁한 것보다 더 심한 슬픔은 없습니다. 오래도록 비천한 신분과 곤궁한 처지에 있으면서도 그것을 만족스럽게 여기면서 세상의 부귀를 비방하고 영리를 미워하며 스스로 무위에 의탁하여 고상한 체하는 것은 선비 본연의 진정이 아닐 것입니다. 그러니 저는 서쪽으로 가서 진나라 왕을 설득하여 유세하려고 합니다."

이사가 진나라에 이르자 때마침 장양왕이 죽었다. 그래서 이사는 진나라의 재상인 문신후 여불위를 찾아가 가신이 되었다. 여불위는 그의 현명함을 알고 낭(郎 : 王의 侍從官)이라는 벼슬자리에 추천했다. 그리하여 이사는 진나라 왕에게 설득할 기회를 얻었다. 어느 날 이사는 진나라 왕에게 이렇게 말했다.

"소인(小人)은 좋은 기회를 타지 못하고 다만 기다릴 뿐으로 결국 기회를 놓칩니다. 큰 공을 성취하려면 남의 약점을 틈 타 잔인하게 행동해야 합니다.

옛날 진나라 목공(穆公)이 패자가 되었으면서도 결국 동쪽으로 육국(六國)을 병합하지 못한 것은 무슨 까닭이겠습니까? 제후들이 많고 주 왕실(周王室)의 덕화(德化)가 아직 쇠퇴하지 않았기 때문입니다. 그래서 오인(五人)의 패자(覇者)[330]가 차례로 일어나 다투어 주 왕실을 존중했던 것입니다.

진나라 효공(孝公) 이래로 주나라의 왕실은 차츰 쇠약하게 되었으며, 제후들은 서로 겸병(兼倂)하여 관동(關東 : 函谷關의 동쪽)의 땅은 여섯 나라로 되었습니다. 진나라가 승세를 타고 제후를 부려 온 것이 무려 6세(六世 : 孝公・惠文王・武王・昭王・孝文王・莊襄王)나 되었습니다. 이제

---

330) 이른바 春秋五覇를 말한다. 齊의 桓公, 晉의 文公, 秦의 繆公, 宋의 襄王, 楚의 莊王을 가리킨다.

제후들이 진나라에 복종하는 상태를 비유하여 말하자면 마치 한 군현이 진나라에 복종하는 것과 같습니다.

대체로 진나라의 강대함과 대왕의 현명함을 가지고 일을 하신다면 밥을 짓는 여인이 아궁이 위의 먼지를 털어 없애는 것처럼 쉽게 제후를 멸망시키고 제업(帝業)을 성취할 수 있습니다. 따라서 지금이야말로 천하 통일을 실현하기에는 만세에 한 번 있을까 말까 한 좋은 기회라고 하겠습니다.

지금 게을리 하여 일을 급히 서두르지 않는다면 제후들이 다시 강대하게 되고 서로 모여서 합종의 맹약을 맺게 되면 설혹 황제(黃帝)와 같은 현명한 임금이 있더라도 천하를 병합할 수는 없을 것입니다."

진나라 왕은 이사를 장사(長史 : 벼슬 이름)로 임명하여 그의 계책을 받아들이고 모사(謀士)에게 은밀히 금과 옥을 가지고 가서 제후들 사이를 돌며 유세하게 했다. 제후 나라의 명사들로서 재물로 매수할 수 있는 자에게는 많은 뇌물을 주어 결탁하게 하고, 말을 잘 듣지 않는 자는 날카로운 칼로 찔러 죽여 그들 군신 간의 계책을 이간시키게 했다. 그런 다음 진나라 왕은 곧 훌륭한 장수를 보내어 그들의 뒤를 쳤다.

진나라 왕은 이사를 등용하여 객경(客卿 : 外國 출신의 대신)으로 삼았다. 때마침 한(韓)나라의 수공(水工)인 정국(鄭國)이 진나라에 와서 진나라를 교란시키기 위한 계책으로 왕에게 권하기를 밭에 물을 대기 위한 도랑을 만들게 했다.[331] 그 음모가 발각되어 진나라 왕실의 종실과 대신들은 모두 왕에게 말했다.

"제후 나라 사람으로서 진나라에 와서 진나라 왕을 섬기는 자는 대체로 본국의 주군을 위해 진나라의 군신 사이를 이간시키려고 애쓸 뿐입니다.

---

331) 秦의 침략을 두려워한 韓에서는 鄭國을 秦에 보내서 秦王에게 灌漑의 이점을 설득하여 큰 공사를 실시하게 했는데 그것은 진의 국력을 피폐케 하려는 것이었다.

그러니 모든 타국인을 추방하시기 바랍니다."

이사도 논의의 대상이 되어 추방당하는 사람 중의 한 사람이 되었다. 그러자 이사는 다음과 같이 상소했다.[332]

"신이 듣자오니 관리들이 객인을 추방해야 한다고 결의를 했다 하는데 저의 생각으로는 그것은 잘못된 일인가 합니다.

옛날 목공(繆公 : 穆公이라고도 쓴다)께서는 선비를 구하심에 서쪽의 되놈 땅으로부터 유여(由餘)를 데려오고[333] 원(宛)에서 백리해(百里奚)를 맞이했으며(商君列傳 참조) 건숙(蹇叔)은 송(宋)나라에서 맞아들였고[334] 비표(丕豹)와 공손지(公孫支)는 진(晋)나라에서 불러들였습니다.[335] 그 다섯 사람은 진나라에서 태어난 사람들이 아닌데도 목공께서는 그들을 등용하시어 타국을 병합한 것이 이십 개국, 마침내 서융(西戎) 사이의 패자가 되셨습니다.

그리고 효공(孝公)께서는 상앙(商鞅)의 신법을 채용하시어 풍속을 개혁하시니 그로부터 백성이 번영하게 되고 나라는 부강해졌으며, 백관이 즐거이 섬겼고 만민은 나라의 부역에 종사하는 것을 기뻐했으며 제후들은 친교를 맺어 복종했고 초나라와 위나라의 군대를 격파하여 영토를 천 리나 넓혔는데 이 때문에 진나라는 지금까지도 잘 다스려지고 병력이 강합

---

332) 이 상소문은 '諫逐客書', '上書秦始皇' 등의 이름으로 ≪文選≫ 및 후세의 많은 고문선집에 수록되어 있다.

333) ≪史記≫ 秦本紀에 자세히 보인다. 由餘는 그 조상이 晉人이었으나 서쪽 오랑캐 땅을 방황하였고 戎王의 명으로 秦에 사자로 갔다. 秦의 穆公은 유여의 현명함에 놀라 책략을 써서 융왕과 이간시키고 유여를 써서 열두 오랑캐 나라를 멸하여 진의 영역을 넓혔다.

334) ≪史記≫ 秦本紀에 보인다. 자신보다 훌륭하다는 백리해의 추천을 받아들인 목공이 그를 정중하게 맞이하여 대신으로 삼았다. 秦에서는 百里奚와 蹇叔을 '二老'라고 불렀다.

335) ≪春秋左氏傳≫ 僖公 10년 항에 丕豹가 秦으로 달아난 기록이 보인다. 丕豹는 晉의 大臣 丕鄭의 아들. 晉의 惠公이 아버지를 죽이자 秦으로 달아났고, 秦의 穆公은 丕豹를 장군에 임명하여 晉을 공격, 惠公을 사로잡고 진의 땅을 빼앗았다. 公孫支는 ≪左氏傳≫ 僖公 9년, 15년 항에 그 이름이 보이나 晉에서 秦으로 간 사정에 대해서는 불분명하다.

니다.

혜왕(惠王)께서는 장의(張儀)의 계책을 쓰시어 삼천(三川 : 伊水, 洛水가 황하에 합쳐지는 지대로 韓나라 땅)의 땅을 함락시키고 서쪽으로는 파(巴)와 촉(蜀)을 병합하셨으며, 북쪽으로는 상군(上郡 : 魏나라 땅)을 공략하여 차지하시고 남쪽으로는 한중(漢中)을 탈취하고 구이(九夷 : 楚나라에 속하는 오랑캐)를 포섭하셨으며 초나라의 언(鄢)과 영(郢)을 제압하시고 동으로는 성고(成皐 : 하남성)의 험난함을 의지하여 기름진 땅을 빼앗으시고 드디어 육국의 합종을 해체하시어 그들로 하여금 서쪽을 향하여 진나라를 섬기게 했습니다. 그리하여 그 업적은 오늘에 전해지고 있습니다.

또 소왕(昭王)께서는 범저(范雎)를 등용하시어 화양군(華陽君)을 추방하고 진나라 왕실의 기반을 공고히 하시어 공족(公族)이나 대신들이 사사로이 세력을 확장하는 것을 막으셨으며 제후들의 땅을 빼앗아 제업(帝業)의 기틀을 이룩하셨습니다.

이 네 군주께서는 모두 외국에서 온 객인의 공으로 성공을 거두셨습니다.

이상으로 판단해 본다면 외국에서 온 객인이 진나라를 배반한다고 어찌 말할 수 있겠습니까? 일찍이 저 네 군주가 객인을 배척하여 받아들이지 않고 어진 선비를 경원하여 등용하시지 않았더라면 나라에 아무런 실익도 없었을 것이며 강대한 진나라의 명예도 얻지 못했을 것입니다.

지금 폐하께서는 곤륜산(崑崙山)에서 나는 명옥(明玉)을 입수하시고 수후(隨侯)의 구슬과 변화(卞和)의 구슬을 소유하셨으며, 강남(江南)에서 나는 명월(明月)과 같은 빛나는 구슬로 몸을 장식하시고 태아(太阿)라는 이름의 보검(寶劍)을 차고 계시며, 섬리(纖離)라는 명마(名馬)를 타시고 물총새의 깃으로 장식하고 봉(鳳)의 형상을 수놓은 기(旗)를 세우며, 영타(靈鼉)의 북(악어가죽으로 만든 북)을 갖추고 계십니다. 이 여러 가지 보물

중 단 한 가지도 진나라에서 생산되는 것은 없습니다. 그러함에도 폐하께서 이것들을 좋아하시는 것은 무슨 까닭이십니까?

반드시 진나라에서 생산되는 것이어야 한다면 저 야광의 구슬로 조정을 장식할 수도 없고 물소의 뿔과 상아로 만든 기물을 훌륭하다고 할 수도 없으며 정(鄭)나라, 위(衛)나라의 미녀를 후궁에 들게 할 수도 없고 천하의 준마들이 마구간에 넘칠 수도 없으며 강남에서 나는 금(金)과 주석(朱錫)도 쓸 수 없고 서촉(西蜀)에서 나는 단청(丹靑)도 쓸 수 없을 것입니다.

그리고 후궁을 장식하고 안채를 아름답게 꾸며 폐하의 마음을 즐겁게 하고 이목을 기쁘게 해 드리는 것도 반드시 진나라의 생산품이어야만 한다면 원(宛)에서 나는 구슬로 만든 비녀와 작은 구슬이 달린 귀걸이, 또 제나라 동아(東阿)에서 나는 명주옷과 금수(錦繡)의 장식물도 대왕께 바쳐질 수 없고, 세상의 풍속에 따라 고상하게 변화하여 아름답게 꾸민 얌전하고 고운 조나라의 여인을 폐하 곁에 가까이 둘 수도 없을 것입니다.

물 항아리를 치고 질장구(缶)를 두드리며 쟁(箏)을 타고 넓적다리를 치면서 소리를 높여 노래를 불러서 귀와 눈을 즐겁게 하는 것이 진나라의 진짜 음악입니다. 정(鄭)·위(衛)·상간(桑間 : 鄭·衛는 난세의 음악. 桑間은 亡國의 음악. 모두가 음탕한 음악)·소(昭)·우(虞)·무(武)·상(象 : 昭와 虞는 帝舜의 음악. 武와 象은 周나라 武王의 음악. 모두 바른 음악)은 모두 타국의 음악입니다. 그런데도 지금 진나라에서 물 항아리를 치고 질장구를 두드리는 것을 버리고 정·위의 음악을 취하며, 쟁을 타는 것을 물리치고 소·위의 음악을 연주시킵니다. 이처럼 하는 것은 무슨 까닭입니까? 그것은 곧 실제로 마음을 즐겁게 하고 귀에 듣기 좋기 때문입니다.

그런데 지금 사람을 쓰는 것은 그렇지 않습니다. 가부(可否)도 묻지 않고 곡직(曲直)을 말하지도 않고 진나라 사람이 아닌 자는 물리치고 타국에서 온 객인은 추방하려고 하십니다. 그렇다면 진나라가 중히 여기는 것은 여색과 음악과 주옥뿐이며 인물은 경시하는 것이 되고 맙니다. 이것은 해내(海內)에 군림하여 제후들을 제압할 수 있는 방법이 될 수 없습니다.

신은 '땅이 넓으면 곡식이 많이 생산되고 나라가 넓으면 사람이 많으며 군대가 강하면 전사가 용맹스럽다.'는 말을 들었습니다. 바꾸어 말하면 태산은 한 덩어리 흙도 사양하지 않아야 커지는 것이고 큰 강과 바다는 한 줄기 작은 냇물이라도 거절하지 않고 받아들여야만 깊어지는 것이며, 왕자(王者)는 사람이 많고 여럿임을 물리치지 않음으로써 자신의 덕화를 천하에 밝힐 수 있다는 것입니다.

그렇기 때문에 왕자가 존재하고 있는 그 땅이 모두 왕자의 땅이 되어 사방의 구별이 없습니다. 또 백성은 모두 왕자의 백성이 되어 이국(異國)의 차별이 없습니다. 따라서 춘하추동 사계절은 잘 조화되어 각 계절의 아름다움이 충만되고 천지의 신령도 성대(聖代)를 칭찬하여 복을 내립니다. 이것이야말로 오제·삼왕에게 적이 없었던 까닭입니다.

그런데 지금 진나라에서 백성을 돌보지 않아 적국을 이롭게 하고 외국에서 온 빈객을 물리쳐 제후들을 도와 공을 세우게 하며, 천하의 선비들로 하여금 물러가 서쪽으로 향하지 못하게 하고 발을 싸매어 진나라에 들어오지 못하게 한다는 것은 이른바 '원수에게 군대를 빌려주고 도적에게 양식을 준다.'는 격이 됩니다. 대체로 진나라에서 생산되지 않는 물건도 보배로 삼을 것이 많고 진나라에서 태어나지 않은 선비들 중에도 진나라에 충성을 바치고자 하는 자가 많습니다.

이제 외국에서 온 빈객을 쫓아내어 적국을 이롭게 하고 백성을 줄여서 원수에게 이익을 주며, 나라 안으로는 스스로 비게 만들고 밖으로는 제후들한테 원망을 산다면 나라에 위급함이 없기를 바란들 어찌 무사할 수 있겠습니까?"

이에 진나라 왕은 외국인 추방령을 해제하고 이사의 벼슬을 회복시켰으며[336] 그의 계책을 채용하고 정위(廷尉 : 刑獄을 맡은 벼슬)로 임명했다.

그 후 이십여 년이 지나 진나라는 드디어 천하를 통일하였으며 군주를 높여 황제(皇帝)라 칭하고 이사는 승상(丞相)이 되었다. 이사는 군현에 있는 성벽을 모두 허물고 무기를 녹여서 두 번 다시 사용하지 않겠다는 뜻을 보여 주었다. 그리고 손바닥만한 작은 땅도 남에게 봉하는 일이 없었으며 황제의 아우를 왕으로 세운다든가 공신을 봉해 제후로 삼는 일이 없게 한 것은 뒷날 내란의 우환을 없애기 위해서였다.

진나라 시황제 34년에 함양궁(咸陽宮)에서 주연을 열었다. 박사복야(博士僕射 : 벼슬 이름으로 박사의 長)인 주청신(周青臣) 등이 서로 시황제의 위덕을 칭송했다. 그러자 제나라 사람이었던 순우월(淳于越)이 앞으로 나아가 간했다.

"신이 들으니 은(殷)과 주(周)가 천여 년에 걸쳐 왕실을 존속시킬 수 있었던 것은 임금의 자제나 공신을 각지에 봉해 왕실을 떠받들게 했기 때문이라고 합니다. 이제 폐하께서는 해내(海內)를 보유하고 계신데도 폐하의 자제는 평민의 신분입니다. 만일 갑자기 제나라의 전상(田常)[337]이나 진(晉)나라의 육경(六卿)[338]과 같이 권력을 전담하여 나라를 빼앗는 신하가 나타날 경우에 왕실을 보필할 신하가 없다면 어떻게 서로 도울 수 있겠습니까? 어느 일이 되었건 고대(古代)를 본받지 않고서 장구할 수 있었다는 예를 들은 적이 없습니다. 지금 청신(青臣) 등이 임금의 어전에서 아첨을 하며 폐하로 하여금 과실을 거듭하게 하니 저들은 충신이 아닙니다."

---

336) 추방당한 이사는 旅路에 있었는데 그 도중에 위의 글을 바쳤음.
337) ≪史記≫ 田敬仲完世家에 자세히 나와 있다. 齊나라의 대신이었는데 그 군주인 簡公을 죽였다.
338) 晉의 六卿. 세력 다툼 끝에 남은 3경이 晉을 빼앗아 韓, 魏, 趙 3국을 세웠다.

시황제는 순우의 이 건의를 승상 이사에게 살펴보라고 했다. 그러자 승상은 순우월의 건의가 타당치 않다고 물리치고 이렇게 상소하여 말했다.[339]

"옛날 천하가 어지러웠을 때 능히 통치할 수 있는 자가 없었기에 서로 다투어 제후가 일어났던 것입니다. 당시의 언설로는 무엇이건 현대의 것을 나쁘다 하고 고대(古代)가 옳다고 끄집어 내어 허식적인 논을 펴 현실을 혼란케 하였으며, 사람들은 자기가 닦은 학문은 옳다고 여기면서 국가에서 제정한 제도는 그르다고 비난하기 마련입니다.

지금 폐하께서는 천하를 통일하시고 모든 것의 흑백을 분명히 하시어 천하에서 오직 한 분만의 임금을 존경하도록 기틀을 마련해 놓으셨습니다. 그런데 사사로이 배운 무리들은 법률과 문교의 제도를 비난하여 새로운 정령이 내려질 때마다 자기들이 배운 것을 기준으로 비판하기를 집에서는 마음으로 비난하고 밖에서는 시정에서 논의를 펴 폐하를 비난함을 명예로 삼고, 이론을 내세워 아랫사람들과 비방을 일삼고 있습니다. 이러한 것을 금하여 조절시키지 않는다면 위로는 폐하의 권위가 떨어지고 아래로는 당파가 조성될 것입니다. 이런 짓은 금하는 것이 상책입니다.

문학과 시서(詩書)와 제자백가의 저서를 가지고 있는 자는 모조리 없애 버리게 하되, 이 명령을 내린 지 만 삼십 일이 지나도 아직 버리지 않는 자는 경형(黥刑)에 처하고 그 무리들을 성단(城旦 : 매일 아침 일찍 일어나 성을 쌓게 하는 형벌)에 처하십시오. 폐기하지 않아도 되는 서적은 의약(醫藥), 복서(卜筮), 농사에 관한 서적만으로 하고 만일 배우기를 원하는 자가 있으면 관리로 하여금 그들의 스승이 되도록 하면 좋겠습니다."

---

339) 이 상서는 「議燒詩書百家語書」 라는 이름으로 널리 알려져 있다. 전후 사정과 함께 ≪史記≫ 秦始皇本紀에 상세히 소개되어 있다.

시황제는 승상의 상서를 옳다고 재가하고 시서(詩書), 백가(百家)의 서적을 몰수하여 폐기했다. 그렇게 백성을 무지하게 만들어서 온 천하에 옛일을 인용하여 지금 세상을 비방하는 일이 없도록 했다. 법도를 분명하게 하고 율령을 정한 것은 모두 시황제 때에 처음 생긴 일이다. 문자를 통일하고 천하 도처에 골고루 이궁(離宮)과 별관(別館)을 지었다. 그 다음해 시황제는 천하를 순행하여 사방의 이민족을 물리치게 했는데 이는 다 이사의 힘에 의한 것이었다.

이사의 장남 유(由)는 삼천(三川)의 태수가 되었고 또 다른 아들들은 진나라 공주들과 결혼했으며 그의 딸들은 진나라의 제공자(諸公子)들에게 시집을 갔다. 삼천 태수 이유(李由)가 휴가를 얻어 함양에 돌아오니 이사가 집에서 주연을 베풀었다. 그러자 백관의 장(長)이 모두 모여 이사의 건강을 축복하느라 이사의 저택 문안 넓은 뜰에 거마가 수천 대나 되었다. 이사는 탄식하여 말했다.

"아아, 내가 순경(荀卿)에게서 들은 말에 '사물이 지나치게 성대해지는 것을 경계하지 않으면 안 된다.'는 말이 있었다. 무릇 나는 상채(上蔡) 출신에 무관 무의의 한 가난한 선비로서 촌의 평민에 지나지 않았는데 주상께서 나의 노둔하고 재능 없음을 모르고 발탁하시어 오늘의 이 지위에 이르게 하셨다. 신하로서 나보다 위에 있는 자가 없으니 바야흐로 부귀가 극도에 달했다고 말할 수 있다. 사물은 극에 달하면 반드시 쇠하게 마련인 것이다. 수레가 어디에서 멈출지 알 수 없구나."[340]

시황제 37년 시월, 시황제는 거동하여 회계(會稽 : 浙江省)에 순수(巡狩)하고 해안을 따라 북쪽으로 올라 낭야(琅邪 : 山東省)에 이르렀다. 승상 이

---

340) 원문은 '吾未知所稅駕也'. '수레를 푼다.'는 것은 마차를 세우고 말을 수레에서 풀어 놓고 휴식하는 것. 여기서는 '무거운 짐을 내리고 휴식할 수 있는 것은 언제일까?'의 뜻.

사와 중차부령(中車府令 : 임금이 타는 수레의 係長)인 조고(趙高)는 부새령(符璽令 : 符節·玉璽를 맡은 벼슬)을 겸임하며 수행했다.

시황제에게는 이십여 명의 아들이 있었다. 장자는 부소(扶蘇)라고 했다. 시황제에게 자주 직간하므로 그를 귀찮게 생각하고 도읍에서 쫓아내 상군(上郡 : 섬서성)에 보내어 군대를 감시하게 했다. 몽염(蒙恬)이 그곳의 장군이었다. 막내아들 호해(胡亥)는 시황제의 총애를 받고 있었는데 순유할 때 수행하기를 청하니 시황제가 허락했다. 그 밖의 공자들로 수행한 자는 없었다.

그해 7월에[341] 시황제는 사구(沙丘 : 하북성)에 이르렀는데 병이 위중하여 조고를 시켜 만든 유서를 공자 부소에게 전하도록 했다. 유서의 내용은 이러했다.

몽염에게 군사를 맡기고 함양에 돌아와서 나의 유해를 맞아 장례를 거행토록 하라.

유서를 봉함했으나 채 사자에게 주기도 전에 시황제가 붕어했다. 유서와 옥새는 조고에게 있었다. 공자 호해, 승상 이사와 조고 그리고 시황제의 총애를 받던 환관 대여섯 명만이 시황제가 붕어한 사실을 알고 그 밖의 여러 신하들은 모르고 있었다.

이사는 주상이 도읍 밖에서 붕어하고 정식 태자가 없었으므로 국상(國喪)을 비밀에 부쳐야겠다고 생각했다. 그래서 곧 유해를 온량거(輼輬車 : 창문을 열고 닫아 따뜻함과 서늘함을 조절할 수 있는 크고 넓은 호화스러운 수레) 속에 안치하고 백관이 정사를 아뢰는 일이나 수라상을 올리는 일

---

341) 당시는 10월이 그해의 처음이었다. 그래서 7월이 뒤에 나온다.

을 모두 전과 같이 하되 환관이 온량거 안에서 모든 정사를 재가했다.

조고는 이러한 상태를 틈 타 부소에게 내리는 유서와 옥새를 손에 쥐고 공자 호해에게 말했다.

"주상께서 붕어하셨으나 조서를 내려 어느 아드님을 왕으로 봉하라는 유명(遺命)은 없으시고 다만 장자에게만 유서를 내리셨습니다. 장자가 도착하여 즉시 황제로 즉위하시면 공자는 한 자 한 치의 땅도 없게 될 텐데 어떻게 하시렵니까?"

호해가 말했다.

"당연한 일입니다. 내가 들으니 현명한 임금은 신하를 알고 슬기로운 아버지는 그 아들을 안다고 합니다. 이제 아버님께서 돌아가시면서 한 아들을 왕으로 봉하지 않으셨으니 자식 된 자로서 무슨 할 말이 있겠습니까?"

"그렇지 않습니다. 바로 지금 천하의 권력을 잡느냐 잃어버리느냐 하는 것은 공자와 이 조고와 승상 이사의 손에 달려 있습니다. 원컨대 공자께서는 이 일을 잘 생각해 보십시오. 대저 남의 신하가 되는 것과 남을 신하로 쓰는 것, 남을 제어하는 것과 남에게 제어당하는 것을 어찌 같은 정도라 말할 수 있겠습니까?"

"형을 폐하고 아우가 즉위하는 것은 의롭지 못한 일입니다. 아버지의 유서를 받들어 지키지 않고, 음모를 저질러 형을 받지 않을까 두려워하는 것은[342] 불효한 짓입니다. 자신의 재능이 천박한데도 억지로 남의 공로에 의지해 일을 이루려는 것은 무능한 짓입니다. 이 세 가지는 덕에 어긋나는 행동으로서 이런 행동을 하는 군주에게는 천하가 복종하지 않을 것이며, 또 내 몸도 위태해지고 사직은 끊어지고야 말 것입니다."

"신이 들으니 '은나라 탕왕과 주나라 무왕은 모두 그의 군주를 죽였으나 천하는 그를 의롭다 일컫고 불충하다고는 하지 않았다. 위(衛)나라 군주는 그의 아버지를 죽이고 임금의 자리에 올랐으나[343] 위나라 사람들은 그의 덕을 칭송하고 공자도 그 사건을 ≪춘추(春秋)≫에 기록했는데 불효라고는 하지 않았다.'고 합니다. 대체로 '큰일을 결행하는 데 작은 일은 근심하지 않으며, 성대한 덕이 있는 자는 받아야 할 것을 사양하지 않는다.'고 합니다.

향리에도 각기 마땅한 점이 있고 백관들도 각기 임무가 같지 않습니다. ― 경우에 따라 마땅한 바가 다르며, 지금은 비상시이니 평상시의 방법으로는 통용하지 않는다는 비유 ― 그런 까닭에 작은 일에 구애되어 큰일을 잊는다면 뒷날 반드시 해가 있을 것이며, 의심하는 여우같이 머뭇거리면 뒷날 반드시 후회할 것입니다. 그러나 결단성 있게 감행하면 귀신도 피할 것이며 뒷날에 성공이 있을 것입니다. 바라건대 공자께서는 부디 단행하십시오."

호해가 크게 탄식하며 말했다.

"천자의 붕어하심을 아직 발표하지 않았으며 상례(喪禮)를 아직 마치지도 않았는데 어찌 차마 승상에게 동의를 구할 수 있겠는가?"

조고가 말했다.

"지금이야말로 좋은 기회입니다. 때가 때이니만큼 머뭇거리고 있을 수 없습니다. 양식을 짊어지고 말을 달려 오로지 때가 늦을 것을 두려워할 뿐입니다."

호해가 조고의 말에 동의하여 승낙했다. 조고가 말했다.

---

342) 원문은 '不奉父詔而畏死'. 황제의 명령을 따르지 않으면 죽임을 당하는 것이 당연하다. 따라서 여기서 '죽음을 두려워한다.'고 한 것은 황제의 명을 거역하는 것을 전제로 한 것이다.

343) 이런 사실은 없다. 衛나라 靈公의 태자 괴외는 아버지와 마찰을 빚어 달아났다. 영공이 죽자 괴외의 아들 輒이 즉위했는데 그가 바로 出公이다. 괴외는 자신이 즉위할 것을 요구하며 衛에 침공, 출공도 출병하여 부자의 싸움이 되었다. 그러나 출공은 부친을 죽이지 않았다. 趙高는 이 사건을 과장해 얘기하고 있다.

"승상과 의논하지 않으면 일은 성취될 수 없을 것입니다. 청컨대 신이 공자를 위하여 승상과 의논하게 해 주십시오."

이리하여 조고는 승상 이사에게 말했다.

"황제께서 붕어하실 때 장자에게 유서를 내리시어 함양에서 영구를 맞이하게 하시고 후사를 삼도록 했음이 어의(御意)였다고 생각합니다만 유서는 아직 발송되지 않은 채 황제께서 붕어하시어 그 사실을 아는 사람이 없습니다. 장자에게 내리신 유서와 부절과 옥쇄는 모두 호해 공자에게 있습니다. 태자를 정하는 것은 승상과 이 조고 두 사람의 입에 달려 있을 뿐입니다. 이 일을 장차 어떻게 하시렵니까?"

이사가 말했다.

"어째서 나라를 망치는 그런 말을 하시오? 이것은 남의 신하된 자가 논의할 문제가 아닙니다."

"승상께서 스스로 생각해 볼 때 몽염과 비교하여 누가 더 유능하다고 생각하십니까? 몽염과 비교하여 어느 쪽이 더 공이 높다고 생각하십니까? 몽염과 비교하여 누가 더 원대한 앞날의 일을 꾀하여 실수함이 없을 거라고 생각하십니까? 몽염과 비교하여 누가 더 천하의 여러 사람으로부터 원망이 없을 거라고 생각하십니까? 황제의 장자가 친지(親知)로서 신뢰하는 정도는 몽염과 비교하여 누가 더 위라고 생각하십니까?"

"그 다섯 가지는 내가 몽염을 따를 수 없소. 그런데 그대가 나에게 그 점을 들어서 심각하게 책망하는 것은 무슨 까닭이오?"

조고가 말했다.

"저는 본래 환관의 잔일을 하는 천한 몸이었습니다. 그런데 다행히도 도필(刀筆 : 작은 칼과 붓. 작은 칼로 竹筒의 글자가 잘못된 것을 깎아낸다.)을 잡고 문서를 처리하는 일로 벼슬길에 올라 진나라 궁중에 들어오게 되었습니다. 그 일을 한 지 이십여 년이 되었습니다.

그런데 진나라에서 파면된 승상이나 공신의 봉작이 그 대(代)에 미치는 자가 있음을 아직 보지 못했습니다. 마침내는 다 주살당하여 망했던 것입니다. 황제의 이십여 명의 공자에 대해서는 승상께서 잘 아는 바입니다. 장자는 강인하고 용맹스러우며 백성들로부터 신임을 받아 사기(士氣)를 떨치는 사람으로서 제위에 오르게 되면 틀림없이 몽염을 등용하여 재상을 삼을 것입니다. 그렇게 되면 승상께서는 열후의 인수를 허리에 찬 채 향리로 돌아갈 수 없음은 명백한 일입니다.

이 조고는 조명(詔命)을 받들어 호해 공자를 교육시켜 법률을 가르쳐 온 지 수년이 되었으나 아직 과실을 발견하지 못했습니다. 호해 공자는 어질고 돈후하며, 재물을 가볍게 여기고 선비를 소중히 여기며, 마음이 착실하고 입은 어눌하며, 예를 다하여 선비를 공경합니다. 진나라의 여러 공자들 중에서 이 분을 따를 만한 사람은 없습니다. 그러니 후사가 될 자격은 충분합니다. 승상께서는 잘 생각하신 후에 계책을 세워 결정하십시오."

이사가 말했다.

"그대는 본래의 위치로 돌아가시오. 이사는 황제의 조명을 받들어 하늘의 명령에 따르겠소. 그 외에 우리가 결정해야 할 일이 무엇이란 말이오."

조고가 말했다.

"편안하고 태평한 것을 위태하게 만들 수 있고 위태한 것도 편안하고 태평한 것으로 만들 수 있습니다. 편안하고 위태한 것을 정하지 못한다면 승상을 어찌 성인의 지혜가 있는 분이라고 높일 수 있겠습니까?"

"나는 촌구석 상채(上蔡)의 한 평민에 지나지 않았소. 그런데 다행히 황제께 등용되어 승상이 되고 봉해져 열후가 되었으며, 자손이 다 높은 지위와 후한 봉록을 받게 되었소. 이것은 황제께서 진나라의 존망안위(存亡安危)를 나에게 부탁하고자 하는 거룩한 뜻이 있었기 때문이오. 어찌 그 뜻을 저버릴 수 있겠소. 대체로 충신은 죽음을 회피하면서 목숨과 이득을 탐하지 않소. 효자는 삼가 부모를 섬기고 위태로운 일에 몸을 내맡기지 않는다고 하오. 남의 신하가 된 자는 각각 자기의 직분을 지킬 따름이오. 그대는 그런 말을 다시는 하지 마시오. 이사로 하여금 죄를 짓게 하려고 하시오?"

조고가 말했다.

"성인은 항상 때와 경우에 따라 사물에 구애됨이 없어 변화에 따르고 시의에 따르며, 끝을 보아 그 근본을 알고 지향하는 것을 보아 귀착할 바를 안다고 합니다. 사물이란 본래부터 이러한 것입니다. 어찌 고정 불변의 법칙이 있을 수 있겠습니까? 이제 천하의 권세와 생살여탈(生殺與奪)의 권명(權命)은 호해 공자에게 달려 있습니다. 그리고 이 조고는 호해 공자의 뜻을 잘 얻고 있습니다. 대체로 밖으로부터 안을 제압하는 것을 미혹하다고 말하고 아래로부터 위를 제압하려는 것을 적(賊)이라고 합니다. 가을에 서리가 내리면 풀잎과 꽃이 시들어 버리고 봄이 되어 얼음이 녹아 물이 흐르면 만물이 생동하기 시작합니다. 이것은 필연의 법칙입니다. 승상께서는 판단하는 것이 어찌 이리 더디십니까?"

"나는 '진(晉)나라는 태자 신생(申生)을 폐했기 때문에 헌공, 혜공, 문공 3대에 걸쳐 나라가 편안하지 못했으며,[344] 제나라 환공의 형제는 서로 왕위를 다투었기 때문에 공자 규(糾)는 죽임을 당하여 치욕을 받고(管晏列傳 참조), 은나라 주왕은 친척을 죽이고 간언을 받아들이지 않았기 때문에 나라가 폐허가 되고 결국 사직이 위태롭게 되었다.'고 들었소. 이 세 가지 사건은 하늘의 명을 거슬렀기에 종묘 제사까지 끊어지기에 이른 것이오.

---

344) 《史記》 晉世家에 나와 있다. 晉의 獻公이 태자 申生을 폐하고 愛妾의 아들 奚齊를 세운 데서 그 후 奚齊 · 卓 · 夷吾 3대에 걸쳐 정변과 혼란이 일어났다.

나도 사람인 바에야 천명에 순응해야지 어찌 하늘을 거역하여 모반 따위를 할 수 있겠소."

조고는 말했다.

"상하가 마음을 합치면 길이 번영할 수 있고 중외(中外)가 일체가 된다면 일에 표리가 없게 됩니다. 승상께서 저의 계략을 허용하신다면 길이 봉후(封侯)의 지위를 보전하시고 자자손손 '고(孤)'라고 자칭할 것이며 왕자교(王子喬), 적송자(赤松子)같이 장수하시고 공자(孔子), 묵자(墨子)와 같은 지혜를 얻게 될 것입니다. 그런데 지금 기회를 놓치고 이 계책을 쫓지 않으신다면 그 화는 자손에게도 미쳐 장차 한심한 사태가 될 것이나 처신을 잘하시면 화를 바꾸어 복으로 만들 수 있는 것입니다. 승상께서는 화와 복 어느 것을 선택하시렵니까?"

이사는 하늘을 우러러 한탄하고 눈물을 흘리며 긴 한숨을 쉬면서 말했다.

"아아, 내가 난세를 만나 죽지도 못하고 이 목숨을 어디에다 의탁할 것인가?"

결국 이사는 조고의 말을 받아들였다. 조고는 곧 호해에게 보고했다.

"제가 태자의 현명하신 뜻을 삼가 받들어 승상에게 알렸습니다. 승상 이사도 뜻을 받들지 않을 수 없었습니다."

이에 호해, 조고, 이사 세 사람이 공모하기로 하고 승상이 시황제의 조서를 받았다고 거짓말을 하여 공자 호해를 태자로 세우고 또 장자 부소에게 주는 칙서를 거짓으로 꾸몄다. 그 글은 다음과 같았다.

"짐은 천하를 순행하고 명산의 제신(諸神)께 기도하여 수명을 연장하려고 한다. 지금 부소는 장군 몽염과 군사 수십만을 거느리고 변경에 주둔한 지 십여 년이 되었다. 그 사이 전진은 하지 못하고 병사의 소모만 많았을 뿐 한 자 한 치의 공로도 없었다. 그런데도 자주 상소하여 짐을 비방하고 자기 직책을 그만두고 도읍에 돌아와서는 밤낮으로 태자가 되지 못함을 원망했다. 부소는 사람의 자식으로서 불효자로다. 내 칼을 내리노니 자결할지어다.

그리고 장군 몽염은 부소와 함께 변방에 있으면서 부소의 잘못을 바로잡아 주지 못했을 뿐 아니라 당연히 그 음모를 알고 있었을 것임에도 불구하고 아무 계책도 세우지 않았으니 이는 신하로서 불충하다. 그런 까닭에 죽음을 내린다. 군사는 부장(副將)인 왕리(王離)에게 소속시킬지니라.”

이 칙서에 황제의 옥새를 찍고 봉해서[345] 호해의 빈객을 사자로 하여 상군(上郡)에 있는 부소에게 전해 주게 했다.

사자가 도착하여 황제의 서간을 펴 본 부소는 울며 자결하려고 했다. 몽염은 부소를 말리면서 말했다.

“폐하께서는 도성 밖에서 순행 중이시며 아직 태자를 세우지 않고 계십니다. 그리고 저에게 명하기를 삼십만의 군대를 인솔하여 변경을 지키게 하시고 그 감독관으로 공자를 보내셨습니다. 이것은 천하의 중대한 임무입니다. 지금 한 사자가 왔다고 해서 바로 자결을 한다면, 만약 그 사자가 거짓 사자일 경우 어떻게 할 것입니까? 부디 폐하께 은사(恩赦)를 한 번 청해 보도록 하십시오. 재삼 청원하신 다음에 자결하셔도 늦지는 않습니다.”

사자는 자결하기를 독촉했다. 그러니 본성이 어질고 온유한 부소는 몽염에게,

“아버님께서 죽음을 내리셨는데 자식으로서 어찌 은사를 청할 수 있겠습니까?”

---

345) 書面, 특히 공식적인 서면은 漢代까지는 木簡에 쓴 것을 끈으로 매고 이음매를 점토로 봉한 다음 그곳에 도장을 찍었다. 이것을 封泥라고 했다.

하고는 곧 자결했다. 몽염이 자결하기를 승낙하지 않았기 때문에 사자는 그를 관리에게 맡겨 양주(陽周 : 섬서성)의 감옥에 하옥시키고 돌아가서 그 사실을 보고했다. 호해, 이사, 조고 세 사람은 대단히 기뻐하며 함양으로 돌아가 시황제의 상(喪)을 발표했다.

태자 호해가 즉위하여 2세 황제가 되었다. 조고는 낭중령(郎中令 : 궁전의 門戶를 맡은 벼슬)에 임명되어 항상 궁중에서 황제를 모시고 권력을 휘둘렀다.

2세 황제가 어느 날 한가한 틈을 타서 조고를 불러 말했다.

"사람이 태어나 이 세상에 살고 있는 것은 마치 여섯 마리의 준마가 끄는 마차에서 문틈을 지나가는 것을 보는 것처럼 순간적으로 지나가고 마오. 나는 이제 황제로서 천하에 군림하고 있소. 이제부터 귀로 듣고 싶은 것, 눈으로 보고 싶은 것을 모두 즐기고 마음과 뜻의 즐거움을 다 맛볼 것이며, 종묘를 편안하게 하여 많은 백성들을 즐겁게 해주어 천하를 길이 보유하고 나의 타고난 수명을 마치고자 하오. 그렇게 할 수 있겠소?"

조고가 말했다.

"그것은 현명한 군주라야만 할 수 있는 일로서, 혼미한 군주는 할 수 없는 것이옵니다. 그에 대해 저에게 말씀을 올릴 수 있도록 해 주시기 바랍니다. 그 말로 인해 부월(斧鉞)의 죄를 받는 일이 있더라도 마다하지 않겠습니다. 다만 폐하께서 조금이라도 유념해 주신다면 그것으로 족합니다.

저 사구(沙丘)에서의 모사(謀事)를 여러 공자와 대신들이 의심하고 있습니다. 여러 공자님들은 다 폐하의 형님들이고 대신들도 선제(先帝)께서 등용한 사람들입니다. 폐하는 이제 막 제위에 올랐을 뿐이며 저들은 마음으로 즐겨하지 않아 진심으로 복종하지 않고 있습니다. 무슨 변을 일으키지나 않을까 두렵습니다. 게다가 몽염은 이미 죽었다고 하나 그의 아우 몽의(蒙毅)가 군대를 거느리고 변방에 있으니 저는 전전긍긍할 뿐으로 도저히 무사히 넘어가지는 않을 것 같습니다. 이래서야 폐하께서 어떻게 그런 즐거움을 누릴 수 있겠습니까?"

2세 황제가 물었다.

"그럼 어찌하면 좋단 말이오?"

조고가 말했다.

"법을 엄하게 하고 형벌을 무겁게 하여 죄가 있는 자는 연좌(連座)시켜 일족을 전멸시키고 대신(大臣)을 없애십시오. 또 육친을 멀리하고 가난한 자를 부하게 하고 천한 자를 귀하게 해 주며, 선제의 유신(遺臣)은 모두 제거하고 폐하께서 믿을 만한 사람을 새로이 임명하여 가까이 두시는 것이 좋을 줄 압니다. 이와 같이 하시면 음덕(陰德)은 틀림없이 폐하께 돌아오고 화해(禍害)는 없어지며 간사한 음모를 막을 수 있습니다. 그리하면 여러 신하들은 폐하의 은택을 받아 후덕(厚德)을 입지 않은 자가 없게 되어, 폐하께서는 베개를 높이 하시고 영광과 안락을 뜻대로 누리실 수 있을 것입니다. 그러니 계략으로는 이보다 더 나은 것이 없습니다."

2세 황제는 조고의 말을 받아들여 법률을 새로이 제정했다. 그래서 뭇 신하와 공자들에게 죄가 있다면 가차 없이 조고에게 넘겨 심문 치죄(治罪)하게 했다. 그 때문에 대신 몽의(蒙毅) 등이 주살됐고 공자 열두 명이 함양의 시가에서 무참히 죽었으며, 공주 열 명이 두(杜 : 長安의 동남쪽 교외 땅)에서 사지를 찢기어 죽었다. 그들의 재산은 국고에 전부 몰수되었고 서로 연좌되는 자가 이루 다 셀 수 없을 만큼 많았다.

그때 공자 고(高)가 도망가려고 했으나 일족이 전멸될 것이 두려워 글을 올려 이렇게 말했다.

"선제께서 재세(在世)하셨을 때 제가 궁중에 들어가면 음식을 하사 받고, 나갈 때에는 내 주시는 수레를 탔으며 황제 소용물을 넣어 두는 창고

안의 의복과 마구간의 준마를 하사받고는 했나이다. 그러므로 당연히 선제가 붕어하셨을 때 저는 마땅히 순사(殉死)를 했어야 했는데 그렇지 못했으니, 자식 된 도리로는 불효자이고 신하로는 불충자이며 이 세상에 살아갈 명분이 없습니다. 이제야 선제를 위하여 순사하고자 하니 저를 선제의 능이 있는 역산(酈山 : 섬서성) 기슭에 묻어 주옵소서. 오직 황상께서 불쌍히 여겨 주신다면 다행이겠습니다."

이 상서가 올라오자 호해는 매우 기뻐하여 조고를 불러 그 글을 보이면서 물었다.

"이것은 사태가 긴급하다는 것을 뜻하는 것이오?"

조고가 말했다.

"신하가 자기의 죽음에 정신이 없을 때 무슨 변란을 꾸밀 수 있겠습니까?"

호해는 공자 고가 올린 글의 내용을 가상하게 여기고 십만 전을 하사하여 그를 매장하게 했다.

진나라의 법령과 주벌(誅罰)이 날로 심각하게 되자 군신들은 자신에게 미칠 화가 두려워 반란을 일으키려는 자가 많아졌다. 2세 황제는 또 아방궁(阿房宮)이라는 궁전을 지어 황제가 그곳까지 갈 수 있는 길을 만들었다. 이 때문에 백성들에게 무거운 세금이 부과되고 변방 수비병의 정발과 부역이 그칠 때가 없었다.

이리하여 초나라 땅을 지키던 진승(陳勝)·오광(吳廣 : ≪史記≫ 陳涉世家는 그 傳이다. 陳勝의 字는 涉) 등이 반란을 일으켜 산동(山東)에서 봉기하니 뒤를 이어 호걸들과 뛰어난 인물들이 궐기하여 자칭 후(侯)네, 왕(王)이네 일컬으면서 진나라에 대해 반기를 들었다. 그 반란군은 한때 홍문(鴻門 : 섬서성)에까지 이르렀는데 진압군을 보내 겨우 격퇴시켰다. 이사는 기회를 보아 가끔 2세 황제에게 충간을 했으나 불허하고 도리어 이사에게 반문하였다.

"나에게는 나의 소견이 있소. 한비자(韓非子)한테 들은 바에 의하면 요(堯)임금이 천하를 차지했을 때 집의 높이는 3척이었고 서까래는 다듬지 않은 원목 그대로였으며 띠로 이은 지붕은 그 끝이 가지런하지 않아 객사라 해도 그보다 더 검소할 수는 없었다 하오. 겨울에는 사슴 가죽옷을 입고 여름에는 갈포를 입었으며, 기장과 좁쌀이 섞인 잡곡밥을 질그릇에 담아서 먹고 명아주나 콩잎으로 끓인 국을 질그릇 사발로 마시니 문지기의 생활도 이보다 더 조잡할 수는 없었을 것이라 하오.

우(禹)임금은 용문산(龍門山 : 하남성)을 뚫고 대하(大夏 : 강 이름)를 개통했으며, 구하(九河)를 소통하게 만들고 구곡(九曲)의 둑을 둘러쌓아 한 곳에 갇혀 있는 물을 터서 바다로 흐르게 했소. 그러한 작업으로 다리의 가는 털은 다 닳아 없어졌으며 종아리에 난 털도 닳아 없어졌소. 손과 발에는 굳은살이 박히고 햇볕에 타서 얼굴은 검어졌으며 마침내 객지에서 죽어 회계산(會稽山)에 묻혔소. 사로잡혀 온 노예의 수고로움도 이토록 심하지는 않았을 것이오.

그렇다면 천하를 보유하는 것을 소중히 여기는 것이 어찌 몸을 괴롭히고 정신을 피로하게 하며, 몸은 나그네들의 객사에 묵게 하고 입은 문지기가 먹는 거친 음식을 먹게 하며, 손으로는 노예가 하는 노동일을 하고자 함이겠는가? 이것은 못나고 어리석은 사람이 할 일이지 현명한 사람이 할 일이 아니오. 현명한 사람이 천하를 보유하게 될 경우에는 천하를 오로지 자신에게 알맞게 부합시키려고 할 뿐이오. 이것이야말로 천하를 보유하는 가장 중요한 이유가 되는 것이오.

이른바 현명한 사람이 꼭 천하를 편안하게 하며 만민을 잘 다스리는 것은 아니오. 그런데 일신의 이익마저도 도모하지 못하는 자가 어떻게 천하를 잘 다스릴 수 있겠소? 그러므로 나는 하고 싶은 대로 하고 욕심을 많이 내어 천하를 길이 보유하고 해가 없기를 원하오. 이렇게 하기 위해서는 어떻게 해야 되겠소?"

이사의 아들 유(由)는 삼천군(三川郡)의 태수였는데 뭇 도적들인 오광 등이 서쪽을 향하여 삼천군의 땅을 공략하면서 지나갔으나 그것을 저지하지 못하니 진나라의 장군 장한(章邯)이 뭇 도적떼를 격파하여 쫓아 버렸다. 그래서 태수의 죄를 다시 조사하기 위한 사자가 잇따라 왕래하면서 이사의 책임을 추궁했다.

"이사는 삼공(三公)의 지위에 있으면서 어째서 도적들을 이처럼 횡행하게 한단 말인가?"

이사는 몹시 두려웠으나 작록을 잃을까 걱정할 뿐 어떻게 해야 할지 알지 못했다. 그래서 2세 황제의 뜻에 아첨하여 용서를 얻고자, 앞서 2세 황제의 문책에 대답하는 글월을 다음과 같이 올렸다.(이 상소는 '上書對二世' 또는 '論督責書'의 이름으로 알려져 있다.)

"대저 현명한 군주란 도리를 잘 행하여 독책(督責 : 신하의 죄상을 밝혀 죄에 상응하는 형벌을 적용하여 신하를 제어하는 것)의 법술을 행하는 것입니다. 이렇게 하면 신하는 자기의 능력을 다하여 그가 섬기고 있는 군주를 감히 따르지 아니할 수 없는 것입니다.

이렇게 군신의 직분이 정해지고 상하의 의리가 분명해지면 곧 천하의 어진 사람이나 불초한 사람이나 각자의 능력을 다해 책임을 완수하여 군주를 따르지 않을 수가 없을 것입니다. 그런 까닭에 군주는 천하를 제어할 뿐 남에게 제어당하는 일이 없으며, 능히 즐거움의 극치를 다할 수 있습니다. 현명한 군주는 이 도리를 깊이 살피지 않으면 안 됩니다.

신불해(申不害)는 '천하를 보유하고 있으면서 뜻대로 행동하지 못하는 것은 천하를 질곡(桎梏)으로 삼는 것과 같다.'고 말했습니다. 그것은 다른 까닭이 있어서가 아닙니다. 신하를 잘 독책하지 못했기 때문인데 자기의 몸을 천하 만민을 위하여 노역한 요임금이나 우임금 같은 분한테 천하는 오히려 질곡이라고 말하지 않을 수 없습니다.

대체로 신불해, 한비자의 뛰어난 법술을 수득(修得)하고 독책의 술을 실행하지 못하여 천하를 즐거움의 방편으로 쓰지 아니하고 쓸데없는 노력으로 신체를 괴롭히고 정신을 번거롭게 하여 몸으로 백성들에게 봉사하는 것은 백성에게 사역을 당하는 것이지 천하의 만민을 기르는 군주의 일이 아닙니다. 이렇게 되면 어찌 귀중하게 여길 만한 가치가 있겠습니까?

대체로 남이 나를 따르게 한다면 자기는 존귀해지고 남은 비천해지며, 내가 남을 따르게 된다면 내가 비천해지고 남은 존귀해지는 법입니다. 그런 까닭에 남을 따르는 자는 비천하고 남을 따르게 하는 자가 존귀한 것은 예나 지금이나 변함이 없습니다.

옛날 현자를 존경한 것은 그가 높고 귀하기 때문이며, 어리석은 자를 미워한 것은 그가 비천하기 때문입니다. 그런데 요임금과 우임금은 몸소 천하의 백성을 따른 분이었습니다. 천하의 백성을 따랐다는 이유로 요임금과 우임금을 높인다면 현자를 높이 여겨야 할 마음의 갈피를 잃게 됩니다. 이것은 큰 잘못이 아닐 수 없습니다. 요임금이나 우임금에게 천하가 질곡이 되었다는 말은 당연하지 않겠습니까? 그것은 독책을 잘하지 못했기 때문입니다.

한비자가 말하기를 '인자한 어머니 밑에 방탕한 아들은 있지만 엄격한 집안에 주인의 명령을 거역하는 종은 없다.'[346]고 했는데 이 말은 무슨 뜻이겠습니까? 주인의 명령을 따르지 않으면 반드시 벌을 가하기 때문입니다. 그런 까닭에 상군(商君)의 법에, 재를 도로에 버리는 자는 경형(黥刑)

---

346) 원문은 '慈母有敗子, 而嚴家無格虜'. 《韓非子》 顯學篇에는 '夫嚴家無悍虜, 而慈母有敗子'로 되어 있다.

에 처한다고 했습니다. 재를 버리는 것은 사소한 죄이지만 그를 처벌하는 형은 중벌입니다. 오직 현명한 군주만이 가벼운 죄를 깊이 다스릴 수 있는 것입니다. 이처럼 가벼운 죄를 범한 자라도 깊이 살피어 엄하게 다스리니 하물며 중죄야 더 말할 나위도 없습니다. 그런 까닭에 백성들은 감히 법을 어기지 못하는 것입니다.

한비자가 '조그마한 베 조각이라도 길에 떨어져 있으면 평범한 사람들은 그것을 주워 가지만 좋은 금이 백 일(鎰)이나 되어도 도척(盜跖)은 집어 가려 하지 않는다.'고 했습니다. 이것은 보통 사람들의 마음은 사소한 이익에 대해서도 욕심이 깊은데 도척과 같은 큰 도적이 물욕에 담담하다는 뜻이 아닙니다. 또 도척이 백 일의 대금(大金)을 가볍게 여겨 무시한다는 뜻도 아닙니다. 그것은 좋은 금 백 일을 훔친다면 반드시 중한 벌을 받기 때문에 도척조차도 훔칠 수 없다는 뜻입니다.

만약 형벌이 시행되지 않는다면 사람들은 하찮은 베 조각이라도 주워 갑니다. 그런 까닭에 성벽의 높이가 5장(五丈)에 불과하건만 발걸음이 빨랐다는 위(魏)나라의 누계(樓季 : 文侯의 동생)도 가볍게 뛰어넘지 못했을 것이고 태산의 높이가 백 길이나 되어도 절름발이 목동이 그 꼭대기에서 양을 쳤던 것입니다. 저 누계와 같은 사람도 5장의 한계를 뛰어넘는 것을 어렵다고 하는데 어떻게 다리를 저는 목동이 백 길이나 되는 높은 곳을 쉽게 올라갈 수 있겠습니까? 그것은 급경사로 되어 있는 곳과 완만하게 높아진 곳의 형세가 다르기 때문입니다.

밝은 임금과 거룩한 임금이 존귀한 지위를 오랫동안 유지하고 권세를 보유하여 천하의 이익을 마음대로 할 수 있는 것은 달리 도가 있기 때문이 아닙니다. 독단으로 신하를 잘 살펴 형벌로 다스리되 죄가 있는 자는 반드시 엄벌에 처해 천하에 죄를 범하는 자가 없기 때문입니다. 그런데 백성들에게 죄를 범하지 않게 해야 하는 근본을 소홀히 생각한 자애로운 어머니가 아들을 그릇되게 만드는 것같이 하는 것은 성인의 참뜻을 살피지 못하는 것입니다. 대저 성인의 길을 행하지 못한다면 이는 곧 자신을 버려서 천하를 위해 사역(使役)하는 바가 됩니다. 이 무슨 일이겠습니까? 어찌 슬퍼하지 않을 수 있겠습니까?

또 검소하고 절도가 있고 어질고 의로운 사람이 나라의 정치를 한다면 방자한 향락은 그치고, 간언하는 것을 일삼고 의리를 논하는 신하가 측근에서 의견을 말씀드리게 되면 쓸데없는 말이 사라지며, 충절을 위해 죽은 열사(烈士)의 행위가 세상에 드러나게 되면 음탕하고 안일을 즐기는 풍습은 없어지게 됩니다.

그렇기에 밝은 군주는 이 세 가지를 멀리하고 나라를 다스리는 법도에 근거하여 무턱대고 따르기만 하는 신하를 제어하고 그 밝은 법을 닦습니다. 그러므로 몸은 존귀하고 권세는 무거운 것입니다. 대체로 현명한 군주는 세상의 이목을 두려워하지 않으며, 습속을 갈고 닦아 싫어하는 것은 폐하고 하고자 하는 바를 세우려고 합니다. 그런 까닭에 살아서는 남에게 존귀하게 여겨지는 권세가 있고 죽어서는 현명하다고 칭찬받는 시호(諡號)가 있는 것입니다.

밝은 군주는 정치를 독단하여 행하므로 권세가 신하에게 있지 않습니다. 그렇게 해야 능히 인의의 도를 파괴하여 군주를 설득하려는 변설가의 입을 막을 수 있으며, 열사를 곤란에 빠뜨리고 귀를 막아 사람의 언설을 듣지 않으며, 눈을 가려 사람의 소행을 보지 않고 마음속으로 홀로 보고 홀로 들을 수 있는 것입니다. 따라서 밖으로는 인의 열사의 행동도 군주의 마음을 기울이게 할 수 없고 또 안으로는 직언하는 말과 분쟁의 변설도 군주의 마음을 빼앗을 수 없으며, 군주는 남의 말을 듣지 않고 초연히 하고 싶은 대로 행동해도 누구도 감히 거역할 수 없습니다.

이와 같이 한 뒤에라야 비로소 신불해, 한비자의 술(術 : 신불해는 刑名

을 주로 하는 法家의 시조. 나라를 다스리는 데는 법에 의거해야 한다는 것이 그의 주장임. 한비자는 신불해의 法思想에 術을 첨가했음. 術이란 임금이 신하를 조정하는 방법. 군주 중심으로 오직 임금만이 정권을 전단하며 신하가 임금을 속이지 못하게 하는 방법이 術이다.)을 밝게 하고 상군(商君)의 법 — 전국시대 衛나라 상앙의 법을 말함. 법이 혹독하고 까다로워 길에 재를 버린 자도 중벌에 처할 정도였음. 그리하여 부국강병의 치적을 이룸 — 을 수득했다고 할 수 있을 것입니다. 법을 수득하고 술을 밝게 알고도 천하가 어지러워졌다는 말은 아직 듣지 못했습니다.

'왕자의 도는 간략하고 행하기 쉬우나 오직 현명한 군주만이 능히 이것을 행할 수 있다.'고 했습니다. 이것은 독책의 성실함을 말한 것입니다. 독책이 성실하면 신하의 간사한 마음이 사라질 것입니다. 신하에게 사심(邪心)이 없으면 천하는 편안하고 태평할 것입니다. 천하가 편안하면 군주는 존엄할 것입니다. 군주가 존엄하면 반드시 독책이 실행될 것이고 독책이 실행되면 임금은 구하는 바를 반드시 얻을 것입니다. 구하는 바가 얻어지면 국가는 부유하게 될 것입니다. 국가가 부유해지면 군주는 즐겁고 흡족한 법입니다.

그런 까닭에 독책의 술을 실시하면 하고자 하는 것이나 얻어지지 않는 것이 없습니다. 뭇 신하와 백성들은 자기의 죄과를 면하기에 겨를이 없을 것이니 무슨 변란을 획책할 수 있겠습니까? 이같이 한다면 제왕의 도가 갖추어지는 것이며 군신의 도를 밝게 했다고 할 수 있을 것입니다. 신불해·한비자가 이 세상에 다시 태어난다 하더라도 이 이상 더 잘할 수는 없을 것입니다."

이 서한이 상주(上奏)되자 2세 황제는 기뻐했다. 이에 독책을 행함이 더욱 엄하게 되었고 백성에게서 세금을 가혹하게 받아들이는 자를 훌륭한 관리로 여겼다. 이래서 2세 황제는 말하기를, '이와 같은 관리야말로 바로 독책을 잘한 것이라 말할 수 있다.'고 했다. 길에 다니는 사람의 반 정도는 형을 받은 자였고 날마다 죽은 사람이 시가에 쌓여 갔다. 사람을 많이 죽이는 관리는 충신이라 했다. 2세 황제는 말했다. '이와 같은 관리야말로 바로 독책을 잘한 것이라고 말할 수 있다.'

일찍이 조고가 낭중령이 되었을 무렵, 사람을 죽이기도 하고 사사로운 원한을 갚는 일이 매우 많았다. 그래서 대신이 조정에 들어가 정사를 아뢰면 조고는 자기를 비방하는 것이 아닌가 하고 두려워하여 2세 황제에게 이렇게 말했다.

"천자가 존귀한 까닭은 뭇 신하들이 다만 천자의 말씀만을 들을 수 있을 뿐 천자의 얼굴은 볼 수 없기 때문입니다. 그런 까닭에 천자는 '짐(朕)'347)이라고 자칭하는 것입니다. 또 폐하께서는 아직 나이가 젊으셔서 모든 일에 전부 능통할 수는 없습니다. 지금 조정에 앉으셔서 신하에 대한 견책과 등용함에 부당한 조처가 있으면 폐하의 단점을 대신들에게 보이는 것이 됩니다. 이것은 폐하의 신성하고 영명하심을 천하에 보이는 일이 아닙니다.

그러니 잠시 동안 폐하께서는 궁중 깊은 곳에서 아무 일도 하지 마시고 편안히 계시면서, 신(臣)과 법에 익숙한 시중(侍中)에게 일을 맡기시어 상주하는 일을 기다리고 계시다가 무슨 일이 나면 그때 서로 상의하고 결정하여 처리하도록 하십시오. 이와 같이 하시면 대신은 감히 의심을 아뢰지 않게 되며 온 천하가 폐하를 현명하신 성주(聖主)라고 칭찬할 것

---

347) 시황제는 천하를 통일하자 칭호를 '王'에서 '皇帝'로 고치고 '朕'을 황제만의 자칭으로 고쳤다. 이후 역대 천자는 이에 따랐다. 시황제 이전 '朕'은 신분의 상하에 관계없이 일인칭의 자칭으로 쓰였다. 또 '朕'에는 '兆朕 · 미미하다'는 뜻이 있는데 조고는 그런 의미와 결부시킨 것이다.

입니다."

2세 황제는 그 계략을 채용하여 조정에 나오는 대신들을 만나는 것을 그만두고 궁중에 들어앉게 되었다. 이렇게 해서 조고가 궁중에서 황제를 모시고 정권을 전단하게 되었다.

자신이 한 일에 대해서 이사가 임금에게 말씀을 올리고자 한다는 말을 들은 조고는 승상 이사를 만났다.

"함곡관의 동쪽에는 떼를 지은 도적들이 많습니다. 그런데 지금 폐하께 서는 부역을 징발하여 아방궁을 조영(造營)하시고 개, 말 따위의 필요치 도 않는 것들을 모으고 계십니다. 신이 간하고자 하나 지위가 미천합니다. 이 일이야말로 승상께서 하셔야 할 일입니다. 그런데 어찌하여 간하지 않 습니까?"

이사가 말했다.

"당연한 말씀입니다. 내가 그것을 말하고자 한 지 오래입니다. 그런데 요즈음 폐하께서는 조정에 나오시지 않고 깊은 궁중에 계시니 말하고자 하는 것이 있어도 전달할 수가 없고 뵙고자 하여도 만나 뵐 틈이 없습니 다."

조고가 말하기를,

"승상께서 진실로 간언하고자 하신다면 폐하께서 한가한 틈을 엿보아 연락드리겠습니다."

라고 했다. 이렇게 해놓고 2세 황제가 주연을 베풀어 미인들을 앞에 놓 고 한참 흥에 겨워 즐기고 있을 때를 기다려 사람을 보내 승상에게 말했다.

"폐하께서 지금 한가하니 하실 말씀을 상주하십시오."

이사가 궁문에 가서 알현을 청했다. 이와 같이 하기를 세 번씩이나 거듭 하니 2세 황제가 성내어 말했다.

"내가 한가한 날이 많은데 그런 때는 승상이 오지 않다가 내가 주연을 열어 즐기고 있을 때 느닷없이 찾아와서 상주할 일이 있다고 만나기를 청하니, 승상이 나를 젊다고 가볍게 여기는 것인가? 아니면 나를 고루하다고 경시하는 것인가?'

조고가 그 기회를 잡아 넌지시 말했다.

"이와 같은 일은 위험합니다. 저 사구(沙丘)의 모의에는 승상도 관여했습니다. 그리하여 폐하께서 즉위하셔서 황제가 되었으나 승상의 지위는 존귀를 더하지 못했습니다. 이 일은 그가 땅을 얻어서 왕이 되기를 바라는 속셈 때문일 것입니다. 또 폐하께서 묻지 않으시기에 감히 말씀 올리지 못했으나 승상의 장남 이유는 삼천군의 태수입니다. 초나라의 도적 진승 등은 승상 고향의 이웃 고을 출신입니다. 그런 까닭에 초나라의 도적 떼들이 공공연히 횡행하여 삼천군을 지나갔건만, 이유는 성을 지킬 뿐 적극적으로 공격하지 않습니다. 신 조고는 태수와 도적들 사이에 문서의 왕래가 있었다고 들었으나 아직 증거를 잡지 못했습니다. 그래서 아직까지 아뢰지 못한 것입니다. 또 승상은 조정 밖의 권세가 폐하보다도 더 센 실정입니다."

2세 황제는 그럴 것이라고 생각하여 승상의 죄과를 심문하고자 했으나 증거가 불충분하여 사람을 시켜 삼천군의 태수가 도적과 내통한 사실을 조사하게 했다. 승상 이사도 그 말을 들었으나 이때 마침 2세 황제는 감천궁(甘泉宮)에서 유희와 광대놀이를 구경하고 있어서 2세 황제를 뵐 수 없었으므로 이사는 글을 올려 조고의 단점을 말했다.

"신이 들으니 '신하된 자의 권력이 임금의 권력과 엇비슷해지면 그런 나라로서 위태해지지 않은 나라가 없고, 첩의 세력이 남편의 세력과 엇비슷해지면 그런 집안으로서 위태로워지지 않은 집안이 없다.'고 합니다. 지금 폐하의 측근 대신 중에는 폐하와 한가지로 제 마음대로 남에게 이익을 주고 또 마음대로 남에게 위험과 해를 가하며 폐하와 동등한 권력을 가지고 있는 자가 있습니다. 이 일은 매우 온당하지 않습니다.

옛날에 사성(司城 : 벼슬 이름)인 자한(子罕)은 송(宋)나라의 정승으로서 형벌을 몸소 맡아서 행했으며 위엄으로써 행세했습니다. 그래서 만 1년 만에 임금을 위협하게 되었습니다.[348] 전상(田常)은 제(齊)나라 간공(簡公)의 신하가 되어 작위가 나라 안에서 따를 자가 없었으며 사가의 부는 제나라 공실의 부와 맞먹었습니다. 그러다 은혜를 입히고 덕을 베풀어 아래로는 백성의 마음을 얻고 위로는 여러 신하들의 비위를 맞추어 조용히 제나라의 국권을 탈취하려 하여 재여(宰予)를 뜰에서 죽이고 간공을 조정에서 시살(弑殺)한 다음 마침내 제나라를 소유했습니다. (≪史記≫ 齊太公世家와 田敬仲完世家에 보인다.) 이것은 천하가 다 밝게 아는 사실입니다.

지금 조고는 사악한 뜻을 품었으며 위험한 인물로서 반란을 일으킬지도 모르니 자한이 송나라의 정승이었을 때와 같은 상태입니다. 그의 사가의 부유함은 제나라의 전상과 같습니다. 전상과 자한의 반역 행동을 겸해 폐하의 위신을 위협하고 있으니 그의 뜻은 한왕(韓王) 안(安)의 정승 한기(韓玘)와 같습니다.(이 일을 기록한 서적은 없으며 그 내용도 불분명함) 폐하께서 대책을 세우지 않으시면 반란을 일으키지 않을까 두렵습니다."

2세 황제가 대답했다.

"그 무슨 말이오. 조고는 처음부터 아주 천한 환관이 아니었소? 그렇지만 자신의 몸이 편안하다고 하여 뜻을 방자하게 하지 않고 위태하다 하여 마음이 변하지 않아 행동을 깨끗하게 하고 선행을 닦아서 스스로 오늘의 지위에 이르렀소. 충성했으므로 승진을 하고 신의가 있었기에 지위를 지

---

348) ≪韓非子≫ 二柄篇, ≪淮南子≫ 道應篇 등에도 보인다. 子罕은 왕에게 '포상은 백성이 좋아하지만 형벌은 매우 싫어합니다. 왕께선 백성이 좋아하는 일만 하시고 백성이 싫어하는 일은 모두 제가 떠맡겠습니다.'라고 권하여 刑罰權을 장악하여 왕 이상의 세력을 구축했다.

키고 있소. 짐은 진실로 그를 현인이라고 생각하오. 그런데 그를 의심하는 것은 무슨 까닭이오? 또 짐이 연소할 때 선왕을 잃어, 아는 바가 적고 백성을 다스리는 일에 익숙지 못하오. 그대 또한 늙었으니 짐이 천하의 일과 인연이 끊어질 것을 두려워하고 있소. 그러니 짐이 모든 정사를 조고에게 맡기지 않는다면 누구에게 맡겨야 하겠소? 또 조고는 사람됨이 청렴하고 힘써 노력하는 자로서 아래로는 사람의 정리를 알고 위로는 짐의 마음을 잘 알고 있소. 그러니 그대는 그를 의심하지 마오."

2세 황제의 이 말에 이사는 다음과 같이 상소했다.

"그렇지 않습니다. 조고는 원래 미천한 출신입니다. 사리를 모르고 탐욕스럽기가 한이 없으며, 이익을 구함에 그침이 없고 위세를 떨침이 주상의 다음 가건만 욕망을 채우기에 다함이 없습니다. 그런 까닭에 위태롭다고 말한 것입니다."

2세 황제는 예전부터 조고를 신임하고 있었기에 이사가 그를 죽이려는 것이 아닌가 의심하여 조고에게 이런 사정을 조용히 말해 주었다. 그러자 조고가 말했다.

"승상이 경계하고 근심하는 바는 다만 이 조고뿐입니다. 신이 죽고 나면 승상은 곧바로 전상 같은 행위를 하려고 할 것입니다."

그 말을 들은 2세 황제는 이렇게 명했다.

"이사를 낭중령(郞中令 : 趙高)에게 넘겨라!"

이사는 체포되어 옥에 갇혔다. 조고가 이사의 죄를 수사하고 심문하게 되었다. 이사는 하늘을 우러러 탄식하며 이렇게 말했다.

"아아, 슬프구나! 무도(無道)한 군주에게 무슨 계책을 말할 수 있겠는가. 옛날 하나라 걸왕은 관용봉(關龍逢)을 죽였고 은나라 주왕은 왕자 비간을 죽였으며 오나라 왕 부차는 오자서를 죽였다. 이 세 사람의 신하가 어찌 불충했겠는가? 그런데도 그들의 몸은 사형을 면할 수 없었다. 죽임을 당한 것은 충성을 바친 군주들이 무도했기 때문이다. 지금 나의 지혜는 저 세 사람에 미치지 못하고 2세의 무도함은 걸왕, 주왕, 부차보다도 더하다. 내가 충의로웠기에 죽는 것은 당연하다.

그렇지만 2세의 치세가 어찌 어지럽다 하지 않겠는가? 옛날 그의 형제를 죽이고 스스로 섰으며, 충신을 죽이고 천인(賤人 : 조고를 가리킴)을 귀하게 여기며, 아방궁을 수축하여 천하에 중세(重稅)를 부과했다. 내가 간하지 않았던 것이 아니라 나의 간언을 들어 주지 않았던 것이다.

무릇 옛날의 성왕은 음식에 절도가 있었고 거마와 기물에 정해진 수량이 있었으며 궁실을 짓는 데도 법도가 있었다. 그래서 명령을 내려 사업을 일으킬 경우에도 비용이 많이 들어 백성들의 이익에 보탬이 없을 경우에는 금지했다. 그런 까닭에 오래도록 태평하게 다스릴 수 있었던 것이다.

그런데 지금 2세는 형제에게 큰 죄악을 짓고도 그 죄를 돌아보지 않는다. 충신을 살해하고도 돌아올 재앙을 생각지 않는다. 거창하게 궁실을 지어 천하 백성에게 중세를 부과하여 경비를 아끼지 않는다. 이 세 가지 일이 나라에 행해진 결과 나라는 2세의 명령에 복종하지 않고 있다. 지금 반역의 무리가 나라의 반을 차지하고 있건만 2세는 아직도 사태를 깨닫지 못하고 조고를 보좌로 삼고 있다. 이래서는 틀림없이 함양까지 도적이 쳐들어와서 고라니와 사슴이 조정에서 노는 것 — 나라가 망해서 폐허가 되는 것을 말함 — 을 보게 될 것이다."

이에 2세는 조고에게 명하여 승상 이사의 죄상을 조사하게 했다. 또 이사가 그의 아들 유(由)와 함께 모반했다고 하여 그 죄상을 문책케 하고 일족과 빈객을 모두 포박했다. 조고는 이사를 심문 조사하면서 천여 번이나 채찍질하여 고문했다. 이사는 고통을 이기지 못해 자진해 없는 죄를 자인(自認)하고야 말았다.

이사가 자결하지 않았던 것은 자신의 언변이 유창하다고 믿고 또 진나라에 대한 공로가 있으며 실제로 모반할 마음이 없었다는 것을 자부하여, 다행히 상소하여 진정할 수 있으면 2세가 깨닫고 용서해 주지 않을까 하는 한 가닥 바람이 있었기 때문이었다. 이사는 옥중에서 다음과 같은 글을 올렸다.(이 상서는 '獄中上書'라는 이름으로 불린다.)

"신이 승상이 되어 백성을 다스린 지 삼십여 년, 아직 진나라의 영토가 협소했을 때부터였습니다. 선왕 시대에는 진나라의 영토는 천 리 사방에 지나지 않았고 병력은 수십만에 불과했습니다.

신은 변변치 못한 재능을 다하여 삼가 법령을 받들고 은밀히 모신(謀臣)을 파견해 금과 옥을 가지고 가서 제후들에게 유세를 하게 하면서 은밀히 무기를 갖추고 정치와 교육의 일을 바로잡았으며 투사를 벼슬자리에 올리고 공신을 존중하여 그 작록을 높였습니다.

그 결과 한나라를 위협하고 위나라를 약하게 만들었으며, 연나라와 조나라를 격파하고 제나라와 초나라를 평정하여 마침내 6국을 병합해 그 왕들을 포로로 했습니다. 그렇게 진나라 왕을 세워 천자가 되게 했습니다. 이것이 신의 첫 번째 죄입니다.

그 후 영토가 넓지 않은 것은 아니었으나 다시 북쪽에 있는 호맥(胡貉 : 북방의 蠻族)을 몰아내고 남쪽에 있는 백월(百越 : 남방의 蠻族)을 평정하여 진나라의 강성함을 과시했습니다. 이것이 신의 두 번째 죄입니다.

대신을 존경하여 그 작위를 높이고 군신 간의 친밀을 두텁게 했습니다. 이것이 신의 세 번째 죄입니다.

사직을 세우고 종묘를 수축하여 신이 주군의 현덕(賢德)을 밝혔습니다. 이것이 네 번째 죄입니다.

계량기의 눈금을 고쳐 도량형을 균일하게 하고 문물제도를 천하에 보급하여 진나라의 명예를 세웠습니다. 이것이 신의 다섯 번째 죄입니다.

임금께서 순행하시는 길을 정비하고 관광 시설을 설치하여, 이로 인하여 신이 주군을 자랑하고자 하는 마음을 천하에 드러냈습니다. 이것이 여섯 번째 죄입니다.

형벌을 완화하고 조세를 가볍게 하여 신이 임금께서 백성의 마음을 얻고 천하의 만민으로 하여금 군주를 받들어서 죽어도 그 은덕을 잊지 않도록 했습니다. 이것이 신의 일곱 번째 죄입니다.

저 같은 신하가 죽을 죄인에 해당함은 이미 오래 전부터이나 폐하께서 다행히도 신의 능력을 다하게 해 주셔서 오늘에 이르렀습니다. 바라옵건대 폐하께서는 이와 같은 충정을 살펴 주십시오.”

이 글이 올라오자 조고는 관리에게 이사의 글을 찢어버리게 하고,

“죄인의 몸으로 어찌 상소 따위를 할 수 있겠는가?”

라고 했다. 조고는 자기의 식객 십여 명을 어사(御史 : 죄의 규정을 담당하는 관리), 알자(謁者 : 사실을 아뢰고 사방에 전하는 관리), 시중(侍中)이라 속이고 교대로 가서 이사를 심문하게 했다. 그래서 이사가 사실대로 대답하니 그때마다 사람을 시켜서 매질하게 했다. 그 후 2세가 직접 사람을 시켜 이사를 심문하게 하니 이사는 먼젓번과 같은 것이라 여겨 사실대로 말하지 않고 복죄(服罪)했다. 죄상(罪狀)에 대한 형이 아뢰어지자 2세는 기뻐하며 말하기를,

“조고가 없었더라면 위험하게도 승상에게 모반을 당할 뻔했구나.”

라고 했다. 또 2세는 삼천군 태수 이유를 취조하려고 사자를 보냈으나 사자가 삼천군에 도착했을 때에는 항량(項梁)[349]이 이미 이유를 쳐 죽인 후였

---

349) 項羽의 숙부. 한때는 反秦 반란군의 총대장이었으나 일찍 전사했다. ≪史記≫ 項羽本紀에 그 사정이 보인다.

350) ≪漢書≫ 刑法志에 '얼굴에 자자하고 코를 자르고 양발을 복사뼈 부분에서 자르고 매질하여 죽이고 벤 목과 소금에 절인 살, 뼈가 시장에서 구경거리가 된다. 이것을 五刑을 갖춘다고 한다.' 고 했다. 이것은 漢의 일이지만 漢은 秦에 따랐으므로 李斯가 받은 형벌도 이와 비슷한 형이었으리라.

다. 사자가 돌아왔을 때를 같이하여 승상은 형리에게 넘겨졌다. 이사와 이유에 관한 모반의 공술서(供述書)는 조고가 모두 거짓으로 꾸민 것이었다.

2세의 2년 7월, 이사에게 오형(五刑)을 가한 후,[350] 함양의 시장에서 허리를 베어 죽이는 형에 처했다.

이사는 옥에서 끌려나와 연좌되어 잡혀 온 차남과 함께 형장에 끌려가면서 차남을 돌아보며 말했다.

"다시 한 번 너와 함께 사냥개를 이끌고 상채(上蔡)의 동문을 나아가 토끼몰이를 하고 싶지만 이젠 도리가 없구나!"

아버지와 아들은 소리 높여 울었고 삼족은 모두 멸족당했다.

이사가 죽은 뒤 2세는 조고를 중승상(中丞相)에 임명했다. 정사는 대소사를 막론하고 모두 조고가 결재했다. 조고는 자신의 권력을 시험해 보기 위하여 2세에게 사슴을 바치면서 말이라고 억지소리를 했다. 2세가 좌우 사람들에게,

"이것은 사슴이지?"

하고 묻자 좌우 사람 모두,

"말입니다."

라고 대답했다. 2세는 자신이 정신착란이 아닌가 놀라며 태복(太卜 : 卜筮를 맡은 관)을 불러 점을 치게 했다. 태복이 말했다.

"폐하께서는 춘추(春秋)의 교사(郊祀 : 천자가 교외에서 지내는 천지에 대한 제사)를 지내시면서, 또 종묘의 신을 제사지낼 때 충분히 재계(齋戒)하지 않으셨기 때문에 이러한 지경에 이르렀습니다. 그러니 성덕을 닦기 위해 충분히 재계하셔야 합니다."

그래서 2세는 상림원(上林苑)에 들어가 재계하겠다고 했는데 실은 날마다 수렵에만 골몰했다.

어느 날, 지나가던 사람이 상림원 안에 들어온 일이 있었는데 2세는 손

수 활을 쏴서 그를 죽였다. 조고는 그의 여서(女壻)인 함양의 장관 염락(閻樂)을 시켜 '누구의 짓인지는 알 수 없으나 사람을 죽여서 상림원에 갖다 놓은 자가 있습니다.' 라고 고발하게 하고 2세 황제에게 간하여 말했다.

"천자가 아무 이유 없이 죄 없는 사람을 죽이는 것은 천제(天帝)가 금하는 바입니다. 귀신도 폐하의 제사를 받지 않을 것이며 장차 하늘이 재앙을 내릴 것입니다. 마땅히 궁전을 멀리 피해 재앙을 물리치는 기도를 드려야 할 것입니다."

이에 2세는 궁을 나가 망이궁(望夷宮)에 거처하게 되었다. 망이궁에 머무른 지 사흘 만에 조고는 경호하는 무사에게 거짓 조서를 내려 무사들로 하여금 흰 옷차림으로 무기를 들고 궁을 향하도록 했다. 그리고 자기는 먼저 들어가 2세 황제에게 말했다.

"산동의 떼도적들이 대거 쳐들어오고 있습니다."

망루에 올라가 이것을 바라본 2세가 두려워하자 조고는 이 틈을 타서 2세를 협박하여 자결하게 했다. 그리고 황제의 옥새를 끌어당겨 자신이 그것을 찼으나 좌우 백관들 중에 그를 따르는 자는 없었다.

그가 궁전에 오르니 궁전이 무너질 듯한 큰 진동이 세 번이나 있었다. 조고는 하늘이 자신을 돕지 않고 여러 신하들도 허락하지 않음을 알고는 시황제 손자 자영(子嬰)을 불러 그에게 옥새를 주었다.

자영이 제위에 올랐으나 조고에게 반역심이 있는 것을 우려하여 병이라 핑계하고 정사를 돌보지 않았다. 그리고 환관인 한담(韓談)과 그의 아들을 불러 조고를 죽일 것을 모의했다. 때마침 조고가 임금을 뵙고 문병하기를 청하니 그를 불러들인 후 한담을 시켜 찔러 죽이게 했다. 그 후 그의 삼족을 멸했다.

자영이 황제가 된 지 석 달 후에 패공(沛公)의 군대가 무관(武關)으로부터 침입하여 함양에 이르니, 진나라의 군신 백관들이 자영을 배반하여 나아가 싸우는 자가 없었다. 자영은 처자와 함께 목에 실로 짠 끈을 걸고 지도(軹道) 부근에서 항복했다. 패공이 그를 옥리에게 넘겼으나 항왕(項王)이 도착하여 그를 베어 죽였다. 진나라는 마침내 천하를 잃었다.

태사공은 말한다.

"이사는 시골 출신의 미천한 몸으로 제후 나라를 차례로 돌며 제후를 유세하더니 드디어 진나라로 들어가 섬겼으며 열국 사이에 틈이 있는 것을 노려 시황제를 보좌했다. 그리하여 마침내 진나라의 제업(帝業)을 이루게 하고 자신은 삼공(三公)의 지위에 오르게 되었다. 분명 높이 등용되었다고 할 수 있다. 그런데 이사는 육예(六藝)[351]의 귀결하는 근본 뜻을 알면서도 정치를 밝게 하여 주상의 결점을 보충하는 일에 힘쓰지 않고, 높은 작록에 있으면서도 주상을 좇아 아첨하고 구차하게 영합하여 위령(威令)만을 엄하게 하고 형벌을 혹독하게 했으며, 조고의 그릇된 말을 들어 적자(嫡子 : 扶蘇)를 폐하고 서자(庶子 : 胡亥)를 세웠다. 제후들이 진나라를 이반(離反)하게 되서야 비로소 주상에게 간하려고 했지만 때는 이미 늦지 않았던가?

세상 사람들 모두 이사가 지극히 충성하여 오형(五刑)을 받아 죽었다고 말하나 그 근본을 살펴보면 그런 세속의 논의와는 다르다. 그러한 결점만 없었더라면 이사의 공은 주공(周公) 단(旦), 소공석(召公奭)과 같은 열(列)에 설 수 있었을 것이다."

---

351) 儒家에서 가장 존중하는 여섯 가지 규범적인 古典. 《易》, 《詩》, 《書》, 《禮》, 《樂》, 《春秋》를 가리킨다. 六經이라고도 한다.

# 제28 몽염열전(蒙恬列傳)

몽염(蒙恬)의 선조는 제나라 사람이다. 몽염의 조부 몽오(蒙驁)는 제나라에서 옮겨가 진(秦)나라 소왕(昭王)을 섬겨 벼슬이 상경(上卿)에 이르렀다.

진나라 장양왕 원년, 몽오는 진나라 장군이 되어 한(韓)나라를 쳐서 성고(成皐), 형양(滎陽)을 빼앗아 거기에 삼천군(三川郡)을 설치했다.

2년에 몽오는 조나라를 쳐서 서른일곱 성을 빼앗고 시황제 3년에는 한나라를 쳐서 열세 성을 빼앗았다. 시황제 5년에는 다시 위나라를 쳐서 스무 성을 빼앗아 그 땅에 동군(東郡)을 설치했다. 그리고 몽오는 시황제 7년에 죽었다.

몽오의 아들은 무(武)라 했고 무의 아들은 염(恬)이라 했다. 몽염의 아우는 의(毅)이다. 몽염은 처음에 형옥(刑獄)에 관한 법령서를 만든 적이 있다. 시황제 23년에 몽무는 진나라 부장(副將)이 되어 왕전(王翦)과 함께 초나라를 쳐서 크게 이기고 항연(項燕)[352]을 죽였다. 24년에 몽무는 초나라를 쳐서 초나라 왕을 포로로 했다. 시황제 26년에 몽염은 가문의 후광으로 진나라의 장군이 될 수 있었다. 제나라를 쳐서 크게 승리하고 내사(內史)에 임명되었다.

진나라가 천하를 통일하자 몽염에게 명하여 삼십만의 군대를 거느리고 북쪽의 융적(戎狄)을 쫓아버리게 했으며 또 황하의 남쪽 지대를 평정케

---

352) 楚의 將軍으로 項羽의 祖父. 項燕은 자살했다. 그런데 역사 기술에서는 그런 경우 단순히 '殺' 이라고 표기하는 수가 있다.
353) 이른바 '萬里長城' 이다. 蒙恬이 전부 새로 쌓은 것은 아니고 戰國時代 여러 나라의 성들을 보수 증축한 것이다. 그리고 현재의 장성은 秦나라 당시의 모습 그대로는 아니다.

했다. 그리고 장성(長城)³⁵³⁾을 쌓았는데 그것은 지형에 따라 험난한 곳을 이용하여 요새를 만든 것으로, 임조(臨洮)에서 시작하여 요동(遼東)에 이르기까지 길이가 일만여 리에 이르렀다.

이에 몽염은 북쪽의 황하를 건너 양산(陽山)에 의거하여 구불구불 굴곡을 이루며 북쪽으로 올라갔다. 이 공사를 위하여 통솔한 군대를 외방에서 노숙시키기 십여 년, 그동안 몽염은 상군(上郡)을 근거지로 주둔하고 있었다. 이때 몽염의 위엄은 흉노까지도 떨게 했다.

시황제는 몽씨(蒙氏)를 매우 총애하고 신임했으며 현명한 사람이라고 생각했다. 그리하여 몽염의 아우 몽의(蒙毅)를 측근에 두었다. 몽의를 친근하게 대하니 그의 벼슬은 상경에 이르렀다. 몽의는 시황제가 외출할 때는 늘 수레에 참승(參乘)하고 궁중에 있을 때에는 늘 어전에서 모셨다. 몽염이 바깥 군사 일을 맡고 몽의는 항상 궁중에서 내정을 도모했으니 이들 형제는 충신이라는 칭송을 받았다. 그래서 여러 장군과 대신들도 그들 두 사람과 감히 다투지를 못했다.

조고는 조나라 왕의 먼 친척이다. 조고의 형제 중에 몇 사람은 태어나자마자 곧 환관이 되었다. 그의 어머니는 형벌을 받아 죽었으며 대대로 비천한 집안에서 자랐다. 그런데 조고가 부지런하고 형법에 능통하다는 말을 진나라 왕이 듣고 그를 등용하여 중차부령(中車府令)에 임명했다. 조고는 은근히 공자 호해를 섬겨 그에게 죄를 판결하는 법을 가르쳤다.

마침 조고가 큰 죄를 짓자 진나라 왕은 몽의를 시켜 법에 의해 조사하도록 했다. 몽의는 법에 근거해 조고의 죄는 사형에 해당한다고 하여 그의 환적(宦籍)을 삭제했다. 그러나 시황제는 조고가 근면하다는 이유로 용서하고 그의 벼슬을 회복시켜 주었다.

시황제는 천하를 주유(周游)하고자 하였는데 구원(九原)에서 감천(甘泉)까지 직도로 내왕이 되길 원하여 몽염을 시켜 길을 개통하도록 명했다. 몽염은 산을 파고 골짜기를 메우며 일천팔백 리나 길을 닦았다. 길이 아직 완성되기 전, 시황 37년 겨울에 황제는 순행하여 회계(會稽)에 출유(出游)하고 해안을 따라 북쪽의 낭야(琅邪 : 山東省)로 향했다. 그 도중에 병이 들어 몽의를 시켜 돌아가서 산천의 신에게 기도하게 했다.

그러나 몽의의 일행이 채 돌아오기도 전에 시황제는 사구(沙丘)에 이르러 죽었다. 조고가 그 일을 비밀에 부쳤으므로 여러 신하들 중에서도 아는 사람이 없었다. 이때 승상 이사와 시황제의 막내아들인 호해, 그리고 중차부령인 조고가 황제를 시종하고 있었다.

조고는 본래부터 호해한테서 총애를 받고 있었으므로 호해를 태자로 세우고자 생각하고 있었다. 또 몽의가 법에 의해 자기를 조사할 때 비호해 주지 않았던 것을 원망하여 언젠가는 몽의를 죽이고자 하는 마음도 있었다. 그래서 승상 이사와 공자 호해와 함께 모의하여 호해를 태자로 삼았다.

호해가 태자에 오르자 죄를 거짓으로 꾸며서 사자를 보내 장남인 공자 부소와 몽염에게 자살할 것을 명했다. 부소는 자살을 했으나 몽염은 의심하여 다시 한 번 칙명(勅命) 내리기를 청했다. 사자는 몽염을 관리에게 인도하고 장군을 교체하여 이사의 가신을 호군(護軍)에 임명했다.

사자가 돌아와 보고하기를 부소가 이미 자살했다는 말을 듣고 호해는 몽염을 석방하고자 했다. 조고는 몽씨가 다시 귀하게 되고 정사에 관여하게 되어 자신에게 원한을 품고 보복하지 않을까 두려워했다. 때마침 몽의가 일행과 함께 돌아왔다. 그러자 조고는 호해에게 충성을 하는 척하며 계책을 써서 몽씨를 멸망시키고자 이렇게 말했다.

"신이 들으니 선제께서는 전부터 현공자(賢公子 : 胡亥)를 세워 태자로 세우고자 한 지가 오래입니다만 몽의가 안 된다고 간했답니다. 만약 몽의가 공자의 현명함을 알고 있었으면서도 오랫동안 태자로 세우지 않았다면 이는 불충한 행위로 임금을 현혹케 한 것입니다. 신의 어리석은 생각으로는 몽염을 죽이는 것이 옳을까 합니다."

호해는 그 말을 듣고 몽의를 대(代 : 山西省)의 옥에 가두었다. 이에 앞서 몽염도 양주(陽周 : 감숙성)의 옥에 갇힌 몸이 되었다.

시황제의 영구(靈柩)가 함양에 도착하여 장례식이 끝나자 태자가 즉위하여 2세 황제가 되었다. 조고는 2세 황제와 더욱 친근하게 되어 밤낮으로 몽씨를 비방하고 그의 죄과를 찾아내어 탄핵했다. 자영(子嬰)이 2세 황제 앞에 나아가 간했다.

"신이 들으니 지난날 조나라 왕 천(遷)은 그의 좋은 신하였던 이목(李牧)을 죽이고 안취(顏聚)를 등용했고 연나라 왕 희(喜)는 은밀히 형가의 계략을 채택해 진나라와의 맹약을 배반했으며, 제나라 왕 건(建)은 여러 대 동안의 충신을 죽이고 후승(后勝)의 건의를 받아들였는데, 이 세 임금은 모두 옛것을 변경하여 나라를 잃고 그 자신의 몸에까지 화가 미쳤다고 합니다.[354]

지금 몽씨는 진나라의 대신이며 모사(謀士)입니다. 그런데 폐하께서 하루아침에 그들을 버리고자 하시면 신으로서는 부당한 일이라고 생각합니다.

신은 또 '경솔한 사려로는 나라를 다스릴 수 없으며 한 사람의 지혜만으로는 군주를 존재시키지 못한다.'고 들었습니다. 충신을 주살하고 지조 없는 인물을 등용하는 것은, 안으로는 군신(群臣)으로 하여금 서로 믿지 못하게 만들고 밖으로는 투사의 마음을 이반시키는 일입니다. 신은 심히 부당한 일이라 생각합니다."

---

354) 모두가 秦에게 멸망당한 왕들이다. 荊軻를 쓴 것은 태자 丹이지만 여기서는 燕王도 그 일당으로 간주한 것이다.

호해는 그 말을 듣지 않고 어사(御史)인 곡궁(曲宮)에게 명하여 역전거(驛傳車)를 타고 대(代)에 가서 몽의에게 다음과 같은 영지(令旨)를 전하게 했다.

"선제께서 짐을 태자로 세우려 하셨을 때 경은 이것을 비난했다. 경의 불충한 죄는 일족에까지 미친다고 승상이 판단했으나 짐은 차마 따르지 못하고 경에게만 죽음을 내린다. 이 또한 다행으로 생각하고 자결하도록 하라."

몽의가 대답했다.

"신이 선제의 마음을 이해하지 못했다고 의심하시지만 신은 어렸을 적부터 선제를 섬겨 붕어하실 때까지 선왕의 뜻에 순종하여 총애를 받았으므로 선왕의 뜻을 잘 알았다고 말할 수 있습니다. 또 신이 태자의 재능을 알지 못했다고 의심하시지만 많은 공자들 가운데 태자만이 선제를 수행하여 천하를 주유하셨습니다. 태자의 재능이 다른 여러 공자들보다 깊고 뛰어나다는 것을 신은 믿어 의심하지 않습니다.

대저 선제께서 폐하를 태자로 세우고자 하셨던 것은 여러 해 동안의 희망이셨는데 신이 무슨 말을 간하고 무슨 말로 책모를 했겠습니까? 이렇게 아뢰는 것도 억지로 말을 꾸며 죽음을 면할까 해서가 아니라, 선제의 명예가 더럽혀지는 것을 부끄럽게 여기기 때문입니다. 그러니 대부(大夫)께서는 잘 생각하시어 타당한 죄로 죽게 해 주십시오. 공을 세우고 몸을 온전히 하는 것은 도(道)로서 소중한 것이고 형벌을 받고 죽는 것은 도의 마지막입니다.

옛날 진나라 목공(穆公)은 세 사람의 양신(良臣)을 죽이고 백리해(百里奚)에게 사죄(死罪)를 내렸으나 그 사람들에게는 죄가 없었습니다. 그런 까닭에 시호(諡號)를 목(繆 : 穆과 같으며 그르친다는 뜻)이라고 했던 것입니다. 또 진나라 소양왕(昭襄王)은 무안군 백기(白起)를 죽였고 초나라 평왕(平王)은 오사(伍奢)를 죽였으며 오나라 왕 부차는 오자서를 죽였습니다. 이 네 임금은 모두 큰 실책을 저질렀습니다. 그래서 천하가 그를 그르다고 비난하고 밝지 못한 임금으로 그 이름이 제후들 사이에 퍼져 그 악(惡)이 사서(史書)에 기록되었습니다.

그러므로 '도리로써 다스리는 자는 죄 없는 자를 죽이지 않으며, 형벌은 죄 없는 자에게 내리지 않는다.' 고 합니다. 원하옵건대 대부께서는 오직 이 점에 유의해 주시기 바랍니다."

그렇지만 사자는 호해의 뜻하는 바를 알고 있었기 때문에 몽의의 말을 듣지 않고 마침내 그를 죽였다.

2세 황제는 또 사자를 양주(陽周)로 보내 몽염에게 다음과 같은 영지를 전달하게 했다.

"그대는 잘못이 많다. 그리고 그대의 아우 몽의는 큰 죄가 있어서 그 죄가 내사(內史 : 蒙恬)에까지 미치게 되었다."

몽염이 말했다.

"저의 선조로부터 자손에 이르기까지 3대에 걸쳐 진나라를 섬겨 공을 쌓고 믿음을 얻게 되었습니다. 지금 신은 삼십만여 군대의 장수입니다. 몸은 비록 감옥에 갇혀 있으나 진나라를 배반하고자 한다면 그럴 만한 충분한 세력을 갖고 있습니다. 하지만 죽으리라는 것을 알면서도 대의를 지켜 옥에 갇혀 있는 것은 선조의 가르침을 감히 욕되게 할 수 없으며 또 선왕의 은혜를 잊지 않기 때문입니다.

옛날 주(周)나라 성왕(成王)이 즉위했을 때 성왕은 아직 강보(襁褓)를 면치 못했습니다. 그래서 그 숙부인 주공 단이 왕을 등에 업고 조정에 앉아서 정사를 처리하여 마침내 천하를 평정했습니다. 성왕이 병이 들어 위독하게 되자 주공단은 자기의 손톱을 깎아 황하의 물속에 던지고 기도하며 이렇게 말했습니다.

'왕께서 아직 어려 아는 것이 없으므로 제가 정사를 처리하고 있습니다. 그러니 죄가 있다면 이 단이 그 화를 받겠습니다.'

그리고 이 사실을 기록하여 기부(記府 : 기록을 보관하는 창고)에 보관해 두었습니다. 이것은 믿을 수 있는 일입니다. 성왕이 성장해 나라를 다스릴 수 있게 되었을 때 한 적신(賊臣)이 이르기를,

'주공 단이 오래 전부터 반란을 일으키고자 도모하고 있습니다. 왕께서 대비하지 않으신다면 반드시 큰일이 일어날 것은 정한 일입니다.'

라고 했습니다. 성왕이 크게 노하니 주공 단은 초나라로 달아났습니다. 후에 성왕이 기부의 문서를 보다가 주공 단이 황하수 속에 손톱을 깎아 던지며 기도했다는 글을 발견하고는 눈물을 흘리며 말했습니다.

'누가 주공 단이 반란을 일으키고자 한다고 말했느냐?'

성왕은 그 말을 한 자를 죽이고 주공 단을 불러 조정으로 되돌아오게 했습니다. 그러므로 주서(周書)에 말하기를 '모든 일을 처리할 때에는 반드시 삼경에게 자문하고 오대부에게 문의했다.' 고 했습니다. 몽염의 가문은 대대로 두 마음을 품은 적이 없습니다. 그런데 일이 갑자기 이와 같이 되었습니다. 이것은 반드시 간신들이 반란을 꾀하여 안으로 황제를 능가하려 하고 업신여기기 때문입니다. 저 성왕은 한 번 실수했으나 다시 정도로 돌아갔기 때문에 마침내 나라가 번영했습니다.

걸왕은 관용봉(關龍逢)을 죽이고 주왕은 왕자 비간을 죽이고서도 후회하지 않았기 때문에 자신은 죽고 나라는 망했습니다. 신은 그런 까닭에 '과실은 바로잡아야 하며 간언은 받아들여 깨달아야 한다.' 고 말씀드리는 것입니다. 깊이 생각하시어 삼경과 오대부에게 문의하시고 밝혀서 살피는 것이 성군의 법입니다. 신의 말로써 허물 면하기를 바라서가 아닙니다. 간언을 올리고 나서 죽으려는 것입니다. 원컨대 폐하께서는 만민을 위하여 도리에 따를 수 있도록 생각을 돌리십시오."

사자(使者)가 말했다.

"조서를 받은 나로서는 장군에게 법을 집행할 뿐, 장군의 말씀을 감히 임금에게 아뢸 수는 없습니다."

몽염은 깊이 탄식하였다.

"내가 하늘에 무슨 죄를 지었기에 허물도 없이 죽는단 말인가?"

그리고 한참 있다가 천천히 말했다.

"염(恬)의 죄가 진실로 죽어 마땅하다. 임조(臨洮)에서 공사를 일으켜 요동(遼東)에 이르기까지 장성이 일만여 리가 되었으니 그 도중에 지맥(地脈)을 끊지 않았다고 말할 수 있겠는가? 이것이 바로 나의 죄다."[355]

하며 몽염은 독약을 마시고 자살했다.


태사공은 말한다.

"내가 북쪽의 변경에 가서 직도(直道 : 九泉에서 甘泉에 통하는 길)를 들러 돌아왔다. 도중에 몽염이 진나라를 위하여 쌓은 장성의 요새를 보았는데 산을 파헤치고 골짜기를 메워 직도를 만든 것은 진실로 백성들의 노고는 조금도 돌아보지 않은 처사였다.

진나라가 제후를 멸망시킨 당초에 천하의 인심은 아직 안정되어 있지 않았고 전쟁에서 상처를 입은 부상자는 아직 낫지 않았다. 그때 몽염은 명장이었는데도 강력하게 간하려고 하지 않고, 백성의 위급을 구제하고 늙은이들을 잘 보살피며 고아를 불쌍히 여기고 모든 서민 대중들의 인화(人和)를 닦는 일에 힘쓰지 않은 채 오직 시황제의 뜻에 영합하여 토목공사를 일으켰으니 그들 형제가 주살당함이 마땅하지 않은가! 그런데도 어찌 지맥을 끊은 이유가 죽을 죄였다고 말한단 말인가?"

---

355) 地脈은 지층이 연속한 脈絡. 고대에는 지맥을 끊으면 천벌을 받는다고 믿고 있었다.

# 제29 장이 · 진여열전(張耳 · 陳餘列傳)


장이(張耳)는 위(魏)나라 대량(大梁 : 魏나라의 國都) 사람이다. 젊었을 때 위나라의 공자 무기(毋忌 : 信陵君)[356]의 식객이 된 적이 있었다. 그 후 장이는 도망하여(원문은 '亡命'. '命'은 '名'과 같다. 도망하여 호적에서 제명당하는 것) 외황(外黃 : 하남성)에 유람했다.

외황의 어느 부호에게 딸이 있었는데 아주 미인이었다. 그 여자는 머슴살이하는 사람에게 시집을 갔다가 남편한테서 도망하여 아버지의 빈객에게 몸을 의탁하고 있었다. 전부터 장이를 알고 있던 그 빈객은 그녀에게 말했다.

"현명한 남편을 원한다면 장이에게 시집가시오."

그녀가 승낙했으므로 아버지의 빈객은 전 남편과의 이혼 절차를 끝내주어 장이에게 시집가도록 해 주었다. 장이는 망명해 온 몸이라 그녀의 친정에서 생활비를 충분히 대 주었다. 그래서 멀리 천 리 밖에 있는 빈객도 초청할 수 있게 되었으며 위나라에서 벼슬을 하여 외황의 영(令 : 장관)이 되었다. 또 이로 인해 명성이 더욱 드러났다.

진여(陳餘)도 대량 사람이다. 유학(儒學)을 좋아하고 조나라의 고형(苦陘)에 자주 유람했다. 그 지방의 부호인 공승씨(公乘氏)가 딸을 진여에게 아내로 주었다. 진여가 평범한 사람이 아닌 것을 알았기 때문이다. 진여는 젊었을 때 장이를 아버지처럼 섬겼다. 두 사람은 서로 문경(刎頸)의 교우(交友)가 되었다.

진(秦)나라가 대량을 멸망시켰을 때 장이는 외황에 집을 정하고 살았

---

356) 전국 말기 魏 왕실의 일족으로 많은 식객을 거느린 것으로 유명하다. 魏公子列傳 참조.

다. 한(漢)나라 고조(高祖)는 포의(布衣)로 있을 때 가끔 장이에게 가서 놀았으며 때로는 두어 달 동안 장이의 집에 식객으로 지낸 일도 있었다.

진나라가 위나라를 멸망시킨 지 수년 후에 장이와 진여 두 사람이 위나라의 명사라는 소문을 듣고 '장이를 잡는 자에게는 천 금, 진여를 잡는 자에게는 오백 금'의 상금을 걸고 두 사람을 찾았다.(秦에 대한 반항 세력이 결성되는 것을 예방하기 위한 정책) 그리하여 장이와 진여는 성명을 바꾸고 함께 진(陳 : 亡國名으로 하남성)나라로 가서 시골 마을의 문지기가 되었다.

하루는 두 사람이 마주 앉아 있는데 마을의 관리가 과거의 과실을 가지고 진여를 매질했다. 진여가 반항하려고 하자 장이는 진여의 발을 밟고 눈짓을 하여 그대로 매를 맞게 했다. 그 관리가 가고 나서 장이는 진여를 뽕나무 아래로 끌고가 꾸짖었다.

"처음에 그대와 말한 것이 어떠한 것이었던가? 큰일을 이루기 위해 그대와 상존했던 것이 아닌가? 다소 모욕을 당했다 하여 겨우 일개 하찮은 관리의 손에 죽고자 하는가?"

장의의 말에 진여는 느끼는 바가 있었다.

진나라는 조서를 내려 상금을 걸고 두 사람을 찾고 있었다. 그런데 이두 사람은 문지기의 역할을 이용하여 오히려 그 영을 마을 안에 퍼뜨리고 다녔다.

기(蘄 : 安徽省)에서 진섭(陳涉)[357]이 진(秦)나라에 대해 반기를 나부끼며 진(陳)나라에 쳐들어갔을 때 그 병력은 수만이나 되었다. 장이와 진여는 진섭에게 만나기를 청했다. 진섭과 그 측근들도 평소에 자주 장이와

---

357) 이름은 勝, 자는 涉. 秦의 2세 원년(기원전 209년) 7월 吳廣과 함께 漁陽의 수비병으로 징발되어 가던 도중 동료와 함께 반란을 일으켰다. 그것이 反秦 운동의 도화선이 되었다. ≪史記≫ 陳涉世家가 그 傳記이다.

진여가 현명하다는 말은 들었으나 아직 만나 보지는 못했던 터라 크게 기뻐했다.

그때 진(陳)나라의 호걸과 장로들이 진섭에게 청하기를,

"장군께서는 몸소 갑옷을 입고 무기를 들어 병졸을 이끌고 포악한 진(秦)나라를 주벌하여, 초나라의 사직을 다시 일으켜 멸망한 나라를 존속하게 하고 끊어진 왕통을 다시 잇게 해 주셨습니다. 그 공덕으로 왕이 되시는 것이 당연합니다. 그리고 모든 장군의 총수로서 군림하시려면 아무래도 왕이 되지 않으면 안 됩니다. 원컨대 일어서서 초나라 왕이 되어 주십시오."

라고 했다. 진섭이 이 일을 두 사람에게 묻자 두 사람은 이렇게 대답했다.

"대저 진(秦)나라는 무도하게 남의 나라를 파괴하여 선조에 대한 제사를 단절시키고[358] 남의 자손을 끊어버렸으며, 백성들의 힘을 피폐시키고궁핍하게 만들었습니다. 그 때문에 장군께서는 크게 용력(勇力)을 내어 만번 죽음에 한 번 살기조차 어려운 계략으로 천하를 위하여 잔학한 도둑(秦나라를 가리킴)을 제거하려고 하십니다.

그런데 진(陳)나라에 진입하자마자 왕이 되려는 것은 천하에 사욕을 드러내는 것이 됩니다. 그러니 원컨대 장군께서는 왕이 되지 마시고 서둘러 군사를 이끌고 서쪽으로 나아가 사자를 파견해 6국의 후사들을 세워 나라의 뒤를 잇게 하십시오.

이것은 장군을 위해서는 동지를 만드는 것이 되고 진나라에게는 그 적을 많게 하는 것이 됩니다. 적이 많아지면 힘은 분산되어 약해지고 우리 편이 많아지면 병력은 강력하게 됩니다. 이러한 상황이 되면 들에서는 칼

---

358) 원문은 '社稷'. 엄밀히 말하면 社는 군주의 선조를 모시는 廟, 稷은 穀物의 神을 제사지내는 건물. 군주에게는 社稷을 제사지내는 것이 가장 중요한 일이므로 社稷은 곧 國家를 의미하기도 한다.

을 들고 싸우는 적병을 볼 수 없게 되고 현(縣)에는 농성하거나 반항하는 자가 없게 되며, 포악한 진나라를 주멸하고 그 도읍인 함양을 근거지로 삼아 제후들을 호령할 수 있습니다. 제후들은 진나라에 멸망당했다가 다시 부흥할 수 있게 되었으니 장군의 덕에 복종할 것입니다.

이와 같이 하면 제업(帝業)은 이루어질 것이나 장군이 단지 진(陳) 땅의 왕이 될 뿐이라면 아마 천하 사람들의 마음은 장군으로부터 멀어져 따르지 않을 것입니다."

그러나 진섭은 듣지 않고 마침내 진(陳)나라 왕이 되었다.[359] 진여는 다시 진(陳)나라 왕을 설득했다.

"대왕께서는 양(梁 : 魏)나라와 초나라의 병사를 거느리고 서쪽으로 진군하려고 합니다. 목적은 함곡관으로 쳐들어가려는 것인데 아직 황하의 북쪽 땅을 수중에 넣지 못했습니다. 신은 일찍이 조나라에 유람한 적이 있으므로 그 땅의 호걸들과 지형을 알고 있습니다. 원컨대 별동대를 몰아 북쪽 조나라의 땅을 공략하게 해 주십시오."

이에 진(陳)나라 왕은 본디부터 친교가 있었던 진(陳)나라 사람 무신(武臣)을 장군으로 삼고 소소(邵騷)를 호군(護軍 : 군관. 護는 總領의 뜻. 감독, 감찰의 직책)으로 삼고 장이와 진여를 각각 좌교위(左校尉)와 우교위(右校尉 : 장군 다음의 지위. 부대장)로 삼아 병사 삼천 명을 거느리고 북쪽의 조나라 땅을 공략하도록 했다. 무신 등은 백마진(白馬津 : 하남성)에서 황하를 건너 여러 현을 돌면서 그 지방의 호걸들을 설득했다.

"진(秦)나라는 난정(亂政)과 모진 형(刑)을 일삼아 천하를 박해하기 수십 년, 북으로는 장성의 부역이 있었으며 남으로는 오령(五嶺 : 호남ㆍ광

---

359) ≪史記≫ 陳涉世家에 의하면 國號를 張楚라 했다. 張은 張大하다는 뜻. 그러나 실제로 지배한 지역이 陳이므로 ≪史記≫에서는 陳王이라고 칭했다.

동성 경계의 五山)의 수비가 있습니다. 안과 밖이 모두 시끄럽고 백성들은 피폐한데 무거운 인두세(人頭稅)를 부과하여 군사비에 충당하고 있습니다. 그러니 재물은 줄어들고 힘은 쇠진하여 백성이 편하게 살아갈 수가 없습니다. 게다가 가혹한 법과 준엄한 형벌을 가하니 천하의 아버지와 아들들을 불안한 심정에 빠뜨렸습니다.

그래서 진(陳)나라 왕이 천하를 위하여 용기를 내어 앞장서서 진(秦)나라에 반항했습니다. 그렇게 초나라 땅에서 왕이 되시니 이천 리 사방 국토에서 진(陳)나라 왕에게 향응하지 않는 자가 없었습니다. 집집마다 분노를 터뜨리고 사람마다 나서서 싸움에 참가하여 각기 원한을 갚고 원수를 공격합니다. 현(縣)에서는 영(令)과 승(丞)을 죽이고 군(郡)에서는 수(守), 위(尉)를 죽였습니다. 이제야 진(陳)나라 왕은 대초국(大楚國)³⁶⁰⁾을 건립하고 진(陳)나라 땅에서 왕이 된 것입니다. 그리고 오광(吳廣)과 주문(周文)³⁶¹⁾에게 명하여 군대 백만을 인솔하고 나아가 진(秦)나라를 치게 했습니다.

이와 같은 시기에 봉후(封侯)의 업을 이루지 못하는 자는 뛰어난 호걸이라고 말할 수 없습니다. 여러분이 시험 삼아 함께 상의하여 생각해 보십시오. 대체로 천하가 같은 마음으로 진나라를 괴롭게 여긴 지 오래입니다. 천하의 단결력으로 무도한 진나라 왕을 공격하여 부형의 원수를 갚고 땅을 나누어 봉토를 보유하는 업을 이룩할 수 있는 이런 기회야말로 선비 된 자가 두 번 다시 만날 수 없는 좋은 기회가 아니겠습니까?"

호걸들은 그 말이 옳다고 생각했다. 이에 진격함에 따라 갈수록 군사를

---

360) 注 4)에서 말한 것처럼 陳涉世家에서는 '號爲張楚'라 했고 여기서는 '張大楚王陳'이라 했다. 둘 다 강대함을 과시하기 위한 표현이다.
361) 吳廣은 陳涉의 동료로 陳涉이 궐기할 때부터 그의 부장. 周文도 그의 부장. 陳人으로 다른 이름을 章이라 했다. '文'과 '章' 어느 쪽이 이름이고 어느 쪽이 字인지 불분명하다.

모아 수만 명을 얻었다. 무신(武臣) 장군은 존경을 받아 무신군(武信君)이라 칭했으며 조나라의 열 개 성읍을 함락시켰다. 나머지 성들은 지키던 자들이 농성하여 항복하지 않았다.

이에 군사를 이끌고 동북쪽으로 나아가 범양(范陽)을 공격했다. 범양 사람 괴통(蒯通 : 당시 辯舌로써 활약했으며 그의 활약은 淮陰侯列傳에도 보인다.)이 범양의 영(令)을 설득하여 말했다.

"가만히 듣건대 공이 장차 죽게 된다고 하니 조문합니다. 그런데 공이 이 괴통을 써 주신다면 살아날 수 있을 것이니 축하하는 바입니다."

범양의 영이 물었다.

"무슨 이유로 나를 조문한다고 말하는가?"

"진나라의 법이 너무 가혹하여 공이 범양의 수령으로 있은 지 십여 년 동안 공은 남의 아버지를 죽여 그 아들을 고아로 만들었으며 남의 다리를 자르고 얼굴에 글자를 새겨 넣은 것이 그 수를 이루 헤아릴 수 없습니다. 그런데도 자애로운 아버지와 효도하는 아들이 칼을 빼어 공의 배를 찌르지 않은 것은 다만 진나라의 법이 두려웠기 때문입니다.

그런데 지금은 천하가 크게 어지러워져서 진나라의 법이 실행되지 않고 있습니다. 그렇게 되면 장차 자애로운 아버지와 효도하는 아들은 칼로 공의 배를 찔러 자신의 명성을 날리고자 할 것입니다. 이것이 제가 공을 조문하는 까닭입니다.

이제 제후들은 진나라를 배반했으며 무신군의 군대가 곧 이곳을 공격해 올 것입니다. 그런데 공께서는 범양을 굳게 지키고 계십니다. 연소한 무리들은 다투어 공을 죽여 무신군에게 항복하고자 합니다. 공께서는 지금 급히 저를 사자로 파견하여 무신군을 만나 보게 해 주십시오. 화를 바꿔 복으로 만들 수 있는 기회는 지금뿐입니다."

범양의 영은 괴통을 사자로 보내 무신군을 만나 보게 했다. 괴통은 이렇게 말했다.

"장군께서는 반드시 싸워 이겨야 땅을 빼앗고 공격을 해야 성을 함락시키고 있습니다. 그런데 제가 생각하기에 그것은 잘못이라고 봅니다. 진실로 저의 계책을 듣는다면 공격하지 않고도 적을 항복시키고 싸우지 않고도 땅을 빼앗을 수 있으며 격문만으로 천 리의 땅을 평정할 수 있을 테니 좋지 않겠습니까?"

무신군이 말했다.

"무엇을 말하는 것입니까?"

괴통이 말했다.

"지금 범양의 영(令)은 병사를 모아 농성하여 싸워야 하는데 탐욕스러워 부귀를 중히 여기고 비겁하게 죽음을 두려워합니다. 그런 까닭에 누구보다도 먼저 항복하려고 하는데 장군께서 그를 진(秦)나라가 임명한 관리라 하여 전의 열 개 성의 경우처럼 주살하려는 것은 아닌가 두려워하고 있습니다.

또한 범양의 젊은이들은 영을 죽이고 자기들끼리 농성하여 장군에게 항거하려고 합니다. 그런데 장군께서는 어째서 저에게 후(侯)의 도장을 가지고 가서 그를 다시 범양의 영에 임명하게 하지 않습니까? 그렇게 하면 범양의 영은 성을 바치고 장군께 항복할 것입니다. 젊은이들도 감히 그 영을 죽이지는 못할 것입니다.

이렇게 한 뒤에 수레바퀴를 붉게 칠하여 아름답게 꾸민 마차에 범양의 영을 태워 연나라와 조나라의 들을 달리게 하면 연나라, 조나라의 들에 있는 자들이 이것을 보고 '저 범양의 영은 맨 먼저 항복을 한 자이다.' 하고는 기뻐할 것입니다. 그리하여 연나라와 조나라의 성은 싸우지 않더라도 얻을 수 있을 것입니다. 이것이 이른바 격문을 전달하는 것만으로 천 리의 땅을 평정하게 된다는 것입니다."

무신군은 이 계략을 받아들이기로 하고 괴통을 통하여 범양의 영에게 후의 도장을 주었다. 이 소문을 듣고 조나라 땅에서는 싸우지 않고 성을 바쳐 항복한 곳이 삼십여 성에 달했다.

이리하여 한단(邯鄲 : 趙나라의 국도)에 도착했을 때 장이와 진여는 주장(周章)의 군대가 관소(關所)[362]에 침입하여 희(戱 : 섬서성)까지 이르렀다가 퇴각했다는 소문과 또 여러 장군이 진(陳)나라 왕을 위해 땅을 공략하여 빼앗았으나 많은 참언으로 죄를 받고 죽임을 당했다는 소문을 들었다. 또 전날 진(陳)나라 왕이 자기들의 계책을 따르지 않고 장군이 아닌 교위로 임명한 것 등을 원망하고 있었기 때문에 무신을 설득하여 말했다.

"진(陳)나라 왕은 군사를 일으켜 진(陳)나라로 가자 왕이 되었습니다. 이것은 결코 6국의 후사(後嗣)를 세우려는 것이 아닙니다. 장군께서는 지금 삼천 명의 군사를 이끌고 조나라의 수십 성을 함락시켰으나 하북(河北) 땅에 홀로 떨어져 계십니다. 왕이 되지 않으시면 이 땅을 진정(鎭定)할 수 없을 것입니다.

또 진나라 왕은 참언을 잘 듣습니다. 그러니 돌아가서 보고하시더라도 아마 화를 피할 수 없을 것입니다. 또 진나라 왕은 조나라 땅에 자기 형제를 세우는 것이 좋다고 생각하든가, 그렇지 않으면 지난날 조나라 왕의 자손을 세우려고 할 것입니다. 아무래도 장군에게 조나라 땅을 내주려고 하지는 않을 것입니다. 그러니 장군께서 자립을 바라신다면 기회를 잃어서는 안 됩니다. 시간은 재빠르게 지나가 그 사이 잠시의 여유도 없는 것입니다."

무신군은 이 말을 받아들여 마침내 자신이 조나라 왕이 되었다. 그리하

---

362) 동방에서 秦으로 들어가는 주요한 關門은 函谷關과 武關인데 함곡관에서 秦의 서울 咸陽까지의 길에 戱가 있으므로 이 경우 필시 함곡관일 것이다.

여 진여를 대장군, 장이를 우승상, 소소를 좌승상으로 임명하고 사자를 보내 진(陳)나라 왕에게 알리도록 했다.

진나라 왕은 크게 노하여 군대를 출동시켜 조나라를 치기 전에 먼저 무신의 가족들을 잡아다 죽이려고 했다. 그러자 진나라 왕의 상국(相國)인 방군(房君 : 陳涉世家에 따르면 房君은 上蔡 사람으로 이름은 蔡賜라고 함)이 간하여 말했다.

"진(秦)나라가 아직 멸망하지 않았는데 무신 등의 가족을 죽인다는 것은 또 하나의 진(秦)나라를 만드는 것이 됩니다. 이런 때는 오히려 무신을 축하해 주고 급히 군대를 이끌어 서쪽의 진(秦)나라를 치도록 시키는 것보다 더 나은 방책은 없을 것입니다."

진(陳)나라 왕은 그럴 듯하게 생각하고 그 계략에 따라 무신 등의 가족을 궁중에 옮겨 억류하고 장이의 아들 오(敖)를 성도군(成都君)에 봉했다. 그리고 사자를 보내 조나라 왕을 축하하고 조나라가 군대를 출동시켜 서쪽의 함곡관에 쳐들어갈 것을 촉구했다. 그러자 장이와 진여가 무신을 설득했다.

"왕께서 조나라 왕이 되셨는데 이것을 초(楚)나라(陳涉을 가리킴)가 기뻐할 리가 없습니다. 초나라는 다만 일시의 계략으로 왕을 축하하는 것에 지나지 않습니다. 초나라가 진(秦)나라를 멸망시키고 나면 반드시 조나라로 병력을 돌릴 것입니다. 바라옵건대 군대를 서쪽으로 보내지 마시고 북쪽에 있는 연(燕)나라, 대(代)나라를 공략하고 남쪽에 있는 하내(河內)를 수중에 넣으시어 세력 범위를 넓히도록 하십시오. 조나라가 남의 황하를 방패로 하여 국경을 지키고 북으로 연·대를 보유하게 된다면 설령 초나라가 진(秦)나라에 이기더라도 감히 조나라를 제압하지는 못할 것입니다."

조나라 왕은 그럴 것이라고 생각하여 군대를 서쪽으로 보내지 않고 한광(韓廣)에게는 연나라를, 이량(李良)에게는 상산(常山)을, 장염(張屬)에게는 상당(上黨)을 각각 공략케 했다.

한광이 연나라에 이르자 연나라 사람들은 그것을 기회로 한광을 연나라 왕으로 세웠다.

조나라 왕은 장이, 진여와 함께 북쪽에 있는 연나라 국경지대를 공략했는데 조나라 왕이 미행을 하다가 연나라 군사에게 붙잡히게 되었다. 연나라의 장군은 조나라 왕을 가두고 조나라가 땅의 반을 나누어 주면 왕을 보내 주겠다고 했다. 조나라의 사자가 자주 연나라에 갔으나 연나라는 그때마다 사자를 죽이고 땅을 요구했다.

장이와 진여가 이 일을 근심하고 있자 한 잡역병이 막사의 동료들에게,

"나는 장공(張公)과 진공(陳公)을 위해 연나라를 설득하여 조나라 왕과 함께 수레를 타고 돌아오겠소."

라며 작별을 고했다. 동료들은 웃으며 말했다.

"이제까지 사자가 십여 명이나 갔지만 그때마다 다 죽었는데 너 같은 것이 어떻게 왕을 모시고 올 수 있단 말인가?"

그런데 그 잡역병은 연나라의 성벽을 향하여 떠났다. 연나라 장군이 그를 보자 그는 장군에게 물었다.

"제가 무엇을 바라고 있는지 아십니까?"

연나라 장군이 말했다.

"그야 조나라 왕을 구하고자 하겠지."

"장군께서는 장이와 진여가 어떤 인물인지 아십니까?"

"현인들이지."

"그 두 사람이 무엇을 바라고 있는지 아십니까?"

"자기들의 왕을 구하고 싶겠지."

그러자 조나라의 잡역병이 웃으며 말했다.

"장군께서는 저 두 사람이 바라고 있는 것을 아직 모르고 계십니다. 무신, 장이, 진여는 말채찍을 단장 삼아 — 싸움을 하지 않는 것을 의미함 — 걸어서 한 바퀴 도는 것만으로 조나라의 열 개 성읍을 함락시킨 사람들입니다. 그리고 또 각기 남면(南面)하여 — 군주는 南面하고 신하는 北面함 — 왕이 되고자 합니다. 대신(大臣), 재상(宰相)으로 만족할 사람들이 결코 아닙니다. 신하와 군주의 지위가 같다고 말할 수 있겠습니까?

생각건대 정세가 겨우 안정된 상태라 감히 조나라를 삼분하여 왕이 되지 못하고 연장(年長)인 것을 이유로 우선 무신을 왕으로 세워 조나라의 민심을 얻으려 하는 것입니다.

이제 조나라가 이미 복종했으니 장이와 진여 두 사람도 조나라를 나눠 왕이 되고자 하나 아직 때가 이르지 않았을 뿐입니다. 지금 장군은 조나라 왕을 붙잡아 놓고 계십니다. 그 두 사람은 명목상 조나라 왕을 구하려는 것 같으나 그 속셈은 연나라가 조나라 왕을 죽여 주기를 바라고 있습니다. 연나라가 조나라 왕을 죽이면 그 두 사람은 조나라를 나눠 왕이 될 것입니다.

지금 하나의 조나라로도 연나라를 가볍게 여기는데 하물며 어진 두 임금이 좌우로 협력하여 조나라 왕을 죽인 죄를 꾸짖는다면 연나라를 멸망시키기는 쉬운 일일 것입니다."

연나라 장군은 그럴 듯하다고 여겨 조나라 왕을 돌려보냈다. 그 잡역병은 마부가 되어 왕을 모시고 돌아왔다.


이량(李良)이 상산(常山)을 평정하고 귀환해 보고하자 조나라 왕은 이량에게 태원(太原)을 공략하도록 다시 명했다. 이량은 석읍(石邑)까지 진군했으나 진(秦)나라 군사가 정형(井陘)의 험한 요새를 지키고 있어 더 이상은 전진할 수 없었다. 진나라 장군은 2세 황제의 사자라 속이고 이량에게 다음과 같은 편지를 보냈는데 그 편지는 겉을 봉하지 않았다.

"이량은 일찍이 짐을 섬겨 높은 자리에 있었고 또 나의 총우(寵遇)를 받았다. 만약 진심으로 조나라를 배반하고 진나라를 위하여 일한다면 죄를 용서하고 벼슬을 높여 주겠다."

이량은 편지를 받았으나 의심하고 믿지 않았다. 그리고 한단으로 돌아가 군대를 더 줄 것을 요청하려 했다. 그런데 아직 한단에 도착하기 전 도중에서 백여 기(騎)를 거느리고 외출한 조나라 왕 누이의 행차와 마주치게 되었다. 멀리서 바라본 이량은 왕의 행차인 줄 알고 길가에 엎드려 예를 갖추었다.

조나라 왕의 누이는 술에 취하여 그가 조나라 장군인 줄도 모르고 수레에서 기병에게 명하여 이량에게 인사하게 했다. 이량은 원래 귀한 신분이었던 까닭에 배알을 끝내고 일어나니 수행하던 자들에 대하여 부끄럽게 생각되었다. 그때 종관(從官) 한 사람이 말했다.

"천하는 진(秦)나라를 배반하고 능력이 있는 자가 먼저 왕이 되고 있습니다. 조나라 왕은 원래 장군보다 신분이 낮았던 분입니다. 지금 조나라 왕의 누이는 여자인 주제에 장군을 보고도 수레에서 내리려 하지도 않았습니다. 쫓아가서 죽이도록 하십시오."

이량은 진나라의 편지를 받고 나서 조나라를 배반할까도 생각했지만 아직 마음을 정하지 못하고 있었다. 그런 차에 화가 치밀어 오르는 이런 일이 생기자 사람을 보내 조나라 왕의 누이를 뒤쫓아가 죽이고 드디어 군사를 일으켜 한단을 습격했다. 한단에서는 불의의 습격을 받아 아무것도 대비할 수가 없었다. 마침내 이량은 무신과 소소를 죽여 버렸다.

조나라 사람들 중에는 장이와 진여의 이목(耳目)이 되어 정보를 제공하는 자가 많았기 때문에 두 사람은 재빨리 탈출할 수 있었으며 군사들을 모으니 수만 명이나 되었다. 그때 장이에게 다음과 같이 설득하는 빈객이 있었다.

"두 분께서는 타국에서 온 나그네의 신분으로 조나라를 다스리려고 하시니 곤란할 것입니다. 본디 조나라 왕의 자손을 세워 의로써 보좌해 준다면 성공할 수 있을 것입니다."

그래서 본래 조왕의 자손인 조헐(趙歇)을 찾아내어 조나라 왕으로 삼고 신도(信都)에 본거지를 정했다. 이량은 군대를 진격시켜 진여를 쳤으나 진여는 이량을 격파했다. 이량은 패하여 달아나 진(秦)나라의 장군 장한(章邯)에게 투항했다. 장한은 군사를 이끌고 한단으로 와서 그곳의 백성들을 모두 하내(河內)로 옮기고 성곽을 파괴해 버렸다.

장이는 조나라 왕 조헐과 함께 달아나 거록성(鉅鹿城)에 들어갔는데 진(秦)나라 장군 왕리(王離)가 그곳을 포위했다. 진여는 북쪽의 상산(常山) 지방의 군사 수만을 정비하여 거록의 북쪽에 진을 쳤다.

장한은 거록의 남쪽인 극원(棘原)에 진을 치고 용도(甬道)³⁶³를 쌓아 황하에 연결시키고 왕리에게 군량을 보급했다. 왕리의 군사는 식량이 충분하여 맹렬하게 거록성을 공격했으나 거록성 안에는 식량이 궁색하고 병력도 적었다.

장이는 여러 차례 사자를 보내 진여에게 전진하도록 요구했으나 진여는 병력이 부족하여 진(秦)나라 군사에게 대항할 수 없다고 생각하고 몇 개월 동안이나 진격하려 하지 않았다. 장이는 크게 노하여 장염과 진택(陳澤)을 사자로 보내 다음과 같이 진여를 책망했다.

"지금까지 나와 공은 문경지교(刎頸之交)를 맺은 사이였소. 지금 조나라 왕과 나는 조석간(朝夕間)에 죽게 되었소. 그런데도 공은 수만의 군사를 거느리고 있으면서 도우려 하지 않고 있소. 서로를 위하여 죽기를 맹세

---

363) 좌우에 장벽을 쌓아 밖에서 볼 수 없도록 한 길. 여기에서는 군수품을 빼앗기지 않도록 하기 위하여 쌓은 것. 궁성 밖에서 보이지 않도록 만든 천자의 전용 도로를 가리키는 경우도 있다.

한 우정은 어디로 갔단 말이오? 조금이라도 신의가 있다면 어째서 진(秦)나라 군사를 공격하여 함께 죽으려 하지 않는단 말이오? 그렇게 한다면 열에 하나 둘쯤은 진나라에 이겨 생명을 보전할 수 있을 것이오."

이에 대하여 진여가 말했다.

"내 생각으로는 진나라 군사를 아무리 공격하더라도 결국 조나라를 구할 수는 없고 군사만 공연히 전멸시킬 뿐이오. 또 내가 함께 죽으려 하지 않는 것은 조나라 왕과 장공(張公)을 위하여 진나라에 대해 보복을 하고자 하기 때문이오. 지금 함께 죽는 것은 고깃덩이를 굶주린 호랑이에게 던져 주는 격으로 무슨 이익이 있겠습니까?"

장염과 진택이 말했다.

"사태는 이미 위급을 고하고 있습니다. 무슨 일이 있더라도 이제는 죽음을 같이하여 신의를 세워 주십시오. 뒷일에 대한 염려 따위야 아무래도 좋습니다."

"내가 죽는다 하더라도 그건 헛된 것이라 생각하오. 그러나 그렇게 말씀하시니 오천 명을 파견하기로 하겠소."

이리하여 진여는 우선 장염과 진택에게 진나라 군사와 싸우게 하여 두 사람은 오천 명의 군사를 이끌고 진나라 군대를 공격했으나 모두 전사했다.

이때 연, 제, 초나라는 — 모두 秦에 반기를 든 나라들 — 조나라의 위급함을 전해 듣고 모두 구원하러 나섰다. 장이의 아들 장오(張敖)도 북쪽 대(代)의 군사를 모아 일만여 명을 얻어 구원하러 왔다. 그러나 모두 진여의 군진 옆에다 방벽을 쌓아올리고 있을 뿐 감히 진나라 군대를 공격하지는 못했다.

항우(項羽)의 군사는 장한(章邯)의 용도(甬道)를 자주 차단했다. 그렇게 하여 왕리(王離)의 군사는 식량이 부족하게 되었다. 2세 3년 십이월(기원전 207년), 항우는 전군을 이끌고 하(河 : 黃河일 듯)를 건너 마침내 장한의 군사를 쳐부수었다. 장한은 퇴각하여 군사를 해산시켰다.

그래서 제후의 군대들은 거록성을 포위하고 있던 진나라 군사를 공격하여 마침내 왕리를 포로로 했다. 진나라의 장군 섭간(涉間)은 자살했다. 거록을 최후까지 낙성(落城)시키지 못했던 것은 초나라 항우 때문이었다.

이리하여 조나라 왕 헐(歇)과 장이는 거록성을 나올 수 있었고 제후국에게 감사의 뜻을 표했다. 장이는 진여를 만나자 진여가 조나라를 돕지 않았음을 책망하며 장염과 진택의 소재를 물으니 진여가 대답했다.

"장염과 진택은 무슨 일이 있더라도 죽음으로써 싸워야 한다고 나를 책망했소. 그래서 나는 두 사람에게 오천 명의 군사를 주어 우선 진나라 군사와 싸우게 했더니 모두 전사한 모양입니다."

장이는 이 말을 믿지 않고 진여가 그 두 사람을 죽인 것이라고 생각하여 진여를 계속 추궁하니 진여는 노하여,

"공께서 이렇게까지 나를 원망하고 계실 줄은 몰랐습니다. 내가 장군의 지위를 떠나는 것을 원통하게 생각하는 줄 아십니까?"

라고 말하며 장군의 인수(印綬)를 풀어 장이에게 내밀었다. 장이는 놀라면서 받지 않았다. 진여가 일어나 변소로 가자 빈객 중의 한 사람이 장이에게 말했다.

"들은 바에 의하면 '하늘이 내려 주시는 것을 받지 않으면 도리어 화를 입는다.'고 합니다. 진 장군이 공에게 인수를 주었는데 받지 않는 것은 하늘의 뜻을 거역하는 상서롭지 못한 일입니다. 서둘러 받도록 하십시오."

장이는 그 인수를 차고 진여의 부하를 장악하기로 했다. 변소에서 돌아온 진여는 장이를 원망하며 그 자리를 떠나 밖으로 달려 나가 버렸다. 장이는 마침내 진여의 군사를 장악했다.

진여는 부하들 중에서 친했던 사람 수백 명과 함께 황하가에 있는 못에

서 물고기를 잡고 사냥을 하며 지냈다. 이 일로 인하여 결국 진여와 장이의 사이는 벌어지게 되었다.

조나라 왕 헐은 여전히 신도(信都)에 머물고 장이는 항우와 제후들을 따라 함곡관에 들어갔다.

한(漢)나라 ― 劉邦을 가리킨다. ― 원년 2월, 항우는 제후국의 왕을 세웠다. 장이는 여러 곳을 유력(遊歷)한 적이 있어서 많은 사람에게 찬양을 받았고 항우도 평소에 장이가 현인이라는 소문을 들었기 때문에 조나라를 분할하여 장이를 상산왕(常山王)으로 세우고 신도를 국도로 삼게 했다. 장이는 신도를 양국(襄國)이라고 이름을 고쳤다.

그런데 진여의 빈객들 중 많은 사람이 항우에게,

"진여와 장이는 일심동체로 조나라에 공을 세웠습니다."

라고 말했다. 항우는 함곡관에 들어갈 때 진여가 자기를 따라 들어오지 않고 남피(南皮 : 河北省)에 거주하고 있다는 말을 듣고 남피 근방의 삼현(三縣)에 진여를 봉했다. 그리고 조나라 왕 헐을 옮겨서 대(代)의 왕으로 삼았다. 장이는 봉국(封國)으로 갔다. 진여는 더욱 더 노하여 말했다.

"장이와 나는 공로가 같다. 그런데도 장이는 왕이 되었고 나만 후(侯)가 되었다. 이것은 항우의 불공평한 처사다."

제나라 왕 전영(田榮)이 초나라를 배반했을 때 진여는 하열(夏說)을 사자로 보내어 전영에게 말했다.

"항우는 천하를 주재하는 지위에 있으면서 그 처사가 불공평합니다. 여러 장수들은 모두 좋은 땅의 왕으로 삼고 본래의 왕은 옮겨서 나쁜 땅의 왕으로 삼았습니다. 지금 조나라 왕은 대에 계십니다. 원컨대 저에게 군사를 빌려 주십시오. 남피를 귀국의 담장으로 만들어 드리겠습니다."

전영은 조나라를 자기편으로 만들어 초나라에 반항하려 하고 있었기 때문에 군사를 파견하여 진여를 따르도록 했다. 그리하여 진여는 3현의 군사를 모두 동원하여 상산왕 장이를 습격하니 장이는 패해 달아났다. 그런데 생각해 보니 장이가 몸을 의지할 만한 적당한 제후가 없어서,

"한(漢)나라 왕은 나와 오래 전부터 사귀었다. 그러나 항우도 또한 강해져서 나를 왕으로 세웠다. 나는 초나라로 가리라."

라고 말하니 점성가인 감공(甘公)이,

"한나라 왕이 함곡관에 들어갔을 때 목(木), 화(火), 토(土), 금(金), 수(水)의 오성(五星)이 동정(東井 : 별자리의 이름 二十八宿 중의 하나)에 모였습니다. 천문에서 동정은 진(秦)나라의 것 — 戰國 때에 천문가가 중국 전토를 하늘의 이십팔 수에 배당하여 구별한 것 — 입니다. 맨 먼저 관(關)에 도착한 자가 천하의 패자가 되겠지요. 초나라가 비록 강대하더라도 관에 늦게 도착했기 때문에 한나라에 종속하게 되는데 이는 하늘이 정한 일입니다."

라고 말했기 때문에 장이는 한나라로 달아났다. 이때 한나라 왕도 돌아와 삼진(三秦)³⁶⁴⁾을 평정하고 바야흐로 장한을 폐구(廢丘 : 섬서성)에서 포위하고 있었다. 장이가 한나라 왕을 만나니 한나라 왕은 그를 후하게 대우했다.

진여는 장이를 패배시키고 또 조나라의 영토를 모두 회수하여 전의 조나라 왕을 대(代)에서 맞아 다시 조나라 왕으로 세웠다. 조나라 왕은 진여의 덕이라 하여 그를 대의 왕으로 삼았다. 진여는 자기의 영유국(領有國)에 가지 않고 하열(夏說)을 상국(相國)에 임명하여 대(代)를 지키도록 하였다. 또한 조나라 왕이 미약하고 나라가 겨우 안정된 때라 그곳에 머물면서 왕을 돕기로 했다.

---

364) 秦이 멸망한 다음 項羽는 秦의 항복한 장수 章邯 등 3명을 원래의 진 땅을 3분하여 왕으로 삼았다. 그것을 三秦이라 한다. 따라서 지역은 秦과 같다.

한(漢) 2년에 한왕은 동쪽의 초나라를 치고자 하여 사자를 보내 그 연유를 조나라에 알리고 함께 행동하자고 했다. 그러자 진여는,

"한나라가 장이를 죽인다면 따르겠소."

라고 주장했기에 한나라 왕은 장이와 비슷한 사람을 찾아내 그의 목을 베어 그 머리를 진여에게 보냈다. 그러자 진여는 군사를 파견하여 한나라를 도왔다. 그러나 한나라가 팽성(彭城 : 江蘇省) 서쪽에서 패하고 장이가 죽지 않았다는 것을 안 진여는 한나라를 배신했다.

한(漢) 3년에 한신(韓信)이 위(魏)나라의 땅을 평정했다. 한왕은 장이와 한신을 파견하여 조나라의 정형(井陘)을 공격했다. 두 사람은 진여를 저수(泜水 : 강 이름) 부근에서 베어 죽이고 조나라 왕 헐을 양국(襄國)까지 추격하여 죽였다. 한나라는 장이를 세워 조나라 왕으로 삼았다. (≪漢書≫에 따르면 기원전 203년 여름의 일이다.)

한(漢) 5년에 장이가 죽었다. 그리하여 경왕(景王)이라는 시호를 내리고 그의 아들 오(敖)가 뒤를 이어 조나라 왕이 되었다. 고조(高祖)의 장녀 노원공주(魯元公主)가 조나라 왕 오의 왕후가 되었다.

한(漢) 7년에 고조는 평성(平城 : 山西省)에서 조나라를 지나가게 되었다. 조나라 왕은 아침저녁으로 옷을 걷어붙이고 팔에 토시를 끼고 앞치마를 두르고서 고조를 위하여 몸소 수라상을 올리고 매우 겸손하게 사위로서의 예의범절을 깍듯이 했다.

고조는 두 다리를 쭉 뻗은 채 조나라 왕을 꾸짖으면서 매우 경멸했다. 조나라의 재상 관고(貫高), 조오(趙午) 등은 나이가 육십여 세로서 본래 장이의 빈객이었다.[365] 그들은 평소에 의기를 소중히 여겨 남에게 굴할 줄

---

365) 高祖는 젊은 시절에 張耳의 집에서 거처한 일이 있었다. 貫高 등이 60여 세라면 그 무렵의 고조를 알고 있었을 것이다. 그러면 고조와는 원래 同輩의 무리다. 화를 낸 것도 당연하다.

모르는 성격이었다. 그런데 이런 오(敖)의 태도를 보고 노하여,

"우리 왕은 유약한 왕이다."

라고 생각하고 조나라 왕에게 말했다.

"대체로 천하의 호걸들이 아울러 일어나 유능한 자가 먼저 왕이 되었을 뿐입니다. 지금 왕께서 고조[366]에 대하여 매우 공손하게 모시고 있는데도 고조는 무례합니다. 청컨대 왕을 위하여 고조를 죽이겠으니 허락해 주십시오."

이에 장오가 자기 손가락을 깨물어 피를 내어 맹세하며 말했다.

"그대들은 어찌 그런 말을 하시오? 선인(先人)께서 나라를 잃으셨을 때 고조 덕분에 나라를 회복할 수가 있어서 그 은덕이 자손에까지 전해지게 되었소. 지극히 조그마한 일이라도 고조의 힘이오. 바라건대 그대들은 두 번 다시 그런 말을 입에 올리지 마시오."

관고, 조오 등 십여 명은 서로 상론하여 말했다.

"우리가 그런 말로 설득하려 한 것이 잘못이다. 우리 왕께서는 온후한 덕이 있는 분으로서 ─ 원문에는 '長者'로 되어 있음 ─ 배은망덕한 짓은 하지 않을 것이다. 그렇지만 우리는 임금이 모욕당하는 것을 가만히 보고만 있을 수 없다. 지금 고조가 우리 왕을 모욕하는 것을 원망하여 그를 죽이고자 하지만 왕에게 누를 끼쳐서야 되겠는가? 일이 성공하면 공을 왕에게 돌리고 일이 실패하면 우리들이 형벌을 받으면 그만이다."

한(漢) 8년에 고조는 동원(東垣 : 河北省)에서 돌아오는 길에 조나라를 지나가게 되었다. 이에 관고 등은 백인(柏人 : 河北省)의 숙사에 사람을 보내 이중의 벽 속에 숨어서 기다리고 있다가 고조를 죽이려고 했다.

---

366) 高祖라는 명칭은 원래 死後의 廟號다. 따라서 당시의 대화에 고조라는 말이 쓰일 수가 없다. 필시 '폐하' 또는 '상'이라는 말을 썼을 것이다.

고조가 백인에 들러서 유숙하고자 했으나 공연히 가슴이 뛰어서,

"이 고을 이름은 무엇이라고 하는가?"

라고 물었다. 그곳 사람이,

"백인(柏人)이라고 합니다."

라고 대답하기에,

"백인(柏人)이란 '박인(迫人)'과 같은 발음이다. 박인(迫人)은 사람을 위협한다는 뜻이다.(迫은 원래는 '핍박할 박'인데 '백'이라고도 발음한다.)"

하고 고조는 유숙하지 않고 떠나갔다.

한(漢) 9년에 관고에게 원한이 있던 사람이 그때의 음모를 알고 밀고했다. 고조는 조나라 왕과 관고 등을 모두 체포했다. 그러자 조오 등 십여 명은 다투어 스스로 목을 찔러 자살했다. 관고는 홀로 성내어 꾸짖어 물었다.

"누가 공들에게 이런 일을 하라고 시켰는가? 나와 자네들이 상론해서 꾸민 것이 아니었던가? 우리 왕께서는 음모를 알지 못하셨는데도 함께 체포되셨다. 그대들이 다 죽으면 누가 우리 왕의 결백을 밝혀 주겠는가?"

드디어 관고는 함거(檻車 : 죄수를 태우는 수레)에 실려 왕과 함께 장안(長安)으로 보내졌다. 장오의 죄를 다스리고자 고조가 조서를 내려 말하기를,

"조나라의 군신, 빈객으로서 감히 왕을 따르는 자가 있으면 그 일족을 죽이리라."

고 했다. 빈객 맹서(孟舒) 등 십여 명은 스스로 머리를 깎고 큰 칼을 쓰고 왕가의 노복이 되어 따라왔다. 장안에 이르자 관고가 옥리에게 말했다.

"오직 우리들만이 그 일을 음모했을 뿐, 진실로 왕은 아무것도 모르십니다."

형리가 치죄하여 매를 치기 수천 회에 이르고 쇠침으로 찔러 전신이 상처투성이라 더 칠 곳이 없을 정도였다. 그렇건만 관고는 끝내 아무 말도 하지 않았다.

여후(呂后)가 고조에게 말했다.

"장왕(張王 : 張敖)은 노원공주의 남편이니 모반할 리가 없습니다."

고조가 성내어 말하기를,

"장오가 천하를 차지하게 되면 네 딸 같은 여자가 없겠는가?(천하에는 얼마든지 미녀가 있다는 뜻.)"

하며 여후의 주장을 받아들이지 않았다. 형리가 관고에 대한 치죄의 실정과 그 진술을 아뢰니 고조가 말했다.

"장사로구나. 누가 관고를 아는 자가 없는가? 사사로운 정으로 물어 보게 하여라."

중대부(中大夫 : 벼슬 이름) 설공(泄公)이 말했다.

"관고는 신과 한 고을 사람으로 평소부터 그를 잘 알고 있습니다. 본디 조나라에서도 이름과 의리를 중히 여겨 한번 승낙한 일은 반드시 실행하는 인물로 이름이 높았습니다."

고조는 이에 설공에게 명하여 부절(符節 : 사자의 증명서)을 가지고 관고를 찾아가게 했다. 대나무 바구니에 실려[367] 설공 앞에 온 관고는 설공을 쳐다보며,

"아, 설공입니까?"

하였다. 설공은 관고의 고통을 위로하며 평소의 교분과 다름없이 이야기하다가 물었다.

---

367) 《漢書》 顔師古의 주에 따르면 貫高는 그때 고문에 의해 극도로 피로해 있었기 때문에 대 바구니에 실려 왔던 것이다.

"장왕(張王)이 음모한 일이 있습니까, 없습니까?"

관고가 말했다.

"인정을 가진 사람으로서 어찌 자기의 부모처자를 사랑하지 않는 사람이 있겠습니까? 지금 나의 삼족(三族 : 父·母·妻와 관계된 인척. 부모·형제·처자라는 해석도 있음)은 다 사형으로 논죄(論罪)되었습니다. 아무리 왕을 위한 일이라도 어찌 육친에 대한 애정을 버릴 수 있겠습니까? 사실 왕께서는 모반한 일이 없고 우리들끼리 이 일을 음모했습니다."

그리고 그 일이 일어난 본래의 원인과 왕은 처음부터 그 일을 알지 못했다는 사실을 자세히 말했다. 이에 설공이 궁중으로 들어가 자세히 보고하니 고조는 드디어 조나라 왕을 사면했다. 고조는 또 관고의 사람됨이 한번 승낙한 일은 반드시 실행하는 인물이라는 것을 중히 여겨 그의 현명함을 인정하고, 설공에게 명하여 이렇게 전하게 했다.

"장왕은 이미 석방되었다. 따라서 관고도 용서한다."

관고는 설공의 말에 기뻐하며 말했다.

"우리 임금께서 정말로 석방되셨습니까?"

설공이 말했다.

"그렇습니다. 그리고 고조께서는 그대를 훌륭한 인물이라고 높이 평가하셨습니다. 그래서 그대도 용서하셨습니다."

그러자 관고는 말했다.

"온몸에 상처투성이가 되었지만 그래도 내가 죽지 않은 것은 장왕께서 배반할 의사가 없었다는 것을 명백히 증명하기 위해서였습니다. 장왕께서 이미 석방되셨으니 나의 책임은 끝났습니다. 이제 죽어도 여한이 없습니다. 그렇지만 신하된 자로서 찬탈(簒奪), 시살(弑殺)의 오명을 받고서 무슨 명목으로 주군을 다시 섬길 수 있겠습니까? 비록 고조께서 나를 죽이지 않더라도 내 마음에 부끄럽지 않겠습니까?"

하고 하늘을 우러러보며 경동맥(頸動脈)을 끊고 자살했다. 이 일로 관고의 이름은 천하에 널리 알려지게 되었다.

장오는 석방되었다. 노원공주의 배우자라는 이유로 새로이 선평후(宣平侯)에 봉해졌다.[368] 이에 고조는 장왕의 여러 빈객으로서 큰 칼을 차고 노예가 되어 장왕을 따라 함곡관에 들어온 사람들을[369] 현명하다고 인정하여 한 사람도 빼놓지 않고 제후들의 재상이나 군수(郡守)로 삼았다.

효혜제(孝惠帝), 고후(高后 : 呂后), 효문제(孝文帝), 효경제(孝景帝) 때에 이르러 장왕 빈객들의 자손은 모두 이천 석의 봉록을 받는 고관이 될 수 있었다.

장오는 고후(高后) 6년[370]에 죽었다. 그 아들 언(偃)이 노(魯)나라 원왕(元王)이 되었다. 어머니가 여후(呂后)의 딸이었다. 그런 까닭에 여후께서 노나라의 원왕으로 봉하신 것이다. 원왕은 나이가 어리고 형제가 적었다. 그 외에 장오의 희첩이 낳은 아들 두 사람이 있었는데 수(壽)는 낙창후(樂昌侯)에 봉해지고 치(侈)는 신도후(信都侯)에 봉해졌다.

고후가 붕어하자 여씨(呂氏) 일가가 무도해졌으므로 대신들이 그들을 주멸했다. 그리고 노나라의 원왕과 낙창후, 신도후도 폐하였다. 효문제가 즉위하여 다시 노나라의 원왕 언(偃)을 봉하여 남궁후(南宮侯)로 하고 장씨의 가문을 존속시켰다.

---

368) ≪史記≫ 漢興 이래 諸侯王 연표에 의하면 張耳의 죽음은 高祖 4년, 張敖가 宣平侯에 封해진 것은 8년으로 1년씩 列傳의 기사보다 빠르게 되어 있다.
369) 노예가 되어 長安에 왔다가 석방된 사람 중에 田叔이 있다. 田叔列傳 참조.
370) 高祖 사후 惠帝가 서고 혜제 사후 궁중에서 태어난 幼兒를 세우고 呂后가 사실상 황제였다. 보통 高后 몇 년이라고 할 때는 혜제가 죽은 이듬해부터 헤아린다. 그러나 漢興 이래 諸侯王 연표를 보면 고후 원년에는 張敖의 아들 張偃이 魯王에 封해지고 있으며 장오는 그 이전에 죽은 것이 분명하다. 그렇다면 이 경우는 여후가 실권을 장악하고 있던 혜제 때부터 헤아린 것이리라. 혜제 6년이라면 기원전 189년.

태사공은 말한다.

"장이와 진여는 세상에서 현자라고 칭송받는 사람들이다. 그의 빈객들은 모두 천하의 준걸이었고 각기 거주한 나라에서 실력으로 대신이나 재상이 되었다. 장이와 진여는 처음 빈천했을 때 한번 승낙한 일은 반드시 실행하여 서로 믿기를 죽음으로써 맹세했다. 어찌 서로 의심하는 일이 있어서야 되겠는가?

그런데 나라의 주(主)가 되어 권력을 다투게 되니 마침내 서로 멸망시키려고 했다. 처음에는 서로 사모하고 신용하는 성의가 있었고 나중에는 서로 배반하고 도리에 어그러지는 일이 있었으니 이는 어찌 권세와 이득 때문이 아니겠는가? 비록 그들이 명성이 높고 빈객이 성대했다고는 하나 그 두 사람이 걸어온 길은 오(吳)나라의 태백(太伯)이나 연릉(延陵)의 계자(季子)[371]가 나라를 사양하면서 이(利)를 초월한 것과는 다르다."

---

371) ≪史記≫ 吳太伯世家에 보이는 인물들로 서로 형제에게 나라를 양보한 것으로 유명하다.

# 제30 위표 · 팽월열전(魏豹 · 彭越列傳)


위표(魏豹)는 본래 위(魏)나라 여러 공자 중의 한 사람이다. 그의 형 위구(魏咎)는 본래 위나라 때 영릉군(寧陵君)에 봉해졌는데 진(秦)나라가 위나라를 멸망시켰을 때 구(咎)를 서민으로 격하시켰다. 진승(陳勝)이 궐기하여 왕이 되니 구는 그의 부하가 되었다.

진왕(陳王 : 陳勝)은 위나라 사람 주시(周市)에게 명하여 위나라 땅 백성들의 인심을 안정시키도록 했다. 그렇게 위나라가 평정되자 백성들은 주시를 왕으로 받들려고 했다. 그러자 주시가 말했다.

"천하가 어지러워지면 충신이 나타나는 법이오. 지금 천하는 모두 진(秦)나라에 대하여 배반하고 있으니 의리상 위나라 왕의 자손을 세우는 것이 좋을 것이오."

제(齊)나라와 조(趙)나라 ― 秦에 반기를 든 장수들이 세운 나라 ― 에서도 각기 수레 오십 승을 보내어 주시를 위나라 왕으로 세우려고 했으나 시(市)는 사퇴하였다. 그래서 위구를 진(陳)에서 맞아오고자 사자가 다섯 번이나 왕복했다. 진(陳)나라 왕은 할 수 없이 구를 보내어 위나라 왕으로 삼았다.

진(秦)나라 장군 장한(章邯)은 진(陳)나라 왕을 격파한 뒤에 군사를 진군시켜 임제(臨濟 : 河南省)에서 위나라 왕을 공격했다. 위나라 왕은 주시에게 명하여 제나라와 초나라로 가서 구원을 청하게 했다. 제나라와 초나라는 각각 항타(項它), 전파(田巴)를 파견하여 군사를 이끌고 시(市)를 따라가 위나라를 구원하게 했다.

장한은 마침내 주시 등의 군대를 격파하여 죽이고 임제를 포위했다. 위구는 그의 백성들을 구하기 위하여 항복을 약속하고 약정이 성립되자 몸을 불속에 던져 자살했다. 위표는 초나라로 도망했다. 초나라의 회왕(懷王)은 위표에게 수천 명의 군사를 주어 다시 위나라 땅을 평정케 했다.

항우(項羽)는 진(秦)나라 군대를 쳐부수고 장한을 항복시켰다. 위표는 위나라의 이십여 성을 쳐부수었다. 항우는 위표를 위나라 왕으로 삼았다.[372] 그 후 위표는 정병을 이끌고 항우를 따라 함곡관으로 들어갔다.

한(漢) 원년(元年)에 항우는 제후를 봉하고 자신은 양(梁 : 魏)나라의 땅을 보유하고 싶어했다. 그래서 위나라 왕 표를 하동(河東)으로 옮겨 평양(平陽 : 산서성)에 도읍을 정하게 하고 서위왕(西魏王)이라고 했다.

한왕(漢王)이 한중(漢中)에서 되돌아와 삼진(三秦 : 第29 張耳陳餘列傳 注 9) 참조)을 평정하고 임진(臨晉 : 섬서성)에서 황하를 건너자 위나라 왕 표는 나라를 바치며 한나라에 귀속했다. 그리하여 마침내 한왕을 따라 팽성(影城 : 江蘇省)에서 초나라를 공격했다.

한왕이 격파되어 형양(滎陽)까지 퇴각했을 때 위표는 어머니 병을 돌보겠다고 청원하여 나라에 돌아오자 즉시 황하의 나루터를 차단해 한나라를 배반했다. 한왕은 위표가 배신했다는 말을 들었으나 동쪽의 초나라를 우려하고 있던 터라 미처 위표를 공격하지는 못하고 역생(酈生)[373]에게 이렇게 말했다.

"이 요설가(饒舌家), 가서 위표를 설득하여 귀순시키기만 하면 너를 일만 호의 읍에 봉해 주겠다."

역생이 위표를 찾아가 설득하니 위표는 거절하며 말했다.

---

372) ≪史記≫ 秦楚之際月表에 따르면 魏豹가 魏王이 된 것은 2세 원년(기원전 209년) 9월로 제멋대로 왕이 된 것으로 되어 있다. 그런데 項羽가 章邯을 항복시킨 것은 다음의 3년 7월이라 했다. 이 列傳의 기사에는 잘못이 있는 듯하다.

373) '生'은 敬意를 담은 호칭. 뛰어난 변사로 酈生陸賈列傳에 그 활약상이 자세히 나와 있다. 漢의 창업 공신의 한 사람인 章商의 형.

"사람의 일생은 백마가 달려가는 것을 문틈으로 보는 것처럼 잠깐일 뿐이다. 지금 한왕은 오만하고 사람을 멸시하여 제후와 여러 신하들을 마치 종을 꾸짖는 것같이 하며 조금도 상하의 예절을 지키지 않는다. 나는 두 번 다시 만나고 싶지 않다."

그래서 한왕은 한신(韓信)을 파견하여 위표를 치게 했다. 한신은 하동(河東)에서 위표를 붙잡아 역마에 태워 형양으로 보내고 한나라는 위표의 나라를 군(郡)으로 만들었다. 한왕은 위표에게 명하여 형양을 수비토록 했는데 초나라가 형양을 포위하여 공격하자 위급하게 되었다. 그러자 한나라의 신하 주가(周苛)가 마침내 위표를 죽였다. (秦楚之際月表에 따르면 漢王 3년(기원전 204년) 8월의 일)


팽월(彭越)은 창읍(昌邑 : 山東省) 사람이다. 자(字)는 중(仲)이라 했다. 일찍이 거야(鉅野)의 못에서 물고기를 잡거나 떼를 지어 도둑질을 했다. 진승(陳勝), 항량(項梁)[374]이 군사를 일으키자 한 젊은이가 팽월에게 말하기를,

"세상의 여러 호걸들이 일어나 진나라를 배반하고 있습니다. 중(仲) 선생도 그렇게 하는 것이 좋겠습니다."

라고 했다. 그러자 팽월이 말했다.

"두 마리의 용(秦과 陳涉을 가리킴)이 싸우고 있으니 잠깐만 기다리게."

그로부터 1년여 지난 후 못 근처에 사는 젊은이들 백여 명이 떼를 지어 팽월을 찾아가서 말하기를,

"중 선생님, 우리들의 수령이 되어 주십시오."

라고 청했다. 팽월이 거절하며 말하기를,

---

374) 項羽의 숙부. 항우와 함께 군사를 일으켰으나 章邯에게 죽임을 당했다.

"나는 자네들과 한 패가 될 수 없네."

라고 했다. 그러나 젊은이들이 간곡히 청했기에 드디어 허락했다. 그리고 모두에게

"내일 아침 해 돋을 무렵에 모이자. 약속한 시각에 늦는 자는 목을 베어 죽일 것이다."

라고 약속했다. 다음날 아침 해 돋을 무렵에 십여 명이 늦었다. 가장 늦은 자는 정오가 되어서야 왔다. 팽월은 꾸짖어 말하기를,

"나는 늙어서 사퇴했으나 여러분의 강권에 못 이겨 수령이 되었다. 그런데 지금 약속을 해 놓고도 늦은 자가 많아 모두 주살할 수는 없으니 그 중에서 가장 늦은 한 사람만 죽이기로 하자."

라고 말하고 팽월은 조장(組長)에게 그를 베어 죽이라고 명했다. 그런데 모두 웃으면서,

"그렇게까지 하실 필요는 없습니다. 다음부터는 절대로 늦지 않겠습니다."

라고 말하는 것이었다. 하지만 팽월은 한 사람을 끌어내어 베어 죽이고 제단을 차려 제사를 지낸 뒤에 일동에게 명령을 내렸다. 일동은 모두 크게 놀라 팽월을 무서워하며 감히 바로 쳐다보려고 하지 않았다. 이리하여 팽월은 진군해 가며 땅을 공략하고 제후들의 흩어진 군사를 거두어 천여 명을 얻었다.

패공(沛公 : 후에 漢나라 高祖)이 탕(碭 : 강소성)에서 북진하여 창읍(昌邑)을 공격했을 때 팽월은 패공(沛公)을 도왔다. 창읍이 아직 항복하기도 전에 패공이 군사를 이끌고 서쪽으로 진군하자 팽월도 그의 군사를 이끌고 거야(鉅野)의 못가에 가 있으면서 위나라의 흩어진 군사들을 거두어 모았다. 얼마 안 있어 항적(項籍 : 項羽)이 함곡관으로 들어가 제후를 왕으로 봉하고 항적과 여러 왕들은 각기 자기의 나라로 돌아갔다. 그런데 팽월

의 군사는 일만여 명이나 있었지만 귀속할 곳이 없었다.

한(漢) 원년 가을, 제나라 왕인 전영(田榮)이 항왕(項王 : 項羽)을 배반했다. 한나라는 사자를 보내 팽월에게 장군의 직인을 내려 주고[375] 남하하여 제음(濟陰 : 山東省)에서 초나라를 공격케 했다. 초나라는 소공(蕭公) 각(角)[376]에게 명령하여 군사를 이끌고 팽월을 맞아 싸우게 했으나 팽월은 초나라 군대를 크게 격파했다.

한왕 2년 봄에, 한나라는 위나라 왕 표(豹) 및 제후와 함께 동쪽에 있는 초나라를 공격했다. 팽월은 그의 군사 삼만여 명을 이끌고 외황(外黃 : 河南省)에서 한나라에 귀속했다. 한나라 왕은,

"팽 장군은 위나라 땅을 손에 넣어 십여 성을 얻고 서둘러 본래의 위나라 왕의 자손을 왕으로 세우려 하고 있다. 그런데 서위왕(西魏王)인 표(豹)도 위나라 왕 구(咎)의 종제(從弟)이니 진짜 위나라의 자손이다."

라고 말하고 팽월을 위나라의 상국(相國)으로 임명하여 그의 군사를 이끌고 마음대로 양(梁)나라 땅을 공략하여 평정하게 했다.[377]

한왕이 팽성(彭城)에서 패전하여 군사를 해산하고 서쪽으로 물러가자 팽월도 그가 공략했던 성들을 모두 잃게 되었으므로 군사들을 이끌고 북상하여 황하 부근에 머물렀다.

한왕 3년, 팽월은 이곳저곳을 왕래하며 한나라의 유격대가 되어 초나라를 공격하고 양(梁)나라 땅에 있는 초나라 군사 배후의 양도(糧道)를 끊었다.

---

375) 원문은 '漢乃使人賜彭越將軍印'이다. ≪史記≫ 項羽本紀와 高祖本紀에 의하면 장군의 인을 준 것은 田榮이다. 앞뒤의 문맥으로 보아 '漢'이 없는 쪽이 좋다고 생각되나 원문대로 번역했다.
376) 蕭縣의 슈으로 이름이 角. 초에서는 縣슈을 公이라고 칭하는 습관이 있었다.
377) 魏豹의 제약을 받지 않고 마음대로 행동할 수 있게 했던 것이다.

한(漢) 4년<sup>378)</sup> 겨울, 항왕(項王)과 한왕(漢王)이 형양에서 싸우고 팽월은 수양(睢陽 : 河南省), 외황(外黃) 등 열일곱 개 성을 공략했다. 항왕이 이 말을 듣자 조구(曹咎)에게 명하여 성고(成皐 : 河南省)를 지키게 하고 자신은 동쪽으로 나아가 팽월이 공략했던 성을 빼앗고 그것을 다시 초나라 영지로 만들었다. 팽월은 군사를 이끌고 북쪽에 있는 곡성(穀城 : 山東省)으로 도망쳤다.

한(漢) 4년 가을, 항왕이 남쪽에 있는 양하(陽夏 : 하남성)로 패해 달아나자 팽월은 또 다시 창읍 부근의 이십여 성을 쳐부수고 십만여 곡(斛)의 곡물을 얻어 한왕의 군량으로 공급했다. 한왕은 자주<sup>379)</sup> 사자를 보내어 팽월과 힘을 모아 초나라를 치려고 했으나 팽월이 말하기를,

"위나라 땅은 이제 겨우 평정되었을 뿐이라 백성들은 아직도 초나라를 무서워하고 있습니다. 아직 이곳을 떠날 수 없습니다."

하며 응하지 않았다.

한왕은 초나라 군사를 추격했지만 오히려 고릉(固陵, 河南省)에서 항적에게 패했다. 그리하여 유후(留侯)에게,

"제후의 군사가 나를 따르려고 하지 않는데 어떻게 하면 좋겠소?"

라고 말하니 유후가 대답했다.

"제나라 왕 신(信 : 韓信)이 왕이 된 것은 원래 군주의 본의가 아니었습니다. 신(信) 또한 그 지위를 견고한 것으로 생각지 않습니다. 팽월이 원래 양(梁)나라 땅을 평정한 공로가 많았음에도 군주께서는 위표가 본래 위나라 왕의 자손이라는 이유로 팽월을 위나라의 상국으로 임명하셨습니다.

---

378) 원문은 '漢五年秋'로 되어 있지만 古寫本에 따라 4년으로 고쳤다. 항우가 패하여 죽은 것은 5년 초이다. 漢初에는 10월을 年初로 했다. 따라서 가을이 연말이 된다.
379) 원문은 '漢王敗'로 되어 있는데, 이때는 한왕이 아직 패하기 전이므로 '敗' 자를 '삭(數)'으로 고쳐야 한다는 설을 따랐다.

이제 위표가 죽고 그 후사가 없으니 팽월도 왕이 되기를 바라고 있는데 우리 군왕께서는 아직도 위나라 왕을 정하려고 하지 않습니다.

이 두 나라를 각기 두 사람에게 주어 맹약하게 하면 초나라를 이길 수 있을 것입니다. 곧 수양(睢陽)에서 북쪽 곡상(穀上)에 이르는 모든 땅을 팽상국에게 주어 왕으로 삼으시고 진(陳)의 땅에서 동쪽 바다에 이르는 땅을 제나라 왕 신에게 주는 것이 좋으리라 생각합니다.

제나라 왕 신의 생가는 초나라에 있기 때문에 그의 마음은 다시 고향을 얻고자 하는 생각이 있을 것입니다. 우리 군주께서 이 땅을 내놓아 두 사람에게 내려 주실 수 있다면 이들은 지금이라도 달려올 수 있을 것입니다. 그렇지 않으면 사태는 어떻게 될지 예측할 수 없습니다.”

한왕은 팽월에게 사자를 보내어 유후의 계책대로 했다. 사자가 도착하자 팽월은 군사를 모두 이끌고 해하(垓下 : 안휘성)에 모였으며 마침내 초나라를 격파했다.

5년 봄에 항적이 죽자 봄에 팽월을 양나라 왕으로 삼고 정도(定陶 : 山東省)에 도읍하게 했다.

6년에 양왕(梁王)은 한왕에게 진(陳)에서 참조(參朝)했다.

9년과 10년에는 모두 장안에 내조(來朝)했다.

10년 가을에 진희(陳豨)가 대(代) 땅에서 한나라를 배반했다. 고제(高帝)가 친히 공격하기로 하고 한단에 이르러 양왕에게 출정을 명령했다. 양왕은 병이라고 둘러대며 나아가지 않고 대신 부하 장군에게 명하여 군사를 거느리고 한단에 가게 했다. 고제는 노하여 사자를 보내 양왕을 책망했다. 양왕은 두려워하며 몸소 가서 사과하려고 했다. 그러자 그의 장군인 호첩(扈輒)이 말했다.

“처음에는 가지 않더니 책망을 당하고 난 다음에야 왕께서 가시고자 하십니다. 그런데 지금 가면 곧 사로잡힐 것입니다. 결국 일이 이 지경에 이르러서는 군대를 동원하여 모반하는 것만 같지 못합니다.”

양왕은 이 말을 받아들이지 않고 종전과 같이 병이라고 둘러댔다.

언제인가 양왕이 그의 태복(太僕 : 秦의 벼슬로 군주가 타는 말과 수레를 관리함)에게 성을 내어 그를 베어 죽이려고 했다. 태복은 한나라로 도망을 쳐서 양왕과 호첩이 모반을 꾀한다고 밀고했다. 고제는 사자를 보내 불시에 양왕을 덮치게 했다. 양왕은 눈치를 채지 못하고 있었기 때문에 붙잡혀 낙양(洛陽)에 감금되었다. 담당 관리가 심문하여,

“모반하려던 흔적이 확실히 드러났습니다. 법대로 논죄하여 처단하겠습니다.”

라고 말했으나 고제는 그를 사면하여 서인(庶人)으로 만들고 역마에 태워 보내 촉(蜀)의 청의(青衣 : 사천성)에 있게 했다.

팽왕이 서쪽으로 정(鄭 : 섬서성)까지 왔을 때 여후(呂后)가 장안에서 낙양으로 가려던 차에 길에서 팽왕을 만나게 되었다. 여후가 도중에서 팽왕을 인견하자 팽왕은 여후에게 눈물을 흘리며 자신의 무죄를 주장하고 고향인 창읍(昌邑)에 거주하게 해 주기를 청했다. 여후는 허락하고 그를 함께 데리고 동쪽의 낙양에 가서 고제에게 아뢰었다.

“팽왕은 장사입니다. 지금 그를 촉으로 옮겨 놓는 것은 근심거리를 남겨 두는 것일 뿐 베어 죽이는 것만 같지 못합니다. 그래서 첩이 그를 데리고 왔습니다.”

한편 여후는 가신을 시켜 팽월이 다시 모반하려 한다고 고발하게 했다. 정위(廷尉)인 왕염개(王恬開)[380]가 팽왕의 일족을 멸하기를 주청했다. 고제는 이를 허락했다. 그리하여 마침내 팽월의 일족을 모두 멸족하고 그 나라를 폐하여 버렸다.

태사공은 말한다.

"위표와 팽월은 본래 비천한 출신이었으나 천 리의 땅을 석권하고 남면하여 '고(孤)' 라고 일컬었다.[381] 적을 죽이고 승세를 타 그 명성이 날로 높아갔다. 그런데 반역의 뜻을 품었다가 패하자 자결하지 않고 사로잡힌 몸이 되어 형륙(刑戮)을 입게 되었으니 이 무슨 까닭인가? 보통 사람조차 이런 비겁한 짓을 부끄러워하는데 항차 왕자(王者)라는 자의 행위로는 어울리지 않는다.

이 두 사람에게 다른 이유가 있는 것이 아니다. 자신의 지략이 남보다 매우 뛰어났기 때문에 오직 한 몸만 무사하면 큰일을 이룰 수 있을 것이라 생각하고 오직 자기 한 몸이 온전하지 못할까만 근심했다. 그래서 한 자한 치의 권세만 잡아도 구름이 일듯 뭇 사람을 모아, 용(龍)이 변화를 일으키는 것처럼 자신의 몸을 일으켜 자기가 바라는 기운(機運)을 만날 수 있을 것이라고 기대했다. 그런 까닭에 갇히는 몸이 되었어도 원망할 수 없었을 것이다."

---

380) 廷尉는 형벌을 주관하는 사법관으로 봉급은 천 석. 王恬開는 諸本에 王恬關으로 되어 있는데 古寫本에 따라 王恬開로 고쳤다.
381) 군주는 南面하여 신하를 대하고 자신을 가리킬 때에는 '孤' 라고 했다.

# 제31 경포열전(黥布列傳)

경포(黥布)는 육(六 : 安徽省, 六安) 사람으로, 성은 영씨(英氏)이고 진나라 시대에는 서민이었다. 어떤 나그네가 젊었을 때 그의 관상을 보고,

"그대는 형벌을 받게 될 것이고 그 다음에는 왕이 될 상이오."

라고 말했다. 장년이 되어 남의 죄에 연좌되어 몸에 무늬를 새겨 넣는 형을 받게 되자[382] 그는 흔연히 웃으면서 말하기를,

"어떤 사람이 내 관상을 보고 '장차 형벌을 받고 그 뒤에는 왕이 될 상이다.' 라고 했었는데 이 일을 두고 말한 것이었구나."

라고 하니 이 말을 듣고 있던 사람들은 모두 그를 희롱하며 웃었다.

그는 판결을 받고 여산(驪山 : 섬서성. 그때 여산에서는 秦始皇의 陵을 만드는 공사를 하고 있었다.)으로 호송되었다. 여산에는 수십만 명의 죄수가 있었는데 경포는 죄수의 우두머리나 호걸들과 사귀었다.

얼마 후에 경포는 무리들을 거느리고 장강(長江) 부근으로 도망하여 도적떼가 되어 도적질을 했다. 그러다가 진승이 군사를 일으키자 곧 파군(番君 : 番陽의 수령인 吳芮를 가리킴)을 찾아가 뵙고, 부하들과 함께 진나라를 배반하고 군사 수천 명을 모았다. 파군은 경포에게 딸을 주어 아내로 삼게 했다.

진나라 장군 장한이 진승을 무찌르고 여신(呂臣)의 군사를 격파하니, 경포는 군사를 이끌고 북쪽으로 가서 진나라의 좌우교위(左右校尉 : 원문은 '左右校' 인데 校는 필시 校尉일 것이다. 장군 다음 가는 지위로 부대장)를 공격하여 이를 청파(淸波)의 땅에서 깨뜨리고 다시 군대를 이끌고 동쪽으

---

382) 본디 黥布라는 이름은 刑罪을 받아 刺字된 데서 생겼다.

로 향하여 나아갔다.

항량(項梁)이 강동(江東), 회계(會稽)를 평정하고 양자강을 건너 서쪽으로 진격했다는 말을 듣자 진영(陳嬰)은 항씨(項氏)가 대대로 초나라의 장수였다는 이유로 군대를 이끌고 가 항량의 휘하에 들어가서 회남(淮南)으로 건너갔다. 그러자 영포(英布 : 경포를 가리킴)와 포장군(蒲將軍)³⁸³⁾도 군대를 이끌고 항량의 휘하에 들어갔다. 항량이 회수(淮水)를 건너 서쪽으로 진격하여 경구(景駒), 진가(秦嘉) 등을 쳤는데 경포는 항상 승리하여 여러 군대들 가운데서 제일 용맹한 무공이었다.

항량은 설(薛 : 山東省)까지 나아가 진왕(陳王)이 싸움에 지고 죽었다는 말을 듣고 곧 초나라의 회왕(懷王)을 왕으로 세웠다. 그리고 자신은 무신군(武信君)이라 부르게 하고 경포는 당양군(當陽君)이라고 불렀다. 항량이 정도(定陶 : 山東省)에서 패하여 죽자 회왕은 팽성(彭城 : 江蘇省)으로 도읍을 옮겼다. 여러 장군과 영포도 모여 팽성을 수비했다.

이때 진나라가 급히 조나라를 포위했다. 조나라는 사자를 보내 구원을 청해 왔다. 회왕은 송의(宋義)를 상장(上將)으로 임명하고 범증(范增)을 말장(末將)으로, 항적(項籍 : 項羽)을 차장(次將)으로, 영포와 포장군을 모두 부장(部將)으로 하여 전부 송의의 휘하에 소속시켜서 북의 조나라를 구원하게 했다. 항적이 황하 부근에서 송의를 죽이니 회왕이 항적을 상장군으로 임명했다. 그래서 모든 장군들은 다 항적에게 소속되었다.

항적은 영포에게 명해 먼저 황하를 건너가서 진나라 군대를 치게 했다. 영포가 여러 번 승리를 거두자 항적은 군대를 모두 이끌고 황하를 건너가 영포의 뒤를 따라 마침내 진나라 군대를 격파하고 장한 등의 군사를 항복

---

383) ≪史記≫ 項羽本紀에도 보이며 경포와 동일 인물이라는 설도 있지만 필시 잘못일 것이며 성이 浦인 장군으로 이름은 불명하다는 설을 취했다.

시켰다. 이 싸움에서 초나라의 군대는 항상 승리하여 그 군공이 제후들 가운데 으뜸이었다. 제후의 군대가 모두 초나라에 복속하게 된 것도 영포가 적은 군사로 수많은 적군을 자주 격파했기 때문이었다.

항적이 군대를 이끌고 신안(新安 : 河南省)에 이르자 영포 등에게 명해 진나라 군대를 야습하게 했다. 그리하여 진나라 장한의 군사 이십만여 명을 구덩이에 묻어 죽였다. 항적이 함곡관에 도착했으나 거기서 더 들어갈 수 없자 또 영포 등에게 명하여 먼저 샛길로 쳐들어가서 함곡관 부근에 있는 진나라 군대를 격파하게 했다.

그리하여 드디어 함곡관에 들어가 함양(咸陽 : 秦나라의 國都. 섬서성)에 도달할 수 있었다. 영포는 항상 군대의 선봉이었다. 항왕(項王)은 여러 장수들을 봉하면서 영포를 구강왕(九江王)으로 봉하고 육(六)에 도읍하도록 했다.

한나라 원년 4월에 제후들은 모두 희(戲 : 項羽가 포진한 곳) 부근의 군진을 떠나[384] 각기 봉국으로 떠났다. 항씨는 회왕(懷王)을 세워 의제(義帝)라 하고 장사(長沙 : 湖南省)로 도읍을 옮겼다. 그리고 몰래 구강왕 영포 등에 명하여 의제를 습격하게 했다. 그해 8월에 영포는 자신의 부장을 시켜 의제를 공격하게 했다. 부장은 의제를 뒤쫓아가 침현(郴縣 : 湖南省)에서 죽였다.

한왕 2년에 제나라 왕 전영(田榮)이 초나라를 배반했다. 항왕은 제나라를 치러 가면서 구강(九江)에서 군대를 징발했다. 구강왕 영포는 병이라 둘러대며 출진하지 않고 대신 부장을 시켜 수천 명의 군사를 이끌고 종군하게 했다. 한나라가 팽성에서 초나라를 격파했을 때에도 경포는 역시 병

---

384) 원문은 '諸侯罷戱下'. '戱下'를 지명으로 보는 설도 있고 ≪漢書≫ 高祖本紀의 顔師古의 注처럼 항우의 지휘에서 벗어나는 것으로 보는 설도 있다.

이라 핑계하고 초나라를 돕지 않았다.

이 일로 항왕은 경포를 원망하여 사자를 보내 자주 책망하고 경포를 소환했지만 경포는 두려워 가지 않았다. 항왕은 북쪽으로 제나라와 조나라를 근심하고 서쪽으로 한나라를 걱정하고 있던 터라 의지할 수 있는 사람은 오직 구강왕 뿐이었으며, 또 영포의 재능을 중하게 여겨 친근하게 쓰고자 했기 때문에 그를 공격하지는 않았다.

한나라 3년에 한왕은 초나라를 공격하여 팽성에서 크게 싸웠으나 불리해져 양나라 땅을 물러나 우(虞 : 河南省)로 퇴각하면서 좌우 사람들에게 말했다.

"너희들(부하 장군들을 이름)과는 천하의 대사를 함께 계책할 수 없단 말이야."

알자(謁者 : 빈객 접대관)인 수하(隨何)가 앞으로 나아가,

"폐하께서 말씀하신 뜻을 자세히 알 수 없습니다."

라고 하자 한왕이 말했다.

"누가 나를 위하여 회남(淮南 : 구강을 가리킴)에 사자로 가 영포를 설득시켜서 군대를 동원해 초나라를 배반하게 할 자는 없느냐? 그리하여 항왕을 제나라에 수개월 동안만 머무르게 한다면 내가 천하를 취하는 것은 백에 하나의 실수도 없으리라."

수하가 말했다.

"원컨대 제가 사자로 가기를 청합니다."

수하는 곧 스무 명의 수행원을 거느리고 회남에 갔다. 구강에 이르자 구강왕의 태재(太宰 : 궁중의 식사 담당관)에게 의탁하여 그의 집에 머물렀다. 그런데 사흘이 지나도 구강왕을 만날 수가 없었다. 그래서 수하는 태재를 설득했다.

"왕께서 저를 만나 주시지 않는 것은 필시 초나라는 강하고 한나라는 약

하다고 생각하시기 때문일 것입니다. 그래서 제가 사자로 온 것입니다. 아무쪼록 임금을 알현할 수 있도록 해 주십시오. 제가 말씀드리는 것이 옳다고 여기시면 왕께서는 듣기를 원하실 것이고 그르다고 여기신다면 저희들 이십 명을 형틀에 — 원문은 '斧質'. '斧' 는 목을 자를 때 쓰는 큰 도끼. '質' 은 도끼 바탕 — 매어 회남의 시가에서 처형하시어 왕께서는 한나라를 배반하고 초나라 편에 서는 것을 명백히 하시면 됩니다.”

태재가 수하의 말을 왕에게 전했다. 왕이 곧 수하를 인견하자 수하는 이렇게 말했다.

“한왕께서는 저에게 명하여 대왕의 시어자(侍御者 : 직접 바치는 것은 실례가 되므로 어자에게 주었다고 한 것임)에게 공손히 서면을 드리게 하셨습니다. 그런데 대왕께서는 초나라 왕과 어떤 친분이 있습니까?”

회남왕(淮南王 : 영포, 정식명은 九江王. 淮南 지대를 영유했기 때문에 淮南王이라고 함)이 말했다.

“나는 북면하여 초나라를 섬기는 신하입니다.”

그러자 수하가 말했다.

“대왕께서는 항왕과 나란히 제후의 열에 있으면서도 북면하여 그에게 신사(臣事)하는 것은 틀림없이 초나라가 강하여 항왕에게 나라를 의탁할 수 있다고 생각하기 때문일 것입니다. 그렇다면 항왕이 제나라를 쳤을 때 몸소 판축(板築 : 축성용의 널빤지와 공이)을 짊어지고 사졸들의 선두에 서시는 지경이니 대왕께서는 마땅히 회남의 모든 군대를 동원하여 몸소 그들을 인솔하고 초나라 군대의 선봉을 서야 할 것입니다. 그런데 겨우 사천 명을 보내어 초나라 왕을 도운 것에 불과합니다.

도대체 북면하여 남의 신하가 된 자가 진실로 이와 같을 수가 있습니까? 또 한왕이 팽성에서 초나라 군사와 전투를 할 때에도 항왕이 제나라를 출발하기도 전에 대왕께서는 회남의 군사를 모조리 쓸어 회수를 건너 밤낮으로 달려가 팽성의 성 아래에서 회전(會戰)했어야 할 것입니다.

그런데 대왕께서는 만 명의 많은 군대를 거느리고도 한 사람도 회수를 건너게 하지 않으시고 팔짱만 긴 채 어느 쪽이 이기는가를 관망하고 계셨습니다. 도대체 남에게 나라를 의탁하는 자로서 이럴 수가 있습니까?

대왕께서는 신하로서 섬긴다는 빈 명분 아래 초나라를 대하시면서 초나라에 기대하는 바는 크십니다. 이러한 방법은 대왕을 위하여 제가 찬성하지 않는 바입니다. 지금 대왕께서 초나라를 배반하지 않는 것은 한나라가 약하다고 생각하시기 때문입니다. 초나라의 군대가 비록 강하기는 하나 천하는 그들에게 불의하다는 오명을 붙이고 있습니다. 맹약을 저버리고 의제(義帝)를 죽였기 때문입니다.

그리고 초나라 왕은 전승을 자랑하며 강하다고 믿고 있지만, 한나라 왕은 제후를 수습하여 자기편으로 끌어들여 성고와 형양을 지키고 촉, 한의 양곡을 실어 나르고, 도랑을 깊이 파서 누벽을 견고하게 하며 군사를 나누어 변경을 지켜 요새를 굳게 수비하고 있습니다.

초나라 사람이 군대를 돌리려 해도 중간에 초나라와 한나라 사이에 있는 양나라 땅을 통과하여 적지에 깊숙이 들어가기 팔구백 리, 싸우려 해도 싸우기 어렵고 성을 공격하고자 해도 힘이 부족하며 노인과 아이들까지 천 리 밖의 먼 곳에서 군량을 운반하지 않으면 안 됩니다. 설사 초나라 군대가 형양과 성고까지 도착하더라도 한나라 군대가 굳게 지키고 움직이지 않는다면 초나라 군대는 공격하지 못할 것이며 물러나 포위를 풀 수도 없을 것입니다. 그렇기 때문에 초나라 군대는 더 이상 믿을 것이 없다고 말씀드릴 수 있습니다.

만일 초나라가 한나라를 이기게 된다면 제후들은 모두 위태함을 느끼고 두려워 서로 한나라를 구원하게 될 것입니다. 곧 초나라가 강하다는 것은 천하의 군사를 적으로 돌려 초나라를 공격하게 되는 결과가 될 뿐입니다.

그런 까닭에 초나라가 한나라만 못하다는 것은 쉽사리 짐작할 수 있는 것입니다.

지금 대왕께서는 만전을 갖춘 한나라 편이 되지 않고 위망(危亡)한 초나라에 의탁하려 하십니다. 저는 대왕을 위하여 이 점을 의혹하는 바입니다.

저는 회남의 병력으로 초나라를 멸망시킬 수 있기에 충분하다고는 생각지 않습니다. 대왕께서 군대를 동원하여 초나라를 배반하면 항왕은 반드시 제나라에 머무르게 될 것입니다. 항왕을 수개월 동안 제나라에 머무르게 한다면 한나라가 천하를 취하는 것은 틀림이 없을 것입니다. 그렇게 되면 대왕께서 칼을 차고 한나라로 돌아가실 때 신도 함께 따라가게 해 주십시오.

한왕은 반드시 새로 땅을 나누어 대왕을 봉할 것입니다. 그러면 회남 땅뿐이겠습니까? 물론 이 회남은 대왕의 소유가 될 것입니다. 그렇기 때문에 한왕께서는 저를 사신으로 보내 대왕께 어리석은 계책을 진언하게 한 것입니다. 바라옵건대 대왕께서는 유념하십시오."

회남왕은 말했다.

"청컨대 명령을 받들겠습니다."

회남왕은 은밀히 초나라를 배반하고 한나라 편이 될 것을 허락했으나 다른 사람에게 그 사실을 누설하지 않았다. 때마침 초나라의 사자가 회남왕이 있는 곳에 머물면서 영포에게 급히 군대를 출동시키라고 재촉했다. 수하는 서슴지 않고 그 자리에 들어가 초나라 사자의 윗자리에 앉아 말했다.

"구강왕은 이미 한나라에 귀속했습니다. 초나라가 어찌 병력을 출동시키라고 할 수 있겠습니까?"

영포는 깜짝 놀랐다. 초나라의 사자는 자리에서 일어났다. 그 틈을 놓치지 않고 수하는 영포를 설득하여 말했다.

"일은 이미 결정되었습니다. 초나라의 사자를 죽여 귀국하지 못하게 하고 급히 한나라로 달려가 협력하시는 것만이 최선의 방법입니다."

영포가 말했다.

"그대가 말하는 대로 이 기회에 군사를 출동시켜 초나라를 칠 수밖에 없겠소."

이에 초나라의 사자를 죽이고 군사를 출동시켜 초나라를 쳤다. 초나라는 항성(項聲), 용저(龍且)를 시켜 회남을 공격하게 하고 항왕은 머물러 있으면서 하읍(下邑)을 공격했다. 수개월이 걸려 용저가 회남을 쳐서 영포의 군대를 격파했다. 그래서 영포는 군대를 이끌고 한나라로 달려가고자 했으나 초나라 왕이 추격해 오는 것이 아닌가 하고 두려워 수하와 함께 샛길로 한나라로 돌아왔다.

한왕 3년 12월, 회남왕이 도착했을 때 한왕은 평상에 걸터앉아 발을 씻기고 있었는데 그 자세로 영포를 불러들여 인견했다. 영포는 매우 노하여 한나라에 온 것을 후회하고 자살할까도 생각했다. 그런데 물러나와 숙사에 도착하니 휘장과 의복, 음식, 시중드는 사람들까지 한왕의 거처와 같았으므로 영포는 자기가 바라던 것보다 과분한 대우에 기뻐했다.

영포는 곧 구강에 사람을 잠입시켰다. 그때 초나라는 항백(項伯)을 시켜 구강의 군대를 수중에 넣고 영포의 처자를 모두 죽인 뒤였다. 영포의 사자는 영포의 옛 친구나 총신(寵臣) 등을 꽤 많이 찾아 수천 명의 무리를 이끌고 한나라로 들어왔다. 한나라는 영포에게 더 많은 군대를 나누어 주고 북쪽으로 함께 군대를 거두어 모으면서 성고에 도착했다.

4년 7월에 한왕은 영포를 회남왕으로 세우고 항적을 공격했다.

한 5년에 영포는 구강에 사자를 잠입시켜서 몇 현을 공략하게 했다.

한 6년, 경포는 유가(劉賈 : 고조의 친척으로 뒤에 荊王에게 발탁됨)와 함께 구강에 들어가 초나라의 대사마(大司馬 : 軍의 최고 장관)인 주은(周

殷)을 설득했다. 주은은 초나라를 배반하고 드디어 구강의 군대를 전부 동원하여 한나라와 함께 해하(垓下)에서 초나라를 격파했다.

항적이 죽고 천하가 평정되자 주상(主上 : 漢王)이 주연을 베풀었다. 이때 주상은 수하의 공로를 깎아내리면서 말했다.

"수하는 썩어 빠진 선비다. 천하를 다스리는 데 어찌 썩은 선비를 쓸까보냐?"

수하가 꿇어앉아 물었다.

"대체 폐하께서 군대를 이끌고 팽성을 치고 초나라 왕이 미처 제나라를 떠나지 않았을 때 보병 오만 명과 기병 오천 명을 출동시켜 회남을 공략할 수 있었겠습니까?"

주상이 대답했다.

"그야 할 수 없었지."

그러자 수하가 말하기를,

"폐하께서는 그때 이 수하를 시켜서 이십 명과 함께 회남에 가게 하셨습니다. 신이 회남에 이르러 폐하의 뜻대로 일을 진행시켰습니다. 이것의 공적은 보병 오만과 기병 오천 명보다 낫다고 할 수 있습니다. 그런데 폐하께서는 '수하는 썩어 빠진 선비다. 천하를 다스리는 데 어찌 썩은 선비를 쓸 수 있겠는가?'라고 말씀하심은 무슨 까닭이십니까?"

라고 했다. 주상께서 말씀하시기를,

"내가 장차 그대의 공을 고려해 보지."

라 하고 이에 곧 수하를 호군중위(護軍中尉 : 軍의 감독관)로 임명했다.

영포는 마침내 부절을 하사받아 회남왕이 되고 육(六)에 도읍했다. 구강(九江), 여강(廬江), 형산(衡山), 예장(豫章)의 모든 군은 영포에게 속했다.

한왕 6년[385]에 회남왕은 진(陳)에서 입조했다.

8년에는 낙양에서 배알했다.

9년에는 장안에서 입조했다.

11년에 고후(高后)가 회음후(淮陰侯 : 韓信)를 주살하니 영포는 그로 인하여 마음속으로 두려워했다. 여름에 한나라는 양왕(梁王) 팽월을 주살하여 소금에 절이고 그것을 그릇에 담아 제후들에게 널리 내려 주었다. 그것이 회남왕에게도 도착했을 때 마침 사냥을 하러 나가려다 소금에 절인 고기를 보고 몹시 두려워했다. 그래서 몰래 사람을 시켜 군대를 정비하고 이웃 고을의 동정을 살피면서 위급한 사태에 대비하게 했다.

때마침 영포가 사랑하는 애첩이 병이 들어 의원에게 치료를 받게 되었다. 의원의 집은 중대부(中大夫 : 왕궁의 고문관)인 비혁(賁赫)의 집 맞은편에 있었는데 애첩은 의사의 집에 자주 드나들었다. 비혁은 자기가 영포의 시중(侍中 : 벼슬 이름)이었다는 이유로 애첩에게 후하게 선물을 바치고 의원의 집에서 술자리를 함께 했다.

어느 날 애첩이 왕을 모시다가 무슨 말을 하던 끝에 비혁을 온후한 인물이라고 ― 원문은 '長者' ― 칭찬했다. 왕은 노하여,

"너는 어디서 그를 알게 되었느냐?"

라고 물으니 첩은 자세한 사정을 이야기했으나 왕은 그 두 사람이 밀통한 것이 아닌가 의심했다. 비혁이 두려워하여 병이 들었다며 나오지 않자 왕은 더욱 노하여 비혁을 체포하려고 했다.

비혁은 왕이 배반하려 한다고 고하기 위해 역마를 타고 장안으로 향했다. 영포는 사람을 시켜 뒤를 쫓게 했으나 미치지 못했다. 비혁이 장안에 이르자 이렇게 고변(告變)했다.

"영포에게는 모반을 꾀하는 조짐이 있습니다. 일이 아직 드러나기 전에

---

385) 원문은 '七年'. ≪史記≫ 高祖本紀에 의하면 6년에 제후를 陳에 집합시킨 것으로 되어 있어 6년으로 고쳤다.

죽이는 게 좋겠습니다."

주상이 그 글을 읽고 상국(相國 : 蕭何)에게 상론하니 상국이 말했다.

"영포가 모반할 사람이라고는 생각지 않습니다. 아마 영포에게 원한을 품고 있는 자가 무고하는 것 같습니다. 비혁을 옥에 가두고 사람을 보내 회남왕의 동정을 살펴보게 하십시오."

회남왕 영포는 비혁이 죄를 짓고 도망한 데다 고변의 상소를 올렸다는 말을 듣고 자신의 비밀을 밀고했을 것이라고 의심하던 차였다. 그런데 한나라의 사자가 와서 자못 엄격히 사찰하는 바가 있으므로 비혁의 일족을 멸족시키고 군대를 동원하여 한나라에 반기를 들게 되었다. 모반을 보고하는 글이 주상에게 올라가니 주상은 곧 비혁을 석방하여 장군으로 임명했다. 그리고 여러 장군들을 불러 물었다.

"영포가 배반했다. 어떻게 했으면 좋겠는가?"

모두 말하기를,

"군대를 동원하여 그놈을 구덩이에 묻을 뿐입니다. 그놈이 무엇을 할 수 있겠습니까?"

라고 했다. 여음후(汝陰侯) 등공(滕公)이 초나라의 영윤(令尹 : 재상)이었던 사람을 불러 이 일에 대해서 물으니 영윤은 이렇게 대답했다.

"그가 배반하는 것은 당연한 일입니다."

등공이 물었다.

"주상께서 땅을 나누어 주어 영포를 왕으로 봉했으며, 벼슬을 나누어 주어 존귀한 신분으로 만드셨다. 그 덕택에 영포는 남면하여 대국의 군주가 되었는데 모반하는 것은 무엇 때문인가?"

---

386) 팽월이 죽임을 당한 것은 10년, 한신이 죽임을 당한 것도 10년. 원문에서는 '往年'·'前年'으로 표현을 바꾸고 있지만 동일한 것이다.

"한나라는 전날에 팽월을 죽이고 또 전년에는 한신을 죽였습니다.[386] 이 세 사람은 같은 공을 세워서 한 몸과 같습니다. 그래서 영포는 자신에게도 화가 미칠 것이 두려워 모반한 것입니다."

등공이 그 말을 주상에게 아뢰었다.

"신의 빈객 중에 설공(薛公)이라는 본래 초나라의 영윤이었던 자가 있는데 그는 계책을 세우는 일에 뛰어난 자이니 한번 물어보시는 것이 좋겠습니다."

주상이 곧 설공을 불러 인견하여 물으니 이렇게 대답했다.

"영포가 배반하는 것을 괴이하게 여기실 것은 없습니다. 만약 영포가 상계(上計)를 택한다면 산동(山東)은 한나라의 소유가 되지 못할 것입니다. 중계(中計)를 택한다면 승패의 확률은 알 수 없습니다. 하계(下計)를 택한다면 폐하께서는 베개를 높이하시고 편안히 주무실 수 있습니다."

주상이 말했다.

"무엇을 상계라고 하는가?"

"동쪽으로 오나라를 취하고 서쪽으로 초나라를 취하며, 제나라를 병합하고 노나라를 탈취한 뒤에, 연나라와 조나라에 격문을 전하여[387] 그곳을 굳게 지킨다면 산동은 한나라 소유가 되지 못할 것입니다."

"무엇을 중계라고 하는가?"

"먼저 동으로 오나라를 취하고 서쪽으로 초나라를 취합니다. 그런 다음 한(韓)나라를 병합하고 위(魏)나라를 취하며, 오유(敖庾 : 敖는 成皐 부근의 산 이름. 秦이 이곳에 군량을 비축했다. 庾는 野天의 쌀 창고)의 양곡

---

387) 吳王은 高祖 일족인 劉賈. 楚王은 韓信이 모반한 뒤 나라를 받은, 高祖의 아우인 劉交. 齊王 은 高祖의 아들인 劉肥. 魯는 당시 楚에 포함되었다. 燕王은 盧綰으로 마침내 모반한다. 趙 王은 모반의 허물로 폐위된 張敖 대신 왕이 된 高祖의 아들인 劉如意. 이 나라들을 합하면 東中國을 북에서 남까지 제압한 것이 된다.

을 확보하고 성고(成皐)의 어귀를 막는다면[388] 승패의 확률은 알 수 없습니다."

"무엇을 하계라고 하는가?"

"동으로 오나라를 취하고 서쪽으로 하채(下蔡 : 安徽省)를 취하여, 군용 물자를 월(越)나라에 돌리고 자신은 장사(長沙)로 돌아간다면[389] 폐하께서는 베개를 높이고 편안히 주무실 수 있고 한나라는 무사하게 될 것입니다."

"이러한 계책 중 영포는 어느 계책을 택할 것 같은가?"

"하계를 택할 것입니다."

"상계, 중계를 버리고 하계를 택하는 이유가 무엇인가?"

"영포는 본디 여산(驪山) 죄수의 무리입니다. 자력으로 군주의 지위를 얻었으나 이것은 다 자신의 욕심 때문에 한 일이며 장래를 염려하고 백성 만세의 이익을 위하여 한 일은 아닙니다. 그런 까닭에 하계를 택할 것이라고 말씀드리는 것입니다."

그랬더니 주상께서는,

"좋은 계책이로다."

말하고 설공을 천호(千戶)의 읍에 봉했다. 그런 다음 황자(皇子) 장(長)을 세워 회남왕으로 삼았다. 그리고 주상은 친히 군사를 영솔하여 동쪽으로 가서 영포를 공격했다. 영포는 모반할 당시 그의 장수들에게 말하기를,

"주상은 이미 늙어서 전쟁을 싫어하니 틀림없이 몸소 공격해 오지는 않을 것이고 아마도 장군들을 보내게 될 것이다. 장군들 가운데에는 회음

---

388) 韓·魏라고 하여 전국의 왕국 이름을 썼으나 당시는 다른 왕국에 속해 있었다. 五倉은 秦 이래의 식량 창고. 이 중책은 東中國의 중앙 지대를 제압하고 특히 서쪽의 漢과 접촉하는 지역을 중시하는 꾀.
389) 이 꾀는 東中國 전체를 지배하려는 上策이나 漢과 결전하려는 中策과는 달리 남방 揚子江 연안의 세력 범위를 굳히려는 소극적인 책략이다.

(淮陰 : 韓信)과 팽월(彭越) 두 사람만이 근심될 뿐인데 그들은 이미 다 죽었다. 그 밖의 사람들로 두려워할 만한 자는 없다."

라고 했다. 그래서 모반을 했던 것인데 설공이 예측한 대로 영포는 동쪽의 형(荊)을 쳤다. 그러자 형왕(荊王) 유가(劉賈)는 패하여 달아나다 부릉(富陵 : 安徽省)에서 죽었다. 영포는 형 땅의 군대를 협박하여 모두 빼앗아 인솔하고 회수(淮水)를 건너 초나라를 공격했다. 초나라는 군대를 동원하여 서(徐), 동(僮 : 江蘇省)에서 합전(合戰)하고 군대를 셋으로 나누어 서로 구원하면서 기이한 꾀로 기습 작전을 벌이고자 했다. 어떤 사람이 초나라의 장수에게 이렇게 말했다.

"영포는 용병술이 뛰어나 백성들이 그를 두려워합니다. 게다가 병법에는 '제후가 자기의 영토 내에서 싸우는 것을 산지(散地 : 집과 고향이 가깝기 때문에 사병들이 도망가고 흩어지기 쉬운 땅)라고 한다.' (《孫子》 九地篇에 있는 글)고 했습니다. 지금 우리 군대는 셋으로 나뉘어 있어 만일 적이 한쪽 군대를 격파하면 나머지 두 군대는 모두 달아날 것입니다. 어떻게 서로 구원할 수 있겠습니까?"

초나라 장수는 이 말을 듣지 않았다. 아니나 다를까 영포가 초나라의 한 군대를 격파하니 나머지 두 군대는 흩어져 달아났다.

영포는 드디어 기현(蘄縣)의 서쪽 회추(會甀)에서 주상의 군대와 만났다. 영포의 군사는 비상한 정예병들이었다.

주상은 용성(庸城)에 성벽을 쌓고 그 위에서 영포의 군대를 멀리 바라보니 포진법(布陣法)이 항적의 그것과 흡사했다. 주상은 그것을 미워하여 영포에게 물었다.

"무엇이 괴로워서 모반했는가?"

영포가 대답하기를,

"황제가 되고 싶을 따름이오."

라고 했다. 주상은 크게 노하여 영포를 몹시 꾸짖고 드디어 큰 싸움이 벌어졌다. 영포의 군사는 회수를 건너가 싸웠으나 불리하여 겨우 백여 명의 군사와 함께 강남(江南)으로 달아났다.

영포는 본래 파군(番君)과 인척 관계였으므로 장사(長沙)의 애왕(哀王 : 番君의 아들)[390]은 사람을 보내 거짓으로 영포와 함께 월(越)나라로 도망하자고 꾀었다. 영포는 그 말을 믿고 그를 따라 파양(番陽)까지 동행했는데 파양 사람들이 자향(玆鄕)의 농가에서 영포를 죽였다. 한나라는 경포를 멸망시켰다.

주상은 황자(皇子) 장(長)을 회남왕으로 삼고 비혁을 봉하여 기사후(期思侯)라 했다. 또 여러 장수들도 그 공적에 따라 봉후(封侯)가 되었다.


태사공은 말한다.

"영포는 그 조상이 ≪춘추(春秋)≫[391]에 기록된 바 '초나라가 영(英), 육(六)을 멸하다.'고 했는데 영씨(英氏)로서 고요(皐陶 : 舜임금의 신하)[392]의 자손이었던 것이 아니었을까? 몸에 형벌을 받았는데도 어떻게 그리 빨리 흥융(興隆)할 수 있었을까?

항씨(項氏 : 項羽)가 구덩이에 묻어 죽인 사람은 천만을 헤아릴 정도였는데 영포가 항상 그 포악한 학살을 행한 괴수였으며 전공 또한 제후들 중에서 으뜸이었다. 그렇기에 왕이 될 수 있었으나 자신도 세상이 내리는 정

---

390) ≪史記≫ 漢興 이래 諸侯王年表에 의하면 당시 왕은 吳芮 사후에 즉위한 그의 아들 成王으로 이름은 臣이다. 哀王(이름은 回)이 즉위한 것은 成王의 사후, 즉 孝惠帝 2년이다.

391) ≪春秋≫는 孔子가 편찬했다고 하는 魯나라를 중심으로 한 春秋時代의 연대기. 文公 5년 가을 조항에 '楚의 사람 六을 멸함.'이라고 했다.

392) ≪史記≫ 夏本紀에 '皐陶의 후예 英六을 봉함.'이라고 되어 있으며 고요는 전설상의 聖天子 舜의 공신이었다. 이와 같이 가계가 불분명한 것까지 무리하게 선조를 유추하는 것은 司馬遷 특유의 버릇이다. 특히 미천한 자에 대해서는 더욱 그러하다.

당한 살육을 면치 못했던 것이다.[393)

   화의 발단은 애첩으로 인하여 생기고 질투는 우환을 낳아 마침내 나라
도 망하게 되었다."

---

393) 이 부분은 도덕적인 因果 關係를 설명하려 하고 있다. 司馬遷 사상의 특징 중 하나다.

# 제32 회음후열전(淮陰侯列傳)

　회음후(淮陰侯) 한신(韓信)은 회음(淮陰) 사람이다. 무명의 서민이었을 때 집이 가난한 데다 선행(善行)이 없었다. 그래서 추천을 받을 수 없어 관리가 되지도 못했고 또 장사를 하여 생계를 이어나갈 재간도 없었다. 항상 남에게 얹혀 얻어먹는 신세였기에 그를 싫어하는 사람이 많았다.

　한신은 예전에 하향(下鄕 : 회음의 屬縣)의 남창(南昌) 정장(亭長)[394]의 집에서 자주 기식(寄食)을 했는데 수개월씩이나 머무른 적도 있었다. 화가 난 정장의 아내가 한신을 귀찮게 여기다 아침 일찍 밥을 지어 이불 속에서 먹어 치웠다. 끼니때가 되어 한신이 가도 음식 준비를 하지 않자 한신도 그 뜻을 눈치 채고 노하여 절교해 버렸다.

　한신이 회음성 아래 회수에서 낚시질을 하고 있는데 때마침 노파들이 물가에서 무명을 바래고 있었다. 그중의 한 노파가 굶주린 한신의 모습을 보고 밥을 주었다. 이런 일이 무명을 바래는 일이 끝나는 수십 일 동안이나 계속되었다. 한신은 고맙게 여겨 표모(漂母 : 빨래하는 여자)에게 말했다.

　"내가 언젠가는 반드시 후하게 이 은혜를 갚으리다."

　그러자 그 표모가 성내며 말했다.

　"대장부가 자기 입에 풀칠도 못하는 주제에 무슨 말을 하는 거요. 내가 왕손(王孫)을 가엾게 여겨 밥을 드렸을 뿐이오. 어찌 보상을 바라겠소?"

　회음의 도살자들 중에 젊은이 한 사람이 한신을 업신여겨 말하기를,

　"너는 덩치가 크고 즐거이 큰 칼을 차고 있기는 하나 실상 속마음은 겁

---

394) 秦의 제도에서는 부락의 최소 단위가 里로, 10里가 1亭, 10亭이 1鄕이었다. 淮陰郡에 下鄕이라는 고을이 있고 그 밑에 南昌이라는 亭이 있었다. 亭長은 그 亭을 돌보는 사람으로, 말하자면 村長.

쟁이일 것이다."

하며 여럿이서 그를 모욕하였다.

"이봐, 한신! 죽고 싶거든 나를 칼로 찔러라. 네가 죽을 수 없거든 나의 바짓가랑이 밑으로 기어가라."

한신은 그를 물끄러미 바라보다가 머리를 숙이고 배를 땅바닥에 깔고 엎드려 그의 가랑이 밑으로 기어서 빠져나갔다. 그랬더니 시중의 사람들 모두 한신을 조소하고 겁쟁이라 했다.

항량(項梁)이 회수를 건널 때 한신은 칼을 지팡이 삼아 그를 쫓아가 휘하에 들어갔으나 이름은 알려지지 않았다. 항량이 패하자 항우(項羽)에게 귀속했다. 항우는 한신을 낭중(郎中 : 궁중의 경계 호위를 맡는 하급관리)에 임명했다. 한신은 항우에게 계책을 자주 올렸으나 항우는 받아들이지 않았다.

한왕(漢王)이 촉(蜀 : 四川省)에 들어가자 한신은 초나라(項羽)에서 도망쳐 한나라에 귀순했다. 그러나 역시 이름이 알려지지 않았고 연오(連敖 : 빈객 접대 담당)에 임명되었을 무렵 법에 걸려 참수형을 받게 되었다. 그들 중 열세 명의 목이 잘리고 한신의 차례가 되었다. 한신이 고개를 드니 때마침 등공(滕公 : 夏侯嬰)이 보이므로 다음과 같이 말했다.

"주상(主上 : 漢王)께서는 천하의 대업을 성취하기를 바라지 않으십니까? 어찌하여 장사를 베어 죽이십니까?"

등공은 그의 말을 비범하다고 인정하고 그의 기상을 장하게 여겨 죽이지 않고 석방하였다. 그리고 한신과 함께 이야기해 보고는 매우 기뻐하며 한왕에게 아뢰었다. 한왕은 한신을 치속도위(治粟都尉)[395]로 임명했으나 그다지 비범한 인물이라고는 여기지 않았다.

---

395) 식량을 관리하는 장교.

한신은 소하(蕭何)와 더불어 자주 이야기했다. 소하는 한신이 뛰어난 인물이라는 것을 알았다.

한왕이 한중(漢中)의 땅인 남정(南鄭)에 도읍하기로 하여[396] 군사들을 이끌고 그곳에 이르니 행군하는 도중에 도망가는 여러 장수들이 수십 명이나 되었다. 한신도 '소하 등이 자주 나를 추천했으나 주상이 나를 등용하지 않는다.'고 하여 곧 도망했다.

소하는 한신이 도망했다는 말을 듣자 그 사실을 주상에게 보고하지 않고 몸소 한신의 뒤를 쫓았다. 그러자 어떤 사람이 주상에게,

"승상 소하가 도망했습니다."

라고 했다. 주상은 몹시 노하였으며 양팔을 잃은 것처럼 실망했다. 며칠 뒤 소하가 돌아와 주상을 뵈니 한편으로는 노엽고 한편으로는 기뻐 소하를 꾸짖었다.

"그대가 도망을 치다니 무슨 일이오?"

소하가 말했다.

"도망을 간 것이 아닙니다. 도망한 자를 붙잡으려고 뒤쫓아갔던 것입니다."

"그대가 뒤쫓아갔던 자는 누구요?"

"한신입니다."

주상은 또 다시 꾸짖어 물었다.

"여러 장수들 중에서 도망한 자가 십여 명이나 되는데도 그대는 뒤쫓아간 일이 없었소. 한신을 뒤쫓아갔다는 것은 거짓말이 아니오?"

"다른 장수들 같은 인물은 얼마든지 얻을 수 있습니다. 그러나 한신과

---

396) 南鄭은 高祖의 도읍이었다. 그곳에 도착한 것은 漢의 원년 4월로, 그의 부하들은 동방 출신자가 많았으므로 고향을 생각하고 도망하는 일이 많았다.

같은 인물은 나라 안에 다시없습니다. 주상께서 장차 한중의 왕으로 길이 만족하신다면 한신을 문제 삼을 필요가 없습니다. 그렇지만 천하를 다투기를 바라신다면 한신이 아니고서는 일을 함께 계책할 사람이 없습니다. 주상의 방책이 어느 쪽에 있는가에 달려 있습니다."

"나는 동쪽으로 진출하고자 하오. 그래서 천하를 다투고 싶소. 어찌 답답하게 여기 오래 머물러 있겠소?"

"왕께서 꼭 동쪽으로 진출하고자 하신다면 한신을 등용하십시오. 그리하신다면 한신은 이곳에 머무를 것입니다. 쓰지 않으신다면 한신은 도망할 것입니다."

"그대의 체면을 생각해서 한신을 장군으로 임명하겠소."

"장군으로 임명하더라도 한신은 머무르지 않을 것입니다."

"그러면 대장으로 삼겠소."

소하가 말하기를,

"매우 다행한 일입니다."

라고 했다. 이에 한왕은 한신을 불러 대장으로 임명하고자 했다. 그러자 소하가 말했다.

"왕께서는 오만하고 무례하십니다. 지금 한 나라의 대장을 임명하시는데도 마치 어린아이를 부르는 것처럼 하시니 이런 점 때문에 한신이 도망하려는 것입니다. 왕께서 그를 크게 쓰고자 하신다면 좋은 날을 택하여 목욕재계하시고 예를 갖추어 부르시는 것이 옳습니다."

왕이 이를 허락하고 준비를 하자 여러 장수들이 기뻐하며 각기 자신이 대장이 될 것이라고 생각했다. 그런데 대장을 임명하는 마당에 이르니 곧 한신이었다. 모든 군대가 놀랐다.

한신이 임명식을 마치고 자리에 오르자 왕이 물었다.

"숭상이 장군을 자주 추천했소. 장군은 무슨 계책을 가지고 과인을 가르치려 하오?"

한신은 사은(謝恩)하고 이어 왕에게 물었다.

"지금 동쪽으로 향하여 천하의 대권을 다툴 상대자는 항왕(項王 : 項羽)이 아니겠습니까?"

"그렇소."

"대왕께서 스스로 생각하시기에 용감하고 사납고 어질고 강하다는 점에서 항왕과 비교하여 누가 더 낫다고 생각하십니까?"

한왕은 오랫동안 묵묵히 있다가 말했다.

"내가 항왕만 못하오."

한신은 두 번 절하여 축복하며 말했다.

"예, 그렇습니다. 한신 또한 대왕께서 그만 못하다고 생각합니다. 그러나 신은 예전에 항왕을 섬긴 적이 있으므로 항왕의 사람됨을 말씀드려 보겠습니다. 항왕이 노하여 큰소리로 꾸짖으면 천 사람이 다 엎드립니다. 그러나 어진 장수를 신임하고 위촉하지 못하니 그것은 다만 필부의 용기일 따름입니다.

항왕은 사람을 대하는 태도가 공손하고 자애롭고 말씨도 부드럽습니다. 남이 병이 들면 울면서 자신이 먹고 마시는 것을 나누어 줍니다. 그런데 자기가 부리는 사람에게 공이 있어서 마땅히 봉작(封爵)해야 할 경우 봉작의 인장을 줄 생각은 하면서도 인장 모서리가 닳아 없어질 정도로 만지작거리기만 할 뿐 얼른 내주지 못합니다. 그러니 이른바 '부녀자의 인(仁)'일 뿐입니다.

항왕은 천하의 패자로서 비록 제후들을 신하로 대하나 관중(關中 : 秦나라의 옛 땅)에 있지 않고 팽성에 수도를 정하고 있습니다. 또 의제(義帝)와의 약속을 저버렸으며, 자신의 사사로운 정으로 제후를 왕으로 삼았으니 그 처사가 불공평했습니다. 제후들은 항왕이 의제를 강남으로 쫓아

보낸 것을 보고 모두 돌아가서 각기 옛 임금을 내쫓고 좋은 땅의 왕이 되었습니다.

또 항왕의 군대가 지나간 곳은 잔혹한 학살이 없었던 곳이 없어 세상 사람들 중에는 항왕을 원망하는 자가 많으며 백성들은 친밀하게 심복하지 않고 다만 항왕의 위엄과 강세에 위압되어 있을 뿐입니다.

그러므로 이름은 비록 패자라고 하지만 실은 천하 사람들의 마음을 잃고 있습니다. 그러니 그의 위세는 날로 약해지기 쉽습니다.

이제 대왕께서 진실로 항왕의 방법과는 반대로, 천하의 용맹한 자를 믿고 일을 맡기신다면 정복당하지 않을 적이 있겠습니까? 그리고 천하의 성읍을 공신에게 봉하여 주신다면 마음으로 복종하지 않을 자가 있겠습니까? 전쟁의 명분을 바르게 세워 동방으로 돌아가려는 장사를 거느리시게 되면 패전하여 달아나지 않을 적이 어디 있겠습니까?

그리고 삼진(三秦)[397]의 왕이 되었던 장한(章邯), 사마흔(司馬欣), 동예(童翳)는 진(秦)나라의 장군이 되어 진나라 사람들의 자제를 이끌고 다닌 지가 수년, 그 사이에 죽이거나 멸망시킨 것은 이루 다 헤아릴 수 없을 정도입니다. 또 항왕은 수많은 부하를 속이고 제후에게 항복했습니다만 신안(新安)에 이르렀을 때에는 진나라에서 항복해 온 군사 이십만여 명을 속여 구덩이에 묻어 죽였습니다.

그때 오직 장한, 사마흔, 동예만이 탈출했습니다. 그들 세 사람에 대한 진나라 부형(父兄)들의 원망은 골수에 사무칩니다. 지금 초나라는 강력한 위력을 가지고 이 세 사람을 왕으로 삼고 있습니다만 진나라 백성들 중에 이 세 사람에게 호감을 가지고 있는 자는 아무도 없습니다.

---

397) 項羽는 항복한 秦의 세 장수를 전의 秦을 3분하여 왕으로 삼았다. 그것을 삼진이라고 한다. 서쪽의 漢王에 대한 제어책이었던 셈이다.

그렇지만 대왕께서는 무관(武關)에서 관중(關中)으로 들어실 때 추호도 백성을 해치신 일이 없으며 가혹한 법을 폐지하셨습니다. 진나라 백성들에게 법삼장(法三章)[398]만을 약속하셨고 그들 중에는 대왕께서 진나라의 임금이 되는 것을 원하지 않는 자가 없었습니다. 제후들 사이의 약속에 의하면 당연히 대왕께서 관중의 왕이 되셔야 했습니다.(관중에 먼저 들어가는 자가 왕이 된다는 것이 제후들 사이의 약정이었다.) 관중의 백성들도 이 사실을 다 알고 있습니다.

그래서 항왕으로 인해 대왕께서 정당한 직분을 잃고 한중으로 들어가시니 진나라 백성들은 모두 한탄하지 않을 수 없었습니다. 이러한 사정이기에 지금 대왕께서 군대를 이끌고 동으로 나아가신다면 삼진은 격문을 전하는 것만으로도 평정할 수 있을 것입니다."

한왕은 매우 기뻐하며 한신을 쓰게 된 것이 너무 늦었다고까지 생각했다. 그래서 드디어 그의 계책을 들어 장군들이 공격할 때 맡아야 할 임무를 정했다.

한왕 원년 8월, 한왕은 군대를 동원하여 동쪽의 진창(陳倉)에 출격하여 삼진을 평정했다.

한왕 2년에 함곡관을 나와서 위나라 황하 이남의 땅을 평정하니 한왕(韓王), 은왕(殷王) 등이 다 항복했다. 또한 제나라와 조나라 군대와 합력하여 초나라를 공격했다.

4월에 팽성에 이르렀으나 한나라의 군대가 패하여 흩어졌다. 한신은 흩어진 군대를 다시 수습하여 한왕과 형양(滎陽 : 河南省)에서 만나 초나라 군대를 또 쳐서 경(京)·색(索 : 모두 河南省) 사이에서 격파했다. 그로 인

---

398) 高祖는 秦을 점령하자 백성들에게 약속하여 사람을 죽인 자는 사형, 사람에게 상해를 입힌 자와 도둑질한 자는 처벌한다는 3개조의 법률을 시행하고 그 전 秦의 엄격한 법률을 폐지했다.

하여 초나라 군대는 서쪽으로 진출할 수 없게 되었다.

한나라의 군대가 팽성에서 후퇴하니 새왕(塞王) 사마흔(司馬欣)과 적왕 (翟王) 동예(童翳)는 한나라에서 도망하여 초나라에 항복했다. 제나라와 조나라도 한나라를 배반하고 초나라와 화친했다.

6월에는 위(魏)나라 왕 표(豹)가 어머니의 병을 돌보겠다는 구실로 휴가를 얻어 돌아가더니 도착해서는 곧바로 하관(河關 : 山西省에 있는 황하의 蒲津關)의 교통을 끊고 한나라를 배반하여 초나라와 화친을 약정했다. 한나라 왕은 역생(酈生)을 시켜 표를 설득했으나 표는 굴복하지 않았다.

그해 8월에 한신을 좌승상으로 임명하고 위나라를 공격했다. 위왕은 포판(蒲坂 : 山西省)에 군대를 많이 배치하여 대안의 임진(臨晉 : 섬서성)으로부터 이어지는 수로를 폐쇄했다. 그러자 한신은 더욱 많은 군대가 있는 것처럼 거짓으로 꾸며 보이고 배를 이어 임진을 건너가는 것처럼 가장하였으나 실은 군사를 숨겨서 나무통에 물을 담아 여러 개를 한 줄로 묶어 띄우고 그 위에 판자를 깔아 군사를 건너게 하여 하양(夏陽)으로부터 안읍(安邑 : 魏나라의 옛 도읍)을 기습했다.

위왕 표는 놀라 군대를 이끌고 한신을 맞아 싸웠으나 한신은 드디어 위왕 표를 포로로 하고 위나라를 평정하여 하동군(河東都)으로 삼았다. 한왕은 장이(張耳)를 파견하여 한신과 함께 군사를 이끌고 동북으로 나아가 조(趙), 대(代)를 공격하게 했다. 윤구월(閏九月)에 대의 군사를 격파하고 알여(閼與 : 山西省)에서 하열(夏說 : 代의 재상)을 사로잡았다.

한신이 위나라를 항복시키고 대를 격파하자 한왕은 사자를 보내 정병을 거두어 형양에 가서 초나라를 막으라고 명했다.

한편 한신과 장이는 군사 수만을 이끌고 동쪽으로 가서 정형(井陘 : 河北省)으로 내려가 조나라를 치려고 했다. 조나라 왕과 성안군(成安君) 진여(陳餘)는 한나라 군사가 당장 쳐들어온다는 말을 듣고 군사를 정형으로 집결시켰는데 병력이 이십만이었다. 광무군(廣武君) 이좌거(李左車)가 성안군에게 말했다.

"들은 바에 의하면 한나라 장군 한신은 서하(西河 : 黃河)를 건너 위나라 왕을 사로잡고 하열을 포로로 했으며 또 알여에서 적의 피를 밟고 싸웠다고 합니다. 그리고 지금 장이를 보좌로 삼아 서로 의논하여 조나라를 쳐부수려 하고 있습니다. 승세를 타고 나라를 떠나 먼 타국에서 싸우니 당연히 그 예봉은 당해 낼 수가 없는 것입니다.

그런데 저는 '천 리 먼 곳에서 군량을 공급하게 되면 수송이 곤란한 탓에 싸우는 군사의 얼굴에 굶주린 빛이 나타나게 되고 땔나무를 베고 풀을 베어 와야 밥을 짓게 되면 군사들은 배불리 식사할 수 없다.' 는 말을 들었습니다.

지금 정형의 길은 협소하여 두 대의 수레가 나란히 지나갈 수 없고 기마도 열을 지어 갈 수 없습니다. 이렇게 험난한 보급선이 수백 리나 이어지면 당연히 물자 보급이 늦어지고 주력부대의 훨씬 후방에 있게 됩니다.

바라옵건대 삼만의 기습 부대를 저에게 빌려 주십시오. 저는 샛길로 가서 그 보급로를 끊어 버리겠습니다. 상공께서는 도랑을 깊이 파고 보루를 높이 쌓아 굳게 지키되 적과 마주 싸우지는 마십시오. 그렇게 하면 적은 앞으로 나아가 싸우려 해도 싸울 수 없고 퇴각하려 해도 되돌아갈 수 없습니다.

저의 기습 부대가 적의 배후를 절단하여 적에게 약탈할 장소를 주지 않는다면 열흘도 못 가서 한신과 장이 두 장군의 목을 조나라 왕의 휘하에 들고 올 수 있습니다. 원컨대 저의 계책에 유의해 주십시오. 그렇게 하지 않으면 반드시 저 두 장군에게 사로잡히게 될 것입니다."

성안군은 유자(儒者)였다. 그래서 항상 의병이라고 일컬었으며 속임수나 기계(奇計)를 쓰는 일이 없었기 때문에,

"병법에는 '병력이 열 배가 되면 적을 포위하고 두 배가 되면 적극적으로 적과 싸우라.'(≪孫子≫ 謀攻篇)고 했습니다. 지금 한신의 군사는 수만이라고 하지만 실은 수천에 지나지 않소. 그것도 천 리 먼 곳에서 와서 우리를 치는 것이니 극도로 피로해 있을 것이오. 이러한 적을 피하며 치지 않는다면 후일 큰 적의 공격이 있을 경우에는 어떻게 대처하겠습니까? 일단 제후가 우리 나라를 비겁하다고 생각하게 되면 우리를 가볍게 보고 자주 칠 것입니다."

라고 말하며 광무군의 계책을 들어 주지 않았다. 한신은 간첩을 시켜 조나라의 동정을 살펴보게 했는데 광무군의 계책이 채용되지 않은 것을 간첩이 돌아와 보고하자 크게 기뻐하며 군사를 이끌고 정형의 좁은 길로 내려갔다.

정형의 어귀에서 삼십 리 떨어진 곳에 멈춰 숙영을 했다. 그리고 한밤중에 군대에 출동 명령을 내리면서 가볍게 무장한 기병 이천 명을 뽑아 모두에게 붉은 기 한 개씩 들리고 샛길로 나아가 산에 숨어서 조나라 군영을 바라보며 대기하라고 명한 후 다음과 같이 주의를 주었다.

"조나라는 우리 군대가 패주하는 것을 보면 반드시 누벽을 비워 두고 쫓아올 것이다. 그러면 너희들은 재빨리 조나라의 누벽에 침입하여 조나라 군대의 깃발을 뽑아 버리고 한나라의 붉은 기를 세우도록 하라. 그럼 오늘 조나라를 쳐부수고 다 같이 모여 배부르게 먹기로 하자."

하고 말했다. 장군들은 아무도 그 말을 믿지 않았지만 믿는 것처럼,

"알겠습니다."

하고 대답했다. 한신은 다시 군리(軍吏)에게 말했다.

"조나라 군대는 지리상 유리한 지점을 골라서 누벽을 쌓아 놓고 있다. 게다가 우리 대장의 깃발을 보지 않는 한 우리의 선진(先陣)을 공격하려고 하지 않을 것이다. 그것은 우리가 험난하고 막힌 지점까지 왔다가 도중

에 퇴각할지도 모른다고 생각하기 때문이다."

이리하여 한신은 일만 명을 선발하여 정형의 어귀를 나서서 강을 뒤로 진을 치게 했다. 멀리서 이것을 바라본 조나라 군대는 크게 웃었다.

날이 밝을 무렵 한신은 대장의 깃발을 앞세우고 북을 울리면서 진군하여 정형의 어귀로 나갔다. 조나라는 누벽을 열고 이를 공격했다. 잠시 격전을 벌인 다음 한신과 장이는 거짓으로 북과 깃발을 버리고 강가의 군진으로 도망을 쳤다. 강가의 군대는 진을 열어 이들을 맞아들이고 또 다시 격렬하게 싸웠다.

한신의 예상대로 조나라 군사는 누벽을 비워 두고 한나라의 북과 깃발을 차지하려고 앞을 다투어 한신과 장이를 추격했다. 그러다 한신과 장이가 강가의 군진으로 도망쳐 들어가니 한나라 군사는 필사적으로 반격하므로 도저히 격파할 수 없었다.

한편 한신이 내보냈던 기습 부대 이천 기(騎)는 조나라가 누벽을 비우고 한신과 장이를 추격하는 것을 확인하자 조나라의 누벽에 달려들어 조나라의 기를 전부 뽑아 버리고 한나라의 붉은 기 이천 개를 세웠다.

조나라 군사는 이기지도 못하고 한신 등을 사로잡을 수도 없었으므로 모두들 되돌아서서 누벽으로 돌아가려고 했다. 그런데 누벽에는 전부 한나라의 붉은 기가 꽂혀 있어서 크게 놀랐으며, 이미 한나라가 조왕의 장군들을 사로잡았으리라 생각하여 혼란에 빠진 군사들은 모두 도망치고 말았다. 조나라 장군이 이를 막으려고 도망치는 군사를 쫓아가 베어 죽였으나 이미 도망치는 것을 막을 수는 없었다.

이리하여 한나라 군사는 양편에서 조나라 군사를 공격하여 크게 쳐부수어 군사들을 포로로 하고 저수(泜水)가에서 성안군을 베어 죽이고 조나라 왕 헐(歇)을 사로잡았다.

이때 한신은 '광무군을 죽여서는 안 된다. 그를 생포하면 천 금을 주리라.' 하고 군중에 영을 내렸다. 그러자 광무군을 포박하여 그의 앞에 끌고 온 자가 있었다. 한신은 묶은 끈을 풀고 광무군을 동면(東面)하게 앉히고 자신은 서쪽을 향하여 마주앉아 그를 스승으로 모셨다.

장군들은 적의 목과 포로를 내놓으며 전승을 축하하면서 한신에게 물었다.

"병법에는 '산과 언덕을 오른편에 두거나 뒤에 두고 강과 연못은 앞에 두거나 왼편에 두어야 한다.' (≪孫子≫ 行軍篇)고 했습니다. 그런데 장군 께서는 그와 반대로 우리들에게 강물을 뒤에 두고 진을 치게 하시고 '조나라를 쳐부수고 모여서 같이 배부르게 먹자.' 고 말씀하셨습니다. 우리들은 납득이 가지 않았으나 결국 승리했습니다. 이것은 무슨 전술입니까?"

"이것도 병법에 있소. 생각건대 여러 장군들이 살펴보지 못했을 뿐이오. 병법에 '군사를 사지(死地)에 몰아넣은 연후에야 비로소 살게 되고 망하게 될 지경에 있게 해야 비로소 망하지 않고 존재한다.' (≪孫子≫ 九地篇)라는 말이 있지 않소? 더욱이 나는 사대부의 마음을 사려고 그들과 친한 것은 아니었소. 이 싸움은 이른바 '시장 바닥에 있는 사람들을 내몰아 싸움을 시키는 것' [399]과 같은 것이었소. 그러므로 형세상 그들을 몽땅 사지에 몰아넣어 자진해서 싸우게 하지 않고 그들이 살아 나갈 수 있는 곳에 있게 했다면 모두 달아났을 것이오. 그러면 어찌 그들을 쓸 수 있겠소."

그러자 여러 장군들이 탄복하여 말했다.

"옳은 말씀입니다. 저희들 생각으로는 따를 수 없는 일입니다."

또한 한신은 광무군에게 이렇게 물었다.

"나는 북쪽으로 연나라를 정벌하려 하는데 어떻게 해야 성공하겠습

---

399) ≪呂氏春秋≫ 簡選篇에 보이는 말로 ≪呂氏春秋≫와는 의미가 좀 다르지만 필시 당시의 속 담이었을 것이다.

니까?"

그러자 광무군은 사양하여 대답했다.

"저는 '패군의 장수는 용무(勇武)에 대해 말하지 아니하고 망한 나라의 대부는 국가 존립에 대해 도모할 수 없다.' 는 말을 들었습니다. 패망한 나라의 포로가 된 몸으로 어찌 큰일을 도모할 자격이 있겠습니까?"

이에 한신이 말했다.

"내가 듣기로 '백리해(百里奚)가 우(虞)에 있을 때에는 우나라가 망했고, 진(秦)나라에 있을 때에는 진나라가 제후국 가운데 패자가 되었다.' 고 합니다. 백리해가 우나라에 있을 때에는 어리석은 사람이었고 진나라에 가서는 지혜로운 자가 된 것이 아닙니다. 그것은 그를 크게 썼느냐 그렇지 아니했느냐는 것과, 그의 계책을 받아들였느냐 그렇지 않았느냐의 차이입니다. 만약 성안군이 공의 계략을 받아들였다면 내가 포로가 되었을 것입니다. 성안군이 공의 계략을 쓰지 않았기 때문에 지금 내가 공을 모시고 가르침을 청할 수 있게 된 것입니다."

이어 한신은 간청하였다.

"나는 정성을 다하여 공의 계략을 따를 것이니 부디 사양하지 마시고 말씀하십시오."

그러자 광무군이 말했다.

"저는 '지혜 있는 자도 천 번 생각하되 한 번 실수가 있는 것이고 어리석은 자도 천 번 생각하되 한 번은 득책(得策)이 있다.' 는 말을 들었습니다. 그러기에 '미친 사람의 말이라도 성인은 취할 것은 골라 취한다.' 고 했습니다. 저의 계책이 채택될 만한 것이라고 생각하지는 않으나 못난 저의 충성을 바쳐 말씀드리겠습니다.

저 성안군은 백전백승의 계책이 있으면서도 하루아침에 실패하여 그의 군사는 호(鄗 : 河北省)의 성하(城下)에서 패했고 그는 저수(低水)가에서 죽었습니다.

지금 장군께서는 서하(西河)를 건너 위나라 왕을 사로잡고 알여(關與)에서 하열(夏說)을 생포하시고, 일거에 정형(井陘) 땅으로 내려오셔서 하루 아침이 다하기도 전에 조나라의 이십만 대군을 격파하시고 성안군을 주살했습니다. 그래서 장군의 명성은 해내(海內)에 알려지고 그 위력은 천하에 떨쳐지고 있습니다.

농부들은 머지않아 나라가 망할 것이라고 생각하여 경작하는 괭이를 내던지고 아름다운 옷에 맛있는 음식을 먹으면서[400] 귀를 기울여 장군의 명령을 기다리고 있습니다. 이 같은 현실은 장군에게 유리한 점입니다.

그러나 장군의 병졸들은 지친 상태라 쓰기 어려울 지경입니다. 그런데 지금 장군께서는 싸움에 지친 병졸들을 이끌고 이들을 다시 연나라의 견고한 성 밑에서 시달리게 하려 합니다. 아마 싸우고자 해도 약한 힘으로 오래도록 적의 성을 공략할 수 없을 것이고 지쳐 있는 실정만을 밖으로 드러내어 형세는 날로 기울어질 것이며 헛되이 나날을 보내는 사이에 군량이 떨어지게 될 것입니다.

약한 연나라조차 굴복하지 않게 되면 제나라는 그 틈을 타서 반드시 국경의 방비를 튼튼히 하여 스스로 강화하는 방법을 강구하게 될 것입니다. 연나라와 제나라가 서로 버티면서 항복하지 않게 되면 유·항(劉·項 : 漢·楚)의 천하 대권 쟁탈은 누가 이길지 알 수 없게 됩니다. 이러한 것은 장군에게 불리한 점입니다.

이 유리한 점과 불리한 점을 살펴 볼 때 지금 당장 연나라·제나라를 친다는 것은 어리석은 저의 생각으로는 잘못이라고 생각합니다. 용병에

---

400) 농민이 밭을 갈지 않고 잘 먹기만 하며 논다는 것은 領主가 망하면 어찌 될지 알 수 없으므로 한때의 쾌락에 빠지는 것을 가리킨다.

능통한 사람이라면 아군의 불리한 점으로써 적의 유리한 입장을 공격하지 않고, 아군의 유리한 입장으로써 적의 불리한 경우를 공격하는 것입니다."

이 말을 듣고 난 한신이 물었다.

"그렇다면 어떤 계책을 써야 좋겠습니까?"

광무군은 다음과 같이 대답했다.

"지금 이 시점에서 장군을 위하여 생각하자면 전쟁을 억제하고 군사를 거두어 쉬게 하고 조나라의 민심을 진정시켜 다스리며, 그 지방 전몰자의 아들 딸들을 돌보아 주고 백 리 이내의 땅에는 매일같이 쇠고기와 술을 내어 사대부에게 향응하여 군사들에게 먹고 마시게 한 다음에 북쪽의 연나라로 향하게 하는 것보다 더 좋은 방법은 없습니다.

그렇게 한 후에 변사를 보내 간결한 편지를[401] 전해서 이쪽의 유리한 점을 연나라에 명백히 밝힌다면 연나라는 반드시 이쪽 말을 듣지 않을 수 없게 될 것입니다. 연나라가 그 말에 복종하게 되면 그때 다시 변사를 보내 동방의 제나라에 그 사정을 알립니다. 그러면 제나라도 반드시 세상 돌아가는 대로 복종할 것이며 지혜로운 자가 있다 할지라도 제나라를 위하여 어떤 계책을 써야 좋을지 모를 것입니다.

이와 같이 된다면 천하대사가 모두 뜻과 같이 될 것입니다. 병법에 '군사(軍事)는 본래 허세를 먼저 부리고 무력을 뒤로 한다.'고 한 것은 이러한 것을 두고 말한 것입니다."

"좋습니다."

하고 한신은 그의 계책을 따르기로 했다. 그리고 연나라로 사자를 보냈다. 그랬더니 연나라는 초목이 바람에 쓸리듯이 순순히 응했다. 이에 사자

---

401) 원문은 '咫尺之書'. 咫尺은 여덟 치. 당시의 편지는 보통 여덟 치 길이였다.

를 파견해 한나라 조정에 보고하고 장이(張耳)를 조나라의 왕으로 세워 조나라 백성들의 민심을 진정시키고 다스리게 하기를 청원했다. 한왕은 그 청원을 허락하여 장이를 조나라 왕으로 세웠다.

초나라는 여러 차례 기습 부대로 하여금 황하를 건너서 조나라를 치게 했다. 조나라 왕 장이와 한신은 여러 곳을 왕래하면서 조나라를 구원했다. 그리하여 가는 곳마다 조나라의 성과 읍을 평정하고 병사들을 징발하여 한나라의 부족한 병력을 보충했다.

초나라의 군대가 급습하여 형양에서 한왕을 포위했다. 한왕은 남쪽으로 빠져나가 원과 섭(宛과 葉 : 모두 河南省)의 중간에 이르러 경포(黥布)의 군대를 자기편으로 끌어들여 성고(成皐)로 달아났다. 그러자 초나라는 또 다시 급습하여 그곳을 포위했다.

6월에, 한왕은 성고를 빠져나와 동쪽으로 가서 황하를 건넜다. 그리고 는 등공과 함께 수무(脩武 : 河南省)에 있는 장이의 군대에 몸을 의지하고 자 그곳에 도착하여 여사(旅舍)에 숙박했다. 그리고 그 이튿날 일찍 스스로 한왕의 사자라 칭하고는 조나라 성안으로 달려 들어갔다. 그때 장이와 한신은 아직 잠자리에서 일어나지 않고 있었다. 한왕은 그들의 침실로 들어가 대장의 인부(印符)를 빼앗고 장수들을 소집하여 그들의 배치를 바꾸어 놓았다.

한신과 장이는 비로소 한왕이 와 있다는 것을 알고는 크게 놀랐다. 한왕은 그들 두 사람의 군대를 빼앗더니 곧 장이를 시켜 조나라 땅을 수비하게 하고 한신을 조나라의 재상으로 삼았다. 그리고 조나라 땅에서 아직 징발 당하지 않은 자들을 모아 제나라를 치게 했다.

한신이 군대를 인솔하여 동쪽으로 향해 평원진(平原津 : 山東省)에서 황하를 건너기 전이었다. 한왕이 역이기(酈食其 : 酈生)를 시켜 이미 제나라를 설득하여 제나라가 항복했다는 말을 듣고 한신은 공격하는 것을 중지

하려 했다. 그랬더니 범양(范陽 : 河北省의 定興) 출신의 변사 괴통(蒯通)이 한신에게 말하기를,

"장군은 왕의 명을 받들고 제나라를 치게 된 것입니다. 그런데 한나라에서 독단으로 밀사를 보내 제나라를 항복시켰습니다. 그것이 어찌 왕명을 내려 장군에게 제나라 정벌을 중지하라는 것이 되겠습니까? 장군에게 제나라 정벌을 중지하라는 조서가 있었습니까? 그런데 어떻게 가시지 않을 수 있겠습니까?

역생은 일개 선비로서 수레의 횡목(橫木)에 의지하고 가서 세 치밖에 되지 않는 혀를 놀려 제나라의 칠십여 성을 항복시켰습니다. 그런데 장군께서는 수많은 군사를 이끌고 1년여 걸려 겨우 조나라의 오십여 성을 항복시킨 데 불과합니다. 장군이 되신 지 수년인데 보잘 것 없는 선비만도 못하다면 말이 되겠습니까?"

라고 했다. 한신은 그 말이 옳다고 생각하여 마침내 괴통의 계략에 따라 황하를 건너갔다.

그때 제나라는 역생의 말을 받아들여 그를 머무르게 하고 주연을 베풀어 한나라에 대한 방어 태세를 풀고 있었다. 한신은 그 틈을 타서 제나라의 땅 역하(歷下 : 山東省)의 군대를 습격하고 드디어 국도인 임치(臨淄 : 山東省)에 육박했다. 그러자 제나라 왕 전광(田廣)은 역생이 자기를 속였다고 생각하고 그를 삶아 죽이고서 고밀(高密 : 山東省)로 도망하여 초나라에 사자를 보내 구원을 요청했다.

염치를 평정한 한신은 동으로 전광을 추격하여 고밀의 서쪽에 이르렀다. 초나라도 용저(龍且)를 장군으로 삼고 이십만 대군을 일컬으면서 제나라를 구원하게 했다. 제나라 왕 전광의 군사가 용저의 군사는 연합하여 한신과 싸우게 되었는데 전투가 벌어지기 전에 어떤 사람이 용저를 설득했다.

"한나라의 군대는 멀리서 와서 싸우니 그들은 있는 힘을 다하여 싸울 것

이므로 우리 군사가 그 예봉을 당해낼 수 없을 것입니다. 그와 반대로 제나라와 초나라 군대는 자기 나라 땅에서 싸우기 때문에 군사들이 흩어져 패하기 쉽습니다. 그러니 성벽을 높게 하여 지키면서 제나라 왕으로 하여금 그가 신임하는 신하를 보내서 제나라가 이미 잃어버린 성의 장병들을 불러 모으는 것이 좋겠습니다. 이미 항복한 성이지만 제나라 왕이 아직 건재하다는 것과 초나라 군대가 와서 구원한다는 말을 들으면 반드시 한나라를 배반하게 될 것입니다. 한나라 군대는 고국에서 이천 리나 떨어진 이역(異域)에 와 있는 처지라 제나라의 모든 성읍이 다 한나라를 배반한다면 그들은 식량을 얻을 수 없게 되므로 싸우지 않고서도 항복받을 수 있습니다."

이 말을 듣자 용저가 말하기를,

"나는 평소부터 한신의 사람됨을 알고 있소. 그는 싸워서 쉽게 해치울 수 있는 인물이오. 그리고 제나라를 구원한다고 와서 싸우지도 않고 한나라 군대를 항복시킨대서야 나에게 무슨 공적이 있겠소? 이번에 이기면 제나라 땅의 절반을 우리가 얻을 수 있소. 어찌 이대로 주저앉아 있기만 할 수 있단 말이오."

하고 싸우기로 결정하고 유수(濰水)를 낀 채 한신과 대진(對陣)했다. 한신은 밤에 사람들을 시켜 일만여 개의 모래자루를 만들어 유수의 상류를 막게 했다. 그리고 남은 군사의 반을 이끌고 강을 건너 용저를 공격했다가 거짓으로 지는 체하며 돌아서서 달아나니 용저는 기뻐하며,

"한신이 겁쟁이라는 것은 전부터 알고 있었다."

하며 한신을 추격하여 강을 건너기 시작했다. 그러자 한신은 모래자루로 막았던 강물을 터뜨렸다. 그랬더니 강물이 세차게 흘러 용저의 군사 태반은 강물을 건너지 못했다. 한신은 때를 놓치지 않고 바로 급습해서 용저를 죽였다. 아직 동쪽 강 언덕에 남아 있던 용저의 군사는 산산이 흩어져

달아났으며 제나라 왕 전광도 도망갔다. 마침내 한신은 도망가는 적군을 추격하여 성양(城陽)에서 초나라 군사를 모두 포로로 했다.

한 4년에 한신은 드디어 제나라의 모든 성을 함락시켜 제나라 전토를 평정했다. 그리고는 사자를 보내 한왕에게 고하게 했다.

"제나라 사람은 거짓이 많고 변덕스러워 이랬다저랬다 번복이 무쌍한 족속입니다. 게다가 남으로 초나라와 국경을 접하고 있으니 임시 왕을 정해 민심을 진정시키고 다스리지 않으면 형세가 안정되지 못합니다. 바라옵건대 저를 임시 왕으로 임명해 주시기 바랍니다. 그렇게 해 주신다면 왕께도 대단히 이로울 것입니다."

그때 마침 초나라는 급작스럽게 형양에서 한왕을 포위했다. 한신의 사자가 도착하여 서간을 펼쳐 본 한왕은 크게 노하여 꾸짖었다.

"내가 곤경에 빠져 아침저녁으로 한신이 빨리 와서 구원해 주기만을 기다리고 있는데 저는 스스로 왕이 되고자 한단 말인가?"

그러자 장량(張良)과 진평(陳平)이 한왕의 발을 밟더니 사과하는 체하며 왕의 귀에 대고 속삭였다.

"한나라는 지금 불리한 처지에 있습니다. 이러한 때에 한신이 왕이 되는 것을 어찌 막을 수 있겠습니까? 그가 원하는 대로 한신을 왕으로 삼으셔서 잘 대우해 주시고, 한나라를 위하여 제나라 땅을 잘 지키게 하는 것 외에 더 좋은 방법이 없습니다. 그렇게 하지 않으신다면 변이 일어날지도 모릅니다."

한왕은 그렇겠다고 깨닫고 이어 다시 꾸짖으며 물었다.

"대장부가 제후를 평정했으면 진왕(眞王)이 되는 것이 마땅하지 무슨 가왕(假王)이 되겠다는 말인가?"

이에 장량을 보내어 한신을 제나라 왕으로 세우고 그 군사를 징발하여 초나라를 치게 했다.

초나라는 이미 용저를 잃었기 때문에 크게 두려워한 항왕(項王)은 무섭(武涉)을 보내어 제나라 왕 한신을 설득케 했다.

"천하 사람들은 오랫동안 진나라한테 억눌려 고통을 받았습니다. 그리하여 서로 협력하여 진나라를 쳤던 것입니다. 진나라가 패망하게 되자 참전했던 이들은 공로를 따져 땅을 분할하여 왕이 되고 군사를 휴식시켰습니다.

그런데 지금 또다시 한왕이 군사를 일으켜 동쪽으로 나와 남의 영토를 침범해 삼진(三秦)을 빼앗고, 군대를 이끌어 함곡관에서 나와 제후들의 군사를 수중에 넣고 다시 동방으로 초나라를 치고 있습니다. 그의 욕심은 천하를 다 삼키지 않고서는 그치지 않을 것입니다. 그가 만족할 줄 모르는 것은 이같이 극심합니다.

그리고 한왕은 신용할 수 없는 사람입니다. 지금까지 그의 몸은 여러 차례 항왕의 수중에 있어서 마음만 먹으면 항왕이 죽일 수도 살릴 수도 있었으나 불쌍히 여겨 죽이지 않았던 것입니다. 그랬는데도 그는 위기만 모면하면 서로의 약속을 어기고 재삼 항왕을 공격했습니다. 한왕은 친하기가 어렵고 믿기 어려운 것이 이와 같습니다.

왕께서는 지금 한왕과 깊은 교제가 있다고 생각하시어 한왕을 위해 힘을 다하여 군사들을 쓰고 있습니다만 끝내는 그의 포로가 되고 말 것입니다. 왕께서 오늘날까지 무사할 수 있었던 것은 항왕이 건재하셨기 때문입니다.

오늘날 한나라 왕과 항왕의 승부는 오직 왕께 달려 있습니다. 왕께서 우측에 붙으면 한왕이 이길 것이고 좌측에 붙으면 항왕이 이길 것입니다.[402] 오늘 항왕이 멸망하면 그 다음에는 한왕이 왕을 멸망시킬 것입니다.

---

402) 원문은 '當今二王之事, 權在足下. 足下右投卽漢王勝, 左投卽項王勝.' '權' 은 저울추. 韓信이 결정권을 갖고 있다는 것을 비유한 표현.

왕께서는 항왕과 옛 교분이 있습니다. 어찌 한나라를 배반하고 초나라와 연합하여 천하를 삼분(三分)한 곳의 왕이 되지 아니하십니까? 지금 이 좋은 기회를 버리고 한나라를 믿으며 초나라를 치려고 하시는데 지혜로운 분으로서 어찌 이같이 할 수 있습니까?"

그러자 한신은 다음과 같이 사절하며 말했다.

"나는 일찍이 항왕을 섬겼으나 벼슬이 낭중에 불과했으며 지위는 집극(執戟 : 창을 들고 왕을 호위하는 사람)에 지나지 않았습니다. 그때 나의 건의는 받아들여지지 않았고 계책은 채용되지 않았습니다. 그런 까닭에 초나라를 배반하고 한나라로 갔습니다.

한왕께서는 나에게 상장군의 인수를 내려 주시고 수만의 군사를 주셨습니다. 자신이 입으셨던 옷을 벗어 나에게 입히시고 자신의 음식을 내려서 내게 먹여 주셨습니다. 나의 건의를 들으시고 나의 계책을 채택했습니다. 그래서 오늘날의 신분이 될 수 있었던 것입니다.

이와 같이 나를 깊이 신임하고 있는 터에 그분을 배반한다는 것은 상서롭지 못한 일입니다. 죽는 한이 있더라도 나의 절조와 의리는 결코 변하지 않을 것입니다. 그러니 나를 위해 항왕에게 전해 주시면 다행이겠습니다."

무섭이 떠난 후에 제나라 사람인 괴통은 천하의 권세가 어느 쪽으로 기우느냐가 한신에게 달려 있음을 알고 기이한 꾀를 써서 한신의 마음을 움직이고자 했다. 그래서 거짓으로 사람의 상(相)을 본다 하고는 한신을 설득하고자 이렇게 말했다.

"제가 일찍이 관상술을 배운 적이 있습니다."

한신이 물었다.

"선생의 관상법은 어떤 것이오?"

괴통이 대답했다.

"귀하고 천한 것은 골상(骨相)에 나타나고 기쁜 일과 근심하는 것은 얼굴빛에 나타나며 성공과 실패는 결단력에 있습니다. 이것들을 모두 종합하여 상을 판단하면 만의 하나도 맞지 않는 것이 없습니다."

그랬더니 한신이,

"과연 그렇겠군요. 좋습니다. 과인의 상은 어떻습니까?"

하고 묻자 그가 대답하기를,

"잠깐 좌우의 사람들을 물리쳐 주십시오."

라고 했다. 한신이 좌우의 사람들에게 물러가라고 하여 아무도 없게 되자 괴통이 말했다.

"군(君)의 면상을 보면 후(侯)에 봉해짐에 불과하고 그것도 위험하여 안정되지 못할 것입니다. 그런데 등의 골상을 볼 것 같으면[403] 존귀하게 됨이 너무 엄청나 이루 표현할 수가 없습니다."

이 말을 들은 한신이,

"무슨 말이오?"

하고 묻자 괴통은 다음과 같이 말했다.

"천하에 난리가 났던 당초에 뛰어난 인물이나 호걸이 스스로 왕이라 칭하며 한 번 외치자 천하의 선비들은 구름처럼 일어나고 안개처럼 모여들며 물고기의 비늘같이 서로 뒤섞여 불꽃이 튀듯 바람이 일어나듯 했습니다. 당시 천하의 근심은 오직 진나라를 멸망시키는 데 있었던 것입니다. 이제 초나라와 한나라가 분쟁을 하게 되자 죄 없는 사람들의 간과 쓸개를 땅에 쏟게 하고 또 부자(父子)의 뼈를 들판에 뒹굴게 한 것이 이루다 헤아릴 수 없을 만큼 많습니다.

초나라 사람(項王)은 팽성에서 일어나서 사방으로 싸움을 벌이며 도망

403) 원문은 '相君之背'. '背'는 반역의 뜻과 통한다. 은연중에 漢에 등질 것을 권하고 있다.

치는 적을 추격하여 형양 땅까지 이르고 승세를 타 적을 위협하며 자신의 위력을 천하에 떨치고 있습니다. 그러나 경(京)과 색(索) 사이에서 괴로움을 당해 어려운 지경에 빠지고 서산(西山) 부근에 이르러서는 더 이상 앞으로 나아가지 못한 지가 3년이 되었습니다.

한편 한왕은 수십만의 군대를 거느리고 공(鞏 : 河南省)과 낙(洛 : 洛陽)에서 적을 수비하려는데 산하의 험준함만 믿고 날마다 몇 차례씩 싸웠으나 한 자 한 치의 조그만 공도 세우지 못했습니다. 싸우다 군세가 꺾이고 패배해도 구원을 받지 못한 채 형양에서 패전하고 성고에서 부상자를 내고는 드디어 원(宛)과 섭(葉) 사이로 달아났습니다.

이야말로 지혜 있는 자(漢王)나 용맹스러운 자(項王) 모두 함께 괴로움을 겪는다는 것입니다. 여하간 예기는 험한 요새에 걸려 꺾이고 창고 안의 양식은 바닥이 났으며 백성들은 힘이 다 빠져 원망하니 그들은 불안한 채 어찌할 바를 모르고 있습니다.

제가 생각하기에 이러한 형세에서는 천하의 거룩한 현인이 아니고서는 실로 이 천하의 환난을 끝낼 수 없을 것입니다. 이제 한나라 왕과 초나라 왕의 운명은 왕(韓信)께 달려 있습니다. 왕께서 한나라를 위한다면 한나라가 이길 것이고 초나라를 위한다면 초나라가 이길 것입니다.

이제 저는 속마음을 다 털어놓고 간담을 다 꺼내 놓을 진심으로 저의 어리석은 계책을 말씀드리려 합니다. 왕께서 그걸 채택하시지 않을까 두려울 뿐입니다. 진실로 저의 계책을 써 주신다면 한왕과 항왕 두 왕은 지금처럼 양립시켜 놓은 채 천하를 삼분하여 솥발처럼 벌려 있게 할 수 있습니다. 그렇게 된 형세는 어느 편에서도 먼저 움직이지 못할 것입니다.

그렇게 된다면 어진 왕께서 거느리시는 수많은 무장병으로써 강한 제나라 땅을 근거로 연나라와 조나라를 복종시키고, 아무도 손을 뻗치지 않는 지방으로 진출해서 한나라와 초나라의 후방을 견제하고 백성들의 소원에 따라 서쪽으로 진출하여 만백성들을 위해 한나라와 초나라의 전투를 중지시켜 병졸들의 생명을 살려 주실 수 있습니다. 그러면 천하는 마치 바람처럼 달려와 호응할 것이니 그 누가 왕의 명을 거역하겠습니까?

그렇게 되면 나라의 큰 국토를 분할하고 강대한 나라를 약하게 하여 사방에 제후국을 세우실 수 있으며 천하는 복종하여 제나라의 은혜를 감사히 여길 것입니다. 또 왕께서 제나라의 옛 영토를 살펴 교(膠 : 山東省)와 사(泗 : 泗水 유역 일대) 지방을 영유하시고 덕으로써 제후들을 회유하여 궁중 깊숙한 곳에서 손을 마주 잡고 공손히 예의를 지키신다면 천하의 군왕들은 모두 제나라를 섬기려 찾아올 것입니다.

생각건대 '하늘이 주시는 것을 받지 않으면 도리어 화를 당하고 때를 만났음에도 단행하지 않으면 도리어 재앙을 받는다.'고 합니다. 바라옵건대 왕께서는 깊이 생각하십시오."

이 말을 듣고 난 한신은 괴통에게 말했다.

"한왕이 나를 매우 후하게 대우하시어 그분의 수레에 나를 태웠고 자기 옷을 나에게 입혀 주었으며 자신의 음식을 나에게 주었습니다. 들은 바에 의하면 '타인의 수레에 타는 자는 그 사람과 환난을 같이 받고 타인의 의복을 입는 자는 그와 걱정을 같이 품게 되며 타인의 음식을 먹은 자는 그 사람의 큰일에 죽어야 한다.'고 합니다. 그런데 어찌 나의 이익만을 추구하여 의리를 저버릴 수 있겠습니까?"

그러자 괴통은 다음과 같이 말했다.

"왕께서는 스스로 한왕과 친하다 생각하시고 함께 만세의 대업을 세우기를 바라시지만 제가 가만히 생각해 보건대 그것은 잘못입니다. 일찍이 상산왕(常山王 : 張耳)과 성안군(成安君 : 陳餘)이 일개 무위무관의 서민으로 있을 때 그 두 사람은 문경지교(刎頸之交)를 맺었습니다.

그런데 후에 장염(張黶)과 진택(陳澤)의 일을 다투어 두 사람은 서로 원망하게 되었습니다. 그 결과 상산왕은 항왕을 배반하여 목을 움츠리고 머리를 숙인 채 도망하여 한왕에게 돌아갔습니다. 한왕이 그의 군대를 빌려 동쪽으로 내려가 싸웠는데 그 결과 저수의 남쪽에서 성안군을 죽이고 그의 머리와 다리를 잘라 성안군은 마침내 천하 사람들의 웃음거리가 되었습니다.

상산왕과 성안군, 이 두 사람이 친교를 맺을 때 그들은 천하에 다시없는 친밀한 사이였습니다. 그랬으나 마침내 서로 사로잡으려 한 것은 무슨 까닭입니까? 욕심이 많은 데서 환난은 생기고 사람의 마음은 헤아릴 수 없기 때문입니다.

지금 왕께서 충성과 신의를 다하여 한왕과 사이좋게 지내려 하더라도 그건 저 두 사람 이상으로 친밀할 수는 없습니다. 더구나 왕과 한왕 사이에 싸울 소지는 장염과 진택의 경우보다 많고 큽니다. 그러니 한왕이 반드시 대왕을 위태롭게 하지 않을 것이라고 생각하는 것 또한 잘못된 일이라고 생각합니다.

옛날에 대부 종(種)과 범려(范蠡)는 멸망하려던 월나라를 부흥시키고 월왕 구천을 패자가 되게 하여 공을 세우고 이름을 날렸지만 그들은 결국 몸을 망치고 말았습니다.

속담에 '들짐승이 없어지면 사냥개는 삶아 먹히게 마련이다.' 는 말이 있는 바, 왕과 한왕의 사이는 우정의 깊이로 말한다면 장이와 성안군의 친밀함에 미치지 못하고 충성심과 신의로 말할 것 같으면 대부 종과 범려가 구천에게 했던 것에 미치지 못합니다. 이 두 가지 예는 자세히 살펴볼 가치가 있습니다. 그러니 왕께서는 부디 깊이 생각하십시오.

또 '용맹과 지략이 임금을 능가하는 자는 그 몸이 위험하고, 공이 천하를 덮는 자는 상을 받지 못한다.' 고 합니다. 제가 대왕의 공과 무용 지략(武勇智略)에 대하여 말씀드리겠습니다. 왕께서는 서하를 건너 위나라 왕을 사로잡고 하열(夏說)을 생포했으며, 군사를 이끌고 정형(井陘)으로 내려가 성안군을 베어 죽이고 조나라 땅을 빼앗은 다음 연나라를 위협하고 제나라를 평정했으며, 남쪽의 초나라 군사 이십만을 쳐부수고 마침내 용저를 죽인 후 서쪽의 한왕에게 보고하셨습니다. 이른바 '그 공은 천하에 둘도 없고 무용과 지략은 세상에 다시없다.' 는 말씀입니다.

지금 왕께서는 주군이 두려워 떨 정도의 위력과 포상 받지 못할 정도의 큰 공이 있어 초나라에 귀속한다 하더라도 초나라 사람들은 신용하지 않을 것이며, 한나라에 귀속한다 하더라도 한나라 사람들은 떨고 두려워할 뿐입니다.

그렇다면 이러한 위력과 공을 가지고 왕께서는 어느 편을 따르려 하시는 것입니까? 대저 왕께서 남의 신하된 위치에 있게 되면 주군을 두렵게 만들 위력이 있고 이름은 천하에 드높습니다. 저는 은근히 대왕을 위하여 위험하다고 생각합니다."

이 말을 듣고 난 한신이 사례하며 말했다.

"선생께서는 잠시 쉬고 계십시오. 나도 이 일에 대하여 생각해 보겠습니다."

며칠 후에 괴통은 다시 한신을 설득했다.

"대저 사람의 말을 받아들이느냐 받아들이지 않느냐는 일의 성패의 계기가 되고 계략의 좋고 나쁨은 일의 성패를 판가름하는 기틀이 됩니다. 남의 말을 듣고 계략이 잘못되었는데도 안일을 누린 사람은 거의 없습니다. 남의 말을 잘 듣고 선후를 분별하여 판단하는 사람은 말로써 그의 마음을 어지럽게 할 수 없으며, 계략의 근본과 끝을 잃지 않는 자는 교묘한 말로 정신을 어지럽게 할 수 없습니다.

대체로 비천한 일에 종사하는 자는 만승국 군주의 권위를 생각지도 못하고, 한두 섬 작은 봉록의 지위를 고수하는 자는 대신과 재상의 지위에 이를 자격이 없는 것입니다.

그런 까닭에 결단은 지혜의 결과[404]라 할 것이고, 의심하고 결단을 내리지 못하는 것은 일을 망치는 원인이 됩니다. 또 아주 조그마한 계산에 밝으면 천하의 대사를 잊게 되며 지혜로 알고 있으면서 감연히 단행하지 못하는 것은 모든 일의 화근이 됩니다.

그러기에 '사나운 호랑이가 머뭇거리면 벌이나 전갈이 쏘아 대는 위험만큼도 무섭지 않고 천리마도 갈까 말까 제자리걸음만 걷고 있다면 둔한 말이 느릿느릿 걸어감만 못하며, 맹분(孟賁)과 같이 용감한 자라도 여우처럼 의심만 하고 있다면 범인(凡人)이 어떤 일을 결행하는 것만 못하고 순임금이나 우임금과 같은 지혜를 가지고 있다 하더라도 입을 다물고 말을 하지 않는다면 벙어리와 귀머거리가 손짓 발짓하는 것만 못하다.'고 합니다. 이것은 실행을 귀중하게 여긴다는 말입니다.

대체로 공을 이루기는 어려우나 실패하기는 쉽고 때는 얻기 어려우나 잃기는 쉬운 것입니다. 좋은 기회란 두 번 다시 오지 않습니다. 그러니 왕께서는 부디 자세히 살피십시오."

그러나 한신은 망설이며 차마 한나라를 배반하지 못했다. 자신의 공이 많으므로 한왕은 자기의 제나라를 빼앗지 않으리라고 생각하여 결국 괴통의 권고를 사절했다. 자기의 진언이 받아들여지지 않자 괴통은 거짓으로 미친 사람처럼 행동하고 무당으로 가장하여 떠나 버렸다.

한왕이 고릉(固陵 : 河南省)에서 초나라 군사와 싸우며 고전하고 있을 때 장량(張良)의 계책을 채용하여 제나라 왕인 한신을 소환했다. 한신은 바로 군대를 이끌고 가서 한왕과 해하(垓下 : 安徽省)에서 합류했다. 그리

---

404) 원문은 '知者決之斷也'. 王念孫의 설에 따라 '決者知之斷也'로 고쳐서 풀었다. 그 편이 다음의 '疑者事之害也'와 잘 어울리고 아래 글과도 잘 이어진다.

고 항우를 쳐부수자 고조가 급습하여 제나라 왕 한신의 군대를 빼앗았다.

한왕 5년 정월에 한왕은 제나라 왕 한신을 옮겨 초나라 왕으로 삼고 하비(下邳 : 江蘇省)에 도읍하게 했다. 한신은 새로 얻은 봉국에 도착하자 예전에 그에게 밥을 주던 표모를 찾아 천 금의 상을 주고 하향 남창 정장(亭長)에게는 백 전을 주면서 말했다.

"그대는 소인이다. 남에게 은덕을 베풀면서도 끝까지 그것을 실행하지 못했다."

라고 말했다. 그리고 자신을 모욕해 바짓가랑이 밑으로 빠져나가라고 했던 젊은이를 불러 초나라의 중위(中尉 : 거리를 순찰하고 도둑을 잡는 직분으로서 경찰장관)에 임명하고 여러 장군과 대신들에게 말했다.

"이 사람은 장사다. 전에 나를 욕보였을 때 어찌 그를 죽일 수 없었겠는가? 그러나 그를 죽인다고 해서 이름이 드러나는 것도 아니었기 때문에 참고 오늘의 공업을 이룬 것이다."

전에 도망을 한 항왕의 장수였던 종이말(鍾離眛)의 집이 이려(伊廬 : 江西省)에 있었다. 본래 종이말은 한신과 친했기 때문에 항왕이 죽자 한신에게 귀순해 있었다. 그런데 한고조(漢高祖)가 종이말을 미워하던 차에 그가 초나라에 있다는 소식을 듣고는 조서를 내려 종이말을 체포하라고 했다.

당시 한신은 봉국에 온 지 얼마 되지 않은 때라 나라 안의 현읍을 순행할 때는 군대로 경호하게 했다. 한왕 6년에 어떤 사람이 상서하여,

"초나라 왕 한신이 배반을 했습니다."

하고 밀고했다. 한고조는 진평의 계책에 따라 천자가 제후국을 순수한다는 것을 구실 삼아 제후들은 회합시키고자 했다. 남방에 운몽(雲夢)이라는 못이 있었다. 고조는 그곳에서 사자를 보내 제후들에게 통고하기를,

"진(陳 : 河南省)에 모여라. 내 장차 운몽에서 노닐고자 한다."

라고 했으나 실은 한신을 습격하고자 함이었다. 그러나 한신은 그 계략

을 알지 못했다.

고조가 초나라에 도착할 무렵 한신은 군대를 동원하여 반란을 일으키려고 했다가 아무리 생각해도 자신에게 죄가 없다고 여겨져 다시 천자를 맞을까 생각하기도 하고 또 천자를 만나면 붙잡히게 될지도 모르겠다고 두려워하며 어찌할 바를 몰랐다. 그때 어떤 사람이 한신을 설득했다.

"종이말의 목을 베어 가지고 천자를 뵈면 반드시 기뻐하실 것이니 아무 걱정이 없습니다."

그래서 한신은 종이말을 만나보고 상의를 했다. 그랬더니 종이말이 말하기를,

"한나라가 초나라를 치지 않는 것은 이 종이말이 공과 함께 있기 때문입니다. 만약 공이 저를 체포하셔서 한나라에 잘 보이려고 한다면 저는 오늘이라도 죽겠습니다. 그러나 그런 후에는 공 또한 죽게 될 것입니다."

하고는 다시 한신을 꾸짖었다.

"공은 덕 있는 사람⁴⁰⁵⁾이 아닙니다."

종이말은 마침내 스스로 목을 찔러서 죽었다. 한신이 그의 목을 가지고 진(陳)에서 고조를 알현하자 주상은 무장병에게 명하여 한신을 묶어 뒷수레에 태웠다. 그러자 한신이 탄식하며,

"과연 속담대로구나. '꾀 많은 토끼가 죽고 나면 좋은 사냥개는 삶겨 죽게 되고 높이 나는 새가 없어지면 좋은 활을 치워 버리며, 적국을 격파하고 나면 군사를 도모하던 신하는 죽게 된다.'⁴⁰⁶⁾고 했던가? 이미 천하가 평정되었으니 내가 삶겨 죽는 것도 당연한 일이다."

---

405) 원문은 '長者'. 이 말의 원뜻은 연장자로서 경험이 많은 老成한 사람이라는 뜻이다. 따라서 점잖은 사람, 신중·독실·관대한 사람을 말하며 또 재덕이 뛰어난 사람을 가리키기도 한다.
406) 원문은 '狡兎死, 良狗烹, 高鳥盡, 良弓藏, 敵國破, 謀臣亡.' ≪韓非子≫, ≪淮南子≫ 등에도 이와 흡사한 말이 있다. 당시의 속담인 듯하다.

라고 말했다. 그러자 주상이 말했다.

"그대가 모반했다고 밀고한 자가 있었기 때문이다."

주상은 한신의 손발에 형구를 채워 포박했다. 그러다 낙양에 도착하자 한신의 죄를 용서하되 그의 지위를 낮추어 왕의 자리에서 회음후(淮陰侯)로 내렸다.

한신은 자기의 유능함을 한나라 왕이 두려워하여 미워함을 알고 병을 핑계하여 참조(參朝)하지 않고 또 천자의 순행길에도 따라가지 않았다. 그리고 이로부터 날마다 한고조를 원망하여 평소 불만을 품고 강후(絳侯)인 주발(周勃)이나 관영(灌嬰) 등과 동렬(同列)인 것을 부끄럽게 여겼다.

한신이 예전에 번쾌(樊噲) 장군의 집을 방문했었는데 그때 번쾌는 무릎을 꿇고 절을 하며 몸소 문 밖으로 나와 배웅하면서 '신' 이라고 일컬으며 말했다.

"대왕께서 신의 집에 왕림하여 주셔서 영광입니다."

한신은 대문을 나서자 웃으며 말했다.

"내가[407] 이제 번쾌 등과 한 무리가 되었구나."

예전에 주상께서 한신과 여러 장수들 재능의 고하(高下)를 평하여 각각 그들의 등급을 매긴 일이 있었다. 그때 주상이 묻기를,

"나와 같은 사람은 얼마 정도의 군사를 거느리는 장수가 될 수 있겠는가?"

하니 한신은 이렇게 말했다.

"폐하께서는 불과 십만 명을 이끄는 장수가 될 수 있을 따름입니다."

그러자 주상은 한신에게 물었다.

"그럼 그대는 어떠한가?"

_____

407) 원문은 '生' . 여기서는 일인칭으로 보았는데 혹은 '살긴 했으나' 의 뜻인지도 모른다.

"저 같으면 군대가 많을수록 좋습니다."

주상이 웃으며 말했다.

"많을수록 좋다면서 어찌하여 나에게 잡혀 있는가?"

그러자 한신이 말하기를,

"폐하는 장병을 거느리는 장수는 될 수 없으나 장수들을 이끄는 장수는 될 수 있습니다. 이것이 바로 제가 폐하에게 잡혀 있는 까닭입니다. 또 폐하의 재능을 말하자면 하늘이 주신 것으로서 인력으로는 따를 수 없는 것입니다."

라고 했었다.

진희(秦豨)가 거록(鉅鹿 : 河北省의 平鄕)의 태수직에 임명되어 회음후(淮陰侯) 한신에게 와서 작별 인사를 했다. 그때 회음후는 좌우를 물리친 뒤에 그의 손목을 잡고 함께 거닐면서 하늘을 우러러보고 탄식하여 말했다.

"그대는 나와 상의할 수 있겠는가? 내가 그대에게 말하고 싶은 것이 있네."

진희가 말했다.

"장군께서는 말씀만 하십시오."

그러자 회음후는,

"그대가 태수로 가 있을 곳은 천하의 정병(精兵)이 있는 곳일세. 그리고 그대는 폐하의 신임과 총애를 받는 신하일세. 그러니 누군가 그대가 배반했다고 고변한다 하더라도 폐하께서는 결코 믿지 않을 것이네. 그러나 다시 한 번 밀고하게 된다면 그때에는 폐하께서 의심하시게 될 것이네. 그리고 세 번 밀고한다면 폐하께서는 반드시 노하시어 몸소 군대를 거느리고 그대를 치러 가실 것임에 틀림없네. 바로 그때 내가 그대를 위해 안에서 응하여 일어나면 천하를 도모할 수 있을 것일세."

진희는 평소부터 한신의 뛰어난 재능을 알고 있었기에 그의 말을 믿고 대답했다.

"삼가 가르침을 받들겠습니다."

한왕 10년에, 진희가 한신의 예상대로 반란을 일으키자 주상은 몸소 장수가 되어 치러 갔다. 그때 한신은 병을 핑계하여 종군하지 않고 몰래 진희에게 사자를 보내 말하게 했다.

"군사를 일으키라. 지금부터 내가 그대를 돕겠다."

그리고 한신은 꾀를 내어 자기의 부하들과 함께 밤에 거짓 조서를 내려 여러 관서에 소속되어 있는 죄수들을 풀어 주고 군대를 출동시켜 여후(呂后)와 태자를 습격하려고 했다. 모든 일의 준비가 끝나고 진희의 회보만을 기다리고 있었다.

그런데 때마침 한신의 부하 하나가 죄를 범하여 그를 잡아 죽이려 하니 한신이 모반을 계책하고 있다는 것을 그의 아우가 여후에게 밀고하고 말았다. 여후는 한신을 부르고자 했으나 혹시나 그가 오지 않을까 두려워, 곧 승상 소하(蕭何)와 상의해 거짓으로 주상으로부터 온 사자인 양 꾸며서 이렇게 말하게 했다.

"진희는 이미 죽었습니다."

그러자 열후(列侯)와 군신(群臣)들이 모두 와서 축하했다. 그때 승상 소하가 한신을 찾아가 말했다.

"비록 병중일지라도 궁내에 들어와 축하를 올리시오."

한신이 궁내로 들어가니 여후는 군사들에게 명하여 한신을 포박케 했다. 그리고 그를 장락궁(長樂宮)의 종실(鍾室 : 종을 매달아 놓은 방)로 데려가 목을 쳤다. 죽기 전에 한신이 말했다.

"내가 일찍이 괴통의 계략을 채용하지 않았던 것을 후회한다. 그 때문에 아녀자의 속임수에 떨어졌으니 어찌 하늘이 시키는 일이 아니겠는가?"

이렇게 해서 결국 한신의 삼족은 멸망당했다.

한고조는 진희의 군대를 소탕하고 개선했다. 도읍에 돌아와서 한신이 죽은 것을 알고 한편으로는 기뻐하고 한편으로는 불쌍히 여겨져 한신이 죽을 때 무어라 말하더냐고 물었다. 그러자 여후가,

"한신은 괴통의 계책을 채용하지 않았던 것이 후회된다고 말했습니다."

라고 말했다. 그러자 고조는,

"그는 제나라의 변사(辯士)다."

하고 제나라에 조서를 내려 괴통을 잡아들이라고 했다. 괴통이 잡혀 호송되어 오자 주상이 물었다.

"네가 회음후에게 모반을 가르쳤느냐?"

괴통이 대답하였다.

"그렇습니다. 틀림없이 제가 가르쳤습니다. 그런데 저 못난이가 저의 계책을 쓰지 않았기 때문에 죽임을 당하게 된 것입니다. 만약 저 못난이가 저의 계책을 썼더라면 폐하가 어떻게 그를 죽일 수 있었겠습니까?"

주상이 노하여,

"이 놈을 삶아 죽여라!"

하고 명했다. 그러자 괴통이 말했다.

"아아, 삶아 죽이다니. 억울한 일이다."

"너는 한신에게 모반을 가르쳤다. 어째서 억울하단 말이냐?"

"진나라의 기강이 끊어지고 법과 명령이 해이하게 되자 산동 지방은 크게 어지러워져서 진과는 다른 성(姓)의 사람들이 아울러 일어났고 까마귀가 모여들듯이 영웅호걸들이 모여들었습니다. 그러자 진나라는 제위(帝位)를 잃게 되었고 사람들은 모두 천하를 얻으려고 다투었습니다. 이때 키가 크고 발이 빠르며 능력이 뛰어난 사람(漢高祖)이 먼저 천하를 얻고

말았습니다.

옛날의 큰 도적이었던 도척의 개가 요임금을 보고 짖은 것은 요임금이 어질지 못해서가 아닙니다. 제 주인이 아니기 때문에 짖을 따름입니다. 그 당시 저는 다만 한신만을 알고 폐하는 알지 못하고 있었습니다. 그리고 천하에는 칼을 날카롭게 갈고 폐하처럼 천하를 얻으려고 한 자는 많았으나 그들은 다 자기의 능력이 부족하다고 여길 따름이었습니다. 그렇다고 그들을 다 삶아 죽일 수 있겠습니까?"

그 말을 듣고 난 고조는,

"그를 처형하지 말라."

하고 괴통을 용서했다.


태사공은 말한다.

"나는 회음에 갔던 적이 있다. 그때 회음 사람들이 나에게 말해 주었다. 한신이 한낱 평민이었을 때부터 그의 뜻은 보통 사람과는 달랐다. 그의 어머니가 죽었을 때 가난하여 장례식을 치를 수도 없는 형편이었지만 높고 전망이 좋은 널찍한 땅에 묘를 쓰고 그 옆에 일만 가(家)의 묘지기를 둘 수 있도록 마련했던 것이다.(묘지기를 일만 가나 두는 것은 왕후라야 할 수 있다.) 내가 그의 어머니 묘를 찾아가 보니 정말로 그들의 말과 같았다.

만일 한신이 도를 배워 겸손하게 자기의 공을 자랑하지 않고 자기의 유능함을 뽐내지 않았다면 한실(漢室)에 대한 훈공이 아마도 주나라의 주공·소공·태공망이 주실(周室)에 대하여 이루어 놓은 공에도 비할 수 있었을 것이고 후세에 길이 제사를 받게 되었을 것이다.

그가 이렇게 된 것은 도리에는 힘쓰지 않고 천하가 다 평정되어 안정된 뒤에 반란을 꾀했기 때문이다. 그러니 그의 일족이 멸망당한 것도 당연한 일이 아니겠는가?"

# 제33 한왕신·노관열전(韓王信·盧綰列傳)[408]

　　한왕신(韓王信 : 이름이 淮陰侯 韓信과 같아서 성과 이름 사이에 '王' 자를 넣어 구별했다.)은 옛 한(韓)나라 양왕(襄王)의 첩한테서 난 자손이다. 그는 키가 8척 5촌이나 되었다.

　　항량(項梁)이 초나라 왕의 후예인 회왕(懷王)을 세웠을 때 연, 제, 조, 위에도 다 왕이 있었는데 한나라에만 후사가 없었다. 그래서 항량은 한나라의 여러 공자 가운데 횡양군(橫陽君) 성(成)을 세워 한나라 왕을 삼고 한나라의 옛 영토를 진정시키려고 했다. 그런데 항량이 패하여 정도(定陶 : 山東省)에서 죽자 성(成)은 회왕에게로 달아났다.

　　패공(沛公 : 후에 漢의 高祖)은 군사를 이끌어 양성(陽城 : 河南省)을 치고 장량(張良)이 한(韓)나라의 사도(司徒)[409]였다는 이유로 그에게 명하여 한나라의 옛 영토를 항복시키게 하였다. 장량은 신(信)을 만나 한나라 장군으로 삼았다.

　　한왕신은 군사를 이끌고 패공을 따라 무관(武關 : 섬서성)으로 들어갔다. 그리하여 패공이 일어서서 한왕(漢王)이 되자 한왕신은 한왕을 따라 한중(漢中 : 섬서성 남부부터 호북성 서북부에 걸친 땅)에 들어가 한왕에게 말했다.

　　"항왕(項王 : 項羽)이 여러 장수들을 도읍에 가까운 땅의 왕으로 삼으면서 우리 왕만 멀리 이곳에 계시게 했는데 이는 좌천입니다. 우리 왕의 사졸들은 산동 출신으로, 그들은 발꿈치를 들고 고향을 바라보며 돌아가기

---

408) 이 편에는 한신과 노관 외에 진희의 전기도 실려 있다.
409) 張良은 韓나라 사람으로 祖父는 開地, 父는 平으로 다섯 왕의 대신을 지냈다.

를 원하고 있습니다. 그러니 그 예기가 성대할 때 동쪽으로 진군하신다면 천하를 다툴 수 있을 것입니다."

한왕은 군대를 돌려 삼진(三秦 : 關中의 땅)을 평정한 다음, 신(信)을 한(韓)나라의 왕으로 삼겠다고 약속하고 우선 한의 태위(太尉 : 군사의 최고 책임자)로 임명하여 군사를 이끌고 가 한나라 땅을 공략하게 했다.

이에 앞서 항적(項籍 : 項王)이 여러 왕들을 봉했을 때 그들은 모두 자신의 봉국으로 향했다. 그런데 한왕(韓王) 성(成)은 항적이 진나라를 공격했을 때 종군하지 않고 또 공도 없었기에 봉국을 받지 못하고 다시 열후로 떨어지게 되었다. 그러던 차에 한(漢)나라 왕이 한왕신을 파견하여 한(韓)나라의 땅을 공략하게 한다는 말을 듣고 항적은 옛날 오나라에 머물렀을 때 현령이던 정창(鄭昌)을 세워 한(韓)나라 왕으로 삼고 한(漢)나라 군사를 방어하게 했다.

한(漢) 2년에, 한왕신은 한(韓)나라의 십여 개 성을 공략하여 평정했다. 한왕(漢王)이 하남(河南)에 도착하자 한왕신은 급히 한왕(韓王) 정창을 양성(陽城)에서 급습하여 그를 항복시켰다. 그러자 한왕(漢王)은 한왕신을 세워 한왕(韓王)으로 삼았다. 한왕신은 항상 한(韓)나라 군대를 거느리고 한왕(漢王)을 수행했다.

한(漢) 3년에, 한왕(漢王)이 형양으로부터 출격하자 한왕 신과 주가(周苛) 등이 형양을 지켰다. 그리고 초나라 군대가 형양을 격파하자 신은 초나라에 항복했다가 얼마 후에 도망쳐 한나라로 돌아갔다. 한나라는 다시 그를 세워 한왕(韓王)으로 삼았다. 이리하여 마침내 한왕신이 한왕(漢王)을 따라 항적을 쳐부수자 천하는 평정되었다.

한(漢) 5년 봄에, 한(漢)나라 왕은 신(信)과 부를 나누어 가지고 신을 정식으로 한왕(韓王)으로 임명하여 영천(穎川 : 河南省)에 도읍하게 했다.

다음해 봄(漢의 한 해는 시월부터 시작했다. 이 경우는 같은 5년의 2월을 말함) 주상(主上 : 漢王)은 한왕신이 재능과 무용이 있으며, 또 그가 왕으로 다스리는 땅이 북쪽으로는 공(鞏)과 낙(洛)에 가깝고 남쪽으로는 원(宛)과 섭(葉)에 가까우며 동쪽으로는 회양(淮陽 : 河南省)이 있는데, 그곳은 천하에서 가장 강한 군대가 모여 있는 곳임을 고려하여 조서를 내려 한왕신을 옮겨 태원(太原 : 山西省)의 왕으로 삼고 북쪽의 호(胡 : 흉노)에 대비하여 방어하게 했으며 진양(晋陽 : 山西省)을 도읍으로 삼게 했다. 이에 신은 상서하여 말했다.

"저의 나라는 변경에 있어서 흉노가 자주 침입합니다. 진양은 한나라의 요새에서 멀리 떨어져 있어 불편하오니 마읍(馬邑 : 山西省)으로 도읍을 삼게 해 주십시오."

주상은 이를 허락했다. 그래서 신은 마읍으로 도읍을 옮겼다.

그해 가을, 흉노의 선우(單于 : 흉노의 우두머리) 묵특(冒頓)이 대군으로써 신을 포위했다. 신은 여러 번 사자를 보내어 화해할 것을 청했다. 그때 한나라에서는 군병을 동원하여 신을 구원했는데 신이 여러 차례 흉노에게 밀사를 보낸 것을 알고는 혹시 두 마음이 있지나 않은지 의심하여 사자를 보내 신을 문책했다. 그러자 신은 죽게 될까 두려워 흉노와 조약을 맺어 함께 한나라를 공격하기로 하고 한나라를 배신하는 한편, 마읍을 넘겨 주어 오랑캐에게 항복하고 이어 태원(太原)을 공격했다.

한왕 7년 겨울에, 주상이 친정하여 동제(銅鞮 : 山西省)에서 신의 군사를 격파하고 그 군대의 장수인 왕희(王喜)의 목을 쳤다. 그러자 신은 흉노로 도망을 쳤다. 그때 신의 장수로서 백토(白土 : 섬서성) 출신인 만구신(曼丘臣)과 왕황(王黃) 등은 조나라 왕의 후예인 조리(趙利)를 왕으로 삼고 신의 패잔병을 다시 규합해 신과 묵특 선우와 함께 한나라를 공격하기로 했다.

흉노는 좌우현왕(左右賢王)[410]에게 명하여 일만여의 기병을 인솔하게 하여 왕황 등과 광무(廣武 : 山西省)에 주둔했다가 다시 남하하여 진양(晉陽)으로 진출해 한나라 군대와 싸웠다. 한나라 군대는 그들을 크게 격파하여 이석(離石 : 山西省)까지 추격하고 이어 그들을 다시 격파했다.

흉노는 다시 누번(樓煩 : 山西省)의 서북쪽에 군대를 집결시켰다. 한나라는 거기 장군(車騎將軍)을 시켜 흉노를 격파하게 했다. 흉노가 번번이 패하여 도망하니 한군(漢軍)은 승세를 타 달아나는 적을 추격했다.

그때 묵특 선우가 대곡(代谷 : 山西省 代縣의 서북편)에 주둔하였다는 말을 듣자 진양(晉陽)에 있던 고조황제(高祖皇帝)는 사람을 시켜 묵특 선우의 상황을 정탐케 했다. 사자가 돌아와서 보고하기를,

"공격하심이 좋겠습니다."

라고 했다. 그래서 주상은 평성(平城 : 山西省 雁門)까지 이르러 그 근방의 백등산(白登山 : 臺名. 평성에서 7리 떨어진 곳)으로 진출했다. 그러자 흉노의 기병이 주상을 포위했다. 이에 주상은 사람을 시켜 흉노왕의 연지(閼氏 : 왕비)에게 많은 선물을 선사했다. 그랬더니 연지는 묵특 선우에게,

"지금 한나라 땅을 얻는다 하더라도 우리가 그곳에서 살 수는 없을 것입니다. 그리고 두 나라의 군주가 서로 괴롭혀 봐야 무익할 따름입니다."

하고 설득했다. 7일이 지나자 흉노의 기병은 차츰 물러가기 시작했다. 그때 한나라 측에서는 짙은 안개 속에서 사람을 왕래시켰건만 흉노들은 그것을 알지 못했다. 호군중위(護軍中尉 : 軍의 감찰관)로 있던 진평이 주상에게 말했다.

"흉노는 병사의 손상을 바라지 않습니다. 강한 쇠뇌(弩)에 화살 두 개씩을 장치하여 밖을 향하게 하고 천천히 포위를 벗어나는 것이 좋을 것 같습

---

410) 선우 다음의 추장. 선우가 영토의 중앙을 지배하고 左賢王이 서쪽을, 右賢王이 동쪽을 지배했다.

니다."

그리하여 서서히 포위망을 벗어나 평성(平城)으로 들어갔다. 또 한(漢)의 구원군도 도착했기에 마침내 흉노의 기병은 포위를 완전히 풀고 떠나버렸다. 한나라 역시 싸움을 중지하고 돌아갔다.

한왕신은 흉노를 위해 군대를 거느리고 왕래하며 변경의 한나라 군사를 공격했다.

한나라 10년, 신(信)은 왕황 등을 파견하여 진희를 설득해 반란을 일으키게 해서 그의 몸을 그르치게 했다.

11년 봄, 전의 한왕(韓王) 신은 다시금 흉노의 기병과 함께 침입하여 삼합(參合 : 山西省, 代의 땅)에 주둔하여 한나라 군대에 대항하였으므로 한나라에서는 시장군(柴將軍)에게 그를 공격하도록 명했다. 그러자 시장군은 신에게 다음과 같은 서신을 보냈다.

"폐하께서는 너그럽고 어질어 배반하고 도망한 제후라 하더라도 복귀만 한다면 곧 본디 위계 칭호를 주시고 주살시키지 않습니다. 이것은 대왕도 알고 계시는 그대로입니다. 지금 대왕은 싸움에 패해 군사를 잃었으므로 흉노에게 도망한 것일 뿐 달리 큰 죄가 있는 것은 아닙니다. 그러니 서둘러 돌아오도록 하십시오."

이 서신을 받아 본 한왕신은 다음과 같은 대답을 보내왔다.

"폐하께서는 저를 촌간에서 발탁하시어 남면하게 하고 스스로 '고(孤)'라 칭하게 하셨으니 저는 실로 행복했습니다. 그런데 형양의 싸움에서 저는 죽지 못하고 항적(項籍)에게 사로잡힌 몸이 되었습니다. 이것이 나의 첫 번째 죄였습니다.

도적들이 마읍(馬邑)을 침공했을 때 저는 그곳을 고수하지 못하고 성을 바쳐 항복하고 말았습니다. 이것이 저의 두 번째 죄가 됩니다.

지금은 도리어 도적을 위해 군대를 거느리고 한나라 장군과 맞서 하루

아침의 목숨을 다투게 되었습니다. 이것이 저의 세 번째 죄가 됩니다.

옛날 월나라의 대부 종과 범려는 죄도 없으면서 죽기도 하고 도망치기도 하였습니다. 제가 지금 폐하께 세 가지 죄를 짓고도 살아남기를 바란다면 그것은 마치 오자서가 오왕 부차에게 죄를 지었으면서도 떠나지 않고 있다가 오나라에서 죽임을 당한 것과 같은 꼴이 될 것입니다.

지금 저는 산골짜기 사이로 도망쳐 숨어 있으면서 아침저녁으로 오랑캐한테 얹혀 얻어먹고 있습니다. 제가 한나라로 귀국하기를 바라는 것은 앉은뱅이가 서기를 원하고 소경이 눈을 떠 보기를 원하는 것과 같습니다. 그러니 아무리 가고 싶어도 형세가 그렇지 못합니다."

그들은 마침내 싸워 시장군은 삼합을 짓밟고 한왕신을 베어 죽였다.

신이 흉노 땅에 들어갔을 때 태자 적(赤)을 동반했었다. 그들이 퇴당성(頹當城 : 흉노의 땅 이름)에 이르렀을 때 신이 아들을 낳아 이름을 퇴당(頹當)이라고 지었다. 태자도 또한 아들을 낳아 영(嬰)이라고 이름을 지었다.

효문제(孝文帝) 14년에 퇴당과 영은 부하를 이끌고 한나라에 귀순했다. 한나라에서는 퇴당을 봉하여 궁고후(弓高侯)라 하고 영을 봉하여 양성후(襄城侯)라 했다. 오(吳)·초(楚)의 난 때 궁고후의 훈공은 여러 장수 중에 으뜸이었다. 궁고후는 그의 봉령을 아들에게 전하고 손자에 이르렀으나 손자에게 아들이 없어 후(侯)의 신분을 잃고 말았다. 영의 손자는 불경죄를 지어 역시 후의 신분을 잃게 되었다.

퇴당의 첩손(妾孫)인 한언(韓嫣)은 황제의 총애를 받아 그 명예와 부귀가 당세에 뛰어났다. 그의 아우 열(說)은 다시 후에 봉해졌다. 한언은 여러 번 장군직에 취임했다가 마침내 안도후(案道侯)가 되었다. 그의 아들이 뒤를 이었으나 1년 남짓하여 죄를 받고 죽었다. 그 후 또 1년 남짓하여 열의 손자 증(曾)은 용액후(龍額侯)에 임용되어 열의 뒤를 이었다.

노관(盧綰)은 풍(豊 : 江蘇省) 사람으로 고조(高祖)와 동향인이다. 노관의 아버지와 고조의 아버지 태상황(太上皇)은 서로 친했다. 두 사람은 같은 날에 아들(후에 고조와 노관)들을 낳았다. 그러자 마을 사람들이 양고기와 술을 가지고 와서 양가의 경사를 축복해 주었다.

　고조와 노관은 자라면서 같이 글을 배웠고 서로 의좋게 지냈다. 마을 사람들은 두 집안의 아버지끼리 사이가 좋고 또 같은 날에 아들을 낳은 데다 그 아들들 역시 사이가 좋은 것을 아름답게 여겨 다시 두 사람의 집에 양고기와 술을 가지고 가서 축복해 주었다.

　고조가 서민이었을 때 죄를 지은 일이 있어 관리들을 피해 숨어 지낸 적이 있었는데 그때 노관은 언제나 고조와 행동을 같이했다. 고조가 처음 패(沛)에서 진나라에 반기를 들고 일어났을 때 노관은 객인의 신분으로 종군하였으며 한중 땅에 들어가서는 장군이 되어 항상 궁중에서 시종했다. 그리고 고조를 따라 동으로 가서 항적을 쳤을 때는 태위(太尉)가 되어 늘 고조 옆에 있었으며 고조의 침실에도 자유롭게 출입했다.

　옷과 음식, 그 밖에 내려 주는 물품도 많이 받고 군신(群臣)들도 감히 노관과 다투려고 생각지 않았다. 당시 소하(蕭何)와 조참(曹參) 등이 공훈에 따라 고조로부터 특별한 예우를 받았지만 고조의 친애를 받는 데는 노관을 따르지 못했다. 노관은 봉작되어 장안후(長安侯)가 되었다.(장안은 옛날 함양이다.)

　한 고조 5년 겨울에 고조는 항적을 격파하고 나서 노관을 정예 부대의 장군으로 임명하니 노관은 유가(劉賈)와 함께 임강왕(臨江王) 공위(共尉)를 쳐부수었다. 그리고 다음해 7월에 귀환해 고조를 따라 연나라 왕 장도(臧荼)를 치니 장도가 항복했다.

　고조가 천하를 평정했을 때 제후 중 유씨(劉氏)가 아닌 자로서 왕위에 오른 자가 일곱 명 있었다. 고조는 노관도 왕으로 삼으려 했지만 군신들의 원망을 살까 두려워 그만두었다. 그런데 장도를 포로로 잡았을 때는 여러 장상과 열후에게 조서를 내려 신하들 중에 공이 있는 자를 가려 연나라 왕으로 삼겠다고 했다. 신하들은 고조가 노관을 왕으로 삼고 싶어한다는 것을 알고,

"태위인 장안후 노관은 늘 폐하를 따라 천하를 평정했습니다. 그가 가장 공이 많으니 그를 연나라 왕으로 삼으심이 마땅합니다."

라고 말했다. 고조는 조서를 내려 군신들의 건의를 받아들였다.

한 고조 5년 8월에 노관을 연나라 왕으로 삼았다. 제후들 가운데 고조의 총애를 받음이 연나라 왕보다 더한 이가 없었다.

한 고조 11년 가을, 진희가 대(代) 땅에서 반란을 일으켰다. 고조는 한단으로 가서 진희의 군사를 쳤다. 그때에 연나라 왕 노관도 그 동북쪽을 공격했다. 진희는 왕황을 시켜 흉노에게 구원을 요청하게 했다. 연나라 왕 노관도 신하 장승(張勝)을 흉노에게 보내,

"진희 등의 군사가 이미 격파되었다."

하고 말하도록 했다. 장승이 오랑캐 땅에 도착하니 전 연나라 왕이었던 장도의 아들 연(衍)이 그곳에 망명해 있다가 장승을 만나자 이렇게 말했다.

"공이 연나라에서 중용된 것은 흉노의 사정을 잘 알고 있기 때문입니다. 연나라가 오랫동안 존속하고 있는 것은 제후들이 자주 배반을 하여 싸움이 계속되고 승패가 바로 나지 않기 때문입니다. 지금 공은 연나라를 위하여 진희 등을 멸망시키려 들지만 만약 진희 등이 멸망하는 날에는 그 다음 연나라 차례가 되어 공들도 곧 잡히고 말 것입니다.

그런데도 공은 어찌하여 진희의 사정을 관대히 보아 주고 흉노와 화친을 맺도록 연나라 왕께 설득하지 않으십니까? 사태를 길게 끌게 된다면 그만큼 연나라의 왕 자리가 연명되고 만약 한나라에 급변이라도 생긴다

면 그때는 연나라의 기반을 안정시킬 수 있습니다."

장승은 그의 말이 옳다고 생각해 몰래 흉노에게 진희 등을 도와 연나라를 치게 했다. 연나라 왕 노관은 장승이 배반하여 흉노와 결탁한 것으로 의심하여 장승의 삼족을 죽일 것을 청원했다.

그런데 장승이 돌아와 자신이 행동한 바를 자세히 보고하자 연나라 왕은 다시금 깨닫고 이에 한나라를 속여 다른 사람의 일인 양 꾸몄다. 그리고 장승의 가족을 용서하여 탈출시켜 흉노에 가서 간첩 활동을 하게 했다. 한편으로는 범제(范齊)를 몰래 진희에게 보내 될 수 있는 대로 오래도록 전쟁을 하게 했다.

한 고조 12년, 한나라는 동쪽에 있는 경포(黥布)를 쳤다. 진희는 그때 군사를 이끌고 대(代)에 있었다. 한나라는 번쾌(樊噲)에게 명하여 진희를 공격하게 했다. 번쾌는 진희를 쳐서 베어 죽였다. 그때 연왕 노관이 범제를 보내 진희와 통모했던 사실을 항복한 진희의 부장이 자백했다.

고조는 사자를 보내 노관을 소환했다. 노관은 병을 핑계로 나오지 않았다. 주상은 또다시 벽양후(辟陽侯) 심이기(審食其)와 어사대부(御史大夫 : 검찰청 장관)인 조요(趙堯)에게 명하여 연왕을 오게 하고 이어 연왕의 좌우 사람들을 심문하게 했다.

노관은 두려워 문을 닫고 들어앉아 숨어서 총애하는 신하에게 말했다.

"유씨가 아닌 자가 왕으로 있는 사람은 단지 나와 장사왕(長沙王)뿐이다. 작년 봄 한나라는 회음후의 삼족을 멸망시켰고 그 여름에는 팽월을 죽였다. 그런데 그 일은 모두 여후의 모략이었다. 지금 주상께서는 병으로 누워 계시고 여후에게 국정을 일임하고 계신데 여후는 부인이라 오로지 다른 성의 왕이나 큰 공신들을 죽이는 일에만 전념하고 있다."

노관은 병이라 핑계하고 주상의 소환에 응하지 않았다. 그를 모시던 좌우 근신들도 다 도망하여 숨어 버렸다. 노관이 한 말이 누설되어 벽양후가 주상에게 자세히 보고하자 주상은 더욱 더 노했다. 또 흉노의 나라로부터 한나라에 항복해 온 자가 있어서 말하기를,

"장승이 도망하여 흉노 땅에 가 있는데 그는 연나라의 사자 노릇을 하고 있습니다."

라고 하자 주상은,

"노관이 정말 배반했구나."

하고 번쾌를 시켜서 연나라를 치게 했다. 그때 연나라 왕 노관은 그의 궁인, 가속, 기병 수천을 거느리고 장성(長城) 근방에 숨어 사태를 관망하면서 주상의 병이 나으면 스스로 조정에 들어가 사죄하려고 했다. 그런데 4월에 고조가 붕어하자 노관은 무리를 이끌고 흉노 땅으로 도망쳤다.

흉노는 노관을 동호(東胡)의 노왕(盧王)으로 삼았다. 노관은 다른 오랑캐들한테 침략을 당하여 늘 한나라로 돌아가기를 염원하면서 1년 남짓 지내다 흉노 땅에서 죽었다.

고후(高后 : 呂太后) 때 노관의 처자들은 흉노 땅에서 도망하여 한나라에 항복했다. 때마침 고후가 병이 들어 알현할 수 없었다. 그들은 도읍에 있는 연나라 왕의 저택에 머무르고 있었다. 고후도 주연을 베풀어 그들을 만나려 했지만[411] 마침내 붕어했으므로 끝내 만나볼 수 없었다. 또 노관의 아내도 병들어 죽었다.

효경제(孝景帝) 6년에 노관의 손자인 타지(他之)는 동호왕(東胡王)으로서 한나라에 항복해 왔다. 한나라에서는 그를 봉하여 아곡후(亞谷侯)로 삼았다.

---

411) 고조와 노관은 어릴 적부터 친했으므로 필시 그 아내들도 가까이 사귀었을 것이다. 이 회견도 나이가 들고 난 뒤 회고의 정에서일 것이다.

진희(陳豨)는 원구(宛朐 : 山東省. 荷澤의 서남쪽) 사람이다. 그가 처음에 어떻게 해서 고조를 따르게 되었는지는 확실치 않다.

고조 7년 겨울, 한왕 신(信)이 모반하여 흉노 나라로 들어가자 주상은 평성(平城)까지 갔다가 돌아와 진희를 열후에 봉했다. 그리고 진희가 대국(代國)[412]의 재상으로 있을 때 장군을 겸임하게 하여 대의 변경을 지키는 군사를 통솔 감독케 하니 변경의 군사는 모두 그에게 소속되었다.

예전에 진희는 휴가를 얻어 귀향할 때 조나라를 통과했다. 그때 조나라의 대신 주창(周昌)은 진희를 수행하는 빈객의 수레가 천여 승(乘)이나 되어 한단의 여관이 모두 만원이 되었던 일과, 또 진희의 빈객을 대하는 태도가 서민 사이의 교제처럼 가볍게 하면서 언제나 빈객에게 겸손하게 대하는 것을 눈여겨보았다.

진희가 대(代)로 돌아가자 주창은 곧 입조하여 주상에게 뵙기를 청하여 배알하고서,

"진희의 빈객은 매우 많습니다. 이대로 수년 동안 진희가 변경에서 군사를 제멋대로 부린다면 필시 변란이 일어날 것입니다."

라고 자세히 아뢰었다. 주상은 사람을 시켜 진희의 빈객으로서 대에 거주하고 있는 자의 재물이나 불법적인 사건을 거듭 조사하게 했더니 그 대부분이 진희와 관련되어 있었다. 진희는 두려워하며 몰래 왕황(王黃), 만구신(曼丘臣) 등에게 빈객을 보내어 내통케 했다.

고조 10년 7월, 태상황(太上皇)이 붕어하자 사자를 보내 진희를 소환했다. 진희는 중병이라 칭하고 응하지 않다가 9월에 마침내 왕황 등과 함께 모반하여 자립하고 대왕(代王)이 되어 조(趙)와 대(代)의 땅을 제압했다.

---

412) 원문은 '趙相國'. ≪史記≫의 다른 편에 의거, '趙'를 '代'로 고쳤다.

이 말을 들은 주상은 곧 조·대의 관리나 백성으로서 진희에게 위협당하여 과오를 저지른 자는 모두 용서했다. 그리고 주상이 몸소 출정하여 한단에 이르자 기뻐하며 말했다.

"진희는 남쪽에 있는 장수(漳水)에 웅거하여 방어하지 않고 또 북쪽에 있는 한단도 지키지 않으니 그가 아무 일도 저지르지 못할 것을 알겠다."

조나라의 재상 주창이 상산(常山 : 河北省)의 군수(郡守)와 군위(郡尉)를 죽이고자 다음과 같이 청원했다.

"상산군에는 이십오 개의 성이 있었습니다만 진희가 모반을 해서 이십 개의 성을 잃었습니다."

주상이 물었다.

"군수와 군위도 모반했는가?"

"그들은 모반하지 않았습니다."

"그렇다면 힘이 부족한 탓일 뿐이다."

이리하여 고조는 두 사람을 용서하고 다시 상산군의 군수와 군위로 임명했다. 또 주상은 주창에게 물었다.

"조나라에도 힘이 막강하여 장수로 삼을 만한 자가 있는가?"

그러자 주창이,

"네 명 있습니다."

하고 대답했다. 그 네 사람이 주상을 알현하자 주상은 그들을 하찮게 보고 꾸짖어 말했다.

"어린 것들이 장군이 될 수 있단 말인가?"

네 사람은 부끄러워하며 그 자리에 엎드렸다. 그러자 주상은 그들을 각기 천 호의 읍에 봉하고 장군으로 임명했다. 좌우의 사람들이 간하여 말렸다.

"폐하를 따라 촉한에 들어가고 초나라를 공격한 자에 대해서도 그 논공조차 아직 충분히 하지 못하고 있는 마당에 대체 이 네 사람이 무슨 공을 세웠다고 봉하시는 것입니까?"

그러자 주상은,

"그대들이 알 바 아니다. 진희가 모반을 하여 한단 이북은 이미 진희의 소유가 되었다. 내가 격문을 띄워 천하의 군사를 불렀건만 아무도 오는 자가 없다. 지금은 오직 한단 성중에 있는 군사뿐이다. 그러니 어찌해 사천 호의 땅을 아깝게 여길까 보냐? 이 네 사람을 봉하는 것은 조나라 자제들의 충의를 위로해 주려는 것이다."

라고 말하니 모두 이렇게 대답했다.

"잘 알았습니다."

이에 다시 주상은 말했다.

"진희의 장군은 누군가?"

"왕황과 만구신인데 전에는 모두 상인(商人)이었습니다."

"그것은 나도 알고 있다."

하며 곧 각각 천 금의 상금을 걸어 왕황과 만구신을 잡아 오게 했다.

11년 겨울, 한나라 군사는 진희의 군사를 공격하여 장수 후창(侯敞)을 곡역(曲逆 : 河北省) 부근에서 베어 죽이고 같은 장수 장춘(張春)을 요성(聊城 : 山東省)에서 격파하여 적군 일만여 명의 목을 베었다. 그리고 태위(太尉) 주발(周勃)이 쳐들어가 태원(太原)과 대(代)의 땅을 평정했다.

십이월, 주상은 몸소 동원(東垣 : 河北省)을 공격했으나 항복하지 않고 오히려 그 병졸들이 주상을 위협했다. 그 후 동원이 함락되니 전에 주상을 위협했던 병졸은 베어 죽이고 위협하지 않았던 병졸은 살에 먹실을 넣는 형에 처하고 동원의 이름을 고쳐 진정(眞定)이라고 했다. 왕황과 만구신은 그 휘하에 있는 무리가 현상금을 탐내어 사로잡아 왔다. 이렇게 하여 진희의 군사는 마침내 패하고 말았다.

주상이 귀환하여 낙양에 도착하자,

"상산(常山)의 북쪽에 위치하고 있는 대(代)를 상산 남쪽으로부터 조나라가 보유하는 것은 쉬운 일이 아니다."

라고 말하고 아들 항(恒 : 代王 劉恒은 뒤에 呂后가 죽은 뒤 天子가 된 孝文帝)을 대왕(代王)으로 삼고 중도(中都 : 山西省)를 도읍으로 하도록 했다. 그리고 대(代), 안문(雁門)의 땅을 모두 대(代)에 소속시켰다.

고조 12년 겨울, 번쾌의 군졸이 진희를 추격하여 영구(靈丘 : 山西省)에서 베어 죽였다.


태사공은 말한다.

"한왕신과 노관은 원래 선조 대대로 덕을 쌓고 선을 쌓아올린 덕택으로 왕후(王侯)의 지위에 이른 것은 아니다. 그들은 단지 일시의 권모에 힘쓰고 남을 속이거나 폭력에 의해 성공했던 것이다. 그리고 한실(漢室)이 천하를 평정하는 시운을 탔기 때문에 영토를 나누어 받고 남면하여 '고(孤)'라고 일컬을 수 있었던 것이다.

그러나 안으로 너무 강대해졌던 까닭에 의심을 받게 되고 그 때문에 밖의 오랑캐를 원조자로 믿고 의지했다. 그래서 날이 지날수록 한실과 소원해지고 스스로 위태로움을 느끼게 되었다. 또 일들이 궁지에 몰리고 지혜 또한 막히게 되자 마침내 흉노 땅으로 도망하고 말았던 것이다. 이 어찌 슬픈 일이 아니겠는가?

진희는 양(梁)나라 사람으로서 젊었을 때 가끔 위(魏)나라의 공자(公子 : 信陵君)[413]을 칭찬하고 흠모했었다. 그래서 장군이 되어 변경을 수비하게

---

413) 信陵君의 傳記가 魏公子列傳이다. 그는 식객을 삼천 명이나 돌보았다고 하는데 진희가 그것을 흉내 낸 것은 시대착오적 발상이었다.

되었을 때 빈객을 불러 모으고 선비에게는 몸을 낮추니 명성이 실제보다 과장되었다. 그러자 주창에게 의심을 받고 결점이 자꾸만 드러나게 되어 화가 자신의 몸에 미칠 것을 두려워했다. 이때 간사한 자의 진언이 있어 그것을 받아들였기에 마침내 무도한 길로 빠지게 되었다.

아아, 슬픈 일이다! 대체로 계책이 성숙한가 미숙한가, 성공하는가 실패하는가가 사람에게 미치는 영향은 실로 심각한 것이다."

# 제34 전담열전(田儋列傳)

　전담(田儋)은 적(狄 : 山東省) 사람으로, 옛 제나라 왕 전씨(田氏)의 일족이다. 전담의 종제(從弟) 전영(田榮)이나 전영의 아우 전횡(田橫)도 모두 호걸로서 일족이 강성했고 충분한 인심을 얻고 있었다.

　처음에 진섭(陳涉)이 일어나 초나라 왕이 되자 주시(周市)에게 명하여 위나라의 땅을 공략하게 했다.

　주시는 북쪽으로 올라가 적(狄)에 이르렀다. 적에서는 농성하며 지켰다. 그때 전담은 거짓으로 자기의 노복을 묶어 가지고 젊은이들을 인솔하여 적현(狄縣)의 법정으로 나아가 신고하고 노복을 죽이는 시늉을 하였다. 그리고 현령을 만나자 그 자리에서 현령을 쳐 죽이고 세력 있는 벼슬아치의 자제들을 불러놓고 말하기를,

　"제후들은 모두 진나라를 배반하고 자립했다. 제나라는 옛날에 세운 나라이며 나는 전씨다. 당연히 내가 왕이 되어야 한다."

　하고 마침내 자립하여 제나라 왕이 되고 ― 秦의 2세 원년(기원전 209년) 9월의 일 ― 병사들을 출동시켜 주시를 공격하니 주시의 군사가 철수했다. 그래서 전담은 동쪽에 있는 제나라 땅을 평정할 수 있었다.

　진나라 장군 장한이 위나라 왕 구(咎)를 임제(臨濟 : 河南省)에서 포위하니 사태가 매우 위급했다. 위나라 왕은 제나라에 구원을 청했다. 제나라 왕 전담은 군사를 이끌고 위나라를 구원하러 갔다. ― 2세 2년(기원전 208년) 6월의 일 ― 장한의 군사는 밤중에 소리 나지 않게 입에 나무 막대를 물고 접근하여 공격해서 제나라와 위나라 군사를 크게 격파하고 임제의 성 아래에서 전담을 죽였다. 전담의 동생 전영이 전담의 패잔병을 수습해 동쪽에 있는 동아(東阿)로 달아났다.

제나라 사람들은 왕 전담이 죽었다는 말을 듣자 곧 옛날 제나라 왕 건(建)의 아우 전가(田假)를 세워서 제나라 왕으로 삼고 전각(田角)을 재상으로, 전간(田間)을 장군으로 삼아 제후의 군사를 막았다.

전영이 패해 동아로 달아나자 장한은 그를 추격하여 동아를 포위했다. 항량(項梁)은 전영이 위급하게 되었다는 말을 듣자 곧 군사를 거느리고 공격하여 동아의 성 아래에서 장한의 군사를 격파했다. 장한은 패하여 서쪽으로 달아났으며 항량은 이를 추격했다.

전영은 제나라가 전가를 왕으로 삼은 일에 노하여 군사를 이끌고 돌아와 제나라 왕 전가를 쳐서 몰아냈다. 전가는 초나라로 도망하고 제나라의 재상 전각은 조나라로 달아났다. 전각의 아우 전간은 이에 앞서 조나라로 구원을 청하러 갔다가 그대로 머무른 채 돌아오려고 하지 않았다. 마침내 전영은 전담의 아들 전시(田市)를 세워 제나라 왕으로 삼고 자신은 재상이 되었으며 전횡은 장군이 되어 제나라의 땅을 평정했다.

앞서 장한을 추격하던 항량은 장한의 병력이 점차 강성하게 되었으므로 사자를 보내 조나라와 제나라에 알리고 함께 군대를 출동시켜 장한을 치자고 했다. 그러자 전영이 말했다.

"초나라가 전가를 죽이고 조나라가 전각과 전간을 죽인다면 당장이라도 출병하겠소."

그러나 초나라의 회왕(懷王)은,

"전가는 동맹국의 왕으로서 궁지에 몰려 나에게 의지하러 왔는데 그를 죽인다는 것은 불의한 일이다."

하고 말했다. 조나라 역시 전각과 전간을 죽여 제나라의 환심을 사려고 하지 않았다. 제나라 왕이 말했다.

"독사가 손을 물면 손을 베어 버리고 발을 물면 발을 베어 버린다. 그렇게 하지 않으면 온몸에 독이 퍼지기 때문이다. 지금 전가, 전각, 전간의 초나라와 조나라에 대한 관계는 손과 발을 잃는 근심 정도도 아닌데 어째서 죽이지 않는단 말인가? 진나라가 천하의 뜻을 얻게 되면 군사를 일으키는 자는 일신만 해칠 뿐 아니라 선조의 무덤까지도 파헤쳐지게 될 것이다."

그래도 초나라와 조나라가 듣지 않았으므로 제나라도 노하여 끝내 출병하지 않았다. 결국 장한이 초나라 군대를 격파하고 항량을 죽이니 초나라 군사는 동쪽으로 달아났다. 장한은 다시 황하를 건너 거록(鉅鹿 : 河北省)에서 조나라 군사를 포위했기 때문에 항우가 쫓아가 조나라를 구원했지만 항우는 이 일로 전영을 원망했다.

항우는 조나라를 구한 다음 장한 등을 항복시키고 서쪽에 있는 함양을 쳐서 진나라를 멸망시켰다. 그리고 제후와 왕을 봉하면서 제나라 왕 전시를 옮겨 교동(膠東)의 왕으로 삼고 즉묵(卽墨 : 山東省)에 도읍하게 했다. 제나라의 장군 전도(田都)는 항우를 따라 함께 조나라를 구원하고 그 길로 함곡관으로 쳐들어갔기 때문에 제나라 왕으로 삼고 임치(臨淄 : 山東省)에 도읍하도록 했다.

항우가 황하를 건너가 조나라를 구원할 때 옛 제나라 왕 전건(田建)의 손자 중에 전안(田安)이라는 사람이 있었는데 제수(濟水) 북방의 몇 개 성을 함락시키고 군사를 이끌고 항우에게 항복했다. 항우는 전안을 제북왕(濟北王)으로 삼고 박양(博陽 : 山東省)에 도읍하게 했다.

전영은 항량의 뜻을 거역하여 초나라와 조나라를 구하고 진나라를 공격하라는 말에 응하지 않았기 때문에 왕이 되지 못했다. 그리고 조나라의 장군 진여(陳餘)도 직책을 잃고 왕이 될 수 없었기 때문에 이 두 사람은 항왕을 원망했다.

항왕이 귀국하고 제후들도 각기 자기의 봉령으로 가자 전영은 군사를 이끌고 진여를 도와 조나라 땅에서 항왕에게 반기를 들게 했다. 그리고 전영도 군사를 동원하여 제나라 왕 전도와 맞서 싸우니 전도는 초나라로 달

아났다. 전영은 제나라 왕 전시를 억류하고 교동에 보내지 않았다. 그러자 전시의 좌우 사람들이,

"항왕은 여간 강포한 사람이 아니어서 왕께서는 반드시 교동으로 가셔야 합니다. 만약 봉국에 가지 않으시면 틀림없이 위태롭게 될 것입니다."

라고 말하자 전시는 도망하듯 봉국으로 가 버렸다. 노한 전영이 추격해 즉묵에서 제나라 왕 전시를 죽이고 돌아와서는 제북왕 전안을 공격하여 죽였다. 이리하여 자립한 전영은 제나라 왕이 되고 차례로 삼제(三齊)⁽⁴¹⁴⁾의 땅을 병합했다.

이 말을 들은 항왕은 크게 노하여 북쪽에 있는 제나라를 쳤다. 제나라 왕 전영의 군사가 패하여 평원(平原 : 山東省)으로 달아나니 평원의 백성이 전영을 죽였다. 항왕이 제나라의 성곽을 불태워 버리고 통과하는 지방의 백성들을 마구 죽였기 때문에 제나라 백성들이 서로 모여 항왕을 배반했다. 전영의 아우 전횡(田橫)은 산산이 흩어진 제나라의 군사를 다시 모아 수만 명을 얻어서 성양(城陽 : 山東省)에서 항우를 맞아 반격했다.

한편 한왕(漢王)은 제후들을 이끌고 초나라를 격파하고 팽성으로 들어갔다. 이 말을 들은 항우는 바로 제나라를 포기하고 되돌아가 팽성에서 한나라 군사를 공격했다. 그래서 한나라와 줄곧 싸우며 형양에서 서로 공방전을 전개했다. 그런 까닭에 전횡은 다시 제나라의 성읍을 손에 넣게 되었고 전영의 아들 전광(田廣)을 세워 제나라 왕을 삼고 전횡 자신은 재상이 되어 국정을 도맡았다.

전횡이 제나라를 평정하고 3년 뒤, 한왕은 역생(酈生)에게 명하여 제나라 왕 전광과 재상 전횡을 한나라에 항복하도록 설득하게 했다. 전횡은 그

---

414) 膠東王 田市, 齊王 田都, 濟北王 田安, 이상 3명이 전의 齊의 땅을 분할하여 왕이 되었으므로 3齊라고 했다. 秦의 땅을 秦에서 항복한 세 장수가 분할 통치한 데서 3秦이라 한 것과 같다.

렇게 하는 것이 옳겠다고 생각하여 역하(歷下 : 山東省)에 있던 군대를 해산시켰다. 이때 마침 한나라 장군 한신(韓信)이 군대를 이끌고 동쪽 제나라를 치려 하였다.

전에 제나라에서는 화무상(華毋傷), 전해(田解)에게 명하여 역하에 주둔해서 한나라 군대의 침공에 대비하게 했다. 그때 한나라 사자인 역생이 왔기 때문에 수비의 방비를 풀고 주연을 크게 베풀며 곧 사자를 한나라로 보내 화평하고자 했다.

그런데 한나라 장군 한신이 조나라와 연나라를 평정한 후 괴통의 계책을 채택해 평원진(平原津 : 山東省)에서 황하를 건너 제나라의 역하(歷下)를 습격해 제나라 군사를 격파하고 그 길로 임치로 입성했다.

그러자 크게 노한 제나라 왕 전광과 재상 전횡은 역생이 한신과 공모하여 자기들을 속인 것이라고 오해하여 역생을 삶아 죽였다. 그후 제나라 왕 전광은 동쪽에 있는 고밀(高密 : 山東省)로 도망하고 재상 전횡은 박(博 : 山東省, 泰安)으로 도망했으며 수상(守相 : 조정이 비어 있을 때 지키는 임무를 띤 재상) 전광은 성양(城陽)으로 도망가고 장군 전기(田旣)는 교동(膠東)으로 가 포진했다.

초나라에서는 용저(龍且)를 보내 제나라를 구원했다. 제나라 왕은 용저와 연합하여 고밀에서 진을 쳤다. 한나라 장군 한신은 조참(曹參)과 함께 용저를 격파하여 죽였으며 제나라 왕 전광을 사로잡았다. 한편 한나라의 장군 관영(灌嬰)은 제나라의 조정을 지키던 대신 전광을 추격하여 생포하고 이어서 박(博)으로 진격했다. 이때 전횡은 제나라 왕이 죽었다는 소문을 듣고 자립하여 제나라 왕이 되고 되돌아가 관영의 군대를 공격했다. 그러자 관영은 영(嬴)의 성 밑에서 전횡의 군사를 격파했으며 전횡은 양(梁)나라로 달아나 팽월(彭越)에 귀속했다. 당시 팽월은 양나라 땅에 있으면서 중립을 지켜 때로는 한나라를 위해 활동하기도 하고 때로는 초나라를 위해 활동하기도 했다.

한신은 용저를 죽이고 이어 조참으로 하여금 군대를 진격시켜 교통에서 전기(田旣)를 격파하여 죽이게 하고 또 관영으로 하여금 제나라 장군 전흡(田吸)을 천승(千乘 : 山東省, 高死)에서 격파하여 죽이게 했다. 이리하여 한신은 마침내 제나라 땅을 평정하고 한왕에게 임시로 제나라 왕이 되기를 청원했다. 그러자 한나라는 한신을 세워 제나라 왕으로 삼았다.

그 후 1년 남짓하여 한나라는 항적(項籍 : 項羽)를 멸망시키고 한나라 왕은 자립하여 황제가 되었으며 팽월을 양나라 왕으로 삼았다. 그러자 양나라에 있던 전횡은 주살당하는 것이 아닌가 두려워 부하 오백여 명을 이끌고 바다로 도망하여 섬에 거주했다.

고조는 이 소식을 듣고,

"전횡의 형제들은 처음으로 제나라의 땅을 평정했고 어진 자가 많이 따르고 있다. 지금 바다 가운데 섬에 있는데 그대로 돌아오지 않게 한다면 뒤에 난을 일으킬지 모르겠다."

하고 곧 사자를 보내 전횡의 죄를 용서하고 그를 불러오게 했다. 그랬더니 전횡은 사절하며 말했다.

"저는 예전에 폐하의 사자 역생을 삶아 죽였습니다. 지금 들으니 역생의 아우 역상은 한나라 장군으로 있다 하며 매우 어진 사람이라고 합니다. 저는 폐하께 송구스러워 견딜 수가 없어 감히 폐하의 조서를 받들지 못합니다. 청컨대 서인이 되어 해도(海島)를 지키게 해 주십시오."

사자가 돌아와 보고하자 고황제(高皇帝)는 위위(衛尉 : 근위사령) 역상에게 조서를 내려,

"만약 제나라 왕 전횡이 돌아오게 되었을 때 그를 수행하는 인마(人馬)나 종자(從者)를 함부로 동요시키는 자가 있으면 그 일족을 멸하리라."

했다. 그리고 다시 사자에게 부절을 가지고 전횡에게 가서, 역상에게 조

서를 내린 상황을 자세하게 알리고 다음과 같이 설명하게 했다.

"만일 전횡이 온다면 왕으로 봉하고 그의 부하는 제후로 삼을 것이다. 만약에 오지 않을 것 같으면 군대를 동원하여 주륙(誅戮)할 것이다."

라고 했다. 이리하여 전횡은 빈객 두 사람과 함께 역마를 번갈아 타고 낙양으로 향했다. 낙양에서 삼십 리 떨어진 시향(尸鄕 : 河南省)의 역에 이르렀을 때 전횡은 사자에게,

"남의 신하된 자로서 천자를 알현할 때는 마땅히 목욕을 하지 않으면 아니 되오."

하고는 거기에 유숙하였다. 그리고 전횡은 자신을 따라온 빈객에게 말했다.

"처음에 나는 한왕(漢王)처럼 남면하여 왕위에 올라 '고(孤)'라고 자칭했는데 이제 한왕은 천자가 되었고 나는 망명자의 신세에다 포로가 되어, 북면하여 그를 섬기는 신하가 될 것 같소. 그 수치스러움이야말로 정말 참기 어렵소. 또 나는 남의 형을 삶아 죽였으면서도 그의 아우와 어깨를 나란히 하여 한 주군을 섬겨야 하오. 그가 비록 천자의 조서가 두려워 감히 내게 손을 대지 못한다 하더라도 내 어찌 부끄럽지 않겠소.

지금 폐하께서 나를 만나자고 하시는 것은 다만 내 얼굴을 한 번 보고자 하는 것에 지나지 않을 뿐이오. 폐하는 지금 낙양에 계시오. 이제 내 목을 베어 낙양까지 삼십 리 길을 달려갈지라도 내 얼굴 모양은 변하지 않을 것이니 나의 면모를 그대로 볼 수 있을 것이오."

말을 마친 전횡은 마침내 자신의 목을 찔러 죽었다. 빈객이 그 목을 받쳐 들고 사자와 함께 달려가 고조에게 아뢰었다. 그랬더니 고황제가 말하기를,

"아아, 어쩔 수 없는 일이로다. 서민으로 일어나 삼형제가 번갈아 왕이 되었던 것이니 그들이 어찌 어질지 않겠는가."

고 하며 그를 위해 눈물을 흘렸다. 그리고 두 사람의 빈객을 도위(都尉 : 고을의 경찰 장관)로 임명하고 군사 이천 명을 동원하여 왕자(王者)의 예로써 전횡을 장사지냈다.

그런데 장사를 지내고 난 두 사람의 빈객은 그들의 주군인 전횡을 위해 전횡의 무덤 곁에 구덩이를 파고 스스로 목을 베어 구덩이에 떨어지게 하여 순사했다. 고제가 이 사실을 듣고 크게 놀라 전횡의 빈객은 다 어진 자라고 생각하여 전횡의 부하 오백 명이 아직 해도에 있다고 들었으므로 사자로 하여금 그들을 부르게 했다. 그들은 도착하여 전횡이 죽었다는 말을 듣고는 모두 자살했다. 이것으로 전횡의 형제가 선비들의 진실한 마음을 얻었음을 잘 알 수 있게 되었다.

태사공은 말한다.

"괴통의 계략은 그 얼마나 심한 것이었던가. 제나라를 어지럽게 하고 회음후 한신을 교만하게 만들어 마침내는 한신, 전횡 두 사람을 망하게 만들었다. 괴통은 자유자재한 변설에 능하여 전국시대의 권모술수를 논하여 팔십일 편의 문장을 지었다.

괴통은 제나라 사람인 안기생(安期生)과 친했다. 안기생은 예전에 항우 밑에서 벼슬할 것을 원했다. 그런데 그가 올린 계책이 채용되지 않았다. 후에 항우는 그들 두 사람을 봉해 주려 했으나 그들은 봉함을 받지 않고 도망쳤다.

전횡은 높은 절개를 지닌 인물로, 빈객들은 그의 의리를 흠모했으며 또 전횡을 위하여 순사했다. 어찌 지현(至賢)함이 아니겠는가? 그래서 나는 여기에 그 사적(事蹟)을 열기(列記)하는 것이다. 그런데 그들 중에는 좋은 꾀를 낼 수 있는 자가 없지 않았을 텐데 제나라를 존속시킬 꾀를 생각하지 못했음은 무슨 까닭인가?"

# 제35 번·역·등·관열전(樊·酈·滕·灌列傳)

무양후(舞陽侯) 번쾌(樊噲)는 패(沛 : 江蘇省) 사람이다. 개를 도살하는 것을 생업(生業 : 당시 중국인은 개고기를 먹었음)으로 하면서 고조(高祖) 와 함께 숨어 산 적도 있었다.

처음에 고조를 따라 풍(豊 : 江蘇省)에서 군사를 일으켜 패를 공격하여 함락시켰다. 고조는 패공(沛公)이 되자 번쾌를 사인(舍人 : 왕후, 귀족의 살림을 관리하는 직책)으로 삼았다.

번쾌는 패공을 따라 호릉(胡陵)과 방여(方與) 땅을 공격하고 돌아와서 는 풍의 성 아래에서 사수군(泗水郡 : 江蘇省)의 감(監 : 사수군의 감찰관) 을 공격하여 격파해 풍을 지켰다. 그리고 다시 동쪽에 있는 패를 평정하고 사수군의 장관(長官 : 사수군의 군수. 秦 이래의 벼슬로 봉록은 이천 석)을 설(薛 : 山東省)의 서쪽에서 격파했다.

그리고 탕(碭 : 江蘇省)의 동쪽에서 진나라 장군으로 사마(司馬 : 무관, 장군 밑에서 군대를 지휘함)였던 이(㠯)와 싸워 무찌르고 적병의 목 열다 섯을 얻어 국대부(國大夫)의 작(爵)[415]을 받았다.

번쾌는 패공을 따라 복양(濮陽 : 河北省)에서 진나라 장군 장한의 군사 를 공격할 때에도 제일 먼저 성을 올라가 적의 목 스물셋을 베어 열대부 (列大夫 : 公大夫라고도 하며 제7급)의 작을 받았다.

그 후에도 항상 패공을 따라 성양(城陽 : 山東省)을 공격할 때에도 제일 먼저 호유(戶牖 : 河南省)를 항복시키고 이유(李由 : 李斯의 아들)의 군사

---

415) '爵國大夫'. '爵'은 관리의 지위를 나타내는 것으로 벼슬은 아니다. 秦의 제도에는 20급이 있었고 공적에 따라 수여되었다. 國大夫는 官大夫라고도 하며 밑에서부터 헤아려 제6급의 작. 급수가 많을수록 신분이 높아진다.

를 격파해 적의 목 열여섯을 베어 상간작(上間爵)[416]을 받았다. 이어서 동군(東郡)의 수위(守尉)[417]를 성무(成武：河南省)에서 공격하여 포위하고 적을 물리쳐 적의 목 열넷을 베고 열한 명을 포로로 하여 오대부(五大夫：제9급)의 작을 받았다.

또 진나라 군사를 치고 박(亳：河南省 偃師)의 남쪽으로 나아가 하간군(河間郡：河北省)의 군수가 강리(杠里：城陽 부근의 읍)에 진을 친 것을 격파하고, 이어서 조분(趙賁)의 군대를 개봉(開封：河南省)의 북쪽에서 격파하여 적을 격퇴시켰는데 선두에서 적의 척후병 하나를 쳐 죽이고 적의 목 육십팔을 얻고 이십칠 명을 사로잡았으므로 그 공로에 의해 경(卿)[418]을 받았다.

또 패공(沛公)을 따라 양웅(楊熊)의 군대를 곡우(曲遇：河南省, 中牟)에서 격파하고 완릉(宛陵：河南省, 新鄭)을 공격할 때는 선두에 서서 싸워 적병 8명의 목을 베고 사십사 명을 포로로 했기에 봉작[419]을 받아 현성군(賢成君)이라 불렸다.

장사(長社：河南省, 長葛)와 환원관(環轅關：河南省)을 치고 하진(河津)을 건너 동쪽으로 나아가 시향(尸鄉：河南省) 남쪽에서 진나라 군을 공격했으며 다시 진나라 군대를 주(犨：河南省의 魯山)에서 쳤다. 남양군(南陽郡)의 군수 기(齮)를 양성(陽城)의 동쪽에서 격파했으며, 완성(宛城：남양군의 主邑. 河南省)을 공격할 때에는 선두에 서서 서쪽에 있는 역(酈：河

---

416) 秦의 20등급 작에 들어 있지 않다. 제8급 公乘이 그에 해당하는지도 모른다.
417) 守尉는 郡守와 郡尉. 둘 다 秦의 벼슬. 守는 장관, 봉록은 이천 석. 尉는 군의 병졸을 지휘하는 장관, 봉록은 比 이천 석.
418) 卿은 20등급의 爵에는 없다. 전국시대의 신분으로 大臣에 해당하며 그 아래가 고급 관료인 大夫에 해당한다. 5대부 작위 위로는 卿이라고 간단히 생각했는지도 모른다.
419) 封은 일반적으로 영토를 주는 것을 가리키지만 이 경우에는 영토 없이 제후 대접을 받았을 뿐일 것이다. 전국시대에 '君'이라는 칭호가 있는 자는 영토를 받고 있었는데 그에 준하는 지위였을 것이다.

南省)에 이르러 적병 이십사 명의 목을 베고 사십 명을 포로로 했기 때문에 중봉(重封)[420]을 받았다. 그리고 무관(武關 : 섬서성)을 공격하고 패상(覇上 : 섬서성)에 이르러 도위(都尉 : 秦의 벼슬로 郡의 군사를 관장한다. 尉와 같음) 한 명과 적병 열 명의 목을 베고 일백사십육 명을 포로로 했으며 병졸 이천구백 명을 항복시켰다.

이때 항우가 희(戱 : 섬서성) 부근에서 군진을 치고 패공을 공격하려고 했다. 백여 기(騎)를 거느린 패공은 항백(項伯)의 주선으로 항우와 직접 만나, 항우의 입관(入關)을 막기 위해 함곡관을 폐쇄한 일이 없다고 변명했다.

항우는 곧 군사들에게 잔치를 베풀고 술자리가 한창 무르익게 되었을 때 패공을 죽이고자 아보(亞父 : 范增)가 항장(項莊)에게 명하였다. 그는 연회석에서 칼춤을 추는 척하며 패공을 쳐 죽이려 했으나 항백이 시종의 어깨로 패공을 막아 주었다.

그때 패공과 장량만이 군영에 들어와 연회에 참석하였고 번쾌는 군영 밖에 있었는데 사태가 위급하다는 말을 듣자 쇠방패를 손에 들고 군영으로 급히 달려갔다. 보초가 제지했으나 번쾌는 밀어붙이고 들어가 장막 아래에 섰다. 항우가 누구냐고 물었다.

"패공의 참승(參乘)[421] 번쾌라는 자입니다."

라고 장량이 대답하자 항우는,

"훌륭한 장사로군!"

하고 번쾌에게 커다란 잔에 술을 가득 부어 돼지고기 어깨살과 함께 내

---

420) 두 가지 설이 있다. 하나는 俸祿이 증가되었다는 설. 또 한 가지는 爵名이라는 설. 다른 예와 달리 '爵' 자가 없어서 어느 쪽이 옳은지 결정하기가 어렵다.
421) 고대의 마차는 3인승으로, 御者가 가운데 타고 주인과 陪乘者가 양쪽에 탔다. 參乘은 陪乘者로 勇士가 이를 맡았다.

렸다. 번쾌는 단숨에 술을 마시고 칼로 고기를 잘라 먹어치웠다. 이것을 본 항우가,

"더 마시겠는가?"

하고 묻자 번쾌가 대답했다.

"저는 죽음도 사양하지 않습니다. 하물며 큰 잔에 가득 부은 술 한 잔 정도를 사양하겠습니까? 그런데 패공께서는 관중에 먼저 들어와서 함양(咸陽 : 秦나라의 國都)을 평정하고 군대를 패상에 내버려 두신 채 대왕을 기다리고 있었습니다. 그런데 대왕께서는 오늘에서야 겨우 도착하시어 소인의 말을 곧이듣고 패공과의 사이에 틈이 생긴 모양인데, 이렇게 되면 천하의 인심이 떨어져 나가 대왕에 대해 의심을 품지 않을까 염려됩니다."

항우는 묵묵히 있었다. 그러자 패공은 변소에 가는 체하며 번쾌를 손짓해 불러내어 그 자리를 벗어났다. 군영을 나온 패공은 따라온 수레와 기병들을 남겨둔 채 말을 타고 번쾌 등 네 사람은 도보로 뒤를 따랐다. 패공 일행은 산하(山下)의 샛길로 도망쳐 패상의 군영으로 돌아왔다.

그리고 장량에게 명하여 항우에게 사과하게 했다. 이렇게 되자 항우도 더 이상 패공을 죽일 마음이 없어졌다. 이날 만약 번쾌가 군영에 달려 들어가 항우를 나무라는 일이 없었더라면 패공의 목숨은 아마 위태로웠을 것이다.

다음날 항우는 함양에 입성하여 진나라 군사를 무찌르고 패공을 한왕(漢王)으로 삼았다. 한왕은 번쾌에게 작을 내려 열후로 삼고 임무후(臨武侯)라 불렀다.

그 후 번쾌는 승진하여 낭중(郎中)[422]이 되었으며, 한왕을 따라 한중(漢

---

422) 秦 이래의 벼슬. 궁전의 문을 관리하는 것이 본래의 임무. 나아가서 천자 行幸의 마차 · 기병 등을 관리하였다. 말하자면 천자를 가까이 모시는 호위직, 시종무관.

中 : 섬서성 남부부터 호북성 북부에 걸쳐있는 땅)에 들어갔다가 되돌아 나와 삼진(三秦 : 雍·塞·翟)을 평정하고, 또 한왕과 떨어져 서현(西縣 : 甘肅省)의 승(丞)[423]을 백수(白水 : 甘肅省에 있는 강 이름)의 북쪽에서 공격하고, 옹왕(雍王 : 章邯)의 경무장한 전차와 기병 부대를 옹(雍 : 섬서성)의 남쪽에서 공격하여 격파했다.

또 한왕을 따라 옹의 태성(邰城 : 섬서성)을 공격할 때 선두에 섰다. 장평(章平 : 章邯의 아들)의 군사를 호치(好畤 : 섬서성)에서 공격하며 선두에 서서 성을 치고 적진을 함락시키어서 현령(縣令)과 현승(縣丞) 각 한 사람씩을 베고 적 열한 명의 목을 얻고 스무 명을 포로로 잡았다. 그래서 낭중기장(郞中騎將)[424]에 천임(遷任)되었다.

또 한왕을 따라 진나라의 기병 부대를 양(壤 : 섬서성)의 동쪽에서 공격하여 물리쳤다. 다시 천임되어 장군으로서 조분(趙賁)을 공격하여 미(郿)·괴리(槐里)·유중(柳中)·함양(咸陽)을 항복시켰으며, 폐구(廢丘 : 섬서성)를 공격하면서 수몰(水沒)시키니 그의 군공이 으뜸이었다. 역양(櫟陽 : 섬서성)에 이르러 식읍으로 두(杜 : 長安의 남쪽)의 번향(樊鄕)을 받았다.

다시 한왕을 따라서 항적을 공격하여 자조(煮棗 : 山東省)를 공략했으며, 왕무(王武)와 정처(程處)의 군사를 외황(外黃 : 河南省)에서 격파하고 추(鄒)·노(魯)·하구(瑕丘)·설(薛 : 모두 山東省)을 공격했다.

항우는 팽성에서 한왕을 격파하고 또 차례로 노(魯), 양(梁)의 땅을 모두 빼앗았다. 번쾌는 되돌아와서 형양에 이르러 평음(平陰 : 河南省)의 이천 호를 봉읍으로 더 받고 장군으로서 광무(廣武 : 滎陽 부근의 산 이름)를 수

---

423) 秦 이래의 벼슬. 縣令 밑에서 현령을 도와 정치를 하였다. 부지사. 봉록은 사백 석에서 이백 석.
424) 郞中에는 車·戸·騎의 세 長이 있고 봉록은 比 이천 석.

비했다.

1년 뒤 항우가 군대를 이끌고 동쪽으로 향하자 번쾌는 고조를 따라 항적을 공격하여 양하(陽夏 : 河南省)를 함락시켰고 초나라 주장군(周將軍)의 병졸 사천 명을 포로로 했으며, 항적을 진(陳 : 河南省)에서 포위하여 크게 격파하고 호릉(胡陵)을 공략했다.

항우가 죽자 한왕은 제(帝)가 되었다. 번쾌는 점령한 곳을 견고히 지켰으며 또 싸운 공이 있었기 때문에 팔백 호를 봉읍으로 더 받았다.

고제(高帝)를 따라서 모반한 연나라 왕 장도(臧荼)를 공격하여 사로잡고 연나라 땅을 평정했다. 초나라 왕 한신이 모반하자 번쾌는 고조를 따라 진(陳)나라로 가서 한신을 잡고 초나라 땅을 평정했다. 그래서 그 공으로 다시 열후의 봉작을 받아 다른 제후들처럼 할부(割符)를 받아 대대로 세습하게 되었다. 식읍으로 무양(舞陽 : 河南省)을 받아 무양후(舞陽侯)라고 일컫게 되고 종래의 식읍은 반환했다.

그 후 번쾌는 장군으로서 고조를 따라 배반한 한왕(韓王) 신(信)을 대(代)에서 치고 곽인(霍人 : 山西省 代縣)에서 운중(雲中)에 이르는 땅을 강후(絳侯) 등과 평정하고 그 공로로 일천오백 호를 봉령으로 받았다. 그리고 진희(陳豨)를 공격하여 만구신(曼丘臣)의 군대와 양국(襄國 : 河北省의 荊州城)에서 싸우고 백인(栢人 : 河北省에 있는 唐山)을 공략하고 선두가 되어 청하군(淸河郡)·상산군(常山郡 : 모두 河北省) 등 이십칠 현을 항복시켜 평정하고 동원(東垣 : 河北省)의 많은 사람들을 살상했다.

그는 다시 승진하여 좌승상이 되어서 기무앙(綦毋卬), 윤번(尹潘)의 군대를 무종(無終 : 河北省)과 광창(廣昌 : 河北省)에서 격파하고 진희의 정예부대 장군으로 호인(胡人)인 왕황(王黃)의 군대를 대의 남쪽에서 격파했다. 그리고 이어 한왕(韓王)의 군대를 참합(參合 : 山西省의 陽高)에서 치고 번쾌 수하의 한 부장(部將 : 柴武를 가리킴)이 한왕신을 쳐 죽였다.

그는 다시 진희가 이끌던 흉노의 기병대를 횡곡(橫谷 : 代의 땅으로 山西省)에서 격파하여 그 장수 조기(趙旣)를 베어 죽이고 대(代)나라의 승상 풍량(馮梁), 군수 손분(孫奮), 대장 왕황(王黃), 장군 태복(太卜), 태복(太僕) 해복(解福) 등425) 열 명을 사로잡았다. 그리고 여러 장수들과 함께 대의 칠십삼 향읍(鄕邑)426)을 평정했다.

그 후에 연나라 왕 노관(盧綰)이 모반하자 번쾌는 대신(大臣)으로 전투에 참가하여 노관을 쳐 그의 승상 저(抵 : ≪史記≫ 周勃世家의 내용은 여기의 기록과는 다름)를 계(薊 : 河北省)의 남쪽에서 격파하고 연나라 땅을 평정했는데 무려 십팔 현, 오십일 향읍에 달했다. 그는 그 공으로 일천삼백 호의 봉지를 더 받아 무양에 오천사백 호의 땅을 영유하게 되었다.

번쾌가 고조를 따라서 적의 목을 벤 것이 모두 일백칠십육 명, 적병을 포로로 잡은 것이 이백팔십팔 명, 따로 적군을 격파한 것이 일곱 번, 함락시킨 성이 다섯, 육 군(郡), 오십이 현(縣)을 평정하고 승상 한 명, 장군 열두 명, 이천 석(石) 이하 삼백 석까지 봉록을 받던 자 열한 명을 사로잡았다.

번쾌는 여후(呂后)의 누이동생 여수(呂須)를 아내로 맞아들여 아들 항(伉)을 낳았다. 그런 까닭에 다른 여러 장군에 비하여 고조와 매우 친근했다.

전에 경포(黥布)가 반란을 일으켰을 때 고조는 병이 심해 사람 만나기를 싫어하였다. 문지기에게 영을 내려 뭇 신하들 아무도 궁중에 들어오지 못하게 했으므로 강후(絳侯), 주발(周勃), 관영(灌嬰) 등이 십여 일이나 궁중에 들어가지 못했다. 그런데 번쾌가 궁중의 작은 문을 밀어젖히고 들어가

---

425) 원문은 '將軍太卜太僕解福等十人. 太卜·太僕은 관명인데 관명이 계속 잇따라 있고 解福이라는 이름이 나온다는 것은 아무래도 적절하지 않다. 원문에 잘못이 있는 것 같다. 잠정적으로 해복을 인명으로 해석해 번역했다.

426) 鄕은 縣 밑에 있는 행정 단위. 邑은 공식적으로는 황태후·황후·공주의 영지를 말하는데 이 경우에는 단순히 '鄕邑'을 가리킨다.

니 대신들이 그를 따라 들어갔다. 그때 주상은 홀로 한 환관의 무릎을 베고 누워 있었다. 번쾌 등은 주상을 보고 눈물을 흘리며 말했다.

"예전에 폐하께서는 저희들과 함께 풍(豊), 패(沛)에서 군대를 일으켜 천하를 평정하셨습니다. 그때는 얼마나 혈기가 왕성하셨습니까? 지금 천하가 모두 평정된 이 마당에 어체(御體)가 고달프시단 말씀이십니까? 지금 폐하께서 병이 위중하셔서 대신들이 몹시 송구스럽게 여기고 있는데 폐하께서는 저희들을 만나 주지도 않으시고 일을 의논하려 하지도 않으시며 고작 홀로 한 환관만을 상대하여 세상사를 멀리하려는 것은 어인 일이옵니까? 또 폐하께서는 저 조고(趙高)의 일⁴²⁷⁾을 잘 알고 계시지 않습니까?"

하니 고조는 웃으며 자리에서 일어났다.

그 후 노관이 반란을 일으키자 고조는 번쾌에게 명령하여 대신의 신분으로서 연나라를 치게 했다. 그때 고조의 병은 아주 위중했는데 어떤 자가 번쾌를 비방하여 말했다.

"번쾌는 외척 여씨(呂氏)의 도당입니다. 만일 주상께서 붕어하신다면 번쾌는 군대를 이끌고 와서 황제께서 총애하시는 척(戚)부인과 아들인 조왕(趙王) 여의(如意)의 일족⁴²⁸⁾을 모두 주멸할 것입니다."

고조는 이 말을 전해 듣고는 크게 노했다. 그래서 진평에게 명하여, 번쾌를 대신해 강후를 장군으로 임명하고 군의 통솔력을 장악하게 하여 번쾌를 군진 중에서 베어 죽이게 했다. 그러나 진평은 여후를 두려워하여 번쾌를 죽이지 않고 체포만 하여 장안으로 돌아왔다. 장안에 도착하니 고조

---

427) 趙高는 秦의 宦官. 始皇帝 사후에 태자를 자살시켜 2세를 옹립하고 丞相 李斯를 처형하고 2세마저 자살하게 만들었으며 결국 자기도 죽임을 당했다.
428) 戚씨는 高祖가 만년에 총애한 側室. 趙王 如意는 척씨의 아들로 당시 아직 젖먹이였으며 고조의 귀여움을 받아 황태자가 될 뻔한 적도 있었다. 그 때문에 呂后의 미움을 샀고 결국 高祖 사후 모자가 다 죽임을 당했다.

는 이미 붕어한 뒤였다. 여후는 번쾌를 석방하고 작과 식읍을 회복시켜 주었다.

번쾌는 효혜제(孝惠帝) 6년에 죽었다. 그에게 무후(武侯)라는 시호가 내려졌다. 그의 아들 항(伉)이 뒤를 이어 후가 되었다. 항의 어머니인 여수(呂須) 또한 임광후(臨光侯)가 되었다.

번항은 고후(高后 : 呂太后)가 집정할 때 정치에 관여하여 권력을 마음대로 휘둘렀으므로 대신들은 모두 그를 두려워했다. 번항이 부친인 번쾌의 대를 이어 후가 된 지 9년 후에 고후가 붕어했다. 대신들은 외척인 여씨와 여수의 권속들을 주살하고 이어 번항도 주살했다. 그래서 무양후의 가계는 수개월 사이에 끊어져 버렸다.

효문제가 즉위하여 다시 번쾌의 서자(庶子)인 시인(市人)을 봉하여 무양후로 하고 예전의 작위와 식읍을 회복시켜 주었다. 시인이 후가 된 지 이십구 년 만에 죽으니 그에게 황후(荒侯)라는 시호가 주어졌다. 그의 아들 타광(他廣)이 대를 이어 후가 되었다.

그 후 6년이 지나 그의 가신이 타광에게 죄를 짓고는 그를 원망한 끝에 상서하였다.

"황후 시인이 병 때문에 부부의 도를 행할 수 없자 그의 부인을 아우와 밀통시켜 타광을 낳았습니다. 그러니 타광은 황후의 실자(實子)가 아닙니다. 타광은 황후의 대를 이을 수 없으며 후가 될 수도 없습니다."

천자께서는 조서를 내려 형리에게 그 사건을 조사하게 했다. 그 결과 효경제 중원(中元) 6년에 타광은 후의 자리를 박탈당해 서민이 되고 그의 봉지는 몰수당했다.


곡주후(曲周侯) 역상(酈商)은 고양(高陽 : 河南省) 사람이다. 진승(陳勝)이 군사를 일으켰을 때 역상이 동서로 쫓아다니며 젊은이들을 모아 부하 수천 명을 얻었다. 6개월 남짓 후 패공이 진류(陳留 : 河南省)에 도착하니 역상은 장졸 사천 명을 거느리고 기(岐 : 陳留 부근)에서 패공에게 귀속했다.

그리고 패공을 따라 장사(長社)를 공격할 때 선두에 섰으며 작을 받아 신성군(信成君)에 봉해졌다. 다시 패공을 따라 구지(緱氏 : 河南省)를 공격하고 황하를 건너는 나루터를 봉쇄한 다음, 진나라 군사를 낙양의 동쪽에서 격파하고 다시 완(宛)·양(穰 : 모두 河南省)을 공격하여 함락시키고 십칠 현을 평정했다. 따로 한 부대를 지휘하는 장수로 순관(旬關 : 漢中의 땅을 흐르는 旬水의 강 언덕에 있는 關名)을 공격하여 한중을 평정했다.

항우는 진나라를 멸망시키자 패공을 한왕(漢王)으로 삼았다. 한왕은 역상을 신성군에 봉하고 영지를 내렸다.[429] 역상은 장군의 신분으로 농서도위(隴西都尉)가 되었다.

또 장군으로서 북지(北地)·상군(上郡 : 모두 섬서성)을 평정하고 옹왕(雍王)의 장수를 언지(焉氏 : 甘肅省)에서 격파하고 또 장수 주류(周類)의 군대를 순읍(栒邑 : 섬서성)에서, 소장(蘇駔)의 군대를 이양(泥陽 : 甘肅省)에서 격파했다. 그리하여 그 공에 따라 무성(武成)의 육천 호를 식읍으로 받았다.

또 농서도위로서 한왕을 따라 항적의 군대를 쳤다. 그는 5월에 거야(鉅野 : 山東省)에 출격하여 종이말(鍾離昧)과 싸워 격전했다. 한왕으로부터 양나라 재상의 인수를 받아 차고 사천 호의 땅을 봉지로 더 받았다. 그는 양나라 재상의 신분으로 장군이 되어 한왕을 따라 항우를 친 지 2년째 되는 해 3월에는 호릉(胡陵)을 공격했다.

---

429) 앞의 글에서 '賜爵封信成君' 이라 하고 여기서는 '漢王賜商爵信成君' 이라 하여 거의 같은 내용의 글이 전후하여 있다. 앞의 글은 작호를 수여한 것을 표현한 것으로, 이 글은 영지를 수여한 것을 표현한 것으로 보고 번역했다.

항우가 죽은 뒤 한왕이 황제가 되었다. 그해 가을에(項羽가 자살한 것은 漢의 5년 정월. 燕王 장도가 배반한 것은 7월) 연나라 왕 장도(臧荼)가 배반을 했다. 그러자 역상은 고조를 따라 장도를 치고 용탈(龍脫 : 河北省 易縣)에서 선봉이 되어 적진을 함락시키고 장도의 군사를 역(易 : 河北省)의 성 밑에서 격퇴시켰다. 그 공으로 우승상이 되고 열후의 봉작을 받았으며 다른 제후들처럼 부절(符節)을 받아 대대로 세습하게 되었다. 그리고 식읍으로 탁현(涿縣 : 河北省)의 오천 호를 받고 호를 탁후(涿侯)라 했다.

그는 우승상으로서 별군(別軍)을 거느리고 상곡(上谷 : 河北省에 있는 고을 이름)을 평정하고 이어 대(代)를 쳐서 조나라 재상의 인수를 받았다. 그는 우승상과 조나라의 재상으로서 강후 등과 함께 대의 안문(雁門 : 山西省에 있는 고을 이름)을 평정하고, 대의 승상 정종(程縱), 조정을 지키는 대신 곽동(郭同), 장군 이하 육백 석까지의 봉록을 받는 자 열아홉 명을 잡아 귀환했다. 그 후 장군으로서 태상황(太上皇 : 漢 高祖의 부친)의 궁을 지키는 수위군을 1년간 통솔했다.

7월에는 우승상으로서 진희를 치고 동원(東垣)에 있는 많은 사람들을 살상했다. 그리고 고조를 따라 경포의 선봉을 공격하여 두 개의 진지를 함락시켜 경포의 군대를 격파했다. 그래서 새로이 곡주(曲周 : 河北省)의 오천일백 호의 땅을 식읍으로 받고 앞서 받은 식읍은 반환했다.

그는 대체로 정예 부대를 거느려 적군을 격파한 것이 세 번, 군(郡)을 항복시켜 평정한 것이 여섯 번, 현(縣)은 칠십삼 곳, 승상·수상(守相)·대장 각 한 명, 소장 두 명, 이천 석 이하 육백 석까지의 봉록을 받는 자 열아홉 명을 사로잡았다.

역상은 효혜제를 섬겼는데 고후(高后) 때는 병이 들어 공무를 볼 수 없었다. 그의 아들 기(寄)는 자(字)를 황(況)이라 했는데 여록(呂祿)과 사이가 좋았다. 고후가 붕어하자 대신들은 여씨 일족을 주살하려고 했으나 여록

장군이 북군에 진을 치고 있었기 때문에 태위(太尉 : 秦 이래의 벼슬로 군사의 최고 지휘관) 주발(周勃)은 북군에 들어갈 수 없었다. 그래서 사람을 시켜 역상을 위협하고 그의 아들 황에게 여록을 속여서 끌어내도록 했다. 여록은 황의 말을 믿고 북군에서 나와 함께 어울리고 있는 틈에 태위 주발이 북군에 들어가 이를 점거하여 드디어 여씨 일족을 주살할 수 있었다.

이해에 역상이 죽었고 경후(景侯)란 시호가 내려졌다. 그의 아들 기가 뒤를 이어 후가 되었다. 세상 사람들은 역황이 친구를 팔아 자기의 이익을 얻었다고 수군댔다.

효경제 전원(前元) 3년, 오·초·제·조가 모반했다. 주상은 역기를 장군으로 임명하여 조성(趙城)을 포위하게 했다. 역기는 십 개월이 걸려도 함락시키지 못하다가 제나라를 평정한 유후(兪侯) 난포(欒布)가 도우러 와서야 비로소 조성을 함락하고 조나라를 멸망시켰다. 조나라 왕은 나라를 빼앗기고 자살했다.

효경제 중원(中元) 2년, 역기가 평원군(平原君)인 자(姉)<sup>430)</sup>를 맞아 부인으로 삼으려고 하자 효경제는 노하여 형리에게 역기를 넘겼다. 죄를 조사한 결과 역기의 죄상이 명백히 드러났기 때문에 후의 신분을 박탈당했다.

효경제는 역상의 다른 아들 견(堅)을 목후(繆侯)로 봉하여 역씨의 뒤를 잇게 했다. 목정후(繆靖侯 : 靖侯는 諡. 이하 康侯, 懷公도 모두 諡이다.)가 죽자 그의 아들 강후(康侯) 수성(燧成)이 섰고 수성이 죽자 그의 아들 회후(懷侯) 세종(世宗)이 섰다. 세종이 죽자 그의 아들 종근(終根)이 후가 되

---

430) 孝景帝의 皇后인 王氏의 어머니로 이름은 臧兒. 平原君이란 칭호를 얻은 것은 다음의 武帝 시대이다. '姉' 자는 古寫本에 따라 보충했다.

431) 秦 이래 奉常이라 했으나 景帝 中元 6년에 太常으로 고쳐졌다. 天子의 宗廟에서 의식을 담당했다.

432) ≪漢書≫의 百官公卿表에 따르면 繆侯가 太常으로 있었던 것은 武帝의 征和 연간으로 그 4년(기원전 89년)에 죄를 얻어 처형됐다.

고 태상(太常)⁴³¹⁾까지 되었으나 법에 저촉되어 영지를 몰수당하고 말았다.⁴³²⁾

여음후(汝陰侯) 하후영(夏侯嬰)은 패(沛) 사람이다. 패의 구사어(廐司御 : 마구간 담당관)로 있었는데 사자나 빈객을 수레에 태워다 주고 돌아오는 길에는 언제나 패의 사상(泗上) 역정(驛亭 : 秦의 행정 단위는 제일 아래가 里, 10里가 1亭이며 亭에는 亭長이 있어 관할하였다. 또 10亭이 1鄕이었다.)에 들러 온종일 고조(高祖)와 이야기를 나누고는 했다.

그 후 영은 시험에 합격해 현(縣)의 관리가 되었는데 고조와는 여전히 사이가 좋았다. 어느 날 고조가 영을 희롱하다가 상처를 입혔는데 어떤 사람이 고조를 고발했다. 당시 고조는 정장(亭長 : 驛亭의 長으로 도적을 뒤쫓아가서 잡는 일을 맡음)이었으므로 사람을 상해하면 보통 사람보다 중죄에 걸리게 될 입장이었다. 그래서 영을 결코 상해한 일이 없다고 진술했으며 영도 이를 증언했다. 그때는 무사했지만 후에 재판이 번복되었을 때 위증을 했다 하여 영은 고조의 죄에 연좌되어 1년여 동안이나 옥에 갇히고 수백 대나 매를 맞았다. 그러나 끝까지 자백하지 않았으므로 고조의 죄는 마침내 사면되었다.

고조가 처음 무리들과 함께 패를 공격하고자 했을 때 영은 현(縣)의 영사(令史)로 있었는데 고조의 사자 역할을 했다. 고조가 단 하루 만에 패를 항복시켜 패공이 되자 영에게 칠대부(七大夫 : 20등급의 작에서 제7급의 公大夫)의 작을 내리고 태복(太僕 : 秦 이래의 벼슬로 마차와 말을 관리)에 임명했다.

영은 패공을 따라 호릉(胡陵)을 공격하고 소하(蕭何)와 함께 사수(泗水)의 군감(郡監) 평(平)을 굴복시키자 평은 호릉 사람들을 이끌고 항복했기에 패공은 영에게 오대부(五大夫)의 작을 내렸다. 또 패공을 따라 진나라

군사를 탕(碭)의 동쪽에서 치고 제양(濟陽 : 河南省)을 공격하여 호유(戶
牖)를 항복시키고 이유(李由)의 군대를 옹구(雍丘 : 河南省) 성 아래에서
격파했다. 병거(兵車)를 조종하여 급습해서 적과 격렬하게 싸워 그 공으
로 집백(執帛 : 20등급의 爵에는 없다. 전국시대 楚의 작이라고 함)을 받고
태복으로서 패공을 위하여 언제나 수레를 같이 타며 모셨다. 패공을 따라
서 장한(章邯)의 군사를 동아(東阿 : 山東省), 복양(濮陽)의 성 아래에서 치
고 역시 병거를 조종하여 맹공을 가해 이를 격파하고 집규(執珪 : 20등급
의 爵에는 없다. 전국시대 楚의 작.)의 작을 받았는데 여전히 패공을 위하
여 수레를 같이 타며 모셨다.

다시 패공을 따라 조분(趙賁)의 군사를 개봉(開封)에서, 양웅(楊熊)의
군사를 곡우(曲遇)에서 쳐 육십팔 명을 포로로 하고 졸병 팔백오십 명을
항복시켰으며, 인(印) 한 상자를 입수했다. 그때도 패공을 위하여 수레를
같이 타며 모셨다. 패공을 따라 진나라 군사를 낙양의 동쪽에서 치고 병거
를 조종하여 급습해서 격렬하게 싸워 작의 봉을 받고 전임되어 등공(滕
公)[433]이 되었다.

그 후로도 패공을 위하여 수레를 같이 타고 모시면서 남양(南陽)을 공격
하고 남전(藍田) · 지양(芷陽 : 모두 섬서성)에서 싸웠으며 병거를 조종해
격렬하게 싸우며 패상에 육박했다.

항우가 도착하여 진나라를 멸망시키고 패공을 한왕(漢王)으로 삼았다.
한왕은 영에게 열후의 작을 내리고 소평후(昭平侯)라 칭했다. 영은 또다
시 태복이 되어 한왕을 따라 촉한에 들어갔다가 되돌아와서 삼진(三秦)을
평정했다.

---

433) 이 시대에는 縣令을 公이라고 하는 습관이 있었다. 그러나 이 경우에는 단순히 칭호일 것
    이다.

또 한왕을 따라서 항적을 치고 팽성까지 이르렀다. 항우가 한군을 크게 격파하니 한왕은 불리하여 도망했는데 도중에 효혜(孝惠), 노원(魯元) 등 두 자녀를 만나서 수레에 태웠다. 그런데 사태는 급하고 말은 지쳐 있었으며 적은 뒤에서 쫓아오고 있었다. 한왕은 조급하여 두 자녀를 발로 차 수레에서 떨어뜨리려고 했다. 그때마다 영은 그들을 감싸 주어 끝까지 수레에 태우고 두 자녀를 품에 안은 채 마차를 달리게 했다.[434] 노한 한왕은 도중에 십여 차례나 영을 베어 죽이려고 했으나 마침내 적으로부터 탈출할 수 있었으며 효혜와 노원을 무사히 풍(豊)으로 보낼 수 있었다.

한왕은 형양에 도착하자마자 흩어진 병사를 규합하고 다시 세력을 회복하여 영에게 식읍으로 기양(祈陽 : 소재 불명)을 내렸다. 영은 변함없이 한왕을 위하여 수레를 같이 타고 모시며 한왕을 따라 항적을 치고 추적하여 진(陳)에 이르렀으며, 마침내 초나라를 평정하고 노나라로 돌아왔다. 그래서 식읍으로 자지(茲止 : 山西省)를 더 받았다.

한왕이 황제가 되었다.

그해 가을, 연나라 왕 장도가 모반하자 영은 태복으로서 황제를 따라 장도를 쳤다. 다음해 고제(高帝)를 따라 진(陳)에 이르러 초나라 왕 한신(韓信)을 사로잡았다. 다시 식읍으로 여음(汝陰 : 安徽省)을 받고 부절을 나누어 받아 대대로 세습하게 되었다. 그리고 다시 태복으로서 고제를 따라서 대(代)를 쳐 무천(武泉)·운중(雲中 : 모두 山西省)에 이르렀으며, 천호를 더 식읍으로 받았다.

또 고제를 따라 한왕(韓王) 신(信)에게 소속되었던 흉노의 기병대를 진

---

434) 원문은 '徐行面雍樹乃馳'. 해석하기 어려운 대목으로, 여러 가지 해석이 있다. 나무를 향해 빙빙 돌면서 마차를 몬다는 설, 아이를 양쪽에 끼고 마차를 몬다는 설, 뒤에서 두 아이를 껴안고 마차를 몬다는 설 등이 있다. 또 雍을 지명으로 보고 그곳을 향해 마차를 몬다는 설도 있다.

양(晉陽) 부근에서 크게 격파했다. 그리고 도망하는 적병을 추격하여 평성(平城 : 山西省)에 이르렀는데 오히려 흉노에게 포위당하여 7일 동안 아군과 연락할 수 없었다. 고제가 사자를 보내 연지(閼氏)에게 후한 선물을 보내자 묵특 선우가 한쪽 포위망을 풀어 주었다. 고제는 흉노의 포위에서 벗어나기 위해 급히 달리고자 했으나 영은 일부러 천천히 가자고 하면서 모두에게 쇠뇌를 밖으로 향하게 하여 마침내 탈출에 성공했다. 고조는 영에게 세양(細陽 : 河南省)의 천 호를 식읍으로 내렸다.

영은 다시 태복으로서 고제를 따라 흉노의 기병대를 구주산(句注山 : 山西省)의 북쪽에서 크게 격파했다. 또 태복으로서 흉노의 기병대를 평성의 남쪽에서 쳐 세 번이나 적진을 함락시켜 공이 많았으므로 고조는 빼앗은 읍 오백 호를 내렸다.

또 태복으로서 진희, 경포의 군사를 쳐 적진을 함락시키고 적을 격퇴시켰으므로 천 호를 더 받았다. 그리고 새로이 여음의 육천구백 호를 식읍으로 받고 전에 받았던 것은 반환했다.

영은 주상이 처음 패에서 일어나 이후 붕어하기까지 시종 태복으로 일관했는데 다시 태복으로서 효혜제를 섬겼다. 효혜제와 고후(高后)는 영이 효혜(孝惠)와 노원(魯元) 두 사람을 하읍(下邑 : 江蘇省) 부근에서 구해준 것을 은덕으로 생각하고 영에게 북관(北關) 근처에 최고급의 저택을 마련하고,

"우리와 가까이 지내자."

하며 특별히 존경했다.

효혜제가 붕어하자 영은 태복으로서 고후를 섬겼다. 고후가 붕어하고 대왕(代王 : 후에 孝文帝)이 오기로 하니 영은 태복으로서 동모후(東牟侯)와 함께 궁중에 들어가 소제(少帝)를 폐하고 천자의 행렬을 갖추며[435] 국도에 있는 대왕의 저택에서 맞이하여 대신들과 함께 옹립하고 효문황

제로 했다. 그리고 다시 태복이 되었는데 8년 후에 죽어 문후(文侯)라는 시호가 내려졌다.

그의 아들 이후(夷侯) 조(竈)가 뒤를 이었는데 7년 후에 죽자 그의 아들 공후(共侯) 사(賜)가 뒤를 이었으며 삼십일 년 후에 죽었다. 그의 아들인 후(侯) 파(頗)는 평양공주(平陽公主)와 결혼을 하였으나 뒤를 이은 지 십구 년 되는 원정(元鼎) 2년에 아버지의 첩과 간통한 죄로 자살하고 영지는 몰수당했다.


영음후(潁陰侯) 관영(灌嬰)은 수양(睢陽 : 河南省)의 비단 장수였다. 고조가 패공이 되어 각지를 공략하며 옹구(雍丘)의 성 아래에 이르렀을 때 장한이 항량을 격파하여 죽였다. 그래서 패공은 되돌아가 탕에 군진(軍陣)을 쳤다.

관영은 처음에 중연(中涓 : 군주의 측근에서 궁실의 청소를 맡음)으로서 패공을 따라 동군(東郡)의 군위(郡尉)를 성무(成武)에서 격파하고 진나라 군사와 공리(杠里)에서 격전을 벌였는데 그 공으로 칠대부(七大夫)의 작을 받았다. 다시 패공을 따라 진나라 군사를 박(亳)의 남쪽 개봉(開封)과 곡우(曲遇)에서 공격해 힘을 다하여 싸웠으므로 그 공으로 집백(執帛)의 작을 받아 선릉군(宣陵君)이라 불렀다.

또 패공을 따라 양무(陽武)에서 서쪽의 낙양에 이르기까지 공격하여 진나라 군사를 시(尸)의 북쪽에서 격파하고 북쪽에 있는 하진(河津)을 차단했으며 남쪽에 있는 남양(南陽)의 군수(郡守)인 의(齮)를 양성(陽城)의 동쪽에서 격파하고 마침내 평정했다. 그리고 서쪽에 있는 무관(武關)으로 쳐들어가 남전(藍田)에서 힘껏 싸워 이를 무찌르고 패상에 이르렀으며 그

---

435) 侍中이 參乘이 되고 奉車郞이 御者가 되며 36대의 수행 마차가 따른다.

공으로 집규의 작을 받고 창문군(昌文君)이라 일컬어졌다.

패공이 한왕이 되자 관영을 낭중에 임명했다. 관영은 한왕을 따라 한중에 들어갔으며, 10월에는 중알자(中謁者 : 군주의 측근에서 섬기며 면회를 관리하는 직책)에 임명되었다. 그는 한왕을 따라 되돌아가 삼진(三秦)의 땅을 평정하고 역양(櫟陽)을 함락시켜 새왕(塞王)의 항복을 받고 다시 되돌아와 폐구(廢丘)에서 장한을 포위했으나 함락시키지는 못했다. 한왕을 따라 임진관(臨晋關 : 섬서성)에서 나아가 은왕(殷王)을 공격하여 항복을 받고 그 땅을 평정했다.

항우의 장군인 용저(龍且)와 위나라의 재상인 항타(項他)의 군대를 정도(定陶)의 남쪽에서 공격하여 격전 끝에 격파했다. 한왕은 관영에게 열후의 작을 내리고 창문후(昌文侯)라고 일컬었으며[436] 봉지로서 두(杜)의 평향(平鄕)을 주었다.

관영은 또다시 중알자로서 한왕을 따라 탕(碭)에서 팽성(彭城)에 이르는 지방을 항복시켰다.

항우가 한왕을 공격하여 크게 패배시키니 한왕은 도망하여 서쪽으로 갔다. 관영은 한왕을 따라 옹구(雍丘)로 되돌아가 진을 쳤다.

왕무(王武)와 위공(魏公)인 신도(申徒 : 모두 秦나라의 항복한 장수)가 모반을 하자 관영은 한왕을 따라 그들을 공격하여 격파했으며, 또 외황(外黃)[437]을 공격하여 평정하고 군대를 수습하여 서쪽으로 가서 형양에 진을 치고 있었다. 그런데 초나라의 기병부대가 대거 공격해 왔으므로 한왕은 기병을 거느릴 만한 장수를 군중에서 뽑으려 하는데 여러 사람이 추천하기를,

---

436) 이 시대에는 칭호만 주어지고 實封은 뒤로 미루는 예가 있었다. 이 경우도 그러했을 것이다.
437) 원문은 '攻下黃'이나 古寫本에 의거하여 '黃' 자 위에 '外' 자를 보충했다.

"전에 진나라의 기사(騎士)로 중천(重泉 : 섬서성) 출신인 이필(李必)과 낙갑(駱甲)이 기마에 익숙합니다. 지금 교위(校尉 : 근위대의 대장)로 있지만 기병장으로 삼을 만합니다."

라고 했다. 한왕이 임명하고자 하니 이필과 낙갑이 말했다.

"저희들은 원래 진나라 백성이었습니다. 그래서 아마도 군사들이 저희들을 믿지 않을 것입니다. 그러니 부디 대왕의 측근 중에서 기마술이 뛰어난 자를 뽑아 장수로 삼으십시오. 저희들은 그분의 보조자가 되었으면 합니다."

그래서 관영이 연소하지만 역전의 공이 많으므로 한왕은 그를 중대부(中大夫 : 君主의 侍從)로 임명하고 이필과 낙갑을 좌우교위(左右校尉)로 삼았다. 관영은 낭중(郎中 : 君主의 宿衛를 담당하는 벼슬)의 기병(騎兵 : 근위기병사단)을 이끌고 나아가 초나라의 기병대를 형양의 동쪽에서 공격하여 그들을 크게 격파했다. 그는 또 조서를 받고 따로 초나라 군대의 후방을 공격하여 군량 보급선을 끊고 양무(陽武)를 시작으로 양읍(襄邑 : 河南省)까지 나아갔다.

그리고 항우의 장수인 항관(項冠)을 노성(魯城) 아래에서 공격해 격파하고 그의 부하 병졸들이 적의 우사마(右司馬)와 기병장을 한사람씩 베어죽였다. 자공(柘公) 왕무(王武)의 군대를 남연(南燕 : 河南省)의 서쪽에서 공격하여 격파하고 부하 병졸들이 누번(樓煩)[438]의 장수 5명과 연윤(連尹 : 戰國時代 楚의 고관) 1명을 베어 죽였다. 또 왕무의 별장(別將)인 환영(桓嬰)을 백마(白馬 : 河南省)의 성 밑에서 격파하고 부하 졸병이 도위 1명을 죽였다.

그는 다시 기병을 이끌고 황하를 건너 남쪽으로 와서 낙양에 한왕을 모

---

438) 흉노의 나라 이름. 그 나라 사람들은 활솜씨가 매우 뛰어나 사격대를 樓煩이라고 불렀다.

시고 사자를 북방으로 보내 상국(相國) 한신(韓信)의 군대를 한단으로 맞아들였으며 다시 되돌아와 오창(敖倉)에 이르렀다. 관영은 어사대부[439]에 오르고 3년 뒤에는 후로서 두현(杜縣)의 평향(平鄕)을 봉지로 받았다.

그는 어사대부로서 조서를 받고 낭중 기병을 거느리고 동진하여 상국 한신에게 예속되어 제나라의 군대를 역성(歷城) 아래에서 공격하여 격파했다. 그때 부하 병졸이 적의 거기 장군(車騎將軍) 화무상(華毋傷)과 장리(將吏) 사십육 명을 포로로 잡았다.

그는 다시 임치(臨淄 : 山東省)를 함락시키고 제나라의 조정을 지키는 대신 전광(田光)을 사로잡았다. 그리고 제나라의 재상 전횡(田橫)을 추격하여 영(嬴)·박(博 : 모두 山東省)에 이르러 그의 기병대를 격파하고 부하 병졸이 적의 기병장 1명을 베어 죽이고 4명을 사로잡았다. 그리고 영·박을 공격하여 항복시키고 제나라의 장군 전흡(田吸)을 천승(千乘 : 山東省)에서 격파하였으며 부하 병졸이 전흡을 베어 죽였다.

동으로 한신(韓信)을 따라 용저와 유공(留公) 선(旋)을 고밀(高密 : 山東省)에서 공격했다. 부하 병졸이 용저를 베어 죽이고 우사마와 연윤(連尹) 각각 1명과 누번의 장수 열 명을 사로잡았으며 관영 자신은 적의 부장 주란(周蘭)을 생포했다.

제나라 땅이 평정되자 한신(韓信)은 자립하여 제나라 왕이 되었다. 그리고 관영을 별장(別將)으로 임명하고 노나라의 북쪽에서 초나라 장수 공고(公杲)를 치게 하여 이를 격파했다. 그 뒤 관영은 방향을 남으로 바꿔 설군(薛郡)의 군장(郡長)을 쳐부수고 몸소 적의 기병장 1명을 포로로 했다. 다시 부양(傅陽 : 山東省)을 공격하고 더 전진하여 하상(下相 : 江蘇省)과 그

---

439) 秦 이래의 벼슬로, 봉록은 중 이천 석. 관리의 감찰, 탄핵 등을 담당했다. 丞相 다음가는 지위의 高官.

동남쪽의 동(僮)·취려(取慮)·서(徐 : 모두 安徽省)에 이르러 회수를 건너 그 일대의 성읍을 모두 함락시키고 광릉(廣陵 : 江蘇省)에 이르렀다.

항우는 항성(項聲), 설공(薛公), 담공(郯公) 등에게 명하여 다시 회북 땅을 평정하게 했다. 관영은 회수를 건너 그 북쪽에 있던 항성과 담공을 하비(下邳 : 江蘇省)에서 격파하고 설공을 베어 죽인 다음 하비를 항복시켰다. 그리고 초나라의 기병대를 평양(平陽 : 山東省)에서 격파하고 마침내 팽성을 함락시켜 주국(柱國 : 벼슬 이름)으로 있던 항타(項佗)를 포로로 하였으며 유(留), 설(薛), 패(沛), 찬(酇), 소(蕭), 상(相) 등지를 함락시키고 고(苦 : 河南省), 초(譙 : 安徽省) 등지를 공격해 전에 잡혔다가 탈주한 적의 부장 주란을 사로잡았다.

한왕과 고현(苦縣)에서 합류하여 그를 따라 항적의 군대를 진성(陳城) 밑에서 공격하여 격파했다. 그때 그의 병졸이 누번의 장수 두 사람을 베고 기병장 8명을 포로로 했다. 이상의 공로로 이천오백 호의 봉지를 더 받았다.

항적이 해하(垓下 : 安徽省)에서 패하여 달아나니 관영은 어사대부로서 조서를 받아 거기병(車騎兵)을 거느리고 별도로 항우를 추격해 동성(東城 : 安徽省)에 이르러 그를 격파했다. 그때 그의 군졸 5명이 힘을 합해 항적을 베어 죽여 그들 모두 열후에 봉해졌다. 이 싸움에서 관영의 군대는 적의 좌사마와 우사마 각 1명, 병졸 일만이천 명을 항복시키고 적군의 장수와 군리를 모두 생포했다.

관영은 동성과 역양(歷陽 : 安徽省)을 함락시키고 다시 양자강을 건너가 오(吳)의 군장(郡長)을 오성(吳城) 아래에서 격파하고 오나라의 군수를 사로잡았다. 이리하여 마침내 오(吳), 예장(豫章), 회계군(會稽郡)을 평정했다. 돌아와서는 회수 이북의 땅 오십이 현을 평정했다.

한왕이 황제가 되어 관영에게 식읍으로 삼천 호를 더 주었다. 그해 가을, 관영은 거기 장군으로서 고황제를 따라 연나라 왕 장도를 격파했다. 그 다음해에는 고황제를 따라 진(陳)으로 가 초나라 왕 한신을 포로로 했다. 돌아온 황제는 관영에게 부절을 나누어 주고 대대로 세습하게 허용하고 영음(潁陰：河南省)의 이천오백 호를 식읍으로 내리고 영음후(潁陰侯)라고 일컬었다.

그 후 그는 거기 장군으로서 고황제를 따라 모반한 한왕(韓王) 신(信) 등을 대(代)에서 치고 마읍(馬邑：山西省)에 이르렀다. 거기서 조서를 받들어 따로 누번 이북의 땅 6현을 항복시키고 대(代)의 좌승상을 목 베었으며 흉노의 기병대를 무천(武泉)의 북쪽에서 격파했다. 다시 고황제를 따라 진양(晋陽)의 성 아래에서 한왕신에게 소속되었던 흉노의 기병을 격파했다. 그때 부하 병졸이 흉노 백제(白題：흉노 종족의 이름)의 장수 1명을 베어 죽였다.

조서를 받들어 연, 조, 제, 양, 초의 거기병을 통합하여 이끌어 흉노의 기병대를 사석(磳石)에서 격파했다. 평성(平城)에 이르러서는 흉노군에게 포위를 당했으나 황제를 따라 후퇴하여 동원(東垣)에 진을 쳤다. 그리고 다시 고황제를 따라 진희를 공격했다. 그는 다시 조서를 받고 홀로 진희의 승상인 후창(侯敞)의 군대를 곡역(曲逆：河北省)의 성 밑에서 공격하여 격파했다. 그때 그의 군졸이 후창과 별장(別將)[440] 5명의 목을 쳐 죽였다.

곡역·노노(盧奴)·상곡양(上曲陽)·안국(安國)·안평(安平：모두 河北省)을 항복시키고 공격하여 동원을 함락시켰다.

경포(黥布)가 반란을 일으켰을 때 관영은 거기 장군으로서 먼저 출격하여 경포의 별장(別將)을 상(相)에서 격파하고 부장과 누번의 장수 3명을 죽였다. 그리고 진격하여 경포의 상주국(上柱國：首相)의 관에 있던 군대

---

440) 그 시대에 있었던 武官. 副官 비슷한 것인 듯하다.

와 대사마(大司馬 : 元帥)의 군대를 격파하고 또다시 진격하여 경포의 별장인 비수(肥銖)를 격파했다. 그 싸움에서 관영은 몸소 적의 좌사마 1명을 생포했고 그의 부하 병졸이 적의 소장(小將) 열 명의 목을 베었다. 그리고 도망가는 적군을 추격하여 회수가에 이르렀다. 그 공에 의하여 이천오백호의 식읍을 더 받았다. 경포가 패망하게 되자 고황제는 귀환하여 관영에게 종래의 식읍을 반환하게 하고 새로이 식읍으로 영음(潁陰)의 오천 호를 내렸다.

무릇 관영의 전공은 고황제를 따라 이천 석의 봉록을 받는 자를 사로잡은 것이 2명, 따로 적군을 격파한 것이 십육 회, 성읍을 함락시킨 것이 사십육 회, 나라를 평정한 것이 1회, 군(郡)을 평정한 것이 2회, 현(縣)을 평정한 것이 오십이 회였고 생포한 장군이 2명, 주국(柱國)과 대신이 각각 1명, 이천 석의 봉록을 받는 자 열 명이었다.

관영이 경포를 쳐부수고 귀환한 후 고황제가 붕어했다. 관영은 열후로서 효혜제와 여태후를 섬겼다. 태후가 붕어하자 여록(呂祿) 등은 조왕(趙王)으로서 스스로 장군이 되어[441] 장안에 군진을 치고 반란을 일으키려 했다.

제나라의 애왕(哀王)이 그 소식을 듣자 군대를 이끌고 서쪽으로 달려 국도로 쳐들어가 왕이 될 수 없는 자라고 여씨를 주멸하려 했다. 상장군 여록(呂祿)[442] 등이 그 소식을 듣고 곧 관영을 대장군으로 삼아 군대를 이끌고 가서 제나라 군대를 치게 했다.

관영은 강후 등과 모의하여 군대를 형양에 주둔시키고 여씨를 주살할

---

441) 呂祿이 上將軍이 된 것은 呂后의 생존 중이며 그가 자기 마음대로 된 것은 아니다. ≪漢書≫에서는 이 부분을 삭제하였다.
442) 高祖 시대에 '금후 劉氏가 아닌 자를 왕으로 삼지 않는다. 공적이 없는 자를 제후로 삼지 않는다.' 는 약속이 체결되었다. 呂祿은 이 약속을 둘 다 위반하고 있는 것이다.

뜻을 제나라 왕에게 은근히 귀띔해 주었다. 그러자 제나라 군대는 더 이상 진군하지 않았다. 강후 등이 여씨 일족을 주살해 버리자 제나라 왕은 군대를 철수시켜 귀국하고 관영 또한 군대를 수습하여 형양에서 돌아와 강후, 진평과 함께 대왕(代王)을 세워 효문황제(孝文皇帝)라 했다. 효문황제는 관영에게 삼천 호를 더 봉읍하고 황금 천 근을 하사했으며 태위(太尉)로 임명했다. 3년 후 강후 주발(周勃)이 승상을 그만두고 자기의 봉국으로 가니 관영은 태위의 관직을 내놓고 승상이 되었다.

그해 흉노가 대거 북지(北地)와 상군(上郡)에 침입했다. 황제는 승상 관영에게 명하여 팔만오천의 기병을 인솔하고 나아가 흉노를 치게 하여 퇴각시켰다. 제북(濟北)의 왕이 모반을 하자 조서를 내려 관영의 군사를 귀환시켰다.

그 후 1년 남짓 관영은 승상직에 있다가 죽었다. 시호를 의후(懿侯)라 했으며 그의 아들 평후(平侯) 아(阿)가 대를 이어 후가 되었다. 그는 이십팔 년 후에 죽었다. 아들 강(彊)이 대를 이어 후가 되었으나 그 십삼 년 후에 죄를 지어 후의 지위를 박탈당해 후위(侯位)가 2년간 중단되었다. 원광(元光) 3년에 천자는 관영의 손자인 현(賢)을 봉하여 임여후(臨汝侯)라 하고 관씨(灌氏) 가문을 계승하게 했다. 그로부터 8년 후에 현은 뇌물 사건으로 죄를 지어 봉국을 몰수당했다.

태사공은 말한다.

"내가 풍(豊)과 패(沛)에 가서 소하(蕭何), 조참(曹參), 번쾌(樊噲), 등공(滕公) 등의 집을 보고 그곳의 노인을 찾아 그들의 평소 행동에 대해 들었던 바, 세상이 전하는 바와는 아주 다른 점이 있었다.

그들이 칼을 휘두르며 개를 잡거나 시장 바닥에서 비단을 팔았을 당시, 어찌 그들 자신이 파리가 준마의 꼬리에 붙어 천 리를 가는 것처럼 한고조에 붙어 이름을 한나라의 조정에 드리우고 그 덕을 자손들에게 끼칠 것을 알았겠는가.

　나는 번타광(樊他廣 : 번쾌의 손자)과 사귀었는데 그는 나를 위하여 고조의 공신들이 처음 일어났을 때의 사정을 이상과 같이 자세히 말해 주었다."

# 제36 장승상열전(張丞相列傳)[443]


장승상(張丞相) 창(蒼)은 양무(陽武 : 河南省) 사람으로 도서(圖書), 음률(音律), 역법(曆法)을 좋아했다. 그는 진나라 때 어사가 되어 궁전의 기둥 밑에서 방서(方書 : 네모난 목판을 손에 들고 기록하는 일을 담당함)를 맡고 있었는데 죄를 짓고 고향으로 도망쳤다.

패공이 각지를 공략하며 양무를 지나가게 되었을 때 장창은 빈객으로서 패공을 따라 남양(南陽 : 河南省)을 공격했다. 그 후 장창이 죄를 지어 참형에 처해지게 되었다. 옷을 벗기고 처형대에 엎드리게 했는데 몸이 장대한 데다 희기가 마치 박 속과도 같았다. 이때 왕릉(王陵)이 보고 그의 아름다운 몸이 보통 사람과 다름을 기이하게 여겨 패공을 설득해 처형당하지 않게 했다. 그 후 장창은 패공을 따라 서쪽에 있는 무관(武關 : 섬서성)에 들어가 함양에 이르렀다.

패공은 한왕이 되어 한중에 들어갔다가 되돌아와 삼진(三秦 : 雍·塞·翟)을 평정했다. 진여가 상산왕 장이(張耳)를 공격하여 패주시켰기 때문에 장이는 한나라에 귀속했다. 그래서 한나라는 장창을 상산(常山 : 河北省)의 군수로 임명하여 회음후(淮陰侯 : 韓信)를 따라 조나라를 공격하게 했다. 장창은 진여를 사로잡았다.

조나라 땅이 평정되자 한왕은 장창을 대(代)의 재상으로 임명하고 흉노의 침입에 대비하게 했다. 그 후 장창은 벼슬을 옮겨 조나라의 재상이 되어 조나라 왕 장이를 보좌했다. 장이가 죽자 조나라 왕 장오(張敖)의 재상

---

443) 이 편에서는 高祖 때부터 孝文帝에 이르는 시대의 대신 중 능력과 실적이 남달랐던 4인을 초들었다. 단 제1급의 인물이랄 수 있는 蕭何·曹參·陳平 등에 대해서는 따로 독립된 傳이 마련되어 있다. 또 3류의 인물에 대해서는 마지막에 이름을 나열하는 정도로 그치고 있다.

이 되었으나 다시 자리를 옮겨 대왕(代王)의 재상이 되었다.

　연나라 왕 장도(臧荼)가 모반을 하자 고조는 몸소 이를 쳤는데 장창은 대의 재상으로서 고조를 따라 장도를 무찔러 군공을 세웠다. 한왕 6년에 북평후(北平侯)에 봉해졌고 식읍 천이백 호가 내려졌다. 그리고 벼슬을 옮겨 계상(計相 : 회계장관. 후에 主計로 관명이 바뀜)이 된 지 한 달 만에 다시 열후로서 4년 동안 주계(主計 : 계상의 改稱)로 근무했다.

　당시 소하(蕭何)는 상국(相國)이었는데 장창이 진나라 시대부터 주하어사(柱下御使)의 직책에 있으면서 천하의 도서, 재정, 호적에 통달했고 또 산법, 음률, 역법 등을 잘 알고 있었기에 장창이 열후의 신분으로 상국부(相國府)에 있으면서 해마다 군국(郡國 : 郡은 天子의 직할지. 國은 제후의 封領)의 재정을 보고하는 관리를 감독하게 했다.

　경포(黥布)가 모반했다가 멸망하자 한나라에서는 황태자 장(長)을 세워 회남왕(淮南王)으로 삼고 장창을 재상으로 임명했다. 그 후 14년에 벼슬을 옮겨 어사대부가 되었다.


　주창(周昌)은 패(沛 : 江蘇省) 사람이다. 그의 종형(從兄)은 주가(周苛)라 하는데 진나라 때는 두 사람 다 사수군(泗水郡 : 江蘇省)의 관속이었다.

　고조가 패에서 군사를 일으켜 사수의 군수와 군감(郡監)을 격파하자 주창과 주가는 군(郡)의 속관으로서 패공을 따랐다. 패공은 주창을 직지(職志 : 軍中에서 쓰는 온갖 旗와 표기를 맡은 관)로 삼고 주가를 빈객으로 삼았다. 두 사람은 패공을 따라 무관(武關)에 들어가 진나라를 격파했다.

　패공이 한왕이 되자 주가를 어사대부(御史大夫 : 秦 이래의 관직으로 祿俸은 중 이천 석. 관리의 감찰, 탄핵 등을 담당하는 직책으로 丞相 다음의 고관)로, 주창을 중위(中尉 : 秦 이래의 관직으로 수도의 경비를 맡은 장관)로 임명했다.

한왕 4년, 초나라가 형양에서 한왕을 포위하여 사태가 급박하게 되었다. 한왕은 탈출해 도망가면서 주가에게 형양성을 지키게 했다. 그런데 초나라가 형양성을 격파하고 주가를 초나라 장군으로 삼으려 하니 주가는 항우를 꾸짖어 말했다.

"너는 빨리 한왕에게 항복하라. 그렇지 않으면 곧 포로가 될 것이다."

항우는 노하여 주가를 삶아 죽였다.

그때 한왕은 주창을 어사대부로 임명했다. 주창은 한왕을 따라 항적을 격파했다. 6년에 주창은 소하, 조참 등과 함께 봉함을 받아 분음후(汾陰侯)가 되었다. 주가의 아들 주성(周成)은 아버지의 순직으로 인해 고경후(高景侯)에 봉해졌다.

주창은 힘이 세고 가차 없이 직언하는 성격이라 소하와 조참을 위시하여 그에게 모두 몸을 낮추어 존경했다. 예전에 고제가 휴식하고 있을 때 주창이 궁중에 들어가 일을 아뢰고자 했다. 때마침 고제는 척희(戚姬)와 포옹하고 있었다. 주창이 돌아서서 나오니 고제가 뒤쫓아 와 주창의 목에 걸터앉으며 물었다.

"나는 어떠한 군주인가?"

주창은 머리를 쳐들고 말했다.

"폐하는 걸(桀)이나 주(紂)와 같은 군주입니다."

이에 고제는 웃었지만 신하들은 주창을 몹시 두려워했다.

고제가 태자인 효혜(孝惠)를 폐하고 척희의 아들 여의(如意)를 태자로 삼으려 했을 때 대신들이 모두 말렸지만 누구도 고제의 마음을 되돌릴 수 없었다. 결국 고제는 유후(留侯 : 張良)의 계책에 제지당하여 중지하기는 했지만 당시 주창과 조정에서 벌인 간쟁은 참으로 강경했다. 그때 고제가 태자를 변경해서는 안 되는 이유가 무엇이냐고 묻자 주창은 선천적으로 말을 더듬는 데다가 몹시 성이 나 있었기에 마음이 초조하여,

"신은 입으로는 잘 말할 수 없습니다. 그러나 저는 기……기……기필코 그것이 불가하다는 것을 알고 있습니다. 폐하께서 태자를 폐…… 폐하려고 하십니다마는 신은 기……기……기필코 어명을 받들지 않겠습니다."

하고 몹시 더듬으며 대답했다. 고제는 흔연히 웃고 당시는 그것으로 끝났다. 여후(呂后)가 정전(正殿)의 동실(東室)에서 귀를 기울여 듣고 있다가 퇴출하는 주창을 보자 무릎을 꿇고 감사하면서,

"그대가 아니었더라면 태자는 아마 폐위되었을 것입니다."

라고 말했다.

그 후 척희의 아들 여의는 조나라 왕이 되었는데 나이가 겨우 열 살이었다. 고조는 자기가 죽은 후 여의가 안전하지 못할 것을 우려했다.

그때 조요(趙堯)라는 인물이 연소했으나 부새어사(符璽御史)[444]로 있었다. 조나라 사람 방여공(方與公)이 어사대부 주창에게 말했다.

"공의 서기관 조요가 나이는 어리지만 기재(奇才)입니다. 공께서는 그를 후대하십시오. 장차 공의 자리를 물려받게 될 것입니다."

주창은 웃으며 말했다.

"조요는 아직 연소하고 도필(刀筆)하는 관리에 지나지 않소. 어떻게 내지위에까지 오르겠소?"

그 후 얼마 안 되어 조요는 고조를 가까이 모시게 되었다. 고조가 홀로 심란해 하며 슬픈 노래를 부르니 뭇 신하는 고조가 그렇게 슬퍼하는 이유를 알지 못했다. 그때 조요가 앞으로 나아가 여쭈었다.

"폐하께서 마음이 편하지 않으신 것은 조왕(趙王)께서 연소하신 데다 척부인과 여후께서 사이가 좋지 않아서 아무리 대비한다 하더라도 폐하께서 붕어하신 후 조왕이 옥체를 보전할 수 없으리라고 생각하시기 때문

---

444) 御史大夫의 부하로 제후, 장군, 사절, 관리의 임명 때 수여하는 符節과 印章을 담당한다.

아니겠습니까?"

고조가 말했다.

"그렇다. 그 일을 근심하고 있는데 어떻게 했으면 좋을지 모르겠다."

"폐하께서 조왕을 위하여 지위가 높고 세력이 있으며 여후와 태자와 뭇 신하들이 평소에 존경하고 두려워하는 인물을 재상으로 두신다면 좋지 않을까 생각합니다."

"그렇다. 나도 그렇게 생각하고 있었다. 그런데 뭇 신하 가운데 누가 적임자인가?"

"어사대부인 주창의 사람됨은 지조가 굳고 인내심이 강할 뿐 아니라 성실하고 소박하고 정직한 인물입니다. 그리고 여후나 태자와 대신들을 비롯해 모든 사람들이 평소 그를 존경하고 두려워합니다. 오직 주창만이 적임자입니다."

"좋다."

이에 고조는 주창을 불러 말했다.

"나는 꼭 공에게 부탁하겠소. 공은 나를 위하여 부디 조왕의 재상이 되어 주기 바라오."

주창이 울면서 말했다.

"신은 폐하께서 거병을 하신 당초부터 여태까지 항상 폐하를 측근에서 모셨습니다. 그런데 어찌하여 저를 제후국의 재상으로 내보내려 하십니까?"

"나도 그것이 좌천인 것을 잘 알고 있소. 그렇지만 나는 지금 조왕의 신상을 걱정하고 있소. 생각해 보니 공이 아니고는 적임자가 없소. 부득이한 일이니 어렵지만 가 주길 바라오."

이리하여 어사대부 주창을 옮겨 조왕의 재상으로 했다. 주창이 조나라에 부임한 후 상당한 시일이 지나 고조는 어사대부의 관인을 어루만지며 말했다.

"누구를 어사대부로 임명하면 좋을까?"

그러다 조요를 자세히 바라보며 말했다.

"조요보다 나은 적임자는 없구나!"

고조는 조요를 어사대부로 임명했다. 조요는 전에도 군공이 있어 식읍을 받았는데 다시 어사대부로서 고조를 따라 진희를 쳐 공로를 세웠기 때문에 강읍후(江邑侯)에 봉해졌다.

고조가 붕어하니 여태후는 사자를 보내 조왕을 소환했다. 그러자 조왕의 재상인 주창은 왕이 병중이라며 보내지 않았다. 사자가 세 번이나 거듭 왕복했지만 주창은 끝내 조왕을 보내지 않았다. 고후(高后)는 생각다 못해 사자를 보내서 주창을 불렀다. 주창이 고후를 알현하자 고후는 크게 노하여 꾸짖었다.

"그대는 내가 척씨를 미워하고 있다는 것을 모를 리가 없는데 조왕을 보내지 않는 것은 무슨 까닭이오?"

주창을 불러들인 고후는 사자를 보내어 조왕을 불러오게 했다. 조왕은 명령에 복종하여 왔으나 장안에 도착한 지 한 달 후 독약을 마시고 죽었다. 그러자 주창은 병이라 칭하여 조정에 나가지 않고 3년 만에 죽었다.

그로부터 5년 뒤 고후는 어사대부인 강읍후 조요가 고조의 생존 중에 조왕 여의의 안전을 위해 획책했다는 말을 듣고 조요를 처벌하였으며 광아후(廣阿侯) 임오(任敖)를 어사대부로 임명했다.

임오는 원래 패(沛)의 옥리(獄吏)였다. 고조가 예전에 죄를 범하고 포리(捕吏)를 피하여 도망쳤기 때문에 포리는 여후를 옥에 가두고 난폭하게 대했다. 원래 고조와 사이가 좋았던 임오가 이를 보고 화가 나서 여후를 취조하는 옥리를 때려 상처를 입힌 적이 있었다.

고조가 처음으로 군사를 일으켰을 때 임오는 빈객으로서 고조를 따랐고

후에 어사가 되어 풍(豊)을 지켰다.

2년 후 고조는 한왕이 되고 동쪽에 있던 항적을 쳤다. 임오는 관직이 옮겨져 상당(上黨 : 山西省)의 군수가 되었다. 진희(陳豨)가 모반을 했을 때에도 임오는 성을 굳게 지켰다. 그 공으로 광아후(廣阿侯)에 봉해졌고 식읍 일천팔백 호를 받았다. 그러다 고후 때 어사대부가 되었으나 3년 만에 면직되었다.

그후 평양후(平陽后) 조굴(曹窟)이 어사대부가 되었는데 고후가 붕어한 후 대신들과 함께 여록(呂祿) 등을 주살하는 데 동조하지 않았기 때문에 파면되고 회남의 재상 장창(張蒼)이 어사대부가 되었다. 장창은 강후 등과 함께 대왕(代王)을 옹립하여 효문황제로 삼았다. 효문제(孝文帝) 4년에 승상 관영이 죽으니 장창이 승상이 되었다.

한나라가 건국되고 효문제에 이르기까지 이십여 년, 처음으로 천하가 평정되었는데 당시의 대장(大將), 재상, 공경 등의 고관은 모두 군사 출신이었다. 장창은 계상(計相)으로 있을 때 음률과 역법을 정리하고 바로잡았다. 단, 고조가 시월에 처음으로 패상(覇上 : 섬서성)에 도착했고 또 원래 진나라의 제도가 시월을 연시(年始)로 삼았기에 이 점은 고치지 않았다.

오행(五行 : 木·火·土·金·水)의 덕의 운행을 추측하여 한나라는 수덕(水德)에 해당한다고 판단하고 종래의 오행설에 따라 수(水)에 대응하는 색이라 하여 흑색(黑色)을 존중했다. 십이율(律)의 관악기를 불어 음정을 조절해[445] 궁(宮)·상(商)·각(角)·치(徵)·우(羽)의 오성(五聲)에 배당(配當)했으며, 또 대소경중(大小輕重)의 비례로 율령을 제정했다. 다시 여러 공장(工匠)의 편의를 위해 기물의 치수와 무게를 재는 기준을 정했

---

445) 중국의 고대 음악은 5음계 12음으로 이루어져 있었다. 진동수에 의하여 음률을 정했는데 재를 놓고 피리를 불어 그 진동으로 인해 날아가는 재의 양으로 결정했다.

다. 이것들은 장창이 승상이 되고 나서 마침내 이루어졌다.

그러므로 한조(漢朝)에서 음률과 역법에 대하여 논하는 사람은 모두 장창의 설을 근본으로 했다. 장창은 원래 책을 좋아하여 안 읽은 책이 없고 능통하지 않은 것이 없었는데 그중에서도 음률과 역법에 가장 정통했다.

장창은 왕릉(王陵)을 은인이라 생각했다. 왕릉은 안국후(安國侯)였으나 장창은 자기의 신분이 귀하게 된 후에도 언제나 왕릉을 부친 모시듯이 받들었다. 왕릉이 죽은 후에 승상이 되었지만 장창은 휴가 때면 (漢나라 제도에 백관에게는 열흘마다 洗沐을 위한 휴가가 있었다.) 제일 먼저 왕릉의 부인을 뵙고 음식을 올린 후에야 집으로 돌아가고는 했다.

장창이 승상이 된 지 십여 년 후 노나라 사람 공손신(公孫臣)이 상소했다.

"오행에 의하면 한나라는 토덕(土德)의 시대입니다. 그 조짐으로 황룡(黃龍 : 黃은 土에 대응하는 색)이 나타나 보일 것입니다."

천자는 조서를 내려 장창에게 그 심의를 명했다. 장창은 옳지 않다고 판단하여 그 설을 기각했다. 그런데 그 후에 황룡이 성기(成紀 : 甘肅省)에 나타났으므로 효문제는 공손신을 불러 박사(博士)로 삼고 토덕의 시대에 맞는 역서와 제도를 기초하게 하고 개원(改元)하여 그해를 원년(元年)으로 했다. 이 일로 말미암아 장승상은 기가 죽어 병을 핑계대며 늙었다고 말했다.

장창이 사람을 추천하여 중후(中候 : 성문이나 屯衛에서 빈객을 送迎하는 관직)에 임명했는데 그자가 부정한 이득을 탐했으므로 효문제는 장창을 책망했다. 장창은 마침내 병이 나 관직에서 물러났다. 승상의 자리에 오른 지 십오 년 만이었다.

효경제 전원(前元) 5년, 장창이 죽자 문후(文侯)라는 시호가 내려졌다. 그의 아들 강후(康侯) 봉(奉)이 대를 이었으나 8년 만에 죽었다. 그 아들 유(類)가 대를 이어 후가 되었으나 제후의 상(喪)에 가서 곡례(哭禮)를 한 뒤 그 길로 조정에 들어와 알현하는 자리에 앉았다 하여 불경죄에 저촉되어 8년 만에 영지를 몰수당했다.

본래 장창의 아버지는 키가 5척도 못 되었다. 그런데 장창을 낳으니 키가 8척이 넘었으며 후와 승상이 되었다. 장창의 아들도 키가 컸는데 손자인 유에 이르러서는 신장이 6척 남짓했으며 법에 걸려 후의 지위마저 잃고 말았다. 장창은 승상에서 면직된 뒤 노쇠하여 이가 없어서 젖을 먹었는데 젊은 여자가 유모였다. 장창의 처첩은 수백 명이나 되었고 한 번 임신한 여자는 두 번 다시 총애하지 않았다. 향년 백여 세였다.

승상 신도가(申屠嘉)는 양(梁)나라 사람이다. 재관궐장(材官蹶張 : 재관은 武官의 총칭. 궐장은 쇠뇌를 발로 밟아 당기는 힘센 용사라는 뜻)으로서 고조를 따라 항적을 치고 벼슬이 올라 대장이 되었다. 다시 고조를 따라 경포의 군사를 쳐 도위(都尉 : 秦 이래의 관직으로 郡尉를 말한다. 郡의 군사 지휘관)가 되었다. 효혜제 때 회양(淮陽 : 河南省) 군수가 되었다.

효문제 원년, 본래 녹(祿) 이천 석의 이사(吏士)로서 고조를 따라 전전했던 자를 등용하여 모두 관내후(關內侯)[446]로 임명하고 스물네 명에게 식읍을 내려 주었는데 이때 가(嘉)는 오백 호의 식읍을 하사받았다. 장창이 승상이 되니 가(嘉)는 어사대부가 되었다. 장창이 승상의 자리를 물러날 때 효문제는 황후의 아우 두광국(竇廣國)을 승상으로 임용하고 싶었으나,

"아마 세상의 사람들은 내가 사사로운 정리로 광국을 등용하는 것으로 생각할 것이다."

라고 말했다. 광국이 현명하고 덕행이 있기 때문에 효문제는 그를 승상

---

446) 20등급의 爵位에서는 列侯 밑의 제19급. 보통 侯 칭호를 가지고 도성에 살며 영지를 갖지 않았다.

으로 삼고자 하여 오랫동안 이 일을 생각해 보았으나 옳지 않다고 판단했다. 그런데 고조 시대의 대신들은 거의 다 죽고 남아 있는 자들 중에는 적임자가 없었다. 그래서 어사대부인 신도가를 승상으로 임명하고 종래의 영지를 그대로 봉하여 고안후(故安侯)로 삼았다.

신도가는 인품이 청렴 강직하여 사사로운 청탁 따위는 받아 주지 않았다. 이때 태중대부(太中大夫 : 천자의 측근에서 조정의 평의를 담당) 등통(鄧通)은 효문제의 각별한 총애를 받아 상으로 받은 금품으로 거만(巨萬)을 쌓았다. 효문제는 언제나 그의 집에서 술을 마실 만큼 등통은 큰 총애를 받았다.

어느 날 승상이 입조했는데 황제의 곁에 있던 등통이 승상에 대한 예절을 태만히 했다. 승상은 국사에 대해 아뢴 다음 이렇게 말했다.

"폐하께서 신하를 총애하시어 이를 부귀하게 만들어 주시는 것은 자연스러운 일입니다만 조정의 예는 엄격하지 않으면 안 됩니다."

황제가 말했다.

"그대는 더 말을 하지 않았으면 좋겠소. 어쨌든 나는 등통을 귀여워하니 말이오."

신도가는 조정에서 물러나와 승상부의 자리에 앉아 격(檄 : 소환장. 나무에 써서 使者에게 가지고 가게 하는 문서)을 만들어 등통을 승상부로 불렀다. 그런데 등통이 오지 않았기 때문에 정말로 등통을 베어 죽이려고 했다. 등통은 무서워 궁내로 들어가 효문제에게 고했다. 황제는 말했다.

"우선 가거라. 내가 곧 사람을 보내 너를 불러오게 하리라."

등통은 승상부로 출두하자마자 맨발로 관을 벗은 머리를 조아리며 빌었다. 신도가는 자리에 태연히 앉아 등통의 인사도 받지 않은 채 꾸짖었다.

"무릇 조정은 황공하옵게도 고황제의 조정이다. 네가 소신(小臣)인 주제에 전상(殿上)에서 희롱하는 것은 대불경죄로 참형에 해당한다. 형리는 즉각 이놈을 데리고 가 목을 베어라."

등통은 연방 머리를 조아린 나머지 이마가 온통 피투성이가 되었으나 그래도 신도가는 용서하지 않았다. 승상이 등통을 충분히 징계했을 것으로 짐작될 무렵 효문제는 사자에게 부절을 갖고 가서 등통을 불러오게 하고 또 승상에게는,

"이자는 내가 데리고 노는 신하이니 용서해 주오."

라고 사과하는 말을 전하게 했다. 등통은 풀려나오자 효문제에게 울면서 호소했다.

"승상은 저를 거의 죽이다시피 했습니다."

신도가가 승상이 된 지 5년, 효문제가 붕어하고 효경제가 즉위했다. 그 2년, 조조(晁錯)가 내사(內史 : 수도의 행정장관)가 되었는데 총애를 받던 그가 황제에게 청하여 법령을 변경시킨 것이 많았다. 또 심의하여 제후들의 죄과를 책잡아 그 봉령을 몰수하기도 했다. 승상 신도가는 조조의 세력에 밀려 그의 건의가 받아들여지지 않자 조조를 미워했다.

조조는 내사가 되자 자기 집의 대문이 동편에 있어서 불편하다고 다시 남쪽의 담을 뚫어 또 하나의 대문을 만들어서 남쪽으로 출입했다. 그 남쪽 문을 나오면 태상황(太上皇 : 高祖의 아버지)의 사당 바깥담이었다. 신도가는 이 말을 듣자 그걸 구실 삼아 조조를 죄에 빠뜨리려고 했다.

"제멋대로 종묘의 담을 뚫어 문을 냈다."

고 하여 조조에게 주벌을 가할 것을 주청하려 했다. 그런데 조조의 식객 한 사람이 이 말을 조조에게 전하니 조조는 두려워하며 밤중에 궁중으로 들어가 효경제를 알현하고 구명을 애걸했다.

다음날 아침 승상이 내사 조조를 주살해야 한다고 주청하자 효경제는,

"조조가 뚫은 곳은 진짜 종묘의 담이 아니고 바깥담인데 전에는 용관(冗官 : 非役의 관리)들이 그 안에서 살고 있었소. 그리고 내가 그리 하라

했던 것이니 조조에게는 죄가 없소."

라고 말했다. 조정에서 물러나온 신도가는 장사(長史 : 서기들의 장. 사무장)에게,

"내가 조조를 죽이기 전에 주청을 먼저 하여 조조에게 당한 것이 분하다."

하고 이 일로 인하여 관사에 돌아가 피를 토하고 죽었다. 그에게 절후(節侯)라는 시호가 내려졌다.

그의 아들 공후(共侯) 멸(蔑)이 대를 이었으나 3년 만에 죽었다. 그의 아들 후(侯) 거병(去病)이 대를 이었는데 삼십일 년 후에 죽었다. 그의 아들 후(侯) 유(臾)가 대를 이어 6년 만에 구강(九江)의 태수가 되었는데 전임 태수가 증여한 물품을 받은 것이 법에 저촉되어 영지를 몰수당했다.

신도가가 죽은 후 효경제 시대에는 개봉후(開封侯) 도청(陶青)과 도후(桃侯) 유함(劉舍)이 승상이 되었다. 금상폐하(今上陛下 : 孝武希)의 시대에 들어서는 백지후(柏至侯) 허창(許昌), 평극후(平棘侯) 설택(薛澤), 무강후(武彊侯) 장청적(莊青翟), 고릉후(高陵侯) 조주(趙周) 등이 승상이 되었다.

그들은 모두 후로서 아버지의 뒤를 이은 사람들로 다만 몸가짐에 근신하고 청렴 강직했을 뿐으로, 승상이 되었어도 자리만 채우는 데 불과했으며 정무에서 독창적인 일을 할 능력이 없었다. 그래서 이들 가운데 당대에 공명이 드러난 자는 없었다.


태사공은 말한다.

"장창은 문학, 음률, 역법에 통달한 한나라의 명재상이었다. 그런데 가의(賈誼), 공손신(公孫臣) 등이 역법과 복색에 대하여 진언한 것을 물리치고 명백한 경전의 기록을 따르지 않고, 오로지 진나라 시대부터 써 오던

전욱력(顓頊曆)만을 그대로 썼던 것은 무슨 까닭인가?

주창은 강직하기가 목석과 같은 인물이었다. 임오는 옛날의 은덕으로써 등용되었다. 신도가는 강인하여 절조를 지켰다고 말할 수 있겠다. 그러나 그에게는 학문이 없어서 소하, 조참, 진평과는 많은 거리가 있었다.”[447]

이하는 한나라의 저소손(褚少孫)이 보충 기록한 것이다.


효무제 때에는 승상이 매우 많았으나 모두 기록되어 있지 않고 그들의 행장(行狀)과 기거(起居)의 개략에 대해서도 기록이 없다. 그래서 다만 정화(征和 : 武帝 때의 年號) 이후의 것을 기록하기로 한다.

우선 차승상(車丞相)이 있었는데 장릉(長陵 : 섬서성) 사람이다. 그가 죽자 위승상(韋丞相)이 뒤를 이었다. 위승상 현(賢)은 노나라 사람이다. 그는 학문에 밝아 관리가 되었으며 대홍려(大鴻臚)로 승진했다. 관상가가 그의 상을 보고는 반드시 승상이 될 것이라고 말했다. 그에게는 아들이 넷 있었다. 관상가에게 그들의 상을 점쳐 보게 했더니 차남 현성(玄成)의 차례가 되어,

“이 아들의 상은 귀상(貴相)입니다. 장차 열후에 봉해질 것입니다.”

라고 말했다. 그러자 위승상이,

“만약 내가 승상이 되더라도 장남이 있는데 어떻게 이 아이가 봉해질 수 있겠는가?”

라고 말했다. 그 후 위현은 마침내 승상이 되었는데 병들어 죽었다. 그런데 장남은 죄를 지어 조정에서 논의한 끝에 아버지의 뒤를 이을 수 없다

---

447) 이 뒤에 武帝, 宣帝, 元帝 때의 재상에 대하여 간략히 기술한 단락이 있는데 司馬遷이 쓴 글이 아니며 후인이 보충한 것이 명백하다.

하여 현성을 세우기로 했다. 그때 현성은 거짓으로 미치광이 짓을 하여 후사를 승낙하지 않다가 결국 상속받게 되었다. 현성은 영지를 사양했다는 평판을 듣게 되었다.

그 후 현성은 정식 수레를 타지 않고 기마로 종묘에 갔다가 불경죄에 걸려 황제의 명에 의해 작이 한 등급 떨어져 관내후가 되었다. 열후의 지위를 잃었으나 식읍은 보유해도 좋다는 허락을 받았다. 위승상(韋丞相)이 죽고 위승상(魏丞相)이 대를 이었다.

위승상(魏丞相) 상(相)은 제음(濟陰 : 山東省) 사람이다. 속관에서 시작하여 승상까지 승진했다. 그는 무술을 좋아해 여러 관리들에게 모두 칼을 차게 하고 또 칼을 찬 채로 황제 앞에 나아가 일을 상주하게 했다. 간혹 칼을 차지 않은 자가 관장 사무를 보고할 때에는 남의 칼을 빌려 찬 뒤라야 입조하여 보고하게 할 정도였다.

그때 경조윤(京兆尹)으로 있던 조군(趙君 : 이름은 廣漢)이 죄를 범했기 때문에 승상은 죄를 물어 그를 면직시키려고 상주했다. 그러자 조군이 사람을 시켜 위승상을 붙잡아 놓고 죄에서 벗어나게 해 줄 것을 강요했다. 그러나 승상은 그 요구를 들어 주지 않았다.

그러자 조군은 다시 사람을 시켜서 승상 부인이 시비(侍婢)를 살해한 일을 가지고 협박했다. 한편으로 은밀히 승상 부인의 사건을 조사할 것을 천자에게 주청했으며 또 형리를 승상 관저로 보내 노비를 잡아다가 매를 치며 문초했다. 그런데 그 사건은 흉기로 죽인 것이 아니었다. (시비가 죄를 범하고 스스로 목을 매어 자살했다고 한다.) 그러자 승상의 사직(司直 : 승상의 속관)인 반군(繁君)이,

"경조윤 조군이 승상을 협박하고 승상 부인이 시비를 살해했다고 무고하며 형리를 풀어 승상의 관저를 포위하고 노비를 잡아갔으니 이것은 무도한 처사입니다."

라고 상주했다. 또 조군이 제멋대로 기사(騎士)를 파면시킨 사실도 밝혀
냈으므로 조군은 요참형(腰斬刑)에 처해졌다.

　　또 승상이 속관인 진평(陳平) 등에게 명하여 중상서(中尙書：천자의 近
侍)를 탄핵한 사건이 있었다. 이 사건에 관해서는 승상이 제멋대로 협박
하여 처리했다는 의심을 받았으며 불경죄에 해당한다 하여 장사(長史：
승상의 속관) 이하 모두가 사형을 당하거나 잠실(蠶室：宮刑을 행하는 獄
室)에 하옥되었다. 다만 위승상만은 끝내 승상의 자리에 있으면서 병으로
죽었다.

　　그의 아들이 대를 이었는데 후에 정식 수레를 타지 않고 기마에 탄 채
종묘에 갔던 것이 불경죄에 걸려 작 한 등급이 떨어져 관내후가 되어 열후
의 신분을 잃었다. 그렇지만 식읍만은 그대로 가질 수 있도록 허용했다.
위승상이 죽자 어사대부 병길(邴吉)이 후임으로 임명됐다.

　　병승상(邴丞相) 길(吉)은 노나라 사람이다. 그는 책을 많이 읽고 법령을
좋아했으므로 어사대부로 승진했다. 효선제(孝宣帝) 때 옛날의 친분으로
(宣帝가 태어나자마자 衛太子의 사건이 일어나 그때 병길이 선제를 보호
한 적이 있었다.) 열후로 봉해졌고 또 승상이 되었다. 사리에 밝고 지혜가
많아 후세 사람들도 그를 찬양했다. 그는 승상직에 있다 병사했다.

　　그의 아들 현(顯)이 뒤를 이었는데 후에 정식 수레에 타지 않고 기마로
종묘에 간 이유로 불경죄에 걸려 조서에 의해 작 한 등급이 강등되어 열후
의 지위를 잃었으나 식읍은 원래대로 가질 수 있었다. 현은 관리가 되어
태복(太僕：천자의 기마를 맡은 벼슬)에 승진했으나 관기(官紀)가 문란해
졌고 자신과 그 아들이 뇌물을 바친 죄로 벼슬을 물러나 서인이 되었다.

　　병승상이 죽자 황승상(黃丞相)이 뒤를 이었다. 장안에 인상(人相)을 잘
보는 전문(田文)이라는 자가 있었다. 위승상(韋丞相), 위승상(魏丞相), 병
승상(邴丞相)이 세 사람이 아직 미천했을 때 누군가의 집에서 만난 적이

있었다. 그때 전문이 말했다.

"이 세 분은 모두 승상이 될 것입니다."

그 후 세 사람은 과연 차례로 승상이 되었다. 이 얼마나 사람의 상을 잘 보아 앞날을 잘 안다고 하지 않을 수 있겠는가. 어찌 현명하다고 하지 않을 수 있겠는가!

황승상 패(覇)는 회양(淮陽) 사람이다. 그는 책을 많이 읽어 관리가 되었으며 영천군(潁川郡 : 河南省)의 태수로 승진했다. 영천군을 다스리는 데 예의로써 하고 백성을 잘 가르치고 타일러서 교화하며, 법을 범하는 자가 있으면 몸소 잘 타일러 은연중에 개심하게 하여 교화가 크게 행해졌으며 그의 명성이 드러났다.

효선제가 조서를 내려 말하기를,

"영천 태수 패는 나의 조령(詔令)을 선포하여 백성을 잘 다스려 백성들이 길에 물건이 떨어져 있어도 줍지 않고 남녀는 가는 길을 달리하여 통행을 하며 모두들 분수를 지키고 옥중에는 중죄의 죄수가 없다. 따라서 관내후의 벼슬과 황금 백 근을 하사하노라."

고 했다. 그리하여 그는 경조윤(京兆尹)이 되고 또 승상까지 이르렀다. 패는 승상이 된 후에도 역시 예로써 다스렸으며 재직 중에 병사했다. 그 아들이 대를 이어 열후가 되었다. 황승상이 죽자 어사대부 우정국(于定國)이 승상이 되었다.


우승상은 이미 정위(廷尉)로서의 전기(傳記)가 있고 장정위(張廷尉 : 張釋之)의 전기 속에도 기록되어 있다. ≪사기(史記)≫에 우정위의 전(傳)은 없다. 혹시 저소선이 가필했을까?


우승상이 승상의 자리를 떠나자 어사대부 위현성(韋玄成)이 뒤를 이어 승상이 되었다.

위승상 현성은 앞에 기록된 위승상(韋丞相)의 아들이다. 아버지의 뒤를 이었으나 뒤에 열후의 지위를 잃었다. 젊었을 때 책 읽기를 좋아했으며 《시경》, 《논어》에 밝았다. 관리가 되어 위위(衛尉 : 근위대장)로 승진하고 태자태부(太子太傅 : 태자를 보좌하는 일을 맡은 관리의 長)가 되었다. 어사대부인 설군(薛君)이 해임되니 어사대부가 되고 우(于)승상이 사직하자 이어서 승상이 되었다. 그리고 구령(舊領)에 봉해져 부양후(扶陽侯)가 되었다. 그 후 수년 뒤에 병사했다. 효원제(孝元帝)가 친히 임상(臨喪)했고 내려진 상도 많았다.

그 아들이 뒤를 이었으나 후에 지나치게 관대하여 세속에 따라 부침(浮沈)하는 형편이었으므로 아첨을 잘한다는 세상 사람들의 악평을 받았다. 그런데 한 관상가가 현성에 대해서 이렇게 말했다.

"열후가 되어 아버지의 뒤를 잇겠지만 나중에는 이것을 잃을 것이다."

현성은 열후의 지위를 잃었으나 다른 나라에 가서 다시 벼슬을 하고 입신하여 승상이 되었다. 부자가 함께 승상이 되니 세상 사람들이 찬양했는데 그 어찌 천명이 아니겠는가? 관상가는 그것을 이미 알고 있었던 것이다. 위승상이 죽자 어사대부 광형(匡衡)이 뒤를 이었다.

승상 광형은 동해군(東海郡 : 山東省) 사람이다. 책 읽기를 좋아하고 박사에게서 《시경》을 배웠다. 집안이 가난하여 광형은 고용살이를 하여 먹고 살았으며 여러 번 관리 등용 시험에 응했으나 재능이 없어 급제하지 못했다. 아홉 번째 시험에 이르러 마침내 병과(丙科 : 甲・乙・丙의 三等)에 급제했으나 경서(經書) 시험에는 합격하지 못했다. 그 후 크게 노력하여 경서에 통달하게 되었다.

그는 평원군(平原郡 : 山東省)의 문학졸사(文學卒史 : 벼슬 이름)에 보직되었으나 수년 동안 군내에서 존경을 받지 못했다. 그러다 어사가 그를 불러서 봉록 일백 석의 속관이 되었고 후에 추천되어 낭관(郎官)이 되었으며 다시 박사에 보직되었다. 그리고 태자소부(太子少傅)에 임명되어 나중에 효원제를 모시었다.

효원제는 《시경》을 좋아했으므로 광형을 광록훈(光祿勳 : 벼슬 이름)으로 삼았는데 전중(殿中)에 있으면서 스승이 되어 황제의 측근자들에게 학술을 교수했다. 이때 황제는 그 곁에 앉아서 청강했으며 그의 설을 매우 만족하게 여겼다. 이렇게 하여 광형은 날로 존경받게 되었다.

어사대부로 있던 정홍(鄭弘)이 어떤 사건에 걸려 해임되자 광형이 어사대부가 되었다. 그 뒤 1년 남짓하여 위승상이 죽으니 광형이 대신하여 승상이 되고 낙안후(樂安侯)에 봉해졌다. 십 년 동안 한 번도 장안의 성문 밖을 나가 지방관이 되는 일도 없이 승상의 높은 지위까지 승진했던 것이다. 이야말로 때를 만나 천명을 받은 것이 아니겠는가?

곰곰이 생각해 보면 선비가 타향으로 나아가 벼슬을 하여 후에 봉해진 자는 실로 적지만 어사대부까지 승진했다가 벼슬을 그만둔 사람은 많다.

어사대부는 승상의 다음 가는 위치인지라 심중에 승상이 죽고 자기가 오를 것을 바라고 있다. 혹은 남몰래 승상직에 있는 이를 비방하여 그 자리를 빼앗아 대신이 되려는 자도 있다. 그런데 오랫동안 어사대부의 자리에 있으면서도 끝내 승상이 되지 못하는 이도 있고 혹은 얼마 안 되어 승상의 자리를 얻어 후에 봉해지는 이도 있다. 그야말로 천명에 의한 것이라고 말할 수 있다.

어사대부였던 정홍은 그 자리를 지킨 지 여러 해였건만 승상이 되지 못했고 광형은 1년이 채 못 되어 위승상이 죽고 바로 그 후임이 되었다. 이것은 지혜나 재주로써 얻어지는 것이 아니다.

성현과 같은 재덕이 있으면서도 곤궁히 지낸 채 승상의 자리를 얻지 못한 자는 매우 많다.

# 제37 역생 · 육가열전(酈生 · 陸賈列傳)[448]

역생(酈生) 이기(食其)는 진류현(陳留縣 : 河南省) 고양(高陽) 사람이다. 책 읽기를 좋아했으나 집이 가난한 데다 몰락하여 의식을 해결할 생업을 갖지 못했다. 그래서 마을의 문지기가 되었으나 현(縣) 안의 현인 호걸들은 아무도 그를 쓰려 하지 않았으며 모두 그를 광선생(狂先生)이라고 불렀다.

진승, 항량 등이 군사를 일으키자 제장(諸將)들이 각지를 공략하면서 고양을 지나가는 자가 수십 명이나 되었다. 역생은 이들을 찾아가 보았으나 모두 사소한 일에 얽매이고 까다로운 예절이나 지키기 좋아하며 자기주장만 내세울 뿐이어서 큰 계책을 진언해도 받아들이지 못하는 사람들뿐이었다. 그리하여 역생은 재능을 깊숙이 간직하고 있을 따름이었다.

그 후 패공이 군사를 이끌고 진류의 교외에서 성을 공략하고 있다는 소문을 들었다. 패공 휘하의 기사 가운데 마침 역생과 한마을 사람의 자제가 있었는데 패공은 그에게 현 안의 현인 호걸이 누구냐고 물었다. 그 기사가 귀향을 하니 역생은 그를 만나서 말하기를,

"들은 바에 의하면 패공은 오만해서 사람을 무시하지만 상당히 큰 계략을 지니고 있다고 하니 그분이야말로 내가 섬기고 싶은 인물인데 나를 추천해 주는 사람이 없다네. 그러니 자네가 패공을 뵙거든 '저의 마을에 역생이라는 자가 있는데 나이가 육십여 세에 신장은 8척(약 184센티미터. 당시의 1척은 약 23센티미터)입니다. 사람들은 모두 그를 미친 선비라고 부릅니다만 그 자신은 미치지 않았다고 말합니다.' 라고 말해 주기 바라네."

---

448) 이 편에는 이 두 사람 외에 平原君 朱建의 전기도 실려 있다.

했다. 그러자 기사는,

"패공께서는 유학자를 좋아하시지 않습니다. 빈객으로 유자(儒者)의 관을 쓰고 오는 자가 있으면 당장 그 관을 벗게 해 그 안에다 오줌을 눌 정도입니다. 사람들과 말할 때에도 항상 유자들의 욕을 합니다. 패공에게 유자라고 말해서는 소용이 없습니다."

하고 말했다. 그러자 역생이 말했다.

"다만 내가 말한 대로만 이야기해 주면 좋겠네."

기사는 돌아가 기회를 보아서 역생이 말한 대로 패공에게 아뢰었다. 패공은 고양의 숙사에 도착하자 사람을 시켜 역생을 불렀다. 역생이 와서 알현할 때 마침 패공은 걸상에 앉아 다리를 쭉 뻗고서 두 여자에게 발을 씻기고 있던 그 자세로 역생을 만났다. 방으로 들어간 역생은 손을 마주 잡고 가볍게 인사만 할 뿐 절도 하지 않고,

"공께서는 진나라를 도와 제후들을 치려고 하시는 것입니까, 아니면 제후들을 이끌고 진나라를 치려고 하시는 것입니까?"

라고 했다. 그러자 패공은 큰소리로 꾸짖어 말했다.

"이 하찮은 선비 놈아! 대저 천하 사람들이 오랫동안 진나라한테 고통을 받아 왔다. 그렇기 때문에 제후들이 서로 연합해 진나라를 공격하고 있는데 어째서 진나라를 도와 제후들을 친다는 말을 지껄이는 것이냐?"

"무리들을 모으고 의병을 규합하여 무도한 진나라를 반드시 주멸하고자 한다면 다리를 쭉 뻗은 채 연장자를 만나는 짓을 해서는 안 됩니다."

이에 패공은 발 씻는 것을 중지하고 일어나서 의관을 갖추고 역생을 상좌에 앉히며 사과했다. 그러자 역생은 옛날 6국이 합종연횡한 시대의 형세에 대하여 말했다. 패공은 기뻐하고 역생에게 음식을 대접하며 물었다.

"그렇다면 어떤 계책을 쓰면 좋겠소?"

"공께서 오합(烏合)의 무리들을 규합하고 흩어져 있는 병사들을 수습한

다 하더라도 일만 명도 되지 못합니다. 그것을 가지고 바로 강한 진나라에 쳐들어가고자 하는 것은 이른바 '범 아가리에 뛰어드는 격' 밖에 안 됩니다. 진류는 천하의 요충지로서 사통오달하여 교통이 매우 편리한 곳이고 지금 성안에는 축적된 곡물이 많으며 더욱이 저는 그곳 현령과 친한 사이입니다. 저를 사자로 보내 주신다면 그로 하여금 공에게 항복하도록 하겠습니다. 만약 그가 말을 듣지 않는다면 공은 군사를 출동시켜 공격하십시오. 저는 성안에서 호응하겠습니다."

그리하여 우선 역생을 파견한 뒤 패공은 군대를 이끌고 그 뒤를 따라 마침내 진류를 항복시켰다. 그 공으로 역이기는 광야군(廣野君)이라 불리게 되었다. 역생은 자신의 동생 역상(酈商)을 패공에게 추천하여, 역상으로 하여금 수천 명을 이끌고 패공을 따라 서남쪽의 땅을 공략하게 했다. 역생 자신은 유세객으로 제후들의 나라를 돌아다녔다.

한 3년 가을, 항우가 한나라를 공격하여 형양을 빼앗았다. 한나라 군사가 퇴각하여 공(鞏)과 낙(洛 : 모두 河南省)을 보전했다. 초나라 사람 항우는 회음후가 조나라를 격파하고 팽월이 양나라 땅에서 자주 반란을 일으킨다는 말을 듣자 군사를 나누어 보내서 조나라와 양나라를 구원하게 했다. 회음후는 바야흐로 동쪽에 있는 제나라를 공격하려고 했다.

한왕은 형양과 성고에서 자주 고전했기 때문에 성고 이동의 땅을 포기하고 공과 낙 사이에 주둔하면서 초나라를 방어하고자 하는 계책을 세웠다. 그러자 역생이 말하기를,

"저는 '하늘이 하늘이라는 것을 잘 아는 자는 왕업을 이룰 수 있으나 하늘을 하늘로 알지 못하는 자는 왕업을 성취할 수 없다. 왕자는 백성을 하늘로 알고 백성은 먹을 것을 하늘로 안다.' 는 말을 들었습니다.

저 오창(敖倉 : 河南省의 敖山 밑에 있는 식량 창고)에는 천하에서 곡물을 운송하여 저장한 지 오래입니다. 들은 바에 의하면 그 산의 굴에는 저

장되어 있는 식량이 매우 많다고 합니다. 초나라는 형양을 함락시켰으면서도 오창을 굳게 지키지 않고 바로 군대를 이끌어 동진(東進)하고 죄수들로 편성된 부대로 하여금 성고를 지키게 하는데 이는 하늘이 한나라를 돕는 것입니다. 지금이야말로 초나라를 공격하기 쉽습니다. 그런데도 한나라가 물러나 스스로 그 좋은 기회를 포기하는 것은 잘못된 것이 아닌가 합니다.

또 두 영웅은 양립할 수 없다고 합니다. 초나라와 한나라가 오래도록 대적하면서도 결판을 내지 못한다면 만민(萬民)은 소동을 일으키고 해내(海內)는 동요합니다. 농부들은 쟁기를 버리고 농사짓지 않으며 베 짜는 부녀자는 베틀에서 내려와 일을 그만두니 천하의 인심은 불안하게 될 것입니다.

그러니 대왕께서는 부디 서둘러 군대를 전진시켜 형양을 회수하시어 오창의 양곡을 수중에 넣으시고, 성고의 험고한 곳을 꽉 막으시고 대행산(大行山 : 河南省)으로 가는 길목을 차단하시어 비호령(飛狐嶺 : 河北省)의 어귀를 막고 백마진(白馬津 : 河南省)을 지켜서, 한(漢)이 지리상 이로운 지점을 확보하여 실리를 쥐고 초나라를 제압할 수 있는 형세를 만들었다는 것을 제후들에게 보이시면 천하는 곧 돌아갈 곳을 알게 될 것입니다.

지금 연나라, 조나라는 이미 평정되었고 제나라만이 항복하지 않고 있습니다. 전광(田廣)은 천 리나 되는 넓은 제나라 국토에 의거하고 전간(田間)은 이십만 대군을 이끌고서 역성(歷城 : 산동성)에 포진하고 있습니다. 전씨 일가의 종족은 강대한 데다가 뒤에는 바다가 있고 앞으로는 황하, 제수(濟水)가 있으며, 남으로는 초나라와 가깝고 주민들은 권모술수를 잘 씁니다.

그러므로 대왕께서 수십만의 군대를 보낼지라도 한 해나 몇 달만에 격파할 수 없을 것입니다. 그러니 저에게 대왕의 조서를 받들고 가서 제나라 왕을 설득하여 제나라가 한나라의 동번(東藩)이라고 자칭할 수 있도록 해 주십시오."

라고 했다. 이 말을 들은 한왕은,

"좋소."

하고 곧 그의 계책에 따라 다시금 오창을 지키도록 하고 역생을 보내어 제왕을 설득하도록 했다.

역생이 제나라로 가서 제왕(齊王)에게 말했다.

"왕께서는 천하가 어디로 돌아갈 것인지를 알고 계십니까?"

"모르겠소."

제왕이 말했다.

"왕께서 천하가 어디로 돌아갈지 아신다면 제나라는 안전하게 보전하실 수 있을 것입니다. 만약 왕께서 천하가 어디로 돌아갈 것인지를 모르신다면 제나라는 안전하게 보존하실 수 없을 것입니다."

그러자 제나라 왕이 물었다.

"천하가 어디로 돌아갈 것 같소?"

"한나라로 돌아갈 것입니다."

"선생은 어째서 그렇게 말하십니까?"

"한왕과 항왕은 힘을 합하여 서쪽 진나라를 치되 함양에 먼저 들어간 쪽이 진의 본토를 차지하기로 약속했습니다. 그리고 한왕이 먼저 함양에 들

---

449) 劉邦은 漢中의 왕이 되었으므로 漢王이라 칭했다. 뒤의 한 왕조 때도 그 칭호를 이어받은 것이다.

450) 이름은 心. 전의 楚의 懷王의 자손. 楚가 秦에 멸망당한 후 민간에서 영락해 있는 것을 項梁이 진을 토벌할 명목으로 떠받들고 懷王이라 부르게 했다. 계속하여 項羽도 이를 이용하고 일단 帝號를 칭하게 했으나 秦을 멸한 뒤에는 이용 가치가 없고 오히려 거추장스럽기만 하므로 억지로 이주시키면서 도중에 암살해 버렸다. ≪史記≫ 項羽本紀에 자세히 기술되어 있다.

어갔습니다. 그런데 항왕은 약속을 어겨 한왕에게 함양을 주지 않고 한중 땅의 왕으로 삼았습니다.[449] 그리고 항왕은 의제(義帝)[450]를 추방했다가 결국 그를 죽였습니다. 한왕이 이 말을 듣자 촉, 한의 군사를 일으켜 삼진을 치고 함곡관을 나와 항왕이 의제를 죽인 죄를 문책했습니다.

그리고 한왕은 천하의 군사를 모으고 제후들의 후사를 세워 주었으며, 성을 함락시키면 군공이 있는 장군을 후로 봉하시고 재화를 얻으면 병사에게 나누어 주어 천하 사람들과 이익을 같이했기 때문에 영웅호걸과 현인재사는 모두 한왕 섬기기를 즐겨하며, 제후의 병사는 사방에서 모여들어 촉과 한의 곡물은 배를 나란히 하여 강을 내려오는 중입니다.

그런데 항왕은 배반했다는 악명과 의제를 죽였다는 배덕의 죄를 짊어지고 있습니다. 그리고 다른 사람의 공로는 기억하지 못해도 남의 허물은 잊는 일이 없기 때문에 장병들은 싸워 이기더라도 상을 받지 못하고 성을 함락시키더라도 봉읍을 받지 못하며 항씨 일족이 아니면 중요한 자리에 앉을 수도 없습니다.

또 항왕은 사람을 봉하는 것에 인색하여 후의 인(印)장이 아까워 손에 쥐고 만지작거리기만 해서 인의 모서리가 닳을 지경입니다. 또 성을 공격하여 재화를 얻더라도 쌓아 놓기만 할 뿐 그것을 부하들에게 상으로 주는 일이 없습니다. 따라서 세상 사람들은 그를 배반하고 현인재사는 그를 원망하여 아무도 항왕을 섬기려고 하지 않습니다.

그러므로 천하의 선비들이 한왕에게 귀속한다는 것은 앉아서도 예측할 수 있는 일입니다. 또 한왕은 촉, 한의 군사를 일으켜 삼진을 평정하고 서쪽으로 황하를 건너 상당(上黨 : 山西省)의 군대를 이끌어 정형(井陘 : 河北省)으로 내려와 성안군(成安君 : 陳餘)을 주살하고 또 북위(北魏 : 魏豹)를 격파하여 삼십 성을 함락했습니다. 이것은 치우(蚩尤 : 上古의 전설적인 인물. 전쟁의 신으로 숭앙받음)의 군대와 같은 활약으로서 사람의 힘으로 할 수 있는 것이 아니고 하늘이 주시는 복이라고 말할 수 있습니다.

한나라는 이미 오창의 양곡을 장악했습니다. 또 성고의 험고함을 막고 백마진(白馬津)을 지키며 대행산(大行山)의 고갯길을 차단하고 비호령(飛狐嶺)의 입구를 막아 버렸습니다. 천하의 여러 나라 제후국 중에서 한나라에 늦게야 항복하는 나라는 제일 먼저 망하게 될 것입니다. 그러니 왕께서 남보다 빨리 한왕에게 항복하신다면 제나라의 사직은 안전하게 보전할 수 있을 것입니다. 만일 한왕에게 항복하시지 않는다면 위태롭게 되고 망하게 될 것이 명백합니다."

이 말을 들은 전광은 과연 그렇겠다고 생각하고 역생의 말을 받아들여 역성(歷成)의 방비 태세를 풀게 하고 역생과 매일 마음껏 술을 마셨다.

회음후 한신은 역생이 수레의 가로대에 몸을 의지한 채[451] 세 치 혀로 제나라의 칠십여 성을 항복받았다는 말을 듣자 곧 밤을 타 군대를 몰아 평원(平原 : 山東省)의 나루터에서 강을 건너 제나라를 습격했다. 제나라 왕 전광은 한나라의 군대가 내습했다는 말을 듣고 역생이 자기를 속였다고 생각하고[452] 역생에게 말하기를,

"네가 한나라 군대의 침입을 저지시키면 내 너를 살려 주겠다. 그렇지 않으면 너를 삶아 죽일 것이다."

라고 했다. 이에 역생이 말했다.

"큰일을 하는 데에는 구구한 법도에 구애되어 작은 일에 마음을 쓰지 않고, 큰 덕이 있는 자는 사소한 예절에 구애되어 사양하지 않는다고 한다. 나는 그대를 위하여 이미 한 말을 바꾸지 않겠다."

---

451) 마차 앞의 가로막이 나무를 軾이라 한다. 마차에 탄 채 무력을 쓰지 않고 입과 혀만으로 일을 성사시켰다는 뜻.
452) 韓信의 진격은 한신 자신의 판단에 의한 것이지 역이기와는 아무 상관이 없는 일이었다. 淮陰侯列傳 참조.

그러자 제나라 왕은 결국 역생을 삶아 죽이고 군대를 인솔하여 동쪽으로 도망했다.

한 고조 12년에 곡주후(曲周侯) 역상은 승상으로서 군대를 거느리고 가서 경포를 쳐 공을 세웠다. 고조는 열후와 공신을 논공하다가 역생을 생각했다.

역생의 아들 개(疥)는 여러 차례 군대를 이끌고 싸움에 나아가 전공을 세우기는 했지만 후를 봉하기에는 아직 합당하지 않았다. 그렇지만 고조는 그의 부친 역생의 공로를 생각하여 그를 고량후(高梁侯)에 봉하고 그 뒤에 다시 무수(武遂 : 河北省)를 식읍으로 주었다.

그의 자손은 3대를 계승했다가 원수(元狩) 원년에 무수후인 평(平)이 거짓 조서를 내려 형산왕으로부터 백 근의 금을 사취한 죄를 범하여, 목을 쳐 시장에 내던지는 형에 해당했으나 병들어 죽자 영지만 몰수당했다.


육가(陸賈)는 초나라 사람이다. 빈객으로서 고조를 따라 천하를 평정했다. 당시 사람들은 그를 변설에 재주가 있는 선비라고 말했다. 육가는 고조의 측근에서 모시면서 제후들에게 사자로 나가고는 했다.

고조 때에 이르러 중국이 처음으로 평정되었는데 위타(尉他 : 趙他를 가리키는데 秦 시대에 南越의 尉였기 때문에 尉他라 함)는 남월을 평정하고 왕이 되었다. 고조는 육가를 보내어 위타에게 남월왕(南越王)의 인(印)을 내려 그를 승인하려고 했다.

육생(陸生 : 陸賈)이 남월에 도착하자 위타는 방망이 모양의 상투를 틀고 오만하게 두 다리를 뻗고 앉은 채 육생을 대면했다. 육생은 그의 앞으로 나아가 다음과 같이 말했다.

"귀하께서는 중국 사람으로서 친척 형제의 분묘는 진정(眞定 : 河北省)에 있습니다. 그런데도 지금 귀하께서는 천성을 어겨 부모골육의 은의를 저버리고 중국의 의관속대도 버리며 구구하게 남월을 가지고서 중국의 천자와 대등한 나라가 되기를 바라고 있는데 그러다가는 머지않아 귀하의 몸에 화가 미치게 될 것입니다.

저 진나라가 정치를 잘못하여 제후 호걸들이 한꺼번에 일어섰을 때 한왕께서 제일 먼저 함곡관으로 쳐들어가 함양을 점거하셨습니다. 그런데 항우가 약속을 어기고 자립하여 서초(西楚)의 패왕이 되어 제후들이 모두 그에게 귀속했습니다. 바야흐로 지극히 강대하다고 말할 수 있었습니다만 한왕이 파, 촉에서 일어나 천하를 채찍질하고 제후를 정복하여 마침내 항우를 주멸하고 5년 만에 해내를 평정하셨으니 이것은 사람의 힘이 아니라 하늘이 세운 것이라 하겠습니다.

귀하가 남월의 왕으로 있으면서 포악한 진나라를 주멸하는 일에 조력하지 않았기에 한나라의 장상(將相)들이 군대를 이끌어 귀하를 주벌하려 한다는 말을 들으시고도 천자께서는 만백성이 새로이 노고할 것을 가엾게 여기시어 당분간 그것을 중지하라 하시고, 저로 하여금 귀하에게 왕인(王印)을 주고 부절을 나누어 사자를 통하게 하셨습니다. 귀하는 천자의 사자인 저를 교외에까지 나와 맞이하고 북면하여 '신(臣)'이라 일컬어야 마땅할 것입니다.

그런데 건국된 지 얼마 안 되어 체제도 정비되지 않은 월나라가 어깨를 으쓱거리며 뽐내어 거만한 태도로 자기 뜻대로 하려는 것을 한나라가 듣게 되면 한나라는 귀하의 선조의 무덤을 파헤쳐 시체는 불태워 버리고 종족은 전멸시킬 것이며, 한의 부장에게 십만의 군사를 인솔하게 하여 월나라를 치게 할 것입니다. 그렇게 되면 월나라 사람들이 왕을 죽이고 한나라에 항복한다는 것은 손바닥을 뒤집는 것처럼 쉬운 일입니다."

이 말을 듣고 난 위타는 깜짝 놀라 자리를 차고 일어나 육생에게 사과하며 말했다.

"내가 오랫동안 오랑캐 땅에 있었던 관계로 너무나 실례가 많았습니다."

그리고 육생에게 물었다.

"나와 소하(蕭何)·조참(曹參)·한신(韓信 : 모두가 漢朝 創業의 功臣)을 비교하면 어느 쪽이 더 현명합니까?"

"왕께서 더 현명한 것 같습니다."

"나를 한나라의 황제에 비하면 어느 쪽이 현명합니까?"

"한나라의 황제께서는 풍, 패에서 일어나시어 포악한 진나라를 치고 또 강한 초나라를 주멸하셨습니다. 또 천하를 위하여 이(利)를 꾀하고 모든 해독을 제거했으며 오제(五帝) 삼황(三皇)의 대업을 계승하시어 중국을 통일하셨습니다. 중국의 인구는 수억이나 되고 땅은 만 리 사방 천하에서도 기름진 땅을 차지하고 있습니다. 사람도 많고 수레도 많으며 만물이 풍부한 데다가 정치는 황제의 일가가 다스리고 있습니다. 이러한 일은 천지 개벽 이래 처음 있는 번영입니다.

그런데 대왕의 나라 인구는 수십만에 불과하고 그나마 다 오랑캐들이며 땅은 산과 바다 사이에 험악한 산길만이 이어져 있을 뿐입니다. 비유컨대 한나라의 한 군(郡)과 같습니다. 이러한 대왕을 어찌 한나라 황제에 비할 수 있겠습니까?"

그랬더니 위타는 크게 웃으며 말했다.

"내가 중국 땅 안에서 일어나지 않았기 때문에 이 남월 땅의 왕이 된 것입니다. 만일 내가 중국에서 일어날 수 있었다면 나도 한나라의 황제만 못하겠습니까?"

그리고 위타는 육가를 매우 좋아하여 머무르게 하고 함께 술을 마시며 몇 달을 지냈다. 월왕이 말했다.

"이 월나라 안에는 함께 이야기할 만한 사람이 없습니다. 선생께서 매일 오셔서 지금까지 듣지도 못한 이야기를 많이 해 주셨습니다."

하면서 육생에게 값이 천 금이나 나가는 재보가 든 자루를 주고 그 밖에 전별금으로 또 천 금을 주었다. 육생은 마침내 위타를 월나라 왕으로 임명하고 신이라고 일컬으면서 한나라와의 맹약을 받들게 했다.

귀국하여 복명하자 고조는 매우 기뻐하며 육가를 태중대부(太中大夫)에 임명했다.

육생은 때때로 어전에 나아가 ≪시경≫과 ≪서경≫을 이야기하고는 그 내용을 칭찬했다. 이에 고제(高帝)가 꾸짖어 말했다.

"나는 말 위에서 천하를 얻었다. 어찌 시·서 따위를 문제로 삼을 필요가 있겠는가?"

이에 육생이 말했다.

"말 위에서 천하를 얻었다 하셔도 어찌 말 위에서 천하를 다스리실 수 있겠습니까? 탕왕과 무왕은 역취(逆取 : 신하로서 주군을 放伐하여 천하를 취한 일을 가리킴)했으나 천하를 얻고 나서는 순수(順守 : 도리에 따라 지킴)했던 것입니다. 문무를 아울러 쓰는 것이 천하를 장구히 보유하는 술법입니다.

옛날 오나라 왕 부차와 지백(智伯 : 晉의 대신 荀瑤를 말한다. 刺客列傳의 豫讓傳을 참조)은 무력을 너무 쓰다 망했고, 진나라는 형법 하나만을 밀고 나갔기 때문에 결국 조씨(趙氏 : 秦나라 왕조의 姓氏)를 멸망시켰습니다. 앞서 진나라가 천하를 통일한 후 인의를 행하고 선성(先聖)의 법을 본받아 행했더라면 어떻게 폐하께서 천하를 얻어 보유할 수 있었겠습니까?"

고제는 내키지 않았지만 부끄러워하는 빛이 있었다. 이윽고 고제는 육생에게 말하기를,

"그대는 시험 삼아 나를 위해 진나라가 천하를 잃어버린 까닭과 내가 어

떻게 해서 천하를 얻었는지, 또 옛날에 성공했거나 실패했던 나라들의 일에 대하여 저술해 주지 않겠는가?"

라고 했다. 그래서 육생은 국가 존망의 징후를 약술하여 모두 열두 편의 책을 지었다. 그 한 편 한 편을 저술하여 아뢸 때마다 황제는 좋다고 칭찬하지 않은 것이 없었으며 또 좌우 신하들도 만세를 불러 축하의 뜻을 표했다. 그 책을 ≪신어(新語)≫(陸賈가 저술한 그대로는 아니나 현재 전해지고 있음)라 이름 붙였다.

효혜제 때 여태후가 정권을 장악하여 여씨 일족을 왕으로 삼고자 했으나 바른말을 하는 대신이나 말 잘하는 변설가들의 반대를 두려워했다. 육생은 자기의 힘으로는 간쟁을 하더라도 여태후의 뜻을 바꿀 수 없다고 생각하여 병을 핑계 삼아 벼슬을 그만두고 집에 틀어박혔다. 그리고 호치(好畤 : 섬서성)에 있는 논밭이 기름졌으므로 그곳에 영주해야겠다고 생각했다.

육생은 항상 네 마리 말이 끄는 수레를 타고 다녔는데 노래를 부르고 춤을 추고 거문고를 타는 시종자 열 명을 거느리며 백 금이 나가는 보검을 차고 다녔다. 그가 월나라에 사자로 갔을 때 얻은 자루 속의 보물을 꺼내 천 금을 받고 팔아 다섯 아들에게 각각 이백 금씩 나누어 주고 생업 자금으로 삼게 했다. 그는 아들들에게 말했다.

"너희들과 약속을 하자. 내가 너희들 집에 들르거든 나와 내 인마(人馬)에게 먹을 것을 대 주어야 한다. 열흘 동안 내 마음대로 지내고서 다음 아들의 집으로 갈 것이다. 내가 머물다 죽게 되면 그 집에서 나의 보검과 수레와 말, 그리고 시종자를 차지해라. 다른 곳에 들러 객이 되기도 할 테니 1년 중 너희들의 집을 찾는 것은 두세 번에 불과할 것이다. 오래도록 너희들을 괴롭히는 일은 없을 것이다. 자주 만나면 반갑지도 않을 테고."

여태후는 여러 여씨 일족을 왕으로 세웠다. 그들은 정권을 마음대로 휘두르고 어린 황제를 협박하여 유씨(劉氏 : 高祖)의 황실을 위태롭게 했다. 우승상[453] 진평이 그 일을 근심했으나 여씨와 다툴 만한 힘이 없었으며, 또 자기에게 화가 미칠 것이 두려워 항상 조용히 집에 있으면서 깊은 생각에 잠기고는 했다.

어느 날 육생이 진평의 집에 와 곧바로 방에 들어가 앉았는데도 진승상은 깊은 생각에 빠져 육생이 온 것조차 깨닫지 못했다. 그래서 육생이,

"무엇을 그리 깊이 생각하고 계십니까?"

라고 물었더니 진평은,

"당신은 내가 무엇을 생각하고 있는지 헤아릴 수 있겠소?"

하고 되물었다. 그러자 육생이 말했다.

"지금 공께서는 상급 대신이시며 삼만 호 식읍을 보유한 후(侯)입니다. 부귀를 누릴 대로 다 누리고 계시니 욕심은 더 없을 것입니다. 그런데도 근심이 있으시다면 그것은 틀림없이 여러 여씨와 어리신 황제에 대한 일일 것입니다."

그랬더니 진평은 고개를 끄덕이며 말했다.

"그렇습니다. 어떻게 했으면 좋겠습니까?"

"천하가 편안하면 사람들은 재상에게 주목하고 천하가 위태로우면 장군에게 주목을 합니다. 장군과 승상이 서로 화합하면 모든 선비들이 사모하고 따르기를 원할 것입니다. 선비들이 사모하여 모인다면 설사 천하에 변이 일어난다 하더라도 국권이 나뉘지 않을 것입니다. 국가의 대계는 오직 재상과 대장군 두 분(재상은 陳平, 대장군은 周勃)이 장악하고 있을 따름입니다. 저는 늘 이 말을 태위 강후(絳侯)[454]에게 이야기하려고 했지만

---

453) 惠帝와 呂后 시대에는 승상이 좌우 두 사람이었다. ≪史記≫ 陳丞相世家는 陳平의 傳이다.
454) 周勃을 말한다. ≪史記≫ 絳侯世家는 그에 관한 傳이다. 太尉는 3公의 하나, 군사의 최고사령관.

강후와 저는 친하여 농담을 하는 사이이기 때문에 제 말을 가볍게 여길 것입니다. 승상께서는 어째서 태위와 친밀한 교분으로 결탁하여 손을 굳게 잡으려 하시지 않습니까?'

이리하여 육생은 진평을 위해 여씨를 제압하는 여러 가지 방책을 세웠다. 진평은 그 방책에 따라 오백 금을 들여 강후의 장수를 비는 잔치를 열고 술과 안주를 풍성하게 마련해 즐겁게 마셨다. 태위 또한 이와 같이 보답을 했다. 이 두 사람이 서로 손을 잡고 결속했으므로 여씨 일족의 음모는 날이 갈수록 쇠약해졌다. 진평은 노비 백 명과 거마 오십 대, 그리고 오백만 전을 육생에게 보내 음식 비용으로 쓰게 했다. 육생은 그것으로 한나라 조정의 공경들과 사귀어 그의 명성은 널리 퍼졌다.

여씨 일족을 주멸하고 효문제를 세우게 된 데에도 육생의 힘이 매우 컸다. 효문제는 즉위하자 남월에 사자를 보내고자 했다. 그때 승상 진평 등이 육생을 추천하자 육생을 태중대부로 임명하여 그를 위타(尉他)에게 파견했다.

사자로 간 육생은 위타에게 천자처럼 황색의 수레 포장을 한다든가 또는 명령을 제(制 : 천자만 사용하는 말로써 하는 명령)라고 하는 등 천자와 똑같은 행위를 못하게 하고 모든 것을 중국의 제후들이 지키는 법대로 하도록 조정의 뜻한 바를 시행하게 했다.

이 이야기는 ≪남월위타열전(南越尉他列傳)≫의 글에도 적혀 있다. 육가는 마침내 천수를 다하고 세상을 떠났다.


평원군(平原君) 주건(朱健)은 초나라 사람이다. 일찍이 회남왕 경포의 재상으로 있었는데 죄를 범하고 달아났다가 뒤에 다시 경포를 섬겼다. 경포가 한나라를 배반하고자 했을 때 평원군에게 그 가부를 물었다. 평원군이 그것을 말렸으나 경포는 듣지 않고 양보후(梁父侯)의 의견을 따라 모반했다. 한나라가 경포를 주멸한 후에 평원군은 경포에 간하며 모반에 참여하지 않았다는 것을 알게 되어 죽임을 당하지 않았다. 그 일에 대하여는 ≪경포열전(黥布列傳)≫에도 기록되어 있다.[455]

평원군의 사람됨은 변설이 능했으며 준엄, 청렴, 강의(剛毅), 정직했다. 장안에 살고 있었는데 구차하게 영합하려는 행동을 하지 않았고 의리를 지켰으며 도리에 벗어난 짓을 하면서까지 출세하려 들지 않았다.

여태후의 총애를 받고 있던 벽양후(辟陽侯 : 審食其)는 행위가 바르지 않았다. 그때 벽양후는 평원군과 교제하고 싶었으나 평원군은 만나려고 하지 않았다. 평원군의 어머니가 죽었을 때 육생은 평소 평원군과 사이가 좋았으므로 조문을 갔더니 평원군은 집이 가난하여 아직 발상(發喪)하지 않고 상복과 장례의 기구를 남에게 빌리려 하고 있었다. 이에 육생은 평원군으로 하여금 발상하게 하고는 벽양후를 찾아가 축하하여 말하기를,

"축하합니다. 평원군의 어머니께서 돌아가셨습니다."

라고 했다. 그 말을 들은 벽양후가,

"평원군의 모친이 죽었기로 어찌하여 내게 축하를 한다고 말하는가?"

라고 했다. 육가가 말했다.

"전날 군후(君侯)께서는 평원군을 알고 지내고자 했습니다. 그런데 평원군이 교제를 하지 않았던 것은 그의 어머니가 살아 계셨기 때문이었습니다. 군후를 위하여 한 몸을 바칠 수 있는 친교를 맺지 못했던 것입니다. 지금 그 어머니가 죽었으니 군후께서 성의로써 후하게 조의를 표한다면 그는 군후를 위해 죽음도 사양하지 않을 것입니다."

그러자 벽양후는 조의금으로 백 금을 가지고 가서 조문을 했다. 다른 열후나 귀인들도 벽양후와의 의리 때문에 각자 조의금을 보내니 전부 오백

---

455) 현재의 ≪史記≫ 텍스트의 黥布列傳에는 이 사건은 기재되어 있지 않다.

금에 달했다.

벽양후는 여태후의 사랑을 받고 있었는데 어떤 사람이 무슨 일로 효혜제에게 벽양후를 헐뜯어 말했다. 효혜제가 매우 노하여 벽양후를 형리에게 넘겨주어 주살하려고 했다. 그런데 여태후는 자기의 품행이 좋지 못함을 부끄러워하여 효혜제에게 벽양후를 용서해 주라는 말을 하지 못했다. 여러 대신들도 벽양후의 행동을 미워하고 있었으므로 드디어 죽이기로 했다. 사태가 위급하게 되자 벽양후는 사람을 보내 평원군을 만나기를 청했으나 평원군이 이를 사절하여 말하기를,

"재판이 절박하게 되었으니 군을 만날 수 없습니다."

라고 했다. 그리고는 곧 효혜제가 총애하는 신하 굉유(閎孺)를 찾아가 다음과 같이 말했다.

"군이 황제의 총애를 받고 있다는 것은 천하에서 모르는 자가 없습니다. (男色으로 인함) 벽양후가 태후의 사랑을 받았다가 형리의 손에 넘겨진 것은 길 가는 사람들조차 군께서 그를 참언했기 때문이라고 말합니다. 이제 벽양후가 주살을 당하게 된다면 후일에 여태후께서 노여움을 품으시고 다시 군을 주살할 것입니다. 그런데 어찌해 어깨를 드러내고 가서 벽양후를 위하여 황제에게 말씀드리지 않습니까? 황제께서 군의 말씀을 들으시고 벽양후를 사면한다면 태후께서도 퍽 기뻐하실 것입니다. 그러면 군은 황제와 태후, 두 분의 총애를 받게 되어 군의 부귀는 두 배, 세 배로 더해질 것입니다."

이 말을 듣고 난 굉유는 크게 두려워하며 평원군의 말대로 황제에게 말씀 올렸다. 그랬더니 과연 황제는 벽양후를 사면했다. 벽양후는 잡혀가게 되었을 때 평원군을 만나고자 했는데도 거절당하자 평원군이 배신했다고 여겨 매우 노했으나 평원군의 계책이 성공하여 자신이 석방되자 크게 놀랐다.

여태후가 붕어하자 대신들이 여씨 일족을 모두 주멸했다. 그때 벽양후는 여씨 일족과 지극히 깊은 관계가 있었는데도 죽임을 당하지 않았다. 그가 죽음을 면할 수 있었던 것은 오로지 육가와 평원군의 힘 때문이었다.

효문제 때 회남의 여왕(厲王)이 벽양후를 죽였다. 여씨 일족과 한패였다는 이유에서다. 효문제는 벽양후의 빈객인 평원군이 예전에 벽양후를 위하여 계책을 꾸몄다는 말을 듣자 형리를 보내 그를 체포하여 죄상을 조사해 보라고 했다. 형리가 문전에 왔다는 말을 듣자 평원군은 자살을 하려고 했다. 아들들과 형리가 말하기를,

"일의 흑백은 아직 알 수 없습니다. 어찌하여 서둘러 자살하려고 하시는 것입니까?"

라고 하자 평원군은,

"내가 죽어 버린다면 화근이 없어져서 너희들까지 연루되지는 않을 것이다."

하고서는 스스로 자신의 목을 찔러 죽었다. 효문제가 이 말을 듣고 애석하게 여겨 말하기를,

"그를 죽일 생각은 없었는데……."

하며 곧 그의 아들을 불러 중대부로 임명했다. 그의 아들은 흉노에게 사자로 갔다가 무례한 선우(單于 : 흉노의 왕)를 꾸짖다 끝내는 흉노 땅에서 죽었다.[456]

이하 '태사공은 말한다' 의 앞까지는 후세인이 기록한 것으로 생각된다.

처음 패공이 군사를 이끌고 진류(陳留)를 통과했을 때 역생은 그의 군문

---

456) 이 뒤에 司馬遷의 원문이 아니고 후인이 補足한 문장이 들어 있다.

에 이르러 이름 적은 쪽지를 내밀고 이렇게 말했다.

"고양(高陽)의 천민 역이기는 패공께서 뜨거운 햇살이나 비와 이슬에 젖는 것을 개의치 않고 군사를 거느리고 초나라를 도와 불의의 진나라를 친다는 말을 전해 듣고 삼가 그분을 따르고 있는 여러분께 위로의 말씀을 드립니다. 그리고 패공을 뵙고 천하를 주름잡는 좋은 계책을 말씀드리고 자 합니다."

그러자 심부름하는 사람이 들어가 전했다. 때마침 패공께서는 발을 씻고 있다가 심부름하는 사람에게 물었다.

"어떤 사람이던가?"

"얼굴 모습은 수재형의 유자(儒者)와 같았으며 선비의 옷을 입고 측주 (側注 : 갓의 이름으로 高山冠이라고도 함)를 쓰고 있습니다."

"사절하라. 나는 지금 천하를 평정하는 일에 전념하고 있어서 선비를 만나 볼 겨를이 없다고 전해라."

심부름꾼이 나가서 사절하여 말했다.

"패공께서는 진심으로 선생께 사과를 합니다. 그리고 지금 천하를 평정하는 일에 전념하고 있는 터라 유자를 만나 볼 여가가 없다고 하셨습니다."

그러자 역생은 눈을 부릅뜨고 차고 있던 칼을 만지며 심부름꾼을 꾸짖어 말했다.

"급히 다시 한 번 가서 패공께 전하게. 나는 고양 출신의 술꾼이지 유학자가 아닐세."

심부름꾼은 무서워 떨던 나머지 손에 들었던 이름 적은 쪽지를 떨어뜨렸다. 그는 무릎을 꿇고 그것을 다시 주워서 달려 들어가 보고했다.

"손님은 천하의 장사입니다. 그가 저를 꾸짖었는데 두려운 나머지 손에 들었던 이름 적은 쪽지를 떨어뜨렸습니다. 그는 말하기를 '급히 다시 한 번 가서 전해라. 나는 고양 출신의 술꾼이다.'라고 말했습니다."

그러자 패공은 씻던 발을 급히 헹구고 창을 들며 말했다.

"손님을 이리로 맞아들여라."

역생은 들어가 패공에게 가볍게 인사를 하고 다음과 같이 말했다.

"매우 수고하시는 공께서는 옷을 햇볕에 바래고 갓을 우로(雨露)에 적시면서 군대를 거느리고 초나라를 도와 불의의 진나라를 치고 계십니다. 어찌하여 좀더 겸손하게 인재를 맞으려 하지 않습니까? 제가 천하의 중대한 일로 뵙기를 청했는데도 공께서는 '지금 천하의 대사에 전념하고 있는 터이니 유학자를 만날 틈이 없다.'고 말씀하셨습니다.

대체로 공께서는 큰일을 일으켜 천하의 대사를 성취하려고 하시면서 사람의 겉모습만 보고 인물을 판단하려 하십니다. 이래서는 정녕 천하의 어질고 능력 있는 인사를 잃어버릴 것입니다. 또 제가 생각하기로 공의 지혜는 저의 지혜만 못하고 용기 또한 저의 용기만 못합니다. 공께서 천하의 대사를 성취하려 하시면서도 저를 만나 보지 않으신다면 가만히 생각건대 공을 위해서도 손실이 아니겠습니까?"

그 말을 듣자 패공은 사과하며 말했다.

"조금 전에는 심부름꾼으로부터 선생의 풍채의 위대함을 들었는데 이제 선생의 의중(意中)을 알았소이다."

그리고 그를 안으로 청하여 앉히고 천하를 얻는 방책에 대하여 물었다. 역생은 다음과 같이 말했다.

"공께서 천하의 큰 공을 성취하시기를 바라신다면 진류(陳留) 땅에 머물러 계시는 것보다 더 좋은 것은 없습니다. 진류는 천하에서 공방(攻防)의 요충지이자 모든 곳으로부터 군대가 모여드는 곳입니다. 진류에 저장된 곡식은 수천만 석이고 성의 방비는 매우 견고합니다. 저는 전부터 진류현의 현령과 친하게 사귀고 있습니다. 공을 위해서 그를 설득하려 합니다.

만일 그가 저의 말을 듣지 않는다면 그를 죽이고 진류를 항복시키겠습니다. 그때 공께서 진류의 군사를 영솔하시어 진류성을 차지하시고 저장된 양곡을 군량으로 하여 공을 따르려는 군사를 불러 모으십시오. 따르는 군사가 충분히 모이고 난 뒤 공께서 천하를 횡행하신들 공을 해칠 수 있는 자는 없을 것입니다."

패공이 말했다.

"삼가 그대의 가르침에 따르리다."

이리하여 역생은 그날 밤 진류의 현령을 찾아가 설득하여 말했다.

"저 진나라는 무도한 정치를 행했기 때문에 세상 사람들이 고개를 돌렸습니다. 이제 공께서 천하의 제후들과 합종한다면 큰 공을 성취할 수 있을 것입니다. 그렇지만 지금과 같이 홀로 멸망하는 진나라를 위해 성을 굳게 지킨다면 공은 위태롭게 될 것입니다. 나는 공을 위해 은근히 걱정하는 바입니다."

이 말을 들은 진류 현령은 말했다.

"진나라의 법은 지극히 엄중합니다. 그러니 함부로 말하지 마십시오. 망언하는 자는 일족이 남김없이 주멸됩니다. 그리고 나로서도 그 말에 호응할 수 없습니다. 선생께서 가르쳐 주신 말은 저의 본뜻과는 다릅니다. 두 번 다시 말씀하지 마십시오."

역생은 그날 밤 그곳에서 묵으면서 한밤중에 진류 현령의 목을 베었다. 그리고는 성벽을 넘어 빠져나와 패공에게 그 일을 보고했다. 패공은 군대를 인솔하여 성을 공격하면서 현령의 목을 기다란 장대 끝에 매달아 성 위의 사람들에게 보이면서 말했다.

"빨리 항복하라. 너희들 현령의 목은 벌써 베어졌다. 지금 항복하기를 주저하다 늦게 항복하는 자가 있다면 나는 맨 먼저 그놈부터 목을 칠 것이다."

진류 사람들은 이미 현령이 죽은 것을 알고는 서로 권하며 패공에게 항복했다. 패공은 진류 남쪽 성문 위에 숙사를 정해 무기고를 접수하고 저장한 곡식을 군량으로 사용했다. 그곳에서 3개월 동안 머물며 군사를 수만이나 모아 드디어 함곡관으로 쳐들어가 진나라를 격파했다.

　　태사공은 말한다.

　　"세상에 전하는 역생에 관한 전기는 많다. 그것들은 모두 '한왕이 삼진을 평정하고 난 뒤에 동방으로 진격하여 항적을 치고 군병을 공현(鞏縣)과 낙양 중간으로 이동시켰을 즈음에 역생이 유학자의 옷을 입고 찾아와 한왕을 설득했다.'고 되어 있는데 그것은 사실과 다르다.

　　패공이 아직 관중에 쳐들어가지 않고 항우와 헤어져 고양(高陽)에 이르렀을 때 역생 형제를 얻었던 것이다.

　　지금 육생의 저서 ≪신어≫ 열두 편을 읽어 보니 진실로 당세(當世)의 일류 변사라 말할 수 있다. 평원군의 아들에 이르러서는 나와 친교가 있었기 때문에 그의 사적을 자세히 논할 수 있었다."

미래를 위한 과거로의 산책

세상을
움직이는 책